고백록

고백록

A. 아우구스티누스 지음 | 강영계 옮김

서광사

이 책은 A. Augustinus의 *Augustinus, Confessiones*(Kösel-Verlag, 1955)를 옮긴 것이다.

고백록

A. 아우구스티누스 지음
강영계 옮김

펴낸이 | 김신혁, 이숙
펴낸곳 | 도서출판 서광사
출판등록일 | 1977. 6. 30.
출판등록번호 | 제 406-2006-000010호

(413-756) 경기도 파주시 교하읍 문발리 534-1
Tel: (031) 955-4331 | Fax: (031) 955-4336
E-mail: phil6161@chol.com
http://www.seokwangsa.co.kr | http://www.seokwangsa.kr

제1판 제1쇄 펴낸날 · 2014년 4월 10일

ISBN 978-89-306-0811-4 93160

옮긴이의 말

내가 중세철학자의 원전을 처음 대한 것은 1970년대 중반 독일 뷔르츠부르크대학에서 공부할 때였다. 내 지도교수인 루돌프 베를링거(Rudolf Berlinger) 교수는 박사과정 세미나에서 플라톤, 헤라클레이토스, 셸링 등을 다루었는데 어느 학기엔가는 안셀무스(Anselmus, 1033~1109)의 『프로슬로기온』(*Proslogion*)을 텍스트로 골라 학생들로 하여금 읽고 토론하게 하였다. 마침 나는 라틴어와 그리스어 공부에 열을 올리던 터라 안셀무스가 온갖 영혼의 힘을 다하여 하나님을 찬미하며 기도하는 『프로슬로기온』을 한 문장씩 읽으면서 안셀무스의 선구가 아우구스티누스라는 것을 알고 조금씩 아우구스티누스의 사상으로 관심을 옮겼다.

나는 요제프 베른하르트가 번역한 『고백록』(*Confessiones*) 라틴어-독일어판을 구입하였고 틈날 때마다 한두 문장씩 마음 내키는 대로 여기저기 읽었다. 1970년대 중반부터 1980년까지 유학시절 강의와 세미나 참석 그리고 학위논문 준비에 여념이 없어서 1천 쪽이 넘는 라틴어-독일어판 『고백록』 전체를 차분히 읽는다는 생각은 꿈도 못 꾸었다. 1981년 귀국 후에는 서양철학사와 중세철학사를 연구하고 소개할 목적으로 원전을 번역하고 사회철학, 니체, 헤겔 등을 읽기에 바빴다. 꽤 오래전 6년간의 준비 기간 끝에 스피노자의 『에티카』를 번역한 일이 있다. 그 후 2000년 아우구스티누스의 『고백록 13권』(*Confessionum libri tredecim*)을 번역하기로 하고 본격적으로 처음부터 읽기 시작했으나 13권 중 1권을 읽고 인내심을 잃은 채 포기하고 말았다.

이제 물리적인 나이 70이 넘고 소위 철학의 번화가와 두메산골은 물론이고 사상의 여러 도시와 마을들을 여행한 나는 나의 삶의 철학에서 새롭게 걸음마를 배우기로 하였다. 그래서 2012년 한 해를 꼬박 『고백록』 읽기에 바쳤고 2013년 1월 말에 『고백록』의 마지막 장을 닫을 수 있었다. 아우구스티누스 『고백록』의 한 글자, 한 글자를 읽을 때마다 나는 아우구스티누스의 영혼의 맥박과 아울러서 우주만물의 생명의 힘을 함께 느낄 수 있었다. 아우구스티누스의 고백은 한 인간의 부족함, 불완전, 죄에 관한 고백이자 동시에 존재의 근원이면서 전지전능한 하나님에 대한 찬미요 찬양이다. 안셀무스의 『프로슬로기온』이 빛이라면 『고백록』은 빛의 원천이었다.

『고백록』 1권부터 9권까지에는 아우구스티누스의 유년시절부터 32세가 되어 기독교로 개종하고 세례받기까지 내적 외적 상황과 과정이 구체적으로 기록되어 있다. 『고백록』은 아우구스티누스가 43~47세 사이에 쓴 것이므로 이미 히포의 주교가 된 다음의 기록이다. 그러므로 아우구스티누스는 관조하는 마음으로 유년기의 방황, 청소년기의 유혹, 장기간에 걸친 마니교에의 몰입, 아카데미학파의 회의론의 영향, 신플라톤주의를 통한 플라톤사상의 영향, 어머니 모니카와 밀라노의 주교 암브로시우스가 아우구스티누스로 하여금 가톨릭으로 개종하도록 한 결정적 영향 등을 꼼꼼히 전달하고 있다. 한 문장, 한 문장을 읽을 때마다 마음속에 진하게 느껴지는 감동을 금할 수 없다.

『고백록』 제10권은 아우구스티누스가 주교가 된 후의 고백으로 1~9

권을 종합하면서 '현재와 기억 그리고 욕망'에 관하여 서술한다. 제11권부터 마지막 13권까지는 시간론과 아울러 우주창조설을 다루고 있다. 물론 11~13권은 성서의 창세기를 아우구스티누스가 기독교철학의 입장에서 풀이하고 있으므로 다소 난해한 것이 사실이다. 그러나 1~10권까지를 인내심을 가지고 읽은 사람이라면 11~13권도 능히 이해할 수 있을 것이다.

내가 한글 번역의 원전으로 삼은 『고백록』의 라틴어판은 다음 책이다. *Augustinus*, *Confessiones*(Lateinisch und Deutsch), übersetzt von Joseph Bernhart, Kösel-Verlag, München, 1955. 다음의 라틴어-영어판과 프랑스어 번역판도 함께 참고하였다. *St. Augustine's Confessions* I, II, tr. by William Watts, Havard University Press, 1979. / *Saint Augustin, Confessions*, Traduction d'Arnauld d'Andilly, Gallimard, 1993. 『고백록』을 비롯해서 아우구스티누스의 『신국론』, 『삼위일체론』 등의 사상을 더 정확하게 이해하기 위해서 아우구스티누스의 종교철학에 관해서 논의한 여러 책들을 읽었으나 여기에서 일일이 밝히지 않기로 한다.

물론 우연의 일치이기는 하지만 독일 유학시절부터 시간 있을 때마다 틈틈이 플라톤의 대화편들과 플로티노스의 『에네아데스』를 읽은 것이 『고백록』 번역에 큰 도움이 되었다. 또한 어쩌다가 펼쳐 보곤 했던 아퀴나스의 『신학 대전』(*Summa Theologiae*) 역시 『고백록』 번역에 간접적으로 도움을 주었다. 옮긴이는 가능한 한 라틴어 원전에 충실하게 직역에 초점을 맞추었으나 의미전달이 힘든 부분은 의역할 수밖에 없었다.

『고백록』 번역에서 아우구스티누스가 인용한 구약, 신약의 성서 부분은 주로 요제프 베른하르트의 라틴어-독일어판을 참고하였고 필요시에는 하버드판도 참고하였다. 『고백록』 각 권과 각 장의 제목은 프랑스어 번역판과 라틴어-독일어판, 라틴어-영어판을 참고하였고 본문의 내용을 함께 참조하여 옮긴이가 정하였다. 또한 위의 세 책과 아울러 옮긴이가 필요하다고 생각할 경우 가능한 한 상세한 역주(譯註)를 달도록 애썼다. 성서는 대한성서공회에서 펴낸 표준새번역 『성경전서』(1993)를 참고하였다. 그러나 옮긴이는 아우구스티누스의 대부분의 성서인용을 이해하기 쉽게 임의적으로 옮겼다. 『고백록』의 제대로 된 한글 번역본은 1965년 최민순 신부의 번역으로 처음 선보였다. 최 신부의 번역은 더할 나위 없이 훌륭하고 탁월하지만 번역용어가 신앙 위주이다. 이제 나는 종교철학적인 관점에서 좀 더 평이하고 현대적인 용어들을 선택해서 누구나 쉽게 접할 수 있는 『고백록』 번역판을 만들어 보려고 한다. 지난날 나의 많은 저서들과 번역들은 이 『고백록』 한글판에 의해서 조금은 더 가치 있는 것으로 남기를 바란다.

2013년 가을

옮긴이 강영계

차례

| 옮긴이의 말 | 5

제1권 어린 시절 19

1. 아우구스티누스는 주님을 찬양한다 21
2. 인간 안에 있는 하나님 그리고 하나님 안에 있는 인간 22
3. 하나님은 어디에나 존재한다 24
4. 하나님의 위대함과 전능 25
5. 죄의 용서와 하나님의 사랑 26
6. 신의 섭리와 영원함 28
7. 죄를 범한 어린 시절 32
8. 어린 시절 말 배우기 34
9. 배우기 싫어하고 놀기 좋아하는 어린이 36
10. 놀이를 좋아해서 부모의 명을 무시하다 38
11. 아파서 늦어진 세례 39
12. 공부와 섭리 41
13. 즐거운 공부 42
14. 그리스어와 라틴어 45
15. 하나님을 향한 기도 46
16. 음란한 이야기 47
17. 산문과 시 연습의 공허함 50
18. 문법규칙이냐 하나님의 섭리냐 51
19. 야만스런 말과 타락한 태도 53
20. 감사한 하나님 54

제2권 열여섯 살 57

1. 『고백록』을 쓰게 된 동기 59
2. 젊은 시절의 방탕함 60
3. 공부를 위한 여행과 방탕 62
4. 배를 훔치다 66
5. 죄의 원인 68
6. 죄와 오만함 70
7. 죄의 용서 73
8. 배 도둑질에서 사랑한 것 74
9. 악한 친구들 75
10. 하나님 안의 안식 76

제3권 카르타고에서의 공부 77

1. 사랑의 열정 79
2. 연극과 사랑 80
3. 사랑과 젊은이의 불손함 83
4. 키케로의 『호르텐시우스』를 읽다 84
5. 성서문체의 간소함 87
6. 마니교의 유혹 88
7. 마니교도들의 그릇된 교리 92
8. 관습과 자연법과 하나님의 계명 95
9. 인간의 판단과 하나님의 판단 98
10. 무화과나무와 마니교도 99
11. 어머니의 꿈 100
12. 미래의 개종에 대한 어머니의 꿈 102

제4권 9년간의 마니교도 생활 105

1. 다른 사람들을 유혹하다 107
2. 수사학 선생과 내연의 여인 108
3. 점성술에 빠지다 110
4. 친구의 세례와 죽음 113

5. 고통받는 사람을 위한 눈물 115
6. 친구를 잃은 고통 116
7. 애도하는 마음 118
8. 시간은 슬픔을 낫게 한다 119
9. 인간의 우정과 하나님의 진리 120
10. 하나님이 만든 모든 아름다움 121
11. 변화하는 피조물과 불변하는 하나님 123
12. 피조물들의 사랑 124
13. 사랑은 어디에서 오는가 127
14. 수사학자 히에리우스 128
15. 신체와 정신 130
16. 아리스토텔레스의 『열 범주』 134

제5권 이탈리아의 로마로 가다 139

1. 하나님을 찬미하다 141
2. 어디에나 존재하는 하나님 142
3. 마니교도 파우스투스 143
4. 하나님을 앎과 행복 147
5. 파우스투스의 가르침 148
6. 파우스투스의 말재주 150
7. 마니교를 떠나다 152
8. 로마로의 여행 154
9. 열병과 어머니의 기도 157
10. 복음을 받아들이기 이전의 잘못들 160
11. 마니교 신앙과 가톨릭 신앙의 비교 164
12. 돈의 유혹 165
13. 밀라노에서 암브로시우스를 만나다 166
14. 아우구스티누스와 암브로시우스 168

제6권 밀라노의 수사학 교수 171

1. 어중간한 상태 173
2. 모니카와 고향의 미신 175

3. 암브로시우스의 일과 연구 176
4. 성 암브로시우스의 설교 179
5. 성서의 권위 181
6. 비참한 야망 183
7. 친구 알리피우스 186
8. 검술놀이를 즐기는 알리피우스 189
9. 도둑으로 의심을 받은 알리피우스 190
10. 알리피우스의 성실함과 네브리디우스 193
11. 인생행로에 대한 생각 195
12. 결혼과 독신에 대한 논쟁 198
13. 결혼을 기다리다 200
14. 공동생활의 설계 201
15. 욕정의 노예 202
16. 영혼불멸 203

제7권 신플라톤주의의 발견 205

1. 비물질적인 하나님 207
2. 네브리디우스의 마니교 반박 210
3. 자유의지와 죄악 211
4. 썩을 수 없는 최고선 하나님 213
5. 악의 뿌리 214
6. 점성술사들의 공허한 예언 217
7. 악의 원인에 대한 탐구 221
8. 하나님의 자비 223
9. 플라톤철학과 기독교 교리 223
10. 신성한 것들 227
11. 피조물들의 상태 229
12. 존재하는 모든 것들은 선하다 230
13. 하나님을 찬미하는 모든 피조물들 231
14. 하나님에 관한 참다운 지식 232
15. 피조물의 참과 거짓 233
16. 모든 자연의 사물들은 선하다 234

17. 하나님에 관한 지식 235
18. 그리스도만이 구원의 길 236
19. 그리스도의 성육신 237
20. 신플라톤주의자들의 다양한 책들 239
21. 성서의 내용과 신플라톤주의자들의 책들 241

제8권 기독교로의 개종 245
1. 천상의 사랑과 심플리키아누스 247
2. 빅토리누스의 개종 250
3. 죄인의 개종 254
4. 큰 죄인의 개종 256
5. 개종을 방해한 것 257
6. 하나님의 벗 260
7. 양심의 소리 265
8. 정원에서의 일 267
9. 선을 찾아가는 마음 269
10. 인간의 의지 271
11. 정신과 육체의 싸움 274
12. 드디어 개종하다 277

제9권 세례와 어머니의 죽음 281
1. 하나님의 선함 283
2. 수사학 교육의 포기 284
3. 친구들의 행복한 죽음 287
4. 베레쿤두스의 별장에서 290
5. 읽어야 할 책들 296
6. 밀라노에서의 세례 296
7. 암브로시우스가 발견한 기적 298
8. 어머니와의 대화 300
9. 남편에 대한 어머니 모니카의 태도 304
10. 천국에 관한 대화 307
11. 어머니 모니카의 죽음 310

12. 어머니의 죽음에 대한 애도 312
13. 돌아가신 어머니를 위한 기도 316

제10권 현재와 기억 그리고 욕망 321

1. 마음의 고백 323
2. 하나님이 아는 비밀 324
3. 우리들의 그릇된 행동에 대한 고백 325
4. 고백의 위대한 결과 327
5. 자기 자신과 하나님에 대한 인간의 앎 329
6. 우리는 하나님을 어떻게 아는가 330
7. 하나님과 우리들의 육체의 능력 334
8. 기억의 힘 334
9. 다양한 학문들의 기억 338
10. 감각과 기억 339
11. 영혼 안에 있는 것들 341
12. 수학자들의 기억 342
13. 기억의 기억 343
14. 우리들을 기쁘게 하는 것들 344
15. 존재하지 않는 것들에 대한 기억 346
16. 망각의 기억 347
17. 삼중적인 기억의 힘 349
18. 회상 351
19. 기억의 본질 352
20. 우리가 원하는 축복 353
21. 우리들이 전혀 소유하지 못한 것에 대한 기억 355
22. 참다운 기쁨과 행복한 삶 358
23. 행복한 삶 358
24. 하나님을 포함하는 기억 361
25. 하나님을 찾아내는 기억 361
26. 하나님의 발견 362
27. 우리들을 이끄는 하나님 363
28. 삶의 비참함 364

29. 희망은 어디에 있는가 365
30. 꿈의 기만 366
31. 먹고 마시기 368
32. 후각의 욕망 373
33. 청각의 쾌감 373
34. 시각의 유혹 376
35. 알고 싶은 호기심 378
36. 자만의 죄 382
37. 칭찬과 비난 384
38. 헛된 영광 388
39. 자기애 388
40. 죄악을 물리치려는 노력 389
41. 하나님과 거짓말 391
42. 천사의 정체 391
43. 그리스도는 누구인가 393

제11권 세계창조와 시간 397

1. 왜 우리는 하나님에게 고백하는가 399
2. 죄와 과오로부터 참다운 지식으로 400
3. 성서의 이해 403
4. 피조물들의 창조자인 하나님 405
5. 무로부터의 세계창조 406
6. 하나님의 말과 세계창조 407
7. 성자는 성부와 함께 영원한 말이다 408
8. 하나님의 말 409
9. 우리들 마음이 듣는 하나님의 말 410
10. 하나님의 의지는 시작을 모른다 411
11. 시간으로 잴 수 없는 하나님의 영원함 412
12. 세계창조 이전의 하나님 413
13. 세계창조 이전에는 시간이 없었다 414
14. 세 가지 서로 다른 시간 416
15. 시간의 척도 417

16. 시간을 측정하기 420
17. 과거와 현재와 미래 421
18. 어떻게 시간은 흘러가고 다가오며 현재하는가 421
19. 어떻게 미래를 미리 알 수 있는가 423
20. 세 가지 다른 시간들은 어떤 것들인가 424
21. 시간을 어떻게 측정할 것인가 425
22. 시간에 관한 난점의 해결 426
23. 시간의 본질 428
24. 시간은 물체의 운동을 측정하는 근거 430
25. 다시 드리는 기도 431
26. 시간 측정 432
27. 시간을 측정하는 방법 433
28. 영혼 속의 시간 437
29. 우리의 영혼과 하나님 439
30. 하나님은 세계창조 이전에 무엇을 했을까 439
31. 하나님의 지혜와 인간의 지식 440

제12권 하늘과 땅 443

1. 진리는 찾기 힘들다 445
2. 우리들이 보는 하늘은 땅이다 446
3. 심연의 암흑 446
4. 혼돈 447
5. 알기 어려운 혼돈 448
6. 혼돈에 대한 생각 449
7. 땅보다 큰 하늘 450
8. 혼돈과 무(無) 452
9. 하늘들의 하늘 453
10. 성서의 이해 454
11. 하나님의 가르침 455
12. 시간을 벗어난 두 가지 피조물 457
13. 하늘들의 하늘의 본성 458
14. 성서의 깊은 뜻 459

15. 창조주와 피조물들 간의 차이 460
16. 신성한 진리 464
17. 하늘과 땅의 이름 465
18. 성서를 이해하는 방법들 467
19. 개별적으로 분명한 진리들 468
20. 창세기 1장 1절의 해석 469
21. 땅은 공허했다 470
22. 물 471
23. 성서에서의 진리 474
24. 참다운 성서의 범위와 깊이 475
25. 자비 476
26. 성서에 적절한 글쓰기의 유형 479
27. 물의 근원 480
28. 다양한 성서의 이해 481
29. 태초 483
30. 성서의 집필가들 486
31. 우리들이 말하는 진리 487
32. 성서의 참다운 의미 488

제13권 창조의 빛 491

1. 하나님을 부르다 493
2. 피조물과 창조주 494
3. 하나님의 은총 496
4. 피조물은 하나님을 필요로 한다 497
5. 축복받은 삼위일체 498
6. 성령과 물 499
7. 성령의 작용 499
8. 천사와 인간의 행복 500
9. 세례의 뜻 502
10. 하나님의 선물 503
11. 축복받은 삼위일체와 인간 504
12. 세례와 성령의 작용 505

13. 하나님을 갈망하다 506
14. 믿음과 소망 508
15. 성서와 천사들 509
16. 불변하는 하나님 512
17. 마른 땅과 바다 512
18. 창조작업에 대한 암시 514
19. 마음의 정화 516
20. 정신적인 것들의 창조 519
21. 새와 물고기의 창조 521
22. 인간의 창조 524
23. 피조물에 대한 인간의 지배 525
24. 왜 하나님은 인간과 새와 물고기를 축성(祝聖)했는가 528
25. 풀과 나무와 경건함의 의무 531
26. 이웃에 대한 선한 행위 533
27. 물고기와 고래 536
28. 매우 좋다는 말의 뜻 537
29. 영원히 선한 하나님의 일 538
30. 하나님의 일을 싫어하는 자들에게 539
31. 하나님에게 기쁜 것 539
32. 하나님의 일들을 요약하다 541
33. 창조주에 대한 피조물의 찬미 543
34. 기독교적 삶의 열매 544
35. 평화를 위한 기도 545
36. 저녁이 없는 제7일 546
37. 우리들 안에 있는 하나님 546
38. 하나님의 앎과 인간의 앎 547

| 해설 | 아우구스티누스의 생애와 사상 549

| 찾아보기 | 567

제1권

어린 시절

Confessiones

1

아우구스티누스는 주님을 찬양한다

주여, 당신은 위대하며 크게 찬양받을 만합니다(시편 145, 3). 당신의 권능은 크고 당신의 지혜는 헤아릴 수 없습니다(시편 147, 1).

그리고 당신의 피조물 중 한 부분인 이 인간[1]은 당신을 찬미하려고 합니다. 그리고 이 인간은 자신의 사멸(死滅)을 동반하며(2고린 4, 10) 자기 자신의 죄의 증거를 동반합니다. 당신이 오만을 물리치기(야고 4, 6) 때문에 이 증거가 있습니다. 그렇지만 이 인간은 당신의 피조물 중 한 부분으로서 당신을 찬미하기를 바랍니다.

당신은, 당신을 찬미함으로써 즐겁게 되는 것을 일깨워 줍니다. 왜냐하면 당신은, 당신을 위해서 우리를 만들었기 때문입니다. 그래서 우리의 마음[2]은 당신 안에서 쉬기 전까지는 편치 않습니다.

주여, 당신을 부르는 것이 우선인지 아니면 당신을 찬양하는 것이 먼저인지 그리고 당신을 아는 것이 우선인지 또는 당신을 부르는 것이 먼

---

1 이 인간은 아우구스티누스 자신을 뜻한다.

2 cor nostrum. cor는 심장, 오성, 정신, 통찰, 영혼 등 여러 뜻이 있는데 여기서는 마음으로 옮겼다.

저인지 알고 이해하게끔 해 주십시오. 그러나 누가 당신을 모르면서 부르겠습니까?[3] 당신을 모르면서 부르는 자는 당신 대신 다른 것을 부를 수 있습니다.[4] 또는 사람들은 당신을 알기 위해서 오히려 당신을 부르는 것입니까? 그러나 믿지 않는 그를 어떻게 부르겠습니까(로마 10, 14)? 또 전도하는 자 없이 어떻게 그를 믿겠습니까? 그리고 그를 찾는 자들은 주님을 찬미할 것입니다(시편 22, 27). 실로 그를 찾는 자들이 그를 만나고, 만나면서 그를 찬미할 것입니다.

주여, 나는 당신을 부르면서 찾고, 당신을 믿으면서 부릅니다. 실로 당신은 우리들에게 전도되었습니다. 주여, 당신이 나에게 주고, 당신의 아들의 인성(人性)을 통해서, 당신의 전도자[5]의 성직(聖職)을 통해서 나에게 불어넣은[6] 나의 믿음[7]은 당신을 부릅니다.

2

인간 안에 있는 하나님 그리고 하나님 안에 있는 인간

그리고 나의 하나님, 주님을 나는 어떻게 불러야만 합니까? 왜냐하면 내가 그를 부를 때 나는 나 자신 안으로 확실히 그를 불러 모시기 때문입니다. 나의 하나님이 내 안으로 올, 내 안에 있는 자리는 어떤 자리인

---

3 앎은 지성을, 부름은 신앙을 의미한다. 아우구스티누스는 기독교 신비주의의 색채를 가지고 있으므로 지성과 신앙의 합일 또는 종합을 의도하는 경향이 있다.

4 다른 것은 하나님이 아닌 이단의 숭배물들을 지시한다.

5 아우구스티누스를 가톨릭으로 개종시키는 데 결정적 역할을 하고 아우구스티누스에게 세례를 베푼 밀라노의 주교 암브로시우스(Ambrosius)를 가리킴.

6 inspiro는 불어넣다, 영감을 주다 등의 뜻을 가짐.

7 fides mea는 나의 신앙, 곧 나의 믿음으로 이것은 하나님에 대한 신앙을 의미한다.

가? 하늘과 땅을 만든(창세 1, 1) 하나님이 내 안으로 들어올 자리는? 주, 나의 하나님이여, 실제로 당신을 붙잡을 어떤 것이 내 안에 있습니까? 아니면 당신이 만들었고 또 그 안에 당신이 나를 만든 하늘과 땅이 당신을 붙잡습니까? 또는 당신 없이는 존재하는 모든 것들이 있을 수 없기에 존재하는 모든 것들은 당신을 붙잡는 것입니까? 그렇게 내가 존재하기 때문에, 당신이 내 안에 있지 않았다면 존재하지 않을 내 안으로 당신이 오게끔 나는 무엇을 빕니까? 나는 아직 지옥에 있어 보지 않았지만 당신은 언제나 그곳에 있습니다. 내가 지옥으로 내려간다고 할지라도 당신은 그곳에 있습니다(시편 139, 8).

나의 하나님, 그러므로 당신이 내 안에 있지 않았다면 나는 존재하지 않았을 것이고, 절대로 존재하지 않았을 것입니다. 그에게서 모든 것이 생기고, 그에 의해서 모든 것이 나오고, 그 안에 모든 것이 있는(사도 17, 28)[8] 그러한 당신 안에 내가 있지 않았다면 나는 차라리 존재하지 않았을 것입니다. 그렇습니다. 주여, 정말 그렇습니다. 당신 안에 내가 존재한다면 어디로 당신을 부를까요? 또는 어디에서 당신은 내 안으로 옵니까? 하늘과 땅을 너머 어디로 물러나서 나의 하나님이 내 안으로 오게끔 할까요? 하나님은 이렇게 말했습니다: 나는 하늘과 땅을 채울 것이다(예레 23, 24).

8 'ex quo omnia, per quem omnia, in quo omnia'에서 omnia는 우주만물을 그리고 그(qui)는 창조주를 뜻한다.

3
하나님은 어디에나 존재한다

당신이 하늘과 땅을 채우기 때문에 하늘과 땅은 당신을 품고 있습니까? 당신이 그것들을 채워도 그것들은 당신을 품지 못하기 때문에 당신의 여분이 남습니까?[9] 그리고 하늘과 땅을 채우고 당신의 남은 것을 어디에 쏟아붓습니까? 또는 당신이 채우는 것을 포함하면서 채우기 때문에 모든 것을 포함하는 당신은 어딘가에 포함될 필요가 없지 않습니까? 당신으로 가득 찬 그릇들이라도 당신을 안정되게 하지 못합니다. 왜냐하면 그 그릇들이 깨어져도 당신은 쏟아지지 않기 때문입니다. 그리고 당신이 우리 위에 쏟아질 때 당신은 엎질러지지 않고 우리를 일으키며, 당신은 흩어지지 않고 우리를 한데 모읍니다. 그러나 당신은 모든 것을 채우며, 당신의 전부를 다해서 모든 것들을 채웁니다. 아니면 모든 것들은 당신 전체를 포함할 수 없기 때문에 당신의 부분을 포함하며 모든 것들은 다 함께 당신의 부분을 포함합니까? 아니면 모든 것들은 각각 자기 몫을, 그리하여 더 큰 것들은 더 큰 부분을, 더 작은 것들은 더 작은 부분을 포함합니까? 또는 당신은 모든 곳 어디에나 존재하므로 어떤 것도 당신 전체를 포함하지 못하는 것 아닙니까?

---

9 하나님은 무한하므로 언제나 넘쳐흐른다는 뜻임.

4

하나님의 위대함과 전능

그렇다면 나의 하나님은 무엇입니까? 내가 묻건대, 주 하나님이 아니라면 무엇입니까? 주님 이외의 주님이 누구입니까? 우리들의 하나님 말고 또 누가 하나님입니까?

당신은 가장 높고 가장 선하며, 가장 능력이 있고 가장 전능하며, 가장 자비롭고 가장 의로우며, 가장 은밀하고 최고로 현존(現存)하며, 가장 아름답고 가장 강합니다. 당신은 흔들리지 않고 파악되지 않으며, 모든 것을 변화시키지만 변화되지 않고, 결코 새로움도 없고 낡음도 없이 모든 것들을 새롭게 만듭니다. 당신은 오만한 자들을 늙음으로[10] 이끌지만 그들은 이 사실을 알지 못합니다. 당신은 언제나 일하며 언제나 조용하고, 궁핍하지 않으면서도 거두며, 이끌어 가고 채우며 감싸고, 창조하고 기르며 만들어 내고, 당신에게 없는 것이 아무것도 없으면서도 찾습니다. 당신은 사랑하지만 흥분으로 끓지 않으며, 질투하지만 두려움이 없습니다. 당신은 자신을 뉘우치지만 괴로워하지 않고, 화내면서 평안하고, 일을 바꾸지만 뜻[11]은 변함이 없습니다. 당신은 얻는 것을 받아들이며 아무것도 잃지 않습니다. 당신은 결코 가난하지 않지만 이득을 즐거워하며, 결코 인색하지 않으면서도 이윤을 요구합니다. 당신에게 빚 지우려고 당신에게 더 바칠 것이 무엇이며, 당신 것이 아닌 것을 누가 가졌겠습니까? 아무에게도 빚을 지지 않은 당신은 빚을 갚으

---

10 'in vetustatem'은 '나이 듦으로'의 뜻인데 오만한 자들을 늙게 해서 몰락하게 한다는 의미임.

11 'consilium'은 계획, 의도, 충고, 뜻 등의 의미를 가지는데 여기서는 의도, 곧 뜻으로 옮겼다.

며, 빚을 갚지만 아무것도 잃지 않습니다.

그리고 나의 생명, 거룩한 나의 감미로움, 나의 하나님, 우리들은 무엇을 말했습니까? 또는 어떤 사람이 당신에 대해서 말할 때 그는 무엇을 말하여야 합니까? 그리고 슬픈 것은 당신에 대해서 침묵하는 자들입니다. 왜냐하면 그들은 말 많은 벙어리들이기 때문입니다.[12]

5

죄의 용서와 하나님의 사랑

누가 나를 당신 안에서 쉬게 해 주겠습니까? 누가 당신을 내 마음 안으로 오도록 해 주겠습니까? 당신이 내 마음을 취하게 만들면 나의 죄악을 잊고 유일한 나의 선,[13] 당신을 껴안겠습니다.

당신은 나에게 무엇입니까? 당신에게 말할 수 있게끔 나를 불쌍히 여기십시오. 나 자신이 당신에게 무엇이기에, 당신은 나에게 당신을 사랑하라고 명령하며, 만일 당신을 사랑하지 않으면 나에게 진노하며 엄청난 비참함을 주겠다고 위협하는 것입니까(신명 6, 5; 마태 22, 37; 1 고린 16, 22)? 당신을 사랑하지 않는 것은 아주 작은 비참함이라도 됩니까? 아, 나에게! 주, 나의 하나님, 당신이 나에게 무엇인지 당신의 연민을 통해서 나에게 말해 주세요. 나는 너의 구원이다(시편 35, 3)라고 나의 영혼에게 말해 주세요. 내가 당신의 말을 들을 수 있도록 그렇게

---

12 이론적으로는 다양한 사상체계를 많이 제시하지만 하나님에 관해서는 침묵하는 마니교도들을 가리켜서 'loquaces muti(말 많은 벙어리들)' 라고 함.

13 'unum bonum meum' 은 직역하면 '나의 하나의 선을' 인데 여기서 선(善)은 주, 곧 하나님을 뜻한다.

말해 주십시오. 주여, 당신 앞의 내 마음의 귀들을 보십시오. 이 마음의 귀들을 열고 나는 너의 구원이다라고 내 영혼에게 말해 주십시오. 나는 이 목소리를 따라 달려가서 당신을 붙잡겠습니다. 당신의 얼굴을 내게 감추지 마십시오. 나는 죽지 않기 위해서, 당신의 얼굴을 보고 죽겠습니다.[14]

당신이 들어오기에는 내 영혼의 집이 너무 좁습니다. 그러니 당신이 넓혀 주십시오. 무너지고 있으니 그 집을 고쳐 주십시오. 당신의 눈에 거슬리는 것들이 있다는 사실을 고백하며 또 알고 있습니다. 그러나 누가 이것을 닦겠습니까? 또는 당신 말고 다른 누구에게 내가 다음처럼 외치겠습니까? 주여, 내게 숨겨진 것들로부터 나를 깨끗하게 닦아 주십시오(시편 19, 12). 그리고 남의 것들로부터 당신의 종을 용서하십시오. 나는 믿습니다. 그렇기에 나는 말합니다. 주여, 당신은 압니다(시편 116, 1). 나의 하나님, 나는 나 자신의 죄를 당신에게 고백하지 않았습니까? 그리고 당신은 내 마음의 불경(不敬)을 용서해 주지 않았습니까(시편 32, 5)? 진리인 당신과 시비를 가리려고 하지 않습니다. 내 죄악이 스스로 속이지 않을까 하여(시편 27, 12) 나 자신을 속이지 않을 것입니다. 그러므로 나는 당신과 시비를 가리려고 하지 않겠습니다. 왜냐고요? 주여, 주여, 만일 당신이 죄악을 관찰한다면 누가 계속 버티겠습니까?

---

14 하나님의 참 모습을 알면 육체는 죽더라도 영혼은 죽지 않는다는 의미임.

6
신의 섭리와 영원함

그렇지만 나로 하여금, 흙이며 재인(창세 18, 27) 나로 하여금 당신의 자비 앞에서 말하게 해 주십시오. 자, 보십시오. 왜냐하면 나는 나를 비웃는 자가 아니라 당신의 자비에게 말하기 때문입니다. 그리고 아마도 당신이 나를 비웃을지 몰라도 돌이켜서 나를 불쌍히 여길 것입니다. 주여, 내가 말하고자 하는 것은 오직 다음의 사실이 아니면 무엇입니까? 나는 어디로부터 이곳으로, 이 죽음의 삶으로 또는 삶의 죽음으로 왔는지 모를 뿐입니다. 그리고 당신의 자비의 위안이 나를 받아 준 것을 내 육신의 부모에게서 들었습니다. 언젠가 당신은 그들에게서, 그들 안에 나를 만들었지만 나로서는 기억하지 못합니다.

그러므로 인간의 젖의 위안이 나를 받아들였지만 내 어머니나 나의 유모들이 자기들의 유방을 채운 것이 아니고, 당신이 그들을 통해서 나에게 아기의 먹을 것을 주었는데, 이는 당신의 지시[15] 때문이며 사물의 뿌리에 이르기까지 다스리는 풍요로움 때문입니다. 당신은 또한 당신이 주는 것보다 더 많은 것을 내가 원하지 않게끔 나에게 주었으며, 유모들로 하여금 당신이 그들에게 주는 것을 나에게 먹이게끔 했습니다. 왜냐하면 유모들은 당신이 풍요롭게 한 골고루 나누어 주는 정을 통해서 나에게 먹을 것을 주려고 했기 때문입니다. 말하자면 그들로부터 얻은 나의 선(善)[16]은 그들에게도 선이었습니다. 이 선은 그들에게서 생

---

15 'institutio(제정, 지시)'는 예수 또는 하나님이 성체(聖體) 혹은 성사(聖事)를 제정하는 것을 뜻한다.

16 'bonum meum(나의 선)'은 나의 행복 또는 나의 지복의 뜻으로 이해할 수도 있다.

긴 것이 아니라 그들을 통해서 나온 것이었습니다.[17] 하나님, 물론 당신에게서 모든 선들이 나오며, 나의 하나님으로부터 내 건강 전부가 따라 나옵니다. 당신이 안과 밖으로 나에게 주는 것 자체를 통해서 당신이 외쳤을 때 나는 나중에 이 사실을 깨달았습니다. 실로 그 당시 나는 젖을 먹고 나를 즐겁게 해 주면 조용히 쉬었지만 내 몸을 언짢게 하는 것에는 울 줄만 알고 그 이상은 아무것도 알지 못했습니다.

나중에 나는, 우선은 자면서 그다음에는 깨어서 웃기 시작했습니다. 내가 이런 것을 남들이 나에게 지적해 주었으며 다른 아이들이 그와 같은 것을 보고서 믿었습니다. 내가 그랬다는 것은 기억하지 못합니다. 그리고 자, 나는 내가 어디에 있는지 점점 느끼게 되었으며, 사람들을 만족하게 하려고 나의 소망을 사람들에게 표현하려고 했지만 할 수 없었습니다. 왜냐하면 내 소망은 안에 있지만 사람들은 밖에 있어서 그들은 어떤 감정을 가지고서도 내 영혼 안으로 들어올 수 없었기 때문입니다. 그래서 나는 사지를 퍼덕거리고 소리를 내면서 내가 할 수 있는 소망과 비슷한 몇 가지 표시를 만들었지만 실상 그것들은 명백한 표시가 되지 못했습니다. 그들이 나를 이해하지 못해서인지 아니면 나를 해치지 않으려고 해서인지 그들이 나에게 복종하지 않았을 때, 나는 어른들이 내 뜻에 따라 주지 않으며 자유인들이 내게 복종하지 않아서 분노했으며 울면서 그들에게 복수했습니다. 나는 아이들이 이렇다는 것을 알게 되었고 그 사실을 알 수 있었습니다. 나도 그랬다는 것은 나를 길러서 잘 아는 사람들보다 모르는 사람들이 더 많이 나 자신에게 알려 주었습니다.

그리고 자, 내 어린 시절은 오래전에 죽었고 나는 살아 있습니다. 그

17 '나의 선'의 원천은 유모들이 아니라 하나님이라는 뜻임.

러나 주여, 당신은 항상 살아 있으며 당신 안에서는 어떤 것도 죽지 않습니다. 세기의 시초에 앞서서 그리고 이전이라고[18] 일컬어질 수 있는 모든 것들에 앞서서 당신은 하나님이며 당신이 창조한 모든 것들의 주님입니다. 그래서 덧없는 모든 사물들의 원인이 당신에게 있고 변화하는 모든 사물들의 근원이 불변하게 당신에게 있으며, 비이성적이고 시간적인 모든 것들의 영원한 근거[19]가 당신 안에 살고 있습니다. 하나님, 당신에게 비는 자 나에게 말하십시오. 당신의 가엾은 나에게, 나를 가엾이 여기는 분이여, 내 어린 시절은 이미 죽은 어떤 내 전생(前生)의 연속이었는지의 여부를 내게 말해 주십시오. 아니면 그것은 내 어머니의 자궁 안에서 지내던 그것이었습니까? 그리고 실로 이에 대해서는 사람들이 어느 정도 나에게 알려 주었으며, 나는 임신한 여자를 보고 알기도 했습니다. 나의 큰 기쁨,[20] 나의 하나님, 이 시절 이전의 나는 무엇이었습니까? 나는 어느 곳에 있었고 누구였습니까? 실로 이 사실을 내게 말해 줄 아무도 없으며 아버지도 그렇다고 어머니도 말해 줄 수 없으며, 다른 사람의 경험도 그리고 나의 기억도 이 사실을 말해 줄 수 없기 때문입니다.[21] 내가 당신을 찬미하기를 그리고 내가 아는 것에 대해서 당신에게 고백하기를 명령하는 당신은 이런 것에 관해서 당신에게 묻는 나를 비웃습니까?

---

18 ante primordia saeculorum은 세기(世紀) 이전에, 곧 세계가 생기기 이전에를 뜻한다.

19 'ratio' 는 이성, 원인 또는 근거의 뜻을 가진다.

20 'dulcedo mea' 는 나의 감미로움, 곧 나의 희열인 하나님을 지시한다.

21 아우구스티누스는 확고부동한 영혼관을 가지지 못했지만 플라톤의 영혼관에는 반대했다. 플라톤은 영혼(psyché)이 영원불변하는 이데아로 존재하며, 죄를 저지른 대가로 인간의 신체로 들어오게 되었다고 한다. 아우구스티누스는 하나님이 인간 창조 시 신체와 함께 영혼도 창조한다는 창조설을 믿기도 하였고, 부모로부터 신체와 함께 영혼도 가지게 된다는 이론을 믿기도 하였다.

하늘과 땅의 주여, 나는 당신에게 고백합니다. 내가 기억하지 못하는 내 존재의 시초와 어린 시절에 관해서 당신을 찬미합니다. 당신은 사람들에게 그런 것을 남들을 봄으로써 스스로 짐작하라고 그리고 자신에 대한 많은 것들을 여자들의 전형(典型)을 보고 믿으라고 말했습니다. 당시 나는 존재했고 살아 있었으므로 이미 어린 시절의 끝 무렵에는 내가 느낀 것을 남에게 알리기 위해서 어떤 표시를 찾고 있었습니다.

주여, 당신으로부터가 아니면 어디에서 이런 동물이 생길 수 있습니까? 누가 자기 자신을 만들 재주를 가지고 있겠습니까? 또 어떤 핏줄[22]이 존재와 삶을 우리 안으로 흐르게 합니까? 최상의 존재와 최상의 삶은 하나이기 때문에 존재와 삶이 서로 다른 것이 아닌 주여, 당신만이 우리들을 만들지 않았습니까? 당신은 가장 높은 분이며 변하지 않고, 당신 안에서는 오늘이라는 날이 사라지지 않지만 이 모든 것들이 당신 안에 있기 때문에 오늘이라는 날은 당신 안에서 지나갑니다. 당신이 이 모든 것을 품고 있지 않다면 이 모든 것들은 지나갈 길을 지니지 못할 것입니다. 그리고 당신의 해(年)들이 사라지지 않기 때문에(시편 102, 27) 당신의 해(年)들은 오늘 하루입니다. 그리고 우리들의 그리고 우리의 조상들의 수많은 날들이 당신의 오늘을 통해서 지나갔으며, 그것으로부터 모습을 받아들여서 그렇게 존재했습니다. 그러나 당신은 늘 똑같으며, 내일의 모든 것과 그 너머의 것 그리고 어제의 모든 일과 그 뒤의 것을 오늘 행하고 있으며 또 오늘 행했습니다. 만일 어떤 사람이 이것을 이해하지 못한다면 그것이 내게 무슨 상관이 있습니까? 그로 하여금 기뻐하게 하고 다음처럼 말하게 하십시오: 이것이 무엇인가? 그 또한 이렇게 기뻐하게 하십시오. 당신을 찾으면서 못 찾기보다 오히려

22 핏줄(vena)은 원천, 곧 하나님을 지시한다.

못 찾으면서 찾는 것을 사랑하게 하십시오.[23]

7
죄를 범한 어린 시절

하나님, 잘 들으십시오. 아, 인간의 죄악은 비통합니다! 그리고 인간은 이렇게 말하며, 당신은 그를 불쌍히 여깁니다. 왜냐하면 당신은 그를 만들었어도 그 안의 죄악은 만들지 않았기 때문입니다. 누가 나로 하여금 내 어린 시절의 죄악을 기억나게 하겠습니까? 왜냐하면 당신 앞에서는 죄로부터 깨끗한 사람이 아무도 없기 때문입니다. 지상에서 하루를 산 아기도 죄로부터 깨끗하지 못합니다. 누가 나로 하여금 그것을 생각나게 하겠습니까? 내가 나 자신에 대해서 기억하지 못하는 것을 그 안에서 보는 지금의 그렇게 아주 작은 어떤 어린아이입니까?

그렇다면 당시 나는 무슨 죄를 범했습니까? 내가 울면서 젖가슴에 매달렸기 때문입니까? 왜냐하면, 만일 지금 내가 젖가슴이 아니고 내 나이에 어울리는 음식에 매달린다면 당연히 조롱당하고 야단맞아야 하기 때문입니다. 따라서 당시 나는 야단맞을 일을 했지만, 나를 야단치는 사람을 이해할 수 없었기 때문에 관습과 아울러 이성도 나를 야단치는 일을 허용하지 않았습니다. 우리들은 성장하면서 이런 것을 뽑아서 버리며, 어떤 것을 청소할 때 좋은 것을 알면서 버리는 사람을 나는 보지 못했습니다. 어린 시절, 받으면 해로울 것을 울면서 요구하던 일, 자유인들에게 그리고 어른들에게, 또 자신을 낳아 준 부모에게까지 그들

23 아우구스티누스는 나는 알기 위해서 믿는다(Credo ut intelligam)보다 나는 믿기 위해서 안다(Intelligo ut credam)가 선행한다고 보는 입장이다.

이 복종하지 않는다고 심히 화내던 일, 그리고 요구하는 뜻에 순종하지 않던 신중한 사람들이 그들에게 해로울 명령을 따르지 않는다고 마음껏 그들을 때리고 해친 일 등은 선한 것이었습니까?

그러므로 어린아이의 마음이 아니라 어린아이의 사지(四肢)가 해롭지 않습니다. 나는 아기의 질투를 보았고 또 체험했습니다. 아기는 아직 말도 못했지만 자신의 젖을 같이 먹는 애를 보고 새파랗게 질린 모습을 보여 주었습니다. 누가 이런 일을 모르겠습니까? 어머니들과 유모들은 이런 일을 달랠 수 있다고 말하지만 나는 어떤 치료법인지 알지 못합니다. 젖가슴에 샘솟는 젖이 넘쳐흐르는데, 굶주려서 근소한 양분으로 생명을 지탱하는 아이에게 나누어 주기를 허락하지 않는 그러한 일은 실로 순결하지 않습니다. 그러나 이런 것은 아무것도 아니거나 사소해서가 아니라 나이가 들면서 없어지기 때문에 우리들은 쉽게 참고 맙니다. 그렇지만 똑같은 것 자체를 나이든 사람이 행할 때 그것은 참을 수 있는 것이 되지 못합니다.

그러므로, 어린아이에게 생명과 육체를 준 나의 하나님 주여, 우리들이 보기에 당신은 어린아이에게 감각을 마련해 주었고 사지(四肢)를 짜맞추었으며 형태를 꾸며 주었고 그의 전체와 안전을 위해서 생물들의 모든 충동을 가져다주었습니다.[24] 당신은 이런 일들에 있어서 내가 당신을 찬미하라고 명합니다. 그리고 가장 높은 분인 당신은 내가 당신에게 고백하고 당신의 이름을 거문고로 노래하라고[25] 명합니다. 당신이 아니라면 다른 어떤 누구도 할 수 없는 이 일 하나만 했어도 당신은 전능하며 선한 하나님이기 때문에, 당신은 그것에서 코든 양태가 나온 하

24 conatus는 성향, 경향, 노력 등의 뜻이 있으며 근원적인 충동이나 힘을 의미하기도 한다.

25 psallo는 고대 로마시대 거문고와 비슷한 현악기를 연주하는 것을 말한다.

나이며, 당신은 모든 것에 형태를 부여하며 당신의 법에 따라 모든 것을 정리하는 최상의 아름다움입니다.

그러므로 주여, 살았던 기억도 나지 않고 남들과의 관계에서 내가 믿은 그리고 다른 아이들을 보고 나도 그랬으리라고 추측되는 시절, 그 추측이 상당히 믿음직할지라도 이 세상에서 살고 있는 내 삶에 그 추측을 포함시킬 마음은 없습니다. 왜냐하면 내 망각의 어둠에 속하는 것은 내가 어머니의 태(胎) 안에서 살았던 것을 통해서 생겼기 때문입니다. 그리고 내가 부정한 가운데[26] 잉태되었고, 나의 어머니는 죄를 짓고 나를 길렀으니(시편 51, 5), 나의 하나님, 당신에게 빌건대, 주여, 당신의 종인 나는 어디에서 그리고 언제 죄가 없었겠습니까? 그러나 자, 그 시절은 더 이상 관여치 않겠습니다. 아무런 흔적도 찾을 수 없는 것이 내게 무슨 상관이 있겠습니까?

8
어린 시절 말 배우기

나는 어린 시절로부터[27] 계속 자라면서 소년기에 도달하지 않았습니까? 아니면 오히려 이 소년기가 내 유년기를 이으면서 내 안으로 들어온 것입니까? 내 유년시절은 사라지지 않았습니다. 사라졌다면 어디로 갔겠습니까? 그렇지만 이미 내 유년시절은 존재하지 않았습니다. 왜냐하면 나는 말할 줄 모르는 어린아이가 아니라 이미 말하는 소년이었기 때문입니다. 나는 이것을 기억하며, 어디에서 말하기를 배웠는지는 나

---

26 in iniquitate는 '부정한 가운데' 또는 '죄악을 저지르고서'의 뜻임.
27 ab infantia는 '어린 시절로부터'이므로 '유년기에서'와 동일한 의미를 가진다.

중에 알게 되었습니다. 왜냐하면 얼마 후 글을 배울 때처럼 어떤 일정한 교육의 질서에 따라서 어른들이 나에게 말을 가르친 것이 아니기 때문입니다. 그러나 나의 하나님, 당신이 나에게 준 정신을 가지고 나 자신은 내 마음의 뜻을 나타내기 위해서 신음소리도 내고 다양한 소리도 내며 여러 가지로 사지(四肢)를 움직여 보았습니다. 그때는 내가 뜻하는 것을 다 표현할 수 없었고 내가 원하는 모든 사람들에게 표현할 수도 없었습니다. 나는 기억을 통해서 다음의 사실을 생각하게 되었습니다: 그들이 어떤 사물의 이름을 부를 때, 그들이 그 사물의 이름을 부르면서 어떤 것을 향해서 몸을 움직이면 나는 이토부터 그들이 발음한 것은 바로 그들이 나에게 보여 준 사물의 이름이라는 것을 알았습니다. 그러나 그들이 이것을 원한 것을 나는 신체의 운동을 통해서 또한 모든 민족의 자연적 언어를 통해서 알게 되었습니다. 안색과 눈짓 그리고 다른 사지(四肢)들의 행동에 의해서 표현되는 그러한 언어와 목소리의 음은 어떤 것을 요청하고, 소유하며, 버리고, 피하는 마음의 정서를 알게 해 주었습니다. 다양한 문장들 안에서 말들을 이렇게 제자리에 놓고 여러 번 들음으로써 나는 점차로 그 말들이 어떤 사물의 기호인지 알게 되었으며, 그 말들의 음성기호에 익숙해져서 이 기호를 통해서 내 뜻을 표현했습니다.

이렇게 나는 나와 함께 있는 사람들과 의사표현의 기호를 교환했으며, 부모의 권위와 어른들의 가르침에 의존한 채 인생의 파도치는 사회로 깊이 빠져들어 가게 되었습니다.

9
배우기 싫어하고 놀기 좋아하는 어린이

하나님, 나의 하나님, 나는 어린 시절에 비참함과 조롱을 얼마나 체험한 것입니까? 물론 옳게 사는 것이 소년인 나에게 제시되었습니다. 그 제시는 세상에서 출세하라고 그리고 인간의 명예와 그릇된 부유함의 종이 되기 위해서 웅변학에 뛰어나라고 나에게 충고하는 사람들에게 복종하라는 것이었습니다. 그래서 문학을 배우기 위해서 학교에 들어갔지만 그것이 무슨 유용함이 있는지 불쌍한 나는 알지 못했습니다. 그렇지만 배움이 느릴 경우 나는 매를 맞았습니다. 왜냐하면 어른들은 이런 교육을 칭찬했기 때문입니다. 그리고 우리들보다 앞서서 그러한 삶을 이끌어 왔던 많은 사람들이 힘든 길을 걸어왔듯이 우리들도 아담의 자식들에게 한층 더 많이 맡겨진 노고와 고통을 감내하면서 그 길을 지나가지 않으면 안 되었습니다.

그러나 주여, 우리들은 당신에게 기도하는 사람들을 만났으며, 그들로부터 배워서 당신에 대해 깨달았습니다. 우리들의 감각에는 나타나지 않더라도 당신은 우리들을 듣고[28] 도와줄 수 있는 있는 위대한 어떤 분이라는 것을 알 수 있었습니다. 왜냐하면 나는 소년으로서 나의 보호이며 안식처인 당신에게 기도하기 시작했기 때문입니다. 그리고 당신을 부르는 중에 내 혀의 매듭을 풀고,[29] 작은 것이 작지 않은 정을 가지고 학교에서 매 맞지 않게 해 달라고 당신에게 기도했습니다. 그리고 당신이 나를 어리석게 만들지 않으려고 내 기도를 들어주지 않았을 때, 나에게 어떤 불행도 닥치지 않길 원하는 나의 부모에 이르기까지 어른

28 '우리들을 듣고'는 우리들의 기도를 듣고의 뜻임.
29 말을 제대로 하게 되었다는 뜻임.

들은 웃었으며 그것은 당시 나에게 상처가 되었고 또한 크고 힘든 불행이었습니다.

주여, 강력한 애정을 가지고 당신을 따르면서 위대한 영혼을 가진 그런 사람이 있습니까? 왜냐하면 우둔함으로 말미암아 그럴 수도 있으므로 당신에게 큰 애정을 가지고 그렇게 결부된 사람이 있습니까? 지상의 모든 사람들이 무서워서 피하려고 하는 형틀과 말편자 그리고 여러 가지 그러한 고문들을 가볍게 평가하고, 우리의 부모가 자기 자식들이 선생에게 매 맞는 고문에 대해 비웃는 것처럼 이 사실[30]을 매우 두려워하는 사람들을 비웃을 수 있습니까? 왜냐하면 우리들 또한 적지 않게 공포를 두려워했으며 공포를 피하려고 빌었지만 사람들이 우리에게 요구하는 것보다 글쓰기, 읽기 그리고 수업에 관한 사색이 모자라서 우리가 죄를 범했기 때문입니다.

주여, 당신이 그만 한 나이의 우리들에게 충분히 준 기억력이나 재주가 없어서가 아니라 노는 것이 즐거웠기 때문이며 그래서 우리들은 전적으로 무섭게 행동하는 어른들에게서 벌을 받았습니다. 그러나 어른들의 놀이는 일로 일컬어지지만 아이들이 놀면 그것이 의미가 있을지라도 어른들은 벌을 줍니다. 그리고 어느 누구도 아이들이나 아이들을 키우는 사람이나 또는 양자 모두를 불쌍히 여기지 않습니다. 실로 사물을 옳게 판단하는 사람은 내가 소년으로서 공놀이를 했다고 해서 그리고 그 놀이 때문에 글공부의 진도에 방해가 되었다고 해서 내가 매 맞는 것을 찬성하지 않을 것입니다. 어른이 되어 공놀이를 하면서 글공부를 한다면 초라하게 놀게 될 것입니다. 또한 나를 때린 그 사람도 다른 짓을 하지 않았습니다. 만일 그가 자신의 동료 교사와의 어떤 논쟁에서

---

30 나를 어리석지 않게 만들기 위해서 하나님이 나의 기도를 들어주지 않는 사실.

지면 그는, 공놀이 게임에서 나의 놀이동무에게 진 나보다 훨씬 더 화내고 질투하면서 어쩔 줄 몰라했습니다.

10

놀이를 좋아해서 부모의 명을 무시하다

그렇지만 자연만물을 창조하고 질서를 세운 자, 나의 하나님 주여, 그러나 죄악에 관해서 유일하게 질서를 세우는 자여, 나는 죄를 범했습니다. 나의 하나님 주여, 나는 부모와 스승들의 명(命)을 어기면서 죄를 범했습니다. 왜냐하면, 그들의 뜻이 무엇이었든지 간에 그들이 내가 배우기를 바란 그 글을 가지고 나는 나중에 잘 사용할 수도 있을 것이기 때문입니다. 내가 그들에게 순종하지 않은 이유는 내가 더 나은 것을 선택했기 때문이 아니라 놀이를 좋아했기 때문입니다. 경기에서 의기충천한 승리, 더 심하게 내 귀를 간질거리게 하는 거짓된 이야기에 귀를 기울이기, 이런 호기심이 점점 더 커짐에 따라서 어른들의 연극과 놀이에 눈빛을 반짝이기 등을 나는 좋아했습니다. 그러한 것들을 세운 사람들은 자기들의 어린아이들이 거의 모두 자기들처럼 되기를 바랄 정도로 탁월한 기품을 지니고 있었지만, 자식들이 그러한 오락 때문에[31] 공부에 방해를 받는다면 오히려 매를 맞아야 한다고 했습니다. 공부는 그들과 똑같은 지위를 얻게끔 하는 것이었습니다. 주여, 이런 일을 불쌍하게 보십시오. 그리고 이미 당신을 부르는 우리를 해방시켜 주십시오.[32] 또한 아직도 당신에게 빌 줄 모르는 사람들이 당신을 부르고 당신

---

31 아우구스티누스 당시(4세기)의 오락은 신과 영웅을 기리는 소위 귀족들의 공적 오락과 시민들이 마음대로 즐길 수 있는 사적 오락 두 가지로 구분되었다.

이 그들을 해방시킬 수 있도록 해주십시오.[33]

11
아파서 늦어진 세례

내가 아직 소년이었을 때, 우리들의 오만함으로까지 내려온 우리들의 주 하나님의 겸손을 통해서 우리들에게 약속된 영생[34]에 관해서 들었습니다. 사람들은 이미 그의[35] 십자성호(十字聖號)로 나를 표시하였으며, 나는 내 어머니의 자궁에서 나오자마자 그의 소금으로 절여졌습니다. 어머니는 당신을 많이 믿었습니다.

주여, 당신은 보았습니다. 내가 아직 소년이었을 때, 어느 날 갑자기 내가 위장의 압박으로 거의 죽을 만큼 열이 나 괴로워할 때, 당신은 이미 나의 보호자였기 때문에 나의 어머니와 우리들의 모든 어머니인 당신의 교회의 경건함으로부터 내 마음이 얼마나 감동을 받았는지 그리고 얼마만큼 믿음을 가지고 하나님이자 나의 주님인 당신 그리스도의 세례를 애원했는지 당신은 보았습니다.

당황한 내 육신의 어머니는 당신의 믿음 안에서 순결한 가슴으로부터 나의 영원한 구원을 더 소중하게 낳아 주었습니다. 주 예수여, 죄를 용서받기 위해서 당신에게 고백하면서 구원하는 성사(聖事)에 의해서 정화(淨化)되고 씻겨지기를 바랐지만 나는 즉시 회복되었습니다. 마치

---

32 해방(libera)은 죄악으로부터의 해방이다.

33 해방시킨다는 것은 적극적인 의미에서의 구원을 뜻한다.

34 영생(vita aeterna)은 하나님에게 구원받은 영원한 생명을 말한다.

35 그의 십자성호(signo crucis eius)에서 그의(eius)는 '하나님의' 를 지시한다.

더 살면서 한층 더 때 묻혀야 할 필요가 있는 것처럼 나의 정화는 늦추어졌습니다. 왜냐하면 세례 후에 다시 죄악으로 더렵혀지는 것이 한층 더 크고 위험한 죄라는 것이 분명하기 때문입니다.

그렇게 나는 이미 믿었으며, 아버지만 빼고 온 집안이 믿었습니다.[36] 아버지는 당시까지 믿지는 않았지만,[37] 나로 하여금 그리스도를 믿지 못하게끔 그 정도로 나에 대한 어머니의 경건함의 권리를 빼앗지는 않았습니다. 왜냐하면 나의 하나님, 어머니는 내 아버지보다도 당신이 나에게 아버지가 되게끔 한껏 힘썼기 때문입니다. 그리고 이 일에서 당신은 어머니를 도와서 어머니로 하여금 어머니가 훨씬 더 잘 순종하던 아버지를 이기게 했습니다. 이유인즉 이 일에서 어머니는 그녀에게 그렇게 하라고 명하는 당신을 섬겼기 때문입니다.

나의 하나님, 당신에게 빕니다. 당시 내가 왜 세례를 받지 못하고 늦추어야 했는지 당신의 뜻에 맞는다면 나는 그 이유를 알고 싶습니다. 죄악의 고삐가 늦추어진 것이 나에게 좋은 것이었습니까 아니면 그것이 늦추어지지 않은 것이 좋은 것이었습니까? 따라서 지금도 여러 종류의 사람들로부터 사방에서 우리들의 귀에는 다음처럼 울립니다. "그를 내버려 둬. 맘대로 하게 해. 왜냐하면 그는 아직까지 세례를 받지 않았으니까." 그렇지만 신체의 건강에 대해서 우리들은 다음처럼 말하지 않습니다. "더 상처받게 내버려 둬. 왜냐하면 그는 아직 낫지 않았으니까 말이야."[38] 그러므로 당신에게서 건강한 영혼을 받아서 당신의 보좌

---

36 하나님을 믿었다는 것을 나타낸다.

37 아우구스티누스의 아버지 파트리키우스(Patricius)는 평생 기독교 신자가 아니었지만 아우구스티누스의 어머니 모니카(Monica)의 독실한 신앙심에 의해서 죽기 바로 전에 세례를 받았다.

38 당시(4세기)에는 세례를 받으면 죄를 범해서는 안 되었기 때문에 세례를 늦게 받는 관습이 있었다. 아우구스티누스는 주교가 된 후 이와 같은 관습을 철폐하는 데 애

아래 보호받게끔 나와 함께 내가 아는 사람들이 애썼더라면 나는 더 훌륭하게 그리고 더 빨리 치료되었을 것입니다.

참으로 더 좋아졌을 것입니다. 그러나 소년시절이 지나면 매우 많은 유혹의 격랑이 들이닥칠 것이 분명했습니다! 내 어머니는 이것을 미리 알고 있었고, 그녀는 당신을 닮은 모습에 나를 맡길 수 없다면 나중에 내가 그 형태가 될 흙덩어리에(창세 2, 7) 나를 맡기려고 했습니다.

12
공부와 섭리

그렇지만, 나에게는 청년기보다 덜 두려웠던 그 소년시절에 나는 글[39]을 좋아하지 않았고 내가 강제로 글공부하는 것을 싫어했습니다. 그러나 나는 강요당했고, 내가 좋아서 하지는 않았지만 그것은 나에게 좋게 되었습니다. 왜냐하면, 만일 강요당하지 않았다면 나는 배우지 않았을 것이기 때문입니다. 어느 누구도 자신이 행하는 일이 선하다고 할지라도 의지에 거슬러서 선하게 행동하지는 않습니다.[40] 나를 강요한 사람들은 좋게 행동한 것은 아니었지만 나의 하나님, 당신으로 말미암아 나에게는 일이 좋게 되었습니다. 왜냐하면 그들은 공부하기를 나에게 강요하면서 극도의 가난과 치욕스런 영광을 위해서 채울 수 없는 욕망을 채우는 것 이외에는 다른 목적을 꿰뚫어 보지 못했습니다. 실로 우리들

썼다.

39 littera는 철자, 글쓰기, 기록, 문학, 학문 등 여러 가지 의미들을 가지고 있는데 여기서는 '글'로 옮겼다.

40 인간이 자유의지의 소유자라는 사실을 강조하고 있다.

의 머리카락들을 낱낱이 헤아리는 당신은(마태 10, 30) 나를 보고 배우라고 위협하던 모든 사람들의 잘못을 나의 이익을 위해서 사용하였으며, 배우지 않으려고 한 나의 잘못은 나를 벌주기 위해서 사용하였습니다. 아주 작은 소년이며 큰 죄인이 벌 받는 것은 부당하지 않았습니다. 이처럼 선하게 행동하지 않는 사람들을 통해서 당신은 나에게 선을 베풀었으며, 죄를 범하는 나 자신을 통해서 당신은 나에게 올바르게 되갚아 주었습니다. 왜냐하면 당신은, 올바르지 못한 모든 마음이 자신에게 스스로의 벌이 되게끔 이렇게 명했기 때문입니다.

13
즐거운 공부

소년시절에 배우기 시작한 그리스어를 내가 싫어한 이유가 무엇이었는지[41] 지금도 충분히 밝혀지지 않고 있습니다. 나는 라틴어를 꽤 좋아했는데, 초등교사들의 라틴어가 아니라 문법학자로 일컬어지는 사람들이 가르치는 라틴어를 좋아했습니다. 왜냐하면 읽기와 쓰기와 셈하기를 배우는 초급 라틴어는 그리스어 전체와 마찬가지로 부담스럽고도 고통스러웠기 때문입니다. 그렇지만 이것은 죄악과 공허한 삶으로부터가 아니라면 어디에서 오겠습니까? 나는 공허한 삶의 육신이자 되돌아오지 않는 바람이었습니다(시편 78, 39). 왜냐하면 확실히 저 초등교육은

41 아우구스티누스는 그리스어 실력이 별로 없어서 기본적인 단어들만 알고 있었다는 설도 있다. 그러나 『고백록』의 어떤 부분을 보면, 아우구스티누스는 어린 시절 그리스어를 싫어했을지라도 그리스어 원전들을 읽고 이해할 정도의 실력을 가지고 있었음을 알 수 있다.

쓰여진 것을 내가 대할 때 그것을 내가 읽을 수 있도록, 내가 원한다면 나 스스로가 쓸 수 있도록 과거나 지금이나 내 안의 능력을 키워 주는 더 훌륭하고 확고한 것입니다. 그 이후의 것들은, 내가 잘 알지는 못하지만, 나의 방랑을 잊은 채 아이네이아스[42]의 방랑을 외우도록 강요하였으며 또한 연애로 말미암아 자살한 디도[43]를 애도하도록 강요했습니다. 그러는 사이에 나의 생명 하나님, 당신을 향해서 죽어 가는 나 자신에 대해서는 이런 일에서 불쌍하게도 눈물 없이 지냈습니다.

불쌍한 자가 자기 자신을 불쌍하게 여기지 않고 아이네이아스를 사랑한 디도의 죽음을 애도하지만 당신을 사랑하지 않은 자신의 죽음을 애도하지 않는 것보다 더 불쌍한 것이 무엇이겠습니까? 하나님, 나의 마음의 빛, 내 영혼의 입에 빵이 되고 나의 정신과 나의 사고(思考)의 품[44]을 짝지어 주는 힘이여! 나는 당신을 사랑하지 않으면서 당신으로부터 떨어져서 간음하였고(시편 73, 27), 간음하는 나를 보고 사방에서 "잘했다, 잘했다"라고 소리쳤습니다. 왜냐하면 이 세계의 우정은(시편 40, 16) 당신을 떠난 간음이며 "잘했다, 잘했다"라는 말은 이렇게 말하지 않는 사람보고 부끄러워하라는 것이었기 때문입니다. 그리고 나는 이런 일에 눈물로 슬퍼하지 않고 극단적으로 칼로 자살한 디도를(『아

---

42 아이네이아스는 고대 로마의 서사시인 버질(원명은 베르길리우스: Publius Vergilius Maro, 기원전 70~19)의 대표 서사시 『아이네이스』의 등장인물.

43 디도는 『아이네이스』의 등장인물. 그리스 전설에서 왕녀 디도는 남편 시카이오스가 죽은 후에도 오로지 남편만 생각한다. 디도는 아프리카의 자르바스의 구혼을 뿌리치고 자살한다. 베르길리우스는 『아이네이스』에서 그리스 전설을 각색해서 로마의 영웅 아이네이아스를 사모하는 여인으로 디도를 묘사하였다. 트로이 전쟁이 끝나고 아이네이아스가 카르타고에 정박했을 때 여왕 디도가 그를 영접했고 디도는 아이네이아스를 깊이 사모했다. 그러나 아이네이아스는 시칠리아를 떠나게 되었고 디도는 이별의 슬픔을 이기지 못해서 스스로 불 속에 몸을 던지고 만다. 먼 바다 한가운데서 아이네이아스는 타오르는 불길을 바라보았다.

44 sinus는 가슴, 궁륭, 보호, 품 등을 뜻한다.

이네이스』 6, 457) 애도했습니다. 나 자신은 당신을 떠나면서 당신이 만든 가장 낮은 피조물들을 좇아서 흙, 흙 속으로 들어갔습니다. 만일 당시 이런 것을 읽기를 금지했더라면 고통스러운 것을 읽지 못하기 때문에 괴로워했을 것입니다. 이런 어리석은 것들은 내가 읽고 쓰기를 배운 그런 공부보다도 더 영예롭고 효과적인 공부로 여겨졌습니다.

그러나 이제 나의 하나님, 내 영혼 안에서 소리치십시오. 그리고 당신의 진리가 그렇지 않다, 그렇지 않다라고, 또 처음의 공부가 전적으로 더 좋은 것이라고 말하게 하십시오. 이제는 실로 쓰기와 읽기를 잊어버리기보다 아이네이아스의 방랑과 그러한 형태의 모든 것들을 잊어버릴 준비가 되어 있습니다. 문법학교들의 입구에 커튼이 드리워져 있지만 그것은 영예의 비밀보다는 오히려 방황을 은폐하는 것을 의미합니다. 나의 하나님, 내 영혼이 원하는 것을 당신에게 고백하는 동안 저들로 하여금 나를 거슬러서 외치게 하지 마십시오. 이미 나는 그들이 두렵지 않습니다. 그리고 나는 당신의 선한 길을 사랑하기 위해서 나의 악한 길을 나무라는 것에 순종합니다. 문법을 팔거나 사는 사람들로 하여금 나에게 반대해서 소리치지 못하게 하십시오. 내가 만일 그들에게 언젠가 아이네이아스가 카르타고에 왔었다고 시인이 말한 것이 옳은지를 묻는다면 무식한 사람들은 알지 못한다고 대답할 것이지만, 유식한 사람들은 그것이 사실이라는 것을 부정할 것입니다. 그리고 아이네이아스의 이름을 무슨 글자로 쓰느냐고 묻는다면 이것을 배운 사람들은 모두 사람들 사이에서 동의와 규칙에 따라서 만든 그러한 기호를 가지고 사실을 답할 것입니다. 마찬가지로 쓰기와 읽기 아니면 시(詩)로 된 이런 이야기 중에서 잊어버리면 삶에 더 해로울 것이 무엇이냐고 내가 묻는다면 자기 자신을 심하게 망각하지 않은 사람이 어떤 답을 할 것인지 누가 모르겠습니까?

그러므로 나는 소년시절에 저 헛된 것들을 이 쓸모 있는 것들보다 더 좋아했으며, 더욱이 이것들을 미워하고 저것들을 사랑해서 죄를 지었습니다. 이미 하나 더하기 하나는 둘, 둘 더하기 둘은 넷이라고 부르는 노래는 실로 나에게 지겨웠으며, 무장군인으로 가득 찬 목마(木馬)와 트로이의 불 그리고 크레우사[45]의 생생한 그림자가 펼쳐진 광경은(『아이네이스』 2, 772) 매우 매력적이었습니다.

14
그리스어와 라틴어

그렇다면 나는 왜 그러한 것들을 노래하는[46] 그리스 문법학을 싫어한 것입니까? 왜냐하면 호메로스는 그와 같은 허구 이야기를 엮는 솜씨가 좋았으나 달콤하면서도 공허해서 소년인 나에게는 쓰디썼기 때문입니다. 내가 믿건대, 그리스의 소년들이 베르길리우스를 배우도록 강요당했더라면 그것은 내가 호메로스를 배우도록 강요당했던 것과 마찬가지일 것입니다. 확실히 외국어를 완벽하게 배우는 어려움은 황당한 이야기의 그리스적인 온갖 매력에 쓸개를 끼얹는 것과 마찬가지였습니다.

---

45 베르길리우스의 『아이네이스』에 등장하는 고대 로마의 영웅 아이네이아스의 아내 크레우사는 불타는 트로이를 아이네이아스와 함께 떠나서 이다 산(山)을 향해 길을 재촉하고 있었다. 아이네이아스는 부친, 자식 그리고 아내 크레우사와 함께 급히 길을 서둘렀는데 어느 순간 크레우사가 보이지 않았다. 그는 아내를 찾아 되돌아갔으나 사방이 불바다였다. 갑자기 크레우사의 유령이 나타나서 신들의 뜻은 아이네이아스가 아내 없이 길을 가라는 것이며 티베르 강가에서 좋은 일들이 생길테니 아무리 슬퍼도 앞날을 생각해서 가던 길을 계속가라는 것이라고 아이네이아스에게 말하였다.

46 그러한 것들을(tales fabellas) 노래한다는 것은 권태롭게 처음부터 끝까지 비슷한 것들을 노래한다는 뜻임.

왜냐하면 나는 그리스어 단어를 하나도 몰랐으며, 사람들은 내가 그리스어를 알게끔 심하게 위협하고 벌을 가하면서 나를 몹시 몰아부쳤기 때문입니다.

물론 어린 시절에 나는 라틴어도 전혀 몰랐지만, 아무런 두려움도 그리고 괴로움도 없이 유모들의 애무를 받으면서 또한 함께 웃고 농담하면서 그리고 놀이를 즐기면서 라틴어를 배워서 알게 되었습니다. 실로 나를 몰아대는 사람들의 고통스러운 짐과는 상관없이 내 마음이 내 생각을 마구 나타내려고 해서 나는 라틴어를 배웠습니다. 만일 내가 가르치는 사람들로부터가 아니라 말하는 사람들로부터 다양한 말들을 배우지 못했더라면 나는 라틴어를 배우지 못했을 것입니다. 나는 사람들이 말하는 것을 들음으로써 내가 느낀 것을 나타내게 되었습니다.

이러한 사실로부터 어학공부에 더 큰 힘이 되는 것은 겁주는 강요가 아니라 자유로운 호기심[47]이라는 점이 명확히 드러납니다. 그러나 하나님, 당신의 법은 저 흐름을 이것으로 막으며, 교사들의 채찍으로부터 순교자의 시련에 이르기까지 당신의 힘찬 법은 유익한 쓴맛을 혼합하여 우리들로 하여금 당신으로부터 떠나라고 부추겼던 해로운 쾌적함을 버리고 당신 쪽으로 향하도록 우리들을 다시 부릅니다.

15
하나님을 향한 기도

주여, 나의 기원을 들어주십시오. 당신의 가르침 아래에서 나의 영혼을

47 참다운 배움은 자유로운 의지에 의해서만 가능하다는 것을 뜻한다.

시들지 말게 하고, 당신에게 당신의 자비를 고백하는 나를 쇠약하게 만들지 마십시오. 당신의 자비는 온갖 사악한 나의 길에서 나를 꺼내 주었으며, 내가 따라왔던 모든 유혹을 넘어서서 나에게 달콤하게 다가왔습니다. 당신의 자비는 나로 하여금 당신을 가장 힘차게 사랑하게 했으며, 내 마음 전부를 가지고 당신의 손을 껴안게 하였고, 끝까지 나를 모든 유혹으로부터 건져 냈습니다.

왜냐하면 주여, 당신은 나의 왕이며 나의 하나님이고, 내가 소년시절 배운 유익한 것들이 다 당신을 섬기기를, 말하기와 글쓰기와 읽기 그리고 계산하기가 당신을 섬기기를 바라기 때문입니다. 그 이유인즉 헛된 것[48]을 내가 배울 때 당신은 나를 가르쳤으며 공허한 것 속에서 즐기던 나의 죄악을 당신이 용서해 주었기 때문입니다. 헛된 것을 배우면서 나는 수많은 유익한 단어들을 배웠습니다. 그러나 나는 헛되지 않은 것에서 그 단어들을 배울 수 있었으며, 바로 이 길은 소년들이 당당히 걸어 나아갈 수 있는 길입니다.

16
음란한 이야기

그러나, 인간의 습관의 흐름이여, 너에게 화가 있기를! 누가 너에게 저항하겠는가? 얼마 동안이나 너는 소진되지 않겠는가?[49] 나무[50]에 올라

48 헛된 것은 호메로스의 『일리아드』, 『오디세이』 등 고전문학을 지칭한다. 아우구스티누스는 고전문학작품 자체가 공허하다고 하지 않고 어른들이 고전문학을 가르칠 때 강조하는 문법이나 문체 등이 어린이교육에 쓸모없다는 사실을 밝히고 있다.

49 quamdiu non siccaberis?는 직역하면 '너는 얼마 동안이나 마르지 않겠는가?' 이다. 이 물음의 뜻은 인간의 습관은 고갈되지 않고 매우 오래간다는 것이다.

탄 사람들도 거의 건너기 어려운 넓디 넓고 소름끼치는 바다로 너는 언제까지 이브의 자식들을 떠밀겠는가? 나는 너를 통해서 벼락 치고 간음하는 주피터를 읽지 않았는가?[51] 그러나 전혀 할 수 없는 이 두 가지 일을 주피터가 행했으니 이는 가짜 천둥이 포주노릇을 하면서 진짜 간음을 모방하도록 권위를 가지게 한 것이다.

그러나 망토를 입은 교사들 중에서 누가 똑같은 광장에서 어떤 인간이 다음처럼 외치며 말하는 것을 사심 없는 귀로 듣겠는가?: 호메로스가 이것들을 꾸몄으며 그는 인간의 것들을 신들의 것들로 옮겨 놓았다. 그는 오히려 신들의 것들을 우리들 인간의 것들로 옮겨 놓았으면 좋지 않았을까(키케로, 『투스카나』 1, 2)? 그러나 호메로스가 전적으로 이것들을 꾸며 낸 것은 한층 더 참다운 것으로 이야기된다. 그는 치욕스러운 인간에게 신적인 것을 부여해서 치욕이 치욕 아닌 것으로 믿어지게 하고, 누가 치욕을 범하든지 간에 그 인간은 절망적인 인간이 아니라 천상의 신들을 모방한 것으로 알려지게 하려고 했다.

그렇지만 오, 지옥의 강[52]이여, 이것을 배우기 위해서 사람들의 자식들은 사례금을 가지고 네 안으로 몸을 던진다. 그리고 큰일이 벌어지는데, 이런 일이 공공연하게 광장에서 사례금 이외에 급료를 결정하는 법 앞에서 행하여진다. 그런데 너[53]는 너의 바위를 치면서 소리내어 다음처럼 말한다: "여기는 말을 배우는 곳이고, 여기는 사물을 설득하고 문

---

50 십자가 나무를 말한다. 삶의 망망대해를 건너서 천국으로 갈 수 있는 유일한 배는 십자가 나무이다.

51 그리스신화에서 거인들을 죽이고 신들 중의 신이 된 제우스는 로마신화에서는 주피터로 변화된다.

52 '지옥의 강'은 인간의 습관의 흐름을 말한다. 여기서 아우구스티누스는 호메로스의 작품에서 화려한 문체나 문법을 배움으로써 지식으로 오만해지는 것을 비난한다.

53 지옥의 강, 곧 습관을 말한다.

장을 해석하는 데 가장 필요한 웅변술을 터득하는 곳이다." 만일 테렌티우스[54]가 아니었더라면 우리들은 똑같은 장소에 쓰여 있던 황금의 비, 여인의 품속, 기만, 천상의 신전 및 다른 말들과 같은 그런 말들을 알지 못했을 것이다. 그는 주피터를 간음의 예(例)로 제시하는 어떤 방탕한 청년을 소개하였다. 청년은 벽에 그려진 벽화를 구경하는데 이 벽화에는 다음과 같은 그림이 있었다: 전설에 따르면 주피터는 다나의 품속에 황금의 비를 내리게 해서 속임수로 여인을 유혹하였다. 그러니 보라. 그가 거의 천상의 권위라도 가진 것처럼 어떻게 욕정으로 불탔는지를.

> 그러나 어떤 신을!(그는 말하였다.) 최고의 천상의 신전을 소리치면서 위협적으로 뒤흔드는 분.
> 나 같은 인간이 그것을 하지 못한단 말인가? 실로 나는 매우 즐겁게 그것을 행하였다.

절대로, 절대로 이 불륜을 통해서 그러한 말들을 한결 더 쉽게 배우는 것이 아니고, 이 말들을 통해서 그러한 불륜이 파렴치하게 저질러진다. 나는 선별되고 값진 그릇과 같은 말들을 비난하지 않고 그릇됨의 포도주를 비난한다.[55] 이 포도주를 그릇에 담아 술 취한 선생들이 우리들에게 내어놓고 우리들이 마시지 않으면 우리를 때렸다. 또한 어떤 사려 깊은 재판관에게 호소하는 것도 허락되지 않았다. 그렇지만 나는, 나의 하나님, 당신이 보는 앞에서는 나의 기억도 안전한데, 나는 이런

---

54 테렌티우스(P. Terentius Afer, 기원전 185~159)는 고대 로마의 희극작가임.

55 그릇됨의 포도주(vinum erroris)란 마시고 실수를 하게 되는 그러한 포도주를 말한다.

것들을 기꺼이 배웠으며 불쌍하게도 그것을 즐겼지만 그 때문에 사람들은 나를 앞날의 희망이 밝은 소년이라고 불렀습니다.

17
산문과 시 연습의 공허함

나의 하나님, 당신의 선물인 나의 재주를 내가 얼마나 헛되게 낭비했는지 좀 말하게 해 주십시오. 왜냐하면 내 영혼에 충분히 불안한 과제, 칭찬과 불명예의 보상 또는 매질의 두려움을 지닌 과제가 나에게 주어졌기 때문입니다. 테우케르[56]의 왕을 이탈리아로부터 쫓아낼 수 없어서 분노와 고통에 쌓인 유노[57]의 말을 이야기하라는 과제였습니다. 나는 유노가 그런 말을 했다는 것을 결코 들은 일이 없습니다. 그러나 우리들은 갈팡질팡하는 시적(詩的) 허구의 흔적을 쫓아가도록 강요당했으며, 시인이 운문으로 표현한 그러한 것을 산문으로 나타내어야 했습니다. 그리고 표현된 인물의 위엄에 따라서 분노와 고통의 감정이 생각을 알맞게 장식하는 말로 두드러질수록 시인은 한층 더 칭찬받았습니다.

오 참다운 생명, 나의 하나님 저것은 나에게 무엇입니까? 내 나이 또래와 동급생들을 제외하고 내가 낭독에서 박수갈채를 받은 것은 나에게 무엇입니까? 자, 그 모든 것들은 연기이며 바람이 아닙니까? 말하자면 실로 나의 재주와 나의 혀를 쓸 곳이 없었습니까? 당신을 찬미함이, 주여, 당신을 찬미함이 당신의 글을 통해서[58] 내 마음의 가지에 걸

56 테우케르(Teucer)는 고대 트로이왕국을 지칭한다.

57 그리스의 여신 헤라(Hera)는 로마신화에서 유노(Iuno)로 변화한다. 유노는 주피터의 아내이며 주피터, 미네르바와 함께 로마신화에서 최상의 3신들 중 하나이다.

렸더라면 어리석은 헛된 것에 의해서 새들[59]의 수치스러운 모이가(마태 13, 4) 되어서 갈가리 찢어지지는 않았을 것입니다. 배반한 천사들에게 희생당하는 방식은 하나만이 아닙니다.

18
문법규칙이냐 하나님의 섭리냐

그러나 나의 하나님, 내가 이렇게 허영에 빠져서 당신으로부터 멀어진 것은 놀랄 만한 일이 아니었습니다. 나에게 본보기로 제시된 사람들은 그들의 행동이 나쁘지 않을지라도 그 행동이 비(非)그리스적으로 또는 문법이 틀리는 그리스말로 표현되면 비난받아 당황하던 그러한 시기였습니다. 그러나 그들은 자기들의 욕망[60]에 관해서 많은 어휘를 가지고 질서 있게 온전하고 잘 정리된 말로 서술할 경우 칭찬받고 자랑스러워했습니다.

주여, 당신은 이런 일을 보며 오래 참고 많은 자비와 진리를 가지고 침묵합니다(시편 103, 8; 86, 15). 언제까지나 항상 침묵할 겁니까? 지금도 당신은 당신을 찾으며 당신의 기쁨에 목말라하는 영혼을 이 깊디깊은 심연으로부터 건져 줍니다. 그 영혼의 마음은 당신에게 이렇게 말합니다: 나는 당신의 얼굴을 찾았습니다(시편 27, 8). 주님, 나는 당신의 얼굴을 찾을 것입니다. 왜냐하면 당신의 얼굴로부터 멀리 떨어져 있는 것은 어두운 감정 속에 있는 것이기 때문입니다. 당신을 떠나가는

58 당신의 글(scriptura tua)은 성서를 말한다.

59 새들은 악마들을 지시한다.

60 libido는 쾌락, 충동, 욕망 등을 의미한다.

것이나 당신에게 되돌아가는 것은 발걸음이나 공간의 거리에 의존하지 않습니다. 떠나는 아들에게 당신이 준 것을, 당신의 그 아들이 먼 고장으로 가서 탕진하면서 살 때(누가 15, 12~32), 그는 말이나 수레나 배를 구했습니까? 또는 보이는 날개로 날았습니까 아니면 무릎을 움직여서 길을 갔습니까? 감미로운 아버지, 왜냐하면 당신은 그의 몫을 주었으며 가난하게 되돌아온 아들에게 한층 더 감미롭게 대해 주었기 때문입니다. 그러므로 욕정 속에 있는 것은 어둠 속에 있는 것이며 그것은 당신의 얼굴에서 멀리 떨어져 있는 것입니다. 보십시오.

주, 나의 하나님, 당신이 보는 것처럼 참고 보십시오. 사람의 자식들이 앞 세대의 웅변가들에게서 물려받은 글과 철자의 규칙을 얼마나 열심히 지키며, 당신에게서 받은 영속적인 구원의 영원한 서약을 얼마만큼이나 등한시하는지를 보십시오. 옛날의 발음규칙을 지키고 가르치는 사람이 문법의 질서를 어기고 호미넴(hominem)[61]의 첫 번째 철자를 빼고 오미넴(ominem)이라고 말했다면 이는 당신의 계명을 어겨 가면서까지 비록 사람일지라도 사람을 미워한 것보다 한층 더 사람들을 불쾌하게 할 것입니다. 이는 마치 원수에게 가지고 있는 미움이 원수보다 자신을 더 해롭게 하는 것과 같습니다. 또한 원수를 적대시하면서 자신의 마음을 황폐하게 하는 것보다 남을 괴롭히는 것을 더 중대한 것으로 아는 것과 같습니다. 확실히 자신이 당하길 원치 않는 것을 남에게 하지 말라고 쓰여진 양심보다 더 심원한 문학의 지식[62]은 없습니다. 당신은 가장 높은 곳에, 조용히 거주하면서 매우 심원합니다. 홀로 위대한 하나님, 당신은 지칠 줄 모르는 법을 가지고 파렴치한 욕망에 대한 벌로 눈이 멀게 합니다. 웅변의 명예를 추구하는 인간이 인간 재판관 앞

---

61 homo(인간)의 목적어임.

62 litterarum scientia는 문학의 지식 또는 글의 지식이다.

에서, 주변의 많은 인간 앞에서 극심한 미움에 가득 차서 자신의 원수를 맹렬히 비난할 때 그는 혀가 실수해서 '사람들 중에서(inter omines)'[63]라고 말하지 않을까 매우 조심하지만, 흥분된 정신으로 말미암아 인간들로부터 인간을 따돌려서 쓸모없이 만들지 않을까를 조심하지는 않습니다.

19
야만스런 말과 타락한 태도

내가 소년이었을 때 나는 불쌍하게도 이와 같은 관습의 문지방에 던져져 있었으며, 투기장(harenae palaestra)이라는 말을 틀리게 발음할까봐 한층 더 두려워했으며, 내가 틀리게 발음할지라도 제대로 발음하는 자들을 꺼리지 않고 질투했습니다.

나의 하나님, 이 사실을 말하고 당신에게 고백합니다. 나는 사람들의 칭찬을 받았으며, 그 당시 사람들의 마음에 드는 것이 나에게는 명예롭게 사는 것이었습니다. 왜냐하면 나는 당신의 눈을 떠나서 내가 그 속으로 굴러떨어진 치욕의 심연을(시편 31, 23) 알지 못했기 때문입니다.

당신의 눈이 보기에 이미 나보다 더 부끄러운 것이 무엇이 있었겠습니까? 어디서나 나는 불쾌했습니다. 나는 놀고 싶고, 쓸데없는 것을 구경하고 싶고, 애타게 무대를 따라 하고 싶어서 헤아릴 수 없는 거짓말로 가정교사와 선생과 부모를 속인 것이 아닙니까?

---

63 호미네스(homines)를 오미네스(omines)로 문법에 맞지 않게 발음할까 봐 걱정하고 조심한다는 것은 쓸모없는 문법형식과 규칙만 중요하게 여기는 그릇된 태도를 말한다.

또한 나는 부모의 식량창고와 식탁에서 훔치기까지 했습니다. 탐욕이 나를 그렇게 하도록 시켰고 또 아이들에게 선물 줄 것을 마련하기 위해서 그렇게 했습니다. 아이들도 나와 똑같이 즐거워했지만 그들은 자기들의 놀이를 나에게 파는 꼴이었습니다. 놀이에서도 남들보다 뛰어나려고 하는 헛된 욕망으로 자주 속여서 승리를 얻으려고 했습니다. 내가 다른 아이들에게 행하는 것을 다른 아이들에게서 발견할 경우 나는 참으려고 하지 않았으며 매우 심하게 꾸짖었습니다. 그리고 만일 내가 꾸지람을 받을 경우에는 순순히 따르기보다 오히려 몹시 화를 냈습니다.

이것이 소년의 순진함입니까? 아닙니다. 주님, 아닙니다. 나의 하나님 당신에게 빕니다. 왜냐하면 이런 것들 자체는 가정교사와 선생으로부터, 호두와 공과 참새로부터 지휘관과 왕에 이르기까지 황금과 영토와 노예로서 마치 회초리에 더 큰 형벌이 뒤따르는 것처럼 나이를 먹는데 따라서 전해지고 뒤따르는 것들이기 때문입니다. 그러므로 우리들의 왕이여, 천국은 그러한 자들의 것이라고(마태 19, 14) 당신이 말했을 때 당신은 겸손의 표시를 어린이의 키에[64] 맞추었습니다.

20
감사한 하나님

그렇지만 주여, 당신이 나를 소년으로만 남겨 두려고 했을지라도 우주를 창조하고 지배하며, 가장 뛰어나고 선한 우리들의 하나님, 나는 당

64 in statura pueritiae는 '소년의 키에' 또는 '어린이의 키에' 인데, 이것은 겸손을 어린이의 순수한 마음상태에 비유한 것을 뜻한다.

신에게 감사합니다(2고린 2, 14; 8, 16). 그 당시에도 나는 존재하였고 생활했으며 감각하였고 나를 존재하게끔 한 가장 심오한 통일의 흔적인 나의 안전을 돌보았습니다. 나는 나의 내면적 감각으로 나의 전체 감각을 지켰으며, 사소한 것들에 관한 자질구레한 생각에서 진리로 말미암아 기뻤습니다. 나는 속지 않으려고 했으며 기억력을 생생하게 가졌고 말하기를 배웠습니다. 나는 우정에 의해서 부드러워졌으며 고통과 비굴함과 무지를 멀리하였습니다. 나와 같은 그러한 생물에게는 놀랄 만하고 칭찬받을 만한 일이 아니고 무엇이겠습니까?

그러나 이 모든 것들은 나의 하나님이 준 것이지 내가 나에게 준 것이 아닙니다. 그리고 이 모든 것들은 선하며, 이 모든 것들은 나입니다. 그러므로 나를 만든 분이 선하며, 그 자신이 나의 선이므로 내가 아직 소년일 때의 모든 선한 것들을 들어서 그를 찬미합니다. 왜냐하면 나는 쾌락과 고귀함과 참다움을 그분이 아니고 그의 피조물과 나 그리고 나머지 다른 사람들 안에서 찾았기 때문이며, 그래서 고통과 혼란과 그릇됨으로 굴러떨어졌기 때문입니다.

나의 감미로움, 나의 영광 그리고 나의 믿음, 나의 하나님, 나는 당신의 선물에 대해서 당신에게 감사드립니다. 그러나 당신이 준 것이 나에게 유익하게 쓰이도록 해 주십시오. 왜냐하면 이렇게 당신은 나를 지닐 것이며 당신이 나에게 준 것은 늘어나고 완전하게 될 것이기 때문입니다. 그래서 나 자신은 당신과 함께 있을 것입니다. 왜냐하면 나의 존재도 당신이 나에게 주었기 때문입니다.

제2권

열여섯 살

Confessiones
Augustinus

Confessiones

1

『고백록』을 쓰게 된 동기

나는 내 과거의 불순함을 그리고 내 영혼[1]에서 육체적 부패를 돌이켜 보려고 합니다. 내 하나님이여, 내가 그것들을 사랑해서가 아니라 내가 당신을 사랑하고 싶어서 그렇습니다. 나는 당신의 사랑에 대한 사랑으로 이렇게 행합니다. 나는 쓰디쓴 기억 속에서 가장 무가치한 나의 길을 다시 심사숙고하는데, 이는 속임 없는 감미로움으로 그리고 행복하고 한결같은 감미로움으로(시편 31, 20) 당신이 나에게 감미로움[2]이 되었으면 하기 때문입니다. 산산조각으로 부서져서 흩어져 있던 나를 당신이 거두어 들였습니다. 그 당시 나는 하나인 당신으로부터 등을 돌리고 여러 가지 속으로[3] 사라져 버리고 말았습니다.

언젠가 나는 지옥을 마음껏 누리려고[4] 젊음을 불살랐습니다. 나는

---

1 anima는 바람, 숨, 생명체, 영혼 등의 의미를 가지는 개념인데 여기서는 영혼으로 옮겼다.

2 감미로움(dulce)은 여기에서 기쁨을 뜻한다.

3 여러 가지 속으로(in multa)에서 여러 가지는 청소년의 수많은 비행들을 말한다. 마흔이 넘은 아우구스티누스가 회상하건대 젊은 시절 하찮은 행동들이 모두 죄악으로 보였을 것이다.

가지가지 그늘진 사랑을(다니 10, 8) 과감하게 우거지게끔 하였고 그래서 나의 아름다움은 사라져 버렸습니다. 나 자신을 즐기고 사람들의 눈에 들기를 원하면서 나는 당신의 눈앞에선 완전히 썩어 버리고 말았습니다.

2
젊은 시절의 방탕함

그런데 나 자신이 즐긴다는 것은 내가 사랑하고 또 사랑받는 것이 아니면 무엇이었겠습니까? 그러나 마음으로부터 마음으로의 사랑은 우정의 경계가 분명한 것처럼 그렇게 지켜지지 않았습니다. 오히려 진흙 같은 육체적 욕망과 사춘기의 분출로부터 안개가 자옥하게 퍼져 내 마음을 가리고 덮어 버려서 해맑은 사랑을 어두운 욕정[5]으로부터 분간할 수 없게 하였습니다. 이들 두 가지는 혼란 속에서 내 힘없는 어린 나이를 들끓게 하고 욕망의 낭떠러지로 끌고 가서 죄악의 깊은 소용돌이 속에 잠그어 버렸습니다.

내 위에 당신의 분노가 강해졌어도 나는 그것을 알지 못했습니다. 내 영혼의 교만함에 대한 벌인, 죽을 인간의 운명의 쨍그렁거리는 쇠사슬 소리에 나는 귀가 멀어 당신으로부터 한층 더 멀리 떠나갔지만 당신은 나를 내버려 두었습니다. 나는 던져지고 버림받았으며 나의 방탕함으로 말미암아 흩어져 버렸고 죽어 가고 있었지만 당신은 침묵했습니다.

---

4 지옥은 현실적, 육체적 욕망의 세계를 말한다.

5 욕정(libido)은 욕망, 쾌락, 충동 등의 뜻을 가지는데 여기서는 젊은이의 육체적, 성적 충동을 가리킨다.

오, 나의 기쁨[6]이여, 당신은 너무 더딥니다! 당시 당신은 침묵을 지켰으며, 나는 당신을 멀리멀리 떠나서 낙담 속에서도 오만하게 피곤함 속에서 불안하게 메마른 비애의 씨앗 속으로 계속해서 가고 있었습니다.

그때 누가 나의 비참함을 완화해 주었으며, 가장 새로운 피조물의 덧없는 아름다움을 올바르게 쓰도록 해 주었습니까? 피조물의 아늑함에 푯말을 박고 내 청춘의 물결이 결혼의 백사장으로까지 끓어오르도록 말입니다. 주여, 그 청춘의 물결이 잠잠하지 않았더라면, 당신의 법이 명하는 것처럼 나는 자식을 낳는 목적으로 만족했을 것입니다. 당신은 당신의 에덴동산에서 버림받은 가시[7]에게까지도 부드러운 손길을 내놓을 수 있으므로 우리들 죽을 인간들의 후예를 이미 만드는 분이 아닙니까? 우리들은 아직 당신으로부터 멀리 떨어져 있어도 당신의 전능함은 우리들로부터 멀리 떨어져 있지 않기 때문입니다. 또는 나는 확실히 좀 더 정신 차려서 당신의 구름들의 소리[8]에 귀를 기울였어야 합니다. "그렇지만 그들이 살림살이로 몸이 고달플 것이지만 너가 아껴서 하는 말입니다(1고린 7, 28)." 그리고 "남자는 여자를 가까이하지 않는 것이 좋습니다(1고린 7, 1)." 그리고 "아내가 없는 남자는 어떻게 하면 하나님을 기쁘게 할 수 있을까 하고 하나님의 일에 마음을 씁니다. 그러나 결혼한 남자는 어떻게 하면 자기 아내를 기쁘게 해 줄 수 있을까 하고 세상일에 마음을 씁니다(1고린 7, 32)." 그러므로 좀 더 정신을 차려서 이 말들을 명확하게 들었더라면, 나는 천국을 위한 환관[9]이 되어(마태

6 여기서의 기쁨(gaudium)은 하나님을 지시한다.

7 가시(spina)는 생선가시처럼 죄악의 원인이 되는 육체적 정욕을 말한다.

8 하나님의 구름들은 신, 구약성서와 사도들을 지칭한다.

9 환관(abscisus)은 모든 것을 버리고 오로지 하나님만을 섬기는 인간을 비유적으로 표현한 것이다.

19, 12) 더 복되게 당신의 포옹을 기다렸을 것입니다.

그러나 가엾게도 나는 내 격정의 파도를 추구하면서 몸이 끓어올라 당신을 저버렸고 당신의 모든 계명을 어겨서 당신의 채찍을 피하지 못하였습니다. 죽을 사람이면 누가 이것을 피할 수 있겠습니까? 왜냐하면 당신은 인자하게 화내면서 언제나 내 옆에 있었고, 옳지 못한 내 모든 오락에 쓰디쓴 불쾌함을 뿌림으로써 불만 없이 기쁨을 찾도록 하였고, 그럴 수 있을 때 당신 이외에는, 주여, 당신 이외에는 어떤 것도 찾지 못하게 했습니다. 당신은 명령하면서 고통을 만들어 주고(시편 94, 20), 우리들을 치료하기 위해서 매질하며, 당신을 떠나서 우리들이 죽지 않게끔(신명 32, 39) 우리들을 죽입니다.

내 육신의 나이가 열여섯 나던 해 나는 어디에 있었고, 당신의 거처의 기쁨으로부터 얼마나 멀리 떨어져서 타향살이를 했습니까? 그 당시 인간의 치욕에 따라서는 자유로워도 당신의 법에 의해서는 금지된 욕정의 광란이 내 안에서 왕홀(王笏)을 잡고 있어서[10] 나는 그것에 두 손을 다 들어 버리고 말았습니다. 내 부모님도 나를 결혼시켜 내 파멸로부터 구해 줄 걱정은 하지 않고 누구보다도 두드러진 말솜씨와 설득력을 배우도록 하는 데만 신경을 썼습니다.

3

공부를 위한 여행과 방탕

그해 내 공부는 중단되었습니다. 당시 이미 근처의 작은 도시 마다우라

---

10 왕홀(sceptrum)을 잡고 있다는 것은, 청소년기의 아우구스티누스를 주도적으로 지배했던 것은, 즉 왕홀을 쥐고 있었던 것은 욕정(libido)이었다는 것을 뜻한다.

에서 문학과 웅변술을 배우기 시작하다가 돌아온 나에게 훨씬 더 먼 외지 카르타고에서의 거주를 위해서 여비가 마련되고 있었습니다. 그것은 소도시 타가스테에서 가난한 자유인이었던 아버지의 재력보다는 그의 공명심 때문이었습니다.

나는 이것들을 누구에게 이야기하고 있는 것입니까? 나의 하나님, 결코 당신에게 이야기하는 것이 아닙니다. 당신 옆에 있는 나와 같은 종류의 사람들에게, 비록 그 수가 적을지라도 이런 내 글을 읽을 수 있는 종류의 사람들에게 내가 이야기하고 있는 것입니다. 그러면 이것은 무엇 때문입니까? 물론 나와 함께 이것을 읽는 사람은 누구나 매우 깊은 곳으로부터 당신을 향해서 절규한다는 것을 생각하기 위해서입니다(시편 130, 1). 고백하는 마음과 믿음에서 나온 삶보다 더 당신의 귀에 가까운 것은 무엇입니까?

당시 공부하기 위해서 멀리 외지로 여행길을 떠나는 자식에게 필요한 것들을 모두 자신의 집안의 힘에 넘치도록 마련해 주는 나의 아버지를 높이 칭찬하지 않는 사람이 없었습니다. 왜냐하면 훨씬 더 부유하게 사는 사람들이 많았어도 자식을 위해서 이런 일을 하는 사람은 아무도 없었기 때문입니다. 그렇다고 해도 나의 아버지는 내가 당신 앞에서 얼마만큼이나 성장하고 얼마나 순결을 지킬지에 대해서는 전혀 관심이 없었습니다. 단지 교양을 쌓으라고 했을 뿐이고 오히려 당신의 경작에서는[11] 가꾸지 않은 놈이 되라는 것이었습니다. 하나님, 당신은 참다운 한 분이고 당신의 밭의, 내 마음의 선한 주님입니다.

그러나 열여섯 살 나던 해 집안 사정이 어려워져 놀게 되었을 때 나는 전적으로 학교를 쉬고 부모님과 함께 있기 시작했지만 욕정의 가시

---

11 경작(cultura)은 가꿈, 염려, 교양 등의 의미를 가진다. 여기서의 경작은 하나님의 가꿈과 염려를 말한다.

덤불이 내 머리 위로 솟아올라도 그것을 뽑아 줄 손이라곤 하나도 없었습니다. 게다가 내 아버지가 목욕탕에서 나의 남자다움과 사춘기의 활발한 몸을 보고 이미 이것으로부터 마치 손자라도 본 것처럼 기뻐하면서 어머니에게 알렸습니다. 그의 기쁨은 옳지 않고 깊은 곳으로 기울어진 야욕의 보이지 않는 술 때문에 이 세상이 자신의 창조주를 망각하고 당신 대신 당신의 피조물을 사랑한 취함이었습니다. 그러나 당신은 내 어머니의 가슴에 이미 당신의 궁전과 당신의 거룩한 처소의 기초를 세우기 시작했습니다. 내 아버지는 그때까지는 예비신자[12]였고 최근에 개종했습니다.[13] 그리하여 나는 아직 믿음을 가지지 않았지만, 당신에게 얼굴이 아니라 등을 대고(예레 2, 27) 걷는 그러한 사람들의 그릇된 길을 내가 걸을까 봐 내 어머니는 경건한 불안 속에서 떨고 있었습니다.

아, 나는 슬픕니다! 나의 하나님, 내가 당신을 멀리 떠났을 때 당신은 침묵하고 있었다고 내가 감히 말해도 될까요? 그 당시 당신은 실제로 나에게 침묵하고 있었습니까? 당신을 믿은 내 어머니를 통해서 내 귀에 대고 당신이 노래한 그 말들이 당신의 말이 아니라면 누구의 말이었습니까? 물론 내가 그것을 행동으로 옮길 정도로 어떤 말이 마음속으로 젖어 들지는 않았습니다. 지금도 생각나지만 내 어머니는 혹시 내가 음행을 범하지 않을지, 특히 누군가의 아내를 간음하지 않을지 누구보다도 걱정하고 타이르면서 마음을 태웠습니다.

나에게는 그러한 훈계가 여자의 훈계로 보였으므로 그것에 순종하는 것이 부끄러웠습니다. 그러나 그 훈계들은 당신의 것이었지만 나는 그

---

12 예비신자(catechumenus)는 아직 세례는 받지 않았지만 앞으로 세례받고 신자가 될 사람을 말한다.

13 아우구스티누스의 아버지 파트리키우스는 아우구스티누스가 카르타고로 공부하러 간 후 370년에 세례받아 가톨릭 신자가 된 후 사망하였다.

것을 알지 못하고, 당신은 침묵하고 내 어머니만 말한다고 믿었습니다. 어머니를 통해서 당신은 나에게 침묵하지 않았는데, 어머니 안에서 나로부터, 그녀의 아들인 나로부터, 당신의 하녀의 아들로부터, 당신의 종놈으로부터(시편 116, 16) 멸시당했던 것입니다. 그러나 나는 알지도 못하면서 그렇게 눈먼 채 곤두박질치면서 달려갔습니다. 그래서 내 또래들이 자기들의 수치를 자랑하고 추하면 추할수록 더 자만하여 이야기하는 것을 듣고 내가 그들보다 덜 수치스러운 것을 부끄럽게 여기고, 기꺼이 욕정적으로 행동할 뿐만 아니라 그런 행동을 칭찬하기까지 했습니다.

나쁜 짓이 아니면 어떤 것이 비난받아야 마땅합니까? 나는 비난받지 않으려고 더 나쁜 짓을 행하였고, 방탕한 아이들과 나를 똑같이 취급할 비행이 없을 경우 나는 내가 하지 않은 짓을 마치 내가 한 것처럼 꾸몄고, 내가 한결 더 순진할수록 더 비겁하게 보이지 않으려고 했고 한층 더 순수할수록 무가치하게 보이지 않으려고 했습니다.

보십시오. 내가 어떤 친구들과 함께 바빌론의 거리들[14]을 싸돌아다녔는지를 그리고 가장 값비싼 계피와 향유 속에 있는 것처럼 그 진흙 속에서 뒹군 것을 보십시오. 보이지 않는 원수는 죄의 밑바닥에 한층 더 견고하게 들러붙도록 나를 유혹했습니다. 왜냐하면 내가 쉽게 끌려들었기 때문입니다. 이미 바빌론의 중앙을 피하여(예레 51, 6) 그 주변을 천천히 걷고 있던 내 어머니는 나에게 순결해야 한다고 타일렀으나 자신의 남편[15]이 나에 대하여 말한 것은 그다지 신경 쓰지 않았습니다.

---

14 『신국론』에서도 알 수 있는 것처럼 예루살렘국은 선한 국가, 곧 교회를, 그리고 바빌론국은 지상국, 곧 악의 장소를 뜻한다.

15 아우구스티누스가 다 커서 어른이 되었으니 결혼시켜야겠다고 말한 아우구스티누스의 부친을 가리킨다.

내 어머니는 이미 오랜 병이 되어 앞으로 위험한 것을 완전히 끊어 버릴 수 없다면 부부애라는 정의 한계 안에 나를 억압할 필요가 없다고 느꼈기 때문입니다. 어머니는 이것에 관심을 두지 않았습니다. 왜냐하면 그녀는 내 희망이 아내라는 족쇄에 묶이지 않을까 하고 두려워했기 때문입니다. 희망은 어머니가 당신 안에 가지고 있는 미래 세상의 희망이 아니고 학문의 희망[16]이었습니다. 내 양친은 내가 학문을 배우기를 너무도 원했습니다. 나의 아버지는 당신에 대해서는 거의 아무것도 생각하지 않았지만 나에 대해서는 헛된 것을 생각했습니다. 그러나 내 어머니는 그런 일상적인 배움이 당신에게 도달하는 데 전혀 장애물이 되지 않을 뿐만 아니라, 앞으로 도움이 되리라고 평가했기 때문입니다. 돌이켜 보건대 내 부모님의 행동이 그랬던 것으로 추측됩니다. 놀기 위해서 내 고삐는 엄격한 절제를 넘어서서 좋지 않은 다양한 방종으로 늦추어졌고, 이 모든 것들 속에서, 나의 하나님, 안개가 내 앞을 가로막아 당신의 진리의 맑음을 가리고 내 죄악은 마치 비계에서 빠져나오는 것처럼 생겨나고 있었습니다(시편 73, 7).

4
배를 훔치다

주여, 당신의 율법은 확실히 도둑질을 처벌합니다. 그리고 죄악 자체도 없앨 수 없는 인간의 마음에 쓰여진 법률도 도둑질을 처벌합니다. 어떤 도둑이 똑같은 마음으로 도둑질을 당하겠습니까? 부자일지라도 가난

16 학문의 희망(spes litterarum)은 모니카가 바랐던 것으로 하나님에 대한 믿음을 얻기 위한 배움의 희망임.

에 내몰린 사람이 자기 것을 훔쳐 가는 것을 참아 주지 않을 것입니다. 그런데 나는 도둑질을 하려고 했으며 범했습니다. 결코 너무 가난해서 어쩔 수 없어서가 아니고 정의가 없으며 역겨워서 그리고 불의가 배불러서였습니다. 내 것이 충분했고 남의 것보다 훨씬 더 좋았지만 나는 훔쳤습니다. 나는 훔쳐서 얻은 물건을 즐기려 한 것이 아니라 도둑질과 죄악 자체를 즐기려고 했던 것입니다.

우리 포도밭 근처에 배나무가 한 그루 있었는데, 과일이 주렁주렁 열렸지만 열매의 생김새와 맛이 유혹적이지는 못했습니다. 한밤중에 우리들 한창 나이의 젊은이들은, 그때까지 광장에서 노는 몹쓸 풍습이 있었으므로, 이 배나무를 흔들고 열매를 땄습니다. 거기서 배를 엄청나게 많이 따가지고 왔으나, 비록 그중 몇 개는 먹어 보았을지라도, 우리가 실컷 먹자는 것도 아니었고 돼지에게 던져 줄 것이었습니다. 그것은 우리가 해서는 안 된다는 그런 것을 우리들이 해 보고 싶어서 그랬던 것입니다.

내 마음을 보십시오, 하나님, 내 마음을 보십시오. 그 심연의 밑바닥에 있는 것은 당신의 자비입니다. 보십시오. 내 마음은 당신에게 말하는데 내 마음이 거기에서 찾는 것은 무엇입니까? 이유 없이 악한 놈이 되는 것을 찾았고 내 악함의 이유는 악의(惡意) 이외의 다른 것이 결코 아니었습니다. 그것은 추했지만 나는 그것을 사랑했습니다. 나는 망하기를 사랑했고 나의 결함을 사랑했는데, 내가 잘못을 저지른 대상이 아니라 나의 결함 자체를 사랑했습니다. 더러운 내 영혼은 수치스럽게 어떤 것을 욕망하는 것이 아니라 파렴치 자체를 욕망하면서 당신의 조임쇠로부터[17] 벗어나 멸망으로 내달렸습니다.

---

17 당신의 조임쇠로부터(a firmamento tua)는 하나님의 보호로부터 도망치는 것을 뜻한다.

5
죄의 원인

아름다운 물체들에는,[18] 말하자면 금이나 은이나 모든 것들에는 아름다운 형태[19]가 있습니다. 신체의 접촉에서는 공감이 많은 즐거움을 주며 나머지 감각들은 저마다의 물체에 적합합니다. 현세의 명예 그리고 명령하며 지배하는 권력은 자신의 매력을 가지므로 이로부터 복수의 갈증도 생깁니다. 그렇지만 주여, 이러한 모든 것들을 얻기 위해서 당신을 떠나서는 안 되며 당신의 법을 벗어나서도 안 됩니다. 우리들이 여기에서 살고 있는 삶은 자신의 어떤 아름다움 때문에 그리고 지상(地上)의 온갖 아름다움과의 일치 때문에 자신의 매력을 가지고 있습니다. 인간들 사이의 우정도 여러 마음들이 하나로 통일되기 때문에 쓸모 있게 매어져서 달콤합니다.

이 모든 것들 그리고 유사한 것들 때문에 죄를 범하게 되며, 낮은 선이라도 그런 것으로 지나치게 기울어져서 더 좋은 최고의 선인 당신의 진리와 당신의 법은 버림받습니다. 당신, 우리들의 주 하나님이시여! 이 하찮은 것들도 쾌락을 지니고 있지만[20] 모든 것들을 만든 나의 하나님과 같지는 않습니다. 왜냐하면 그분 안에서 의인(義人)이 즐거워하며 그분 자신이 올바른 마음의 기쁨이기 때문입니다(시편 63, 11; 104, 34).

---

18 아름다운 물체들에서 물체(corpus)는 물체, 신체, 시체, 개인 등의 뜻을 가지는데 여기서는 물체로 옮겼다.

19 아름다운 형태(species)는 바라봄, 주시, 광경, 아름다움, 허구, 표상, 이상, 아름다운 형태 등 다양한 뜻을 가지고 있다.

20 낮은 단계의 쾌락은 감각적 쾌락이다. 아우구스티누스에 의하면 감각적 쾌락을 잘못 사용하면 악이 되지만 감각적 쾌락 그 자체가 악인 것은 아니다.

그러므로 악행에 대해서 그 이유가 무엇이냐고 묻는다면, 앞에서 하찮다고 말한 선들 중 어떤 것을 얻으려는 욕망이나 아니면 잃어버릴지도 모른다는 두려움의 가능성이 나타나는 것이 그 이유라고 믿어도 됩니다. 이런 것들은 한층 더 높고 행복하게 해 주는 선에 비해서 낮고 보잘것없기는 할지라도 아름답고 우아하기 때문입니다. 어떤 사람이 살인했다고 칩시다. 왜 그랬을까요? 살인자는 자기가 죽인 자의 아내나 재산을 사랑했거나, 자기의 먹을거리를 남에게서 빼앗으려고 했거나, 이런 것들을 어떤 사람이 자신에게서 빼앗아갈까 봐 두려웠거나, 아니면 상처를 입고 복수심에 불타서 그랬을 것입니다. 살인 자체가 즐거워서 이유 없이 살인을 저질렀겠습니까? 누가 이것을 믿겠습니까? 매우 잔인무도한 사람이 있어서 이유도 없이 악하고 잔인하다고 일컬어졌습니다. 그렇지만 그 이유가 미리 알려졌습니다. 한가로움으로 말미암아 손과 마음이 무뎌지지 않을까 해서 그랬다고 그가 말했습니다. 그리고 또 왜 그것을 행했을까요? 왜 그렇게 했을까요? 물론 범죄를 저질러 도시를 점령한 후 명예와 권력과 재산을 차지하기 위해서였습니다. 법의 두려움을 피하고, 집안의 가난과 악행에 대한 양심으로 말미암은 모든 어려움을 피하기 위해서였습니다. 그러므로 카틸리나[21] 자신도 자기의 죄악을 사랑한 것이 아니고 그가 범죄를 행한 동기는 전적으로 다른 것에 있었습니다.

21 카틸리나(Catilina)는 로마 공화정 말기의 귀족 출신의 선동가이자 음모가로 기골이 장대하고 용모가 빼어나며 언변이 능해서 로마인들을 무자비하게 학살하려는 음모를 꾸미고 있었다. 그러나 키케로가 미리 폭로하여 사전에 들키고 말았다.

6
죄와 오만함

오, 나의 도둑질이여, 불쌍한 내가 네 안에서 사랑한 것은 무엇이었던가? 내 나이 열여섯 살 때 밤에 저지른 오, 나의 죄악이여. 너는 도둑질이었기 때문에 아름답지 않았다. 그런데 너는 내가 너에게 말을 걸 정도의 어떤 것인가? 아름다운 것은 우리들이 훔친 그 열매들이었습니다. 왜냐하면 그것들은 당신의 피조물이었기 때문입니다. 모든 것들 중에서 가장 아름다운 분, 모든 것들의 창조주, 선한 하나님, 최고의 선이며 나의 참다운 선인 하나님, 그 과일들은 아름다웠지만 나의 가엾은 영혼이 원했던 것은 그 과일들이 아니었습니다. 나에게는 그보다 나은 것들이 넘쳐났지만 단지 도둑질하기 위해서 그 열매들을 땄습니다. 나는 딴 것을 던져 버리고 오로지 죄악만을 즐겁게 누리면서 맛보았습니다. 왜냐하면, 그 과일이 조금이라도 내 입에 들어갔다면 그것은 죄악이 양념이었기 때문입니다.

그리고 지금, 나의 주 하나님이여, 나는 그 도둑질에서 무엇이 나를 즐겁게 했느냐고 묻습니다. 그러나 보십시오. 아무런 아름다움도[22] 없습니다. 공정함이나 영리함에 있는 것과 같은 아름다움이 없으며, 인간의 정신과 기억과 감각 그리고 생생한 생명에 있는 것과 같은 아름다움도 없으며, 자신의 자리에서 빛나는 별들의 아름다움과 같은 것도 없으며, 끊임없이 생성 소멸하는 생명의 씨앗이 풍부한 땅과 바다의 아름다움과 같은 것도 없다고 나는 말합니다. 적어도 기만하는 죄악에서 나타나는 어둡고 사라져 가는 아름다움도 없습니다.

---

22 아름다움(species)은 모범, 이상, 아름다운 형태 등의 뜻을 가지고 있다. 도둑질은 전혀 이상적이거나 모범적인 행동이 되지 못한다는 것을 말하고 있다.

당신은 만물 위에 뛰어난 한 분의 하나님이기 때문에, 오만함도 경건함을 모방합니다.[23] 그리고 당신만이 모든 것들에 앞서서 존경받아야 할 한 분이고 영원히 영광스러운데 야망조차 명예와 영광 말고 무엇을 찾는 것입니까? 권력을 가진 자들의 분노는 사람들이 공포를 느끼기를 바랍니다. 그러나 두려워하여야 할 분은 오직 하나님 한 분뿐입니다. 누가, 언제 또는 어디에서 어디로 또는 어떻게 그의 권능을 벗어나서 몰래 떠날 수 있습니까? 음탕한 자들의 아첨이 사랑받기를 원합니다. 그러나 어떤 것도 당신의 사랑[24]보다 더 부드러운 것은 없으며, 모든 것에 앞서서 아름답고 밝은 당신의 진리보다 더 유익하게 사랑할 것은 아무것도 없습니다. 호기심이 제아무리 학문의 연구인 것처럼 보이려고 해도, 당신은 모든 것들을 가장 잘 압니다. 무식함과 어리석음 자체는 단순함과 순진함의 이름으로 덮이지만 당신보다 더 단순한 것은 아무것도 발견될 수 없습니다. 물론 악한 자들에게는 그들의 행위가 적대적인 것일진대 당신보다 더 순결한 것이 무엇이겠습니까? 그리고 나태한 자는 휴식을 욕구합니다. 그러나 주님 말고 참다운 휴식이 무엇이겠습니까? 사치는 넘침과 풍부함으로 일컬어지기를 바랍니다. 그러나 당신은 썩지 않는 쾌적함의 가득함이며 소멸되지 않는 풍부함입니다. 헤픔은 너그러움의 그림자를 덮어씁니다. 그러나 당신은 모든 선한 것들을 넘칠 만큼 풍요롭게 주는 분입니다. 인색함은 많은 것을 소유하려고 합니다. 그러나 당신이 모든 것을 차지합니다. 질투는 뛰어나려고 다툽니다. 당신보다 더 뛰어난 것이 무엇입니까? 분노는 복수를 찾습니다. 누가 당신보다 더 의롭게 복수합니까? 사랑하는 일이 안전하게 보호되기를 바라지만 거슬리는 일이 일어나면 낯설게 그리고 갑자기 찾아온 두

23 인간은 악을 행하면서도 선을 행한다고 주장한다는 것을 말한다.

24 여기서의 사랑(caritas)은 헌신적인 자비로서의 사랑이다.

려움에 떱니다. 당신에게 낯선 것은 무엇입니까? 갑작스러운 것은 무엇입니까? 또는 당신이 즐기는 것을 누가 당신에게서 떼어 내겠습니까? 당신 가까이가 아닌 어디에 견고한 안전이 있겠습니까? 욕망이 즐기던 것들이 상실되면 슬픔도 사라집니다. 왜냐하면 당신에게서 아무것도 빼앗을 수 없는 것처럼 그렇게 욕망도 자신에게서 아무것도 빼앗기기를 원치 않기 때문입니다.

이렇게 영혼이 당신으로부터 멀리 떠나서, 당신에게 되돌아가지 않고서는 찾을 수 없는 순수함과 깨끗함을 당신 밖에서 찾을 때 영혼은 간음을 범하는 것입니다. 당신으로부터 자신을 멀리하고 당신 앞에서 자신을 높이는 모든 사람들은 당신을 그릇되게 모방합니다. 그러나 이렇게 당신을 모방함으로써 그들은 당신이 모든 자연의 창조주이고 따라서 어디로 가든지 전혀 당신으로부터 떠날 수 없다는 것을 알려 줍니다.

그렇다면 그 도둑질에서 내가 즐긴 것은 무엇이며, 무엇 안에서 나는 내 주님을 그릇되게 그리고 사악하게 모방했습니까? 지배력으로는 어쩔 수 없으니 적어도 속임수라도 써서 법을 어기는 것이 좋았겠습니까? 그래서 어리석게도 전능함을 닮는답시고 해서는 안 될 일을 벌 받지 않고 행하면서 죄수가 된 나는 훼손된 자유를 본받는 것이 아니었습니까? 보십시오. 자신의 주인을 피하여 그늘을 얻은 그 종이(욥기 7, 2) 여기에 있습니다. 오 부패여, 오 삶의 괴물 그리고 죽음의 심연이여! 해서는 안 될 일을 다른 어떤 것이 아니라 해서는 안 된다는 그 이유 때문에 한다는 것이 즐거울 수 있습니까?

7
죄의 용서

내 기억은 이런 일들을 다시 떠올리고, 내 영혼은 그것을 두려워하지 않는데 나는 무엇을 주님에게 갚아야 합니까(시편 116, 12)? 주여, 나는 당신을 사랑할 것이고 당신에게 감사할 것이며 당신의 이름에 고백할 것입니다. 왜냐하면 당신은 수많은 내 죄악과 나의 파렴치한 행동을 용서해 주었기 때문입니다. 내 죄악을 얼음처럼 녹여 준 것은 당신의 은혜와 자비입니다. 내가 어떤 다른 죄악도 저지르지 않은 것 역시 당신의 은혜 때문입니다. 아무런 이익도 되지 않는 죄악을 사랑한 내가 무슨 죄인들 못 저질렀겠습니까? 그리고 나는 모든 죄를 용서받은 것으로 고백합니다. 내 모든 죄들은 내가 자발적으로 저지른 죄와 당신의 안내에 따라서 내가 범하지 않은 죄들입니다.

자신의 허약함을 생각하는 인간이라면 그 누가 자신의 순결과 순진함을 감히 자신의 힘으로 돌리겠습니까? 그래서 당신에게 다시 돌아가는 자에게 죄를 용서해 주는 당신의 자비가 덜 아쉬운 것처럼 당신을 덜 사랑할 수 있겠습니까? 당신의 부름을 받아 당신의 목소리를 따르며, 내가 나 자신에 대해서 기억하고 고백하는 것을 읽기를 피하는 사람은 나를 비웃지 말게 하십시오. 내 병을 치료해 준 의사가 그에게 쓸모가 있어서 그는 아프지 않았거나 아니면 의사가 그를 덜 아프게 한 것이었습니다. 그러므로 그는 나보다 한층 더, 확실히 당신을 사랑하여야 합니다. 당신으로 말미암아 내 큰 죄의 무기력을 던져 버린 것을 그가 보았다면, 그는 당신에 의해서 죄의 무기력증을 앓지 않은 자신을 발견할 것입니다.

8

배 도둑질에서 사랑한 것

지금 내가 돌이켜 보면서 부끄러워하는 일들에서 불쌍한 내가 언젠가 가졌던 열매는 무엇입니까(로마 6, 21)? 특히 그 도둑질, 나는 다른 어떤 것도 아니고 도둑질 자체를 사랑했는데, 도둑질 자체는 무(無)[25]이고 나는 그 때문에 한층 더 불쌍하지 않습니까? 그렇지만 — 당시의 내 마음을 다시 생각해 보면 — 나 혼자였다면 나는 그 짓을 하지 않았을 것입니다. 혼자였다면 그런 짓을 전혀 하지 않았을 것입니다. 거기에서 나는 친구들을 사랑했으므로 그들과 함께 그 짓을 저질렀습니다. 그러므로 도둑질 말고 다른 것을 전혀 사랑하지 않은 것이 아니었습니다. 확실히 나는 다른 아무것도 사랑하지 않았습니다. 왜냐하면 도둑질도 무(無)이기 때문입니다.[26]

사실은 무엇입니까? 나를 가르쳐 줄 분은 내 마음을 비추어 주고 내 마음의 어두움을 가려내는 분이 아니면 누구입니까? 내 정신으로 하여금 탐구하고 토론하며 생각하게 하는 것은 무엇입니까? 왜냐하면, 당시 내가 훔친 과일을 좋아해서 그것을 먹으려고 했다면 나는 홀로 그 죄를 충분히 저지를 수 있었을 것이고 내 욕심을 채웠을 것입니다. 나는 친구들의 마음이 비벼 댄다고 해서 내 욕망이 간지러워 불붙지는 않았을 것이 아닙니까?

그러나 내 쾌감은 그 과일에 있지 않고 범죄 자체에 있었는데, 그 범

---

25 아우구스티누스가 말하는 무(nihil)는 유(有)의 반대개념으로서의 무(無)나 또는 진공(眞空)으로서의 무가 아니다. 아우구스티누스는 플로티누스의 영향을 받아서 무를 부족함, 곧 결여나 결핍으로 보았다.

26 무(nihil)를 사랑했다는 것은 결핍으로서의 죄를 사랑하였다는 것을 뜻한다.

죄는 함께 죄를 저지르던 친구들과 같이 저지른 것이었습니다.

9
악한 친구들

마음의 감정[27]은 무엇이었습니까? 그 감정은 확실히 너무나도 분명하게 추했으며, 그것을 가진 나는 슬펐습니다. 그렇지만 그것은 무엇이었습니까? 누가 자신의 잘못을 알겠습니까(시편 19, 13)?

그것은 간지러운 마음과도 같은 웃음이었습니다. 우리들이 이 짓을 한다고는 생각하지도 않으며 그런 짓을 하는 것을 지독히도 원치 않는 그들을 우리가 속였습니다. 그렇게 나를 기쁘게 하는 일이라면 왜 나는 그 짓을 혼자서 하지 않았습니까? 왜냐하면, 아무도 혼자 웃는 것은 쉽지 않아서였습니까? 확실히 아무도 쉽사리 웃지 않습니다. 그렇지만 너무 우스운 일이 감각이나 마음에 부딪히면 다른 사람이 옆에 아무도 없을지라도 사람들은 혼자 스스로 웃음을 터뜨릴 때가 있습니다. 그러나 나는 혼자서 그러지 않을 것이며, 절대로 혼자서는 그러지 않을 것입니다.

보십시오. 나의 하나님, 내 영혼의 생생한 기억이(민수 10, 9) 당신 앞에 있습니다. 나는 훔친 물건이 좋아서가 아니라 훔치는 것이 즐거워서 훔쳤기 때문에 혼자서는 도둑질을 하지 않았을 것입니다. 나 혼자서 훔치는 일은 전혀 나를 기쁘게 하지 않았을 것이며, 나는 혼자 훔치지도 않았을 것입니다. 오, 너무 적대적인 우정이여, 헤아릴 수 없는 정신

27 마음의 감정(affectus animi)은 영혼의 정서나 충동을 뜻하며 이성(ratio)이나 지성(intellectus 또는 intelligentia)보다 불완전한 능력이다.

의 유혹이여, 놀고 농담하는 것으로부터 남을 해치려는 욕심과 남이 벌받기를 바라는 욕망, 나에게는 아무런 이익도 안 되고 멋대로 복수할 마음이 전혀 없지만 "우리들이 가자, 우리들이 행하자"라고 누가 말할 때 뻔뻔하지 못한 것을 부끄러워한다.

10
하나님 안의 안식

누가 이토록 얽히고 꼬인 매듭을 풀겠습니까? 추합니다. 나는 그 매듭으로 마음을 향하게 하지 않을 것이며 그 매듭을 보지도 않을 것입니다. 정의와 순결함이며, 고귀한 눈들에게 아름다움이며 우아함인 당신을, 채워지지 않는 만족감을 가지고 나는 원합니다. 당신에게는 전적으로 확실한 안식과 흔들리지 않는 생명이 있습니다. 당신 속으로 들어가는 자는 자신의 주인의 기쁨 속으로(마태 25, 21) 들어가므로 두려워하지 않고 가장 행복하게 행복 안에 머물 것입니다. 내 하나님이시여, 나는 당신을 떠나서 방황하였습니다. 청소년시절 당신의 안정으로부터 지나치게 벗어나서 나는 메마른 땅이 되었습니다.[28]

---

28 누가복음 15장 14절의 탕자의 비유를 떠올리게 하는 부분. 작은 아들이 물려받은 재산을 탕진하고 집으로 돌아오자 아버지는 죽었던 아들이 살아서 돌아왔다면서 잔치를 베푼다.

제3권

카르타고에서의 공부

Confessiones

1
사랑의 열정

나는 카르타고로 왔으며, 내 주변 도처에서는 치욕적인 사랑의 프라이팬[1]이 끓는 소리를 내고 있었습니다. 아직 사랑에 빠져 보지는 않았지만 사랑하기를 사랑했으며, 알 수 없는 부족함 속에서 덜 부족한 나를 싫어했습니다. 사랑하기를 사랑하면서 무엇을 사랑하여야 할지 찾았으며, 안전함을 그리고 함정이 없는 길을 미워했습니다. 내 내면의 양식인 나의 하나님, 나는 당신 자신에게 굶주려 있었지만 그 굶주림을 견디지 않고 오히려 썩지 않을 음식을 욕구하지도 않았습니다. 왜냐하면 내 속이 가득 찼기 때문이 아니라 속이 더 비어 있을수록 더욱더 구역질 났기 때문입니다. 이렇게 내 영혼은 매우 좋지 않은 상태에서 심하게 곪아서 밖으로 내던져지고 불쌍하게도 감각적 접촉에 의해서 비벼지기를 바랐습니다. 그러나 영혼을 가지지 않은 것은 전적으로 사랑받

---

1 카르타고(Carthago)는 4세기경 로마, 알렉산드리아와 함께 상업의 중심지였던 대도시이다. 문물이 풍요롭고 번창한 대도시에는 욕정과 쾌락이 넘쳤고 마치 프라이팬(사르타고, sartago)처럼 소란스러웠다. 그래서 아우구스티누스는 카르타고를 사르타고에 비유한 것이다.

을 수 없습니다.

사랑하고 사랑받는 것이 내게는 달콤했으며, 사랑하는 사람의 육체를 누릴 수 있다면 한층 더 달콤했습니다. 그러므로 우정의 샘을 욕망의 흐린 물로 더럽히고, 우정의 순결을 욕정의 지옥으로 흐리게 했지만, 수치스럽고도 천박하게 지나칠 정도로 공허하게 겉만 우아하고 멋지게 꾸몄습니다. 나는 사랑에 붙잡히기를 욕망하다가 사랑 속으로 굴러떨어지고 말았습니다. 나의 하나님, 나의 자비시여, 당신은 나의 쾌적함에 너무 좋게 많은 쓸개를 뿌려 주었습니다. 나는 사랑받았으며, 기쁨의 사슬에 도달하여[2] 기꺼이 힘든 매듭에 함께 묶였지만, 그것은 질투, 의심, 두려움, 분노 그리고 싸움으로 불타는 쇠채찍에 얻어맞는 것이었습니다.

2
연극과 사랑

내 비참함의 이미지들과 내 불더미의 불쏘시개들로 가득 찬 연극들이 나를 사로잡았습니다.

인간은 자기가 당하는 것은 원치 않으면서도 슬프고 비극적인 것을 보고 괴로워지고자 하는 이유는 무엇입니까? 관객은 연극에서 오는 고통[3]을 느끼려고 하며, 고통 자체는 그의 쾌감이기도 합니다. 비참한 광

---

2 당시에 남녀 간의 사랑에는 두 종류가 있었는데 첫째는 정식 법적인 결혼관계로서 남존여비 경향이 강했다. 두 번째는 법과는 상관없는 사실혼의 관계인데 아우구스티누스는 아들 아데오다투스를 출산한 여인과 내연관계로 장기간 함께 살았다.

3 아우구스티누스는 관객이 연극을 보면서 공감하여 정화(catharsis)를 체험함으로써 순수한 쾌감을 느낀다는 미학이론을 잘 알고 있었던 것 같다. 고통(dolor)은 슬픔, 원

기(狂氣)가 아니고 무엇이겠습니까? 사람이 이런 일들로 더욱더 자극받을수록 그는 더욱더 그러한 감정들에서 자유롭지 못합니다. 그렇지만 자신이 혼자 참을 때는 비참함이라고 하고, 다른 사람들과 함께 참을 경우에는 보통 자비라고 말합니다. 그러나 꾸며 낸 연극무대의 일들에 결국 무슨 자비입니까? 여기에서 관객은 도와주도록 재촉당하지 않고 단지 고통으로 초대받으며, 고통이 더 가득 찰수록 이러한 허구의 작가를 총애하는 것입니다. 또한 지나가거나 꾸며진 인간의 불행이 이렇게 연출될 경우 관객이 고통을 느끼지 않으면 그는 그것을 경멸하고 비난하면서 떠나가 버립니다. 그러나 고통을 느낀다면 관객은 긴장하여 기쁨을 느끼면서 남아 있습니다.

그러므로 사람들은 눈물과 고통을 사랑합니다. 확실히 모든 사람들은 기뻐하기를 원합니다. 또는 어느 누구도 비참하게 되기를 싫어하는데 비해서 자비롭기를 좋아하는 것입니까? 그러기 위해서는 고통이 없지 않으므로 이 한 가지 이유 때문에 고통을 사랑하는 것입니까? 그런데 이것은 저 우정의 혈관으로부터 흘러나옵니다.

그러나 그 혈관은 어디로 갑니까? 그 혈관은 어디로 흐릅니까? 무엇 때문에 그 혈관은 끓는 역청의 급류 속으로, 치욕스런 욕정의 거대한 불길 속으로 뛰어드는 것입니까? 거기에는 하늘의 닮음으로부터 버림받아 내던져진 우정 자체가 제멋대로 변하며 소용돌이치지 않습니까? 그렇다면 자비를 거절하여야 합니까? 절대로 그렇지 않습니다. 그러므로 어떤 때는 고통도 사랑하여야 합니다. 그러나 내 영혼이여, 더러움을 피하라. 만세에 칭송하고 드높일 우리들의 조상들의 하나님, 내 하나님의 보호 아래 더러움을 피하라.

한 등의 뜻도 가지고 있다.

지금도 나는 여전히 불쌍히 여깁니다. 그러나 당시 나는 풋사랑하는 사람들이 무대에서 수치스럽게 즐거워하는 것을 함께 기뻐했으며, 그것이 연극에서 상연되는 가상(假像)이라고 할지라도 그들이 서로 헤어질 때면 나는 그들을 동정하는 것처럼 함께 슬퍼했습니다. 그렇지만 나는 두 가지를 다 좋아했습니다. 그러나 지금 나는 해로운 쾌락을 잃거나 불쌍한 행복을 상실하여 계속 고민하는 사람보다 치욕 속에서 기뻐하는 자를 한층 더 불쌍히 여기는 것입니다. 이것은 확실히 한결 더 참다운 자비지만, 이러한 자비 안에서 고통은 기쁨을 가져다주지 않았습니다. 왜냐하면 불쌍한 사람을 동정하는 자는 사랑의 의무 때문에 높이 인정받아야만 할지라도 우애를 가지고 동정하는 사람은 오히려 아파할 것이 없기를 전적으로 원하기 때문입니다. 전혀 불가능하지만 심술궂은 선심이 있다고 합시다. 참답고 진실되게 불쌍히 여기는 자는 자신이 불쌍하게 여기기 위해서 불쌍한 사람들이 있기를 바랄 수 있는 것입니까? 그러므로 어떤 종류의 고통은 인정되어야 하지만 사랑받아야 할 고통은 아무것도 없습니다. 우리들보다 훨씬 높이 그리고 한결 더 순수하게 영혼들을 사랑하는 주 하나님, 당신은 아무런 고통의 심한 상처도 입지 않고 한결같이 자비롭습니다. 그 누가 이런 것에 적합하겠습니까(2고린 2, 16)?

그러나 당시 나는 비참하게 고통받기를 사랑했습니다. 꾸며 낸 연극에 등장하는 타인의 슬픔이었지만 배우의 광대놀이가 매우 즐거웠고, 나는 심히 매혹당해서 눈물을 쥐어짜기까지 했습니다. 그러나 무슨 기적입니까? 그때 당신의 양떼에서 떨어져 나온 가엾은 양은 당신의 감시를 견디지 못해서 더러운 옴이 옮은 것입니까? 이렇게 해서 고통을 사랑하게 되었습니다. 구경하는 그런 것을 실제로 해 보려고 하지는 않았기 때문에 한층 더 깊이 파고들려고 하지는 않았지만 허구를 듣는 것은 피부가 긁히는 것과도 같았습니다.[4] 그렇지만 긁힌 손톱자국은 염증과 피고름으로 흉측하게 되어 버리고 말았습니다.

이런 것이 나의 삶이었습니다. 나의 하나님, 그것이 삶이었을까요?

3
사랑과 젊은이의 불손함

그런데 멀리서 당신의 자비가 믿음직스럽게 내 위에서 빙빙 날고 있었습니다. 나는 커다란 죄악으로 멀리 떨어져 버렸고(레위 26, 39) 불경스러운 흥밋거리를 따랐기 때문에 당신을 버리고 불신의 밑바닥과 요사스런 악마의 섬김으로까지 빠져들었습니다. 나는 그것들에 내 악한 행실들을 제물로 바쳤고(신명 32, 17), 당신은 그 모든 것들에 대해서 나를 채찍으로 때렸습니다. 당신의 엄숙한 의식(儀式)이 거행되는 당신의 교회의 벽 안에서도 감히 생생한 욕구에 사로잡혔고 죽음의 열매를 맺게 하는 행동을 저질렀습니다.[5] 그로 말미암아 당신은 나를 한층 더 무거운 벌로 때렸지만, 그것은 나의 죄에 비하면 아무것도 아닙니다. 오, 너무나도 위대한 나의 자비, 나의 하나님, 무서운 범죄자들로부터의 나의 피난처여, 나는 저들을 동료 삼아서 당신으로부터 멀리 떠나려고 뻣뻣한 목으로 방황하였고, 당신의 길이 아니라 내 길을 사랑했으며 사라지기 쉬운 자유를 사랑했습니다.

사람들이 고상하다고 일컫던 그런 학문들도 소송법정을 고려한 것이

4 연극의 허구를 듣는 것은 가려운 피부를 긁는 것처럼 좋았다는 뜻임.

5 다양한 해석이 있으나 아들 아데오다투스를 출산한 아우구스티누스의 내연녀와의 관계를 표현한 것으로 보는 견해가 많다. 아데오다투스의 생모는 기독교도였다.

었으며, 나는 속임수를 쓸수록 그만큼 칭찬받아 그 학문들에서 뛰어나려고 했습니다. 바로 이런 것이 눈먼 것을 영광으로 여기는 인간의 장님됨입니다! 그리고 수사학 학교에서 이미 나는 더 뛰어난 학생이 되어 오만에 차서 기뻐했으며 자만심으로 부풀었습니다. 당신이 아는 것처럼 주여, 나는 깡패들[6]이 행하던 파괴와는 전적으로 멀게 훨씬 차분했습니다. — 깡패는 흉하고 악마와도 같은 이름이지만 멋진 행동거지의 표시와도 같았습니다. — 나는 그들과 함께 살면서도 그들과 같지 않은 것을 뻔뻔하게도 부끄러워했습니다. 나는 그들과 함께 있으면서 그들과 벗삼는 것이 가끔 재미있을 때도 있었지만, 그들이 하는 행동, 말하자면 파괴는 언제나 싫어했습니다. 그들은 초학자들의 수줍음을 거칠게 괴롭히고 이유 없이 경멸하면서 내던지고, 이렇게 자기들의 악의적인 기쁨을 채우고 있었습니다. 그런 행동처럼 악마의 행동에 가까운 것은 아무것도 없었습니다. 그러므로 그들은 깡패 말고 어떤 명칭으로 더 참답게 일컬어질 수 있었겠습니까? 그들은 남들을 비웃고 속이기에 앞서서 악마가 그들을 조롱하고 속였으므로 그들 자신이 먼저 완전히 파괴되고 나쁘게 되었던 것입니다.

4
키케로의 『호르텐시우스』를 읽다

그런 자들 중에서 당시 나는 웅변 교과서를 배우고 있었으며, 그 안에

6 깡패들(eversores)은 당시 콘스탄티노플, 카르타고 등 대도시의 학교에서 행패를 일삼던 불량학생들임. 유스티니아누스 황제는 불량학생들을 제재하기 위한 법령을 정할 정도였고 후에 아우구스티누스는 학생깡패들을 피하여 로마로 떠났다.

서 나는 인간의 헛된 기쁨에 의해서 해롭고 바람과도 같을지라도 빼어나기를 욕망했습니다. 보통의 배우는 과정에 따라서 나는 이미 키케로[7]라는 사람의 책을 접하게 되었는데, 내용은 그렇지 않을지라도 그의 문체는 거의 모든 사람들이 찬탄했습니다. 그런데 그 책 자체는 철학에의 권유를 포함한 것으로, 『호르텐시우스』[8]라고 일컬어졌습니다. 그런데 그 책이 나의 정서를 바꾸어 놓았으며, 주여, 당신 자신에게 향한 내 기도를 변화시켰고, 나의 기원(祈願)과 소망마저도 다른 것으로 만들어 버리고 말았습니다. 모든 헛된 희망은 내게서 갑자기 사라져 버리고, 불멸의 지혜를 생생하게 원하면서 마음은 믿을 수 없을 정도로 뜨거워져서 당신에게 돌아가기 위하여 일어서기 시작했습니다. 2년 전에 아버지가 죽고 내 나이가 열아홉 살이었을 때 어머니의 돈으로 그 책을 사려고[9] 했습니다. 내가 그 책을 읽은 것은 혀를 예리하게 하기 위해서가 아닙니다. 그러므로 나는 혀를 날카롭게 하기 위해서 그 책을 읽은 것이 아니며, 그 책이 나를 설득한 것은 말투가 아니라 내용이었습니다.

나의 하나님, 땅의 즐거움으로부터 당신에게로 날아가기 위해서 나는 얼마나 불타고 있었겠습니까, 얼마나 불타고 있었겠습니까. 그러나 당신이 나와 함께 무엇을 행할지 알지 못했습니다! 왜냐하면 지혜가

---

7 키케로(Cicero, Marcus Tullius, 기원전 106~43)는 로마 공화정 시대의 정치가, 웅변가, 철학자였다. 키케로는 에피쿠로스학파, 스토아철학, 플라톤과 아리스토텔레스의 철학을 종합하려고 했다. 키케로의 라틴어 문장은 가장 전형적인 것으로 평가받고 있다.

8 『호르텐시우스』는 현재는 남아 있지 않은 키케로의 저술로서 철학적 내용을 주로 다루었던 것으로 알려지고 있다. 호르텐시우스는 키케로의 친구였다고 한다.

9 아우구스티누스는 아버지가 돌아가신 후 홀어머니의 도움만으로는 학비를 충당할 수 없었다. 『고백록』 제6권 14장을 보면 아우구스티누스가 부유한 집안의 아들인 친구 로마니우스로부터 학비를 도움받는 상황이 소개되고 있다.

당신에게 있기(욥기 12, 13 · 16) 때문입니다. 그러나 지혜에 대한 사랑이 철학이라는 그리스어 명칭을 가지므로[10] 그 책은 나를 철학에 열중하게 했습니다. 위대하고 매력적이며 정직한 이름을 가진 철학에 의해서 자기들의 오류를 색칠하고 장식해서 사람들을 유혹하는 자들이 있습니다. 그 당시와 그 이전에 그랬던 거의 모든 자들이 그 책에 제시되어 있습니다. 그리고 거기에는 당신의 성령이 선하고 경건한 당신의 종을 시켜서 행한 구원의 교훈이 나타납니다. "누가 철학이나 헛된 속임수로 여러분을 노획물로 삼을까 조심하십시오. 그런 것은 사람들의 전통과 세상의 유치한 원리를 따른 것이요, 그리스도를 따른 것이 아닙니다. 그리스도 안에서는 하나님의 모든 신성이 몸이 되어서, 충만하게 머물러 있습니다(골로 2, 8~9)."

그런데 그 시절에, 내 마음의 빛인 당신이 압니다만, 나는 아직 사도의 이런 글들을 몰랐습니다. 그렇지만 그 교훈에서 유일하게 마음에 들었던 것은 이런저런 학파가 아니라 지혜 자체로서 나는 그것을 사랑하고 찾았으며 그것이 무엇이든지 그것을 얻어서 지니고 힘차게 껴안았습니다. 나는 그 말에 이끌려서 불붙고 타올랐습니다. 그런데 이렇게 불붙는 정열 속에서도 오로지 한 가지 내 마음을 싸늘하게 식힌 것은 거기에 그리스도의 이름이 없었다는 것입니다. 당신의 자비에 의해서 이 이름은, 주여(시편 25, 7), 나의 구원자의, 당신의 아들의 이 이름은 내가 아직 어머니의 젖을 먹을 때부터 여린 내 마음이 경건하게 마시고 깊이 간직해 두어서, 이 이름이 없는 것은 무엇이든지 비록 박식하고

---

10 그리스어 필로소피아(philosophia)는 지혜(sophia)에 대한 사랑(philia)을 뜻한다. 아우구스티누스는 지혜의 사랑(amor sapientiae)을 철학이라고 하는데 이는 플라톤 전통을 따르는 것이다. 그러나 아우구스티누스가 말하는 지혜는 전지전능한 하나님의 지혜라는 점에서 플라톤의 지혜와 차원을 달리한다.

세련되며 진실되다고 할지라도 전혀 나를 붙잡아 둘 수는 없었습니다.

5
성서문체의 간소함

그러므로 나는 성서가 어떤 것인지 알기 위해서 성서로 마음을 돌리기로 결정했습니다. 그러면 보십시오. 내가 본 것은 그것이 오만한 자들에게 경험되는 것이 아니고 아이들에게까지 뻔한 것도 아니며, 입구는 낮으며 들어갈수록 높고 신비에 덮여 있는 것이었습니다.[11] 그런데 나는 그 안으로 들어갈 수 있거나 또는 그 발자취를 향해서 목을 숙일 수 있는 그런 형편이 아니었습니다. 나는 지금 내가 말하는 식의 그런 느낌으로 그때 성서를 대한 것이 아니고, 툴리우스[12]의 위엄에 비교하기엔 내가 보기에 가치가 없었습니다. 왜냐하면 종기와도 같은 나의 오만함은 성서의 문체를 싫어했고, 내 정신의 예리함은 성서의 내면을 꿰뚫을 수 없었기 때문입니다. 참으로 성서는 어린아이들과 함께 자라야 할 것이었지만 나는 어린아이로 취급받기를 싫어했으며 오만으로 잔뜩 부풀어서 나 자신을 어른처럼 보고 있었습니다.

---

11 성서를 읽을 때 첫 부분은 쉽지만 계속해서 읽을수록 쉽게 이해하기 힘든 깊은 뜻이 있다는 것.

12 툴리우스는 키케로(Cicero, Marcus Tullius)를 가리킨다.

6
마니교의 유혹

그래서 나는 오만으로 미친 사람들, 너무 육체적인 수다쟁이들 속으로 빠졌는데, 그들의 입안에는 당신과 주 예수 그리스도 그리고 우리들을 위로하는 성령[13]의 이름 철자들을 뒤섞어서 만든 악마의 덫과 끈끈이가 있었습니다. 그런 이름들이 그들[14]의 입에서 떠나지 않았지만 그것들은 혀로 내뱉는 소리와 소음일 뿐이었고, 더욱이 마음은 참다운 것이 비어 있었습니다. 그들은 "진리 그리고 진리"라고 말했으며 내게도 자주 그렇게 말했습니다. 그러나 그들에게는 어느 곳에도 진리가 없었으며, 참으로 진리인 당신에 관해서뿐만 아니라 세계의 요소들과 당신의 피조물에 관해서도 거짓을 말했습니다. 지선(至善)이며 아름다운 모든 것들의 아름다움인 나의 아버지여, 나는 당신을 향한 사랑 때문에 그것들에 관해서 참답게 말하는 철학자들마저도 지나쳐 버려야만 했습니다.

오, 진리, 진리.[15] 그들이 엄청나게 많은 책들에서 한목소리로 자주

---

13 성령(聖靈, spiritus sancti)은 파라클레투스(paracletus)라고도 하며 이것은 옆에 있는 자 또는 위로하는 자의 의미도 가진다.

14 마니(Manichaeus, 기원후 216년 출생)는 고대 바빌로니아 남부의 크테시폰테 왕족 출신으로서 조로아스터를 기본으로 삼고 불교, 유대교, 기독교의 종교적 요소들을 종합하여 선, 악 이원론(善惡二元論)의 마니교를 창시하였다. 조로아스터(Zoroaster, 기원전 약 628~약 551)는 광명과 선의 신 아후라 마즈다(Ahura-Mazda)와 암흑과 악의 신 앙그로 마이뉴(Angro-Mainyu)가 부단히 투쟁하는 장소가 세계라고 하는 고대 이란의 이원론적 종교 조로아스터교를 창시하였다. 조로아스터교를 기초 삼아서 미트라교나 마니교가 생기고 조로아스터교는 이슬람교도들에 의해 쇠망하였다. 마니교 역시 선과 악이 끊임없이 싸운다는 이원론적 종교지만 금욕적인 엄한 윤리적 규율에 의해서 내면의 악을 제거할 수 있다는 이론을 제시하였다. 아우구스티누스는 약 9년간 마니교를 신봉했다. 4세기경 마니교는 중앙아시아, 북아프리카, 로마제국 등에 큰 세력을 떨쳤으나 그 후 점차 기독교에 의해서 세력이 약화되었다.

15 아우구스티누스는 플로티노스의 영향을 받아 신비주의적이며 주지주의적인 사상

그리고 다양하게 속삭일 때 내 영혼의 골수는 내면으로 얼마나 애타게 당신을 동경했습니까! 그런데 그것들은 당신을 굶주리던 나에게 당신의 아름다운 것들인 해와 달[16]을 담아 바치는 쟁반이었습니다. 그렇지만 그것들은 당신의 피조물이었고, 당신이 아니었으며, 당신의 첫 번째 피조물도 아니었습니다. 제아무리 빛나며 하늘에 있는 그런 물체들이더라도 이들보다 앞서서 당신이 만든 것들은 정신적인 것들이기 때문입니다.

그러나 내가 굶주리고 목말라하던 것은 저 첫 번째 것이 아니라 변하지도 않고 변화의 그림자도 없는(야고 1, 17) 진리, 당신 자신뿐이었습니다. 그런데 아직까지도 내게는 그 쟁반들에 찬란한 환상들이 놓여 있었습니다. 그러나 눈을 통해서 마음을 속이는 저 거짓들보다 적어도 눈에라도 참다운 그런 태양을 사랑하는 것이 더 나은 것이었습니다. 그렇지만 나는 그것들을 당신으로 생각하고 먹으면서도 허겁지겁 먹지 못했으며 있는 그대로의 당신을 내 입으로 맛보지 못하고 — 왜냐하면 당신은 그러한 공허한 가상이 아니기 때문에 — 그것들로 영양을 취하지도 못했으며 한층 더 허기지게 되었습니다.

꿈속에서의 음식이 깨어 있을 때의 음식과 비슷할지라도, 잠자는 사람은 잠자기 때문에 그런 음식으로 키워지지 않습니다. 그러나 저 환상들은, 당신이 지금 내게 말한 것처럼 어떤 식으로든 당신과 비슷하지

적 특징을 모두 가지고 있다. 그가 말하는 진리(veritas)는 이론적일 뿐만 아니라 실천적 사랑의 대상인 선이며 행복이므로 아우구스티누스는 기독교 신비주의철학의 한 획을 장식하기도 한다.

16 마니교도들은 해와 달을 신봉했는데, 그들은 햇빛 안에 성부가 있다고 믿었고 해 안에는 성자가 있고 달 안에는 성령이 있다고 믿었다. 청소년시절의 아우구스티누스는 어머니의 단순한 기독교 신앙보다 마니교의 철저한 체계적 이론에 매혹되어 마니교도가 되었던 것이다.

않았습니다. 저 환상들은 물체적인 환상들, 거짓된 물체들이었으며, 하늘에 있는 것이거나 땅에 있는 것이거나 간에 우리들이 육안으로 보는 그러한 참다운 물체가 확실하며, 우리들이 길짐승과 날짐승을 볼 때 그것은 상상할 때보다 한결 더 확실합니다. 그리고 다시금 우리들은 전적으로 아무런 존재도 가지지 않은 것들을 한층 더 거대하고 무한하다고 추측하기보다 길짐승과 날짐승의 이미지들을 더 확실하게 생각합니다. 당시 나는 그런 환상들을 헛되이 먹고 자랐지만 참답게 성장하지는 못했습니다.

그러나 당신 안에 떨어지면 내가 강해지는(2고린 11, 11~12) 당신, 내 사랑이여, 당신은 하늘에 있을지라도 우리들이 보는 그런 물체가 아니며, 거기에서 우리들이 보는 것들도 아닙니다. 왜냐하면 당신은 그것들을 창조했지만 그것들을 당신의 최상의 창조물로 여기지 않기 때문입니다. 그러므로 당신은 나의 저 환상들로부터, 전혀 존재하지 않는 물체의 환상으로부터 매우 멀리 떨어져 있습니다! 존재하는 물체의 상은 환상보다 확실하며 이것보다 더 확실한 것은 물체지만 당신은 그런 것이 아닙니다. 그러나 당신은 육체의 생명인 영혼도 아니고 — 그러므로 육체의 생명은 육체보다 더 나으며 더 확실한데 — 당신은 영혼들의 생명이고, 생명들의 생명이며, 당신 자신을 살면서(잠언 3, 22) 변하지 않고, 내 영혼의 생명[17]입니다.

그렇다면 그 당시 당신은 어디에 있었으며 내게서 얼마나 멀리 떨어져 있었습니까? 나는 당신으로부터 멀리 떨어져서 방랑하였으며, 내가

---

17 내 영혼의 생명(vita animae meae)은 절대자 하나님을 말한다. 아우구스티누스는 신플라톤주의자 플로티노스의 영향을 많이 받았는데 플로티노스는 일자(一者, henas)로부터 정신(nous)이 유출되고 정신으로부터 영혼(psyché)이 그리고 영혼으로부터 질료(hylé)가 유출된다는 유출설을 주장하였다. 따라서 플로티노스의 유출설은 신비주의적 일원론의 색채가 강하다.

돼지에게 먹이로 주던 곡물깍지를 나에게 주는 사람도 없었습니다(누가 15, 16). 문법학자와 시인들의 이야기가 이런 거짓보다 훨씬 더 나은 것입니다! 왜냐하면 전혀 존재하지도 않고, 존재하는 것으로 믿는 자들을 죽이는 암흑의 동굴을 따라서 그린 다섯 가지 원소들보다 시와 노래와 날아가는 메데아[18]는 훨씬 더 쓸모가 있기 때문입니다. 왜냐하면 나는 시와 노래를 참다운 고기음식으로 변화시킬 수 있기 때문입니다. 그러나 날으는 메데아를 내가 노래하기는 했을지라도, 나는 긍정하지 않았으며, 남들이 노래하는 것을 들어도 나는 믿지 않았습니다. 그러나 나는 저 환상들을 믿었습니다. 슬픕니다. 슬픕니다! 어떤 단계를 거쳐서 나는 지옥의 심연으로(잠언 9, 18) 끌려간 것입니까? 그때 나의 하나님, 나는 — 당신에게 고백할 줄 모르던 나를 불쌍하게 여긴 당신에게 고백하는데 — 진리가 아쉬워서 애쓰면서 몸이 달아올라 당신이 나를 짐승보다 뛰어나게 만든 정신의 지성에 의해서가 아니라 육체의 감각에 따라서 당신을, 당신을 찾았습니다. 그러나 당신은 나의 가장 깊은 내면에 있었고 내 위에 가장 높이 있었습니다. 나는 훔쳐서 마시는 물이 더 달고, 몰래 먹는 빵이 더 맛있다고(잠언 9, 17) 문간의 의자에 앉아서 말하는, 솔로몬의 수수께끼인, 사려가 없고 뻔뻔한 그 여자를 만났습니다. 그녀는 나를 유혹했습니다. 왜냐하면 그녀[19]는 밖에 있는 내 영혼이 나의 육신의 눈 안에 있음을 그리고 내가 눈을 통해서 삼키는 그런 것을 내 속으로 되새기는 것을 발견했기 때문입니다.

18 메데아는 그리스신화에 등장하는 콜키스 왕의 딸로 요술을 잘하는 마술사였다.
19 그 여자는 아우구스티누스가 19년간이나 붙잡혀 있던 마니교를 말한다.

7

마니교도들의 그릇된 교리

나는 참답게 존재하는 어떤 다른 것을 알지 못했습니다. 어리석은 사기꾼들이 다음처럼 물을 때 나는 바늘에라도 찔린 것처럼 움직이고 그들에게 동의했습니다. 악은 어디에서 오는가? 하나님은 형체를 가지는가, 그래서 머리털과 손톱, 발톱이 있는가? 그리고 한꺼번에 여러 아내를 거느리고, 인간을 죽이며 짐승들로 제사하는 사람들도 의인(義人)으로 평가받는가? 나는 이런 일을 모르므로 혼란에 빠졌고, 진리로부터 멀어지면서 진리로 향하는 것처럼 보였습니다. 왜냐하면 나는 선의 결핍이 악이며[20] 나아가서 악은 전혀 존재하지 않는 것임을 알지 못했기 때문입니다. 그 당시에는 눈으로 신체를 보고, 영혼으로 환상을 볼 뿐이었으므로 어떻게 그것을 볼 수 있었겠습니까?

나는 하나님이 정신이라는 것,[21] 그에겐 길고 넓은 사지(四肢)가 없으며, 그의 존재는 양(量)이 없다는 것을 몰랐습니다. 왜냐하면 양에 있어서 부분은 전체보다 적으며, 양이 무한하다고 할지라도 어떤 일정한 공간에 제한되어 있으면 그것은 무한보다 적으며 어디에나 두루 존재하는 정신과도 같지 않고 하나님과도 같지 않기 때문입니다. 그리고 나는 우리들 안에서 무엇이 우리들을 존재하게끔 해 주는지 그리고 성서에서 하나님의 이미지에 따라서[22](창세 1, 27)라는 표현이 무엇을 말

---

20 플라톤과 플리티노스의 영향을 받은 아우구스티누스는 기독교로 개종 후 악을 선의 결핍으로 본다. 그러나 청소년시절(9년간) 아우구스티누스가 마니교의 영향하에 있을 때 그는 선과 악을 세계를 지배하는 불변의 두 원리로 보았다.

21 여기서의 정신(spiritus)은 성령(聖靈)을 말한다.

22 하나님의 이미지에 따라서(ad imaginem dei)에서 이미지는 모습이며 그것은 정신적인 것을 말한다.

하는지 전혀 알지 못했습니다.

게다가 나는 참다운 내적 정의(正義)도 몰랐습니다. 정의의 심판은 관습으로부터가 아니고 전능한 하나님의 가장 올바른 율법으로부터 생기는 것으로 지방과 시대에 따라서 그 지방, 그 시대의 윤리[23]가 형성됩니다. 나는 그 정의 자체가 언제 어디서나 변함이 없고, 여기서는 이렇고 저기서는 저렇지 않다는 것을 알지 못했습니다. 아브라함과 이삭과 야곱과 모세와 다윗 그리고 하나님의 입으로 칭찬받는 저 모든 이들이 의인이 되는 것도 이 법에 의한 것입니다. 제대로 알지도 못하는 자들이 그들을 죄인으로 심판하는데, 이는 인간의 방식대로 판단하는 것이며 자신의 관습에 의해 인류 전체의 습관을 계량하는 것입니다. 이것은 마치 몸의 어느 부분에 어떤 무장이 알맞은지 모르는 사람이 정강이받이를 머리에 뒤집어쓰고, 투구는 발에 신고 잘 맞지 않는다고 중얼대는 것과 같습니다. 또는 오후부터는 상거래가 쉬기로 되어 있는 어떤 날 오전에 넘겨주기로 약속한 상품을 건네주지 않는다고 화내는 자와도 같습니다. 또는 어느 집에서 누군가가 술심부름꾼에게 허락되지 않은 것에 어떤 노예가 손대는 것을 보거나, 누가 식탁 앞에서 금지된 것을 마구간 뒤에서 하는 것을 보고 한 방, 한 집안에서 어디든지 모든 사람들에게 분배된 일이 똑같지 않다고 분노하는 것과 같습니다.

저 시대의 의로운 사람들에게 가치 있었던 어떤 것을 이 시대의 의로운 사람들이 해서는 안 된다는 말을 듣고 화내는 자들도 마찬가지입니다. 왜냐하면 하나님이 때에 따라 이유가 있으므로 저들에게는 어떤 것을, 이들에게는 또 다른 것을 명하기 때문이고, 양자는 동일한 정의에 복종합니다. 그들은 한 사람, 한 날, 한 집이라도 구성원들에게 일치하

23 윤리(mos)는 습관적인 윤리, 도덕을 뜻한다.

는 것들이 서로 다르며, 이미 오래전부터 해도 되던 어떤 다른 것이 시간이 지난 뒤에는 해선 안 되고, 저 구석에서는 허락되고 명령된 일이 이 구석에서는 금지되고 처벌당하는 것을 알고 있습니다. 그래서 정의는 다양하며 변화하는 것인가요? 그러나 정의가 지배하는 시간들은 똑같이 흐르지 않습니다. 왜냐하면 그것들은 시간들이기 때문입니다. 지상에서의 삶이 짧은 인간이므로 경험하지 못한 이전 세상과 다른 민족의 근거들을 경험한 것과 일치시킬 수 없지만, 한 몸, 한 날, 한 집에서는 무엇이 어느 식구에게, 어떤 순간에, 어느 부분이나 사람들에게 일치하는지 쉽게 알 수 있으므로 지나간 일을 공격하고 이곳의 일에 복종합니다.

그 당시 나는 이런 것들을 알지 못했고 주의하지도 못했습니다. 사방에서 그런 것들이 내 눈앞에 펼쳐졌지만 나는 그것들을 보지 못했습니다. 그리고 나는 시를 읊었는데, 나는 원하는 곳에 각운(脚韻)을 붙여서는 안 되고 여기에는 이 각운, 저기에는 저 각운을 붙여야 했고 시 한 수에서도 모든 자리마다 똑같은 각운이어서는 안 되었습니다. 그런데 내가 읊은 기교 자체[24]는 장소가 다름에 따라 다르지 않고 모두 동시적이었습니다. 그리고 착하고 성스러운 사람들이 복종하는 정의가 하나님이 명하는 모든 것을 한층 더 뛰어나고 고귀하게 동시에 가지고 있으며, 어떤 부분도 전혀 변하지 않을지라도 변하는 시대에 따라서 모든 것이 동시에 나누어지기보다는 명에 따라서 적절하게 나누어진다는 것을 나는 알지 못했습니다. 그래서 정신적으로 눈먼 나는 성조(聖祖)들이 하나님이 명령하고 영감을 불어넣는 대로 현재의 일들을 사용할 뿐만 아니라 실로 하나님이 계시하는 대로 미래를 미리 알려 주는 것도

24 기교 자체(ars ipsa)란 아우구스티누스의 미숙한 시의 기교를 지시한다.

파악했던 것입니다.

8
관습과 자연법과 하나님의 계명

하나님을 자신의 마음 전체로, 영혼 전체로 그리고 정신 전체로 사랑하는 것이(마가 12, 30), 이웃을 자기 자신처럼 사랑하는 것이(마태 22, 37~39) 언제나 어디서나 옳지 않겠습니까? 그러그로 자연을 거스르는[25] 죄악들은 소돔사람들의 죄악들처럼 어디서나 항상 미움받고 벌 받아야 합니다. 비록 모든 백성이 그렇게 행할지라도 신성한 법에 따라 모든 백성이 죄짓게 되므로 신성한 법은 그 법을 사람들이 서로 잘못 쓰도록 하기 위해서 사람들을 만들지 않았습니다. 물론 사회는 하나님과 함께 우리들에게 마땅히 있어야만 하는데, 하나님이 창조한 인간의 본성이 지나친 육욕[26]으로 더렵혀질 때 사회는 스스로 망하게 됩니다.

그러나 인간의 윤리관습을 거스르는 죄악도 다양한 관습에 따라서 피해야만 합니다. 도시나 민족 사이에서 관례나 법률로 맺어진 협약이 어떤 도시에 의해서도 또는 외래자에 의해서도 파괴되어서는 안 되기 때문입니다. 왜냐하면 자신의 전체에 일치하지 않는 부분은 모두 추하

---

25 아우구스티누스는 인간이 따라야만 할 것을 관습, 자연법, 계명(영원법) 세 가지로 보았다. 자연법과 계명은 인간이 반드시 따라야 할 것이지만 관습은 사정에 따라서 따를 수도 따르지 않을 수도 있는 것이다. 이런 견해는 13세기 아퀴나스의 실정법, 자연법, 신법의 선구가 된다. 아퀴나스의 신법은 절대적인 하나님의 법이고, 자연법은 신법을 따르는 우주자연의 질서이며 실정법은 현재 인간이 지키고 있는 사회의 법이다.

26 바람직하지 못한 관능적 욕망을 말한다.

기 때문입니다.[27]

그러나 하나님이 관습이나 어떤 민족의 협약을 거슬러서 어떤 것을 명한다면, 한 번도 그것을 해 보지 못했을지라도 해야만 합니다. 그리고 만일 그것이 빠졌다면 다시 세워야 합니다. 그리고 그것이 다시 세워지지 못했다면 일으켜 세워야 합니다. 만일 국가를 다스리는 왕이 어떤 것을 명한다면, 그것은 그 이전에 어느 누구도 또 그 자신도 명하지 않은 것이라고 해도 그것에 복종하는 것이 국가사회를 거스르는 것이 아니고 오히려 복종하지 않는 것이 거스름이 되며 — 물론 자신의 왕에게 복종하는 것은 인간사회의 일반적인 협약인데 — 모든 피조물들의 왕인 하나님이 명한 것에 얼마나 크게 주저하지 않고 복종하여야 하는 것입니까! 왜냐하면 인간사회의 권력에 있어서 더 높은 권력이 더 낮은 권력에 우선해서 복종을 받아야 하는 것처럼 그렇게 하나님은 모든 것들로부터 복종을 받아야 하기 때문입니다.

남을 해칠 욕망이 있는 범행에 있어서도 똑같은데, 학대나 불의 그리고 이들 두 가지를 모두 범하는 것은 적이 적에게 하는 것처럼 복수하기 위해서, 또는 강도가 행인에게 행하는 것처럼 수고하지 않고 어떤 이익을 얻기 위해서, 또는 두려운 사람이 있는 것처럼 악을 피하기 위하여, 또는 질투로 말미암아 더 불행한 사람이 더 행복한 사람에게 행하는 것처럼, 또는 어떤 것을 가져서 행복한 자가 남도 이것을 가져서 자기와 똑같이 될까 봐 두려워하거나 똑같이 되기를 싫어하는 것처럼, 또는 칼싸움의 구경꾼이나 남들을 비웃는 자 혹은 놀리는 자들처럼 남들의 불행에서 오로지 쾌락[28]만을 맛보려고 하는 것입니다.

---

27 부분들이 전체에 일치하고 전체와 조화를 이룰 때 아름답다는 아우구스티누스의 미학이론을 엿볼 수 있다.

28 쾌락(voluptas)은 영혼을 배려하지 않는 육체적인 관능적 쾌락을 가리킨다.

지배하고 보고 느끼려는 욕망이 하나이건 둘이건 동시에 모두이건 이로부터 싹트는 죄악의 우두머리가(1요한 2, 16) 저것들입니다. 가장 높고 가장 달콤한 하나님, 그래서 우리는 당신의 십현금(十絃琴)(시편 33, 2), 곧 당신의 십계명의(시편 144, 9) 셋과 일곱을 어기며 살고 있는 것입니다.[29] 그러니 더럽혀질 수 없는 당신 안에 무슨 죄악이 있겠습니까? 또 해칠 수 없는 당신을 거슬러 죄악이 무엇을 하겠습니까? 그러나 자신에게 죄짓는 자에게 당신은 복수하는데, 사람들이 당신 안에서 죄지을 때 그것은 자신의 영혼을 불경스럽게 만들며 죄악은 스스로를 속이기(시편 27, 12) 때문입니다. 또는 죄악은 당신이 만들고 마련해 준 인간의 본성을 부패시키고 타락시킵니다. 또는 죄악은 할당된 것들을 멋대로 쓰거나 할당되지 않은 것을 본성에 거슬러서 사용하여(로마 1, 26) 불태움으로써 자신을 속입니다. 또는 이런 사람들이 또 있는데 당신을 거슬러서 마음과 말로 격분하며 송곳에 발길질하는 자들입니다. 또 인간의 사회질서의 한계를 파괴하고, 뻔뻔하게 개인적으로 뭉쳤다가 완전히 헤어졌다가 하면서 기뻐하거나 싫어하면서 즐기는 자들이 있습니다.

그런데 생명의 샘인(시편 36, 9) 당신을 완전히 떠날 경우 이런 일이 생깁니다. 당신은 하나의 참다운 우주의 창조자이며 지배자입니다. 개인적으로 오만하게 거짓된 하나를 부분적으로 사랑할 경우 이런 일이 생깁니다.

그러므로 우리들은 겸손한 경건함을 가지고 당신에게 되돌아가지 않으면 안 됩니다. 그러면 당신은 우리들을 나쁜 관습으로부터 정화해 주

---

29 성서의 출애굽기와 신명기에는 열 개의 계명이 분명하게 확정되어 있지 않다. 열 개의 계명을 확정한 것은 아우구스티누스이다. 위의 삼계(三戒)는 하나님에 대한 계명들이고 아래의 칠계(七戒)는 인간에 대한 계명들이다.

며, 죄를 고백하면 용서해 주고(시편 78, 38), 묶인 자들의 탄식을 들으며(시편 79, 9), 우리들이 더 많이 가지려는 욕심을 가지고 모든 것을 잃지 않을까 근심하면서 모든 것들의 선(善)인 당신보다 우리들의 사적 소유물을 더 사랑함으로써 거짓된 자유의 뿔을 당신에게 치켜세우지 않으면(시편 75, 5), 당신은 우리들이 스스로 만든 족쇄로부터 우리들을 풀어 줍니다(시편 102, 20).

9

인간의 판단과 하나님의 판단

그러나 치욕, 폭행 그리고 수없이 많은 불법행위 중에서도 초학도(初學徒)들의 죄악들이 있습니다. 옳게 판단하는 사람들은 완전한 규범에 따라 그것을 비난하기도 하며, 곡식의 이삭처럼 열매에 대한 희망으로 그것을 칭찬하기도 합니다. 그런데 어떤 것들은 치욕이나 범행처럼 여겨지지만, 죄악이 아닌 것들은 우리들의 주 하나님인 당신을 욕되게 하지 않고 사회적 공동체를 해치지 않습니다. 그것들은 때로는 생활의 풍습과 일치하므로 소유하려는 욕망에서 생기는지 확실하지 않습니다. 또 때로는 올바른 권위가 고치기를 열망해서 그것들을 벌주지만 해칠 욕망에서 그러는지 확실치 않습니다.

그러므로 사람들에게 비난받아야 할 것으로 보이는 많은 행위들이 당신의 증거에 의해서 옳게 인정받았으며, 사람들이 칭찬하는 수많은 것들이 당신을 증인으로 삼아 죄악으로 심판받았습니다. 흔히 일의 외관과 행동하는 사람의 마음과 때에 따라서 알려지지 않은 단계가 서로 다르기 때문입니다. 그러나 당신이 갑자기 예사롭지 않으며 예상치도 않았던 어떤 것을 명령할 경우, 비록 이것을 전에는 당신이 금지했다고 할지라도, 잠시 동안 당신의 명령의 이유를 밝히지 않은 채 그것이 어떤 인간사회의 계약에 어긋난다고 할지라도, 당신을 섬기는 인간사회가 정의로운 사회라는 것을 안다면, 누가 그 명령에 따라 행하기를 의심하겠습니까? 그러므로 당신이 명령한다는 것을 아는 사람들은 행복합니다. 왜냐하면 모든 일들은 현재 필요한 것을 나타내기 위해서 또는 미래의 일들을 예언하기 위해서 당신을 섬기는 사람들에 의해서 행해지기 때문입니다.

10
무화과나무와 마니교도

나는 이런 것들을 알지 못하고 당신의 저 성스러운 종들과 예언자들을 비웃었습니다.[30] 그래서 내가 그들을 비웃을 때 바로 나는 당신으로부터 비웃음 받는 행동을 하고 있었으니, 점점 조금씩 바보 같은 생각에 빠져들어, 사람들이 무화과를 딸 때 무화과가 운다거나 그 무화과의 어미 나무도 젖 같은 눈물을 흘린다고 믿지 않았습니까? 그렇지만 어떤 성인(聖人)[31]이 자신의 죄가 아니라 남의 죄로 딴 무화과를 먹게 되면 이것이 그의 오장육부와 뒤섞여서 기도할 때의 날숨, 들숨에 따라서 저 천사들을, 실로 하나님의 부분들을 내뱉는다고 나는 믿었습니다. 최상의 참다운 하나님의 이 부분들은 선발된 성인[32]의 이빨과 위장 속에서

30 마니교도들은 구약의 하나님을 악신이라고 비난하였고 구약에 등장하는 예언자들까지도 악신을 섬긴다고 비판하였다.

31 마니교의 성인.

녹지 않으면 그 열매에 붙어 있다고 믿었습니다. 땅 위의 열매들은 사람들을 위해서 생겨난 것인데 나는 가엾게도 인간보다 과일들을 더 불쌍하게 여겨야 하는 것으로 믿었습니다. 그러므로 마니교도가 아닌 어떤 굶주린 사람이 이것을 요청한다면 그에게 단 한 조각만 주어도 그는 극형에 처해져야 하는 것으로 알고 있었습니다.

11

어머니의 꿈

그리고 당신은 높은 곳으로부터 손을 뻗어 이 어두운 심연에서 내 영혼을 꺼내 주었습니다(시편 86, 13). 그때 당신의 신자인 내 어머니는, 어머니들이 자기 자식들의 육체적 죽음에 대해서 우는 것보다 더 애절하게 나를 위해서 당신을 향하여 울었습니다. 왜냐하면 그녀는 당신에게서 받은 신앙과 정신으로(갈라 5, 5) 내 죽음을 보고 있었기 때문이니 주여, 당신은 그녀의 울음소리를 들어 주었습니다. 당신의 그녀의 울음소리를 들어 주었고 그녀가 기도하는 모든 곳 어디에나 흘러내려서 그녀의 눈 아래 땅을 적시던 그녀의 눈물을 경멸하지 않았습니다. 당신은 그녀의 울음소리를 들어 주었습니다.

당신이 그녀를 위로해 준 그 꿈은 어디에서 온 것입니까? 그녀는 집에서 나와 함께 사는 것을 그리고 나와 함께 같은 식탁을 쓰는 것을 허

---

32 마니교도들은 농업을 죄짓는 직업으로 정의하였다. 왜냐하면 농부들은 감각을 소유한 식물들을 죽이기 때문이었다. 또 마니교에는 선발된 성인과 듣는 자가 있는데 듣는 자는 선발된 자를 물질적으로 받들어야 했다. 선발된 성인은 결혼, 육식, 음주가무를 멀리하고 듣는 자가 봉헌한 물질을 소화시켜서 정화하는 역할을 담당한다. 선발된 성인은 듣는 자를 선으로 이끌고 갈 의무를 가지고 있다.

락하지 않았습니까? 그녀는 나의 그릇된 비방을 혐오하고 싫어해서 아예 시작하려고도 하지 않던 것이었습니다. 그녀는 자신이 나무로 된 잣대[33] 위에 서 있는데 눈부신 청년이 그녀를 향해서 웃으면서 기쁘게 오고 있는 것을 보았고, 그때 그녀는 근심과 걱정이 가득 차 있었다고 합니다. 그 청년이 그녀에게 무슨 이유로 그녀가 슬퍼하며 날마다 우느냐고 물으니 — 흔히 그렇듯이 그 청년은 배우기보다는 가르치려고 — 그녀는 내 파멸 때문에 통곡한다고 대답했고, 그는 안심하라고 설명하면서 그녀가 있는 곳에 나도 있다는 것을 주의를 기울여서 보라고 타일렀답니다. 그녀가 주의를 기울여서 보니, 나는 똑같은 규범 위에 그녀와 나란히 서 있었다는 것입니다.

오, 선하고 전능한 당신이여, 이것이 그녀의 마음에 당신의 귀를 기울이는 것이 아니고 무엇입니까? 당신은 우리들 하나하나를 오직 한 사람인 것처럼 치료하며, 모든 사람들을 한 사람처럼 낫게 합니다.

그녀가 나에게 현몽(現夢)을 이야기했을 때, 나는 그것을 애써서 해석하여 장차 그녀가 과거의 나에 관해서 실망하지 말라는 뜻이라고 말했는데 그녀는 조금도 주저하지 않고 이야기를 이었습니다. "아니다. 나에게 한 말은 그분이 있는 곳에 너도 있다는 것이 아니라, 네가 있는 곳에 그분도 있다는 것이야." 주여, 이전에도 자주 말한 것처럼 내 기억을 모두 불러내어 당신에게 고백합니다. 나는 그 꿈보다 어머니를 통해서 준 당신의 답에 한층 더 크게 감동받았습니다. 그녀는 거짓된 그럴듯한 나의 해몽에 당황하지 않고 — 확실히 나는 그녀가 말하기 전에는 볼 수 없었는데 — 앞으로 보여질 나를 재빨리 보았던 것입니다. 그 꿈은 당시 있었던 근심 걱정을 위로하기 위해서 경건한 여자에게 먼 미

---

33 신앙의 기준 또는 규범을 가리킨다. 나무 잣대(regula lignea)는 물건의 길이를 재는 잣대이다.

래에 있을 그러한 기쁨을 미리 말해 주는 것이었습니다.

왜냐하면 그 후로도 9년이나 흘러갔기 때문입니다. 그 사이에 나는 진흙수렁과(시편 69, 3) 거짓된 어둠 속에서 자주 기를 쓰고 일어나려고 할수록 더 깊이 가라앉았고 그 속에서 뒹굴고 있었습니다. 그렇지만 당신이 사랑하는 그러한 순수하고 경건하며 착실한 저 과부[34]는 희망으로 불탔습니다. 그러나 그녀가 눈물과 한숨을 그치지 않고 기도할 때마다 나를 위해서 당신 앞에서 울 때 그녀의 기도는(시편 88, 3) 당신의 시야에 들어왔어도, 당신은 아직까지도 그 어둠 속에서 엎치락뒤치락하는 나를 그대로 내버려 두었습니다.

12

미래의 개종에 대한 어머니의 꿈

그런데 그 사이에 당신이 내 어머니에게 또 다른 답을 준 것이 생각납니다. 여러 가지 많은 것들이 있지만 당신에게 고백해야만 할 것들이 한층 나를 억압하고 또 많은 것들이 기억나지 않아 지나쳐 버리고 맙니다.

그러므로 또 다른 답은 당신의 사제를 통해서, 곧 교회에서 키워지고 당신의 책으로 공부한 어떤 주교[35]를 통해서 당신이 준 것입니다. 저 여자가 그에게 나와 함께 말하고, 내 오류를 논박하여 나쁜 것은 잊어버리게 하고 좋은 것은 가르쳐 주기를 허락해 달라고 요청했을 때 — 왜

---

34 저 과부(illa vidua)는 아우구스티누스의 어머니 모니카를 말한다.

35 일설에 의하면 학덕이 매우 높은 주교는 349년 카르타고의 주교회의에 참석했던 마다우라의 주교 안티고노인데 이 주장은 별로 신빙성이 없다. 아우구스티누스는 이 주교의 이름을 밝히지 않고 있다.

냐하면 그녀는 대체로 적당하다 싶으면 누구에게나 이러는 것이었으므로 — 그는 그렇게 하기를 원치 않았습니다. 나중에 알게 되었지만 그의 거절은 확실히 신중한 것이었습니다. 왜냐하면, 그가 답한 것에 의하면, 내 어머니가 그에게 알려 준 것처럼 나는 저 새로운 이교(異教)로 말미암아 들떠 있었으며 몇 가지 자질구레한 문제들을 가지고 이미 수많은 초보자들을 부추겼으므로 아직 배울 자세가 되어 있지 않았다는 것입니다. 그는 이렇게 말했다고 합니다. "그러나 그를 그대로 내버려 두세요. 그를 위하여 주님에게 기도만 드리세요. 혼자 책을 읽음으로써 그는 자신의 오류가 무엇인지 그리고 자신의 불경이 얼마나 큰지 알게 될 것이오."

그리고 동시에 그의 이야기에 의하면, 자기도 어린 시절 꾐에 빠진 어머니 때문에 마니교도들에게 넘겨져서 그들의 책을 거의 모두 읽었을 뿐만 아니라 모두 복사하기까지 했지만, 어느 누구에 대해서 토론하고 납득시키는 일도 없이 그 종파를 버려야겠다고 스스로 깨우쳤으므로 그 종파를 버렸다는 것입니다. 그가 이것들을 말해도 내 어머니는 안정하려고 하지 않고 한층 더 애걸하면서 나를 만나서 나와 대화를 나누어 보라고 울며불며 꼼짝도 하지 않아서 그는 참다 못해서 이렇게 말했답니다. "내게서 떠나가 보세요. 잘될 겁니다. 이렇게 눈물을 흘리는데 아들이 죽는 것은 불가능할 겁니다."

어머니는 나와 대화하는 중에 그때 일을 자주 회상하면서 그것을 마치 하늘로부터 울리는 소리로 받아들였습니다.

제4권

9년간의 마니교도 생활

1

다른 사람들을 유혹하다

내 나이 열아홉 살부터 스물여덟 살까지 9년의 세월 동안 나는 학예로 일컬어지는 이론을 통해서 공공연하게 그리고 종교라는 이름으로 거짓되게 몰래[1] 다양한 욕망에 속고 속이면서 유혹당하기도 하고 남을 유혹하기도 했습니다. 나는 여기서는 오만하고, 저기서는 미신에 사로잡혔고 어디에서나 헛되었습니다. 나는 텅 빈 대중의 인기를 얻으려고 극장의 박수와 시 백일장, 화관(花冠) 쟁탈 시합, 무대의 자질구레함 그리고 절제 없는 욕정으로까지 나아갔습니다. 그러나 다른 한편 이런 더러움으로부터 정화되기 위해서 선발된 자와 성스러운 자로 일컬어지는 사람들에게 음식을 가져다주었습니다. 그들이 자기네들의 위장(胃腸)의 공장에서 우리들을 천사들과 신들로 만들어서 우리들을 자유롭게 해주기를 바랐습니다. 그런데 나는 이런 것을 추구했으며 나 때문에 그리고 나와 함께 속은 내 친구들과 함께 행동했습니다.

그리고 나의 하나님, 오만한 자들과 당신에게 매를 맞아도 구원을 위

---

1 당시 로마제국은 가톨릭을 국교로 삼고 마니교와 같은 다른 종교들을 이단으로 결정했으므로 마니교를 신봉하는 청년들은 비밀리에 종교집회를 가졌다.

하여 아직 스스로를 낮추지 않는 자들이 나를 비웃으라고 하십시오. 그렇지만 나는 당신을 찬미하면서 내 부끄러운 것들을 당신에게 고백합니다(시편 106, 47). 나는 빕니다. 나로 하여금 현재의 기억으로 과거 내 그릇된 편력을 되돌아보고 당신에게 기쁨의 희생을 바치도록 허락해 주십시오(시편 27, 6). 당신이 없는 나는 낭떠러지로 향하는 길잡이가 아니면 도대체 무엇입니까? 내가 잘 있을 때는 당신의 젖을 빨거나 썩지 않는 음식인 당신을 누리는 나 이외의 나란 무엇입니까? 인간은 누구든지 인간일 때 인간이지 무엇입니까? 그러나 강하고 능력 있는 사람들은 우리들을 비웃지만 약하고 힘없는 우리들은(시편 74, 21) 당신에게 고백합니다.

2

수사학 선생과 내연의 여인

당시 몇 년간 나는 수사학을 가르쳤으며, 욕망에 굴복당하면서도 남들을 설득하는 수다스러움을 팔고 있었습니다. 그렇지만 주여, 당신이 아는 것처럼 나는 착하다고 일컬어지는 좋은 학생들을 두려고 했습니다. 나는 그들을 속이지 않았지만 그들에게 속이는 법을 가르쳐 주었습니다. 그것은 죄 없는 자의 생명을 해치기 위해서가 아니라 언젠가 죄지은 자의 생명을 구하기 위해서였습니다. 그리고 하나님, 당신은 멀리서 보고 있었습니다. 헛된 것을 사랑하고 거짓을 찾는 저들을 가르치는 데 있어서, 나는 그들의 동료였는데, 내가 보여 준 내 믿음은 미끄러운 길 위에서 계속 미끄러지고 가득 찬 연기 속에서 환하게 번득였습니다(마태 12, 20). 그 시절에 내게는 한 여인이 있었는데 합법적인 결혼으로 맺어진 여인이 아니라 신중함이 없이 들뜬 사랑의 열정이 찾아낸 여인이었습니다. 그렇지만 나는 그 여인만을 두고 있었고 그녀에게는 함께 사는 믿음[2]을 지켰습니다. 나는 그 경험으로부터 자녀출산을 목적으로 삼는 부부애와 마음에는 없어도, 일단 태어난 이상 사랑해야만 하는, 자식을 생기게 하는 욕정적 사랑의 계약을 구분할 수 있었습니다.

나는 다음의 사실도 기억합니다. 내가 극시(劇詩) 경연장에 나가려고 했을 때 내가 알지 못하는 어떤 점쟁이가 나타나서 나를 우승하게 해 주면 그에게 얼마를 줄 것이냐고 물었습니다. 그러나 나는 그 추한 미신의 예식을 싫어했으므로 불멸의 금관을 쓴다고 할지라도 나의 승리를 위해서 파리 한 마리도 죽이는 것을 허락할 수 없다고 답했습니다.[3] 왜냐하면 그가 자신의 제사에서 짐승을 죽여서 그런 영예들에 의해서 나를 돕도록 악마들을 부르려고 했기 때문입니다. 그러나 내 마음의 하나님(시편 73, 26), 이 역시 당신에 대한 나의 순결함으로부터 악을 거절한 것이 아니었습니다. 왜냐하면 나는 당신을 사랑할 줄 모르고, 당신을 오로지 빛나는 형체로만 생각할 줄 알았기 때문입니다. 이런 허상(虛像)들을 동경하는 영혼은 당신을 떠나서 간음하고(시편 73, 27), 거짓을 믿으며, 바람을 게걸스레 삼키는 것이(호세 12, 1) 아닙니까? 그러나 분명히 나를 위해서 악마들에게 제사 지내기를 거절한 내가 미신에 젖어 나 자신을 저들에게 제사 지냈습니다. 바람을 게걸스레 삼킨다는 것은 악마들에게 먹이를 주는 것이고, 다시 말해서 잘못을 범

2 함께 사는 믿음이 본래 문장에는 침대에의 믿음(tori fides)으로 표현되고 있다. 아우구스티누스는 자신의 아들 아데오다투스를 낳아 준 여인과 장기간 함께 살았고 그녀 이외의 다른 여자에게는 큰 관심을 보인 적이 없다.

3 마니교는 불교의 영향 아래에서 생명을 가진 것을 죽이는 행동은 모두 살생의 죄로 여겼다. 당시 마니교도인 아우구스티누스도 철저하게 살생을 금하는 데 동의하고 있었다.

함으로써 저들의 쾌락과 조롱이 되는 것 외에 무엇입니까?

3
점성술에 빠지다

그러므로 수학자로 일컬어지는 사기꾼들이 점을 치지만[4] 제사를 지내지 않고 어떤 신에게도 기도드리지 않으므로 나는 분명하게 그들의 의견을 물었습니다. 그렇지만 이것도 기독교의 참다운 경건함이 배척하고 규탄하는 것입니다.

왜냐하면 주여, 당신에게 고백하고 다음처럼 말하는 것이 좋기 때문입니다: 나를 불쌍히 여기십시오. 나는 당신에게 죄를 지었으니 내 영혼을 낫게 해 주십시오(시편 40, 1). 또 제멋대로 죄지으며 당신의 너그러움을 낭비하지 않도록 다음과 같은 주님의 말을 기억하는 것이 좋습니다: 보아라. 너는 이미 나았다. 더 이상 죄지으려고 하지 말아라. 너에게 더 나쁜 것이 닥치지 않게 하여라(요한 5, 14).

그들은 모든 치유책을 없애 버리려고 기를 쓰고 다음처럼 말합니다: "네가 죄짓는 이유는 하늘의 탓이니 어쩔 수 없다." 그리고 "금성이나 토성 또는 화성이 이것을 시켰다." 말하자면 살과 피요(마태 16, 17) 부패한 오만한 자 인간은 죄가 없고 하늘과 별들의 창조자와 지배자의 죄라는 것입니다. 그런데 그분은 우리들의 하나님이 아니면 누구입니까? 그분은 달콤함이며 정의의 원천이고, 각자의 행동에 따라서 각자

4 당시 로마황제 발렌티니아누스는 점을 비롯한 미신행위를 금하였다. 가톨릭이 비록 로마의 국교가 되긴 했어도 아직 아프리카에서는 마니교 등 이단종교들의 세력이 컸다.

에게 되갚아 주고(마태 16, 27), 회개하는 겸손한 마음을 멸시하지 않습니다(로마 2, 6).

그 시절에 현명한 사람이 있었는데,[5] 그는 의술이 뛰어나고 그 분야에서 가장 유명했으며, 의사로서가 아니라 지방총독으로서 병든 내 머리에 저 시백일장의 승리의 관을 씌워 주었습니다. 왜냐하면 오만한 자들을 물리치고 천한 자들에게 은총을 주는(야고 4, 6: 1베드 5, 5) 당신이 그 병을 낫게 해 주었기 때문입니다. 그렇지만 저 노인 때문에 당신은 나를 멀리했거나 아니면 내 영혼을 치료하기를 늦춘 것이 아닙니까? 왜냐하면 나는 점점 그와 친하게 되었으며 나는 그의 말에 — 그의 말은 꾸밈이 없고, 의미가 살아 있고 마음에 들고 웅장해서 — 부지런히 그리고 굳게 의존했습니다. 그는 나와의 대화를 통해 내가 점성술책에 완전히 빠져 있다는 것을 알고, 친절한 아버지처럼 타이르며 그런 것은 던져 버리고 유용한 일들에 필요한 노력과 수고를 저런 헛된 일에 쓸데없이 사용하지 말라고 했습니다. 그가 말한 것에 의하면 그 자신도 젊은 나이에는 그런 것을 배워서 삶을 영위하고자 했으며, 만일 그가 히포크라테스를 이해했더라면 그런 책들을 이해할 수 있었을 것이라고 했습니다. 그렇지만 그는 나중에 그런 책들을 던져 버리고 의학으로 돌아왔다는 것입니다. 단지 그 책들이 거짓으로 가득 찼다는 것을 확실히 경험했고, 점잖은 남자가 사람들을 속여서 생계를 꾸려 나가고 싶지 않았다는 것입니다. 그는 또 말했습니다. "그러나 자네는 사람들 중에서 자랑해나갈 만한 수사학을 지니고 있으니까 이런 그릇된 공부를 뜻 내키는 대로 하는 거지. 자네는 가정 사정 때문에 필요해서 이런 공부를

5 아우구스티누스는 『고백록』 제7권의 6장과 8장에서 현명한 노인을 말하는데 그는 빈디키아누스이다. 아우구스티누스는 빈디키아누스 이외에도 피르미누스, 네브리디우스 등과도 친교를 맺었다.

추구하는 건 아니야. 자네는 내 말을 믿어 주어야만 하네. 나는 단지 수사학 하나만으로 살아갈 수 있을 정도로 그렇게 완전히 수사학을 배운 사람이라네." 그 말에 나는 그렇다면 어떻게 해서 수많은 참다운 말들이 미리 이야기되느냐고 물었고, 그의 대답은 고작 자연 사물 안에 두루 퍼져 있는 운명의 힘에 의해서 그렇게 된다는 것이었습니다. 누군가가 어떤 시인의 책들을 우연히 펼 경우, 시인은 다른 의도를 가지고 노래했을지라도 흔히 시는 읽는 사람의 일에 공명하는데 그것은 놀라운 일이 아니라고 그가 말했습니다. 만일 인간의 영혼에 한층 더 높은 본능이 있다면 무엇이 자기 안에서 행해지는지는 알지 못해도, 기술이 아니라 운명의 힘이 어떤 것을 소리 나게 함으로써 묻는 사람의 일들과 행위들을 일치하게 한다는 것입니다.

그리고 이것은 확실히 당신이 나로 하여금 그에게서 또는 그를 통해서 배우도록 배려한 것이니, 나중에 나 자신이 찾아내려고 하는 것 자체를 당신이 미리 내 기억 안에 표시한 것입니다. 그러나 당시 그 의사는 물론이고 저 모든 종류의 점을 비웃던 매우 착하고 순결한 네브리디우스도 미신을 버리도록 나를 설득할 수 없었습니다. 왜냐하면 그만큼 나는 그 저자(著者)들의 권위에 동요되었으며, 묻는 것마다 우연히 아니면 운명에 의해서 참답게 말하는 것이 별들을 관찰하는 자들의 기술이 아니라는 사실을 나에게 애매함이 없이 보여 주는 확실한 문헌을 지금까지 찾아보아도 나는 아무것도 발견하지 못했기 때문입니다.

4
친구의 세례와 죽음

그 시절 나는 내가 태어난 마을에서 우선 글을 가르치기 시작했으며, 함께 공부하는 동료 중에서 가장 친하고 나와 나이가 같으며 젊음의 꽃으로 나와 함께 피어나는 친구를 사귀었습니다. 그는 어렸을 때 나와 함께 자랐고 함께 학교에 가고 또 함께 놀았습니다. 물론 그 이후에도 참다운 우정을 나누는 친구가 되지는 않았지만 아직 그때까지 그는 그다지 친한 친구가 아니었습니다. 왜냐하면 참다운 우정이란 당신이 우리들에게 준 성령[6]을 통해서 우리들의 마음에 부어진 사랑으로(로마 5, 5) 당신이 우정의 부분들을 서로 굳게 맺어 주지 않으면 존재하지 않기 때문입니다. 그렇지만 우리들은 똑같은 공부에 전념하며 성숙하고 달콤한 우정을 나누었습니다. 나는 그가 젊을 때 참답게 그리고 내면 깊이 지니지 못한 참다운 신앙으로부터 그를 미신스럽고 해로운 이야기로 떨어지게 했기 때문에 내 어머니는 나를 보고 울었습니다. 이미 그 사람은 정신적으로 나와 함께 방황하고 있었지만 내 영혼은 그 없이는 견딜 수 없었습니다. 그런데 보십시오. 복수의 하나님이며(시편 94, 1) 동시에 자비의 샘인 당신은 당신에게서 도망치는 자들의 등덜미를 바짝 따라잡고 놀라울 만한 방법으로 우리들을 당신에게로 돌려놓습니다. 보십시오. 내 생의 달콤함 중에 내게 가장 달콤한 나의 우정이 겨우 일 년도 채우지 못했을 때 당신은 그 사람을 이 세상의 삶에서 빼앗아 갔습니다.

어느 누가 자기 자신 안에서 체험한 당신에 대한 찬양을 헤아릴 수

---

6 여기서 성령(spiritus sanctus)은 바로 삼위일체 중 하나인 성령(聖靈)을 가리킨다.

있겠습니까? 나의 하나님, 그 당시에 당신은 무엇을 했습니까 그리고 당신의 심판은 너무 깊어서 잴 수 없지 않습니까? 그가 열병을 앓으면서 감각도 없이 오랫동안 식은 땀을 흘리며 누워 있을 때 그리고 절망했을 때 그는 알지도 못하면서 세례를 받았습니다. 나는 그런 것은 신경 쓰지 않고, 그의 영혼은 알지 못하면서 육체에서 받은 것보다 오히려 내게서 받은 것을 지니고 있으리라고 생각했습니다. 그러나 사정은 전혀 달랐습니다. 왜냐하면 그는 회복되어 건강해졌기 때문입니다. 내가 제일 먼저 그와 말할 수 있었던 순간 — 내가 헤어지지 않았고 서로 많이 의존했기 때문에 그도 말할 수 있었던 순간 — 나는 그에게 농담을 하려고 했습니다. 정신과 감각이 없는 채 받았던 세례를 그가 나와 함께 당연히 웃어넘기려니 했기 때문입니다. 그렇지만 그는 자신이 세례받은 것을 이미 알고 있었습니다. 그러나 그는 내가 원수나 되는 것처럼 나를 두려워하면서 놀랍게도 갑자기 자유롭게 충고했습니다. "친구로 남아 있으려면, 자네는 그렇게 말하지 말게." 나는 놀랐고 어리둥절했지만 내 모든 행동을 그만두었습니다. 우선은 그가 낫는 것이 중요하고, 가능한 한 건강해졌을 때 내가 하고 싶은 말을 할 수 있다고 여겼습니다. 그러나 그는 나를 위로하기 위해서 당신 옆에서 봉사하려고 내 망상을 지워 버렸으며, 며칠 후 내가 없을 때 열병이 재발해서 죽었습니다.

내 마음은 커다란 슬픔으로 어둠에 가려졌으며, 내가 쳐다보는 것들은 모두 죽음이었습니다. 고향도 내게는 고통이었으며 내 아버지의 집은 이상한 불행이었습니다. 그리고 내가 그와 함께 사귀었던 모든 것들은 그가 없으니까 엄청난 고통으로 변해 버렸습니다. 내 눈은 사방에서 그를 찾았지만 그를 볼 수 없었습니다. 나는 그를 지니지 않은 모든 것을 싫어했으며, 그가 없다가 나타날 때 "그가 오는 것을 보라"라고 더 이상 말할 수 없는 것도 싫었습니다. 나는 스스로 커다란 물음이 되었습니다.[7] 그래서 나는 내 영혼에게 물었습니다. 왜 너 영혼이 슬픈 것이고 또 왜 내 영혼은 나를 매우 착잡하게 하는가? 그런데 내 영혼은 나에게 아무것도 대답할 줄 몰랐습니다. "하나님에게나 소망하여라(시편 43, 5)"라고 내가 말해도 내 영혼은 옳게 복종하지 않았습니다. 왜냐하면 내 영혼이 가장 사랑하다가 떠나보낸 사람은 "소망하여라"라고 했던 기만의 신[8]보다 훨씬 더 참답고 훌륭한 인간이기 때문입니다. 그저 우는 것이 내게 달콤했으며, 그 울음은 내 친구 대신 내 마음의 기쁨 속으로 들어왔습니다.

5
고통받는 사람을 위한 눈물

그리고 이제 주여, 이런 것들은 이미 지나가 버렸으며 내 상처도 시간과 함께 아물었습니다. 나는 진리인 당신의 말을 들을 수 없습니까, 그리고 불쌍한 사람에게는 왜 울음이 달콤한지 내 마음의 귀를 당신의 입에 가까이 대고 당신이 내게 말하는 것을 들을 수 없습니까? 또는 당신은 어디에나 있을지라도, 우리들의 가련함을 당신에게서 멀리 던져 버린 것이 아닙니까? 그리고 당신은 당신 안에 한결같이 남아 있지만 우리들은 시험을 당하면서 뒹굴고 있습니다. 그렇지만 당신의 귓전에서 크게 울지 못하는 울음이라면 우리들에게는 아무런 희망도 남아 있지 않습니다. 그런데 한숨짓고 울며 갈망하고 크게 우는 쓰디쓴 삶에서 달

7 스스로 이해하기 힘든 수수께끼와도 같은 존재가 되었다는 뜻임.
8 기만의 신(phantasma)은 망령처럼 헛된 마니교의 신을 일컫는다.

콤한 열매를 딸 수 있는 것은 어인 일입니까? 혹시 당신이 우리들의 말을 다 들어주리라고 우리들이 소망하므로 여기에 이 달콤함이 있는 것입니까? 우리들의 기도라면 바로 그렇게 생각됩니다. 왜냐하면 기도는 당신에게 도달하려는 욕구를 가지고 있기 때문입니다. 그러면 잃은 물건 때문에 느끼는 고통 그리고 내가 그때 젖어 있던 슬픔도 그와 같은 것입니까? 왜냐하면 나는 그가 다시 살아나기를 원하지도 않았으며, 그가 되살아나기를 눈물로 요구하지도 않았기 때문입니다. 나는 단지 고통스러워했고 울기만 했습니다. 나는 가련했고 내 기쁨을 잃었기 때문입니다. 혹시 울음이란 쓰디쓴 것입니까, 그리고 이전에 우리들이 누리던 것이 지겹게 되면 그것은 진절머리가 나고 그때 우리들을 즐겁게 하는 것입니까?

6
친구를 잃은 고통

그러나 나는 왜 이런 것들을 말합니까? 왜냐하면 지금은 물을 때가 아니라 당신에게 고백할 때인 까닭입니다. 나는 가련했습니다. 그리고 사멸할 것에 정으로 묶인 모든 영혼은 불쌍합니다. 사멸할 것을 잃고 갈기갈기 찢긴 영혼은 자신의 가련함을, 사멸할 것을 잃기 전부터의 자신의 가련함을 느낍니다. 그 시절 내가 그랬으므로 나는 구슬프게 울었고 그 구슬픔 안에(욥기 3, 20; 이사 38, 15) 남아 쉬고 있었습니다. 나는 이렇게 가련했으며, 가련한 생명 자체를 내 친구보다 더 아꼈습니다. 비록 생명을 바꿀지라도, 친구를 잃는 것보다 생명을 잃기를 원치 않았습니다. 또는 오레스테스와 필라데스에 관해서 전해지는 것처럼,[9] 만일 그것이 꾸며낸 이야기가 아니라면, 두 사람이 함께 살 수 없을 경우 죽는 것이 더 낫기 때문에 서로 함께 죽으려고 했던 그들처럼 그를 위해서 죽으려고 했는지도 모르겠습니다. 그러나 사는 것이 역겹도록 싫고 그러면서도 죽기가 두려운 이 매우 반대되는 감정이 어째서 나에게 생겼는지 모릅니다. 내가 믿기로는, 나는 그를 많이 사랑한 만큼 내게서 그를 빼앗아간 죽음을 흉악한 원수처럼 미워했고 두려워했습니다. 그리고 나는, 죽음이 그에게 할 수 있었던 것처럼 순식간에 모든 사람들을 없애 버리리라고 믿었습니다. 내가 기억하기에 나는 전적으로 그러했습니다.

나의 하나님, 내 마음을 보십시오. 내 속을 들여다보십시오. 내가 기억하니 보십시오. 나의 희망인 당신은 내 눈을 당신에게 향하게 하면서 또 족쇄에서 내 발목을 빼내면서(시편 25, 15) 감정의 더러움에서 나를 깨끗하게 씻어 줍니다. 죽지 않을 사람처럼 내가 사랑했던 그가 죽었기 때문에 나머지 죽을 사람들이 살아 있는 것이 이상한 까닭입니다. 그리고 또 다른 그였던 내가 그는 죽었어도 살아 있다는 것이 한층 더 놀라웠습니다. 누군가가 자신의 친구를 자신의 영혼의 반쪽이라고 말한 것은 옳습니다. 왜냐하면 나는 내 영혼과 그의 영혼을 두 몸 안에 있는 하나의 영혼으로 생각했고, 그래서 나는 반쪽으로 살기를 원치 않았기 때문에 생명이 두려웠습니다. 그러므로 내가 많이 사랑했던 그가 완전히 죽을까 봐 아마도 나는 죽기를 두려워했을 겁니다.

---

9 오레스테스와 필라데스는 그리스신화에 등장하는 인물들로 삶과 죽음을 같이하는 두 친구이다. 이들은 절대적인 우정의 상징으로 여겨져 왔다.

7
애도하는 마음

오, 인간을 인간답게 사랑할 줄 모르는 미치광이여! 오, 덧없는 인간사에 안달하는 바보 같은 인간이여! 그 당시 내가 그랬습니다. 그러므로 흥분하고 한숨짓고 울며 소란 떨었고, 안정되지도 못했고 충고도 듣지 않았습니다. 왜냐하면 찢겨져서 피 흘리는 내 영혼을 지니고 있어서 그 영혼은 내가 껴안는 것을 물리치므로 나는 영혼을 어디에다 놓을지 장소를 찾지 못하고 있었습니다. 사랑스러운 작은 숲에도, 놀이와 노래에도, 쾌적하고 향기나는 장소에도, 잘 차려 놓은 잔치에도, 관능적인 안방과 침대에도, 심지어는 책들과 노래들에도 내가 쉴 곳은 없었습니다.

나는 모든 것들이, 빛 자체도 싫어졌으며 한숨과 눈물만 빼고 그가 아닌 모든 것은 무의미하고 구역질 났습니다. 왜냐하면 나는 오직 한숨과 눈물로만 약간 기운을 차릴 수 있었기 때문입니다. 그러나 내 영혼이 그런 것들을 빼앗길 때면 비참함의 무거운 짐이 나를 억눌렀습니다.

주여, 내 영혼을 당신에게 들어 올려야 나으리라는 것을 알았지만(시편 25, 1), 그럴 의지도, 그럴 힘도 없었습니다. 당신에 대해서 생각하면 생각할수록 나에게 당신은 어떤 견고하고도 강한 것이 아닌 것 같았습니다. 왜냐하면 내 하나님은 당신이 아니고 헛된 환상[10]과 나의 그릇됨이었기 때문입니다. 기운을 차리기 위해서 애써서 그런 것들에 마음을 놓아도 헛되이 굴러서 다시금 내 위에 떨어졌습니다. 그래서 나 자신은 있을 수도 없고 그렇다고 떠날 수도 없는 불행한 장소로 남았습니다. 내 마음이 내 마음을 떠나서 어디로 피해 가야 합니까? 나 자신

---

10 환상(phantasma)은 요괴, 괴물, 곡두 등의 뜻을 가지는데 여기에서의 환상은 마니교의 신을 가리킨다.

을 떠나서 내가 어디로 피할 수 있습니까? 어디에서 나를 따라가지 않을 수 있습니까? 그렇지만 나는 고향을 피했습니다. 그를 보지 않던 곳이라면 내 눈이 그를 덜 찾을 것이었기 때문입니다. 그래서 나는 타가스테를 떠나서 카르타고로 왔습니다.

8
시간은 슬픔을 낫게 한다

시간은 헛되지 않으며, 우리들의 감각을 통해서 쓸모없이 흘러가지도 않습니다. 시간은 우리들의 마음에 놀라울 만한 일들을 만들어 놓습니다. 보십시오. 시간은 날마다 오기도 하고 가기도 합니다. 그래서 시간은 오면서 그리고 가면서 색다른 희망과 색다른 기억을 나에게 심어 주고, 점점 옛날의 기쁨들로 나를 메꾸어 놓아 저 내 고통도 사라져 버렸습니다. 그러나 또 다른 고통이 뒤따르지 않고, 또 다른 고통[11]의 원인이 뒤따랐습니다. 그렇게 쉽게 그리고 내면으로 저 고통이 내게 사무친 것은, 죽을 사람을 마치 죽지 않을 사람처럼 사랑함으로써 내 영혼을 모래에 쏟았기 때문이 아니고 무엇이겠습니까?

물론 나는 특히 다른 친구들의 위로를 받아 다시금 원기를 되찾기 시작했습니다. 내가 나중에 사랑한 것을 나는 그들과 함께 사랑했습니다. 이것은 엄청난 꾸민 이야기였으며 장황한 허구였습니다.[12] 그것은 참답지 못하게 귀를 간질이고 문질러서 우리들의 정신을 부패시켰습니다(2 디모 4, 4).

---

11 여기서의 고통(dolor)은 원한, 증오, 슬픔 등의 뜻도 지닌다.

12 아우구스티누스는 마니교의 교리를 가리켜서 꾸며 낸 허구라고 하였다.

그러나 어떤 내 친구가 죽으면 죽었지 그러한 꾸민 이야기는 내게서 죽지 않았습니다. 그들에게는 한층 더 가득 내 영혼을 사로잡는 또 다른 것이 있었습니다. 말하자면 함께 말하기, 함께 웃기 그리고 서로 좋게 도와주기가 있었습니다. 함께 재미있는 책읽기, 함께 농담하며 함께 존경하기가 있었습니다. 또한 때로는 생각이 달라도 사람이 자기 자신에게 대하는 것처럼 미움이 없기 그리고 드물게 생각이 다르지만 가장 많이 똑같은 뜻을 짜맞추기가 있습니다. 어떤 것을 서로 가르치기와 서로 배우기, 없으면 견딜 수 없이 보고 싶고, 만나면 기뻐서 껴안기가 있습니다.

이런 방식의 표현들이 사랑을 주고받는 사람들의 마음으로부터 입을 통해서, 혀를 통해서, 눈과 천 가지 가장 좋은 동작을 통해서 나타나 마치 불씨와도 같이 영혼을 불타게 하여서 여러 가지를 하나로 만들었습니다.

9

인간의 우정과 하나님의 진리

사람이 친구를 사랑하는 것은 이런 것입니다. 사람은 그렇게 사랑합니다. 그러므로 사랑하는 사람을 사랑하지 않거나 애정의 표시 말고는 신체의 어떤 것도 추구하지 않는 그러한 사랑을 갚아 주지 않는다면 인간의 양심은 스스로 죄를 느끼는 것입니다. 이렇기 때문에 누가 죽으면 슬퍼하며, 죽는 자의 상실된 생명은 사는 자의 죽음이 되어 달콤하다가 비통해진 마음은 눈물로 젖고 고통의 어둠 속을 헤맵니다.

당신을 사랑하며, 당신 안에서 친구를 그리고 당신 때문에 원수를 사랑하는 사람은 행복합니다. 왜냐하면 오직 그 사람만이 잃을 수 없는 그분 안에서 모든 사람들을 사랑하므로 그 사람은 사랑하는 사람을 아무도 잃지 않습니다. 그분은 우리들의 하나님이 아니면 누구입니까? 하나님, 당신은 하늘과 땅을 가득 채우면서 만들었기 때문에 하늘과 땅을 만들고(시편 146, 6) 그것들을 가득 채웠습니다. 당신을 버리는 자 말고는 어느 누구도 당신을 잃지 않습니다. 당신을 버리는 사람은 어디로 가며, 평화로운 당신으로부터 분노한 당신을 향해서가 아니면 어디로 도망갑니까? 그는 어디를 가야 그를 벌주는 당신의 율법을 만나지 않겠습니까? 당신의 율법이 진리이며, 진리가 당신입니다(시편 119, 112).

10
하나님이 만든 모든 아름다움

만군의 하나님, 우리들을 돌이켜 세우고 당신의 얼굴을 보여 주십시오. 그러면 우리들은 구원을 받을 것입니다(시편 80, 7). 인간의 영혼이 어느 방향으로 향하든지 간에 당신 아닌 다른 곳에서는 고통과 마주치며, 당신 밖에 그리고 자기 자신 밖에 있는 아름다운 것들에 있어서도 그렇습니다. 그렇지만 당신에게서 생겨서 존재하지 않는 아름다움은 어떤 것도 존재하지 않습니다. 생겨났다가 사라지는 아름다움들은 생겨나면서 존재하기 시작하고 성장하여 완전하게 되며, 늙어서 죽습니다. 그런데 모든 것들은 다 늙지 않아도 모든 것들은 다 죽습니다. 그러므로 생겨나면서 존재하려고 한 것은 존재하기 위해서 빨리 성장할수록 존재하지 않기 위해서 한층 더 서두르는 것입니다. 그런 것이 그것들의 존재방식입니다.

당신은 아름다움들에 그렇게 많은 것을 부여했습니다. 왜냐하면 아름다움들은 동시에 모두 존재할 수 없는 것들의 부분들이기 때문입니다. 아름다움들은 사라지고 이어지며 우주의 부분들로서 전체 우주를 형성합니다. 보십시오. 소리 부호에 의해서 이루어지는 우리의 말도 그렇습니다. 한 낱말의 한 부분이 발음되었을 때 다른 낱말이 이어지기 위해서 그 낱말이 사라지지 않는다면 완전한 문장이 성립하지 못할 것이기 때문입니다.

만물의 창조주 하나님,[13] 내 영혼이 이 피조물들로 당신을 찬미하게 하고, 육체적 감각을 통한 사랑의 끈끈이로 이 피조물들에 달라붙게 하지 마십시오. 이 피조물들은 더 이상 존재하지 않기 위해서 가야 할 곳으로 가며, 해로운 욕망으로 영혼을 갈기갈기 찢어 놓습니다. 왜냐하면 영혼은 자기가 사랑하는 것들 안에 존재하려고 하며 거기에서 쉬기를 사랑하기 때문입니다. 그러나 이 피조물들은 정지해 있지 않기 때문에 그것들 안에는 어디[14]가 없습니다. 이 피조물들은 흘러가고 있으니 누가 그것들을 육신의 감각으로 쫓아가겠습니까?

왜냐하면 육신의 감각은 어디까지나 육체감각이어서 느리기 때문입니다. 이것이 육신의 감각의 모습입니다. 육신의 감각은 어떤 다른 것, 곧 만들어진 목적을 위해서만 충분합니다. 그러나 육신의 감각은 정해진 시작으로부터 정해진 종점까지 달려가는 것들을 멈추게 하기에는 충분치 못합니다. 왜냐하면 모든 것들을 창조한 당신의 말 안에서 피조물들은 "여기서부터 저기까지"라는 소리를 듣기 때문입니다.

---

13 아우구스티누스는 마니교를 반대할 경우 "만물의 창조주 하나님"이라는 표현을 사용한다. 마가복음 1장 24절을 참조할 것.

14 여기에서 어디(ubi)는 일정하게 정지되어 불변하는 장소를 가리킨다.

11
변화하는 피조물과 불변하는 하나님

내 영혼아, 헛되려고 하지 말아라. 네 공허함의 소란으로 마음의 귀를 먹게 하려고 하지 말아라.[15] 너 또한 들어라. 저 말이 스스로 너를 보고 돌아오라고 외친다. 이곳은 방해받지 않는 조용한 안식의 장소이고, 여기서는 스스로 버리지 않으면 사랑이 떠나가지 않는다. 보라. 이것들은 사라지고 다른 것들이 연이어 나타나며 그리하여 이 아래 세상의 모든 것은 자신의 모든 부분들로 이루어진다. "내가 어딘가로 떠나가느냐?"라고 하나님이 말한다. 여기에 네 거처를 정해라. 네가 지금까지 가진 모든 것을 여기에 맡겨 두어라. 내 영혼아, 속고 속아서 아무튼 많이 지쳤구나. 진리로부터 네가 얻은 모든 것들을 진리에 맡기면 너는 어떤 것도 잃지 않을 것이다. 너의 썩음에서 다시 꽃이 피고, 너의 모든 질병이 낫고(시편 103, 3), 너의 쇠약함은 회복되고 개선되어 너를 힘차게 만들 것이다. 그 모든 것들은 자기들이 끌려온 곳에 너를 버리지 않을 것이고 너와 함께 서서 언제나 굳고 영원한 하나님 옆에 남아 있을 것이다.

사악한 나의 영혼아, 너는 어찌하여 너의 육신을 추구하느냐? 육신이 도리어 너 자신을 찾게끔 하라. 육신을 통해서 네가 느끼는 것들은 모두 부분일 뿐이고 너는 그 전부를 알지 못한다. 그렇지만 그 부분들은 너를 즐겁게 해 준다. 그러나 만일 네 육신의 감각이 전체를 파악할 수 있고, 네 벌 때문에 전체의 일부만 받아들이게끔 그렇게 제한되지

15 『고백록』 제4권 11장과 12장은 아우구스티누스 자신의 독백으로서의 고백을 내용으로 한다. 즉 이곳은 아우구스티누스의 영혼의 독백장소이다. 따라서 여기서는 존댓말 대신 독백형식의 표현을 택해서 옮겼다.

않았다면, 너는 모든 것들이 한층 더 너를 즐겁게 해 주도록 현재 존재하는 것들이 모두 지나가기를 바랄 것이다. 왜냐하면 우리들이 말하는 것은, 똑같은 육체의 감각으로 들으면서 어떻든 철자가 멈추지 않고 지나가기를 원하는 것인데, 그것은 다른 철자들이 나타나고 우리들이 전체를 듣기 위해서이다. 하나의 어떤 전체를 구성하는 모든 부분들이 동시에 다 존재하지 않을 경우도 이와 마찬가지이다. 만일 모든 것들을 파악할 수 있다면, 개별적인 부분들보다 모든 것들을 아는 것이 한층 더 즐겁다. 그러나 이 모든 것들보다 훨씬 더 뛰어난 분은 모든 것들을 만든 우리들의 하나님이며, 그를 이을 후계자가 아무도 없으므로 그는 떠나지 않는다.

12
피조물들의 사랑

만일 육체들이 네 마음에 들거든 그것들을 위하여 하나님을 찬미하라. 그리하여 네 마음에 드는 것들을 네가 싫어하지 않게 네 사랑을 그것들의 창조주에게 돌려라. 만일 영혼들이 마음에 들거든 하나님 안에서 사랑하여라. 왜냐하면 영혼들 자체도 변화하지만 그분 안에서 확고하게 안전해지기 때문이다. 그렇지 않으면 영혼들은 멀리 가고 소멸될 것이다. 그러므로 영혼들은 그분 안에서 사랑받아야 하며, 네가 할 수 있는 대로 너와 함께 영혼들을 그분에게 이끌면서 그들에게 다음과 같이 말하라: "우리들은 이분을 사랑하자. 이분은 이 모든 것들을 만들었고 멀리 있지 않다." 그분은 모든 것들을 만들고 멀리 떠나지 않아 모든 것들은 그분에게서 나왔고 그분 안에 존재하기 때문이다(로마 11, 36).

보라. 그분이 있는 곳을, 진리가 맛있는 곳을 보라. 그분은 마음의 가장 깊은 곳에 있건만, 마음은 그분으로부터 떠나 버렸다. 죄지은 자들이여 마음으로 되돌아오라(이사 46, 8). 너희들을 만든 그분에게 달라붙어 있어라. 그분과 함께 서 있으면 안전하게 머물 것이고 그분 안에서 쉬고 있으면 안전하게 될 것이다. 이 거친 곳에서 어디로 가는가? 어디로 가고 있느냐? 너희들이 사랑하는 선은 그분에게서 온 것이다. 그러나 선은 그분에게서 온 만큼 좋으면서도 달콤하다. 모든 사랑은 그분에게서 생긴 것인데도 그분을 떠나서 옳지 않게 사랑하기 때문에 선은 바로 쓴 것으로 될 것이다. 어찌해서 너희들은 계속해서 힘들고도 버거운 길을 떠돌고 있는 것이냐? 너희들이 안식을 찾고 있는 곳에는 안식이 없다. 너희들이 찾는 것을 찾아보아라. 그러나 너희들이 찾는 그곳에는 안식이 없다. 너희들은 행복이 넘치는 삶을 지옥의 땅에서 찾고 있는데 거기에는 그런 것이 없다. 생명도 없는 그곳에 어떻게 행복에 넘친 삶이 있겠는가?

우리들의 생명 자체가 이리로 내려와서 우리들의 죽음을 이끌었고, 자신의 넘치는 생명으로 죽음을 죽였다. 그리고 비밀스런 장소에 있는 그에게로 우리들이 되돌아오도록 그 생명 자체는 벼락같이 소리질렀다. 그 장소로부터 그는 첫 번째 동정녀(童貞女)의 자궁을 거쳐서 우리들에게 왔던 것이다. 인간 피조물, 즉 죽을 육체가 항상 죽지 않은 채로 존재하기 위해서 그[16]와 결혼한 곳, 그곳에서 그는 자신의 신방을 나오는 신랑처럼, 자기 길을 달리는 거인처럼 기뻐하였다(시편 19, 5). 그는 늦지 않았고 외치면서 달렸으므로 말로, 행동으로, 죽음으로, 생명으로, 하강으로, 승천으로 우리들을 자기에게로 되돌아오라고 소리쳤

16 "생명 자체"나 "그" 등은 하나님을 지시한다.

다. 그는 우리들이 마음으로(이사 46, 8) 되돌아와서 그를 찾을 수 있게끔 눈에서 떠났다. 왜냐하면 그는 떠났지만, 보라, 이곳에 존재한다(마태 24, 23). 그는 오랫동안 우리들과 함께 있으려고 하지 않았지만, 우리들을 내버려 두지는 않았다. 그는 결코 떠나지 않고 저곳으로 갔으니, 그 까닭은 세상이 그를 통해서 만들어졌고 이 세상 안에 그가 있었으며, 죄인을 구원하기 위해서 그가 이 세상에 왔기 때문이다(1디모 1, 15). 내 영혼이 그에게 고백하니 그는 그에게 죄지은 자를 낫게 해 준다(시편 40, 5; 51, 6). 사람의 아들들아, 무거운 마음의 짐을 언제까지 짊어질 것이냐(시편 4, 3)? 그렇지만 생명이 내려온 후 너희들은 올라가서 살고 싶지 않느냐? 그러나 이미 높은 곳에 자리잡고 하늘을 거슬러서 너희들의 입을 놀리니(시편 73, 9) 너희들은 어디로 올라갈 것이냐? 너희들이 올라가기 위해서는, 하나님에게 올라가기 위해서는 내려와라. 왜냐하면 너희들은 하나님을 거역하여 오르다가 떨어졌기 때문이다. 내 영혼아, 네가 사랑하는 영혼들에게 이렇게 말해서 그들이 눈물의 골짜기에서(시편 84, 7) 울게 하라. 이렇게 저들을 너와 함께 하나님을 향하여 이끌어 가라. 왜냐하면, 사랑의 불길[17]로 불타면서 네가 말한다면, 너는 그분의 정신에 의해서 그들에게 말하기 때문이다.

---

17 사랑에는 여러 종류가 있는데 관능적 사랑인 에로스(eros), 지적 또는 철학적 사랑인 필리아(philia) 그리고 종교적 사랑인 아가페(agape)를 말할 수 있다. 아가페는 신의 사랑 또는 이웃사랑으로서 자비로서의 사랑인 카리타스(caritas)와 동일한 면이 많다.

13
사랑은 어디에서 오는가

그 당시 나는 이런 것들을 알지 못했고, 천한 아름다움을 사랑했으며 심연 속으로 잠겼고 내 친구들에게 다음처럼 말했습니다: "우리들은 아름다운 것 말고 어떤 것을 사랑하는가? 그렇다면 아름다운 것은 무엇인가? 그리고 아름다움은 무엇인가? 무엇이 우리들을 끌어당기고 사로잡아서 우리들이 사물을 사랑하게 되는가? 장식과 아름다운 형태가 없는 것에서는 어떤 식으로도 우리들이 움직여지지 않는 것인가?" 그래서 내가 주의하고 본 것은, 육체 자체에서 어떤 것은 전체와 마찬가지이므로 아름답고, 또 어떤 것은 부분일지라도 마치 육체의 한 부분이 육체 전체와 또는 구두가 발에 알맞게 들어맞기 때문에 아름답다는 것입니다. 그래서 이런 생각이 내 마음속 깊은 곳으로부터 내 영혼에 용솟음쳤으므로 나는 『아름다움과 알맞음에 대해서』[18]라는 책을 썼습니다. 내가 믿기로는 두 권이나 세 권으로 된 책입니다.[19] 하나님, 당신은 압니다. 왜냐하면 나는 그것을 기억하지 못하기 때문입니다. 우리들은 그 책을 가지고 있지 않고, 이유는 알 수 없지만 그 책은 우리들에게서 사라져 버렸습니다.

---

18 『아름다움과 알맞음에 대해서』(*De pulchro et apto*)는 아우구스티누스가 말하는 것처럼 이미 없어진 작은 책이다.

19 여기에서 두 권, 세 권 할 때의 권은 오늘날의 장(章)과 같다. 예컨대 『고백록』은 전체가 13권인데 오늘날의 개념으로 치면 13장이다. 『신국론』은 모두가 22권이지만 그것은 오늘날의 장으로 치면 22장이다.

14
수사학자 히에리우스

주 나의 하나님, 내가 로마시의 수사학자 히에리우스에게 그 책들을[20] 써서 바치게끔 나를 움직인 동기는 무엇입니까? 나는 그의 얼굴을 알지 못했지만 그가 학식이 뛰어나다는 것 그리고 그가 말하는 것을 듣고 그가 좋아져서 그 사람을 사랑했습니다. 다른 사람들도 그가 좋아서 놀라울 만한 칭찬으로 그를 치켜세웠기 때문에 나는 더욱 그를 좋아했습니다. 그는 시리아인이면서 처음에는 그리스어에 능통했고, 다음에는 라틴 수사학에 있어서 놀라울 만한 존재였을 뿐만 아니라 지혜에 관한 지식[21]에 있어서도 가장 잘 안다는 것이 내 마음에 들었습니다.

그는 칭송받는 사람이었으며 자리에 없어도 사랑받았습니다. 사랑이 어떻게 칭찬하는 사람의 입으로부터 칭찬을 듣는 사람의 마음속으로 들어갈 수 있겠습니까? 그럴 수 없습니다. 그러나 사랑하는 사람에 의해서 다른 사람이 불붙는 것입니다. 그러므로 칭찬하는 사람의 마음에 거짓이 없다고 믿어질 때, 곧 사랑하면서 칭찬할 때 칭찬받는 사람은 사랑받을 수 있게 됩니다.

그 당시 나는 이처럼 사람들의 판단에 따라서 사람을 사랑했습니다. 왜냐하면 나의 하나님, 나는 당신의 판단에 따라서 사랑하지 않았기 때문입니다. 당신 안에서는 아무도 속지 않습니다.

그렇지만 왜 나는 그를 정평 있는 수레꾼이나 값싼 박수를 받으려고

---

20 아우구스티누스는 『아름다움과 알맞음에 대해서』를 수사학자 히에리우스(Hierius)에게 헌정한 것으로 전해지지만 히에리우스에 관한 상세한 정보는 아우구스티누스의 언급 이외에 따로 알려진 것이 없다.

21 철학을 일컫는다.

애쓰는 사냥꾼처럼 칭찬하지 않고 훨씬 더 다르게 그리고 정중하게, 내가 칭찬받고 싶은 만큼 그렇게 칭찬했습니까? 나도 광대들[22] 자신을 칭찬하며 사랑하지만 그렇게 칭찬받고 사랑받기는 원치 않고, 오히려 그렇게 알려지는 것보다 숨어 지내는 것을 택하겠고, 그렇게 사랑받는 것보다 오히려 미움받는 것을 택하겠습니다. 하나의 영혼 안에서 다양한 여러 가지 사랑의 이런 압력들은 어디에 분배되는 것입니까? 우리들 사람은 다 같지만 내가 남에게 있는 것을 사랑하는 것은 무슨 이유에서이고, 다시금 그를 싫어하고 차 버리고 싶을 정도로 미워하게 되는 이유는 무엇입니까? 훌륭한 말(馬)을 사랑하는 사람은, 설령 가능하다고 할지라도 자신이 말이 되려고는 하지 않을 것입니다. 그렇다고 해서 그 본성이 우리와 같은 광대를 사랑하는 것이 이와 같다고 하지는 못할 것입니다. 그렇지만 내가 인간이면서도 그 인간 안에서 내가 되기 싫어하는 것을 사랑하지 않습니까? 인간 자신은 크나큰 심연입니다. 주여, 당신은 그의 머리카락을 헤아려 가지며(마태 10, 30), 그것은 당신 안에서 적어지지 않습니다. 그렇지만 그의 머리카락을 헤아리는 것은 그의 감정과 마음의 움직임을 헤아리는 것보다 훨씬 더 쉽습니다.

그런데 저 수사학자는 나도 그렇게 되었으면 하고 사랑하던 그런 종류의 인물이었습니다. 그래서 나는 오만에 들떠서 방황하고 온갖 바람으로(에베 4, 14) 설레고 있었지만, 당신은 매우 은밀하게 나를 다스리고 있었습니다. 내가 사랑한 것이 칭찬받던 그의 일들이 아니라 그를 칭찬한 사람들의 사랑 때문이었다는 것을 내가 어떻게 알며, 어찌해서

---

22 여기서 말하는 세 종류의 사람들은 로마인들의 오락대상이었다. 수레꾼은 서커스에 등장하는 말 부리는 사람이고 사냥꾼은 사자 등과 싸우는 사람이며 광대는 연극배우이다. 로마 시내에 있는 콜로세움은 로마인들이 이들 세 가지 오락을 즐길 수 있는 대표적인 장소였다.

나는 확신을 가지고 당신에게 고백합니까? 왜냐하면 똑같은 사람들이 저 일들을 가지고 그를 칭찬하지 않고 비난하며 또한 비난과 경멸로써 말했더라면, 나는 그에게 심취되지도 않고 또 도취되지도 않았을 것이기 때문입니다. 그리고 확실히 그 일들이 달라지지도 않았고 그 사람 자신이 다른 사람으로 된 것도 아니고 이야기하는 사람들의 감정이 달라졌을 뿐입니다. 진리의 견고함에 자리잡지 못한 약한 영혼이 어디에 놓여 있는지 보십시오. 추측하는 사람들의 가슴으로부터 말소리의 바람결이 부는 것처럼 그렇게 끌리고 휘말리고 계속 휘말려서 약한 영혼의 빛은 어두워져서 진리를 볼 수 없게 됩니다. 그런데 보십시오. 진리는 우리들의 앞에 있습니다.

그리고 내 말재주와 공부가 그 유명한 사람에게 알려지는 일이 나에게는 매우 중요한 것이었습니다. 만일 그가 그것들을 인정했더라면 한층 더 열을 냈을 것입니다. 그러나 만일 그가 그것들을 인정하지 않았더라면, 마음이 비고 당신의 견고함이 없어서 상처를 입었을 것입니다. 그렇지만 그에게 써서 바친『아름다움과 알맞음에 대해서』를 기꺼이 내 마음속에 이리저리 생각하면서 아무도 칭찬해 주지 않아도 나는 그것을 스스로 놀라워했습니다.

15
신체와 정신

그러나 홀로 놀라울 만한 일을 하는(시편 72, 18; 136, 4) 전능한 님이여, 나는 아직 당신의 기술에서 가장 중요한 핵심을 알지 못했고, 내 영혼은 물체적 형태를 통해서만 움직이고 있었습니다. 그래서 자기 자신을 통해서 적절한 것을 아름다움으로, 다른 것과 어울리는 것을 알맞음으로 정의하고 구별했으며, 이것들에 대해서 물체적 예들을 제시했습니다. 그리고 영혼의 본성을 깊이 파 보려고 했지만 정신에 관해서 그릇된 견해를 가지고 있어서 진리를 알아낼 수 없었습니다. 진리의 힘이 눈 자체 속으로 밀고 들어올지라도 나는 갈망하는 정신을 형체가 없는 것으로부터 선(線)들과 색깔들과 팽창한 양(量)들로 옮겼습니다. 그리고 이런 것들을 영혼 안에서 볼 수 없었기 때문에 내 영혼도 볼 수 없다고 믿었습니다. 나는 덕에서는 평화를 사랑했으나 악덕에서는 불화를 미워했으므로, 전자에는 일치가 있고 후자에는 분리가 있는 것으로 알았습니다. 내가 보기에 이성적 정신과 진리나 최고선의 본성은 저 일치에 있지만, 최고악의 본성과, 내가 알지는 못해도 비이성적인 생명의 실체는 이 분리에 있는 것이었습니다. 나는 최고악을 실체일 뿐만 아니라 전적으로 생명으로 알았습니다. 나의 하나님, 당신에게서 모든 것들이 나오건만(1고린 8, 6) 나는 불쌍하게도 생명이 당신에게서 나오지 않는다고 생각했습니다.

그리하여 나는 저것을 성별이 없는 정신처럼 단자(單子)[23]라고 불렀으며, 이것을 범죄에서의 분노처럼 그리고 치욕적인 행위에서의 욕정처럼 이원(二元)이라고 불렀지만 그것은 알지 못하면서 하는 말이었습니다. 왜냐하면 악은 아무런 실체가 아니라는 것과 우리들의 정신이 불변하는 최고선이 아니라는 것을 나는 알지도 못했고 배우지도 못했기

---

23 마니교는 선과 악 및 덕과 악덕의 이원론을 주장했고 청년기의 아우구스티누스 역시 그런 이론을 따랐다. 단자(monade)는 단원(單元)을 지시하며 일원론(一元論)을 암시한다. 바로 앞에서의 실체(substantia)는 존재하기 위해서 자기 자신 이외의 아무것도 필요로 하지 않는 것을 지칭한다. 이원(二元, dyade)이란 마니교에서 주장하는 두 가지 불변하는 실체, 곧 선과 악, 정신과 물질 등 서로 독립된 두 가지 실체를 가리킨다.

때문입니다.

충동을 안에 가지고 있는 저 마음의 움직임이 잘못되어 제멋대로 혼란스럽게 흔들릴 경우 죄악이 생기고 저 영혼의 정서가 육체적 쾌락을 고르지 못하게 받아들일 때 죄악을 범하는 것처럼 이성적 정신 자체가 결핍되면 오류와 그릇된 견해[24]가 삶을 오염시킵니다. 그 당시 내 정신이 바로 그랬습니다. 내 정신이 진리의 본성이 아니기 때문에, 진리에 참여하기 위해서는 나의 정신이 다른 빛에 의해서 밝게 비추어져야만 한다는 것을 나는 모르고 있었습니다. 왜냐하면 주여, 당신이 내 등불을 비추기 때문입니다(시편 18, 28). 내 하나님, 당신은 내 어둠을 밝혀 줍니다. 그리고 당신의 충만함으로부터 우리 모두는 받았습니다(요한 1, 16).[25] 당신은 이 세상에 오는 모든 사람을 비추는 참다운 빛입니다(요한 1, 9). 왜냐하면 당신 안에는 변화가 없으며, 한순간도 그림자가 없기 때문입니다(야고 1, 17).

그러나 나는 당신에게 가려고 애썼지만 죽음을 맛보게끔 당신으로부터 배척당했습니다. 왜냐하면 당신은 오만한 자를 물리치기(시편 43, 2) 때문이었습니다. 스스로 존재하는 분은 당신뿐인데 놀라울 만한 광기를 가지고(1베드 5, 5; 야고 4, 6) 내가 그렇다고 하는 것보다 더 오만한 것이 무엇이겠습니까(마태 16, 28)? 지혜로워지려고 하는 마음은 잘못하는 것으로부터 더 잘하는 것으로 되려는 것이므로 나는 변하는 존재이기 때문에, 분명히 알면서도, 내가 당신과 같은 그런 것이 아니라고 생각하기보다는 오히려 당신을 변화하는 것으로 생각하려고 했습

24 견해(opinio)는 플라톤이 말하는 속견(俗見, doxa)과 같은 뜻을 가진다. 견해(opinio)는 주관적 견해, 추측, 의견, 속견 등의 뜻을 가지며 참다운 인식(episteme)과 반대되는 개념이다.

25 하나님의 충만함으로부터 은혜 또는 축복을 받았다는 뜻임.

니다. 그러므로 당신은 나를 배척하고 교만한 내 목을 물리쳤습니다. 그래서 나는 물체적 형태를 상상했으며, 육체로 육체를 비난했고, 떠도는 정신은(시편 78, 39) 당신에게 돌아갈 수 없었고, 존재하지 않는 것들 안에서 가고 또 갔으며, 당신 안에도, 내 안에도 그리고 또 어떤 물체 안에도 머물지 않았습니다. 당신의 진리에 의해서가 아니라 나의 허황됨으로 말미암아 이러한 환상들이 물체로부터 나에게 생겨났습니다. 그래서 나는 내 동향인이면서 당신의 신자들인 작은 사람들에게(마태 11, 25) 나도 모르게 쫓겨났지만, 수다떨면서 쓸데없이 말했습니다. "하나님이 만든 영혼이 왜 잘못을 범하느냐?" 그런데 남이 나에게 이렇게 말하는 것을 바라지 않았습니다. "왜 하나님이 잘못을 범하느냐?" 그래서 나의 변화하는 실체가 고의로 빗나가서 그 벌 때문에 잘못을 범하는 것을 고백하기보다 불변하는 당신의 실체는 어쩔 수 없이 잘못을 범한다고 주장했습니다.

내가 그 책을 쓰던 때는 대강 스물여섯이나 일곱 살이었습니다. 나는 내 마음의 귓가에서 바스락 소리를 내는 물질적인 허구들을 내 앞에서 굴리고 있었습니다. 나는 『아름다움과 알맞음에 대해서』를 생각하면서, 감미로운 진리여, 당신의 내면의 멜로디에 귀를 기울였습니다. 당신 앞에 서서 당신의 말을 듣고, 신랑의 목소리를 기쁘게 즐기고 싶었으나(요한 3, 29) 그럴 수 없었습니다. 왜냐하면 나는 내 잘못의 소리 때문에 밖으로 끌려가고, 내 오만의 무게로 말미암아 심연으로 가라앉았기 때문입니다.[26] 왜냐하면 당신은 나로 하여금 기쁨과 즐거움을 듣게 해 주지 않았기 때문이며, 내 뼈들로 하여금 기뻐 날뛰게 하지 않았습니다. 왜냐하면 그것들이 아직 겸손하지 않았기 때문입니다.

---

26 잘못과 오만을 제대로 알지 못하고 거짓된 표면에서 겉돌았을 뿐만 아니라 동시에 거짓된 심연에서 허덕이던 젊은 시절을 묘사한 것이다.

16
아리스토텔레스의 『열 범주』

그런데 다음과 같은 일이 내게 무슨 도움이 되었겠습니까? 내 나이가 스무 살이 다 되었을 때 『열 범주』라고 일컬어지는 아리스토텔레스의 책이 내 손에 들어왔습니다. 내 선생이던 카르타고의 수사학자와 매우 훌륭한 학자로 존경받는 다른 사람들이 『열 범주』[27]의 이름을 입 모아 큰소리로 치켜세웠으므로, 내가 잘 알지는 못하지만, 나는 그것을 위대하고 신성한 것인 듯 호기심을 가지고 바라보았습니다. 나는 그 책을 혼자서 읽고 이해했습니다. 나는 그 책에 대한 내 노트와 그들의 노트를 비교했습니다. 그들의 말에 따르면 학식이 높은 선생들이 말뿐만 아니라 땅바닥에 그림을 그려서 가르쳐도 겨우 이해할까 말까 할 정도라서, 그들은 내가 혼자 읽고 깨우친 것 이외의 다른 것을 내게 가르칠 수 없었습니다.

그런데 그 책은 실체들에 대해서, 예컨대 인간의 경우 그 안에 무엇들이 있는지 나에게 충분히 설명해 주는 것으로 여겨졌습니다. 그 사람의 모습이 어떤지, 키는 몇 자인지, 형제들과 혈연관계가 어떻고, 어디에 자리잡고 있으며, 언제 태어났고, 서 있는지 아니면 앉아 있는지, 신을 신고 있는지 또는 무장하고 있는지, 무엇인가를 하고 있는지 아니면 어떤 것을 견디고 있는지 등의 모든 예들은 내가 앞에서 제시한 아홉 가지 종류들에 속하거나 또는 실체 자체의 유(類)에서 헤아릴 수 없이

27 아리스토텔레스에 의하면 논리학은 개념, 판단, 추리 세 가지로 구성된다. 개념들이 모여서 판단이 되고 판단들이 모여서 추리가 된다. 아리스토텔레스가 제시하는 열 개의 범주는 바로 최고류(最高類) 개념들이다. 실체, 양(量), 질(質), 관계, 장소, 시간, 위치, 상태, 능동, 수동 등이 바로 열 개의 범주들(최고 개념들)이다.

많이 발견됩니다.

그러나 이것은 나에게 방해가 될 뿐이고 무슨 소용이 있겠습니까? 나의 하나님, 나는 저 열 범주가 존재하는 모든 것들을 전적으로 포함하는 것으로 생각하고 놀라울 정도로 순수하고 불변하는 당신도 당신의 위대함과 아름다움에 종속되어 있는 것으로 해석하려고 애썼습니다. 그래서 마치 우연한 것들이 그것들의 신체에 존재하듯이 그것들의 주체에 존재하는 것처럼 당신의 위대함과 아름다움이 당신 안에 있다고 믿었습니다. 당신의 위대함과 당신의 아름다움은 당신 자신입니다. 그러나 물체는 그것이 물체이기 때문에 크고 아름다운 것이 아니고, 비록 덜 크고 덜 아름다워도 물체가 아닙니까? 왜냐하면 당신에 대해서 내가 안 것은 진리가 아니라 거짓이었기 때문이며, 당신의 지복(至福)의 증거가 아니라 내 비참함이 만든 허구였기 때문입니다. 당신이 땅으로 하여금 나에게 가시와 엉겅퀴를(창세 3, 18) 준비하도록 그리고 내가 수고해서 내 빵을 얻도록 명령하신 그대로 나에게 이루어졌습니다.

그리고 학예(學藝)로 일컬어지는 예술과 학문[28]의 온갖 책들을 내가 읽을 수 있는 만큼 나 스스로 읽고 이해했다고 한들 당시 가치 없는 나쁜 욕망의 노예였던 내게 그것은 무슨 소용이 있었겠습니까? 그런데 그것들을 읽으면서 기쁨을 느꼈지만 거기에 있는 참다운 것과 확실한 것이 어디에서 오는지는 알지 못했습니다. 빛에는 등을 돌리고, 빛을 받는 것들을 향해서만 얼굴을 내밀었습니다. 따라서 빛을 받는 것들만 보던 내 얼굴 자체도 빛을 받지 못했습니다. 나의 주 하나님, 당신이 아는 것처럼(시편 68, 6) 나는 수사학이나 논리학, 기하, 음악, 산수 등 어떤 것을 막론하고 가르쳐 주는 사람이 아무도 없어도 큰 어려움 없이

28 학예(ars 또는 liberalis)는 개별적인 예술과 학문을 지칭한다. 5세기경 7가지의 학예로 문법, 수사학, 변증술, 산수, 기하학, 음악, 천문학 등이 꼽혔다.

이해했습니다. 왜냐하면 빠른 이해력과 날카로운 통찰력은 당신이 나에게 준 선물이기 때문입니다. 그러나 나는 그것을 가지고 당신에게 제사 드리지 못했습니다. 그러므로 이는 나에게 이롭게 되지 않고 한층 더 나를 파괴하기에 이르렀습니다. 왜냐하면 나는 그렇게 좋은 내 실체의 부분을 마음껏 즐기려고 했으며(누가 15, 12) 당신을 위해서 내 힘을 간직하려고 하지 않고(시편 19, 10), 내 힘을 음탕한 욕망에 탕진하기 위해서(누가 15, 13) 당신을 떠나서 먼 지역으로 여행을 떠났던 것입니다. 좋게 쓰지 못한다면 좋은 것이 나에게 무슨 소용이 있겠습니까? 나는 부지런하고 재능 있는 사람들도 저 학예들을 이해하기 어렵다는 것을 알았는데, 내가 그들에게 그 학예를 설명할 때 그들 가운데 가장 탁월한 사람만 지체하지 않고 겨우 내 설명을 따라올 수 있었습니다.

그러나 진리의 주, 하나님이여, 나는 당신을 거대한 빛의 물체로 그리고 나를 그 물체의 한 조각으로 생각하고 있었으니 이것이 내게 무슨 소용이 있었겠습니까? 너무 지나친 잘못입니다! 그러나 나는 그랬습니다. 그 당시 나는 사람들 앞에서 드러내 놓고 신성모독을 하고 당신을 반대하여 외치기를 부끄러워하지 않았지만, 나의 하나님, 나에게 베푼 당신의 자비를 당신에게 고백하고 당신에게 비는 것을 이제 나는 부끄러워하지 않습니다. 그러므로 그 당시 내 재능이 그 학문들에 제아무리 빠르고, 마디마다 많이 헝클어진 책들을 어떤 스승의 도움도 없이 풀어 놓았다고 해도 경건한 가르침에 있어서는 볼품없고 추한 신성모독에 빠져 있었으니 그것이 내게 무슨 소용이 있었겠습니까? 오히려 당신의 작은 사람들이(마태 11, 25) 재주는 둔할지라도 당신으로부터 멀리 떠나지 않고 당신의 교회의 보금자리 안에서 안전하게 깃털이 돋아나고(시편 84, 4), 건강한 신앙의 영양분으로 날개를 키운다면 방해될 것이 무엇이 있겠습니까?

오, 우리들의 주 하나님, 당신의 날개의 그늘 아래에서 우리들이 희망을 가지게 해 주십시오(시편 63, 8). 우리들을 보호하고(시편 17, 8), 우리들을 데려가 주십시오. 당신은 우리를 데려갈 것입니다. 당신은 우리들 작은 사람들을 머리카락이 백발이 될 때까지(이사 46, 4) 데려갈 것입니다. 왜냐하면 우리들의 강함은 당신이 있을 때 강함이지만 우리들만 있을 때는 연약함이기 때문입니다. 우리들의 선이 언제나 당신과 함께 살지만, 우리들이 그곳으로부터 떠났기 때문에 우리들은 악하게 되었습니다. 주여, 돌아가게 해 주십시오. 떠나지 않겠습니다. 당신 자신인 우리들의 선은 당신과 함께 살고 있어서 어떤 결함도 없습니다. 그래서 우리들이 돌아갈 곳이 없을까 봐 두렵지 않습니다. 왜냐하면 우리들은 그곳에서 떨어져 내렸기 때문입니다. 그러나 우리들이 그곳에 있지 않았어도 우리들의 집, 곧 당신의 영원함은 무너지지 않습니다.

제5권

이탈리아의 로마로 가다

Confessiones

1

하나님을 찬미하다

당신의 이름을 찬미하면서 고백하도록 당신이 만들고 불러온 내 혀의 손으로[1] 바치는 나의 고백의 제물을 받으십시오(시편 51, 19). 그리고 내 모든 뼈들을 치료해 주고 그것들로 하여금 이렇게 말하게 해 주십시오. 주여, 누가 당신과 같습니까(시편 8, 2; 35, 10)? 당신에게 고백하는 사람은 무엇이 자기 안에 일어나는지 당신에게 가르쳐 주지 않습니다. 왜냐하면 당신의 눈은 닫힌 마음을 꿰뚫어 보며, 냉혹한 사람도 당신의 손을 뿌리치지 못하기 때문입니다. 그러나 당신이 원할 때 당신은 손을 열고 불쌍히 여기며 보호하므로 아무도 당신의 열을 피하지 못합니다(시편 19, 6).

그러나 당신을 사랑하게끔 내 영혼으로 하여금 당신을 찬미하도록 하고(시편 146, 2), 당신을 찬미하게끔 당신의 자비로 말미암아 내 영혼이 당신에게 고백하게 하십시오(시편 107, 8). 당신의 모든 피조물들이 그리고 모든 사람들의 정신이 입을 모아 당신을 찬미하기를 그치지

---

1 내 혀의 손으로(de manu linguae meae)는 하나님에게 겸손하게 고백한다는 것을 시적(詩的)으로 표현하기 위해서 아우구스티누스가 사용하고 있는 말이다.

않을 뿐 아니라 침묵하지도 않으며, 생물과 무생물도 그것들을 관찰하는 피조물의 입을 통해서 그렇습니다. 그렇게 해서 우리들의 영혼은 당신이 창조한 것들에 의지해서 나태함으로부터 당신에게로 나아가며, 경이롭게 이 모든 것들을 창조한 당신에게 다다릅니다. 그래서 회복과 참다운 힘이 바로 그곳에 있습니다.

2

어디에나 존재하는 하나님

불안한[2] 죄인들은 당신을 떠나서 멀리 도망갑니다. 그런데 당신은 그들을 보며, 그들이 그림자와 함께[3] 어디로 가는지 구분합니다. 그리고 보십시오. 그들과 함께 있는 모든 것이 아름다워도 그들 자신은 더럽습니다. 또 그들이 당신에게 무슨 해를 끼칠 수 있겠습니까? 하늘로부터 가장 낮은 곳에 이르기까지 당신의 다스림이 정의롭고 온전한데 어떻게 그들이 당신의 다스림을 멸시할 수 있습니까? 그들이 당신의 얼굴을 피한다면 어디로 피할 수 있겠습니까? 당신이 그들을 발견하지 못할 장소가 어디입니까? 그러나 그들은 자기들을 바라보는 당신을 보지 않으려고 도망가 버렸습니다. 그들은 눈먼 채 당신을 거역하려고 — 당신이 만든 것은 어떤 것도 버릴 것이 없는데도 — 당신을 거역하는 의롭지 않은 자가 되어 옳게 벌을 받았습니다. 그들은 당신의 관대함으로부

---

2 불안(inquies)은 하나님에 대한 불신을 뜻한다. 키르케고르가 불신을 죽음에 이르는 병으로서의 절망이라고 한 것과 마찬가지로 아우구스티누스는 불신을 가장 큰 죄악인 불안으로 보았다.

3 하나님이 창조한 모든 것은 죄악과 확연하게 구분된다는 의미에서 아우구스티누스는 죄악을 그림자(umbra)에 비유한다.

터 뒤로 물러나서 당신의 올바름을 어기고, 당신의 지엄함 속으로 떨어졌습니다. 분명히 그들은, 당신이 어떤 장소에 제한될 수 없고 어디에나 존재한다는 것을 모릅니다. 그리고 당신으로부터 먼 곳에 자리잡은 그들 앞에도 오직 당신만이 존재합니다. 그들은 되돌아서서 당신을 찾을 것입니다. 왜냐하면 그들은 자기들의 창조주를 버렸어도 당신은 그들처럼 당신의 피조물을 버리지 않았기 때문입니다. 그들을 돌아서게 하십시오. 그리고 보십시오. 거기 그들 마음 안에 당신이 있으며, 당신에게 고백하는 마음 안에, 자기들의 어려운 삶이 지난 후 당신에게 자신을 던지고 당신의 품 안에서 우는 그들의 마음 안에 당신이 있습니다. 그런데 당신이 그들의 눈물을 부드럽게 닦아 주면 그들의 울음은 한층 더 복받치며 그들은 울면서 기뻐합니다. 왜냐하면 주여, 당신은 살과 피를(마태 16, 17) 가진 어떤 인간 같지 않고, 주여, 당신은 그들을 만들고 고치고 위로하기 때문입니다.

그런데 내가 당신을 찾았을 때 나는 어디에 있었던 것입니까? 당신은 내 앞에 있었는데도 나는 나를 떠나서 나 자신을 발견하지 못했습니다. 당신은 더욱더 발견하지 못했습니다!

3
마니교도 파우스투스

내 나이 스물아홉이던 그해를 나의 하나님 앞에 말하겠습니다. 파우스투스[4]라는 이름을 가진 어떤 마니교 주교가 카르타고에 이미 와 있었는

---

4 383년은 아우구스티누스가 마니교를 떠난 해이다. 파우스투스(Faustus)는 로마의 마니교 주교로서 구약의 기독교관에 반대했고 예수의 출생과 바울의 서신 내용에도

데, 그는 악마의 큰 덫으로(1디모 3, 7), 많은 사람들이 그의 감언이설의 미끼에 걸려들었습니다. 이미 나도 그 말솜씨를 칭찬하긴 했지만, 내가 배우려고 갈망하는 것들의 진리를 알려고 했고, 그들이 유명하다고 하는 파우스투스가 나에게 먹으라고 내어놓는 지식이 무엇인지를 내가 알아보았지만, 어떤 말의 그릇으로 내어놓는지는 알려고 하지 않았습니다. 내가 들은 소문에 따르면 그는 모든 학설들에 조예가 깊으며 특히 학예(學藝)에 뛰어나다고 했습니다.

그런데 나는 철학자들의 책들을 많이 읽고 기억하고 있었기 때문에 그것과 마니교도의 장광설을 비교한 결과, 철학자들이 가르친 것을 한층 더 믿음직한 것으로 알았습니다. 철학자들은 세계의 주인을 발견하지 못했을지라도 세계를 평가할 능력이 있었던 것입니다. 주여, 당신은 위대하고 천한 자들을 내려다보지만, 교만한 자들은 멀리서도 알아봅니다(시편 138, 6). 또한 당신은 마음으로 뉘우치는 자들만을 가까이하고(시편 34, 19), 오만한 자들에게는 발견되지 않으니, 호기심에 가득 찬 지식으로 별들과 모래를 헤아리고 천체를 측량하며 성좌의 궤도를 찾아낸다고 해도 당신만은 발견되지 않습니다.

왜냐하면 그들은 당신이 준 자기들의 생각과 재주를 가지고 이런 것들을 탐구하며, 여러 가지를 발견하기도 하고, 일식과 월식이 어느 날, 몇 시, 어떤 부분에서부터 있으리라는 것을 수년 전에 미리 알리기도 해서 그 숫자가 틀리지 않기 때문입니다. 그런데 예언하면 그대로 되었습니다. 탐구한 규칙을 기록하였으므로 오늘날도 읽을 수 있습니다. 그

반대했다. 마니교는 70인의 주교들이 핵심조직을 형성하며, 그들 중 12주교들이 행정권을 소유하였다. 70인의 주교들은 자기들 밑에 장로들을 그리고 장로들은 부제를 두고 교회를 운영하였다. 400년에 아우구스티누스는 마니교와 파우스투스의 이론을 반박하는 체계적 저술을 발표했지만 파우스투스는 이미 사망한 후였다.

래서 그 규칙으로부터 달이나 태양이 어느 해, 어느 달, 어느 날, 몇 시에 어느 쪽으로 기울어질 것이라는 사실이 예언되었습니다. 그래서 예언된 대로 그렇게 되었습니다.

이를 모르는 사람들은 이것들에 경이로워하고 놀랐으며, 그것을 아는 사람들은 뽐내고 자랑하면서 당신의 빛으로부터 멀어지고 떨어져 나갔습니다. 미래의 일식은 미리 보지만 현재에 있는 자기 자신의 일식은 보지 못하는데 — 그 이유는 그런 것을 탐구하는 재주가 어디에서 생기는지 경건하게 찾아내지 않기 때문이며 — 그들은 자기들을 만든 당신을 발견하지 못하고, 만든 것을 보존하기 위해서 자기들 자신을 당신에게 바치지 않으며, 마치 자기들이 스스로 생겨난 것처럼 자기들을 죽여서 당신에게 바치지 않습니다. 마치 새들과 같은 자기들의 높은 비상을, 심연의 비밀스런 길을 찾아 헤매는 바다의 물고기들과 같은(시편 9, 8) 자기들의 호기심을, 들짐승 같은 자기들의 방종을 죽여서 당신에게 바치지 않는 것은, 하나님, 집어삼키는 불인 당신이 그들의 죽을 근심을 불살라서 그들을 죽지 않게 되살리기 위함입니다(신명 4, 24; 히브 12, 29; 갈라 6, 15).

그러나 그들은 자기들이 셈하는 것들을 만든 길(요한 14, 6), 곧 당신의 말을 알지 못합니다. 셈하는 사람들과 셈하는 것을 지각하는 감각과(요한 1, 3) 셈하는 것의 근본인 정신을 당신이 만들었습니다. 그런데 당신의 지혜는 수로 헤아릴 수 없습니다(시편 147, 5). 그러나 외아들 자신이 우리들에게 지혜와 정의와 성화(聖化)가 되었으며(1고린 1, 30), 우리들 중의 한 사람으로 헤아려져서 로마황제[5]에게 세금을 바쳤습니다(마태 22, 21). 그들은 자기들로부터 그분으로 내려갔다가 그분

---

5 Caesar는 율리우스 카이사르(Julius Caear, 기원전 100~44)를 지칭할 때도 있지만 보통 로마황제(카이사르)를 말한다.

을 통해서 그분에게로 올라가는 이 길을 알지 못했습니다. 보십시오. 그들은 이 길을 몰랐으며, 자신을 별처럼 높고 밝게 빛난다고 믿다가, 땅으로 떨어졌고, 그들의 어리석은 마음은 어두워졌습니다(로마 1, 21). 그들은 피조물에 대해서 참다운 말을 많이 하지만, 진리, 곧 피조물의 창조자를 경건하게 찾지 않으므로 진리를 발견하지 못합니다. 또한 그들이 진리를 발견할지라도, 하나님을 알아도(로마 1, 21) 하나님답게 공경하거나 감사하지 않고 자기들의 헛된 생각에 빠져서(로마 1, 22) 자신들이 지혜롭다고 말하면서 당신의 것들을 자신들에게 돌립니다. 이렇게 해서 그들은 가장 어리석게 눈먼 채로 자기들의 것들을 당신에게 돌리려고 애씁니다. 말하자면 그들은 거짓을 진리인 당신에게 돌리고, 불멸하는 하나님의 영광을(로마 1, 23) 죽을 인간과 날짐승과 네 발 달린 짐승과 뱀 등과 같은 이미지로 바꾸고, 당신의 진리를 거짓으로 바꿈으로써 창조주보다 피조물을 한층 더 공경하고 섬깁니다(로마 1, 24).

그렇지만 나는 피조물 자체에 관한 수많은 참다운 지식을 그 철학자들에게서 얻었으며, 계산과 시간의 질서와 눈으로 볼 수 있는 별들의 증명을 통해서 피조물의 이유[6]를 발견했습니다. 나는 이것들을 마니케우스[7]가 쓴 것과 비교해 보았습니다. 마니케우스는 이런 것들에 관해서 엄청나게 많이 허황되게 썼지만, 거기에서 나는 하지와 동지, 춘분과 추분 그리고 일식과 월식의 이유와 속세의 현인들의 책에서 내가 배운 모든 것들과 같은 것을 발견하지 못했습니다. 거기에서는 모든 것을 믿으라고 명령만 할 뿐이어서 그 모든 것은 내 계산과 눈으로 확실히 본 법칙에 맞지 않았으며, 전혀 다른 것이었습니다.

6 여기서 말하는 이유(ratio)는 피조물들이 존재하는 이유를 지시한다.
7 마니케우스(Manichaeus)는 마니교의 창시자 마니(Mani)를 말한다.

4
하나님을 앎과 행복

진리의 주 하나님(시편 31, 5), 이런 것들[8]을 아는 사람 누가 이미 당신을 기쁘게 합니까? 이 모든 것들을 알아도 당신을 모르는 사람은 불행합니다. 그러나 비록 이 모든 것들을 알지 못할지라도 당신을 아는 사람은 행복합니다. 사실 당신과 그것들을 아는 사람은 그것들 때문에 한층 더 행복한 것이 아니고, 오직 당신 때문에 행복하며, 만일 그가 당신을 안다면 그는 당신을 당신으로서 찬미하고 감사하며 자신의 생각에서 헤매지 않습니다(로마 1, 21).

비록 높이가 몇 자인지 또는 폭이 얼마나 넓은지 모른다고 할지라도 나무를 간직할 줄 알고 그것을 사용해서 당신에게 감사드리는 사람은, 나무를 재고 나무의 모든 가지들을 세되 나무를 간직하지 못하고 나무의 창조자를 알지도 못하고 사랑하지도 못하는 사람보다 나은 것처럼 당신을 믿는 사람도 이와 같습니다. 풍요로운 세상 전부가 그의 것이며, 적어도 북두칠성이 회전하는 것을 모를지라도 모든 것들이 섬기는 당신에게 의지함으로써 그는 마치 아무것도 가지지 않는 것처럼 모든 것을 소유합니다(2고린 6, 10). 이와 같은 사람은, 하늘을 측량하고 별들을 세어 보며 원소들을 저울질하면서도, 만물을 측량하고 세고 달아서 만들어 놓은 당신을 무시하는 사람보다 훨씬 더 행복하다는 것을 의심하는 일은 어리석은 짓입니다.

---

8 이런 것들(ista)은 바로 앞에서 말한 철학적 지식들이다. 아우구스티누스에게 있어서 최상의 앎은 하나님에 관한 앎이므로 철학적인 지식은 단지 세속의 앎에 지나지 않는다.

5
파우스투스의 가르침

그렇지만 누가 마니케우스로 하여금 이런 것을 쓰도록 요청했는지 나는 모르겠습니다. 이런 지식이 없어도 경건함[9]은 배울 수 있지 않습니까? 왜냐하면 당신은 인간에게 이렇게 말했기 때문입니다: 보라. 경건함은 지혜이다(욥기 28, 28). 그가 비록 이런 것들을 완전히 안다고 할지라도 이것만은[10] 알 수 없었습니다. 그는 이것을 알지 못했기 때문에 파렴치하게도 감히 가르치려고 하였으며 경건함에 관해서는 전적으로 알 수 없었습니다. 설령 안다고 할지라도 세상의 이런 일들을 공언하는 것은 헛되고 당신에게 고백하는 것이 경건함이기 때문입니다. 그는 이것에서 벗어나서 여러 가지를 말하였으므로 그런 것들을 참답게 가르치는 사람들로부터 반박당했습니다. 그는 한층 더 심오한 다른 것들에 있어서 그의 견해가 어떤지 명백히 알려지게 되었습니다. 왜냐하면 그는 자신을 보잘것없는 것으로 평가하려고 하지 않고, 당신의 신자들을 위로하고 풍요롭게 만드는 성령(聖靈)이 충만한 권능이 자기 자신 안에 있다고 억지로 설득하려고 애썼기 때문입니다. 그러므로 그가 하늘과 별들과 해와 달의 운행에 관해서 거짓되게 말한 것이 드러났을 때, 비록 이런 것이 종교이론에는 관계되지 않는다고 할지라도, 그의 시도는 충분히 신성모독으로 나타났습니다. 그는 자기가 모르는 것뿐만 아니라 거짓된 것까지도 미친 듯 오만한 허영에 들떠 가르침으로써 자신에게 신적 인격이 주어지는 것처럼 주장하게 되었던 것입니다.

---

9 여기에서 경건함(pietas)은 하나님에 대한 신앙의 경건함을 말하는데, 이런 경건함은 복잡한 철학적인 것이 아니라 매우 단순한 실천적인 것이다.

10 경건함은 지혜이다(pietas est sapientia)라는 사실.

왜냐하면 나는 기독교의 이런저런 어떤 형제가 이런 것들을 모르거나 이것을 저것으로 잘못 알고 말할 경우 자기 견해를 내세우는 그 사람을 잠자코 바라보고만 있었기 때문입니다. 그런데 그가 물질적 피조물의 위치와 조건을 전혀 모를지라도, 만물의 창조자 주여, 당신에 대해서 무가치한 것을 믿지 않는다면 그에게는 아무런 해로움도 없다고 봅니다. 그러나 해가 있다면, 그가 이것[11]을 경건함에 관한 이론 자체의 본질과 관계가 있다고 보고 자신이 모르는 것을 감히 집요하게 긍정하는 경우입니다. 이와 같은 허약함도 신앙의 요람기에는 새 사람[12]이 완전한 남자로(에베 4, 13) 일어날 때까지, 온갖 교설(敎設)의 바람에 휩쓸리지 않을 수 있을 때까지 성모(聖母)의 자비에 의해서 지탱됩니다.

그러나 자신을 학자, 스승, 지도자, 우두머리라고 하는 사람[13]이 이런 것을 충고하면서, 자기를 따르는 사람들로 하여금 한 인간을 따르는 것이 아니고 당신의 성령(聖靈)을 따르는 것으로 감히 믿게끔 한다면, 그와 같은 미친 짓은 거짓된 것이 증명되는 곳에서는 언제나 혐오스러운 것으로 그리고 한층 더 나아가서 떨쳐 버릴 것으로 판정되지 않겠습니까?

그렇지만 그때까지도 나는, 낮과 밤의 길고 짧음과 주야의 교체 그리고 일식과 월식 및 다른 책에서 읽은 그런 것들을 그의 말에 따라서 해석하여야 할지 어떨지를 확실하게 알지 못했습니다. 아마도 해석이 그럴 수 있을지라도 사실이 그런지의 여부에 대해서는 내가 확신이 없었고, 그가 성자(聖者)라고 믿었기 때문에 내 믿음은 그의 권위에 억압당했습니다.

---

11 하나님에 대해서 무가치한 것을 가리킨다.

12 그리스도를 가리킨다.

13 마니교도인 파우스투스를 말함.

6
파우스투스의 말재주

그런데 나는 거의 9년 동안 방황하는 마음으로 마니교도들의 말에 귀를 기울였으므로 파우스투스가 오기만을 손꼽아 몹시 갈망하면서 기다리고 있었습니다. 왜냐하면 우연히 만나게 되는 마니교도들 중 몇몇 사람들은 이것들에 대해서 내가 제시하는 물음과 반대에 대해서 답하기 어려울 경우 파우스투스를 내게 내세웠기 때문입니다. 그가 와서 함께 이야기하면 그런 물음과 반대를 나에게 쉽게 이야기할 것이며, 이보다 더 물을지라도 그는 가장 명백하게 해결해 줄거라고 했습니다.

그러므로 그가 오자 나는 그의 사람됨이 싹싹하고 말이 즐거웠으며 그들이 보통 말하는 것보다 훨씬 더 재미있게 지껄인다는 것을 겪었습니다. 그러나 값비싼 잔을 솜씨 좋은 사람이 바친다고 해서 내 갈증을 어떻게 하겠습니까? 이미 내 귀는 그런 것들에 싫증났습니다. 그러므로 더 좋게 말한다고 해서 나에게 더 좋게 여겨지지 않았습니다. 말을 잘한다고 해서 참다운 것도 아니었습니다. 또 용모가 준수하고 말솜씨가 화려하다고 해서 마음이 지혜로운 것도 아니었습니다. 그러나 그를 볼 수 있다고 내게 약속했던 사람들은 사물을 제대로 평가할 줄 몰랐습니다. 그러므로 그들은, 그의 말이 그들을 즐겁게 했기 때문에 그를 영리하고 지혜롭다고 보았습니다.

그러나 나는 다른 종류의 사람들을 경험했는데, 이들은 누가 말을 꾸미고 많이 할 경우 그 참다움을 의심했으며 그를 인정하려고도 하지 않았습니다. 그러나 내 하나님, 당신은 오묘한 방식으로 이미 나를 가르쳤으며, 그래서 나는 당신이 나를 가르쳤다고 믿습니다. 왜냐하면 누가 어디에서 그리고 언제 유명하다고 할지라도 당신 이외에는 진리의 스승이 없다는 참다움을 당신이 내게 가르쳐 주었다고 믿기 때문입니다. 그러므로 이미 나는 당신에게서 다음의 사실들을 배웠습니다. 말을 유창하게 한다고 해서 참다움을 말하는 것이 아니고, 표현을 서툴게 한다고 해서 거짓이 아닙니다. 꾸밈없이 말한다고 해서 참다운 것이 아니며, 말이 화려하다고 해서 거짓인 것도 아닙니다. 이와 같이 지혜로움과 어리석음은 유용한 음식이나 쓸모없는 음식과도 같지만, 꾸민 말과 꾸미지 않은 말은 정교한 그릇이나 투박한 그릇과도 같아서 두 가지 음식[14]을 모두 담을 수 있습니다.

그러므로 매우 오랫동안 그 사람을 기다린 내 욕망은 토론하는 그의 태도와 표정에 그리고 판단을 꾸미는 데 적절하고 쉽게 나타나는 말에 기뻐했습니다. 나는 기뻐서, 많은 사람들과 또는 많은 사람들보다 훨씬 더 그를 칭찬하고 치켜세웠습니다. 그러나 듣는 이들의 모임에서 더 친숙하게 말을 주고받으면서 내 문제의 관심을 그와 함께 나누고 다루며 그에게 접근하는 것이 허락되지 않은 일은 내게 언짢았습니다. 내가 그렇게 할 수 있는, 서로 토론해도 좋은 때가 와서 나를 난처하게 하던 문제를 가지고 내 친구들과 함께 그의 귀를 바쁘게 만들기 시작했습니다. 나는 그가 보통 쓰는 식의 문법 이외에는 학예에 대해서는 전혀 재능이 없다는 것을 경험했습니다. 그는 얼마간의 툴리우스[15]의 연설과 세네카[16]의 책 몇 권 그리고 라틴어로 쓰인 시집 몇 권과 자신의 교파의 책들을 읽었으며, 게다가 매일 하는 것이 강연이었습니다. 그래서 그가 다스리는 재주와 타고난 우아함 때문에 그의 말은 웅장하고 매혹적으로 받아

14 유용한 음식과 쓸모없는 음식, 다시 말해서 이로운 음식과 해로운 음식 두 가지.

15 툴리우스는 키케로(Marcus Tullius Cicero)를 지시한다.

16 세네카(Lucius Annaeus Seneca, 기원전 약 4~기원후 65)는 로마의 정치가, 비극 작가, 철학자로 널리 알려진 인물이다.

들여졌습니다.

돌이켜 보건대 나의 주 하나님, 내 양심의 재판관이여, 그렇지 않습니까? 당신 앞에 내 마음과 내 기억이 있습니다. 그 당시 당신은 당신의 섭리의 그윽한 비밀로 나를 이끌었으며, 제대로 보고 미워하라고 부끄러운 내 잘못을 내 얼굴 앞에 보여 주었습니다(시편 50, 21).

7

마니교를 떠나다

나는 그가 학예에 뛰어나다고 믿었는데, 그가 무지하다는 것을 충분히 알게 되자 그에게 실망하기 시작했습니다. 나를 난처하게 하던 문제들을 그가 해결해 주기를 바랄 수 없었습니다. 비록 그러한 학예를 모른다고 해도 마니교도가 아니라면 경건함의 진리[17]를 파악할 수 있습니다. 물론 그들의 책은 하늘과 별들과 해와 달에 관한 길고 긴 이야기로 가득 찬 것들이었습니다. 그래서 내가 다른 책에서 읽은 수학적 증명과 비교해 보면 그것이 마니교의 책에 포함된 그런 것일 수 있는지, 아니면 이 이론만이라도 확실하게 또는 똑같이 되어 있는지 내가 알려고 욕망하는 것을 파우스투스가 예리하게 설명해 줄 수 있다고는 생각하지 않았습니다.

그렇지만 내가 문제들을 고찰하고 토론하려고 했을 때, 그는 예의바르게 확실히 그 짐 자체를 지겠다고 서두르지 않았습니다. 왜냐하면 그는 그 문제들을 자신이 모른다는 것을 알았으며 또한 이 사실을 고백하

17 경건함의 진리(veritas pietatis)는 기독교의 진리, 곧 하나님에 대한 신앙의 진리를 말한다.

기를 부끄러워하지 않았기 때문입니다. 그는 나를 가르치려고 애쓰면서도 아무것도 말해 주는 것이 없는, 내가 겪은 수많은 수다쟁이들과는 달랐습니다. 물론 그는 당신에 대해서는 올바르지 않더라도 자기 자신에 대해서는 많이 신중하지 못한 것이 아닌 그런 마음을(시편 78, 37) 가지고 있었습니다. 그는 자신의 무식함에 대해서 모르지 않았으므로, 토론에 있어서는 탈출구도 없고 후회도 쉽지 않은 궁지로 무턱대고 자신을 몰아대지 않았습니다. 그의 이런 점들 또한 한층 더 내 마음에 들었습니다. 왜냐하면 내가 알고 싶어 하던 것들보다는 고백하는 마음의 겸손이 더 아름답기 때문입니다. 그리고 나는, 한층 더 어렵고 까다로운 모든 문제들에 있어서 그의 태도가 이런 것을 발견했습니다.

그러므로 마니케우스의 글에 향했던 내 열의도 꺾이고 말았습니다. 나를 혼란하게 했던 많은 문제들에 있어서 유명한 그[18]가 그렇다면 나머지 학자들에게는 더 크게 실망할 것이기 때문입니다. 그 당시 나는 이미 카르타고의 수사학자로서 청년들에게 글을 가르치고 있었고, 파우스투스가 그 글을 몹시 배우고 싶어 했기 때문에 나는 그와 함께 연구생활을 시작했습니다. 그리하여 그가 들으려고 하는 것이나 내가 보기에 그의 재능에 알맞은 그러한 것을 그와 함께 읽기 시작했습니다. 그렇지만 그 종파[19]에 정진하려고 결정했던 내 모든 노력은 그 사람을 알게 되자 완전히 중단되었습니다. 그렇다고 그들과 완전히 단절하려고 하지는 않았습니다. 그러나 더 나은 것을 발견하지 못한 사람과 마찬가지로 혹시 선택할 만한 것이 빛나게 나타나지 않는 한 이미 빠져들어 간 상태에서 이럭저럭 만족해하자는 것이었습니다.

이렇게 해서 많은 사람들에게 죽음의 함정이(시편 18, 5) 되었던 파

---

18 마니교도인 파우스투스.

19 아우구스티누스가 9년간 몸담았던 마니교.

우스투스도 내가 얽혀 들었던 족쇄를 자신이 원하지도 않고 알지도 못하면서 이미 풀어 놓기 시작했습니다. 왜냐하면 나의 하나님, 당신의 섭리의 심연 속에서 당신의 손이 내 영혼을 버리지 않았기 때문이며, 내 어머니가 피나는 마음으로 밤낮 그녀의 눈물을 통해서 나를 위해서 당신에게 제사 지냈기 때문입니다. 그래서 당신은 나에게 놀라울 만한 방식으로(요엘 2, 26) 행했습니다. 나의 하나님, 당신이 그것을 행했습니다. 왜냐하면 주님이 사람의 발걸음을 인도하고 그의 길을 원하기 때문이니(시편 37, 23), 당신이 만든 것을 고쳐 주는 당신의 손을 떠나 어디에서 구원을 얻겠습니까?

8

로마로의 여행

그러므로 날보고 로마로 가라고 그리고 카르타고에서 가르치기보다 거기에서 가르치라고 나를 설득하는 것은 당신이 한 일이었습니다.

그래서 내가 이런 확신을 어디에서 가지게 되었는지 당신에게 고백하지 않고 지나칠 수 없습니다. 왜냐하면 이것에서도 당신의 깊은 뜻과 우리들 안에 현재하는 당신의 자비를 생각하고 알려야만 하기 때문입니다.

그러므로 내가 로마로 떠나려고 마음먹은 것은 친구들이 말한 것처럼 보수가 더 많아지고 지위가 더 높아지리라는 — 당시 내 마음을 볼 때 그런 것에 매력을 느끼긴 했어도 — 이유 때문이 아니었습니다. 그러나 가장 큰 그리고 오직 하나뿐인 이유는 거기에서는 젊은이들이 조용히 공부할 수 있고, 교육의 질서가 엄격하게 잡혀 있어서 자신이 배우지 않는 선생의 학교에 멋대로 뻔뻔하게 드나들 수 없고, 전적으로 선생의 허락 없이는 받아들여지지도 않는다고 들었기 때문입니다.

이와는 반대로 카르타고에서 학생들의 방종은 부끄럽고도 뻔뻔했습니다. 그들은 부끄러움도 모르고 뛰어들었으며, 제자들을 위해서 선생이 세워 놓은 질서를 거의 미친 듯한 모습으로 어지럽혀 놓았습니다. 관습이 그들을 옹호해 주지 않았다면 법으로 당연히 처벌받아야 할 수많은 불법행위를 놀랄 정도로 어리석게 행하며, 당신의 영원법[20]이 허락하지 않는 것을 마치 옳은 듯 행하고 있으니 이 점이 그들을 불쌍하게 보이게 하는 것입니다. 그들은 자기들이 벌 받을 짓을 하지 않는다고 생각하지만, 그들이 맹목적으로 행동하는 것 자체 때문에 벌을 받습니다.

그러므로 학생시절에 물들고 싶지 않았던 관습에 내가 선생이 된 후 다른 사람들이 물들 것 같아서 신경을 썼습니다. 그래서 나는 그것을 아는 모든 사람들이 그곳만은 그렇지 않다고 말하는 그런 곳으로 가고 싶었습니다.

그러나 내 희망이여, 생물들이 살아가는 땅의 내 몫이여(시편 142, 6), 당신은 내가 내 영혼의 구원을 위해서 거처를 옮기게끔 여기를 떠나라고 카르타고에서는 괴로움을, 그리고 저기로 끌려가라고 로마에서는 나에게 매력을 마련했습니다. 당신은 죽은 삶을 즐기는 사람들을 통해서 나에게 그렇게 행했으니, 그들은 이번에는 미친 짓을 행했고 다음번에는 헛된 짓을 약속했습니다. 그래서 당신은 내 발걸음을(시편 40, 3) 옳게 고쳐 주려고 그들과 나의 잘못을 아무도 모르게 이용하고 있었

---

20 아우구스티누스는 법을 영원법(계명), 자연법, 관습 등 세 가지로 구분하는데 영원법은 계명으로서의 신법이다. 13세기의 아퀴나스 역시 아우구스티누스와 유사하게 법을 신법, 자연법, 실정법(實定法)으로 구분하였다.

습니다. 왜냐하면 내 안일을 어지럽히던 자들은 추잡한 광기에 눈이 멀었고, 나를 다른 것으로 안내했던 자들은 지상의 것만 맛보고 있었기 때문입니다. 그러나 여기서의 참다운 비참함이 싫었던 나는 저기서의 지복(至福)을 동경하고 있었습니다.

그러나 내가 왜 여기를 떠나서 저기로 가는지, 그것은 하나님, 당신만 알고, 내게도 그리고 애처롭게 울면서 나를 바다까지 배웅 나온 내 어머니에게도 당신은 그 이유를 가르쳐 주지 않았습니다. 힘차게 나를 붙들면서 되돌아오라거나 나와 함께 가자거나 하던 내 어머니를 속이면서, 친구가 있기 때문에 순풍으로 배가 항해할 수 있기까지는 내가 자리를 떠날 수 없으리라고 꾸며 대었습니다. 그런데 나는 어머니를 속이고, 그런 어머니로부터 도망쳐 버렸던 것입니다. 왜냐하면 이것은 당신이 자비로 나를 용서했기 때문이며, 잔뜩 때로 찌든 나를 바닷물로부터 당신의 은총의 물[21]에 이르기까지 구원해 주었기 때문입니다. 이 물로 나를 씻기자마자 내 어머니의 눈물이 말랐습니다. 그 눈물은 날마다 나를 위해서 당신을 우러러 그녀의 얼굴 아래에 있는 땅을 적셨습니다.

그렇지만 내 어머니가 나 없이는 돌아가려고 하지 않아 가까스로 타일러서 우리들의 배 가까이에 있는 성(聖) 키프리아누스 기념성당에서 그날 밤을 지내라고 했습니다. 그러나 그날 밤 나는 몰래 떠났고 그녀는 떠나지 못했습니다. 그녀는 남아서 빌고 울기만 했습니다.

나의 하나님, 그녀는 그렇게 눈물을 흘리면서 내가 배 타고 떠나지 말게 해 달라는 것 말고 무엇을 당신에게 빌었습니까? 그러나 당신은 깊이 염려하면서 그녀의 요긴한 소원을 들어주었지만, 당시 그녀가 빌은 것은 들어주지 않았으니 그녀가 항상 바라는 것을 내게 행하여 주기

21 당신의 은총의 물(aqua gratiae tuae)은 세례를 가리킨다.

위해서였습니다.

바람이 불고 우리들의 돛이 부풀었으며 해안은 우리들의 시야에서 멀어졌습니다. 아침이 되자 내 어머니는 그곳에서 미친 듯 괴로워하면서 통곡과 탄식으로 당신의 귀를 채웠지만 당신은 그것을 하찮게 여겼습니다. 당신은 내 욕망 자체를 소멸시키려고 나를 욕망으로 사로잡고, 내 어머니의 육체의 소원을 고통의 채찍으로 올바르게 매질하기 위해서 그랬습니다. 왜냐하면 그녀는 보통 어머니들이 그러듯이, 아니 훨씬 더 많이 나와 함께 있기를 좋아했기 때문입니다. 내가 없을 경우에는 당신이 그녀에게 어떤 즐거움을 만들어 줄지 그녀는 알지 못했습니다. 모르기 때문에 그녀는 울고 슬퍼했으며 그 고통에 의해서 자신이 이브의 후예임을 보여 주었고, 그때 신음하면서 낳은 자식을 신음하면서 찾고 있었습니다. 그렇지만 그녀는 내 속임수와 매정함을 원망한 후, 다시 돌이켜서 나를 위해서 당신에게 빌고 일상생활로 되돌아갔으며 나는 로마로 떠났습니다.

9
열병과 어머니의 기도

그런데 보십시오. 그곳에서 나를 환영한 것은 신병(身病)의 채찍질[22]이었습니다. 그리고 나는 당신에게, 나에게 또 다른 사람들에게 지은 모

22 로마는 아열대성 기후인 데다 로마의 젖줄인 티베르강은 수량이 많지 않아 모기가 서식하기 좋은 곳이어서 말라리아가 창궐할 때는 엄청난 인명피해가 발생하곤 하였다. 신병의 채찍질(flagello aegritudinis corporalis)은 무서운 전염병인 말라리아를 가리킨다.

든 죄악을, 모든 사람을 아담 안에서 죽인(1고린 15, 22) 원죄의 족쇄 이외에도 수많은 무거운 죄를 짊어지고 이미 지옥으로(욥기 7, 9) 가고 있었습니다. 왜냐하면 그 죄들 중 어떤 하나도 당신은 나를 위해서 그리스도 안에서 용서하지 않았고, 내 죄악에 의해서 내가 당신에게 초래한 적의(敵意)를 그리스도가 자신의 십자가로 해결해 주지 않았기 때문입니다(에베 2, 12). 당시 내가 믿었던 환영(幻影)의 십자가로[23] 어떻게 그가 그 죄악들을 해결할 수 있겠습니까? 그러므로 내게 그리스도의 육체의 죽음이 거짓된 것으로 여겨진 그만큼 내 영혼의 죽음은 참다웠습니다. 그리고 그의 육체의 죽음이 참다운 그만큼 그것을 믿지 않던 내 영혼의 삶은 거짓되었습니다.

내 몸의 열은 심각해졌고, 나는 이미 스러져서 죽어 가고 있었습니다. 그 당시 만일 내가 이 세상을 떠났더라면, 나는 당신의 질서의 진리를 따라서 내 행동에 알맞은 불과(마태 25, 41) 고문 속으로 들어가지 않으면 어디로 갔겠습니까? 그런데 내 어머니는 이런 줄 알지 못했지만, 나를 위해서 멀리서 빌고 있었습니다. 그러나 어디에나 있는 당신은 그녀가 있는 곳에서 그녀의 기도를 들어주었으며, 내가 있는 곳에서는 나를 가엾게 여겼기 때문에, 비록 내가 아직 마음은 신성모독의 병에 걸려 있을지라도 육체의 건강을 회복했던 것입니다.

이미 내가 회상해서 고백한 것과 마찬가지로, 나는 그와 같은 위기에서도 당신의 세례를 원하지 않았습니다. 내 어머니의 애정을 믿고 세례를 마구 졸랐던 어린 시절이 오히려 더 나았습니다. 그러나 나는 부끄럽게 자랐으며, 그런 나를 두 번 죽게 내버려 두지 않은 당신의 약의 처

---

23 환영의 십자가로(in cruce phantasmatis)에서 환영(phantasma)은 유령, 환상, 망령 등의 뜻을 가진다. 마니교에서는 그리스도의 수난, 죽음, 부활 등을 모두 환상에 불과하다고 주장하였다.

방[24]을 나는 비웃었습니다. 만일 내 어머니의 마음이 상처를 받았더라면 회복될 수 없었을 것입니다. 왜냐하면 그녀가 얼마나 나에게 마음을 쓰고, 육체로 나를 분만한 것보다 얼마나 큰 정성을 기울여서 정신으로 나를 낳았는지(갈라 4, 19) 말로 다 이야기할 수 없기 때문입니다. 그러므로 나의 그러한 죽음이 내 어머니의 모정의 내면을 꿰뚫어 놓았다면, 나는 그녀가 어떻게 건강을 회복할 수 있었을지 알지 못합니다. 그런데 당신에게 드리는 기도가 어디에서 그렇게 중단되지 않고 자주 되풀이될 수 있겠습니까?

그러나 자비로운 하나님, 당신은 정숙하고 착실한 홀어미의 부서지고 낮추어진 마음을 멸시하겠습니까(시편 51, 19)? 자주 자선을 베풀고, 당신의 성스런 종들을 섬기고, 당신의 제단에 봉헌하기를 하루도 빠지지 않고, 헛된 이야기나 노파의 잔소리를 들으려고가 아니고 당신의 말로 당신을 듣고 그녀의 기도에서는 당신이 그녀를 듣도록 날마다 아침저녁으로 두 번씩 당신의 교회로 빠지지 않고 나가던 그녀가 아니었습니까? 이런 사람의 눈물을, 당신에게 금을 달라거나 은을 달라고 빌지 않고 또 어떤 하찮고 덧없는 부(富)를 달라고 빌지도 않고 자기 자식의 영혼의 구원을 비는 그러한 눈물을 당신은 멸시하겠습니까? 당신으로 말미암아 그런 사람이 되었는데 당신은 그녀를 멸시하고 당신의 도움으로부터 그녀를 뿌리치겠습니까? 아닙니다. 주여, 당신은 그녀에게 가까이 다가가서 그녀의 기도를 들어주었고 미리 정해진 것을 질서 있게 해 주었습니다. 이미 내가 언급한 그리고 언급하지 않은 그 현몽(現夢)과 당신의 답에서 당신이 그녀를 속이지 않았을 것이고, 이것을 믿고 가슴 깊이 간직하던 내 어머니는 항상 기도하면서 이것을 마

---

24 당신의 약의 처방(consilia medicinae tuae)에서 약(medicina)은 바로 예수 그리스도를 가리킨다.

치 당신의 친필인 것처럼 당신에게 가져왔던 것입니다. 왜냐하면 모든 빚을 다 면제해 주는 당신의 자비가 영원하게 되어(시편 118, 1; 138, 8) 오히려 약속에 의해서 채무자가 되어 주기 때문입니다.

10
복음을 받아들이기 이전의 잘못들

그러므로 당신은 나를 저 병에서 낫게 해 주었고, 그 당시 내게 더 좋고 더 확실한 건강을 주기 위해서 일단은 당신의 종의 자식의 몸만이라도 건강하게 해 주었습니다(시편 86, 16).

그런데 당시에 나는 로마에서 서로 속고 속이는 성자(聖者)[25]들과 한패가 되었습니다. 왜냐하면 나는 그들 중의 듣는 자들뿐만 아니라, ―내가 병을 앓다가 회복하는 동안 머물던 그 집 사람도 듣는 자들 중의 한 사람이었는데, ―소위 뽑힌 자들과도 사귀었기 때문입니다. 그때까지 내가 보기에 죄를 짓는 것은 우리들이 아니고, 잘 알지는 못하지만 우리들 안에 있는 어떤 다른 본성이 죄를 짓는 것이며 따라서 내 오만도 죄가 되지 않는다는 것이 기뻤고 따라서 무엇인가를 잘못했을 때, 당신에게 죄를 지었기 때문에 당신이 내 영혼을 낫게 해야 하는데도(시편 41, 5), 나는 고백하지 않고 나를 변명하기를 사랑했고, 나와 함께 있지만 내가 아닌 알지도 못하는 어떤 것을 탓하기를 즐겼습니다. 그러나 실제로 모든 것의 탓은 나 자신이었는데, 나 자신의 불경건함이 나를 둘로 갈라놓았습니다. 나를 죄인으로 생각하지 않는 그것은 고칠

---

25 여기에서 말하는 성자는 마니교도를 말하는데 듣는 자들은 일반적인 마니교도를 그리고 뽑힌 자들은 마니교의 지도자들을 가리킨다.

수 없는 죄악이었습니다. 그런데 저주스러운 죄악은 전능한 하나님, 내가 낫기 위해서 나를 당신에게 굽히기보다 오히려 타락하기 위해서 당신을 내게 굽히게끔 하고자 했습니다.

그러므로 내 마음이 죄악을 범하는 사람들과 함께 죄악의 변명을 구하는 못된 말들에 기울어지지 않도록 당신이 내 입의 문지기를 그리고 내 입술 주위에(시편 141, 3~6) 절제의 문을 아직 세워 주지 않았으므로 나는 그들의 뽑힌 자들과[26] 사귀고 있었습니다.[27] 그렇지만 나는 그 거짓된 교리를 가지고 내가 발전할 수 있다는 것을 단념했고, 더 나은 것이 발견되지 않는 한 만족한 채로 있자던 결심도 이미 무기력하고 쓸모없는 것으로 남아 있었습니다.[28]

당시 아카데미파[29]라고 일컬어지는 철학자들이 내 생각에 떠올랐는데 그들은 모든 것들이 의심스럽다고 주장했으며, 인간은 어떤 진리도 파악할 수 없다고 결정했는데 그들은 다른 사람들보다 현명하게 여겨졌습니다. 나는 아직 그들의 의도를 알아내지 못했지만, 당시의 여론을 따를 것 같으면 그들은 내가 보기에 명백하게 생각하고 있었습니다. 그래서 나는 내 집 주인이 마니케우스의 책들에 가득 찬 꾸민 이야기들을 너무 믿는 것에 대해서 거리끼지 않고 충고했습니다. 그렇지만 나는 이

---

26 그들의 뽑힌 자들과(cum electis eorum)에서 그들은 마니교도들을 그리고 뽑힌 자들은 마니교의 지도자들을 지시한다.

27 아직 기독교 신앙의 문 안으로 들어서지 못한 아우구스티누스의 마음상태를 말한다.

28 『고백록』 제5권 10장은 아우구스티누스가 마니교로부터 점점 멀어져서 가톨릭으로 개종하려는 실마리를 분명하게 보여 준다.

29 고대 그리스의 철학자 플라톤은 아테네 북서쪽 숲에 학교를 세워서 제자들을 가르쳤는데, 그 학교의 이름이 아카데미아였다. 플라톤이 죽은 후에도 아카데미아는 상당기간 지속되었다. 플라톤의 후계자들은 아카데미파의 또는 아카데미학파의 철학자들이라고 일컬어진다. 아우구스티누스는 마니교를 떠난 후 신플라톤주의(플로티노스와 그 제자들의 사상)에 매우 가깝게 다가간다.

단에 빠져 있지 않은 저 사람들보다 이들과 한층 더 친근하게 우정을 맺고 있었습니다. 나는 이전의 열성을 가지고 이 이단을 옹호하지는 않았지만 — 이들 중 상당수가 로마에 잠입해 있었기 때문에 — 이들과의 사귐은 내가 어떤 것을 찾는 것을 한결 더디게 했습니다. 특히 천지의 주여(창세 24, 3), 보이는 그리고 안 보이는 만물의 창조자여, 나는 당신의 교회에서 진리를 찾을 수 있는 것을 단념하고 있었는데, 그들은 나를 그 진리에서 떨쳐 버렸습니다. 당신이 인간 육체의 형태를 가지고, 우리들의 사지(四肢)와 같은 신체적 윤곽에 제한될 뿐이라고 믿는 것이 내게는 매우 부끄럽게 여겨졌습니다. 왜냐하면 내가 하나님에 관해서 생각하려고 하는 것은 물체의 양(量)을 떠나서는 생각할 줄 몰랐기 때문이며 — 물체가 아닌 모든 것은 내가 보기에 존재하지 않는 것이었고 — 이것이 말하자면 바로 피할 수 없는 나의 오류의 가장 큰 유일한 원인이었습니다.

나는 악도 일종의 실체(實體)[30]로서 추하고 일그러지거나 두꺼운 자신의 덩어리를 가지고 있다고 믿었습니다. 그들은 이 악을 흙으로 불렀으며, 그것은 마치 기체와도 같이 희박하고 가벼운 것으로서 그들은 이것을 지상을 휩쓰는 악한 신으로 상상했습니다. 그런데 내 신앙은 볼품없었지만 선한 하나님이 어떤 악한 본성도 창조했다고 믿을 수 없었기 때문에 나는 서로 반대되는 두 덩어리를 설정하고, 양자가 다 무한하지만 악한 것이 더 작고 선한 것이 더 크다고 생각했으며, 이러한 부패한 시초로부터 다른 신성모독들이 나를 뒤따랐습니다.

---

30 실체(substantia)란 존재하기 위해서 자기 이외의 다른 것에 의존하지 않는 것이므로 실체는 오직 자기원인(causa sui)에 의해서만 존재한다. 마니교에서는 악도 선과 마찬가지로 영원불변하는 실체라고 하였다. 근대철학의 데카르트가 정신과 물체를 각각 실체라고 한 것 역시 중세의 전통을 물려받고 있는 사고방식이다.

왜냐하면 내 영혼이 애쓰면서 가톨릭 신앙으로 달려가려고 할 때 그 가톨릭 신앙은 내가 생각한 가톨릭 신앙이 아니었으므로 나는 물러설 수밖에 없었기 때문입니다. 그리고 나의 하나님, 나는 당신이 내게 베푼 당신의 자비를(시편 107, 8) 고백하며 당신이 악의 덩어리와 구분되는 그 부분에서 분명히 유한할지라도 모든 부분들에 있어서 인간 신체의 형태에 국한된다고 생각하기보다 전체 부분들에서 무한하다고 믿는 것이 훨씬 더 경건하다고 생각했습니다. 더욱이 잘 알지 못하는 내게는 — 악도 어떤 실체일 뿐만 아니라 물체로 여겨지고, 정신도 공간을 통해서 퍼지는 미묘한 물질로 생각되기 때문에 — 악의 본성이 당신에게서 나온 것으로 믿기보다 내가 보기에는 어떤 악도 당신이 창조하지 않았다고 믿는 것이 나았습니다. 우리들의 구세주인 당신의 외아들 자신도 가장 빛나는 당신의 양(量)의 덩어리로부터[31] 우리들을 구원하러 온 것으로 생각했으니, 그에 대해서 내가 믿는 것은 내가 헛되게 상상할 수 있는 것 이외의 다른 것이 아니었습니다.

그러므로 그와 같은 악의 본성은 육신과 결합하지 않으면 동정녀 마리아에게서 태어날 수 없다고 생각했습니다. 그러나 내가 상상하던 그 본성이 결합되면서 어떻게 더럽혀지지 않는지 알 수 없었습니다. 그러므로 그리스도가 육체를 가지고 태어났다는 것을 믿기가 두려웠는데, 육신으로 말미암아 더러워진 것을 어쩔 수 없이 믿어야만 하기 때문이었습니다.

지금은 당신의 성스러운 사람들이 나의 이 고백을 읽으면 그들은 애정 깊으며 사랑스러운 미소를 나에게 보내겠지만, 당시의 나는 그와 같

---

31 가장 빛나는 당신의 양(量)의 덩어리로부터(de massa lucidissime molis tuae)는 아우구스티누스가 하나님을 아직 물질적인 최고의 존재자로 여기고 있다는 것을 뜻하는 구절이다.

은 자였습니다.

11
마니교 신앙과 가톨릭 신앙의 비교

더욱이 나는 마니교도들이 당신의 성서를 비난하는 것을 지지할 수 없다고 판단했습니다. 그러나 나는 언젠가 그 책에 정통한 어떤 사람과 하나하나 논의하면서 그가 생각하는 것이 무엇인지 실제로 알고 싶었습니다.

왜냐하면 이미 카르타고에서 엘피디우스라는 사람이 마니교도들에 맞서서 공개토론했을 때의 말이 나를 감동시키기 시작했기 때문입니다. 그는 쉽사리 반박할 수 없는 그런 말을 성서로부터 가져왔던 것입니다. 그런데 마니교도들의 답변은 내가 보기에 매우 약했습니다. 그들은 쉽게 공공연히 답하지 못하고 우리들에게만 비밀스레 다음처럼 말했습니다: 신약성서는 유대율법을 그리스도 신앙에 접목하려고 우리들이 알지 못하는 사람들이 거짓으로 만들어 낸 것이다. 그런데 그들은 훼손되지 않은 원본을 한 권도 제시하지 못했습니다. 어떻든 모든 것을 물질로 생각하는 나를 저 양(量)들[32]이 최대한 붙들고 숨막힐 정도로 억압하기 때문에 나는 그 아래에서 헐떡거리면서도 맑고 티 없는 당신의 진리가 지닌 생명의 공기를 들이마시지 못했습니다.

---

32 저 양들(moles illae)이란 당시 정신적인 것들 역시 물질적인 것에 불과하다고 생각한 아우구스티누스를 엿볼 수 있게 해 주는 개념으로서 구체적으로는 선과 악을 지시한다.

12
돈의 유혹

나는 수사학을 가르치러 로마로 왔기 때문에 열성을 다해서 일을 시작했습니다. 우선 학생들 몇을 집으로 모았고, 그래서 그들에게 그리고 그들을 통해서 나는 알려지기 시작했습니다. 그런데 보십시오. 나는 아프리카에서도 겪지 않은 일을 로마에서 당하여 알게 되었습니다. 물론 내가 보기에는 거기에서처럼 절망적인 청년들의 거친 태도가 명백하지는 않았습니다. 그러나 그들은 다음처럼 말했습니다. 다수의 학생들은 선생에게 보수를 주지 않으려고 즉시 공모해서 다른 선생을 찾아가며, 신뢰를 저버리는 그들에겐 돈에 대한 사랑을 빼면 정의는 천한 것이었습니다.

내 마음 역시, 비록 완전한 증오는(시편 139, 22) 아니었을지라도, 그들을 증오했습니다. 아마도 나는 그들이 누구에게나 행하는 불의보다 내가 앞으로 그들에게 당해야 할 일 때문에 그들을 몹시 미워했을 것입니다.

그렇지만 이런 것들은 확실히 추했습니다. 그들은 당신을 떠나서 간음하고(시편 73, 27), 덧없는 놀이를 즐겼으며, 만지면 손이 더러워지는 진흙덩이 같은 이익을 사랑했으며, 흘러가는 세상을 껴안았고, 한자리에 머물면서 창녀처럼 된 인간의 영혼을 부르고 당신에게 돌아오는 그를 용서하는 당신을 무시했습니다. 그리고 비록 돈보다 그들이 배우는 지식을 더 소중하게 여기고, 진리이며 확실한 선의 충만함이자 가장 순수한 평화인 하나님, 당신을 한층 더 귀하게 여길 만큼 마음을 고치도록 사랑하고 있을지라도, 나는 지금도 옳지 않고 뒤틀린 그들을 미워하고 있습니다. 그러나 그 당시 나는 그들이 당신을 위하여 선한 사람들이 되기를 바라기보다 그들이 나에게 나쁜 짓 하는 것을 한층 더 견딜 수 없어 했습니다.

13

밀라노에서 암브로시우스를 만나다

그 이후 밀라노로부터 로마시장에게 전갈이 왔는데, 그 도시[33]를 위해서 이미 공적으로 여행이 허락된 수사학 선생을 보내라는 것이었습니다. 나는 마니교의 허망함에 도취한 사람들을 통해서 이것에 지원했는데 — 그러나 이것이 그들을 멀리 떠나는 것이 될 줄을 나나 그들이나 모두 알지 못했고 — 당시의 시장 심마쿠스[34]가 공개 화법(話法) 시험에 합격한 나를 보내게 되었습니다.

나는 밀라노로 와서 암브로시우스 주교[35]를 찾아갔습니다. 지상에서 가장 훌륭하게 알려진 당신의 경건한 숭배자인 그의 웅변은 당신의 백성에게 당신의 곡식의 알참과(시편 81, 17) 기름의 기쁨과 포도주의 취하여 거나함을(시편 45, 8) 주는 데 충분히 이바지하였습니다. 그러나 나도 모르면서 당신에 의해서 그에게 끌려간 것은 그를 통해서 알면서 당신에게 끌려가기 위해서였습니다.

---

33 밀라노를 말한다.

34 심마쿠스(Symmacus)는 마니교도로 알려져 있으며 웅변가이자 원로원 의원이었고 아우구스티누스 당시 이름난 수사학자이자 문법학자였다.

35 암브로시우스(Ambrosius, 약 339~397)는 중세 초기 교부철학자들 중 한 사람으로 밀라노의 대주교였다. 그는 당시 가장 모범적인 기독교인이었으며 교회음악을 작곡하여 널리 전파시키기도 했다. 아우구스티누스가 가톨릭으로 개종하는 데 가장 큰 영향을 미친 두 사람은 아우구스티누스의 모친 모니카와 암브로시우스였다.

하나님의 사람[36]인 그는 아버지처럼 나를 받아 주었으며 내가 찾아간 것을 정말 주교답게 기뻐했습니다.

그래서 당신의 교회에서 나는 진리를 전적으로 단념했으므로, 우선 그를 진리의 스승으로서가 아니라 나에게 친절한 사람으로서 사랑하기 시작했습니다. 나는 그가 대중 앞에서 행하는 강론에 열심히 귀를 기울였습니다. 나는 당연한 의도에서가 아니고, 그의 웅변이 그의 명성에 어울리는지 아니면 미리 듣던 것보다 나은지 또는 못한지를 알아보려고 했습니다. 나는 그의 말에만 정신이 팔렸습니다. 그러나 나는 그 내용에 관심을 기울이지 않고 비웃었습니다. 그런데 파우스투스의 말하는 방식에서 보이는 것과 같이 재미있고 신나는 것은 덜할지라도 훨씬 더 박식한 그의 말의 달콤함이 나를 기쁘게 했습니다. 더구나 내용 그 자체는 전혀 비교가 되지 않았습니다. 왜냐하면 저 사람은 마니케우스의 거짓에 의해서 방황하고 있었지만 이 사람[37]은 가장 건전하게 구원을 가르치고 있었기 때문입니다.

그러나 구원은 죄인들로부터 먼 곳에 있었으며(시편 119, 155), 그 당시 내 상태가 그랬습니다. 그렇지만 나도 모르는 사이에 나는 점점 그에게 가까이 다가가고 있었습니다.

---

36 아우구스티누스는 암브로시우스에게 최대한의 존경을 표시하기 위해서 그를 하나님의 사람(homo dei)이라고 불렀다.

37 저 사람은 마니교도인 파우스투스를 그리고 이 사람은 기독교도인 암브로시우스를 지시한다.

14
아우구스티누스와 암브로시우스

나는 그가 말하는 것을 배워서 만족하려고 하지 않고 단지 그가 어떤 식으로 말하는지만 귀 기울였는데 — 말하자면 인간이 당신에게 갈 수 있는 길을 단념한 나에게는 이런 쓸모없는 주의만 계속해서 남아 있었으므로 — 내 마음속으로 들어온 것은 나를 기쁘게 한 그의 말과 동시에 내가 등한시했던 사물들이었습니다.[38] 나는 이들 두 가지를 따로 떼어 놓을 수 없었습니다. 그런데 마음을 열고 그가 얼마나 말을 잘하는지를 받아들이는 순간 그가 얼마나 참답게 말하는지가 점진적으로 동시에 들어왔습니다.

왜냐하면 제일 먼저 이미 나에게 보이기 시작한 것은 그의 말이 변호의 여지가 있다는 것과, 마니교도의 공격에 전혀 반박할 수 없는 것으로 믿어졌던 가톨릭 신앙도 떳떳하게 긍정할 수 있다는 것이었기 때문입니다. 특히 구약성서의 이 부분 저 부분을 듣고 글자 그대로 해석하다가 나를 죽일 정도로(2고린 3, 6) 어려웠던 문제가 풀린 다음에 한층 더 그랬습니다. 나는 이렇게 저 책의 수많은 부분을 정신적으로 해명한 다음에는 이미 율법과 예언자들을 비웃는 자들에게 전적으로 대항할 수 없다고 믿었던 나의 절망을 비난했습니다.

그렇지만 내게는 가톨릭의 길이 당연히 걸어가야 할 길로 느껴지지 않았습니다. 가톨릭은 자신을 변호하는 학자들을 가질 수 있어서 그 학자들은 충분히 그리고 부당하지 않게 반대의견을 반박할 수 있습니다. 그러므로 이미 내가 지지하여 온 것을 배척하지 않을 것입니다. 왜냐하

---

38 여기에서 말은 기호를 그리고 사물은 기호의 내용을 가리킨다.

면 두 편의 옹호가 다 똑같았기 때문입니다. 그러므로 내가 보기에 가톨릭은 패배자가 아니면서 아직은 뚜렷한 승리자도 아니었습니다.

그 당시 내 마음이 다부지게 뜻한 것은, 어떻게 하면 확실한 논거를 가지고 마니교도들의 거짓을 꺾어 놓을 수 있을까 하는 것이었습니다. 당시 만일 내가 정신적 실체[39]를 생각할 수만 있었다면, 나는 그들의 모든 고문도구들[40]을 무너뜨리고 내 마음에서 다 내던져 버렸을 것입니다. 그러나 나는 그렇게 할 수 없었습니다.

그렇지만 이 세계의 물체에 대해서 그리고 육체감각이 다루는 모든 자연에 대해서 신중하게 생각하고 비교할수록 철학자들의 이론이 훨씬 더[41] 그럴듯한 것으로 믿어졌습니다. 나는 아카데미학파들이 평가받는 것과 마찬가지로 아카데미학파들의 관습을 따라서 모든 것을 의심하고 모든 것들 안에서 동요하면서 마니교도들을 떠나기로 결정했습니다. 나는 이미 몇몇 철학자들이 저들보다 뛰어나다고 보았으므로 잠시라도 내가 의심하면서 그런 종파에 머물러 있을 필요가 없다고 생각했습니다. 그렇지만 그 철학자들에게도 그리스도라는 구원의 이름이 없었으므로 그들에게 내 병든 영혼을 치료하도록 맡길 마음은 전혀 없었습니다.

그러므로 나는 내가 갈 노정을 인도해 줄 어떤 것이 확실하게 비칠 때까지 내 부모님이 추천한 가톨릭교회의 예비신자가 되기로 결정했습니다.

---

39 정신적 실체는 영적 본체를 말한다.

40 헛된 조작 또는 거짓된 조작을 가리킨다.

41 마니교도들의 이론보다 철학자들의 이론이 훨씬 더 설득력이 있다는 뜻임.

제6권

밀라노의 수사학 교수

1
어중간한 상태

나의 젊은 시절부터 내 희망이여(시편 71, 5), 나에게 있어서 당신은 어디에 있었으며 어디로 떠나갔습니까? 사실 당신이 나를 만들지 않았습니까? 그리고 당신은 나를 길짐승과 구별하고, 하늘의 날짐승보다(시편 9, 8) 나를 더 지혜롭게 만들지 않았습니까? 그런데 나는 어둠과 미끄러움 속을 방랑하며 나의 외부에서 당신을 추구했으므로 내 마음의 하나님을(시편 73, 26) 찾지 못했습니다. 그래서 나는 바다의 심연에(시편 68, 23) 빠졌고 진리의 발견에 대해서는 의심하고 절망했습니다.

굳센 믿음을 가진 어머니는 이미 나에게 와 있었습니다. 그녀는 땅과 바다로 나를 따라다니면서 온갖 위험 속에서도 당신을 믿고 태연했습니다. 깊은 바다를 경험한 적 없는 여행객들이 놀라면 보통 선원들이 위로해 주지만 오히려 어머니는 위험한 바다에서 선원들을 위로했고, 육지에 편히 닿으리라고 했습니다. 왜냐하면 이것은 현몽(現夢)을 통해서 당신이 그녀에게 알려 주었기 때문입니다.

그녀는 내가 진리탐구에 매우 절망하여 위기에 처해 있는 것을 알고 있었습니다. 그렇지만 나는 이미 마니교도가 아니며 그렇다고 가톨릭 신자도 아니라는 것을 그녀에게 알렸을 때, 그녀는 생각지도 않은 어떤 것을 듣는 사람처럼 기뻐하는 내색이 없었습니다. 그녀는 내 비참함을 이미 알고, 죽었지만 다시 살아날 나를 위해서 당신 앞에서 울었습니다. 그녀는 당신이 홀어미의 아들에게 다음처럼 말하도록 나를 마음의 관(棺)에 넣어 당신에게 바쳤습니다. 젊은이야, 내가 네게 말한다. 일어나거라(누가 7, 14). 그러면 아들은 되살아나서 말하기 시작하고 당신은 그를 그의 어머니에게 넘겨주기 위해서였습니다. 그러므로 날마다 원하는 것이 이루어지기를 당신에게 울면서 애원하던 것이 이미 대부분 이루어졌음을 듣고도, 아직 내가 진리는 얻지 못했지만 거짓은 벌써 벗어났다는 사실에 그녀의 마음은 전혀 부산하게 기뻐서 흔들리지 않았습니다. 그렇지만 확실히 모든 것을 약속한 당신이 나머지도 주리라고 그녀는 확신했기 때문에 그녀는 무엇보다도 조용히 그리고 믿음으로 충만한 가슴으로 나에게 답했습니다: 이 삶을 떠나기 전에 나는 네가 가톨릭 신자가 되는 것을 볼텐데, 나는 이 사실을 그리스도 안에서 믿는다. 그녀는 확실히 이것을 나에게 말했습니다. 그러나 자비의 샘이여, 당신에게는 더 잦은 기도와 눈물로 서둘러서 나를 도와주고 내 어둠을 밝게 비추어 달라고 했습니다. 그리고 그녀는 한층 더 열성을 다하여 교회로 달려갔으며, 영생토록 솟구치는 물의 샘과도 같은(요한 4, 14) 암브로시우스의 말에 심취하였습니다. 그런데 어머니는 그 사람을 마치 하나님의 천사처럼(갈라 4, 14) 사랑했습니다. 그 사이에 내가 엉거주춤한 동요상태에 있는 것을 그 사람 때문이라고 내 어머니가 알고 있었으므로 의사들이 위기라고 부르는 발작에 가까운 아슬아슬한 위험만 극복하면 내가 병으로부터 건강으로 넘어가리라고 어머니는 확실히 예측하고 있었습니다.

2

모니카와 고향의 미신

그러므로 어머니는 아프리카에서 하던 대로 수프와 빵과 포도주를 성인들의 묘지에 바쳤지만 수위에게 제지당했습니다. 거기에서 그녀는 그것을 주교가 금지한 것을 알게 되자 매우 경건하고도 공손하게 순종하였습니다. 나는 그녀가 그 금지령을 따지기보다 자신의 풍습이 틀렸었다고 기꺼이 비난하는 것에 놀랐습니다. 수많은 남자들과 여자들이 금주의 노래를 외면하고 음주가들은 물 탄 술을 역겨워했으나 애주(愛酒)는 그녀의 정신을 붙잡을 수 없었고, 술의 사랑이 진리를 미워하여 그녀를 자극하지 못했습니다. 그러나 그녀는 우선 자신이 맛을 본 다음에 나누어 줄 일상적인 음식을 바구니에 담아갈 때도 알맞은 자신의 미각에 맞추어서 작은 술잔으로 순교자들을 공경했습니다. 그리고 그런 식으로 공경할 순교자들의 묘지가 많을 때도 똑같은 술잔을 들고 이리저리 다니면서 묘지 앞에 놓았는데, 이미 물을 많이 타서 묽어진 술을 참석한 사람들에게 조금씩 맛만 보게 했습니다. 왜냐하면 그곳에서 그녀가 찾은 것은 쾌락이 아니라 경건함이었기 때문입니다.

그러므로 저명한 설교자이자 경건한 성직자인 주교[1]로부터 이런 것은 안 되며, 취한에게는 술주정의 기회를 주므로 간소하게라도 술잔을 차려서는 안 되며, 이것은 조상제사와 비슷해서 이교도들의 미신과 매우 같으므로 안 된다는 금지령이 내려진 것을 알자 그녀는 기꺼이 이를 걷어 버렸습니다. 그녀는 땅의 열매로 가득 찬 바구니 대신에 한결 더 정화된 기원으로 충만한 마음을 가지고 순교자들의 묘지를 찾아가기를

1 암브로시우스 주교를 말한다.

배웠습니다. 이는 가난한 사람들에게 도움을 주고 거기에서 주님의 영성체(領聖體)가 거행되도록 하기 위해서였습니다. 순교자들은 주님의 고난을 본받아 희생하여 영광을 차지한 사람들입니다.

그렇지만 내가 보기에 나의 주 하나님 — 당신 앞에 있는(시편 69, 21) 이 내 마음이 그렇습니다만 — 만일 내 어머니가 사랑한 암브로시우스가 아닌 다른 사람이 금지령을 내렸더라면 아마도 내 어머니는 그렇게 쉽게 하던 습관을 끊지는 못했을 것입니다. 내 구원 때문에 어머니는 암브로시우스를 최대한으로 사랑하였고, 사실 암브로시우스도 내 어머니가 선행을 하면서 열렬한 정신으로(로마 12, 11) 자주 교회를 찾는 종교적 태도 때문에 그녀를 사랑했습니다. 주교는 나를 볼 때 자주 그녀를 칭찬하면서 그런 어머니를 모신 나를 복되다고 말했지만, 이 모든 것들을 의심하며 생명의 길을 거의 발견할 수 없다고 믿던 그녀의 자식이 어떤지 모르고 있었습니다.

3
암브로시우스의 일과 연구

아직까지 나는 당신이 나를 굽어보라고 애절하게 기도하지 않았습니다. 그러나 나는 탐구에 열중했으며 내 마음은 논쟁에 몰두했습니다. 권위를 가진 사람들이 그토록 존경하는 암브로시우스가 세속의 말대로 행복한 사람이라고 느꼈습니다. 그의 독신생활만큼은 나에게 어렵게 보였습니다.[2] 그러나 그가 지닌 희망이 무엇인지, 뛰어난 그가 유혹에

2 당시 청년 아우구스티누스가 생각하기에 이성과의 관계가 없는 생활은 견디기 어려운 것이었다. 그러므로 아우구스티누스는 암브로시우스의 독신생활을 참기 힘든 것

맞서서 어떤 투쟁을 하고 있는지, 역경에 처할 때 무엇이 위안이 되는지, 당신의 빵을 되새김질할 때 그의 마음의 그윽한 입이 어떤 향기로운 기쁨을 맛볼지 나는 이런 것들을 짐작할 줄도 몰랐고 겪어 보지도 못했습니다.

그 역시 내 고뇌를 알지 못했고 내 위험의 깊이도 몰랐습니다. 왜냐하면 사람들의 어려운 점을 도와주기 위해서 사람들을 돌보는 일이 쌓여 있는 그에게[3] 내가 물어볼 일이 있을 때 또는 물어보고 싶을 때 나는 그의 입과 귀로부터 멀리 떨어져 있었기 때문입니다. 매우 짧은 시간이긴 했지만, 그의 주변에 사람들이 없을 때 그는 꼭 필요한 소찬으로 몸을 돕거나 독서로 마음을 길렀습니다.

그러나 책을 읽을 때 그의 눈은 책의 쪽을 들추고, 마음은 의미를 탐구했지만 목소리와 혀는 쉬고 있었습니다.[4] 자주 우리들이 들를 때 — 왜냐하면 누구나 들어가는 것이 금지되지 않았을 뿐만 아니라 찾아왔다고 그에게 알리는 규칙이 없었기 때문에 — 우리들은 그가 이렇게 말없이 독서하고 다르게는 하지 않는 것을 보았습니다. 그래서 우리들도 한참 동안 조용히 앉아 있다가 — 그렇게 열중해 있는 사람을 누가 감히 번거롭게 하겠습니까 — 자리에서 물러났습니다. 남들의 소란스러운 일들에서 물러나서 자신의 정신수양을 위해서 얻은 짧은 시간을 그가 다른 것에 쓸 생각이 없으리라고 우리들은 짐작했습니다. 그리고 그

으로 추리했던 것이다.

3 4, 5세기의 주교는 마치 유대교의 랍비들처럼 온갖 종교행사뿐만 아니라 법정의 소송문제도 다루고 있었기 때문에 매우 바쁜 일과를 보낼 수밖에 없었다.

4 고대의 한문과 마찬가지로 아우구스티누스 당시의 라틴어 책들도 대부분 띄어쓰기, 쉼표, 마침표 등이 없었다. 따라서 크게 소리내어 읽음으로써 책에 있는 뜻을 제대로 이해하려는 것이 관습이었으나 암브로시우스는 조용히 눈과 마음으로 책을 읽었다는 사실이 여기서 강조되고 있다.

가 읽는 것을 누가 정신을 집중해서 열심히 듣는데 한층 더 어려운 문제가 나오면 반드시 설명해 주어야 하거나 아니면 논의하게 되어 아마도 그가 조심했으리라고 우리들은 추측했습니다. 그리고 또 이런 일로 소중한 시간을 허비하면서 읽고자 했던 책을 읽지 못할까 봐 두려워서 그러는 것으로 짐작했습니다. 그리고 그는 쉽게 목이 쉬기 때문에 목소리를 아끼기 위해서 소리 내지 않고 독서했다는 것이 더 옳을 수 있습니다. 그렇지만 그가 무슨 마음으로 그렇게 했든지 간에 아무튼 그 사람은 좋은 뜻에서 그렇게 했던 것입니다.

확실했던 것은 그의 가슴에 있는 당신의 성스러운 말[5]을 내가 원했던 만큼 충분히 알 수 없었으며 내가 그의 말을 들은 시간은 매우 짧았다는 것입니다. 그러나 불타고 있는 내 마음을 그에게 털어놓으려면 특히 그가 한가한 시간이 필요했지만 한 번도 그런 때를 찾을 수 없었습니다. 그런데 매 일요일마다 나는 그가 사람들에게[6] 진리의 말을 옳게 다루는 것을(2디모 2, 15) 들었습니다. 우리들을 기만하는 그러한 자들이 성서에 반대해서 엮는 교활한 모함의 족쇄가 풀릴 수 있다는 사실을 나는 점점 더 확신하게 되었습니다.

그러나 당신이 가톨릭이라는 어머니의 품으로부터 은총에 의해서 다시 태어나게 한 당신의 정신적 자식들이, 인간은 당신의 이미지를 닮도록 당신에게서 창조되었다(창세 9, 6)는 것을 마치 당신이 인간 신체의 형태에 제한된 것처럼 생각하거나 믿는 것이 아니라는 사실을 내가 확실히 경험했을 때, 비록 정신적 실체가 무엇인지 전혀 알지 못하고 수수께끼를 더듬는 것 같았지만, 오랜 세월 동안 내가 가톨릭 신앙에 대

5 여기에서 말(oraculum)은 하나님의 말 또는 신탁(神託)을 의미한다.

6 사람들에게(in populo)에서 사람들(populus)은 백성, 신하, 천민, 대중 등의 의미를 가지지만 여기서는 일반 가톨릭 신자들을 말한다.

해서가 아니라 육체적 환상에 대해서 멍멍 짖은 것이 부끄러웠으면서도 기뻤습니다.[7] 물으면서 배워야만 할 것을 비난하면서 말했으니 당연히 나는 경박하고도 경건치 못한 놈이었습니다. 그러나 가장 높고, 가장 가까우며, 가장 그윽하고, 가장 우리들에게 현재로 존재하는 당신은 더 크거나 더 작은 사지(四肢)가 없이 어디에나 온전하게 존재하며, 어떤 공간에도 존재하지 않고 육체의 형태로 존재하지 않지만 당신의 이미지에 따라서 인간을 만들었습니다(창세 9, 6). 그러므로 보십시오. 인간은 머리부터 발끝에 이르기까지 공간 안에 존재합니다.

4

성 암브로시우스의 설교

그러므로 인간이 어떻게 당신의 이미지로 될 수 있는지 내가 알지 못하고 있을 때, 내가 세차게 두드리면서 제시할 것은 어떻게 믿어야 할 것이냐이지, 이렇게 믿는다고 하면서 남을 멸시하고 반대할 것이 아니었습니다. 그러므로 무엇인가 확실한 것을 파악하려는 걱정이 나의 내면에서 불타오를수록 매우 오랫동안 유치한 오류와 객기로 말미암아 확실하다는 약속에 기만당하여 수많은 불확실한 것들을 확실한 것처럼 지껄인 것이 더더욱 부끄러웠습니다. 왜냐하면 그것들이 거짓이라는 것은 나중에 나에게 분명하게 드러났기 때문입니다. 그렇지만 그것들은 확실치 않았지만 당시 내가 그것들을 확실한 것으로 받아들인 것은

7 가톨릭 신앙을 멀리하고 육체적 환상(허구)에 집착했던 자기 자신이 부끄럽지만, 다른 한편으로는 이러한 사실을 깨닫고 가톨릭으로 개종할 수 있는 자신을 보면서 기쁘다는 뜻임.

사실이었습니다. 그때 나는 당신의 가톨릭이 진리를 가르치는지, 내가 세차게 비난하는 것들은 가르치지 않는지 아직 알지 못했습니다. 나는 크게 동요했으나 되돌아왔고 기뻐했습니다. 나의 하나님, 당신의 외아들의 몸이며 그 안에서 어린 나에게 그리스도의 이름을 가르쳐 준 하나뿐인 교회는 유치한 얼간이 짓을 즐기지 않았습니다. 이 건전한 교회의 교리 안에는 만물의 창조자인 당신이 비록 크고 넓은 공간일지라도 그 안에 인간의 사지(四肢)의 형태를 가지고 제한되었다는 사실이 없었습니다.

그러나 당신의 성자(聖者)들[8]이 실은 그렇게 믿지 않았지만 그렇게 믿는다고 내가 비난할 때, 이전에는 불합리하게 보이던 구약의 율법과 예언들이 이미 이전과 같은 눈으로 읽히지 않는다는 사실이 나는 기뻤습니다. 나는 암브로시우스가 자주 사람들에게 행하는 설교 중에 글자는 사람을 죽이지만 정신은 사람을 살린다(2고린 3, 6)는 것을 규범으로 간곡하게 권고하여 말하는 사실을 기쁘게 들었습니다. 글자 그대로는 틀리게 가르치는 것으로 여겨지는 것을 신비의 베일을 벗기고 정신적으로 드러낼 때, 그는 비록 참다운지 아닌지 내가 아직 모르는 것을 말할지라도 내 기분을 상할 정도로 말하지는 않았습니다. 나는 떨어지는 것이 두려워서 마음으로 어떤 것도 결정하지 않았습니다. 나는 갈피를 못 잡고 정말 죽을 지경이었습니다. 왜냐하면 내가 보지 못하는 것들이 일곱 더하기 셋은 열이 되는 것처럼 그렇게 확실하게 되기를 바랐기 때문입니다. 내가 미쳤더라도 이런 것을 이해할 수 없을 정도의 내가 아니었으므로, 내 감각에 나타나는 물체든지 아니면 내가 물체로밖에 생각할 줄 모르던 정신적인 것이든지 간에 나는 다른 것들이 이것처

8 가톨릭 신자들.

럼[9] 되기를 바랐습니다.

물론 나는 믿으면 치료될 수 있었습니다. 믿음에 의해 정화된 내 정신의 눈동자는 언제나 있으며 아무것도 모자라지 않는 당신의 진리를 향해서 어떻게 해서든 갈 수 있었을 것입니다. 그러나 보통 돌팔이 의사를 체험한 사람이 훌륭한 의사에게 자신을 맡기기를 무서워하는 것처럼 내 영혼의 건강상태도 그랬습니다. 믿지 않으면 치료될 수 없는 것을, 거짓을 믿을까 봐 두려워서 나는 치료를 거절했습니다. 나는, 신앙의 약들을 만들어서 온 세상의 질병들에 뿌리고 그 약들에 커다란 위력을 부여한 당신의 손을 뿌리쳤던 것입니다.

5

성서의 권위

그렇지만 이로부터 나는 이미 가톨릭교리를 더 높이 평가했습니다. 저기에서는[10] 믿음을 비웃고 아무 생각 없이 지식을 약속하면서도 나중에는 증명할 수 없는 가장 황당하고 부당한 것들을 믿으라고 명령하지만, 여기에서는[11] 사람에 따라서 증명이 안 되거나 전혀 증명될 수 없는 것을 명령하는 데 있어서 내가 느끼기에 한층 더 온건하고 전적으로 거짓이 없었습니다.

게다가 주여, 당신은 가장 부드럽고 자비로운 손길로 내 마음을 어루만지고 차츰 고쳐 주었으므로 나는 다음처럼 생각했습니다: 나는 헤아

---

9 일곱 더하기 셋은 열과 같은 수학적 진리.

10 마니교.

11 가톨릭.

릴 수 없이 많은 일들을 보지 못하며 그것들은 내 앞에서 된 일이 아니지만 그것들을 믿고 있습니다. 민족들의 역사에 있는 그토록 많은 일들, 내가 보지 않은 장소와 도시들에 대한 그렇게 많은 일들, 친구들과 의사들과 다른 여러 사람들에 대한 그토록 많은 일들을 믿지 않는다면, 우리들은 이 삶에서 전적으로 아무것도 행할 수 없습니다. 결국 내가 어떤 부모에게서 태어났다는 것을, 들어서 믿지 않고서는 알 수 없는 이 사실을 나는 변하지 않는 확고한 믿음을 가지고 보존하고 있습니다. 당신은 나를 설득했습니다. 당신이 거의 모든 백성들에게 그렇게 권위를 가지고 기초를 세워 준 당신의 성서를 믿지 않는 자들이 잘못을 범하는 것이고, 그것을 믿는 자들은 잘못이 없습니다. 만일 어떤 사람이 나에게 "유일하게 참답고 가장 진리를 확실히 알리는 성령(聖靈)이 그 성서들을 인류에게 내려 주었다는 것을 너는 어떻게 아느냐?"라고 묻는다면 그런 질문은 들을 필요가 없습니다. 이러한 확신 자체는 가장 중요한 것이었습니다. 왜냐하면, 나는 서로 논쟁하는 철학자들의 수많은 책을 읽었지만, 어떤 터무니없는 질문의 공격도 나로 하여금, 나는 당신이 누구인지 몰라도, 일찍이 당신이 존재한다는 것과 인간의 일들이 당신에게 달렸다는 것을 믿지 않게 할 수는 없었습니다.

그러나 그 사실을 나는 어떤 때는 더 강하게 또 어떤 때는 더 약하게 믿었지만, 당신의 실체가 무엇인지 또는 당신에게 가는 길이나 되돌아가는 길이 어떤지 알지 못할지라도, 당신이 존재하면서 우리들을 보살핀다는 것을 항상 믿었습니다.

그러므로 명쾌한 이성에 의해서 진리를 찾기에는 우리들이 너무 약하고 이 때문에 우리들에게는 성서의 권위가 필요한 일이며, 이미 모든 지상의 탁월한 권위를 당신이 그 성서에 더하여 준 것은 성서를 통해서 당신을 믿고 또 성서를 통해서 당신을 찾으라는 뜻 이외에는 어떤 식으로든 있을 수 없다는 것을 나는 믿기 시작했습니다.

왜냐하면, 보통 내 마음을 거스르게 하던 그 성서 안의 불합리한 부분들도 많은 것들이 가능한 것으로 해명되는 것을 듣고 나는 깊은 신비로 받아들였기 때문입니다. 모든 사람들이 뚜렷하게 읽을 수 있으며 또한 한층 더 심오한 지성에게는 심오함을 가진 그 권위가 더 존경할 만하고 더 성스러운 신앙으로서 내게 더 가치 있는 것으로 여겨졌습니다. 가장 쉬운 말과 평범한 문체로 모든 사람들에게 다가가고 마음이 가볍지 않은 사람들의 뜻을 다룸으로써 성서는 모든 사람들을 그 품 안으로 끌어들이지만 좁은 문을 통해서 당신에게 나아오는 사람들의 수는 적습니다. 그렇지만 이 적은 수도 오히려 많은 것이니 사람들을 성스러운 겸손의 품 안으로 받아들이는 성서의 권위가 너무 높이 솟아오르기 때문입니다.

내가 이런 것들을 생각할 때 당신은 내 옆에 있었으며, 한숨 쉴 때 내 말을 들어 주었고, 흔들릴 때 나를 다스려 주었고, 세상의 넓은 길을 걸어갈 때도 나를 버리지 않았습니다.

6
비참한 야망

내가 명예와 이익과 결혼을 위해서 허덕이고 있을 때 당신은 나를 비웃었습니다. 이런 욕망들로 말미암아 나는 쓰디쓴 어려움들을 견뎌야만 했으니 당신의 은혜가 커질수록, 당신은 당신 아닌 것이 내 입맛을 달콤하게 하지 못하도록 했습니다.

주여, 나는 이 모든 것을 회상하고 당신에게 고백하려고 하니 내 마음을 보십시오. 그토록 찰진 죽음의 끈끈이에서 당신이 꺼내 준 내 영혼이 이제는 당신에게만 붙어 있게 해 주십시오.

내 영혼은 너무나 비참했습니다! 그런데 당신은 그 상처를 아프게 찔러서 내 영혼으로 하여금 모든 것을 내던지고(누가 5, 11) 당신에게 돌아가게 했습니다. 당신은 모든 것 위에 있으며(로마 9, 5) 당신 없이는 모든 것이 있을 수 없는데 당신은 내 영혼을 당신에게 되돌아가서 낫게 했습니다. 그러므로 나는 너무 비참했고 당신은 내 비참함을 내가 느끼게 하려고 어떻게 했습니까? 어느 날 나는 황제에게 바칠 축사를 준비하고 있었습니다.[12] 축사에는 거짓말이 많으니 식자(識者)들은 그 거짓말쟁이에게 박수갈채를 보냅니다. 내 마음은 그 일에만 쏠려서 불타는 생각으로 헐떡이며 밀라노의 어느 거리를 지나다가 가난한 거지를 보게 되었습니다. 내가 믿기에 거지는 이미 배가 불러서 농담하면서 즐거워하고 있었습니다. 그래서 나는 한숨을 쉬고 나와 함께 있던 친구들에게, 우리들은 미쳤기 때문에 많은 고통을 당한다고 말했습니다. 왜냐하면 우리들이 온갖 고달픈 노력을 했어도(당시 내가 애쓰고 욕망의 채찍 아래에서 불행의 짐을 지고 가면 갈수록 짐은 더 무거워지고), 우리들이 원하는 것은 단지 근심 없는 기쁨을 맛보자는 것인데, 저 거지는 벌써 우리들보다 앞서서 가고 있으며, 우리들은 아마도 거기까지도 도달하지 못할 것이기 때문입니다. 그 거지가 푼돈을 구걸해서 얻는 것을 나는 구불구불한 험한 길을 돌면서 얻으려고 했습니다. 나는 기쁨을, 곧 일시적인 행복을 얻으려고 했습니다.

그 거지는 참다운 기쁨을 지니지는 않았습니다. 그러나 나는 헛된 욕

---

12 385년 1월 1일 아우구스티누스는 젊은 황제 발렌티니아누스 2세에게 축사를 바치기로 되어 있었다. 같은 해 모니카는 둘째 아들 나비기우스(Navigius)와 함께 밀라노로 왔다.

망으로 한층 더 거짓된 것을 찾았습니다. 그런데 그는 확실히 기뻐했지만 나는 걱정이 있었으며, 그는 마음이 편해도 나는 불안했습니다. 만일 누군가가 나에게 뛰노는 것과 두려워하는 것 중에서 어떤 것을 더 좋아하느냐고 물었다면 나는 뛰노는 것이라고 대답했을 것입니다. 그러나 다시금 그 사람이 나를 보고 저 거지처럼 되기를 원하는지 아니면 당시의 나 그대로 있기를 원하는지 물었다면 비록 근심과 두려움에 지쳤더라도 나 자신을 택했겠지만 그것은 잘못된 것이고 진실일 수 없지 않겠습니까? 내가 학식이 더 있다고 해서 내가 그 거지보다 뛰어날 것이 전혀 없었습니다. 나는 학식으로 기뻐지지 않았으며, 학식으로 사람들을 가르치는 것이 아니라 사람들을 기쁘게 해 주는 것만을 추구했습니다. 그러므로 당신은 당신의 가르침의 몽둥이로 내 뼈를 으스러뜨렸습니다.

그러므로 내 영혼에게 "어떤 사람이 무엇을 기뻐하는가에는 차이가 있다. 저 거지는 취함을 기뻐하고 너는 영광을 기뻐한다"고 말하는 사람들을 내 영혼에서 멀리 떨어지게 해 주십시오. 주여, 영광이 당신 안에 없다면 그것은 무슨 영광입니까(시편 62, 8; 예레 9, 23)? 왜냐하면 그 거지의 기쁨이 참다운 기쁨이 아니었던 것처럼 나의 저 영광도 참다운 영광이 아니었기 때문입니다. 그래서 그 영광은 내 정신을 한층 더 뒤집어 놓았습니다. 그런데 그 거지는 그날 밤 그가 마신 술을 소화시켰겠지만 나는 자고 깨고 또 자다가 깼습니다(2고린 10, 17). 보십시오. 몇 날을 그랬는지! 확실히 기쁨이 있어야 한다는 것을 나는 알지만 믿을 만한 희망의 기쁨은 저러한 공허함과는 비교할 수 없을 정도로 다릅니다. 당시 우리들 사이에는 차이가 있었습니다. 내가 근심으로 마음이 찢어지고 있을 때 그는 기뻐서 희희낙락했기 때문만이 아니라 그는 선한 마음으로 구걸해서 술을 얻었고 나는 거짓말을 하면서 허영을 찾았기 때문입니다.

당시 나는 내 친한 사람들에게 이에 관해 많이 말했고, 내가 어떤 상태에 있는지 자주 생각했습니다. 그래서 내가 잘못된 상태에 있다는 것을 발견했습니다. 나는 고통스러워했으며 그럴수록 고민은 가중되었습니다. 어쩌다 좋은 일이 나에게 웃음을 보여도 나는 그것을 붙잡기 싫었습니다. 왜냐하면 그런 일은 거의 잡힐 듯하다가도 멀리 날아가 버렸기 때문입니다.[13]

7
친구 알리피우스

함께 친구로서 살아가는 사람들끼리 이런 일을 슬퍼하고 있었지만, 특히 알리피우스 그리고 네브리디우스와 그렇게 함께 이야기했습니다. 알리피우스는 나와 같은 마을 출신이었고 그의 부모는 마을에서 손꼽히는 계층에 속했으며 그는 나보다 나이가 어렸습니다. 내가 우리 고향에서 가르치기 시작할 때 그는 우선 나에게 배웠으며 다음에는 카르타고에서 나에게 배웠습니다. 그런데 그가 보기에 내가 선하고 배운 것이 많으므로 그는 나를 매우 사랑했고, 그는 아직 그만 한 나이에 덕(德)이 특히 뛰어났기 때문에 나도 그를 사랑했습니다. 그렇지만 쓸데없는 구경에 열광하는 것이 카르타고의 풍습이어서 그는 혼란스러운 구덩이에 빠져서 원형극장에 미쳐 버리고 말았습니다. 그러나 불쌍하게도 그

13 아우구스티누스는 밀라노에 있을 때 정치가, 철학자, 시인 등 유명 인사들과 사귀었으므로 그가 마음만 먹으면 부귀영화를 얻고 출세할 수 있는 기회가 있었다. 그러나 그의 영혼은 이미 하나님을 향한 신앙으로 남모르게 불타고 있었다.

가 이렇게 나뒹굴고 있을 때 나는 공적으로 학교의 교사로서 수사학을 가르쳤지만 그때까지 그는 선생으로서의 내 강의를 듣지 않았는데 아마도 나와 그의 아버지 사이에 일어났던 언쟁 때문이었을 것입니다. 나는 그가 원형극장에 심하게 빠진 것을 알고 몹시 걱정했습니다. 내가 보기에 내 희망이 꺾이거나 아니면 이미 꺾여 버렸던 것입니다. 그러나 그에게 충고하거나 어떻든 강요해서라도 그를 되돌리려고 해도 아무런 수단도 없었고 우정의 호의도 또 선생의 권위도 없었습니다. 나는 그가 나를 그의 아버지처럼 느끼리라고 생각했지만 그는 그렇지 않았습니다. 그렇지만 그는 그 일에 있어서는 자기 아버지의 뜻을 제쳐 놓고 내 강의실로 찾아와서 내게 인사하고, 무엇인가를 듣고 가기도 했습니다.

그러나 나는 그가 헛된 놀이에 눈이 멀어서 모든 것을 열심히 쏟아부었다가는 그토록 훌륭한 재주를 망치리라는 것을 그에게 일러 주기를 잊어버리고 있었습니다. 그러나 주여, 당신이 창조한 모든 것을 보호하고 다스리는 당신은 잊지 않고 장차 당신의 자식들 중에서 그를 당신 성찬식의 수석사제로 세우려고 했습니다. 그리고 그의 회개가 당신에게 드러나게 하기 위해서 이유도 알지 못하는 나를 통해서 당신은 그 일을 행했습니다.

어느 날 나는 보통 때처럼 자리잡고 앉아 있었고 제자들이 나와 함께 있을 때 그가 와서 인사하고 앉았으며 진행 중인 강의에 마음을 쏟았습니다. 내가 손에 교과서를 들고 강의하다가 우연히 떠오르는 것이 있었는데, 원형극장을 비유로 들면 더 즐겁고 더 쉽게 될 것 같아서 그것에 미치도록 열중한 자들을 비꼬고 또 꼬집어 주었습니다. 우리들의 하나님, 당신이 아는 것처럼(시편 69, 6) 그 당시 나는 알리피우스를 그 역병에서 고치겠다고 생각하지 않았습니다. 그런데 그는 자신을 탓했으며, 오직 자기 때문에 내가 그렇게 말했다고 믿었습니다. 그리고 다른 사람 같으면 나에게 화낼 일을 이 예의 바른 청년은 자기를 탓하면서 한결 더 뜨겁게 나를 사랑했습니다.

이미 오래전에 당신은 당신의 글자를 덧붙여서 "지혜로운 자를 꾸짖어라. 그러면 그는 너를 사랑하리라(잠언 9, 8)"라고 말했지만 나는 그를 꾸짖지 않았습니다. 당신은 사람들이 알든지 모르든지 간에, 당신이 아는 질서에 따라서 — 그 질서는 정의롭습니다 — 모든 사람들을 쓰므로 내 마음과 혀를 뜨거운 숯불을 가지고 만들었으며(로마 12, 20), 희망이 큰 내 정신이 식어 가는 것을 불타게 해서 고쳐 주었습니다. 내 마음 깊은 곳에서 당신에게 울려 나오는 당신의 자비를 헤아리지 못하는 사람이 있다면 그를 당신을 찬미하는 데 있어서(시편 107, 8) 벙어리가 되게 하십시오.

확실히 알리피우스는 내 말을 들은 후 일부러 빠져서 혼미한 쾌락에 눈멀었던 깊은 구덩이에서 뛰쳐나왔으며 굳은 절제로 마음을 다잡았습니다. 그래서 원형극장의 모든 더러움은 그에게서 사라졌고 더 이상 그는 그것을 가까이하지 않았습니다. 더 나아가서 그는 자기 아버지의 반대를 극복하고 나를 선생으로 택했습니다. 그의 아버지가 양보하고 허락했던 것입니다. 그런데 다시금 내 강의를 듣기 시작한 알리피우스는 나와 함께 미신에 빠지게 되었습니다. 그는 마니교도들이 제시하는 절제[14]를 사랑하면서 그것을 참답고 진정한 것이라고 생각했습니다. 그러나 그 절제는 무의미하고 미혹적이었으며, 아직 덕의 깊이를 알지 못하고 겉모습에 속아 넘어가기 쉬운 고귀한 영혼들을 가장된 덕의 너울로 사로잡았습니다.

---

14 마니교도들은 절제(continentia)를 참다운 미덕으로 믿었다. 절제란 자제하면서 자기 자신을 억제하는 윤리적 태도이다.

8
검술놀이를 즐기는 알리피우스

부모가 그에게 세속적인 길을 찬양하면서 권했으므로 알리피우스는 어쩔 수 없이 법률을 공부하기 위해서 먼저 로마로 떠났습니다. 거기에서 그는 믿을 수 없을 정도로 검술놀이에 열중하였으며 정말 믿기 어려울 만큼 그것에 빠져 있었습니다.

그는 그런 놀이를 멸시하고 싫어했는데, 그는 언젠가 점심 때 우연히 그의 친구들과 동창생들을 만났습니다. 잔인무도한 그 놀이가 있던 날 강하게 저항하면서 거절하는 그에게 그들은 일종의 친절한 듯한 폭력을 써서 다음처럼 말하는 그를 원형극장으로 끌고 갔습니다. "너희들이 내 신체를 그곳으로 끌고 간다고 해도, 내 마음과 눈으로 하여금 그런 광경을 구경하게 할 수 있는가? 그러므로 나는 마치 자리에 없는 것처럼 있으면서 그렇게 너희들을 그리고 그 광경을 이길 것이다." 이 말을 듣고도 그의 동료들은 지체 없이 그를 끌고 갔습니다. 아마도 그들은 그의 말이 틀림없는지 아닌지를 시험해 보고 싶었을 것입니다.

그들이 와서 자리를 잡고 앉았을 때 모든 사람들은 가장 천박한 쾌락으로 들끓고 있었습니다. 그러나 알리피우스는 자기 눈의 문들을 꽉 닫고 이와 같은 악을 범하지 않겠다고 마음속으로 다짐했습니다. 귀마저 틀어막고 싶었던 것입니다! 마침 싸움이 벌어지고, 모든 사람들의 엄청나게 큰 고함소리가 심하게 그를 때리자, 호기심에 끌려서 그리고 도대체 무슨 일인지 보면서 멸시하고 정복할 자신이 있는 것 같아서, 눈을 떴습니다. 그런데 그는 자기가 살펴보고 싶어 했던 사람이 입은 육체의 상처보다 훨씬 더 큰 상처를 영혼에 입고 쓰러졌습니다. 그는 고함을 지르게 만들면서 쓰러지는 검객보다 더 비참하게 쓰러졌습니다.

고함은 그의 귓속으로 들어가서 눈을 열어 놓았습니다. 그래서 아직까지 강하기보다 용감하게 돌진하기만 하던 그의 마음이 꺾여 쓰러지게 되었습니다. 당신을 믿어야만 할 마음이 자기 자신만을 믿을수록 더욱 더 약하기 때문입니다. 그는 피를 봄과 동시에 잔인함을 마셨습니다. 그는 고개를 돌리기는커녕 시야를 고정하고 자기도 모르는 사이에 광기에 휘말려 들었으며, 뻔뻔한 칼싸움을 즐겼고 피비린내 나는 쾌락에 취해 버렸습니다. 그는 올 때와는[15] 이미 다른 사람이었으며, 그를 찾아왔던 무리 중의 한 사람이 되었고 그를 끌고 왔던 사람들과 똑같은 동료가 되었습니다. 더 이상 무엇을 말하겠습니까? 그는 구경하다가 큰 소리치고 스스로 열 내고 미칠 지경이 되어 이전에 그를 끌고 갔던 사람들을 충동할 뿐만 아니라 그들보다 앞장서서 다른 사람들을 끌고 가게 되었습니다.

그렇지만 당신은 가장 강하고 가장 자비로운 손으로 그곳에서 그를 꺼내 주었으며, 그에게 그 자신을 믿지 않고 당신을 믿기를 가르쳐 주었습니다. 그러나 이것은 한참 후의 일입니다.

9
도둑으로 의심을 받은 알리피우스

그렇지만 이런 경험은 다가올 날에 쓰일 약으로 이미 그의 기억에 간직되었습니다. 왜냐하면 당신이 아는 것처럼 그가 카르타고에서 이미 나의 강의를 들으면서 아직 공부할 때의 일, 곧 어느 날 한낮에 그가 다른

15 알리피우스가 로마로 올 때는 법률을 공부하기 위한 목적이 있었다. 그러나 그는 검술에 푹 빠져 있었다.

학생들이 보통 하는 것처럼 광장에서 암기할 것을 생각하고 있을 때 광장의 경비원들에게 도둑으로 붙들린 일은 당신이 허락했기 때문이라고 나는 알고 있습니다. 나의 하나님, 장차 큰 인물이 될 그로 하여금 시비를 가려냄에 있어서, 쉽사리 알지도 못하고 남을 믿어서 벌을 주어서는 안 된다는 것을 일찍부터 배우라는 것 이외에는 다른 이유가 없는 것으로 생각합니다.

그가 서판(書板)과 철필(鐵筆)을 들고 혼자 산책하고 있을 때, 문득 한 청년이, 그는 학생으로서 진짜 도둑이었는데, 알리피우스가 눈치채지 못하게 몰래 손도끼를 품고 은행 거리에 높이 솟아 있는 납격자(鑞格子) 안으로 뛰어들어 와서 납을 자르기 시작했습니다. 그러나 아래층에 있던 은행원들이 도끼소리를 듣고 웅성거리면서 발견하는 대로 도둑을 잡아 오라고 사람을 보냈습니다. 도둑은 이 소리를 듣고 잡힐까봐 무서워서 연장을 놓은 채로 도망쳐 버렸습니다. 그러나 그 청년이 안으로 들어가는 것을 보지 못한 알리피우스는 재빨리 튀어 달아나는 사람을 보자 이유를 알고 싶은 궁금함에서 그곳으로 들어갔습니다. 그리고 도끼를 발견하고 놀라서 바라보면서 서 있었는데 사람들이 보낸 자들이 그에게 닥쳐서 쇠무기를 들고 홀로 있는 그를 붙잡았습니다. 그들은 쇠무기 소리에 놀라서 달려왔던 것입니다. 그들은 그를 붙들고 끌고 갔으며 광장에 모인 사람들 앞에서 여봐란 듯이 자기들이 도둑을 잡았다고 뻐기면서 그를 법정에 넘기려고 끌고 갔습니다.

그러나 알리피우스의 교육은 여기까지로 충분했습니다. 왜냐하면 주여, 그의 유일한 증인이었던 당신이 그가 무죄라는 것을 즉시 드러나게 해 주었기 때문입니다. 알리피우스는 감옥으로 가는 길이거나 아니면 문초를 받으러 가는 길에 어떤 건축가를 만났습니다. 공공의 건물을 주관하는 일이 그가 맡은 일이었습니다. 사람들은 그를 잘 만났다고 기뻐했는데, 광장에서 물건이 없어질 때마다 흔히 자기들이 물건을 훔친 것으로 건축가에게서 의심을 샀기 때문에 이번에야 말로 누가 저지른 짓인지 그가 제대로 알게 되리라고 믿었기 때문입니다.

그러나 그 사람은 자신이 인사 겸 해서 자주 찾아간 어떤 원로원 의원 집에서 알리피우스를 여러 차례 보았으므로 즉시 알아보고 손을 잡으면서 무리에서 떼어 놓았습니다. 그리고 어떤 일 때문에 이토록 욕을 당하는지 그가 물었고 사정을 다 들었습니다. 그 자리에 있던 모든 사람들은 소란을 떨었고, 그는 알리피우스를 위협하면서 을러대는 자들에게 자기와 함께 가 보자고 명령했습니다. 그래서 그들은 일을 저지른 청년의 집으로 왔습니다. 그런데 집 문 앞에는 한 아이가 있었는데, 그는 너무 어려서 자기 주인을 전혀 무서워하지 않으면서 모든 것을 다 쉽사리 알려 주었습니다. 물론 그 아이는 주인과 함께 걸어서 광장에 갔던 것입니다. 알리피우스는 즉시 그 아이를 알아보고 건축가에게 말했습니다. 그래서 건축가는 아이에게 도끼를 보여 주면서 누구 것이냐고 물었습니다. 아이는 "우리 것입니다"라고 고백하고, 묻는 것에 대해서는 나머지도 다 털어놓았습니다.

이렇게 사건이 그 집 주인으로 옮겨 가자 그때까지 알리피우스에게 의기양양해하던 무리는 부끄럽게 되었으며, 장차 당신의 말의 관리자이자 당신의 교회에서 수많은 사건의 심리자가 될 그는 한층 더 훌륭한 경험을 쌓았고 한층 더 좋은 교훈을 배우게 되었습니다.[16]

---

16 알리피우스는 394년에 고향 타가스테의 주교가 되었다.

10
알리피우스의 성실함과 네브리디우스

그러므로 내가 로마에서 알리피우스를 발견했을 때, 그는 내게 매우 강한 유대관계를 맺고 있었으며, 나를 떠나지 못하고 나와 함께 밀라노로 갔습니다. 그는 법률을 공부하면서 자신의 뜻이 아니라 부모의 뜻에 따라서 무엇인가를 해 보려고 했습니다. 그런데 그는 세 번이나 법률 보좌관으로 있으면서 청렴하여 다른 사람들을 놀라게 했고, 그는 결백보다 황금을 더 귀하게 여기는 그들을 이상하게 보았습니다. 그의 타고난 성품은 탐욕의 유혹과 공포의 충격이라는 시험을 치러야만 했습니다.[17]

로마에서 알리피우스는 이탈리아 국고장(國庫長)을 보좌한 일이 있었습니다. 그 당시 가장 권력 있는 원로원 의원이 있었는데, 많은 사람들이 그에게서 받은 은혜 때문에 꼼짝 못하고 무서워서 복종하고 있었습니다. 무엇인지는 내가 알지 못하지만 그가 자신의 권력을 믿고 법에서 금지한 것을 자신의 것으로 만들려고 했을 때 알리피우스는 그것에 반대했습니다. 보수를 준다고 해도 그의 영혼은 비웃었습니다. 협박을 해도 그는 무시해 버렸습니다. 모든 사람들은 흔치 않은 그의 마음에 놀랐습니다. 알리피우스는 남들을 돕거나 해치는 데 있어서 헤아릴 수 없는 재주를 가졌다고 세평이 자자한 사람을 놓고 그와 친하기도 원치 않고 원수지기도 두려워하지 않았습니다. 그런데 알리피우스가 법률 보좌관 역할을 해 준 그 재판관도 속으로는 원로원 의원을 싫어하면서

---

17 로마의 관료들은 일반적으로 법률 보좌관을 두고 그들로부터 법적 문제처리에 대해서 도움을 받았다. 당시 법관이나 교수는 그다지 보수가 많은 직업이 아니었다. 알리피우스는 부자인 로마니아누스와 친척관계인 데다가 부모가 부유했으므로 생계를 위해서 교수나 법관이 될 필요는 없었다.

도 겉으로는 싫은 내색을 보이지 않았습니다. 오히려 그 재판관은 일을 알리피우스에게 미루고 그가 싫다고 하니 어쩔 수 없다고 했습니다. 사실 만일 재판관이 원로원 의원의 말대로 해 주었더라면 알리피우스는 떠나 버렸을 것입니다.

그러나 오직 한 가지 그를 유혹하는 것이 있었는데, 학문에 열심인 그가 공정가격[18]으로 사본(寫本)을 베끼는 것이었습니다. 그러나 그는 정의를 고려해서 생각을 더 선한 방향으로 돌렸습니다. 그는 허용된 권력을 사용하는 것보다 금지하는 평등을 따르는 것이 이롭다고 판단했습니다. 이것은 사소한 일입니다. 그러나 작은 일에 성실한 자는 큰일에도 성실하며, 너희가 불의한 재물에 충실하지 못하다면 누가 참다운 것을 너희에게 맡기겠느냐, 또 너희가 남의 것에 충실하지 못하다면, 누가 너희의 몫을 너희에게 내주겠느냐(누가 16, 10~12)라고 당신의 진리의 입에서 나온 말은 어떻든 간에 결코 헛될 수 없습니다.

그 당시 그러한 알리피우스는 내게 의지하고 있었으며, 어떤 삶의 방식을 택하여야 할지 동요하고 있었으므로 나와 의논했습니다.

네브리디우스도 역시 카르타고에서 가까운 고향을 그리고 자주 찾아갔던 카르타고를 버리고, 아버지의 풍요로운 땅을 버리고, 집과 함께 아직 그를 따라나설 준비가 안 된 어머니를 버리고 밀라노로 왔는데, 그는 나와 함께 진리와 지혜를 정말 열심히 연구하자는 이유 이외에는 어떤 다른 이유도 가지고 있지 않았습니다. 축복받은 삶의 열렬한 추구자이며 어려운 문제의 예리한 탐구자인 그는 나와 똑같이 탄식했고 또 나와 똑같이 흔들렸습니다. 그런데 자신의 굶주림을 서로 하소연하는 세 사람의 입들이, 저들에게 당신이 알맞은 때에 먹이를 주게끔(시편

---

18 당시 집정관들은 비교적 염가로 중요한 책들을 복사할 수 있었다.

145, 15) 당신을 기다리고 있었습니다. 당신의 자비로 말미암아 우리들의 세속적인 행위에는 온갖 쓴맛이 뒤따르기 때문에 왜 이렇게 괴로운지 그 이유를 주의 깊게 살펴보아도 어둠만 다가왔고 우리들은 한숨짓고 멸시하면서 "얼마나 오랫동안 이런 식으로?"라고 말했습니다. 그리고 수없이 반복해서 이렇게 말했지만, 우리들은 말하면서도 잘못을 버리지 못했습니다. 왜냐하면 버려야만 끌어안을 수 있는 어떤 것을 우리들은 명백하게 밝히지 못했기 때문입니다.

11
인생행로에 대한 생각

그런데 나는 자신을 깊이 생각하고 과거를 회상하면서 특히 내가 이상했습니다. 내가 지혜를 열심히 공부하기 시작한 것은 열아홉 살 나던 해였고, 지혜를 발견하면 부질없는 욕망에 대한 온갖 헛된 희망과 거짓된 망상을 버리기로 마음먹은 지 이미 오랜 시간이 흘렀습니다. 그런데 보십시오. 벌써 나이가 삼십이 되었어도 똑같은 수렁에 빠져서 나를 분산시키면서 도망가는 현실을 즐기기만을 갈망했습니다. 그 사이에 나는 이렇게 말하고 있었습니다. "내일이면 나는 그것을 발견할 것이다. 보라. 그것이 분명하게 드러나면 나는 그것을 잡고 놓지 않을 것이다. 보라. 파우스투스가 와서 모든 것을 밝혀 줄 것이다. 오, 아카데미학파의 위대한 인물들이여! 삶이란 전혀 확실하게 파악할 수 없는 것인가? 아니, 이럴수록 우리는 한층 더 열심히 찾고 실망하지 말자. 보라. 교회의 책들에서 부조리하게 보이는 것은 이미 부조리한 것이 아니고 달리 선의로 이해될 수 있다. 진리가 뚜렷하게 발견될 때까지 나는 어릴 때

부모가 세워 준 그 층계에 꼼짝하지 않고 발을 붙이고 있을 것이다. 그러나 어디에서 찾는단 말인가? 언제 찾는단 말인가? 암브로시우스는 한가한 시간이 없으며 나 역시 책을 읽을 한가한 틈이 없다. 우리들은 책들을 어디에서 구할 것인가? 우리들은 어디에서 또는 언제 책들을 마련할 것인가? 누구한테서 빌릴 것인가? 때를 잡고, 영혼의 구원을 위하여 일정한 시간을 배당하자. 큰 희망이 보인다. 가톨릭 신앙은 우리들이 짐작하고 헛되이 비난하던 것을 가르치지 않는다. 가톨릭 신앙을 해명하는 학자들은 하나님이 인간 신체의 형태에 국한되었다고 믿는 것을(마태 7, 7) 신성모독(神聖冒瀆)으로 여긴다. 그렇다면 다른 문제들도 밝히기 위해서 우리들은 문 두드리기를 주저할 것인가? 오전 시간은 학생들에게 빼앗긴다. 나머지 시간에 우리들은 무엇을 할 것인가? 왜 우리들은 이 일을 행하지 않는가? 그러나 후원을 필요로 하는 힘 있는 친구들에게 우리들은 언제 인사를 할 것인가? 우리는 학생들이 사는 교재를 언제 준비할 것인가? 긴장해서 시달린 후에 마음을 늦추면서 우리들은 언제 기운을 되찾는단 말인가?

이 모든 것들을 사라지게 하고, 이 쓸모없고 헛된 것들을 버리자. 우리들은 오로지 진리탐구에만 마음을 쏟기로 하자. 삶이란 비참한 것이고, 죽음의 시간은 확실하지 않다. 죽음이 갑자기 기어들어 온다면 — 우리들은 어떻게 이것에서 빠져나간단 말인가? 그리고 여기에서 게을리한 것을 우리들은 어디에서 배운단 말인가? 그러면 오히려 게을렀으므로 벌에 시달려야만 할 것이 아닌가? 만일 죽어서 감각과 함께 모든 근심이 끊어지고 종말을 고한다면 어떻겠는가? 그러므로 이것 역시 탐구해 보아야 한다.

그러나 전혀 그럴 리가 없다.[19] 그리스도 신앙이 전 세계에 걸쳐서 이러한 절정의 권위를 떨치면서 퍼져 있다는 사실은 헛된 일도 아니며 쓸모없는 일도 아니다. 만일 육체의 죽음과 함께 영혼의 생명도 소멸된다면 하나님의 섭리는 우리들을 위해서 결코 이 엄청난 일들을 행하지 않을 것이다. 속세의 희망을 끊어 버리고 하나님과 축복받은 삶을 찾는 일에 우리 자신을 다 바친다면 우리들은 무엇을 망설이겠는가?

잠시 기다려라. 이 세상의 일들도 재미는 있으며 그 단맛은 하찮은 것이 아니다. 쉽사리 이 세상의 의도를 끊을 일이 아니다. 왜냐하면 그것을 다시 찾는 것은 수치스럽기 때문이다. 보라. 조금만 있으면 명예로운 자리에 오를 것이다. 그런데 이 세상에서 더 무엇을 원해야만 하는가? 권세를 지닌 친구들이 많이 있다. 많이 서두르지 않아도 사령관 자리쯤은 얻을 수 있을 것이다. 그러면 어느 정도 돈 있는 아내를 맞이해서 우리의 부담이 무거워지지 않을 것이므로 이런 식으로 욕망은 충족될 것이다. 우리들이 당연히 본받아야만 할 많은 위대한 인물들은 결혼을 했을지라도 지혜의 연구에 혼신을 바쳤던 것이다."[20]

내가 이런 것들을 말하고, 번갈아 불어오는 바람이 내 마음을 이리저리 흔드는 사이에 시간은 흘러갔고, 나는 주님에게 돌아가기를 늦추었으며 당신 안에서 살기를 매일매일 미루었습니다. 그런데 날마다 나 자신이 죽는 것은 미루지 않았습니다. 나는 축복받은 삶을 사랑하면서도 그런 삶이 있는 자리를 두려워했으므로 그것을 피하면서도 찾고 있었습니다. 만일 어떤 여성으로부터 포옹을 거절당한다면 나는 너무도 비참하리라고 생각하고, 그 허약함을 치료하는 당신의 자비의 약은 내가 경험하지 못했기 때문에 전혀 생각하지 못했습니다. 그리고 성서에 기록되어 있는 것처럼 당신이 주지 않으면 아무도 절제를 지킬 수 없다는

---

19 감각과 함께 우리들의 모든 근심이 끊기고 종말을 고하는 일이란 생길 수 없다는 것.

20 아우구스티누스는 『고백록』 제6권 11장의 대부분을 자신의 독백으로 장식한다.

것을 나는 너무 어리석어서 알지 못했으므로, 내가 알지 못하긴 하지만 나는 절제가 인간의 고유한 능력에 달려 있다고 믿었습니다. 만일 내가 깊은 한숨을 쉬면서 당신의 귀를 두드리고 굳은 신앙심으로 내 근심을 당신에게 맡긴다면 어떻든 당신은 내게 그것을 줄 것입니다.

12
결혼과 독신에 대한 논쟁

실제로 알리피우스는 내가 아내를 맞이하는 것을 말렸습니다. 그는 결혼할 경우 우리들이 오래전부터 우리들이 원했던 것처럼 유유자적하게 그리고 동시에 지혜를 사랑하면서 사는 것은 전혀 불가능하다고 되풀이해서 말했습니다. 왜냐하면 그 자신은 이 점에 있어서 놀라우리만큼 순결했기 때문입니다. 그는 청년기에 접어들면서 성관계를 경험했지만 그것에 고착되지 않고 오히려 크게 뉘우치고 멸시했으며 그로부터 이미 최대한 절제하면서 살았습니다.

나는 그에게 기혼자들도 지혜를 존중하고, 하나님 앞에 공을 세우며, 친구들에게 신의를 지키고 사랑한 사람들이 있다는(히브 13, 16) 그런 예를 들어 항변했습니다. 나는 그들의 위대한 영혼과는 멀리 떨어져 있었습니다. 그리고 나는 육신의 질병에 걸린 채 치명적인 감미로움에 이끌려서 내 족쇄에서 풀려나기를 두려워했습니다. 그리고 마치 붕대를 풀어 주려는 손을 뿌리치듯이, 마치 그 손이 내 상처를 덧나게 건드리는 것처럼 좋게 충고하는 사람의 말을 물리쳤습니다.

게다가 저 뱀이 나를 통해서 무엇인가를 알리피우스에 말하고, 내 혀를 통해서 그가 가는 길에 아름다운 올무를 엮어 뿌려 놓음으로써 그의 정직하고도 자유로운 발목이 묶이게 했습니다.

그가 하찮게 생각하지 않던 나 자신이 쾌락의 끈끈이에 달라붙어서 우리들끼리 탐구할 때 어떤 식으로든 독신생활은 할 수 없다고 말하면 그는 나를 이상하게 여겼습니다. 그가 나를 이상하게 보자 나는 나 자신을 변호했습니다. 그는 서둘러서 남몰래 경험했으므로 벌써 거의 기억이 확실치 않고 따라서 아무런 어려움도 없이 쉽게 단념할 수 있지만 내 경우는 습관이 되어 버린 쾌락이었습니다. 그래서 거기에다 결혼이라는 정직한 명칭을 붙인다면, 왜 내가 그런 생활을 포기할 수 없는지가 이상할 것이 없었습니다. 그래서 그도 결혼생활을 원하기 시작했는데 그것은 관능적 쾌락의 욕정에 정복당해서가 아니라 호기심 때문이었습니다. 왜냐하면 그의 말에 따르면, 그에게 그토록 즐겁게 보이는 내 생활이 내게는 전혀 삶이 아니고 고통으로 여겨진다니 도대체 결혼생활이 무엇인지 알고 싶다는 것 때문이었습니다. 저 속박에서 자유롭던 그의 영혼은 나의 노예상태에 놀랐으며, 놀란 입장에서 경험하기를 욕구하여 쾌락을 맛보려고 했으며 그래서 결국 그는 자신이 놀랐던 노예상태로 빠져들었습니다. 왜냐하면 그는 죽음과 계약을 맺기를 원했기(이사 28, 18) 때문입니다. 그래서 위험을 사랑하는 자는 위험 속으로 떨어집니다.

우리 두 사람 중 어느 누구도 결혼하여 집안을 꾸려 나가고 자녀를 기르는 의무에 대해서는 생각이 별로 없었습니다. 오히려 나는 만족할 줄 모르는 정욕을 충족시키려는 버릇에 심하게 빠져서 괴로워했지만 그는 경이로움에 사로잡혀서 끌려갔습니다.

가장 높은 분이여, 당신이 흙과 같은 우리들을 버리지 않고, 비참한 자들을 가엾게 여기며 놀랍고도 은밀한 방식으로 우리들을 도와줄 때까지 우리들은 그와 같은 자들이었습니다.

13
결혼을 기다리다

그런데 사람들은 아내를 맞이하라고 쉴 새 없이 몰아쳤습니다. 이미 나는 구혼했으며, 특히 어머니가 서둘러서 벌써 약혼도 했습니다. 그녀의 목적은, 내가 결혼하여 구원의 세례로 씻겨지는 것이었습니다. 그러면 내가 일상에 적응하여 그녀가 기뻐할 것이고, 그녀의 소원과 당신의 약속이 나의 신앙으로 성취되리라고 깊이 생각했습니다.

실제로 나의 기도와 그녀의 염원에 의해서, 미래의 내 결혼에 대해서 현몽(現夢)을 통해서 무엇인가를 보여 주기를 그녀는 매일 드높은 마음의 소리로 당신에게 애걸했지만, 당신은 결코 그러기를 원치 않았습니다. 그래서 그녀는 헛된 환상만 볼 뿐이었습니다. 이는 이 일에만 열중하던 인간 정신에 의해서 강요된 것으로, 당신이 그녀에게 계시로 증명할 때마다 그녀는 나에게 확신에 차서 이야기했지만, 이번에는 그것을 무시했습니다. 나는 잘 알아채지 못했지만, 그녀의 말에 의하면 계시하는 당신과 꿈꾸는 그녀의 영혼 사이에는, 말로 설명할 수는 없을지라도, 어떤 것이 있는지 그녀는 분간할 수 있다는 것이었습니다.

그렇지만 일은 서둘러 진행되었으며, 결혼 적령 나이보다 두 살 정도 어린 처녀에게 통혼이 되어 나는 기쁜 마음으로 그녀를 기다리고 있었습니다.[21]

---

21 이 당시 아우구스티누스는 32세였고 로마의 여성의 법적인 결혼적령은 12세였다. 아우구스티누스의 결혼상대는 법적 적령보다 2세 어린 10세의 소녀인 셈이다. 여기에서 아우구스티누스가 결혼적령이라고 한 것은 법적 결혼적령이 아니고 사회관습상의 적령일 것이고 그 나이는 적어도 17~18세였을 것이다.

14
공동생활의 설계

그런데 많은 친구들은 인간생활의 시끄러운 짐이 싫어져서 혼란함을 떠나서 한가하게 살자는 말을 서로 나누면서 이미 마음으로 거의 결정까지 했습니다. 우리는 다음처럼 그 한가함을 얻으려고 했습니다. 즉 각자가 소유한 것을 한데로 모으고, 모든 것을 하나의 가정으로 만들며, 진정한 우정에 의해서 저것은 내 것이고 또 저것은 네 것이라는 것이 없이 전체가 하나가 되게, 곧 전체는 각자의 것이며 또한 모든 것은 모든 사람들의 것이 되게 하는 것입니다. 당시 우리들이 보기에는 그 공동체에 살 만한 사람이 대강 열 명쯤 되었습니다. 우리들 중에는 갑부들도 있었는데, 특히 로마니아누스는 나와 동향인으로 어릴 때부터 나와는 각별한 사이로 그 당시 매우 중대한 일이 있어서 법원에 출입했습니다. 그는 특히 이 일에 진지했으며 충고하는 데 있어서도 권위가 매우 컸습니다. 그는 다른 사람들보다 훨씬 많은 재산을 소유하고 있었기 때문입니다.

그래서 우리들은 매년 두 사람의 임원을 뽑아 그들이 필요한 모든 것을 공급하도록 하고 나머지 사람들은 조용히 살도록 합의를 보았습니다. 그러나 우리들 중 어떤 사람들은 이미 기혼자들이었고, 우리들은 결혼하려고 했으므로 이것을 여자들이 허락할지 어떨지를 생각하기 시작하자 잘 짜여졌던 계획 전체가 손쓸 새도 없이 깨어지고 부서져 버리고 말았습니다.

그로부터 우리들은 속세의 넓고 굳은 길을 따라 신음과 탄식과(마태 7, 13) 방황의 길을 걸어갔습니다. 왜냐하면 우리들의 마음속에는 많은 생각이 있었지만(잠언 19, 21) 당신의 뜻은(시편 33, 11) 영원히 머물고 있었기 때문입니다. 그 뜻으로 당신은 우리들의 뜻을 비웃고 우리들에게 당신의 뜻을 마련했으며, 제때 음식을 주었고(시편 145, 15), 손을 펴서 축복하면서 우리들의 영혼을 채워 주려고 했습니다.

15
욕정의 노예

그 사이에 내 죄악은 늘어만 갔습니다. 늘상 동거해 왔던 여자를 결혼에 방해가 된다고 하여 내 옆에서 떼어 놓으니 그녀에게 붙어 있던 내 마음은 찢겨 상처 입고 피를 흘렸습니다. 그녀는 다시는 남자를 알지 않겠다고 당신에게 맹세하고 자신이 낳은 내 아들을 나를 위해서 남겨 놓고 아프리카로 되돌아갔습니다.[22]

그러나 여자를 따를 줄 모르던 불행한 나는 약혼녀를 맞아들일 2년을 기다리며 참지 못하고 사랑해서가 아니라 욕정의 노예가 되었기 때문에 다른 여자를 맞이하게 되었습니다. 나는 그녀를 아내로 받아들인 것이 아니고, 결혼할 때까지 지속될 습관의 방패로서 내 영혼의 고질병이 지탱되고 진행되기를 또한 고스란히 남아 있거나 더 증대되기를 바랐습니다. 그렇다고 해서 이전의 내연의 처와의 생이별에서 받은 상처가 낫지는 않았습니다. 나는 극심한 열과 고통 끝에 썩어 갔으며 마치 오한이 나는 것처럼 한층 더 절망스럽게 고통을 겪었습니다.

---

22 아우구스티누스는 아들 아데오다투스를 낳은 여인과 16년간 동거하였다. 당시에는 정식 결혼을 하지 않고 동거하는 것이 큰 흠이 되지 않았다.

16
영혼불멸

자비의 샘이여, 당신에게 찬미가 있기를, 당신에게 영광이 있기를! 나는 더욱 비참해졌고 당신은 그럴수록 더 가까이 다가왔습니다. 이미 당신의 오른팔이 진흙탕에서 나를 힘차게 끌어내어 깨끗하게 씻어 주려는 것을 나는 모르고 있었습니다. 나를 소용돌이치는 육체적 쾌락의 심연으로부터 불러낸 것은 오로지 죽음의 공포와 미래의 당신의 심판뿐입니다. 여러 가지 생각이 나긴 했어도 이것만은[23] 내 가슴에서 떠나지 않았습니다. 내 친구들인 알리피우스 그리고 네브리디우스와 함께 선과 악의 한계에 관해서 토론하다가, 내가 만일 에피쿠로스[24]가 믿으려고 하지 않은 것처럼 죽은 뒤 영혼의 삶과 행위에 대한 보상이 남는 것을 믿지 않는다면, 승리는 에피쿠로스의 것이라고 생각하게 되었습니다. 그래서 나는 다음처럼 물었습니다: "만일 우리들이 죽지 않고 아무것도 잃어버릴 두려움 없이 영원한 육체적 쾌락 속에서 살 수 있다면 왜 우리들은 행복하지 않겠는가. 그리고 우리들은 다른 무엇을 또 찾겠는가?" 이것이 커다란 비참함에 속하는 것을 모르고 그렇게 빠져서 눈이 멀었으므로 육체의 눈에는 보이지 않고 내면의 눈에만 보이는, 명예로운 그리고 그 자체로 안아야 할 아름다운 빛을 나는 생각할 수 없었습니다. 그렇지만 꺼림칙하기는 해도 내가 친구들과 환담하는 그 자체가 어디에서 내게 오는지 불쌍하게도 나는 알지 못했습니다. 육체적 쾌

23 육체의 쾌락에서 아우구스티누스를 끌어낸 것은 죽음의 공포와 미래의 하나님의 심판뿐이라는 것.

24 에피쿠로스(Epikuros, 기원전 341~270)는 데모크리트스의 원자론을 이어받은 유물론자이지만, 윤리학에 있어서는 모든 불쾌를 멀리하고 은둔함으로써 마음의 쾌적함을 찾으려고 했다. 그는 부동심(ataraxia)을 최고의 행복한 상태라고 보았다.

락이 풍요로웠던 당시의 느낌으로도 나는 친구들 없이는 행복할 수 없었습니다. 나는 오직 친구들만을 위해서 친구들을 사랑했으며 또 다른 한편으로 내가 느끼기에 그들은 나만을 위해서 나를 사랑했습니다.

오, 꼬이고 또 꼬인 길들이여! 아, 만일 당신을 떠난다면 더 좋은 어떤 것이라도 얻으리라 원했던(이사 3, 11) 대담한 나의 영혼이여! 등으로, 옆구리로 그리고 배로 뒹굴고 다시 뒹굴어도 모든 것들은 고통이며 오로지 당신만이 안식입니다. 자, 보십시오. 당신은 항상 옆에 있으며 비참한 방랑으로부터 우리들을 구해 내고 당신의 길에 우리를 세우며, 우리들을 위로하면서 이렇게 말합니다: "달려가라. 내가 안아 주마. 그리고 내가 너희를 데려다 주고 내가 거기에서 너희를 안아 주마."

제7권

신플라톤주의의 발견

1
비물질적인 하나님

내 사악하고 지긋지긋하던 청년기는 죽어 버리고 나는 장년기로 접어들었습니다.[1] 나이를 먹을수록 공허함은 더욱더 추하게 되어 보통 이 눈으로 볼 수 없는 그러한 것은 어떤 실체적인 것으로[2] 생각할 수 없었습니다. 지혜에 대해서 무엇인가를 듣기 시작한 다음부터 나는 당신이 인간 신체의 형태를 가졌다고는 생각하지 않았습니다. 나는 항상 이런 생각을 피했으며, 우리들의 정신적 어머니의 신앙에서, 곧 당신의 가톨릭의 신앙에서 이것을 발견하여 기뻐했습니다. 그러나 당신을 다른 무엇으로 생각할 줄은 몰랐습니다. 그래서 나는 인간으로서, 이런 인간으로서 당신을 최고의 유일한 참다운 하나님으로 생각하려고 애썼고, 불멸하며 불가침이고 불변하는 당신을 마음을 다하여 믿었습니다. 어디에서 와서 어떻게 그런지 이유는 몰라도 내가 분명하게 보고 확신한 것

---

1 고대 그리스의 플라톤과 마찬가지로 아우구스티누스도 남자는 30세까지 교육을 받고 31세부터 국가의 일에 참여하여야 한다고 생각한 것 같다. 당시 아우구스티누스의 실제 나이가 31세였다.

2 실체(substantia)는 자기원인(causa sui)에 의해서만 존재하는 영원불변의 존재를 일컫는다.

은, 썩을 수 있는 것은 썩을 수 없는 것보다 못하며, 침해당할 수 없는 것은 침해받을 수 있는 것보다 물론 더 낫고, 아무런 변화도 입지 않는 것은 변화할 수 있는 것보다 한결 더 낫다는 것이었습니다.[3]

내 마음은 오만 가지 내 환상에 적대하여 격하게 울부짖었으며, 이 일격에 의해서 내 시야 주변에 맴도는 혼란의 무더기를 쫓아 버리려고 애썼습니다. 그런데 쫓아내자마자 눈 깜짝할 사이에 혼란의 무더기는 또 다시 함께 내게 몰려왔고 내 얼굴에 밀려들어 뒤덮어 버렸습니다. 그래서 나는, 비록 당신이 인간 신체의 형태는 아닐지라도, 소멸할 수 있고 침해당할 수 있으며 변할 수 있는 것보다 나은 것으로 알던 불멸하고 불가침이며 불변하는 당신일지라도 마치 어떤 형태인 듯이 세계에 스며들어 있거나 또는 세계 밖에 무한하게 퍼져서 공간에 존재하는 것으로 믿었습니다. 왜냐하면 내가 보기에 이러한 공간 없이 존재하는 것이 있다면 그것은 공허가 아닌 무(無), 곧 절대적인 무(無)였기 때문입니다. 만일 어떤 물체가 그것의 장소로부터 치워진다면 그 장소는 땅이건 물이건 공기건 하늘이건 간에 어떤 물체도 없이 비어 있어도 빈 공간이요 허공입니다.

이렇게 마음이 고약하던 나는 나 자신도 알지 못하면서 무엇이든지 간에 어떤 공간에 연장되거나 퍼지거나 둥글게 되거나 또는 부풀지 않으면서 받아들여지지 않고 받아들여질 수 없는 것은 전적으로 무(無)라고 생각했습니다. 왜냐하면 눈에 비치는 그러한 형태를 마음의 그런 이미지가 따라가기 때문이었으므로, 이런 이미지를 형성하는 의도조차 물질적이지 않다는 것을 나는 몰랐습니다. 그렇지만 이것도 어떤 위대

3 『고백록』 제7권 1장에서 아우구스티누스는 일상적인 사고방식과 아울러 마니교의 이론을 탈피하여 더 이상 잡다하고 생성변화하는 현상세계에 머물지 않고 모든 존재자들의 근거가 되는 영원불변한 원리를 통찰하기 시작한다.

한 것이 아니라면 아무것도 형성하지 못합니다.

나는 내 생명의 생명인 당신이 무한한 공간 도처에 스며들어 있는 거대한 전 세계의 양(量)이며, 그것을 넘어 무한하게 세계 밖에 존재한다고 생각했습니다. 그래서 땅도 당신을 가지고 하늘도 당신을 가지며 모든 것들은 당신 안에 한정되지만 당신은 전혀 제한되어 있지 않습니다. 마치 햇살이 대지 위의 기체를 뚫고 지나갈 때 기체는 방해하지 않으며, 햇살은 찢어지거나 끊어지지 않고 온전하게 채워지는 것과도 같습니다. 또 당신에 대해서 이렇게도 생각했습니다. 즉 천체와 기체와 바다뿐만 아니라 대지의 물체도 당신을 향해서 가며, 가장 크고 또 가장 작은 모든 부분들이 당신의 현존을 위해서 스며들고, 당신은 당신이 창조한 모든 것들을 안과 밖으로 은밀한 입김에 의해서 다스린다고 믿었습니다. 다르게는 생각할 수 없었기 때문에 나는 그렇게 추측했습니다. 그러나 그것은 틀린 것이었습니다. 왜냐하면, 그런 식으로라면 더 큰 땅의 부분은 더 큰 당신의 부분을 차지할 것이고 더 작은 부분은 더 작은 당신의 부분을 차지할 것이므로, 만물이 당신으로 가득 차 있는 것이 이렇다면 코끼리의 몸이 참새보다 커서 당신을 차지하는 장소가 훨씬 더 넓다고 해야 하기 때문입니다. 몸이 커서 차지하는 장소가 그만큼 크다면 당신의 현존(現存)을 세계의 큰 부분에는 크게 작은 부분에는 작게 나누는 셈이 됩니다. 그러나 이럴 수는 없습니다. 당신은 아직까지 내 어둠을 밝게 비추지 않았습니다.

2
네브리디우스의 마니교 반박

주여, 당신의 말이 울려 나오지 못하는 저들이기 때문에 속고 또 속이는 저들, 곧 벙어리가 된 수다쟁이들을 나는 충분히 반박할 수 있었습니다. 이미 카르타고에 있을 때부터 네브리디우스가 제안하곤 했던 그리고 우리가 들었으며 듣는 우리를 흔들어 놓았던 모든 것들에 대해서 나는 논거가 충분했습니다. 저들[4]이 늘상 당신에게 적대되는 것으로 제시하는 양(量), 내가 알지는 못하지만 일종의 암흑은, 만일 당신이 그것과 싸우려고 하지 않는다면 당신에게 거역해서 무엇을 할 수 있겠습니까? 만일, 그들의 답에 따라서, 어떤 것이 당신을 해친다면 당신은 상처 입고 썩게 될 것입니다. 그들의 말에 따라서 만일 당신이 아무것도 해칠 수 없다면 당신은 그것과 싸울 아무런 이유도 없습니다. 말하자면 당신의 한 부분, 당신의 사지(四肢) 또는 당신의 실체에서 생긴 소산물(所產物)이 당신의 창조물이 아닌 그 적대적인 힘과 혼합되고 그래서 썩고 나쁘게 변화되어 축복으로부터 비참함으로 떨어지므로 구원과 정화를 위해서 필요하게 된다는 싸움은 이유가 없다는 것입니다. 저들[5]은 이것을 영혼이라고 했습니다. 당신의 말이 그를 구원하려고 자유롭게, 오염되지 않고 순수하게, 부패하지 않고 온전하게 썩은 노예에게 왔습니다. 그러나 당신의 말도 똑같은 하나의 실체에서 생겼으므로 썩을 수 있다는 것이었습니다. 그러므로 당신이 무엇이든지 간에, 만일 그들이 당신의 실체를 썩을 수 없는 것이라고 말한다면 그 모든 말들은 거짓이고 저주받을 만한 것입니다. 그러나 당신의 실체를 썩을 수 있는

4 마니교도들.
5 마니교도들.

것이라고 말한다면, 그 말 역시 이미 거짓이며 그 첫 소리가 혐오의 대상이 될 만합니다. 그러므로 억눌린 내 가슴으로부터 완전히 뱉어 버려야 할 그들을 반박하기에는 이것으로 충분했습니다. 왜냐하면 그들이 당신을 이렇게 생각하고 말하는 것은 마음과 혀에 무서운 신성모독이 없이는 빠져나갈 길이 없기 때문이었습니다.

3
자유의지와 죄악

그러나 나는 당신이 때 묻을 수 없고, 달라질 수 없으며 어느 부분도 결코 변할 수 없는 우리들의 주님이며, 우리들의 영혼뿐만 아니라 육체까지도 그리고 우리들의 모든 영혼과 육체뿐만 아니라 우리들 모두와 다른 것 모두를 창조한 참다운 하나님이라고 확신을 가지고 말하고 생각했지만, 아직 악의 원인에 관해서는 명백하고 상세하게 이해하지 못하고 있었습니다. 내가 보기에는 그것이 무엇이든지 간에 나는 그것을 찾는 데 있어서는 변할 수 없는 하나님을 변할 수 있는 것으로 믿으라고 강요하는 그런 방법에 의존하려고 하지 않았습니다. 내가 찾는 대상이 나 자신이 되어서는 안 되었습니다. 그래서 나는 걱정 없이 그것[6]을 탐구했으며, 내가 온 마음으로 싫어한 저들[7]이 말하는 것은 확실히 진리가 아니었습니다. 왜냐하면 내가 보기에 저들은 악이 어디에서 생기는지를 탐구함에 있어서 악의에 가득 차서 그들의 실체가 악을 범하는 것처럼 당신의 실체가 악을 용납할 수 있다고 생각했습니다.

---

6 악의 원인.

7 마니교도들.

우리들이 악을 범하는 것은 자유의지 때문이며, 우리들이 벌 받는 것은 당신의 정의로운 심판 때문이라는 것을 듣고 나는 그것을 이해하려고 애썼지만 그것을 분명하게 이해할 수 없었습니다.[8] 그러므로 나는 이 심연으로부터 정신의 시야를 돌이키려고 안간힘을 썼지만 다시 빠져들어 갔고, 애를 쓸수록 계속해서 다시 더 빠져들어 갔습니다.

왜냐하면, 내가 살고 있는 것처럼 내가 의지를 소유하고 있다는 것을 안다는 사실은 나를 당신의 빛으로 끌어올렸기 때문입니다. 그러므로 내가 어떤 것을 원하거나 원하지 않을 때, 원하는 것이나 원하지 않는 것은 남이 아니라 나라는 것이 확실하므로 나는 여기에 죄악의 원인이 있다는 것을 벌써 알고 있었습니다. 그러나 내가 억지로 행하게 되는 것은, 내가 행하는 것이 아니라 오히려 내가 당하는 것으로 보여졌으므로 나는 그것을 죄가 아니라 벌이라고 판단했고, 따라서 당신을 정의롭다고 생각하면서 나는 정의롭지 못하게 벌 받을 수 없다고 재빨리 생각했습니다.

그러나 다시 나는 다음처럼 말했습니다: "누가 나를 만들었는가? 그토록 선한, 아니 선 자체인 내 하나님이 아닌가? 그렇다면 악한 것을 원하고 선한 것을 원하지 않는 것은 어디에서 나에게 왔는가? 그 이유는 내가 정의롭게 벌 받기 위해서인가? 내가 가장 감미로운 내 하나님으로부터 전적으로 생겨났다면, 누가 내 안에 이것을 놓아두고 내게 고통의 씨앗을 뿌렸는가? 만일 악마가 그랬다면 그 악마는 어디에서 생겼는가? 그 악마는 사악한 의지로 말미암아 선한 천사로부터 악마가 되었다면, 모든 천사들은 가장 선한 창조주로부터 만들어졌을텐데, 악마가 되게 한 악한 의지는 어디에서 생겨났는가?" 나는 다시금 이런 생

---

8 하나님이 인간을 벌하는 것은 단순히 인간을 고통스럽게 하고 벌주기 위해서가 아니고 언제나 더 커다란 선을 인간이 행할 수 있게 하기 위해서라는 뜻이 담겨 있다.

각에 짓눌려서 질식할 지경이었습니다. 그러나 나는 아무도 당신에게 고백하지 않는 오류의 지옥으로까지, 인간이 악을 행하기보다 오히려 당신이 악을 참는다고 믿는 그러한 오류의 지옥으로까지 끌려가지는 않았습니다.

4
썩을 수 없는 최고선 하나님

썩을 수 있는 것보다 썩을 수 없는 것이 더 낫다는 것을 이미 찾아냈고, 따라서 당신이 무엇이든지 간에 나는 당신을 썩을 수 없는 것으로 인정했으므로 나는 이렇게 다른 것들도 찾아내려고 애썼습니다. 당신은 가장 높고 가장 선하므로 어떤 영혼도 당신보다 나은 어떤 것을 한 번도 생각한 일이 없으며 앞으로도 없을 것입니다. 그러나 썩을 수 없는 것이 썩을 수 있는 것보다 위에 있다는 것이 가장 참답고 확실하며, 내가 이미 그렇게 생각했던 것처럼 당신이 썩을 수 없지 않다면 나는 내 하나님보다 더 나은 어떤 것을 생각할 수도 있었을 것입니다. 그러므로 썩을 수 없는 것이 썩을 수 있는 것보다 위에 있다는 것을 알게 되자 나는 그때 당신을 찾아야만 했으며 악이 어디에 있는지, 곧 당신의 실체를 전혀 상하게 할 수 없는 그 부패가 어디에서 생기는지 알아내게 되었습니다. 왜냐하면 부패는 우리들의 하나님을 어떤 의지로도, 어떤 필연으로도 그리고 어떤 뜻밖의 예견치 못한 우연으로도 전혀 상하게 할 수 없으니 그분은 하나님이고, 그가 원하는 것은 선이며 그 자신이 바로 선이기 때문입니다. 그러나 부패는 선이 아닙니다. 당신의 의지는 당신의 능력보다 크지 않기 때문에 당신은 아무것에나 억지로 끌려가지 않습니다. 그러나 만일 당신 자신이 당신 자신보다 크다면 그럴 수 있을 것입니다. 하나님의 의지와 능력은 바로 하나님 자신입니다. 당신은 모든 것들을 다 아는데 당신에게 무슨 뜻밖의 우연이 있겠습니까? 그래서 당신이 알지 못하는 본성이란 있을 수 없습니다. 만일 썩을 수 있다면 하나님도 아닌데, 하나님의 본질이 썩을 수 없는 이유에 대해서 왜 우리들은 이토록 많이 말하는 것입니까?

5
악의 뿌리

그런데 나는 악이 어디에서 생기는지를 찾고 있었지만, 잘못 찾았으며 그래서 내 탐구로는 악을 알 수 없었습니다. 그리하여 나는 모든 피조물들을, 땅, 바다, 공기, 별들 그리고 소멸할 나무와 짐승들처럼 우리들이 볼 수 있는 모든 것들과 아득한 천계(天界), 모든 천사들과 모든 정신적인 것들처럼 우리들이 볼 수 없는 모든 것들을 내 정신 앞에 펼쳐놓았습니다. 그러나 나는 이것들 역시 물체인 것처럼 내 상상력에 따라서 각각의 자리에다 하나씩 정돈했습니다. 그래서 실제로 물체인 것이나 내가 정신적인 것으로 상상한 것이거나 간에 당신의 창조물을 물체의 종류에 따라서 구분하면서 하나의 커다란 양(量)[9]으로 만들어 보았습니다. 그것이 제아무리 크다고 해도 내가 알 수 없을 정도의 크기는 아니고 나 자신이 생각한 크기, 실제로 어느 모로 보나 유한한 크기였습니다. 그러나 주여, 당신은 모든 부분에서 이것[10]을 감싸고 돌면서 꿰

9 양(量, massa)은 부피를 가진 덩어리를 뜻한다.
10 하나의 커다란 덩어리로 생각한 하나님의 피조물들 전부.

뚫지만 나는 당신을 모든 면에서 무한하다고 생각했습니다. 마치 바다가 모든 곳 그리고 모든 측면에서 끝없으며 오직 하나의 바다로서 무한하며 그 안에 커다랗지만 유한한 스펀지가 있어서 그 스펀지가 끝없는 바다에 의해서 모든 부분이 다 적셔지는 것처럼 그렇게 나는 당신의 유한한 피조물과 거기에 무한하게 가득 찬 당신을 생각하고 다음처럼 말했습니다: "보라. 여기 하나님이 있다. 보라. 여기 하나님이 창조한 것들이 있다. 그런데 선한 하나님은 가장 강하고 비교할 수 없을 정도로 이것들을 초월한다. 그렇지만 하나님은 선으로서 선한 것들을 창조했다. 그리고 보라. 그분은 어떻게 선한 것들을 감싸고 가득 채워 주는가? 그렇다면 악은 어디에 있으며 어디에서 무엇에 의해 이곳으로 스며들었는가? 악의 뿌리는 무엇이고 또 악의 씨앗은 무엇인가? 악이란 전적으로 존재하지 않는 것인가? 그렇다면 존재하지 않는 것을 우리들은 왜 무서워하며 꺼리는가? 그런데 만일 우리들이 쓸데없이 무서워한다면, 마음이 이유도 없이 자극받고 고통스러워하니 무서움 자체가 악이다. 그리고 더욱더 나쁜 것은 우리가 두려워해야 할 것이 없는데도 우리들이 무서워하는 것이다. 그러므로 우리들이 무서워하는 악이 존재하거나 아니면 우리들이 무서워하는 행동 자체가 악이다. 그렇다면 선한 하나님이 이 선한 모든 것을 만들었는데 악은 어디에서 온 것인가? 확실히 당신은 더 좋은 선, 최고의 선, 덜 좋은 선을 만들었지만 창조자와 피조물[11]은 모두 다 선하다. 그렇다면 악은 어디에서 오는 것인가? 혹시 창조할 때 재료들이 어느 정도 나빴고 모든 것을 형성하고 정리하다가 그것들 중 어떤 것이 남아서 선한 것으로 전환되지 못한 것인가? 그런데 왜 이런 일이 생기겠는가? 그토록 전능한 분이 아무런 악

---

11 창조자와 피조물(creans et creata)은 하나님 및 그가 창조한 우주만물, 곧 피조물을 지시한다.

도 남지 않게끔 전체를 변화시키고 바꿀 수 없을 만큼 무능하단 말인가? 결국 그런 분이 어떤 것만 그렇게 만들고 똑같은 전능함으로 왜 처음에 생기지도 못하게 하지 않았을까? 아니면 확실히 존재하는 것은 그분의 뜻을 거슬러서 생겨날 수 있었는가? 또 만일 악한 물질도 영원한 것이었다면 왜 그분은 그토록 무한하게 오랜 시간 동안 그것을 그대로 놓아두었다가 나중에 가서야 기쁜 마음으로 그것을 가지고 무엇을 만들려고 했을까? 또 만일 그분이 무엇을 만들 생각이 갑자기 생겼다면 그분은 전능한 분으로서 오히려 악을 없게끔 하는 것이 더 낫지 않았을까? 그래서 오로지 그분만이 전체 진리이며 무한한 최고선이 아니겠는가? 선한 분으로서 선한 어떤 것을 만들지 않는 것이 선하지 않은 일이었다면, 악한 물질을 제거해서 무(無)로 돌아가게 한 후 선한 물질을 만들고 그것에서 왜 모든 것들을 창조하지 않았는가? 자신이 만들지도 않은 물질의 도움을 받아야만 어떤 선한 것을 만들 수 있다면 그런 분은 전능할 수 없다."

비참한 내 가슴은 죽음의 공포와 진리를 발견하지 못한 근심의 짐이 너무 무거워 이런 생각을 굴리고 있었습니다. 그렇지만 가톨릭교회 안에 있는 당신의 그리스도에 대한, 우리들의 구세주에 대한 신앙은(2베드 2, 20) 내 마음에 굳세게 뿌리내리고 있었습니다. 물론 그것은 아직까지 여러 가지로 흐트러지고 교리의 기준을 벗어나 있었습니다. 그렇지만 내 마음은 그 신앙을 떠나지 않았으며, 확실히 날이 갈수록 더욱 더 그 신앙에 젖어 들었습니다.

6
점성술사들의 공허한 예언

나는 이미 오래전에 점성술사[12]들의 거짓된 예언과 불경스러운 망령된 짓을 던져 버렸습니다. 이것 때문에라도, 나의 하나님, 나는 내 마음속 깊은 곳에서부터 당신의 자비를 찬양하는 것입니다![13] 당신이, 당신만이 전적으로 — 죽음을 알지 못하는 생명이 아니라면, 부족한 정신들을 비추지만 어떤 빛도 필요로 하지 않는 지혜, 곧 나부끼는 나뭇잎에 이르기까지 세계를 다스리는 지혜가 아니라면, 다른 어떤 누가 우리들을 모든 죽음의 오류로부터 건져 내겠습니까? — 당신이 내 완고함을 낫게 해 주었습니다. 내 완고함은 빈디키아누스라는 예리한 안목을 가진 노인과 놀라울 만한 영혼을 지닌 청년 네브리디우스에게 반대하는 것이었습니다. 이것[14]에 대해서 전자(前者)는 매우 굳은 확신을 가지고 있었고 후자(後者)[15]는 어느 정도 의심하면서 자주 다음처럼 말했습니다: "미래를 예견하는 재주란 존재하지 않는다. 그러나 사람들의 짐작이란 흔히 운수의 힘이다. 그런데 말을 많이 하다 보면 앞일을 말할 수도 있으나, 말하는 사람들도 그 일을 알지 못한다. 그러나 말을 많이 하다 보면 맞는 일도 있다." 당신은 나에게 친구 한 사람을 마련해 주었습니다. 그는 열심히 점성술사를 따라다녔지만 점성술의 지식은 대단치 않았습니다. 내가 말한 것처럼 그는 호기심으로 점성술사를 따라다녔으

---

12 점성술사(mathematicus)는 다른 한편으로 수학자도 뜻하지만 일상적 의미에서는 별자리를 보고 점을 치는 일종의 점쟁이를 말한다.

13 원문에서는 고백한다(confiteor)고 되어 있는데, 구체적으로 말하자면 찬양하면서 고백한다의 뜻임.

14 점성술을 말한다.

15 전자는 빈디키아누스이고 후자는 네브리디우스이다.

며, 자기 아버지가 말하는 것을 들어서 안 어떤 지식을 가지고 있었는데 그는 그것이 점성술의 가치를 뒤집을 만한 가치가 있는지 알지 못했습니다.

그 사람의 이름은 피르미누스이며, 그는 학예를 익히고 웅변에 뛰어났습니다. 나를 가장 친한 친구로 생각하고 찾아와서 세속적 희망에 부풀어 오른 자신의 개인사정에 대해서 충고해 주기를 바랐고, 그들이 부르는 타고난 자신의 별자리가 내가 보기에는 어떤지 물었습니다. 그러나 나는 이런 일에는 이미 네브리디우스의 생각에 기울어지기 시작했으므로 내가 짐작한 대로 거절하지 않고 말했습니다. 그렇지만 이미 나는 이런 일들[16]을 우습고 헛된 것으로 거의 확신한다고 덧붙여서 말했습니다. 그러자 그는 자기 아버지가 이 방면의 서적을 가장 흥미롭게 탐독해 왔으며 똑같은 태도를 지닌 친구도 있다고 내게 이야기했습니다. 이 두 사람은 연구와 의논에 엉터리 놀이로 그들의 마음의 불꽃을 태우고 있어서, 말도 못하는 짐승들이 집에서 출산하면 낳는 순간과 천체의 위치를 관찰하여 점성술의 경험과 같은 종류의 경험을 쌓았습니다.

피르미누스는 자기 아버지에게서 들은 이야기를 다음처럼 말했습니다.[17] 그의 어머니가 피르미누스를 임신했을 때 그의 아버지의 친구의 계집종도 똑같이 배가 불렀답니다. 이 사실을 주인이 모를 리 없었으니 자신의 개가 새끼를 낳아도 가장 세밀하게 조사하면서 알아서 돌보았기 때문입니다. 그런데 이 사람은 아내의 그러나 저 사람은 계집종의

16 점성술에 관련된 것들.

17 『고백록』 제5권은 아우구스티누스가 카르타고를 떠나서 로마로 와서의 생활을, 제6권은 밀라노의 교수생활을 묘사하고 있다. 제7권 역시 밀라노의 생활을 고백하지만 제7권 6장의 피르미누스가 자기 아버지에게 들은 이야기를 말하는 것은 지난날 카르타고에서 있었던 사건이다.

날과 시와 시간의 분까지 조심스레 엄밀히 관찰해서 계산해 보니 양쪽의 시간이 똑같았습니다. 별자리도 가장 작은 점에 이르기까지 똑같아서 이 사람은 아들을 그리고 저 사람은 종을 낳게 되어 있었다는 것입니다. 여자들이 출산하기 시작할 때 두 사람은 동시에 자기 집에서 일어나는 일을 서로 알려 주기 때문에, 서로 사환을 미리 준비해 놓았다가 출산과 동시에 사환을 보낸다는 것입니다. 그렇지만 즉시 보고하면 자신의 왕국에서처럼 쉽게 알 수 있다는 것입니다. 그래서 그의 말에 따르면 두 곳에서 보낸 사환들이 양 집안의 중간에서 만나게 된 사실로부터 별자리를 보나 시간을 보나 서로 다른 점을 찾아볼 수 없었다는 것입니다. 그렇지만 피르미누스는 풍요로운 가문에서 태어나서 화려한 세상 길을 이리저리 달려갔고 재산이 증가했으며 명예가 높아 갔습니다. 그러나 저 노예는 신분의 멍에를 전혀 벗어나지 못하고 주인들을 섬겼답니다. 그 노예를 잘 아는 피르미누스가 이렇게 설명했습니다.

그러므로 나는 이것들을 듣고 믿었으며 — 물론 그가 이렇게 이야기했으므로 — 지금까지 가졌던 내 모든 반항심은 완전히 무너지고 말았습니다. 그래서 나는 우선 피르미누스를 그 호기심에서 돌이키려고 애쓰면서 이렇게 말했습니다: "실제로 그의 별자리를 보고 점을 치려면 나는 거기에서 그의 이웃 사람들 중에서 뛰어난 그의 부모, 그 자신의 도시의 명문가문, 고귀한 출생과 학예에 대한 지식을 보아야만 할 것이다. 그리고 만일 저 종이 내게 와서 똑같은 별자리에 대해서 묻는다면 — 그에게도 별자리가 같았기 때문에 — 그에게도 참답게 말해야 하므로 나는 마땅히 거기에서 다시금 비천한 가문, 노예의 신분 등 전자와는 크게 차이나는 다른 것들을 말하여야만 할 것이다. 그러나 똑같은 별자리를 보고도 다르다고 말하면 참말이 되며, 똑같다고 하면 거짓말이 되므로 가장 정확하게 요약하면 다음과 같다. 즉 별자리를 보고 참답게 말하는 것은 술법[18]으로 말하는 것이 아니고 운수로 말하는 것이지만, 그릇되게 말하는 것은 술법이 서투르기 때문이 아니라 운이 맞지 않기 때문이다."

그러나 여기서부터 나는 실마리를 얻어서 다음처럼 되씹었습니다: "이런 일로 벌이를 추구하는 미친 사람들 중 누군가가 내게 반박하면서 피르미누스가 나에게 또는 그의 아버지가 그에게 거짓을 이야기했다고 한다면 나는 벌써 그들을 덮쳐서 비웃음으로 반박하려고 했을 것이다. 쌍둥이가 출생하는 것을 생각해 보자. 쌍둥이는 자궁으로부터 대부분 서로 거의 동시에 나오므로 그들의 시간의 간격이 사물의 본성에 힘을 끼친다고 할지라도 이것을 인간의 관찰에 의해서 알 수 없을 뿐만 아니라 점성술사들이 진실을 알리려고 해도 그들이 바라볼 수 있는 도표조차 전혀 그릴 수 없을 것이다. 그런데 도표가 참답지 못한 이유는, 에서[19]와 야곱에 관해서 똑같은 도표를 보면서 똑같이 말하여야 하겠지만 두 사람에게 똑같지 않은 일이 일어났기 때문이다. 그러므로 그는 거짓을 말한 것이 분명하거나 아니면 그가 사실을 말했다면 그는 똑같은 도표를 보면서 똑같은 것을 말하지 않은 것이 분명하다. 그러므로 그가 참답게 말한 것은 운에 의한 것이지 술법에 의한 것이 아니다."

주여, 당신은 가장 정의롭게 우주를 다스리므로 조언을 구하는 자와 조언하는 자들도 모르게 행해서 누군가가 조언을 구하면, 당신은 당신의 정의로운 판단의 심연으로부터 영혼들의 숨겨진 업적에 따라서 당연히 들어야 할 것을 듣게 합니다(시편 36, 7). 사람아, 이분에게 다음처럼 말하지 마시오: "이것은 무엇입니까?", "저것은 무엇입니까?"라

---

18 여기서 술법(ars)은 점성술의 기술 또는 점성술법을 가리킨다. 운(sors)은 운수, 운명 또는 재수 등을 뜻한다.

19 에서는 이삭의 장남이다(창세기 25장 21~34절 참조).

고 말하지 마시오. 결코 말하지 마시오. 왜냐하면 인간은 어디까지나 인간이기 때문입니다(욥기 9, 12).

7
악의 원인에 대한 탐구

그런데 나의 조언자여(시편 19, 15), 당신은 벌써 나를 저 쇠사슬에서 풀어 주었지만, 나는 악이 어디에서 생겼는지를 찾으면서도 아직 내 탐구의 출구(出口)를 찾지 못했습니다. 그러나 당신은 어떤 흔들리는 생각 때문에 내가 저 신앙을 떠나도록 내버려 두지 않았고, 나는 그 신앙으로 당신이 존재하는 것과 당신의 실체가 불변한 것과 당신이 인간을 돌보고 심판하는 것을 믿었습니다. 그리고 우리들의 주여, 당신의 아들인 그리스도 안에 그리고 당신의 가톨릭교회의 권위가 보증하는 성서 안에 사후(死後) 미래에 있을 생명을 위해서 인류구원의 길을 당신이 마련한 것을 믿었습니다.

그러므로 이런 신앙이 온전하게 그리고 흔들릴 수 없을 만큼 강하게 내 마음속에 자리잡은 후 악이 어디에서 온 것인지 열심히 찾았습니다. 나의 하나님, 내 마음의 분만의 고통은 어떤 것이었는지, 또 탄식은 어떤 것이었는지! 그런데 거기에서 당신이 듣고 있었지만 나는 알지 못했습니다. 침묵 속에 내가 악의 원인을 열심히 찾고 있을 때, 내 영혼의 말 없는 회개가 큰소리로 당신의 자비를 향하여 갔습니다. 당신만이 내가 고통받는 것을 알았고 어떤 인간도 그 사실을 알지 못했습니다. 내 혀를 놀려서 내 가장 친한 친구들의 귀에 대고 말을 한다고 해도 그것이 얼마나 들리겠습니까! 시간도 그리고 입도 충분치 못한 내 마음의 소음이 어떻게 그들에게 울리겠습니까? 그렇지만 내 마음이 탄식하고 울부짖은 모든 것을(시편 38, 9) 당신은 들었고, 당신 앞에 내 소망이 있었지만 내 눈빛은 나와 함께 있지 않았습니다. 왜냐하면 눈빛은 안을 향하여 있었지만 나는 밖에 있었기 때문입니다. 눈빛은 자신의 자리에 있지 않았습니다. 그런데 나는 공간에 포함된 것들에만 마음을 두므로 거기에서 안식할 자리를 찾지 못하고 그것들도 내가 "충분하니 좋다"라고 말할 정도로 나를 받아 주지 않으며 "이만하면 좋다"라고 할 곳으로 나를 되돌아가게 하지 않았습니다. 왜냐하면 나는 그것들보다 한층 더 위에 있었지만 실제로 당신의 아래에 있었기 때문입니다. 그리고 당신은 당신에게 복종하는 나의 참다운 기쁨이며, 내 아래에 당신이 창조한 것들을 내게 복종하게 했습니다. 그런데 이것이 올바른 수단이고 내 구원의 중용의 방향이니, 나는 당신의 이미지를 보존하고 당신을 모시면서 육체를 다스려야만 했습니다. 그러나 당신에게 대항하여 오만이 곤두서고 두터운 목덜미를 방패로(욥기 15, 26) 들고 주님을 거슬러 달려갈 때 하찮은 것들마저 내 뒤에서 나를 억누르면서 숨 쉴 틈도 주지 않았습니다. 내가 알기에 그것들은 도처에서 함께 떼지어 몰려왔고, 내가 생각하려고 해도 물체의 이미지들이 내가 되돌아가는 것을 막으면서 다음처럼 말하는 것 같았습니다: "쓸모없는 더러운 놈아, 어디로 가려느냐?" 그런데 이것들은 내 상처에서 자라났습니다. 왜냐하면 당신은 오만한 자를 부상자처럼(시편 89, 11) 복종하게 만들기 때문입니다. 그리고 나는 오만 때문에 당신에게서 떨어져 나왔으며 얼굴은 너무 부어올라 눈을 덮어 버렸습니다.

8
하나님의 자비

주여, 당신은 실로 영원히 머물러 있으며, 영원히 우리에게 화내지 않습니다(시편 33, 11). 왜냐하면 당신은 흙과 재를 불쌍히 여기고 당신 앞에서 내 흉한 모습을(시편 68, 21) 고쳐 주려고 했기 때문입니다.[20] 그리고 당신은 은밀한 충동으로 나를 격하게 움직여서 내가 내면으로 당신을 확실하게 보기까지는 나를 참을 수 없게 만들었습니다. 그래서 은밀한 당신의 약손에 의해서 내 종기는 가라앉았으며, 흐려지고 어두워진 내 정신의 시력도 고통을 치료하는 센 안약에 의해서 나날이 나아졌습니다.

9
플라톤철학과 기독교 교리

무엇보다도 우선 당신이 나에게 보여 주려고 한 것은, 당신은 오만한 자를 물리치지만(1베드 5, 5) 겸손한 자에게 은총을 베푼다는 것과 당신의 말이 살이 되어 인간 가운데 살게 되기까지(요한 1, 14) 당신의 자비가 겸손의 길에 의해서(야고 4, 6) 사람들에게 명확하게 보여진다는 것이었습니다. 당신은 엄청나게 오만으로 부풀 대로 부푼 한 사람을 통해서 그리스어에서 라틴어로 옮겨진 플라톤주의자들의 책들을 나에

---

20 내 흉한 모습(deformia mea)이란 인간의 외모를 말하는 것이 아니고 원죄와 아울러 자기 자신이 저지른 죄로 말미암아 온전함을 상실한 인간 영혼의 일그러진 상태를 가리킨다.

게 마련해 주었습니다.[21] 그래서 그 책들을 읽으니 말은 똑같지 않지만 여러 가지 수많은 이유를 가지고 설명하는 것은 전적으로 똑같았습니다.[22] "태초에 말이 있었으며 그 말은 하나님과 함께 있었고, 그 말은 하나님이었다. 이 말은 태초에 하나님과 함께 있었다. 모든 것이 그 말로 말미암아 생겨났으니 그 말이 없이 생겨난 것은 하나도 없다. 그 말 안에서 생겨난 것은 생명이었으니 생명은 인간의 빛이었다. 그 빛이 어둠 속에서 비치니 어둠은 그 빛을 이기지 못하였다(요한 1, 1~5). 비록 인간의 영혼이 빛에 관해서 증거할지라도 빛 자체가 아니기 때문에(요한 1, 7~10) 말,[23] 곧 하나님 자체는 이 세상에 오는 모든 사람들을 비추는 참다운 빛이다. 그런데 그분이 세상 안에 있었고 세상이 그분에 의해서 만들어졌지만 세상은 그분을 알지 못한다." 그런데 나는 거기에서 다음과 같은 말은 읽지 못했습니다: "그분은 자기 땅에 왔으나 그의 백성은 그를 맞아들이지 않았다. 그러나 그를 맞아들인 사람들, 곧 그 이름을 믿는 사람들에게는 하나님의 자녀가 되는 특권을 주었다(요한 1, 11~13)."

---

21 아우구스티누스는 그리스어를 알기는 했어도 능숙하지 못했으므로 그리스철학자들의 책은 주로 라틴어 번역판으로 읽었다. 그는 플라톤주의자들인 플로티노스(Plotinos), 포르피리우스(Porphyrius) 및 얌블리쿠스(Jamblicus) 등을 읽었으며, 무엇보다도 플로티노스의 『에네아데스』(*Enneades*)로부터 지대한 영향을 받은 것으로 알려졌다. 플로티노스는 신플라톤주의의 창시자이다. 그는 일원론을 주장했는데 일자(一者, henas)로부터 정신(nous)이 유출되고 정신에서 영혼(psyché)이 그리고 영혼에서 질료(hylé)가 유출된다고 하는 유출설(流出說)을 주장하였다. 플로티노스는 서양 신비주의철학의 창시자이며 대표자이기도 하다.

22 아우구스티누스가 성서의 부분과 플라톤철학의 부분이 동일하다고 할 때 그는 플로티노스철학을 플라톤철학으로 잘못 알았던 경우가 많고 게다가 플로티노스를 라틴어 번역으로 읽었으므로 그 내용 역시 정확하지 않은 경우가 많다.

23 하나님인 말(verbum)에 해당하는 그리스어는 로고스(logos)인데 로고스는 원리, 이성, 법칙, 명제, 말 등 다양한 의미를 가진다. 말이 살이나 피에서 생기지 않았다는 것은 우주원리인 하나님이 육체나 혈통에서 생기지 않았다는 것을 의미한다.

마찬가지로 나는 거기에서 다음을 읽었습니다: “하나님인 말은 살로부터도, 피로부터도, 남자의 의지로부터도 또 육신의 의지로부터도 생기지 않고 하나님으로부터 생겼다(요한 1, 13).” 그러나 다음의 내용은 거기에서 읽지 못했습니다: “말이 육신이 되어 우리들 가운데 살았다(요한 1, 14).”

물론 나는 그 책들에서 다음처럼 여러 가지 방식으로 다양하게 말하는 것을 발견했습니다: “아들은 아버지의 형태를 가지지만 구태여 아버지가 본성상 그 자체인 대로의 아버지와의 동등함을 제멋대로 가지려고 하지 않았다(빌립 2, 6).” 그러나 나는 다음과 같은 것은 그 책에서 발견하지 못했습니다: “그러나 그는 오히려 자기를 비워서 종의 모습을 취하고 사람과 같이 되었습니다. 그는 사람의 모양으로 나타나서 자기를 낮추고 죽기까지 순종하였으니, 곧 십자가에 매달려 죽기까지 했습니다. 그러므로 하나님은 그를 지극히 높이고 모든 이름들 위에 뛰어난 이름을 그에게 주었습니다. 그래서 하나님은, 하늘과 땅 위와 땅 아래에 있는 것들 모두를 예수의 이름 앞에 무릎 꿇게 하고, 모두가 예수 그리스도는 주님이라고 고백하게 해서 하나님 아버지에게 영광을 돌리게 했습니다(빌립 2, 7~11).”

그러나 당신의 외아들은 모든 시간 이전에 모든 시간을 초월하여 불변하게 남아 당신과 같이 영원하며, 모든 영혼은 그의 충만함으로부터(요한 1, 16) 축복받고 스스로 머물러 있는 지혜에 참여하여 지혜를 다시 얻는다는 말은 거기에 있습니다. 그러나 그는 때를 맞추어서 경건하지 못한 사람들을 위하여 이미 죽었고(로마 5, 6), 당신의 외아들을 아끼지 않고 우리들 모두를 위해서 넘겨주었습니다(로마 8, 32)라는 말은 거기에 없었습니다. 왜냐하면 당신이 지혜로운 자들에겐 이것들을 감추고 철부지 어린아이들에게는 드러내 주었기 때문이니(마태 11,

25), 수고하고 짐진 자들이 그에게 오면 그들을 원기 돋게 해 주는 것입니다(마태 11, 28). 그는 마음이 부드럽고 겸손하므로 마음이 고운 사람들을 정의로 이끌며, 겸손한 사람들에게는 자신의 길을 가르쳐 주며, 우리들의 천함과 우리들의 수고를 보고(시편 25, 18) 우리들의 모든 죄악을 용서해 줍니다. 그러나 학식이 높다고 뽐내는 자들은 대단한 것처럼 다음과 같은 말을 듣지 않습니다: "너희들은 내 마음이 부드럽고 겸손한 것을 내게서 배워라. 그러면 너희들의 마음에 안식을 얻을 것이다(마태 11, 29)." 사람들은 하나님을 알면서도, 하나님을 하나님으로 영화롭게 해 드리거나 감사를 드리기는커녕, 오히려 생각이 허망해져서, 그들의 지각 없는 마음이 어둠으로 가득 차게 되었습니다. 사람들은 스스로 지혜롭다고 주장하지만 실은 어리석게 됩니다(로마 1, 21~22).

그런데 나는 거기에서 또한 다음의 내용을 읽었습니다: "썩지 않을 당신의 영광을 우상과 다양한 허상(虛像), 곧 썩을 사람이나 새나 네 발 달린 짐승이나 기어다니는 동물의 이미지로 바꾸어 놓은 것이니(로마 1, 23), 이는 말하자면 이집트의 음식입니다. 에서가 이것으로 말미암아 첫 번째 권리를 상실한 것처럼 당신의 장자인 백성은 이집트를 향하여 마음을 돌리고, 당신의 이미지인 자기들의 영혼을 일그러뜨리면서 건초를 씹어 먹는 송아지의(시편 106, 20) 이미지 앞에서 당신 대신에 네 발 달린 짐승의 머리에 절을 했습니다(출애 32, 1~6)."

나는 거기에서 이런 것들[24]을 발견했지만 먹지는 않았습니다. 왜냐하면 주여, 열등함의 수치스러움을 야곱에게서 없애려고(로마 9, 12) 형이 동생을 섬기도록 한 것이 당신의 마음에 들었기 때문에 당신은 이

---

24 우상숭배와 아울러 신과 인간의 형태와 성질이 똑같다고 하는 신인동형동성설(神人同形同性說)을 가리킨다.

방인들을 당신의 상속자로 불렀습니다. 그런데 나도 이방인으로부터 당신에게 왔습니다.[25] 나도, 황금이 어디에 있든지 간에 그것은 당신의 것이기 때문에 당신의 백성들로 하여금 이집트로부터 가져가라고 한 그 황금[26]에 마음을 두었습니다(출애 3, 22). 그리고 당신은 당신의 사도를 통하여 아테네 사람들에게 아테네 사람들 중 누가 말한 것처럼, "우리들은 하나님 안에서 살고 움직이고 존재하고 있습니다(사도 17, 28)"라고 말했으며 저 책들은 아테네에서 온 것이 사실입니다. 그런데 나는 당신의 금으로 만들어진 이집트의 우상에는 뜻을 두지 않았습니다. 하나님의 진리를 거짓으로 바꾸어 버린 자들은 창조주보다 피조물을 더 숭배하고 섬겼습니다(로마 1, 25).

10
신성한 것들

그리고 거기에서부터 나 자신으로 되돌아오라는 타이름을 듣고 나는 당신이 이끌어 줌에 따라서 나 자신의 내면으로 들어왔는데, 당신이 나를 도와주었기 때문에(시편 30, 11) 그럴 수 있었습니다. 마음속으로 들어와서 나는 내 영혼의 한결같은 눈으로 내 영혼의 눈을 초월하며 내 정신을 초월하는 불변하는 빛을 보았습니다. 이 빛은 예사롭지 않고 육안으로는 전혀 보이지 않으며, 종류는 똑같아도 한층 더 커서 그만큼 더 밝아 모든 것들을 다 비추는 그런 빛이 아니었습니다. 이 빛은 그런 것이 아니고 다른 것이며, 그리고 모든 것들과는 전혀 다른 것이었습니

---

25 여기에서 말하는 이방인은 기독교도가 아닌 이교도들을 말한다.

26 황금(aurum)은 지혜(sapientia)를 상징한다.

다. 그것은 물 위의 기름이나 땅 위의 하늘과 같이 내 정신 위에 있지 않습니다. 그러나 그것은 나를 만들었기 때문에 내 위에 있고 나는 그것에 의해서 만들어졌기 때문에 그것 아래에 있습니다. 진리를 아는 사람은 그 빛을 알며, 그 빛을 아는 사람은 영원을 압니다. 사랑[27]은 그 빛을 압니다.

오, 영원한 진리여, 참다운 사랑이여 그리고 사랑스러운 영원이여! 당신은 내 하나님이니 나는 밤낮으로(시편 1, 2) 당신을 그리워합니다. 그런데 내가 처음으로 그대를 알았을 때 그대는 나를 받아들였고 내가 보아야 할 것이 무엇인지 보여 주었지만 나는 아직 그것을 볼 만한 사람이 되지 못했었습니다. 그리고 당신은 나를 강하게 비추면서 쇠약한 내 시야에 들어왔으므로 나는 사랑과 두려움으로 떨고 있었습니다. 그리고 마치 높은 곳으로부터 다음과 같은 당신의 목소리를 듣는 것처럼 당신과 전혀 다른 세계에 내가 멀리 떨어져 있는 것을 발견했습니다: "나는 강한 자의 음식이다. 너는 커라. 그러면 나를 맛볼 것이다. 네 육체의 음식처럼 나를 네 안으로 변화시키지 말고 오히려 너를 내 안으로 변화시켜라."

그런데 당신이 인간을 죄악 때문에[28] 가르치고 내 영혼을 거미처럼 야위게 만든 것을 알고(시편 39, 12) 나는 다음처럼 말했습니다: "진리란 유한한 공간에도 그렇다고 무한한 공간에도 펼쳐져 있지 않으니 진리란 전적으로 무(無)란 말인가?" 그때 당신은 멀리에서 외쳤습니다: "그러나 확실히 나는 존재하는 자, 그이다(출애 3, 14)."[29] 그래서 나는

---

27 여기서 사랑(caritas)은 종교적 사랑이다. 빛은 넓게 볼 경우 삼위일체를 가리키고, 좁게 볼 경우에는 하나님의 말 또는 성령이나 성자를 지시한다.

28 여기서 죄악(iniquitas)은 불의, 불법, 부정 등의 뜻도 가진다.

29 그러나 확실히 나는 존재하는 자, 그이다(lmmo vero ego sum qui sum)는 출애굽기에서 하나님이 모세에게 한 말로서 절대적인 하나님의 존재를 지칭한다.

마음에 들려오는 대로 들었으며 전적으로 의심하지 않았고, 진리가 아니라고 의심하는 것보다 오히려 내가 살고 있는 것을 의심하는 것이 쉬웠습니다. 창조된 것들을 통해서 그 진리는 지성 앞에 보여집니다(로마 1, 20).

11
피조물들의 상태

그런데 당신의 아래에 있는 또 다른 피조물들을 바라보았는데, 내가 보기에 그것들은 완전하게 존재하는 것도 아니고 존재하지 않는 것도 아니었습니다.[30] 그것들은 당신에게서 생겼으니 확실히 존재하는 것이지만 그것들은 당신이 아니기 때문에 존재하지 않는 것입니다. 왜냐하면 불변하게 남아 있는 것은 참답게 존재하기 때문입니다. 그러나 만일 내가 하나님 안에 머물지 못하면 내 안에도 결코 있을 수 없기 때문에 내가 하나님에게 의존하는 것은(시편 73, 28) 선한 일입니다. 그러나 그분은 자기 안에 남아서 모든 것들을 새롭게 고칩니다. 그런데 그분은 내 재산을 아쉬워하지 않으므로(시편 16, 2) 나의 주님입니다.

30 피조물들은 절대적 존재를 가진 것도 아니고 그렇다고 해서 무(無)도 아니라는 뜻임.

12
존재하는 모든 것들은 선하다

그리고 내게 분명한 것은 썩는 것들[31]도 선하다는 것입니다. 만일 썩는 것들이 최고로 선하다면 그것들은 썩을 수 없을 것이며, 만일 그것들이 선하지 않다면[32] 그것들은 썩을 수 없을 것입니다. 왜냐하면, 만일 그것들이 최고로 선하다면 그것들은 썩을 수 없을 것이기 때문이지만, 만일 그것들 안에서 썩는 어떤 것도 선하지 않다면 그것들은 존재하지 않을 것이기 때문입니다. 부패가 모든 것들을 해쳐도 선이 줄어들지 않는다면 부패는 해치지 못합니다. 그러므로 불가능한 일이긴 하지만, 부패가 아무것도 해치지 못하거나 아니면 확실한 것은, 썩는 모든 것들은 선을 결여하고 있다는 사실입니다.[33] 그러나 사물들이 모든 선을 결여한다면 그것들은 전적으로 존재하지 않을 것입니다. 만일 사물들이 존재하면서 이미 썩을 수 없다면 그것들은 썩지 않고 남을 것이기 때문에 그것들은 이전보다 더 좋은 것입니다. 모든 선이 사라진 후에 더 선하게 되었다고 말하는 것보다 더 해괴한 것이 무엇이겠습니까? 그러므로 사물들이 모든 선을 결여한다면 전적으로 아무것도 존재하지 않는 것입니다. 그러므로 사물들이 존재하는 한 사물들은 선합니다. 그러므로 존재하는 것은 모두 선하며, 어디에서 생기는지 내가 그 원인을 찾던 악은 실체가 아닙니다. 왜냐하면, 만일 그것[34]도 실체라고 한다면 그것 역시

---

31 썩는 것들이란 모든 피조물들을 말한다.

32 만일 처음부터 선한 것도 또 다른 것도 아니었다면 더 이상 부패할 아무것도 없었기 때문에 전혀 썩을 수 없다는 의미.

33 아우구스티누스는 플라톤이나 플로티노스의 영향 아래에서 선을 악과의 대립개념으로 보지 않고 악을 선의 결여 또는 결핍으로 보고 있다.

34 그것은 악(malum)을 지칭한다.

선일 것이기 때문입니다. 또 썩지 않는 실체는 전적으로 커다란 선이며, 썩는 실체는 만일 선하지 않다면[35] 썩을 수도 없을 것입니다.

그러므로 나는, 당신이 창조한 것은 모두 선하며, 당신이 창조하지 않은 것은 모두가 실체가 아니라는 사실을 보고 분명히 알았습니다. 그리고 당신은 모든 것들을 똑같지 않게 창조했기 때문에 모든 것은 각각 선하고 동시에 선하니(창세 1, 31) 이는 우리들의 하나님이 모든 것들을 매우 선하게 만들었기 때문입니다.

13
하나님을 찬미하는 모든 피조물들

그리고 당신에게는 전혀 악이 없고, 당신뿐만 아니라 당신의 모든 피조물들에게도 악이 없습니다. 왜냐하면 바깥 세상에는 당신이 세운 질서를 파괴하고 부수는 어떤 것도 존재하지 않기 때문입니다. 그러나 피조물들의 어떤 부분들에서는 서로 맞지 않으므로 악으로 생각됩니다. 그런데 똑같은 것이 다른 것에는 맞아서 선하며 그 자체가 선합니다.[36] 그리고 자기들끼리 서로 맞지 않는 이 모든 것들도 우리들이 땅이라고 부르는 이 낮은 부분과 맞는데 그것은 자기들에게 어울리는 구름 끼고 바람 부는 자기들의 하늘을 가지기 때문입니다. 그래서 "이런 것들은 없

---

35 "썩는 실체는 만일 선하지 않다면"의 뜻은 "아예 처음부터 아무것도 존재하지 않았다면"의 뜻과 같다.

36 아우구스티누스는 다른 저술에서도 예를 들면서 전갈의 독은 그 자체로 전갈에게 좋은 것, 곧 선한 것이라고 한다. 왜냐하면 전갈의 독은 전갈을 살게 해 주고 그 독이 없으면 전갈은 죽기 때문이다. 뱀의 독이나 거미의 독도 마찬가지이고 식물의 가시도 식물에게는 좋은 것임이 분명하다.

었더라면"이라고 말해서는 안 됩니다. 왜냐하면 단지 이것들만 본다면 내가 더 나은 것들을 원하겠지만, 오직 이것들만 가지고도 이미 나는 당신을 찬미하여야만 하기 때문입니다. 왜냐하면 땅에서 당신을 찬미하는 것들은 다음처럼 제시되기 때문입니다: "용들과 모든 심연들, 불과 우박, 눈과 서리, 당신의 말을 따르는 세찬 바람, 모든 산과 언덕들, 모든 과일나무와 백향나무들, 모든 들짐승과 가축들, 기어다니는 것과 날아다니는 새들, 세상의 모든 임금과 백성들, 세상의 모든 고관과 재판관들, 총각과 처녀, 노인과 아이들은 당신의 이름을 찬양합니다(시편 148, 7~12)." 확실히 하늘에서도(시편 148, 1~5), 아득히 높은 곳에서도 우리들의 하나님, 당신을 찬미하고 또 당신을 찬미하는데, 당신의 모든 천사들, 당신의 만군(萬軍)들, 해와 달과 모든 별들과 빛 그리고 하늘들의 하늘과 하늘 위에 있는 물들이 당신의 이름을 찬양합니다. 나는 이미 더 나은 것을 바라지 않았습니다. 왜냐하면 나는 모든 것을 생각했기 때문입니다. 위에 있는 것들은 아래에 있는 것들보다 낫긴 하지만 혼자 위에 있는 것들보다 함께 있는 모든 것들이 더 낫다는 것을 나는 더 건전한 판단에 의해서 깊이 생각했습니다.

14
하나님에 관한 참다운 지식

당신의 창조물들 중 어떤 것을 싫어하는 사람에게는 나에게 있어서와 마찬가지로 건전한 사려가 없는데, 나는 당신이 만든 많은 것들이 싫었습니다.[37] 그런데 내 영혼은 감히 나의 하나님을 싫다고 말할 수 없었기 때문에 자신이 싫어하는 것이 있으면 그것은 당신의 것이 아니라고 했습니다. 그래서 내 영혼은 두 가지 실체의 의견[38]으로 떨어져서 쉬지 않고 엉뚱한 말만 했습니다. 거기에서 모든 장소에 무한한 공간을 통해서 내 영혼은 자기에게 다시 하나님을 만들고, 당신을 그인 줄 믿고 그를 자신의 마음 안에 함께 놓았으니 이것은 다시금 내 영혼 자신의 우상의 신전이요 당신이 싫어하는 것이었습니다. 그러나 내가 눈치채지 못하는 사이에 내 머리를 어루만지고 내가 헛것을 보지 않도록 당신이 내 눈을 감겨 주자(시편 119, 37) 나는 얼마간 잠잠해지고 내 광기는 깊이 잠들어 버렸습니다. 그리고 당신의 품 안에서 잠을 깨어나는 무한히 다른 당신을 보았습니다. 그런데 그 모습은 육체에서 생긴 것이 아니었습니다.

15
피조물의 참과 거짓

그리고 나는 다른 것들을 바라보았으며, 그것들의 존재는 당신으로 말미암은 것임을 알았습니다. 그리고 모든 유한한 것들은 당신 안에 있으며, 장소 안에 있는 것처럼이 아니라 다른 방식으로 있는데 그것은 당신이 모든 것들을 진리에 의해서 손에 지니고 있기 때문입니다. 모든 것들은 존재하는 한에 있어서 참다우며, 거짓이란 없는 것을 있다고 생

---

37 아우구스티누스는 『마니교도에 대한 창세기론』(*De Genesi contra Manichaeos*) 제1권 16장에서 쥐, 개구리, 파리, 벌레 등을 우리들이 싫어할지라도 그것들을 비롯한 우주만물은 하나님의 창조물들로서 모든 것들을 자세히 살펴보면 다 조화와 아름다움을 갖춘 선한 것들이라고 강변한다.

38 이원론(二元論)을 말함. 하나님에게 속하는 것은 선이고 그렇지 않은 것은 악이라는 주장. 즉 선과 악은 서로 독립된 두 가지 실체들이라는 견해.

각할 경우에만 존재합니다.

그리고 나는 모든 것들은 자신에게 알맞은 장소뿐만 아니라 시간도 지니고 있음을 알았습니다. 그런데 홀로 영원한 당신은 헤아릴 수 없는 시간의 사이들 다음의 일을 시작하지 않았습니다. 왜냐하면, 과거든지 미래든지 간에 시간의 모든 사이들[39]은 한결같이 일하며 머물러 있는 당신 없이는 지나가지도 않고 다가오지도 않을 것이기 때문입니다.

16
모든 자연의 사물들은 선하다

건강할 때는 맛있는 빵도 입천장이 건강하지 못할 때는 고역이며, 맑은 눈에는 즐거운 빛도 앓는 눈에는 싫어진다는 것이 놀랄 만한 일이 아니라는 사실을 나는 겪어서 알았습니다. 그리고 사악한 사람들은 당신의 정의로움을 싫어합니다. 그들은 마찬가지로 뱀들과 작은 벌레들도 싫어합니다. 당신은 당신의 피조물들의 열등한 부분에 맞추어 그것들을 선하게 창조했습니다. 사악한 사람들이 하층에 속하여 사악한 것은 그들이 그만큼 당신과 비슷하지 못하기 때문이며, 상층에 속하는 것은 그만큼 당신과 비슷하게 되었기 때문입니다. 그런데 나는 사악함이 무엇인지 탐구했어도 그 실체를 찾지 못했습니다. 그러나 나는, 그것이 최고의 실체인 하나님 당신으로부터 떨어져 나가서 자신의 내면을 버리고 밖으로만 부풀어 올라 천한 것으로 떨어지는 의지의 전도(顚倒)라는 것을 발견했습니다.

---

39 시간의 모든 사이들(omnia spatia temporum)은 시간의 흐름을 구성하는 시간 간격들을 말한다.

17
하나님에 관한 지식

그리고 나는 이미 당신을 사랑하고 있는 것에 놀랐으며, 당신 대신에 환상[40]을 사랑하는 것이 아니었습니다. 그런데 내 하나님을 누리는 기쁨이 오래되지는 않았고 당신의 아름다움으로 말미암아 당신에게 마음을 빼앗겼다가도 나의 무게 때문에[41] 곧바로 당신에게서 미끄러져 나왔고 탄식하면서 이 낮은 것들로 떨어져 버렸습니다. 그런데 이 무게란 육체적 욕망의 습관입니다. 그러나 나는 당신을 기억하고 있었으며, 내가 의지할 분은 존재하지만 의지할 내가 준비가 덜 되었다는 것을 전혀 의심할 수 없었습니다. 왜냐하면 썩을 육체가 영혼을 억누르고 세상살이는 수많은 생각에 잠긴 정신을 짓누르기(지혜 9, 15) 때문입니다. 또한 가장 확실한 것은, 이 세상 창조 때로부터, 당신의 보이지 않는 본성, 곧 당신의 영원한 능력과 신성은 창조된 것들을 통해서 지성으로 알려진다는 것입니다(로마 1, 20). 하늘이나 땅의 물체들의 아름다움을 감상할 경우 무슨 기준이 있어서 변화하는 것들에 대해서 이것은 이래야 하고 저것은 이러면 안 된다고 순수하게 판정하고 말하는지 나는 그 판단의 기준을 알고 싶었습니다. 그러므로 나는 그렇게 판단할 경우 판단의 기준을 찾다가 변화하는 내 정신 위에 불변해서 참다운 진리의 영원함을 발견하였습니다.

그렇게 해서 나는 점차로 물체로부터 육체에 의해 감각하는 영혼으로, 그리고 그곳으로부터 육체의 감각이 외부대상을 알려 주는, 짐승들도 가능한 내적 감각능력으로 나아가며, 거기서부터는 다시금 육체적

---

40 환상(phantasma)은 이교도들이 믿는 내용을 의미한다.

41 나의 무게 때문에(pondere meo)에서 무게(pondus)는 죄악을 일컫는다.

감각에 의해서 판단하게 되는 추리력에 도달했습니다. 나는 추리력 자체도 내 안에서 변하는 것임을 발견하고 추리력의 지성 자체로까지 올라가서 습관적인 생각을 던져 버리고 혼란스러운 환상들을 떨쳐 버렸습니다. 무슨 빛이 비치기에 불변하는 것이 변하는 것보다 의심할 여지없이 낫다고 하는지, 그리고 불변하는 것 자체를 어디에서 알아냈는지 등을 발견하고 싶어서 — 어떤 방법으로든지 알지 못한다면 결코 불변하는 것이 변하는 것보다 낫다는 근거를 제시할 수 없을 것인데 — 나는 눈 깜짝할 사이에 존재하는 그분에게 도달했습니다. 그때 나는 창조된 것들을 통해서 당신의 보이지 않는 것들을 이해해서 알게 되었지만(로마 1, 20) 그것들에 시야를 고정할 수 없었습니다. 허약함 때문에 나는 습관으로 되돌아왔고 단지 사랑스러운 기억만을 되새기었으며, 먹으려고 해도 아직 먹을 수 없는 음식의 냄새를 맡으려고 애쓰는 것과 같았습니다.

18
그리스도만이 구원의 길

나는 당신을 누리기에 적절한 알맞은 힘의 길을 모색했지만, 하나님과 인간 사이의 중개자, 만물 위에 있으며 세상에서 축복받은 하나님인 예수 그리스도를(로마 9, 5) 껴안을 때까지는 그 길을 발견하지 못했습니다. 그분은 나를 부르고 다음처럼 말했습니다: "나는 길이요, 진리이며 생명이다(요한 14, 6)." 말이 육신이 됨으로써(요한 1, 14), 나는 허약해서 아직 먹을 수 없는 음식을 육신에 섞었으니 아기들인 우리에게 당신의 지혜의 젖을 먹이기 위함이었으며, 그 지혜에 의해서 당신은 만물을 창조했습니다.

나는 아직 충분히 겸손하지 못하여 겸손한 나의 하나님 예수를 모시지 못했으므로 그의 허약함이 무엇을 가르칠 것인지 알지 못했습니다. 왜냐하면 영원한 진리인 당신의 말은 당신의 뛰어난 피조물들 위에 가장 높이 뛰어나서 순종하는 자들을(히브 1, 4~14) 자기 자신에게로 끌어올리지만, 낮은 곳에서는 자신을 위해서 우리들의 진흙으로 천한 집을 지었고 순종할 자들이 그 집을 통해서 스스로 낮추어 그분에게 가게끔 했습니다(창세 2, 7). 당신은 분노를 낫게 해 주고 사랑을 북돋아 주었으며, 그들이 자신을 믿어서 한층 더 멀리 헤매지 말고 우리들의 살갗의 옷을 함께 입게끔 겸손한 하나님을 자기들의 발아래에서 봄으로써 겸손해지게 했고(창세 3, 21), 지친 그들이 그분에게 몸을 던지면 그분은 일어나서 그들을 높이 들어 올리게 했습니다.

19
그리스도의 성육신

그러나 나는 다르게 생각했습니다. 나는 나의 주님 그리스도를 어느 누구도 비교될 수 없을 만큼 탁월한 지혜를 가진 인간이라고 생각했을 뿐입니다. 특히 그가 놀랍게도 동정녀로부터 태어난 것은 미리 불멸을 얻기 위해서였으며, 그는 시간적인 것들을 멸시하는 표본으로서 우리들을 위한 하나님의 섭리로 말미암아 위대한 스승의 권위를 얻은 것으로 보였습니다. 그러나 말이 육신으로 되었다는 것이(요한 1, 14) 무슨 구원의 비밀을 가지는지 예측조차 할 수 없었습니다. 나는 그분에 대해서 기록되어 전해 내려오는 것으로부터 그도 먹고 마시며, 잠자고 이리저리 걸어다니며, 기뻐하기도 했고 슬퍼하기도 했으며 강론을 했고, 그의 육체는 당신의 말과 결합되지 않고 단지 인간의 영혼 및 정신과만 결합되었다는 그런 것만을 알고 있었습니다. 당신의 말의 불변성을 아는 모든 사람들은 이것을 알고 있으며 나도 이미 내가 알 수 있는 한 알고 있었고 이 점에 대해서는 전혀 의심하지 않았습니다. 말하자면 이제 의지에 의해서 몸의 사지(四肢)를 움직이다가 때로는 멈춥니다. 이제는 어떤 정이 가다가도 때로는 정이 가지 않습니다. 이제는 기호(記號)를 통해서 지혜로운 말을 하다가 때로는 침묵합니다. 이런 것들은 변화하는 영혼과 정신이 하는 일들입니다. 그러므로 그분에 대해서 기록된 것이 거짓이라면 모든 것들이 거짓말이 될 위험이 있으며 따라서 그 책들 안에는 인류구원에 대한 어떤 신앙도 남아 있지 않을 것입니다. 그러므로 기록된 것이 참답기 때문에 나는 그리스도 안의 온전한 인간을 인정했습니다. 즉 그리스도는 인간의 육체만을 지니지 않으며, 정신이 없는 상태로는 육체와 영혼을 지니지도 않고, 진리의 화신이 아닌 인간 자체라는 것이었습니다.[42] 그러나 내가 믿기에 그는 매우 뛰어난 인간성과 함께 완전한 지혜를 소유하여 모든 다른 사람들보다 탁월했습니다.

그러나 알리피우스에 따르면 가톨릭교도가 육체를 입은 하나님을 믿는데, 그리스도는 영혼을 지니지 않은 하나님이자 육체일 뿐이었습니다. 그래서 알리피우스는 그리스도에게는 인간 정신이 존재하지 않는 것으로 미리 알고 있었습니다. 그리고 그[43]에 대해서 기록된 것들이 생명과 이성을 가진 피조물이 아니면 할 수 없는 것이라는 사실을 알리피

---

42 그리스도 안의 온전한 인간을(totum hominem in Christo)은 '그리스도를 완전한 인간으로' 와 같은 의미임. 정신(mens)은 '생각하는 정신' 을 그리고 영혼(anima)은 숨, 생명력 또는 이성적 정신 등을 뜻한다. 정신과 영혼은 같은 의미로도 쓰이나 보통 영혼이 정신보다 더 본질적인 생명의 힘이다.

43 그리스도.

우스가 확신하고 있었으므로 그리스도교 신앙으로 향하는 그의 걸음은 한층 더 느리게 움직였습니다. 그러나 그 후 이것이 아폴리나리스주의 이단자들[44]의 오류라는 것을 알고 그는 가톨릭 신앙을 기꺼이 받아들였습니다.

그러나 내 경우를 고백하자면, 말이 육신이 되었다는(요한 1, 14)[45] 것에 대해서 가톨릭의 진리가 포티누스[46]의 허위로부터 어떻게 다른지는 상당히 뒤에 알게 되었습니다. 물론 이교도(異教徒)들의 배격은 당신의 교회[47]가 무엇을 느끼며 건전한 교리가 무엇을 지니는지를 돋보이게 만듭니다. 왜냐하면 약자들 가운데에서 시련을 치른 사람들이 명백하게 드러나기 위해서 반드시 이단(異端)이 있어야만 했기 때문입니다.

20
신플라톤주의자들의 다양한 책들

그 당시 나는 플라톤주의자들의[48] 책들을 읽고 그로부터 비물질적인 진

---

44 아폴리나리스(Apollinaris)는 310년 라오디케아(Laodicea) 출신으로 후에 이곳의 주교가 되었다. 그의 이론은 362년 알렉산드리아 종교회의에서 그리고 콘스탄티노플의 2차 공의회에서 파문당하였다. 아폴리나리스는 예수 그리스도에게는 영혼이 없고 단지 하나님의 말씀이 영혼을 대신한다는 이단설을 주장한 것으로 알려져 있다.

45 말이 육신이 되었다(verbum caro factum est)는 하나님의 말씀, 곧 우주만물의 근거 또는 원리에 의해서 자연물들이 생겼다고 하는 우주창조설을 암시한다.

46 포티누스(Photinus)는 시르미움(Sirmium)의 주교였으며 351년 이단자로 재판받아 파문당하였다. 그에 의하면 그리스도는 단지 탁월한 인간에 불과한데, 윤리적 완전함을 소유했기 때문에 신적 가치에 도달했다고 한다.

47 신교(프로테스탄트)는 15세기 종교혁명 이후 생기므로 4, 5세기 아우구스티누스 생존 시의 교회는 당연히 가톨릭교회이다.

48 아우구스티누스가 말하는 플라톤주의는 대부분의 경우 플로티노스를 중심으로

리를 탐구하라는 암시를 받은 후 당신의 보이지 않는 진리들을 피조물들을 통해서(로마 1, 20) 알게 되었으며, 아직 멀다고 느끼긴 했지만, 내 영혼의 어둠으로 말미암아 명상이 허락되지 않는 어떤 것을 알게 되었습니다. 그리고 당신은 존재하며 무한하지만 유한하거나 무한한 장소를 통해서 퍼져 있지 않고 항상 똑같이 존재하며(시편 102, 28), 어떤 부분에 있어서도 결코 이런저런 변동이 없고(히브 1, 12), 다른 모든 것들은 존재한다는 가장 확실한 증거만으로도 당신으로 말미암아 존재한다는 것을 나는 확실히 알 수 있었습니다. 나는 이런 것들을 확신하기는 했지만 당신을 누리기에는 너무 보잘것없었습니다. 나는 많이 아는 것처럼 재주 있게 지껄였지만 우리들의 구원자인 그리스도 안에서(디도 1, 4) 당신의 길을 찾지 않는다면 나는 알기는커녕 죽을 수밖에 없을 것입니다. 이미 현명하게 보이고 싶어서 나의 벌(罰)을 가득 짊어지고도 울지 않고 오히려 그 이상으로 지식을 가지고 부풀어 있었습니다.[49] 겸손의 바탕이 예수 그리스도인데, 그 바탕으로부터 나를 세워 줄 사랑이 어디에 있었습니까(1고린 8, 1)? 또 언제 저 책들이 나에게 사랑을 가르쳤습니까?[50] 내가 믿기에는, 내가 당신의 성서를 연구하기 이전에 나로 하여금 저 책들을 만나게 한 것은 당신의 뜻이었습니다. 그런 책들에서 내가 영향받은 인상이 기억에 남은 후 내가 당신의 성서로 길들여지고, 당신의 약지(藥指)의 돌봄으로 내 상처가 치료되고

하는 신플라톤주의이다.

49 하나님에 관한 지혜(sapientia)와 신앙(fides)이 신앙인의 기본 덕목인데도 30세 초반의 아우구스티누스는 아직 하찮은 지식을 자랑으로 삼고 있었다는 자기 고백을 엿볼 수 있다.

50 저 책들은 신플라톤주의자들의 책을 말한다. 사랑은 종교적 사랑(caritas)이다. 일반적으로 우리들은 사랑을 성적 사랑(eros), 철학적 사랑(philia), 하나님의 사랑(agape)으로 구분하는데 아가페에 가까운 것이 카리타스이다.

나면, 당신은 가정(假定)과 고백 그리고 어디로 가야 할지를 아는 자들과 어디를 통해서 가야 할지를 모르는 자들의 차이를, 또한 지복의 나라로 인도하는 길을 알고 그곳에 살게 하는 것을 식별하고 구분하게끔 했습니다.

왜냐하면, 만일 내가 우선 당신의 성서를 배워서 잘 알게 된 다음 그 책들과 친숙하게 되어 내가 당신을 받아들인 다음에 저 책들에 빠졌다고 한다면 그것들은 경건한 내 신앙의 바탕을 빼앗아 갔을 테고, 이미 내가 마신 건전한 정서가 확고하게 남아 있다고 할지라도, 나 역시 오직 저 책들만 가지고 연구한다면 누구든지 똑같은 정의를 느낄 것이라고 믿었을 것이기 때문입니다.

21
성서의 내용과 신플라톤주의자들의 책들

그러므로 나는 당신의 정신[51]의 글에, 다른 것들보다 앞서서 사도 바울에 집요하게 매어달렸습니다. 그런데 언젠가 나에게 자기모순으로 보이던, 그가 말한 텍스트가 율법과 예언자들의 증언에 일치하지 않는 것으로 보이던 그 문제들이 사라져 버렸습니다. 그래서 나에게 간소한 말의 모습이 나타났으며, 나는 두려움과 함께 기뻐하기를 배웠습니다(시편 2, 11). 나는 이렇게 시작해서 다음의 사실을 발견했습니다. 즉 저기서 내가 읽은 진리는 모두 여기에서는 당신의 은총으로 승화되어 이렇게 말했습니다: 보는 사람은 보는 것뿐만 아니라 — 받아들이지 않은

51 당신의 정신(spiritus tui)은 하나님의 정신이므로 바로 성령(聖靈)이다.

무엇을 그가 지니겠는가? — 볼 수 있는 기능도 모두 받았으니 마치 받지 않은 것처럼 자랑하지 말아라(1고린 4, 7). 또한 항상 똑같이 존재하는 당신을 알 뿐만 아니라 당신을 모실 수 있도록 나아지라고 말했습니다. 그리고 멀리 떨어져서 볼 수 없는 사람은 와서 보고 모시도록 끝까지 걸어가라고 말했습니다. 인간은 내면적인 사람으로는 하나님의 법을 즐거워하나, 자신의 지체(肢體) 속에는 다른 법이 있어서 자신의 정신의 법과 맞서서 싸우고 그 지체 속에 있는 죄의 법에다 자신을 사로잡지 않습니까(로마 7, 22~23)? 왜냐하면 주여, 당신은 정의롭기 때문입니다(다니 3, 27). 그러나 우리들은 죄를 범하고 악을 행하며(1고린 8, 7) 불경스러운 짓을 하여 당신의 손이 우리들을 억눌렀으며(시편 32, 4), 우리들은 당연히 옛날의 죄인인 죽음의 군주에게 인도되었습니다. 왜냐하면 그가 우리들의 의지를 설득하여 당신의 진리 안에는 없는(요한 8, 44) 그의 의지를 닮게 했기 때문입니다. 비참한 인간이 무엇을 하겠습니까(로마 7, 24)? 우리들의 주 예수 그리스도에 의한 은총이 아니라면 누가 그를 이 죽음의 육체에서 해방하겠습니까(로마 7, 24)? 당신은 당신과 같이 영원한 우리들의 주님을 낳았고, 당신의 길의 태초에 창조했습니다(잠언 8, 22). 이 세상의 임금이(요한 14, 30) 그분 안에서[52] 당연히 죽어야 할 어떤 것을 발견하지 못했지만(누가 23, 4) 그분을 죽였습니다. 그래서 우리들에게 반대되는 증서들이 무효가 된 것입니까(골로 2, 14)?

그 책들[53]은 이런 것들을 가지고 있지 않았습니다. 그 책들의 책장들은 이러한 경건한 얼굴과 고백의 눈물, 당신의 제사, 괴로워하는 정신,

52 그분은 예수 그리스도를 가리킨다.

53 신플라톤주의자들의 책들. 아우구스티누스는 마니교로부터 신플라톤주의에 빠졌다가 결국에는 가톨릭 신앙에 도달한다.

회개하는 겸손한 마음, 사람들의 구원, 당신의 신부(新婦)인 국가,[54] 성령의 담보(2고린 1, 22) 그리고 우리들의 몸값의 잔(盞)도 지니고 있지 않았습니다. 거기에서는 아무도 다음처럼 노래하지 않습니다: 내 영혼아 하나님에게 순종하지 않겠느냐? 나의 구원은 그분으로부터 있습니다. 왜냐하면 그분은 나의 하나님이고 나의 구원이며 나의 수호자이기 때문입니다. 나는 더 이상 동요하지 않을 것입니다. 거기에서는 어느 누구도 수고하는 자들아 내게로 오라(마태 11, 28)고 부르는 소리를 듣지 못합니다. 그들은 마음이 부드럽고 겸손한 분에게서 배우는 것을 경멸합니다. 왜냐하면 당신은 이것들을 지혜롭고 사려 깊은 자들에게는 숨기고(마태 11, 25), 어린이들에게 계시했기 때문입니다. 그런데 산봉우리에서 평화로운 조국을 바라보면서도 그곳으로 가는 길을 발견하지 못하고 길 없는 곳에서 쓸데없이 애쓰면서, 사자와 용을(시편 91, 13) 지도자로 삼는 탈주병들에 의해서[55] 점령당하고 포위당하는 것은 천상의 지배자들의 보호 아래 그곳으로 인도하는 길을 가는 것과는 전혀 다릅니다. 그곳은 천상의 군영(軍營)을 버린 자들이 탈취하지 못합니다. 왜냐하면 그들은 천상의 군영을 무거운 형벌처럼 싫어하기 때문입니다.

내가 당신의 사도[56]가 쓴 최소한의 것을 읽었을 때 놀랍게도 이런 것들이 내 창자 속으로까지 밀려들어 와 나는 당신의 일들을 생각하면서 겁을 먹었던 것입니다.

---

54 여기에서 국가(civitas)는 가톨릭교회를 지칭한다. 고대 그리스의 국가는 인구 2~4만의 도시국가(polis)였으며, 이것이 확장된 개념이 바로 로마의 국가(civitas)라고 할 수 있다.

55 탈주병은 천사에 대립되는 악마를 지칭한다.

56 사도 바울.

제8권

기독교로의 개종

1

천상의 사랑과 심플리키아누스

나의 하나님, 내게 베푼 당신의 자비를 되새기며 당신에게 감사함을 말하고 고백합니다(시편 33, 22). 당신의 사랑이 내 뼛속까지 스며들어 그 뼈들로 하여금 이렇게 말하게 해 주십시오: "주여, 누가 당신에게 견줄 만합니까? 당신은 내 쇠사슬을 끊어 주었으니 나는 당신에게 찬미의 제사를 올리겠습니다(시편 116, 16)." 당신이 어떻게 그 쇠사슬을 끊어 주었는지 내가 말할 것이고, 당신을 숭배하는 모든 사람들도 내 말에 귀를 기울이고 다음처럼 말할 것입니다: "하늘과 땅에서 주님을 축복하여라. 그의 이름은 위대하고도 놀라웁다(시편 89, 53)."

당신의 말은 내 마음속 깊이 새겨져 있어서 나는 어디에서나 당신에게 둘러쌓여 있었습니다. 당신의 영원한 생명을 나는 마치 거울을 통해서 보는 것처럼 희미하게 보았을지라도(1고린 13, 12) 그것을 의심할 의지가 전혀 없었습니다. 그렇지만 썩을 수 없는 실체에 대한 그리고 모든 다른 실체들은 그 실체에서 생겼다는 것에 대한 이전의 내 모든 의심은 내게서 사라져 버렸습니다. 그래서 나는 당신에게 더 확신을 가지기보다는 오히려 당신 안에 더 견고하게 존재하기를 바랐습니다. 확실히 속세의 내 삶에 있어서는 모든 것들이 이리저리 동요하고 있었고 마음은 오래 묵은 누룩으로부터(1고린 5, 7) 정화되어야만 할 것이었습니다. 그런데 나는 길이며 우리들의 구원자인 그분 자체를 기뻐했지만 그의 좁은 길을 따라가는 것이 지금까지는 지치고 싫었습니다.

그런데 당신은 내 정신을 비추어서 심플리키아누스[1]를 찾아가는 것이 좋은 것이라는 생각을 나에게 생기게 했는데, 내가 보기에 그는 당신의 선한 종이었으며, 그이 안에 당신의 은총이 빛나고 있었습니다. 또한 내가 들은 바에 의하면 그는 젊을 때부터 당신을 섬기며 살아왔습니다. 그런데 이미 나이 들어서 오랜 세월 동안 당신의 길을 추구하는 좋은 연구에 많은 경험과 많은 지식을 쌓은 것처럼 내게 보였습니다. 그리고 사실 역시 그랬습니다. 나는 그에게 나의 번민을 의논하고 싶었습니다. 나처럼 고민하는 사람이 당신[2]의 길을 걷기 위해서는 어떤 방법이 가장 적절하고 알맞은지 듣고 싶었습니다.

왜냐하면 내가 보기에 당신의 교회는 사람들로 가득 차 있지만 이 사람은 이렇게 또 저 사람은 저렇게 가고 있었기 때문입니다. 그러나 나는 세속에서 내가 영위했던 것이 싫어졌으며, 무거운 노예생활을 유지하기 위해서 명예와 돈의 희망에 불타는 욕망이 없었으므로 나에게는 그런 생활이 확실히 짐이 되었습니다. 왜냐하면 이미 당신의 감미로움과 내가 사랑한 당신의 집의 아름다움 때문에(시편 26, 8) 그런 것들이

---

1 심플리키아누스(Simplicianus)는 성 암브로시우스(Ambrosius)의 뒤를 이어 밀라노의 주교가 되었지만 그 임기는 매우 짧았다(397~400). 그는 암브로시우스가 밀라노의 주교가 되자 밀라노로 파견되어 암브로시우스에게 성서와 교부들에 관해서 가르쳤으므로 비록 나중에 암브로시우스를 이어서 주교가 되었을지라도 암브로시우스의 스승이었다. 아우구스티누스는 암브로시우스로부터 기독교 신앙에 대하여 지대한 영향을 받고 그를 존경하였지만, 마음속 깊이 그가 사랑한 것은 심플리키아누스였다. 아우구스티누스는 심플리키아누스에게 자신의 저서 두 권을 헌정하였다.

2 당신은 하나님을 말한다.

나를 기쁘게 하지 않았기 때문입니다. 그러나 아직 나는 여성에게는 완강하게 얽혀 있었습니다. 당신의 사도도 모든 사람들이 자기처럼 있기를 가장 바라면서 더 나은 것을 권할지라도(1고린 7, 27) 내가 결혼하는 것을 금지하지는 않았습니다. 그러나 한결 더 약한 나는 무른 장소를 택했습니다. 그래서 이것 때문에 다른 일에도 뒹굴면서 권태로운 걱정으로 지쳐 가고 있었습니다. 푹 빠져서 묶여 있던 결혼생활로 말미암아 원하지 않던 다른 일들까지 억지로 당해야 했기 때문입니다.

나는 "하늘나라 때문에 스스로 고자가 된 사람도 있다. 이 말을 받아들일 수 있는 사람은 받아들여라(마태 19, 12)"라고 한 말을 진리의 입에서 들은 일이 있었습니다. 그리고 하나님에 대한 지식이 없으며 존재하는 그분을 선하게 보이는 이것들에서 발견할 줄 모르는 사람들은 확실히 헛됩니다(지혜 13, 1). 그러나 나는 이미 그 헛됨 속에 있지 않았습니다. 나는 그 헛됨을 초월하였으며, 모든 피조물의 증명에 의해서 우리들의 창조주인 당신을 그리고 당신과 함께 당신의 말인 하나님을, 당신과 함께 말로 모든 것을 창조한 한 분의 하나님을 발견했습니다(요한 1, 1~3).

그리고 하나님을 알지만 하나님께 영광을 드리지 않고 감사드리지 않은(로마 1, 21) 또 다른 종류의 불경스러운 사람이 있습니다. 나도 여기에 떨어졌으며 당신의 오른팔이 나를 건어올리고 데려가서 낫게 해 주었습니다. 왜냐하면 당신이 사람들에게 다음처럼 말했기 때문입니다: "보라. 경건함은 지혜이다(욥기 28, 28)." "지혜로운 자처럼 보이고 싶어 하지 말아라(잠언 26, 5)." "왜냐하면 저들이 스스로 지혜롭다고 말하면서 어리석은 자들이 되었기(로마 1, 22)" 때문입니다. 나는 이미 값비싼 진주를 발견했으며 내가 가진 모든 것을 팔아서 그것을 샀어야 했는데도 아직 의심하고 있었습니다.

2
빅토리누스의 개종

그래서 나는 심플리키아누스를 찾아갔는데, 그는 당시 주교 암브로시우스를 은총 안에서 받아들인 사부(師父)이며, 암브로시우스는 실로 그를 아버지처럼 사랑했습니다. 나는 그에게 착잡하게 꼬여 있는 내 오류들을 이야기했습니다. 한때 로마시의 수사학자였다가 그리스도교도로 죽었다고 들은 빅토리누스[3]가 라틴어로 옮긴 플라톤주의자들의 책들을 몇 권 읽었다고 내가 말하니 그는 내가 다른 철학자들의 책들에 빠지지 않은 것을 칭찬하면서 그 책들은 이 세상의 얕은 지식에 따라서(골로 2, 8) 허위와 기만으로 가득 차 있지만 이 책들[4]은 모든 방법을 다하여 하나님과 그의 말 속으로 이끌어 준다고 했습니다. 더 나아가서 그는 지혜로운 자들에게는 숨겨졌지만 어린아이들에게는 계시된(마태 11, 25) 그리스도의 겸손을 나에게 권하기 위해서 빅토리누스를 회상했습니다. 그는 로마에 있을 때 빅토리누스와 가장 친하게 지냈다면서 그에 대해서 이야기했는데 나는 그 사실을 말하지 않을 수 없습니다. 왜냐하면 그는 당신의 은총의 큰 영광을 가지고 있어서 나는 이를 당신에게 고백하여야 하기 때문입니다. 말하자면 모든 학예를 잘 알고 박식한 그 노인은 수많은 철학책들을 읽고 비판하였으며, 유명한 원로원 의원들

---

3 빅토리누스(Victorinus)는 355년 기독교로 귀의하였으며 성 예로니모의 스승으로서 337~362년 사이 로마에서 수사학을 가르쳤다. 그는 아리스토텔레스의 『범주론』, 이 책을 포르피리우스가 해설한 『이사고게』(*Isagoge*), 플로티노스의 『에네아데스』(*Enneades*) 등을 라틴어로 옮겼다. 또 『바울서간 주해』와 『아리우스 반박론』 등의 저서를 썼다. 빅토리누스는 심플리키아누스, 암브로시우스 등과 함께 아우구스티누스가 기독교로 개종하는 데 큰 영향을 미쳤다.

4 그 책들은 마니교를 비롯한 이단철학자들의 책을 그리고 이 책들은 신플라톤주의자들의 책을 말한다.

의 사부로서 가르침의 두드러진 공적으로 말미암아 이 세상의 시민들이 으뜸으로 믿는 로마광장에 대리석상이 서도록 했습니다. 빅토리누스는 그 나이까지도 우상 숭배자였으며 신성모독 의식(儀式)의 참여자였습니다. 그 당시 로마 귀족사회 거의 전체는 이에 열광하였으며, 민중에게 오시리스[5]와 온갖 종류의 괴물과 같은 신들 그리고 일찍이 넵투누스, 베누스, 미네르바에게 창을 겨누었던 개소리로 짖는 아누비스 등[6]을 모시라고 하면서 로마가 자신에게 정복된 신들에게 빌고 있을 때(『아이네이스』 8, 698), 이 늙은 빅토리누스는 여러 해 동안 무서운 웅변으로 이것을 옹호했습니다. 그는 당신 그리스도의 어린아이가 되기를 부끄러워하지 않고 당신의 성수(聖水) 쟁반의 갓난아이로 겸손의 멍에 앞에 고개를 숙이고 십자가의 치욕 아래에 이마를 조아렸습니다.

오 주여, 하늘을 기울게 하여 내려오고, 산을 만져서 연기나게 한 주여(시편 144, 5), 어떻게 해서 그의 가슴을 밀치고 들어갔습니까?

심플리키아누스가 말한 것처럼 빅토리누스는 성서를 읽었고, 모든 기독교 책들을 정말 열심히 연구하고 심플리키아누스에게 조용히 그러나 한층 더 은밀하고도 친근하게 말했답니다: "나는 이미 그리스도교인이라는 것을 자네가 알아야 하네." 그러자 심플리키아누스가 답했답니다: "나는 믿지 못하네. 나는 자네를 그리스도 교회 안에서 보지 않는 한 자네를 그리스도교 신자들 중 한 사람으로 여기지 않겠네." 그러

5 오시리스는 아누비스의 아버지로 모든 죽음을 지배하는 이집트의 신임. 그의 아내는 이시스(Isis)였다. 하버드판 『고백록』에는 괴물들(prodigia)이라고 되어 있고 쾨젤 출판사의 라틴-독일어판에는 오시리스(Osiris)로 되어 있다.

6 넵투누스(Neptunus)는 바다와 태풍의 신으로 그리스의 포세이돈이 로마신화에서 넵투누스가 됨. 베누스(Venus)는 사랑의 신으로 그리스의 아프로디테에 해당함. 아누비스(Anubis)는 오시리스의 아들로 이집트의 죽음의 신임. 재칼의 머리를 가지고 있는 개귀신임.

자 빅토리누스는 다음처럼 말하면서 웃더랍니다: "그렇다면 그리스도교 신자를 만드는 것이 벽(壁)들[7]이란 말인가?" 그런데 빅토리누스는 자신이 벌써 그리스도교 신자라고 자주 말했으며, 그때마다 심플리키아누스가 앞의 말로 답하면 빅토리누스는 웃으면서 벽들의 비유를 되풀이했습니다. 그는 자기의 친구들, 즉 악마를 숭배하는 오만한 자들의 기분을 상하게 할까 봐 두려워했습니다. 그는 주님이 아직까지 꺾어 버리지 않은(시편 29, 5) 레바논의 삼나무와도 같은 바빌론적 위엄[8]의 정점으로부터 커다란 원한들이 자네에게 다가오리라고 믿었기 때문입니다. 그러나 그는 읽고 빌은 후에 견고한 힘을 얻었으며(누가 12, 8), 그가 사람들 앞에서 그리스도를 모른다고 한다면(마태 10, 32) 그는 거룩한 천사들 앞에서(마가 8, 38) 그리스도가 자신을 부정할까 봐 두려웠습니다. 그는 오만한 모방자가 되어 받아들인 오만방자한 악마들의 모독스러운 의식(儀式)은 부끄러워할 줄 모르면서 동시에 당신의 말의 겸손한 성찬식을 부끄러워하는 사람은 커다란 죄인으로 여겼으므로 거짓이 부끄럽고 진리 앞에 수치스러워, 심플리키아누스가 말한 것처럼, 예기치 않게 갑자기 그 자신이 이렇게 이야기했답니다: "교회로 가세나. 나는 그리스도교 신자가 되겠네." 그래서 심플리키아누스는 기쁨을 참지 못하고 그와 함께 갔습니다. 그러나 거기에서 종교적 신비에 대한 기초교육을 받은 후 그는 얼마 지나지 않아 세례를 통해서 다시 태어나기 위하여 이름을 적어 넣었습니다.[9] 로마는 놀랐고 교회는 기뻐했습니

---

7 교회를 가야만 한다는 즉 그리스도교 신자라면 결국 교회의 벽이 신자를 결정하는 중요한 요소가 되는가라는 물음이 여기에 담겨 있다. 결국 인간의 영혼이 신앙심을 가질 때 참다운 신자가 될 수 있고 물질적인 공간은 신앙과 무관하다는 의미를 담고 있는 글이다.

8 바빌론은 보통 속세를 말하므로 바빌론적 위험이란 세속적인 위험을 말한다.

9 예비신자의 명부에 성명을 기입한 것을 말한다.

다. 오만한 자들은 그를 보고 격분했으며 그들의 이를 갈고 자지러졌습니다(시편 112, 10). 그러나 당신의 종에겐 주 하나님이 그의 희망이었으며(시편 20, 5) 따라서 그는 헛됨과 거짓된 미침을 거들떠보지 않았습니다.

결국 신앙을 고백할 시간이 왔습니다. 당시 로마의 관습에 의하면 당신의 은총을 받으려고 들어오는 사람들이 암기했던 일정한 말들을 신자들 앞에 있는 높은 장소에서 크게 외웠지만, 사제들은 빅토리누스에게 은밀하게 되뇌이라고 말했더랍니다. 수줍어서 떨리는 것으로 보이는 상당수의 사람들은 그렇게 표현하는 것이 관례였습니다. 그러나 그는 자신의 구원을 거룩한 무리 앞에서 공표하려고 했습니다. 왜냐하면 그가 가르치던 수사학에 구원이 없을지라도 그는 공공연하게 수사학을 말했기 때문입니다. 미친 무리 앞에서 자신이 말하기를 두려워하지 않던 그가 온순한 당신의 신자들 앞에서 당신의 말을 공공연하게 표현하는 것이 무엇이 두려웠겠습니까? 그러므로 그가 공적으로 말하려고 올라갔을 때, 모든 사람들은 그가 누구인지 서로 알아보고 이름을 속삭였으며 축하로 소란스러웠습니다. 거기에서 누가 그를 알지 못했겠습니까? 그래서 함께 기뻐하는 모든 사람들의 입에서는 "빅토리누스, 빅토리누스" 하는 소리가 울려 나왔습니다. 그를 보는 순간 기뻐 날뛰던 소리는 그의 말을 듣기 위해서 긴장감 속에 곧 조용해졌습니다. 그가 두드러진 자신감을 가지고 참다운 신앙을 공적으로 고백했을 때 모든 사람들은 그를 자신의 마음속으로 끌어당기려고 했습니다. 그리하여 모든 사람들은 사랑하면서 그리고 기뻐하면서 끌어당겼습니다. 이것들이 바로 끌어당기는 사람들의 손이었습니다.[10]

---

10 이 부분에는 빅토리누스가 그리스도교로 개종한 것을 아우구스티누스가 문학적 표현으로 알림으로써 그 자신이 그리스도교가 얼마나 감동적인 참다운 종교인지를 전

3
죄인의 개종

선한 하나님, 사람들은 언제나 자기들에게 희망이 있고 위험이 적은 경우보다 절망 속의 영혼이 구원을 받고 한층 더 큰 위험에서 해방될 경우에 더 기뻐하는 것은 무엇 때문입니까? 자비로운 아버지, 당신도 회개를 필요로 하지 않는 아흔아홉 명의 정의로운 사람들보다 한 사람의 회개를 더 기뻐합니다(누가 15, 7). 그런데 길 잃고 헤매던 양이 기쁨에 넘친 목자(牧者)의 어깨에 업혀 왔으며(누가 15, 4~32), 또한 이웃 사람들이 함께 기뻐하는 중에 은화를 되찾은 여인이 그것을 당신의 금고에 넣는 이야기를 들을 때 우리들은 매우 기쁜 마음으로 들으며, 죽었다가 다시 살고, 잃어버렸다가 찾은 당신 집안의 작은 아들 이야기를 읽을 때(누가 15, 24), 당신 집안의 경사에(시편 84, 5) 저절로 눈물이 흘러나옵니다. 물론 당신은 우리들 안에서 그리고 당신이 거룩한 사랑으로 거룩하게 한 당신의 천사들 안에서 기뻐합니다. 왜냐하면 당신은 언제나 똑같은 분이기 때문입니다. 그 이유인즉 언제나 존재하지도 않고 똑같은 식으로 존재하지도 않는 모든 것을 당신은 항상 똑같은 식으로 알기 때문입니다.

사랑하는 물건들을 찾거나 다시 얻었을 때, 그것들을 항상 가지고 있을 때보다 훨씬 더 마음이 기쁜 이유는 무엇입니까? 다른 피조물들도 이에 대한 증거를 가지고 있으며 모든 것들은 충분한 근거를 가지고 "그렇다"고 외칩니다. 승전하여 개선하는 황제의 경우에도 싸우지 않았다면 이기지 못했을 것입니다. 그리고 그 전쟁에서 위험이 크면 클수

달하고자 한 의도가 담겨 있다.

록 승리의 기쁨 역시 더 큽니다. 폭풍우에 뱃사람들이 이리저리 흔들리고 배는 반파의 위협에 시달릴 때 모든 사람들은 죽을 것같이 새파랗게 질립니다. 그러나 하늘과 바다가 잠잠해지면 사람들은 너무 기뻐서 날뜁니다. 왜냐하면 그들은 너무 무서웠기 때문입니다. 사랑하는 사람이 병을 앓아 그의 맥박이 불행을 예고할 때 그를 살리려고 애쓰는 모든 사람은 마음으로 같이 아프게 됩니다. 그가 낫게 되어서 이리저리 다니면 힘은 이전만 못해도 이미 그 기쁨은 건강해서 힘차게 다닐 때에 비할 바가 아닙니다. 인간생활의 쾌락 자체에 있어서도 역시 생각에도 없고 뜻에도 없이 갑자기 들이닥치는 것이 아니라 미리 정하고 뜻한 인간의 괴로움을 통해서 그 쾌락을 획득합니다. 만일 배고프고 목마른 괴로움이 없다면 먹고 마시는 쾌락도 전혀 없을 것입니다. 그런데 음주가들이 타는 듯한 갈증을 일으키는 짭짤한 것을 미리 먹는 것도 음주로 그 갈증을 해소하는 것이 쾌감을 주기 때문입니다. 그리고 약혼녀와 즉시 상대에게 넘겨주지 않는 제도도 지루하게 바라던 약혼녀와 일단 결혼하면 신랑이 약혼녀를 업신여기지 않게 하기 위한 것입니다.

부끄럽고 더러운 기쁨이든, 시인되고 용인된 기쁨이든, 가장 진지하고 정직한 우정이든, 죽었다가 다시 살고 잃어버렸다가 찾은 그에게 있어서든 어디에서나 기쁨이 크면 그만큼 커다란 고통이 앞서 가기 마련입니다.

나의 주, 하나님, 당신은 그리고 당신 자신은 당신에게 영원한 기쁨이며, 어떤 것들은 당신 주변에서 당신으로 말미암아 항상 기뻐하는데 이것은 무엇을 의미합니까? 또 사물의 이 부분들은 감소했다가 증가하고 공격했다가 뭉치는데 이것은 무엇을 뜻합니까? 가장 높은 하늘로부터 땅의 심연에 이르기까지(마태 24, 31), 세상의 처음부터 종말에 이르기까지, 천사로부터 벌레에 이르기까지, 움직이는 최초의 것으로부터 마지막의 것에 이르기까지 당신은 온갖 종류의 선한 것들과 당신의 모든 정의로운 일들을 제자리에 안배하고 때에 따라서 이끌고 갈 때, 이것은 그것들의 방식입니까 그리고 당신은 그것들에게 그런 것들을 부여했습니까? 아, 당신은 높은 것들 중 얼마나 높고 고귀하며 깊은 것 중에서 얼마나 깊은지! 그런데 어느 곳에서도 당신은 우리들로부터 멀리 떠난 일이 없지만 당신에게 다시 돌아가기가 매우 어렵습니다.

4
큰 죄인의 개종

주여, 행하십시오. 우리들을 깨우고 다시 부르십시오. 불붙게 하여 황홀하게 하고 향기를 뿜어 감미롭게 하십시오. 우리들을 사랑하게 하고 서두르게 하십시오.

수많은 사람들이 빅토리누스보다 더 깊은 땅의 심연으로부터 당신에게 되돌아오며, 받으면 당신의 자식들이 될 권리를 가지게 되는 빛을 받아 밝혀지지 않습니까? 만일 그들이 사람들에게 덜 알려졌다면(요한 1, 9), 설령 그들을 아는 사람들이 있어도 그 사람들은 그들[11]을 위해서 덜 기뻐할 뿐입니다. 왜냐하면 많은 사람들이 기뻐할 때 각자의 기쁨은 한층 더 충만하기 때문입니다. 그 이유인즉 각자가 열을 내어 서로 불붙기 때문입니다. 게다가 많은 사람들에게 알려진 사람은 권위에 의하여 많은 사람들을 구원으로 이끌며 뒤따를 많은 사람들의 지도자들이 됩니다. 이 지도자들에게 더 크게 기뻐하는 이유는 그들 개인을 보고

---

11 빅토리누스보다 더 어두운 곳으로부터 하나님에게 돌아온 수많은 사람들.

기뻐하지 않기 때문입니다.

그렇지만 당신의 오두막에서 가난한 사람보다 부유한 인간들이, 신분이 천한 사람보다 고귀한 사람들이 우대를 받아서는 안 됩니다. 오히려 "당신은 강한 자들을 부끄럽게 하려고 세상의 약한 것들을 택했습니다. 하나님은 세상에서 비천한 것과 멸시받는 것을 택했으니, 곧 잘났다고 하는 것들을 없애려고 아무것도 아닌 것들을 택했습니다(1고린 1, 27)." 그렇지만 당신의 이 말들을 그의 혀를 통해서 울리게 한 당신의 사도들 중 가장 작은 사도는(1고린 15, 9), 자신의 전술에 의해서 총독 바울의 오만함을 꺾고 그를 당신의 그리스도의 가벼운 멍에 아래 위대한 왕의 지방신하가 되게 했을 때 대승리의 표시로서 자기 자신이 이전의 사울 대신 바울로 불리기를 바랐습니다(사도 13, 7~12). 많은 것을 지니고 많은 사람들을 거느리는 적을 이기는 것이 큰일입니다. 그러나 적은 고귀함의 이름으로 그리고 권위의 이름으로 오만한 자들을 많이 소유하고 있습니다. 그러므로 정복할 수 없는 도피처처럼 악마가 지니고 있던 빅토리누스의 마음과 크고 날카로운 창으로서 많은 사람들을 죽인 빅토리누스의 웅변이 뛰어났으므로 우리들의 왕이 강자를 묶고(마태 12, 29), 그의 그릇을 빼앗아 닦고 당신의 영광에 적응시켜서 모든 선한 일에 주님이 사용하게 되어 이를 본 당신의 자식들은 당연히 매우 즐거워했습니다(2디모 2, 10).

5
개종을 방해한 것

그러나 당신의 사람 심플리키아누스가 빅토리누스에 대해서 이렇게 이야기했을 때 나도 그처럼 되어 보려고 불탔습니다. 그 역시 이 때문에 이야기했습니다. 이 이야기를 마치고 그는 덧붙여서 말했습니다. 율리아누스 황제 시절에[12] 그리스도교인은 학예와 웅변을 가르치는 것을 금지하는 법이 제정되었는데 — 빅토리누스는 그 법을 받아들이고 어린 아이들의 입에 웅변을 주는(지혜 10, 21) 당신의 말보다 말 많은 그 학교를 떠났던 것입니다 — 내가 보기에 그는 한층 더 강하기보다 한결 더 행복했습니다. 왜냐하면 그는 당신에게만 여유 있게 헌신할 수 있는 기회를 얻었기 때문입니다. 내가 애타게 바란 것이 그 일이었지만, 나는 다른 사람의 쇠사슬이 아니라 내 의지의 쇠사슬에 묶여 있었습니다. 적이 내 의지를 쥐고 있었습니다. 적은 내 의지를 가지고 나를 위해서 쇠사슬을 만들어서 나를 묶었습니다. 말하자면 전도된 의지에서 충동[13]이 생기고 충동을 따르면 습관이 생기며, 습관을 물리치지 못할 때 필연이 생깁니다. 이렇게 서로 얽힌 — 그래서 나는 그것을 쇠사슬이라고 불렀는데 — 고리들에 묶인 것처럼 나는 힘든 노예생활을 했습니다. 하나님, 나에게 새로운 의지가 생기기 시작했지만, 당신을 아무런 보수 없이 섬기고 당신을 누리리라는 확실한 기쁨이 나이와 함께 굳어진 이전의 마음을 극복하기에는 아직 모자랐습니다. 이렇게 나의 두 가지 의지가, 하나는 옛것이 또 하나는 새것이, 저 육체적인 것과 이 정신적인 것이 자기들끼리 서로 싸우고 대립하면서 내 영혼을 찢어 놓고 있었습니다.

나는, 육체는 정신에 대립해서 생생하게 욕구하고 정신은 육체에 대

12 율리아누스 황제는 그리스도교를 탄압하면서 362년 그리스도교인들이 학교에서 주요 교과목, 특히 학예와 웅변을 가르치는 것을 법령으로 금지하였다.

13 여기에서의 충동(libido)은 육체적 욕망이다. 아우구스티누스의 충동은 프로이트가 말하는 원초적인 정신과정의 힘으로서의 충동(libido)과는 다르다.

립해서 생생하게 욕구한다(갈라 5, 17)라고 읽은 것을 나 자신의 체험으로 이해했습니다. 확실히 나는 양쪽에 다 있었지만, 내 안에서 인정하지 않던 그 안보다는 내가 옳게 여긴 그 안에 있었습니다. 왜냐하면 내가 인정하지 않던 거기에 이미 내가 있지 않았다는 것은 대부분 내가 원해서 하기보다는 싫으면서 억지로 끌려서 하게 되기 때문이었습니다. 그렇지만 습관이 나를 거슬렀으며 나는 한층 더 억압적으로 되었는데, 원하면서도 원치 않는 곳에 도달했기 때문입니다. 죄인에게 정당한 벌이 따를 경우 누가 옳게 반대하겠습니까? 이미 진리가 확실했기 때문에, 나에게 진리의 인식[14]이 확실하지 않으므로 나는 속세를 끊지 못하고 당신을 섬기지 못한다는 그런 변명은 당치 않았습니다. 오히려 나는 땅에 묶여 있었으므로 당신을 위해서 싸우기를 거절했습니다. 그리고 모든 장애물 안에 있는 것을 두려워했어야 할텐데도 모든 장애물에서 벗어나는 것을 무서워했습니다.

이렇게 나는 마치 잠자는 것처럼 속세의 짐에 달콤하게 억눌려 있었습니다. 그래서 당신에 대한 명상은 애써서 잠을 깨려는 의지와도 같이 깊은 잠에 압도당해서 다시 그것에 빠져 버렸습니다. 그리고 자는 것보다 깨어 있는 것이 낫다는 것이 모든 사람들의 건전한 판단이므로 항상 자려고만 하는 사람은 아무도 없습니다. 그러나 사지(四肢)가 매우 권태로울 때는 사람이 잠을 떨쳐 버리기가 보통 때와 달라 비록 일어날 시간이 되었다고 할지라도 불쾌감을 지닌 채 여전히 자고 있습니다. 내 욕망에 나를 맡기는 것보다 당신의 사랑에 나를 같기는 것이 훨씬 더 낫다는 것을 나는 확실히 알고 있습니다. 그러나 전자는 즐겁고 나를 압도하며 후자는 좋고 나에게 확신을 줍니다.[15] 나에게 "잠자는 사람

14 진리의 인식(perceptio veritatis)에서 perceptio는 엄밀하게는 감각지각이지만 아우구스티누스는 일상적 의미에서의 인식으로 사용하고 있다.

아, 일어나라. 죽은 사람 가운데서 일어나라. 그리스도가 너를 환히 비출 것이다(에베 5, 14)"라고 말하는 당신에게 나는 대답할 말이 없었습니다. 그리고 도처에서 진리만을 말하는 것으로 보여 주는 당신에게 나는 전혀 대답할 말이 없었으며, 나는 진리를 확신하고 느린 말로 잠꾸러기처럼 "곧", "자, 곧", "조금만 더 자게 해 주세요"라고 말했습니다. 그러나 "곧 그리고 곧"은 기준이 없었고 "조금만 더 자게 해 주세요"는 길어지기만 했습니다.[16] 내 사지(四肢) 안에 있는 법이 내 정신의 법에 저항하고, 내 사지 안에 있는 죄악의 법으로 나를 잡아서 끌고 가는데 인간의 내면에 따라서 당신의 법을 즐기는 것은(로마 7, 22) 쓸데없는 일이었습니다. 왜냐하면 죄악의 법[17]은 습관의 폭력으로서, 마음은 이것에 의해서 붙잡히고 끌려가며 그것[18]에 기여하면서 자신이 원해서 그 안으로 빠져들어 갑니다. 그렇다면, 우리들의 주 예수 그리스도를 통한 당신의 은총이 아니면 이 죽음의 육체로부터 누가 비참한 나를 구원하겠습니까(로마 7, 24)?

6
하나님의 벗

그런데 가장 굳세게 나를 붙들고 있던 육욕의 굴레로부터 그리고 속세의 고된 일로부터 당신이 나를 어떻게 구해 주었는지, 나의 구원자이며

---

15 전자는 욕망에 나를 맡기는 것을, 후자는 하나님의 사랑에 나를 맡기는 것을 말한다.

16 그리스도교로의 개종이 쉽지 않다는 것을 뜻한다.

17 죄악의 법(lex peccati)은 은유적으로 말한 용어로서 습관을 가리킨다.

18 죄악의 법을 말한다.

나의 구세주인 주님, 나는 당신의 이름에 이야기하고 고백하겠습니다 (시편 52, 8).

불안이 커 가는 중에도 나는 일상생활을 해 나갔으며 날마다 당신을 동경했습니다. 잡무에 억눌려서 한숨을 쉬다가도 자유로운 시간이 생기면 당신의 교회를 자주 찾았습니다. 그때 알리피우스가 나와 함께 있었는데, 그는 제3의 배석판사 자리를 그만두고 법률사무에서 해방되었으며 다시금 법률상담으로 돈을 벌기 위해서 기다리고 있었습니다. 그것은 마치 내가 가르칠 수 있는 한에 있어서 말재주를 팔아먹는 것과도 같았습니다. 그러나 네브리디우스가 밀라노 출신의 문법학자이며 우리들 모두의 가장 친한 친구인 베레쿤두스를 보좌하며 가르친 것은 우리들에 대한 우정 때문이었습니다. 베레쿤두스에게는 너무 사람이 없었기 때문에 우리들 중에서 누가 믿을 만한 보좌를 해 달라고 그가 애걸하였으며 친구의 의리로 해 주기를 간곡하게 원했습니다. 그러므로 네브리디우스는 이익 보려는 욕심으로 그 일을 한 것이 아니고(왜냐하면, 그가 원했다면 그 글을 가지고 한층 더 큰일을 할 수 있었기 때문에) 가장 달콤하고도 부드러운 벗인 그는 친구의 호의로 우리들의 요청을 무시하려고 하지 않았습니다. 그러나 그는 매우 신중하게 일했습니다. 세상에서 소위 거물로 알려진 인물들 앞에 나서기를 삼가고 그들과의 관계에서 생기는 마음의 모든 불안을 피했습니다(에베 2, 2). 그는 마음이 자유롭기를 원했으므로 가능하면 많은 시간적 여유를 가지고 지혜에 대해서 무엇인가를 탐구하고, 읽고 또 들으려고 했습니다.

그런데 어느 날 — 네브리디우스가 무슨 일로 없었는지 이유가 기억나지 않는데 — 우연히 우리 집에 나와 알리피우스를 찾아온 사람이 있었습니다. 우리들과 동향인이며 아프리카 출신이고 이름은 폰티키아누스인데 궁중에서 높은 호위직에 있었습니다.[19] 나는 그가 무엇 때문에 우리들에게 왔는지 알지 못했지만 함께 이야기나 해 보려고 같이 앉았습니다. 그는 우리들 앞에 있는 탁자 위의 필사본을 바라보았습니다. 그는 그것을 집어서 펼쳤는데 의외로 사도 바울의 서간임을 발견했습니다.[20] 그는 그 책이 내 직업에 관계되는 어떤 책이라고 생각했습니다. 그때 그는 미소를 지으면서 나를 바라보았고, 내 눈앞에서 뜻밖에 오직 이 책만을 발견하게 된 것에 기뻐하며 놀라워했습니다. 물론 그는 그리스도교인이었으며 신앙이 깊었습니다. 그는 자주 교회에 가서 우리들의 하나님 당신 앞에 엎드리기 일쑤였으며 오래도록 기도를 드렸습니다. 내가 가장 조심해서 다루는 것이 그 책이라고 답했을 때 그가 이집트의 수사(修士) 안토니우스[21]에 관해서 이야기를 꺼냈는데, 이미 당신의 종들에게는 그의 이름이 두드러지게 유명했으나 그때까지도 우리들에게는 그 이름이 전혀 알려지지 않았습니다. 이 사실을 알아채자, 우리들이 아직까지 그를 모르고 있는 것을 놀라워하면서 전혀 알지 못하는 자들에게 위대한 사람을 길게 자신의 말로 소개했습니다. 올바른 신앙과 가톨릭교회 안에 증거가 확실한 당신의 놀라운 일들이(시편 145, 5) 우리들의 시대에 가까운 최근의 기억 속에 있다는 것을 듣고 나는 놀랐습니다. 우리 모두는 놀랐는데, 우리들은 너무 큰일이었으므로 놀랐고 그는 우리들이 그 일을 미처 듣지 못했다는 것 때문에 놀랐습니다.

그의 이야기는 이것으로부터 수도원 사람들, 당신의 향기나는 일상,

---

19 당시 로마의 관리는 세 부류가 있었다. 제일 높은 관리는 궁내관리였고, 그 아래는 무관이었으며, 마지막은 사법, 행정관리였다.

20 당시 책의 원본은 보통 두루마리였고 원본을 베껴서 쓴 필사본은 두루마리가 아니었다.

21 성 안토니우스(Antonius, 251~356)는 20세 때 테바이다 광야에서 수도생활을 시작해서 일생 정진한 동방수도 생활의 가장 모범적인 수도자이다. 그의 누나도 수녀가 되어 일생 경건한 수도생활을 하였다.

기름진 광야로 옮겨 갔지만 우리들은 그것에 대해서 아무것도 알지 못했습니다. 당시 밀라노 교외에도 수도원이 있었고, 암브로시우스의 지도 아래에 선한 수사들이 가득 찼지만 우리들은 그 사실을 알지 못했습니다. 폰티키아누스는 계속해서 말했으며 우리들은 긴장하여 말이 없었습니다. 그는 다음처럼 계속해서 말하게 되었습니다. 언제인지는 모르지만 어느 날 오후 트레베로스에서 황제가 원형극장 경기를 구경하고 있을 때 그와 그의 다른 친구들 세 사람이 도시성벽에서 가까운 정원으로 산책을 나갔다는 것입니다. 그런데 그들은 우연히 두 패로 갈라져서 한 사람은 그와 함께 가고, 다른 두 사람은 마찬가지로 그들대로 따로 가게 되었습니다. 그러나 그들은 이리저리 거닐다가 어떤 오두막집 안으로 들어갔습니다. 거기에는 당신의 종들 몇 사람이, 곧 천국이 저들의 것인 마음이 가난한 사람들이(마태 5, 3) 살고 있었으며, 그곳에서 그들은 안토니우스의 생애를 기록한 작은 책을 발견했던 것입니다.[22] 그들 중 한 사람이 그 책을 읽기 시작했으며 놀라워했고 감탄했습니다. 그는 읽으면서, 속세의 직분을 버리고 당신을 모시는 그런 생활을 깊이 생각했습니다. 그들은 궁내부(宮內部) 관리로 일컬어지는 사람들이었습니다. 그는 갑자기 성스러운 사랑으로 가득 차서 그리고 꾸밈없는 수치심으로 자기 자신에게 화가 나서 친구를 바라보면서 그에게 다음처럼 말했습니다: "말해 보게. 나는 자네에게 묻네. 우리들이 이렇게 온갖 고생을 다 한 다음에 도달하는 곳은 어디인가? 우리들은 무엇을 찾는가? 우리들이 궁궐의 일을 하는 이유는 무엇인가? 궁전 안에

---

22 동방교부 성 아타나시우스(Athanasius)는 알렉산드리아의 주교들 중 가장 뛰어난 주교였다. 그는 『안토니우스의 생애』(*Vita Antonii*)를 저술하여 수도생활의 모범이 어떤 것인지를 보여 주려고 하였다. 바로 앞에서 마음이 가난한 사람들은 성인들을 가리킨다.

사는 우리들의 희망은 우리들이 황제의 측근이 되는 것보다 더 높은 것에 있는가? 그런데 그곳은 사람이 부서지기 쉽고 위험이 가득 찬 곳이 아닌가? 그리고 한층 더 위험한 자리에 오르기 위해서 얼마나 많은 위험을 겪어야만 하는가? 그리고 언제라야 거기까지 올라갈 것인가? 그러나 원하기만 한다면 하나님의 친구는 지금이라도 될 수 있다네." 그는 이렇게 말하고 새 생명을 출산하는 고통을 치르면서 책장으로 다시 눈을 돌렸습니다. 그런데 그는 계속 읽어 나갔고 당신이 본 그의 마음 속에는 변화가 일어났으며, 곧 드러난 것처럼 그의 정신은 세속을 벗어나고 있었습니다. 그가 읽는 사이에 그의 마음의 파도가 출렁대었으며 한때 분개했지만 더 좋은 것을 알게 되어 따르기로 결정했습니다. 그래서 벌써 당신의 것이 되어 그는 자신의 친구에게 이렇게 말했습니다: "나는 이미 우리들의 희망과는 단절하고 하나님을 섬기기로 확정했다네. 이 시간부터 나는 이 장소에 헌신할 것이네. 만일 자네가 나처럼 따라하기가 싫다면 방해하지나 말아 주게." 친구는 그런 봉사에 있어서 그리고 그에 따른 보상에 있어서 자기도 동료가 되겠다고 답했습니다. 그래서 두 사람은 함께 이미 당신의 것이 되어(누가 14, 28) 자기들이 가진 모든 것을 버리고 당신을 따르기 위해서 상당한 희생을 치르고 탑을 쌓아 올렸습니다(누가 5, 11).

그때 정원의 다른 편을 산책하던 폰티키아누스와 그의 친구가 이들을 찾다가 그 자리로 왔습니다. 서로를 발견하고 이미 날이 저물었으니 돌아가자고 말했습니다. 그러나 이들은 어떻게 이런 뜻이 생기고 굳어졌는지 자기들의 생각과 계획을 이야기하면서 자기들과 같이 생활할 마음이 없으면 귀찮게 하지 말아 달라고(누가 24, 29) 간청했습니다. 폰티키아누스가 말한 것처럼 이들은 이전에 비해서 전혀 달라지지 않고 울면서 경건하게 그들과 함께 축복했습니다. 그래서 그들은 이들에게 기도를 부탁하고 땅의 사물에다 마음을 붙인 채 궁전으로 되돌아갔습니다.[23] 그러나 이들은 하늘에 마음을 고착시키고 오두막에 머물렀습니다.

두 사람은 아내들이 있었습니다. 이 사실을 듣고 나서 아내들 역시 자기들의 순결을 당신에게 바쳤습니다.

7
양심의 소리

폰티키아누스는 이런 것들을 이야기했습니다. 그러나 주여, 그가 말하는 사이에 당신은 나를 나 자신으로 되돌아가게 하였습니다. 나 자신을 살피기 싫어하는 동안(시편 50, 21) 내가 있던 내 등으로부터 당신은 나를 떼어 놓아 나를 내 얼굴 앞에 세워 놓았습니다. 내가 얼마나 추한지, 얼마나 일그러졌는지 그리고 더럽고 때가 끼고 상처투성이인지를 보게 하기 위해서였습니다. 그래서 나는 나 자신을 보고 깜짝 놀랐으며, 나로부터 도망갈 곳을 찾을 수 없었습니다. 내가 나로부터 눈길을 돌리려고 애쓸수록 폰티키아누스는 계속해서 이야기했습니다. 그리고 당신은 나를 다시금 내 앞으로 들이밀면서 내 눈앞으로 밀어붙여서(시편 36, 3) 죄를 발견하고 미워하게끔 했습니다. 나는 죄를 알았지만 감추고 움켜잡았으며 잊어버렸습니다.

구원받기 위해서 자기들 자신을 전부 당신에게 바친 건강한 마음의 상태에 관해서 들었을 때 당시 나는 그들을 뜨겁게 사랑했으므로 그들

23 그들은 폰티키아누스와 그의 친구이고, 이들은 오두막에 머물면서 하나님을 섬기기로 결심한 사람들.

과 비교해서 나 자신을 너무 지겹게 싫어했습니다. 왜냐하면 내가 키케로의 『호르텐시우스』를 읽고 지혜를 배우기 위해 자극받은 것은 열아홉 살 나던 해였고 그로부터 — 아마도 십이 년 정도 — 오랜 세월이 흘러갔지만 지상의 지복(至福)을 끊어 버리고 지혜를 탐구하는 일을 미루어 왔기 때문입니다. 지혜의 발견이 아니라 오로지 탐구가 이미 세상의 보물이나 왕국을 얻는 것보다도 그리고 눈짓 한 번으로 넘쳐흐르는 육체적 쾌락보다도 더 나은 것입니다. 그러나 특히 불쌍한 젊은 나는 한층 더 비참하게 청년기로 들어서면서부터 당신에게 순결을 빌면서 이렇게 말했습니다: "나에게 순결과 절제를 주십시오. 그러나 지금은 주지 마십시오." 왜냐하면 없애 버리기보다는 가득히 채우고 싶었으므로 당신이 내 소원을 곧바로 들어주었다가는 내 육욕의 병이 곧장 나을까봐 두려웠기 때문입니다. 그래서 나는 신성(神聖)을 모독하는 미신의 사악한 길을 헤맸습니다(전도 2, 16). 그것[24]을 확신해서가 아니고 내가 경건하게 찾지 않고 적의를 가지고 공격하던 다른 종파들보다 그것이 비교적 낫다고 믿었기 때문입니다.

그래서 나는 생각했습니다. 내가 세속적 희망을 멸시하고 오직 당신만을 따르기를 하루하루 미룬 것은 내 삶의 길을 이끌어 줄 어떤 확실한 것이 아직 나에게 나타나지 않았기 때문입니다. 그런데 내가 나에게 벌거벗고 내 양심이 내 안에서 큰소리로 꾸짖는 날이 오고야 말았습니다: "내 혀야, 어디에 있는가? 너는 분명히 말하여라. 진리가 확실하지 않기 때문에 너는 헛된 짐을 벗어던지기 싫은 것이다. 보라. 진리는 이미 확실해졌다. 그런데도 헛된 짐은 아직까지 너를 억누르고 있다. 너처럼 힘들여서 탐구하지도 않고, 십 년 이상이나 명상하지도 않은 사람

24 그것은 미신의 사악한 길을 지시하는데, 다름 아닌 마니교를 지칭한다.

들이 자유로워진 어깨에 날개를 다시 달고 있다."

폰티키아누스가 그런 것들을 이야기하고 있을 때 나는 속으로 오그라들었으며 엄청나게 무서운 수치심으로 뒤범벅이 되고 말았습니다. 그러나 그는 이야기를 마치고, 뜻하고 왔던 일을 끝내자 가 버렸습니다. 그리고 나도 나에게로 돌아왔지만, 내가 나에게 하지 않은 말은 무엇입니까? 내가 애써서 당신의 뒤를 따라가기 위하여 나는 어떤 판단의 채찍으로 내 영혼을 매질한 것입니까? 그런데 내 영혼은 저항하고 거절했으며 변명하지도 않았습니다. 모든 논증들은 다 소진되고 또 반박당했습니다. 남은 것은 말 없는 불안뿐이었습니다. 그래서 나는 습관의 흐름이 제지당하는 것을 마치 죽음과도 같이 두려워했는데, 습관의 흐름은 죽음 속으로 빠져들어 가고 있었습니다.

8
정원에서의 일

당시 내 방 안에서, 바로 내 마음 안에서 내 영혼에 대하여 강하게 일으킨 싸움이 나의 내면적인 집에서[25] 커졌을 때 나는 얼굴과 정신이 불안한 채 알리피우스를 붙들고 외쳤습니다: "우리들은 어떻게 되지? 네가 들은 이것은 무엇이지? 무식한 자들이 일어나서 하늘을 힘으로 차지하는데, 자 보아라, 우리들은 우리의 학식을 가지고도 살과 피 속에서 뒹굴고 있구나! 다른 사람들이 앞서 갔고 그들을 따라가는 것이 부끄러워서인가 그리고 적어도 그들을 따라가지라도 않은 것이 부끄럽지 않

25 '내 방에서', '내면적인 집에서' 등의 표현은 모두 아우구스티누스의 마음을 지시한다.

은가?"

내가 잘 알지는 못하지만 이와 비슷하게 말하고 내 분을 이기지 못하여 그에게서 떨어졌을 때 그는 굳어 버린 몸으로 나를 바라보면서 아무 말도 없었습니다. 왜냐하면 내가 엉뚱한 소리를 내고 있었기 때문입니다. 게다가 내 이마, 볼, 눈, 피부색, 언성 등이 내가 하고 있는 말보다 내 마음을 잘 말해 주고 있었습니다.

우리들의 숙소에는 작은 정원이 있었으며, 집주인이 그곳에 거주하지 않았기 때문에 집 전체를 마치 우리들의 집처럼 사용하고 있었습니다. 나는 불안한 가슴을 안고 그곳으로 갔는데, 거기에는 내가 일으킨 뜨거운 전쟁을 막을 사람이 아무도 없었습니다. 어떻게 끝날지 당신은 알았지만 나는 알지 못했습니다. 나는 구원받으려고 매우 미쳤으며 살기 위해서 죽어 가고 있었습니다. 나는 지금 내가 나쁜 줄은 알았지만 조금 지난 후에 선하게 될 줄은 알지 못했습니다. 그러므로 나는 정원으로 되돌아갔으며 알리피우스는 한 걸음 한 걸음 나를 뒤따랐습니다. 그가 옆에 있어도 내 고독은 사라지지 않았습니다. 그런데 그런 감정상태의 나를 그가 어떻게 내버려 둘 수 있었겠습니까?

우리들은 가능한 한 집에서 멀리 떨어진 곳에 앉았습니다. 나는 정신이 떨렸으며 걷잡을 수 없는 분노로 화가 치밀었습니다. 나의 하나님, 내 모든 뼈가(시편 35, 10) 소리치며 하늘 높이 찬미하는 쾌적함으로 그리고 당신과의 결합으로 나는 가지 않고 있었습니다. 그런데 그 길은 배나 수레나 발로 가는 길이 아니고, 집에서부터 우리들이 지금 앉아 있는 자리로 온 거리만큼도 안 되는 길입니다. 그곳으로 가기 위해서뿐만 아니라 그곳에 도달하기 위해서는 가려는 의지 이외의 다른 아무것도 필요하지 않습니다. 이리저리 뒤뚱거리고 한쪽이 올라갔는가 하면 다른 쪽이 내려가는 반병신의 의지가 아니라 굳세고 온전한 의지가 필요합니다.

결국 나는 머뭇거리는 고뇌 속에서 수많은 몸짓을 했습니다. 그것은 마치 사지(四肢)가 없거나 쇠사슬에 묶여 있거나, 묶여 있지는 않아도 병이라든가 다른 무엇으로 방해받으므로 의지는 있어도 힘이 없는 사람과도 같았습니다. 내가 머리를 쥐어뜯거나 이마를 두들기거나 손가락들을 합쳐서 무릎을 껴안은 것은 내가 원해서 그렇게 한 것입니다. 만일 이 경우 사지(四肢)가 움직여 주지 않았더라면 의지만 있고 그렇게 할 수는 없었을 것입니다. 그러므로 나는 행할 의지와 행할 능력이 일치하지 않은 많은 일들을 했습니다. 그런데 나는 비교할 수 없으리만치 한결 충분한 정서를 가지고 내 마음에 드는 것을 하지 않았습니다. 할 의지만 있었다면 곧 할 수 있었던 것을 하지 않았습니다. 왜냐하면 할 의지가 있으면 곧 전적으로 할 마음이 따르기 때문입니다. 그 이유인즉 이 경우 능력과 의지는 하나이기 때문입니다. 의지 자체는 행동인 것입니다. 그렇지만 그대로 되지는 않았습니다. 왜냐하면 큰 뜻을 오로지 의지 하나만으로 완수하는 데 있어서 영혼 자신이 움직이는 것보다 더 쉽게 육체가 마음의 여린 의지에 따름으로써 육체의 사지(四肢)가 제멋대로 움직이기 때문입니다.

9

선을 찾아가는 마음

이 놀라운 징조[26]는 어디서 오는 것입니까? 그리고 그것은 왜 그런 것

26 이 놀라운 징조(hoc monstrum)에서 monstrum은 참다운 표시, 괴물, 파악할 수 없는 것 등의 뜻을 가지고 있다.

입니까? 당신의 자비가 나를 비추게 하여 나로 하여금 인간의 벌의 은폐성과 아담의 후예의 암울한 고뇌에 대해서 누가 답할 수 있을지 묻게 해 주십시오. 이 놀라운 징조는 어디서 오는 것입니까? 그리고 그것은 왜 그런 것입니까? 마음이 육체에게 명령하면 육체는 곧장 따릅니다. 그러나 마음이 자신에게 명령하면 마음은 저항합니다. 마음이 손을 보고 움직이라고 하면 명령과 실행이 구분되지 않을 정도로 그렇게 쉽게 움직입니다. 그런데 마음은 마음이지만 손은 육체입니다. 마음이 마음을 보고 의욕하라고 명령하면 서로 다르지 않지만 행하지 않습니다. 이 놀라운 징조는 어디서 오는 것입니까? 그리고 그것은 왜 그런 것입니까? 의욕하지 않았다면 명령하지도 말아야 하는데 그것은 의욕하라고 명령한다고 내가 말합니다. 그런데 그것은 명령한 것을 행하지 않습니다. 그러나 그것은 완전히 의욕하지 않으므로 완전한 명령이 아닙니다. 명령은 의욕하는 만큼만 있으므로 명령한 것이 실행되지 않는 것은 의지가 그 정도밖에 되지 않기 때문이므로 의지는 다른 것이 아니고 단지 자신의 의지에 따라서만 실행되기를 명령합니다. 그러므로 명령하는 것은 완전한 의지가 아닙니다. 그래서 명령한 그대로 되지 않습니다. 만일 명령이 완전하다면 명령할 일이 없을 것입니다. 이미 명령이 되었을테니 말입니다. 그러므로 부분적으로는 의욕하고 또 부분적으로는 의욕하지 않는 것은 놀라운 징조가 아니고 마음의 병에 지나지 않습니다. 왜냐하면 의지는 진리의 지지를 받을지라도 습관에 억눌려서 전부 함께 일어서지 못하기 때문입니다. 그러므로 두 가지 의지가 존재합니다. 그것들 중 하나가 전부가 아니기 때문에 하나에게 없는 것이 다른 하나에게 있습니다.

10
인간의 의지

숙고하면서 두 개의 의지에 주의할 때, 하나는 선하고 다른 하나는 악한 두 가지 정신의 두 가지 본성을 진지하게 주장하는 자들을, 그리고 헛된 말을 하며 정신을 유혹하는 자들을(시편 68, 3; 디도 1, 10) 마치 그들 자신이 사라지는 것처럼 당신의 면전(面前)에서 사라지게 하십시오. 이런 악을 믿는 자들은 실로 악하지만, 진리를 믿고 진리에 따른다면 당신의 사도가 다음처럼 한 말이 그들에게 맞을 것입니다: "여러분이 전에는 어둠이었으나, 지금은 주 안에서 빛입니다(에베 5, 8)." 그들은 주 안의 빛이 아니라 자기 자신들 안의 빛이 되려고 영혼의 본성을 하나님과 같이[27] 생각했습니다. 그래서 그들은 한층 더 짙은 어둠이 되고 말았습니다. 왜냐하면, 이 세상에 오는 모든 사람들을 비추는 참다운 빛인(요한 1, 9) 당신으로부터 그들은 굳어 버린 오만으로 말미암아 한층 더 멀리 떠나가 버렸기 때문입니다. 여러분은 갈하는 것을 삼가고 부끄러움으로 얼굴을 붉히십시오. 여러분이 그분에게 다가가서 빛을 받으면 여러분의 얼굴은 부끄러움이 없을 것입니다(시편 34, 6).

내가 숙고할 때, 내 주 하나님을 섬기려고 내가 오래전부터 계획한 것처럼 그것을 원한 것도 나였고 원하지 않은 것도 나였습니다. 내가 원한 것도 온전하지 못했으며 원하지 않은 것도 온전하지 못했습니다. 그러므로 나는 나와 싸웠으며 나 자신으로부터 갈라졌고 내 뜻과 달리 분열이 생겼지만 그것은 다른 사람의 정신의 본성이 아니라 나의 벌을 보여 주었습니다. 그러므로 그것을 행한 것은 내가 아니라 내 안에 있

27 하나님과 같이(hoc esse, quod deus est)는 직역하면 '하나님인 이것이라고' 이다.

는 죄(로마 7, 17)였습니다. 그것은 내가 아담의 아들이었기 때문에 한 층 더 자유로운 죄의 무거운 벌이었습니다.

서로 저항하는 의지들에 따라서 수많은 반대되는 인간의 본성들이 존재한다면, 본성들은 두 가지가 아니고 여러 가지여야 할 것입니다. 어떤 사람이 저들의 모임에[28] 갈까 아니면 극장에 갈까 숙고할 경우 저들은 이렇게 외칩니다: "보라, 두 개의 본성이 있는데, 선한 본성은 이곳으로 이끌고 다른 악한 본성은 저곳으로 이끈다. 이렇다면 서로 반대되는 의지의 망설임은 어디에서 오는가?" 그러나 나는 저들에게로 이끄는 것이나 극장으로 이끄는 것이나 둘 다 나쁘다고 말합니다. 그러나 저들은 자기들에게로 간다는 것 때문에 선하다고 믿습니다. 그러나 무엇이 그렇습니까? 그러면 우리들 중 누군가가 숙고하면서 극장엘 갈까 아니면 우리들의 교회엘 갈까 하고 상반되는 두 의지에 흔들리고 있다면, 그들은 무엇을 답해야 할지 곤혹스러워하지 않겠습니까? 또는 그들은 우리들의 교회로 이끄는 의지를, 교회에 가는 사람들이 성찬식을 가득 채우고 견실한 신자가 되는 것처럼, 억지로라도 선한 의지라고 하든지, 또는 두 개의 악한 본성과 두 개의 악한 정신이 한 사람 안에서 싸우고 있다고 생각합니다. 그리고 그들이 보통 하나는 선한 본성이고 다른 하나는 악한 본성이라고 말하던 것이 참답지 않을 것입니다. 아니면 그들은 진리로 되돌아와서 어떤 사람이 무엇인가를 숙고할 때 영혼은 하나지만 여러 가지 의지들 사이에서 동요하는 것을 부정하지 못할 것입니다.

그러므로 한 사람 안에서 두 가지 의지들이 서로 적대하는 것을 느낀다고 해서 하나는 선한 본성을 가지고 다른 하나는 악한 본성을 가진

---

28 저들의 모임에(ad conventiculum eorum)에서 저들의(eorum)는 '마니교도들의'이다.

두 가지 상반되는 정신들이 서로 싸우는 반대되는 두 개의 실체들, 곧 반대되는 두 개의 원리들로부터 나온다고 말해서는 안 됩니다. 왜냐하면, 참다운 하나님 당신이 그들을 반박하고 논박하며 그들에게 확신을 주기 때문입니다(요한 3, 33). 두 가지 의지들이 다 악할 때가 있습니다. 어떤 사람이 살인할 경우 독약으로 할 것인가 아니면 칼로 할 것인가를 숙고할 때, 타인의 재산을 한꺼번에 과감히 빼앗지 못하므로 이것을 할 것인가 아니면 저것을 할 것인가를 숙고할 때, 그리고 돈을 낭비해서 쾌감을 살까 아니면 인색하게 재산을 모을까를 숙고할 때가 그런 경우들입니다. 만일 하루에 두 가지를 다 실행할 수 없으면 투기장엘 갈까 아니면 극장엘 갈까 하고 숙고합니다. 덧붙여서 세 번째로 기회가 오면 남의 집 물건을 훔쳐 볼까 하고 숙고할 수도 있습니다. 게다가 네 번째로 동시에 능력만 주어진다면 간음을 범해 볼까 하고도 숙고해 봅니다. 이 모든 생각들이 한 시점에서 한꺼번에 일어나고, 이 모든 것들이 똑같이 욕구되지만 동시에 다 행해질 수 없습니다. 왜냐하면 서로 다른 네 가지 의지, 곧 욕구하는 사물이 많을수록 많아지는 의지들로 말미암아 마음이 부서지기 때문입니다. 그렇지만 그들은 보통 상반된 실체들이 그렇게 많다고 말하지 않습니다.

그런데 선한 의지에 있어서도 마찬가지입니다. 내가 그들에게 사도의 글을 즐겁게 읽는 것이 선한지, 소박한 찬송가에 기뻐하는 것이 선한지, 복음을 논의하는 것이 선한지를 묻는다고 칩시다. 그들은 하나하나에 대해서 "선하다"라고 답할 것입니다. 그러나 어떻게 그렇습니까? 동시에 한 시점에서 모든 것들에 똑같이 기뻐하지만, 가능하면 그중에서 하나를 우리들이 선택하려고 숙고할 때 사람의 마음은 여러 가지 의지로 말미암아 흐트러지지 않겠습니까? 그런데 도든 것들이 다 선하므로 하나가 뽑힐 때까지 서로 싸우다가 여러 갈래로 나누어졌던 전체 의지가 하나의 의지로 몰리게 됩니다.

이처럼 영원한 것이 인간의 위에서 기뻐하고 좋은 쾌감이 인간을 아래에서 굳게 붙잡을 때 똑같은 영혼이라도 이것이나 저것을 원하는 의지가 온전하지 못합니다. 그러므로 진리로 말미암아 저것을 더 우선하는 것으로 놓고, 습관으로 말미암아 이것을 그렇게 놓지 못할 때 분열의 커다란 고통이 생깁니다.

11
정신과 육체의 싸움

나는 그렇게 병들어 있었으며 보통 때와 달리 매우 신랄하게 나 자신을 꾸짖으면서 괴로워하고 있었습니다. 아주 세게는 아니지만 이미 나를 묶고 있던 쇠사슬을 완전히 벗어날 때까지 나는 내 쇠사슬 속에서 뒹굴며 몸부림쳤습니다. 그렇지만 나는 여전히 묶여 있었습니다. 그렇지만 주여, 당신은 나의 가장 깊은 내면에서 위협했으며 엄격한 자비를 가지고 두려움과 수치심의 채찍을 더 보탰습니다. 그것은 내가 다시 포기하고, 가늘게 조금 남은 그것 자체[29]가 풀어지지 않고 다시 힘을 얻어서 한층 더 거세게 나를 묶지 않도록 하기 위해서였습니다.

왜냐하면 나는 속으로 이렇게 중얼거렸기 때문입니다: "자, 바로 하자, 바로 하자." 그리고 나는 말뿐만 아니라 이미 결심으로 옮기고 있었습니다. 나는 이미 거의 하는 척하면서도 실행하지는 않았습니다. 그렇지만 나는 앞선 일에 결코 다시 빠져들어 가지는 않고 근처에 서서

---

29 쇠사슬(vinculum)을 가리킨다.

숨을 고르고 있었습니다. 그래서 나는 다시 애썼으며, 거기에 있을 듯했고 그것에 닿을 듯했습니다. 그러나 나는 거기에 닿지도 못했고 또 그것을 잡지도 못했습니다. 나는 죽음으로 죽기를 그리고 생명으로 살기를 망설였습니다. 내게는 습관화되지 않은 선보다 습관화된 악이 더 강했습니다. 내가 다른 어떤 것이 되려는 시점이 가까이 다가올수록 나는 더욱더 겁에 질리게 되었습니다. 그러나 나는 뒷걸음을 치지도 않고 길을 바꾸지도 않았으며, 어정쩡한 상태에 있었습니다.

예전에 내가 벗하여 오던 가장 어리석은 일들과 가장 헛된 일들이 내 육체의 옷자락을 흔들어 대면서 소곤거렸습니다. "우리들을 버리고 갈 것인가?" 그리고 "이 순간부터 그대와 함께 더 이상 영원히 있을 수 없는가?" 또 "이 순간부터는 이것도 저것도 그대에게는 당연히 허용되지 않는다"라고 소곤댔습니다. 나의 하나님, "이것도 저것도"라고 그들이 말한 것은 무엇을 암시한 것입니까? 당신의 자비가 당신의 종의 영혼으로부터 이런 것들을 멀리 떼어 놓기를 바랍니다! 그들은 얼마나 더러운 것들을, 얼마나 수치스러운 것들을 암시했습니까? 그런데 나는 이미 멀리에서 그 소리들을 절반도 채 듣지 못했으며, 그것들은 멋대로 나를 반박하지 못하고 마치 등 뒤에서 중얼거리듯 떠나가는 내가 뒤돌아보게끔 몰래 나를 잡아당기는 것이었습니다. 내가 그들을 피하여 그들로부터 빠져나와서 부름받은 곳으로 달려가야 했지만 그것들은[30] 나를 머뭇거리게 하면서 내 걸음을 지체하게 만들었습니다. 그때 끈질긴 습관이 내게 말했습니다: "이런 것들 없이 네가 살 수 있다고 생각하느냐?"

그러나 그것은 이미 활기 없이 말했습니다. 왜냐하면 내가 얼굴을 들

30 지난날의 가장 어리석은 일들과 가장 헛된 일들.

고 떨면서 옮겨 가려고 뜻했던 그쪽으로부터 금욕의 정결한 고귀함이 나타났기 때문입니다. 맑은 고귀함은 흩어지지 않은 기쁨으로 날 보고 의심하지 말고 오라고 정직하게 나를 끌어당겼으며, 나를 받아 안으려고 선한 모범으로 가득 찬 경건한 손을 벌렸습니다. 거기에는 수많은 남자아이들과 여자아이들, 수많은 젊은이들, 모든 나이의 사람들, 점잖은 과부들과 나이 먹은 동정녀들이 있는데, 그들 모두에게는 금욕이 같지만, 금욕은 불임이 아니라 주여, 당신을 배필로 모셨으므로 그것은 신부의 기쁨으로부터 많은 자식들을 낳아 주는 어머니입니다.

그리고 그 고귀함은 내가 기운을 차리도록 다음과 같이 말하는 것처럼 조롱하듯 나를 보고 비웃었습니다: "이런 사내아이들, 이런 여자아이들이 한 것을 네가 할 수 없는가? 이런 사내아이들과 이런 여자아이들은 자기 자신들의 힘으로 할 수 있었던 것이 아니고 자기들의 주 하나님의 힘으로 할 수 있었던 것이 아니냐? 그들의 주 하나님이 나를 그들에게 주었다. 어쩌자고 너는 네가 서지도 못하면서 너에게만 의존하고 있느냐? 그분에게 너를 내어 맡기고 두려워하지 말아라. 네가 넘어질까 봐 그분은 몸을 피하지 않는다. 걱정말고 너를 던져 버려라. 그분은 너를 받아들여서 낫게 해 줄 것이다." 나는 너무 부끄러웠습니다. 왜냐하면 아직까지 저 어리석음의 중얼거림을 내가 듣고 있었고 오랫동안 머뭇거리면서 동요하고 있었기 때문입니다. 그리고 다시 다음 같은 말이 들리는 것 같았습니다: "정욕을 극복하려면 너의 저 더러운 사지(四肢)에 대해서 귀머거리가 되어라(골로 3, 5). 그들은 너에게 기쁨들을 이야기하지만 그 기쁨들은 너의 주 하나님의 법과 같지 않다(시편 119, 85)." 이런 말싸움은 내 마음 안에서 나 자신을 반대하여 바로 나 자신에 대하여 하는 것이었습니다. 그러나 알리피우스는 내 옆을 떠나지 않고 심상치 않은 행동의 결과를 말 없이 기다리고 있었습니다.

12
드디어 개종하다

깊은 상념이 나의 그윽한 내면의 바탕으로부터 내 비참함을 모두 들추어내어 내 마음의 시야 앞에 쌓아 놓자 엄청난 눈물의 소나기를 실은 커다란 폭풍이 일어났습니다. 나는 실컷 소리내어 눈굴을 쏟아 내려고 알리피우스로부터 떨어졌으며 — 내가 보기에는 혼자 있는 것이 울기에는 더 알맞았으므로 — 그가 옆에 있는 것이 내게 짐이 될까 봐 훨씬 더 멀리 떨어졌습니다.[31]

그 당시 내가 그런 것을 그도 알았습니다. 생각건대 내가 무슨 말을 했는지는 알지 못해도 내 목소리는 벌써 울음이 가득 찼고 어떻든 나는 일어섰습니다. 그래서 그는 앉아 있던 자리에 남아서 몹시 놀랐습니다. 나는 어느 무화과 나무 밑에 주저앉았으며, 어떻게 해서인지는 모르지만 울음이 터지자마자 내 눈에서는 강물이, 곧 당신이 즐겨 받는 그 제사가 쏟아져 흘러내렸습니다. 그리고 나는 말은 똑같지 않지만 다음과 같은 의미로 당신에게 많이 말했습니다: "그리고 주여, 당신은 언제까지 분노할 겁니까(시편 7, 1~4)? 주여, 언제까지 노여워할 겁니까, 끝까지 분노할 겁니까? 우리들의 옛날의 죄악들을 기억하지 마십시오." 왜냐하면 나는 그 죄악들에 묶여 있는 것으로 느꼈기 때문입니다. 나는 비참한 목소리로 외쳤습니다: "언제까지, 언제까지이고 '내일 그리고 또 내일' 입니까? 지금은 왜 아닙니까? 내 더러움은 왜 지금 이 시간에 끝나지 않습니까?"

나는 이렇게 말했으며, 내 마음은 가장 구슬프고 비참하게 울었습니

---

31 『고백록』 8권 8장과 9권 12장을 참고할 것.

다. 그런데 그때 나는 이웃집에서 들려오는 소리를 들었는데, 내가 알지는 못하지만 소녀 같기도 하고 소년 같기도 한데 수없이 반복해서 노래로 말했습니다: "집어서 읽어라. 집어서 읽어라."[32] 곧바로 내 안색이 변했고, 어린아이들이 어떤 놀이에서 흔히 저런 노래를 부르는지 곰곰이 생각해 보기 시작했지만 어디에서도 전혀 들어 본 일이 없었습니다. 나는 쏟아져 내리는 눈물을 그치고 일어났습니다. 나는 이것을 성서를 펴 들고 첫 번째로 보는 장(章)을 읽으라고 하나님이 나에게 명령하는 것으로 해석했습니다. 내가 들을 바로는 안토니우스는 어쩌다가 복음서를 읽는 중에 "가서 네 소유를 모두 팔아서 가난한 사람에게 주어라. 그리하면, 네가 하늘에서 보화를 차지하게 될 것이다. 그리고 와서, 나를 따르라(마태 19, 21)"라고 한 말을 자기에 대한 가르침으로 알고 충고를 받아들였다고 합니다. 그는 이러한 신탁(神託)에[33] 따라서 즉시 당신에게 돌아갔다고 합니다.

그래서 나는 급히 알리피우스가 앉아 있는 그 자리로 되돌아갔습니다. 왜냐하면 내가 그곳에서 일어났을 때 사도의 서한[34]을 거기에 놓고 왔기 때문입니다. 내가 그것을 집어 들고 펴서 조용히 읽자 내 첫눈에 들어오는 장(章)은 다음과 같았습니다: "호사한 연회와 술취함, 음행과 방탕, 싸움과 시기에 빠지지 맙시다. 주 예수 그리스도로 옷을 입으십시오. 정욕을 채우려고 육신의 일을 꾀하지 마십시오(로마 13, 13)." 나는 더 읽으려고도 하지 않았고 그럴 필요도 없었습니다. 이 문장을 읽자마자 즉시 평온함이 마치 빛처럼 내 마음으로 들어왔고 모든 의심

---

32 하나님의 말(계시)이 기록된 성서를 집어서 읽으라는 뜻.

33 신탁(oraculum)은 원래 고대 그리스에서는 신들의 말을 뜻했으나 여기서는 하나님의 말이다.

34 바울의 서간경(편지)을 말한다. 서간경(caudex)은 책, 공책, 기록물 등의 뜻을 가지고 있다.

의 어두움은 사라져 버렸습니다.

그때 나는 손가락인지 아니면 다른 어떤 것인지는 몰라도 그것을 책갈피에 찔러 넣고 덮은 후에 이미 잠잠해진 안색으로 알리피우스에게 말했습니다. 그 역시 — 내가 알지 못했던 — 자신의 행동에 대한 것을 이야기했습니다. 그는 내가 읽은 것을 보여 달라고 청했고, 내가 보여 주었더니 내가 읽은 것보다 더 아래쪽을 주의해서 보았는데, 나는 무슨 말이 뒤따라 나올지 몰랐습니다. 그러나 다음의 말이 뒤따랐습니다: "여러분은 믿음이 약한 이를 받아들여라(로마 14, 1)." 그는 자기에게 한 말로 알고 나에게 설명했습니다. 그러나 이러한 가르침을 확신하게 된 그는(이미 이전부터 더 선한 것에 있어서는 나와 거리가 매우 멀던 그의 성격에 가장 알맞게) 좋아하면서 착하게 다짐하고 전혀 거리끼지도 또 주저하지도 않고 나와 뜻을 같이했습니다.

그곳으로부터 어머니에게 가서 말했더니 어머니는 기뻐했습니다. 우리들이 어떻게 되었는지를 이야기하자 그녀는 기뻐했고 승리를 노래했으며, 우리들이 빌거나 아는 것보다 더 초월하여 능히 행하는(에베 3, 20) 당신에게 찬미를 바쳤습니다. 왜냐하면 그녀는 늘상 그녀가 불쌍한 눈물과 한숨으로 빌은 것보다 나에 관해서 한층 더 충만한 은혜를 당신이 그녀에게 준 것을 보았기 때문입니다. 당신은 나를 당신에게 돌아오게 했으므로, 나는 아내도 그리고 이 세속의 어떤 희망도 구하지 않고, 여러 해 전에 당신이 나와, 연관해서 내 어머니에게 보여 준 그 믿음의 법도 안에 굳게 서 있었습니다. 그리고 당신은 그녀의 슬픔을 기쁨으로 돌려놓았습니다. 당신은 어머니가 바랐던 것보다 더 풍요롭게, 그녀가 내 육신의 손자들에게 바랐던 것보다 훨씬 더 가치 있고 정결한 기쁨으로 돌려놓았습니다.

제9권

세례와 어머니의 죽음

1

하나님의 선함

오, "주님, 나는 당신의 종입니다. 나는 당신의 종이며 당신의 여종의 아들입니다. 주님이 나의 결박[1]을 풀어 주었습니다. 나는 주님에게 찬미의 감사제를 올리겠습니다(시편 116, 16~17)." 내 마음과 내 혀가 당신을 찬미하게 하고 내 모든 뼈가 이렇게 말하게 하십시오: "주여, 누가 당신과 비슷합니까(시편 35, 10)?" 그들로 하여금 말하도록 하고, 당신은 나에게 답하고 내 영혼에게 이렇게 말해 주십시오: "나는 너의 구원이다(시편 33, 20)."

나는 누구이며 또 나는 어떤 놈입니까? 내가 행한 것 중에 악하지 않은 것이 무엇이며, 내가 행한 것이 아니면 내가 말한 것들이, 내가 말한 것이 아니면 내 의지가 악하지 않은 것이 무엇입니까? 그러나 주여, 당신은 선하고 자비로우며, 당신의 오른손은 내 죽음의 심연을 둘러보고, 내 마음의 깊은 곳으로부터 까마득한 부패의 바닥을 걷어내 줍니다. 이것이 바로 내가 원한 것 전부를 내가 하려고 하지 않았고, 당신이 원한

---

1 결박(vinculum)은 쇠사슬, 족쇄, 멍에 등의 의미를 가지는데 육신이 범하는 욕정과 습관의 죄악 등이 모두 결박에 해당한다.

것을 나도 하려고 한 것입니다. 그러나 나의 자유의지가 그렇게 오랜 시간 동안 어디에 있었으며, 어떤 은밀한 곳으로부터 당장 불려 나왔기에 나의 조력자이며 나의 구원자인 그리스도 예수여, 당신의 부드러운 멍에에(마태 11, 30) 목덜미를 내밀고 당신의 가벼운 짐에 어깨를 들이민 것입니까? 하찮은 달콤함을 버리는 것이 뜻밖에도 내게 너무 달콤했으며, 잃어버릴까 봐 두려워하던 것들을 떠나보내는 것이 벌써 기쁨이었습니다.

참다우며 최상의 달콤함인 당신이 그것들을 내게서 몰아내고 그것들 대신 들어왔기 때문이니, 비록 살과 피에겐 아닐지라도 당신은 모든 관능적 쾌락보다도 더 달콤하며, 모든 빛보다 더 밝고 모든 비밀보다 더 내면적이며, 비록 스스로 높이는 자에게는 아닐지라도 모든 명예보다 더 높습니다. 이미 내 영혼은 지위를 바라고, 돈을 모으려고 하며, 욕정의 가려움을 긁으면서 뒹구는 지독한 관심에서 자유로웠습니다. 그리고 나는 나의 명예이며 나의 풍요로움이요 나의 구원인 나의 주 하나님과 이야기하고 있었습니다.

2
수사학 교육의 포기

그리고 나는 당신이 보는 앞에서 소란 떨지 않고 수다 떠는 시장을 조용히 떠나서[2] 혀를 놀리는 직업을 버리려고 마음먹었습니다. 어린 학생

2 수사학 교수를 포기하고 신앙에 몰두하려는 태도를 보여 줌. 당시 로마에서는 선생을 교수라고 불렀다. 지금도 프랑스에서는 라틴 전통을 따라서 유치원부터 대학에 이르기까지 선생을 교수라고 부른다.

들이(당신의 율법을 숙고하지 않고 또 당신의 평화도 숙고하지 않고 거짓된 광기와 법정의 변론을 숙고하면서) 더 이상 내 입으로부터 광포한 무기를 사들이지 못하게 하기 위해서였습니다.[3]

그런데 마침 포도수확의 휴가까지 날짜가 얼마 남지 않았습니다.[4] 나는 그때까지 참았다가 당신에게 구원받은 내가 다시는 팔리지 않도록 정중하게 사직하려고 했습니다.

그러므로 우리들의 뜻은 당신에게만 알렸을 뿐이고 우리들의 친구 말고 다른 사람들에게는 알리지 않았습니다. 누구에게도 멀리 말이 새어 나가지 않도록 우리들 사이에 의견이 일치했습니다. 그렇지만 눈물의 골짜기에서 올라오면서 계단의 송가[5]를 노래하는 우리들에게 날카로운 화살과 불타는 숯불을 주었으니, 이는 마치 충고하면서 어긋나고 음식처럼 좋아하면서 먹어 버리는 간교한 혀를 꺾기 위해서였습니다.

당신은 우리들의 마음에 당신의 사랑의 화살을 쏘았으며, 우리들은 당신의 말을 폐부에 깊이 새겨 지녔고, 당신이 캄캄함을 밝게 하고 죽을 것을 살게 한 당신 종들의 모범들이 우리들의 사색(思索)의 품 안에 모여들어 활활 불타면서 다시는 심연에 빠지지 않도록 극심한 나태함을 소멸시켜 버렸습니다. 그런데 그것들은 세차게 우리들을 불태웠으니, 간교한 혀로부터 불어오는 온갖 모순된 바람이 우리들을 더 강하게 불타게 하고 꺼지지 않게 하기 위해서였습니다.

---

3 고대 그리스의 후기 궤변철학자들(소피스트들)에게서 보듯이 수사학이 단지 실용적인 측면에서만 사용될 경우 말솜씨는 오로지 이기욕과 지배욕을 충족시키는 수단으로만 사용될 수 있다. 이런 점에 대해서 아우구스티누스는 경각심을 불러일으키고 있다.

4 당시 관공서의 휴가는 8월 22일~10월 15일 사이였고 포도주용 포도의 수확도 이 시기에 이루어졌다.

5 시편 120~134편은 성전에 올라가는 순례자의 노래이다. 계단의 송가는 바로 성전에 올라가는 순례자의 노래를 지시한다.

그렇지만 땅을 통해서 당신이 거룩하게 한 당신의 이름 때문에 어떻든 우리들의 소원과 목적을 칭찬해 줄 사람이 역시 있을 것이므로 곧 다가오는 방학까지 기다리지 않고 모든 사람들의 눈에 띄는 공직을 미리 떠나 버리는 일이 잘난 체하는 것처럼 여겨졌습니다. 곧 다가오는 방학 때까지 참지 못하고 내가 한 일에 대해서 그리고 마치 내가 위대하게 보이려고 욕망한 것처럼 모든 사람들이 입을 모으고 많은 사람들이 말할 것이기 때문이었습니다. 그래서 사람들이 내 마음에 대해서 이렇다느니 저렇다느니 따져 묻고 우리들의 선한 일을 경멸한다면(로마 14, 16) 그것은 나에게 있어서 어떤 목적에 도움이 되겠습니까?

또한 그해 여름에 내가 학사(學事)에 지나치게 과로해서 내 폐가 약해지기 시작했고, 심호흡이 어려웠으며 가슴이 고통스러워서 병든 것 같았고, 한결 더 맑은 목소리를 내기가 힘들어졌습니다.[6] 우선 나는 당황스러웠습니다. 나는 어쩔 수 없이 가르치는 저 교수의 일을 내려놓을 수밖에 없었고 혹시 치료되어 기운을 다시 회복할 수 있다고 해도 필히 중단할 수밖에 없었기 때문입니다. 그러나 당신이 주님임을 여유롭게 알아볼 가득 찬 의지가(시편 46, 11) 나에게 일어나고 확고해지자 — 나의 하나님, 당신이 압니다만 — 이것이 거짓된 이유가 아니라는 사실에 기쁘기까지 했습니다. 왜냐하면 이것만으로도 자기들의 아들들을 위하여 결코 나를 해방시켜 주지 않으려고 하는 사람들의 상심을 가라앉힐 수 있었기 때문입니다.

나는 그런 기쁨에 벅차서 — 그 기간이 이십 일이나 되는지 어떤지 알지는 못하지만 — 그 기간이 다 지나갈 때까지 참고 지냈습니다만 매

6 당시 아우구스티누스는 수사학교육에 전념하느라 항상 지쳐 있었다. 게다가 습기 차고 더운 밀라노의 아열대성 기후 또한 지친 그를 더 힘들게 하여 호흡기질환을 달고 살게 하였다.

우 힘들게 참았습니다. 왜냐하면 보통 때 나는 중대한 일이라도 욕망으로 견뎌 냈지만, 지금은 욕망도 사라져 버렸으므로 만일 인내가 계속되지 않았더라면 나는 버림받아서 실패했을 것이기 때문입니다.

당신의 종들 중, 곧 내 형제들 중 누군가가, 이미 당신을 모시는 일이 마음에 충만하면서도 한시라도 내가 거짓말의 강좌에 앉아서 고통을 받은 일을 죄악이라고 말할 것입니다. 그런데 나는 그것을 왈가불가 따지지 않겠습니다. 그러나 가장 자비로운 주여, 당신은 이 죄악을 나머지 끔찍하고도 당연히 죽여야 할 죄악들과 함께 성스러운 물로 용서하고 또 나를 씻어 주지 않았습니까?

3
친구들의 행복한 죽음

우리들의 이러한 행복[7]이 베레쿤두스에게는 걱정거리가 되어 그는 몸이 허약해졌습니다. 그는 단단하게 묶여 있던 자신의 쇠사슬 때문에 자신이 우리들과의 사귐으로부터 멀어지는 것으로 여기고 있었습니다. 아직 그리스도교 신자가 아니면서 신자인 아내와 결혼한 그는, 그렇지만 다른 것들보다 아내에게 묶여서 우리들이 이미 들어선 길에서 주저하고 있었습니다. 그의 말에 따르면 그는 불가능한 방법에 의해서만 그리스도인이 되려고 했고 다른 방법으로는 그렇게 되기를 원치 않았습니다.

그렇지만 그는, 우리들이 그곳에 머무는 동안 자신의 별장에 있어 달

7 선(bonus) 또는 선한 것을 행복이라고 옮겼다.

라고 친절하게 청했습니다. 주여, 의인(義人)들이 부활할 때 그에게 보상해 주십시오. 왜냐하면 당신은 이미 그에게 정의로운 운명을 주었기 때문입니다(시편 125, 3). 우리들이 이미 로마에 있을 때 그는 우리들 곁을 떠나서 몸이 병들었으며 병중에 그리스도교 신자가 되어 이 세상의 삶을 하직했던 것입니다. 당신은 그뿐만 아니라 우리들에게도 역시 자비로웠습니다. 만일 그렇지 않았다면 우리들은 우리들의 친구에게서 받은 인간성을 생각하고 또 그가 당신의 양들의 무리 속에 헤아려지지 않은 것을 보고 견딜 수 없는 고통으로 괴로워했을 것입니다.

우리들의 하나님, 당신에게 감사합니다! 우리들은 당신의 것입니다. 당신의 훈계와 위안이 이것을 말해 줍니다. 성실하게 약속을 지키는 당신이 저 카시키아쿰[8]의 별장을 빌린 값으로 베레쿤두스에게 상을 주십시오. 그곳에서 우리들은 속세의 번뇌를 떠나서 당신 안에서 쉬었으니, 영원히 푸르른 당신의 낙원의 아름다움을 그에게 주십시오. 왜냐하면 당신이 지상에서의 그의 죄를 용서하고, 그를 방향(芳香) 가득한 산, 당신의 산, 풍요로운 산에 두었기 때문입니다(시편 68, 16).

그러므로 당시 베레쿤두스는 괴로워하고 있었지만 네브리디우스는 우리들과 함께 즐거웠습니다. 그 자신도 아직 그리스도인이 아니었으므로 저 가장 해로운 오류의 구덩이에 빠져서 당신의 아들의 진리의 육신을 헛것[9]으로 믿었지만, 그는 그곳으로부터 빠져나오게 되었습니다. 그는 아직까지 당신 교회의 성찬식을 하나도 받지 못했지만 가장 열렬한 진리탐구자였습니다. 우리들이 개종하여 당신의 세례를 통해서 재생한 지 얼마 되지 않아서 그 역시 가톨릭 신자가 되었으며, 아프리카

8 카시키아쿰(Cassiciacum)은 밀라노로부터 약 30여 킬로미터 거리에 있는 카사고(Cassago)인 것으로 밝혀졌다.

9 헛것(phantasma)은 환상, 괴물, 곡두 등의 의미를 가진다.

에 있는 자신의 집에서 완전히 순결을 지키고 절제하면서 당신을 섬기다가 그의 온 집안이 그로 말미암아 그리스도인들이 되었을 때, 당신은 그를 육신으로부터 해방시켜 주었습니다.

그래서 그는 지금 아브라함의 품 안에서 살고 있습니다(누가 16, 22).[10] 그 품이 무엇을 의미하든지 간에 그곳에 나의 네브리디우스가 살고 있습니다. 나의 사랑스러운 친구지만, 노예에서 해방된, 당신이 입양한 아들이 그곳에서 살고 있습니다. 다른 어떤 곳이 그러한 영혼을 위한 장소입니까? 그는 그곳에 살면서 아무것도 모르는 이 하찮은 놈에게 그곳에 관해서 수많은 것을 물어보았습니다. 이미 그는 귀를 내 입에 대지 않고 정신적인 입을 당신의 샘에 대고(시편 36, 9) 마음껏 자신이 원하는 대로 지혜를 마시니 한없이 행복합니다. 그러나 그가 그 샘을 취하도록 마신다고 해도 그가 나를 잊는다고는 믿지 않습니다. 왜냐하면 주여, 그가 마시는 당신은 그렇지만 우리들을 기억하고 있기 때문입니다(시편 35, 22). 그러므로 우리들은 그렇게 있었습니다. 우리들은 개종했지만 우정은 변치 않으면서 슬퍼하는 베레쿤두스를 위로하였고, 그의 신분에, 곧 결혼생활에 성실하기를 권했습니다. 그러나 우리들은 네브리디우스가 우리들을 따라오기를 기다리고 있었습니다. 그는 충분히 그럴 수 있는 사람이었으며 드디어 그런 날이 오게 될 때 그는 이미 그렇게 했을 것입니다. 그러나 그날들이 내가 보기에는 너무 길고 많았습니다. 나는 모든 내면으로부터 노래할 수 있는 편한 자유를 몹시 사랑했습니다. 내 마음은 당신에게 말합니다. 나는 당신의 얼굴을 찾았습니다. 주여, 나는 당신의 얼굴을 찾을 것입니다(시편 27, 3).

---

10 아브라함의 품 안은 의인(義人)들이 천국에 들어가기 전에 잠시 머무는 곳을 뜻하기도 하고 바로 천국을 의미하기도 한다.

4

베레쿤두스의 별장에서

그런데 생각으로는 이미 해방되었지만, 실제로 수사학 교수직에서 해방되는 날이 찾아왔습니다. 그래서 다음과 같이 되었습니다. 이미 내 마음을 그곳에서 구해 준 당신이 내 혀를 구해 주었으므로 나는 기뻐하면서 당신을 찬미하고 내 모든 친구들과 함께 별장을 향해서 갔습니다. 그곳에서 내가 배움에 관해서 무엇을 했는지는 — 이미 당신을 모신다고 잠시 쉬면서 학자의 오만함을 내뿜은 것은 — 현존하는 친구들과의 토론 그리고 당신 앞에서 내 혼잣말을 쓴 책들이 증명해 줍니다. 그리고 멀리 떨어져 있던 네브리디우스와의 편지들이 그것을 증명합니다.[11]

그런데 당신이 그때 우리들에게 베푼 당신의 커다란 은혜를 모두 다 기억해 내려면 나에게 얼마의 시간이 충분하겠습니까? 특히 나는 더 큰 다른 일들도 시간상 서둘러서 말하지 않습니까? 내가 내 기억을 돌이켜 보노라면 주여, 당신에게 고백하는 것이 나에게 흡족해집니다. 당신은 내면의 채찍으로 나를 길들였습니다. 예컨대 당신은 산과 언덕 같은(이사 40, 4) 내 생각들을 평탄하게 하여(누가 3, 4) 낮게 만들어 주었습니다. 그리고 당신은 내 꼬인 것에 방향을 잡아 주었고 험한 길을 완만하게 만들었습니다. 그리고 내 마음의 형제인 알리피우스를 당신의 외아들, 곧 주님이며 우리들의 구원자인 예수 그리스도의 이름 아래로(2베드 3, 18) 기어들어 가게 했습니다. 그는 처음에는 그 이름이 우리들의 글에 삽입되는 것을 싫어했습니다. 왜냐하면 그는 뱀을 적대시하는 교회라는 약초보다도 이미 주님이 꺾어 버린 학교의 삼(杉) 나무

11 그 당시 쓴 책들은 『아카데미학파 반론』, 『행복한 생활』, 『질서론』 등이며, 네브리디우스와의 편지들은 지금까지 두 장이 남아 있다.

향을 맡으려고 했기 때문입니다.

예비신자[12]인 알리피우스와 함께 별장에서 휴가를 보낼 때 나도 예비신자로서 참다운 당신의 사랑을 알지 못했으나 내가 다윗의 시편을 읽을 때, 믿음의 노래, 곧 교만한 정신을 멀리 떠난 경건한 노래를 읽을 때 나의 하나님, 내가 당신에게 부르짖은 소리는 무엇이었습니까? 어머니는 우리들과 함께 있었는데, 여자의 옷을 입었지만 신앙으로는 남자였으며, 지긋한 나이에 안정감이 있고 어머니의 사랑과 그리스도인의 경건함을 지니고 있었습니다! 저 시편을 읽으면서 나는 당신에게 얼마나 외쳤습니까? 그리고 나는 얼마나 당신 안에서 불타올랐으며 또한 가능하다면 인류의 오만함에 반대해서 온 세계에 이것을 외치려고 불붙었습니까! 그렇지만 전 세계가 노래하며 어느 누구도 당신의 불길을 피하지 못합니다(시편 19, 7). 나는 얼마나 불 같은 예리한 고통으로 마니교도들을 저주했으며, 다시금 그들이 저 성찬식, 저 약을 알지 못하고 병을 치료할 수 있는 해독제를 미친 듯이 반대한 것을 얼마나 가엾게 여겼습니까! 그 당시 내가 원하기로는 그들이 내가 모르는 곳에 바로 가까이 있으면서 내 안색을 살피고 내 목소리를 들어 주었으면 했습니다. 당시 내가 한적한 그곳에서 네 번째 시편을 읽을 때 그 시편은 내를 매우 감동시켰습니다: 내가 당신을 불렀을 때 나의 의로운 하나님, 당신은 나의 청을 들어주었습니다. 내가 곤궁에 빠졌을 때 당신은 나를 너그럽게 보아 주었습니다. 주여, 나를 불쌍하게 여기고 나의 기도를 들어주십시오(시편 4, 1). 그들이 듣고 있는지 어떤지는 내가 알지 못해도 그들이 들어 주었으면 한 것은 시편의 말들을 내가 중간중간 말하는 것이 그들에 대한 것인 줄로 그들이 잘못 생각하지 않을까

12 예비신자(catechumenus)는 그리스도 신앙은 가졌으되 아직 세례를 받지 않은 신자를 말한다.

해서인 것입니다. 왜냐하면, 만일 그들이 내 말을 들으며 나를 보는 것을 내가 눈치챘더라면, 나는 실제로 똑같은 것들을 똑같은 식으로 말하지 않았을 것이기 때문입니다. 내가 말했다고 해도 그들은 내가 당신 앞에서 내 영혼의 친밀한 느낌에 대해서 홀로 이야기하는 것으로 받아들이지 않았을 것입니다.

나는 두려움에 떨었으며 똑같은 곳에서 아버지여, 당신의 자비에 기뻐하면서 희망에 벅찼습니다. 그런데 이 모든 감정들은 선한 당신의 성령이 우리들을 향해서 다음처럼 말할 때 내 눈과 목소리를 통해서 쏟아져 나왔습니다: "사람의 아들들아, 언제까지 무거운 마음을 짊어지겠느냐? 어찌하여 헛됨을 좋아하고 거짓말을 찾는가(시편 4, 2)?" 왜냐하면 나는 헛됨을 좋아하여 거짓말을 찾아다녔기 때문입니다. 그리고 주여, 당신은 이미 당신의 성자(聖子)를 죽은 자로부터 높이 일으켜서 그에게 영광을 주고(에베 1, 20) 당신의 오른편에 앉혔으며, 그는 자신이 약속한 진리의 정신인 파라클레투스[13]를(요한 14, 16) 하늘로부터 보내게 되었던 것입니다. 성자는 벌써 그분을 보냈지만 나는 알지 못했습니다. 왜냐하면 죽은 자로부터 부활한 성자가 이미 하늘로 올라가서 영광을 받았기 때문에 성자는 그분을 보낸 것입니다. 그러나 그 이전에 "아직 성령이 강림하지 않은 것은 아직 예수가 영광을 받지 않았기 때문입니다(요한 7, 39)." 그런데 예언은 이렇게 외칩니다: "언제까지 무거운 마음을 짊어지겠는가? 어찌하여 헛됨을 좋아하고 거짓말을 찾아다니느냐? 그리고 너희는, 주님이 당신의 성자에게 영광을 주는 사실을 알아라(시편 4, 3)." 예언은 "언제까지"라고 외치며 "알라"라고 외칩니다. 그런데 나는 지금까지 알지도 못하면서 좋아하여 거짓말을 찾

13 파라클레투스(paracletus)는 요한복음에서는 보혜사라고 했는데, 쉽게 말하면 위안을 주는 자, 곧 성령(聖靈)이다.

아다녔습니다. 그러므로 나는 말을 듣고 무서워서 떨었습니다. 왜냐하면, 내가 회상하건대, 그런 말은 나를 두고 한 말이었기 때문입니다. 내가 진리로 꽉 움켜쥐었던 환상 속에는 헛됨과 거짓말이 있었습니다. 그런데 나는 고통스러운 기억 속에서 과격하게 소리를 질러 댔습니다. 그렇지만 나는 그때까지도 아직 헛됨을 좋아하고 거짓말을 찾아다니는 사람들이 이 소리를 들었으면 했습니다. 아마도 그들은 정신을 잃고 자기들의 독을 토했을 것이고, 당신은 당신에게 부르짖는 그들의 소리를 들어 주었을 것입니다. "우리들을 위하여 당신에게 기도하는 그분이(로마 8, 34)" 우리들을 위해서 육신의 죽음을 죽었습니다.

나는 "분노하여라. 그리고 죄악을 범하지 말아라(시편 4, 4)"를 읽었습니다. 그런데 나의 하나님, 나는 너무 감격했습니다. 나는 앞으로는 죄를 짓지 않기 위해서 지나간 일들에 대해서 분노하기를 배웠습니다. 나는 옳게 분노하는 것도 배웠습니다. 왜냐하면, 자신에게 화내지 않고 하나님의 의로운 판단이 계시되는 분노의 날에 그 븐노를 자기에게 쌓는 자들이(로마 2, 5) 말하는 것처럼 내가 죄짓는 것은 어두운 종류의 인간의 본성이 달리 있어서 그런 것이 아니기 때문입니다! 이미 나의 선(善)[14]은(시편 4, 6) 밖에 있지 않았으며, 이러한 태양 아래에서 육안으로 찾을 것이 아니었습니다. 왜냐하면 바깥 것으로 즐기려고 하는 자들은 쉽게 공허해지며,[15] 눈에 보이는 순간적인 것들에 자신을 쏟아부어 허기진 생각으로 그것들의 이미지[16]를 핥기 때문입니다. 오, 만일 저들이 배고픔에 지쳐서 누가 우리들에게 선한 것들을 보여 줄 것인가

14 나의 선(bonus mea)은 나의 행복과 같은 의미이다.

15 내면적인 영혼의 신앙을 도외시하고 오직 외적인 육신의 쾌락에만 몰두한다면 구원의 길은 멀기만 하다는 뜻.

16 이미지(imago)는 그림, 허상, 메아리, 유사함, 표상 등의 뜻을 가지고 있으므로 참다운 것이 아니고 헛된 그림자에 불과하다.

(시편 4, 6)라고 말한다면 우리들은 다음처럼 말하고 저들은 그것을 들을 것입니다. 주여, 당신의 얼굴의 광채가 우리들 안에 찍혔습니다. 왜냐하면 우리들은 모든 사람들을 비추는(요한 1, 9) 빛이 아니고 언젠가 암흑이었는데 당신 안에서 빛이 되기 위하여 당신에게서 빛을 받았기 때문입니다(에베 5, 8). 오, 저들도 나처럼 그 내면의 영원함[17]을 보았더라면! 나는 그 빛을 보았지만 저들에게 보여 줄 수 없었기 때문에 한탄했는데, 저들은 당신을 떠나서 자기들의 눈 안에 있는 마음을 나에게 들이밀면서 말했습니다: "누가 우리들에게 선한 것들을 보여 줄 것인가(시편 4, 6)?" 나 자신이 분노하고 잠자리에서 뉘우치며, 오래된 나를 죽여서 바치고 당신에게 희망을 품고 내 새로운 삶을 명상하기 시작하는 곳에서 당신은 나에게 달콤해지기 시작했으며 내 마음속의 기쁨을 주었습니다(시편 4, 7). 그리고 나는 이 말들을 겉으로 읽고 속으로 깨달으면서 소리쳤습니다. 나는 시간을 소비하며 시간에 소모되는 지상의 선을 더 늘리려고 하지 않았습니다. 나는 영원한 단일함 속에 또 다른 곡식과 포도주와 기름을 가지고 있었기 때문입니다(시편 4, 7).

그리고 이어지는 시에서 나는 내 마음의 큰소리로 외쳤습니다. 오, 평화 안에서! 오, 똑같은 분 안에서! 오, 나는 잠들 것이고 잠을 취할 것이다라고 한 말과 승리가 죽음을 삼켰다(1고린 15, 54)는 말이 실현될 때 누가 우리들에게 저항할 것입니까? 당신은 확실히 변하지 않는 똑같은 분[18]이며 당신 안의 안식은 모든 수고를 잊습니다(말라 3, 6). 왜냐하면 어떤 다른 것도 당신과 비교할 수 없고, 당신이 아닌 다른 것들을 찾을 필요도 없지만 주여, 당신만이 특별히 나를 희망 안에 놓아

---

17 내면의 영원함(internus aeternus)은 바로 하나님의 본성이므로 이 말은 아우구스티누스의 신앙과 철학의 절정을 장식한다.

18 똑같은 분(id ipsum)이란 생성 소멸하지 않고 영원불변한 존재원리라는 뜻임.

두었습니다.

나는 이것들을 읽고 마음이 불탔지만 저 죽은 벙어리들에게 무엇을 해 주어야 할지를 찾지 못했습니다. 나도 전에는 그들처럼 괴질(怪疾)과도 같았으며 천상(天上)의 꿀처럼 달고 당신의 빛으로 빛나는 성서에 반대하여 눈이 먼 채로 신랄하게 짖었지만 이제는 성서의 적들 때문에 속을 태웠습니다(시편 139, 21).

저 휴가 날짜들의 일을 나는 언제 다 회상할 수 있을까요? 그러나 당신의 채찍의 엄함과 당신의 자비의 놀랍게도 빠름을 나는 잊지도 않았으며 침묵할 수도 없습니다(신명 32, 39).

그 당시 당신은 치통으로 나를 괴롭혔습니다. 말을 못할 정도로 고통이 심해졌을 때, 옆에 있던 내 모든 사람들이 모든 건강의 하나님인 당신에게 나를 위해서 빌어 달라는 생각이 문득 내 마음에 떠올랐습니다. 나는 이것을 기름종이에 써서 그들에게 주어 읽게 했습니다. 우리들이 정성을 다해서 무릎을 꿇는 순간 그 고통은 사라져 버렸습니다. 그러나 그것은 무슨 고통이었습니까? 또 그것은 어떻게 사라졌습니까? 나의 주, 나의 하나님, 나는 놀랐음을 고백합니다. 왜냐하면 나는 어린아이 시절부터 그런 일을 전혀 경험하지 못했기 때문입니다. 그리고 나는 내 영혼의 가장 깊은 곳에서 당신의 뜻을 느꼈으며, 나는 믿음으로 기뻐하면서 당신의 이름을 찬미했습니다. 그런데 그 믿음은 지나간 내 죄악들에 대해서 안심하기를 허락하지는 않습니다. 그 이유인즉 내 죄악들이 아직까지는 당신의 세례에 의해서 용서받지 못했기 때문입니다.

5
읽어야 할 책들

포도수확이 끝난 다음 나는 밀라노 사람들에게 알려서 그들의 학생들을 위해서 말을 팔아먹는 다른 선생을 구하라고 했습니다. 나는 당신을 섬기기로 결정했으며 호흡이 힘들고 가슴이 고통스러워서 그 교수직을 감당할 수 없었습니다.

그리고 당신의 주교이자 성인(聖人)인 암브로시우스에게는 편지를 보내 지난날의 내 잘못과 나의 현재의 소망을 알렸습니다. 매우 큰 은총을 받음에 있어서 더 알맞은 준비를 하려면 당신의 성서 중에서 내가 특히 어느 부분을 읽어야 할지를 가르쳐 달라고 하기 위해서였습니다. 그런데 그는 예언자 이사야[19]를 읽으라고 추천했습니다. 내가 믿건대 이사야는 다른 예언자들보다 복음과 이방인의 소명을 더 명백하게 예언했기 때문입니다. 그렇지만 실제로 나는 처음 읽던 부분을 이해하지 못하고 전부가 다 그러리라고 믿고, 내가 주님의 말에 한결 익숙해지면 다시 읽기로 하고 읽기를 미루었습니다.

6
밀라노에서의 세례

그로부터 내 이름을 적을 날이 다가오자[20] 우리들은 시골을 떠나서 밀

---

19 구약의 이사야서를 말한다.

20 아우구스티누스는 387년 3월 초, 곧 사순절 초 예비신자의 명부에 이름을 올리고 그 후 세례를 받기로 작정하고 있었다. 사순절(四旬節, Tempus Quadragesimale)은

라노로 되돌아갔습니다.

알리피우스도 나와 함께 당신 안에서 기꺼이 새로 태어나려고 했습니다. 그는 이미 당신의 성찬식에 맞는 겸손의 옷을 걸쳤으며, 감히 평소에 없던 용기를 내어 이탈리아의 언 땅을 맨발로 걸을 정도로 가장 강하게 육체를 단련했습니다. 우리들은 또한 우리들의 아이인 아데오다투스를 데리고 갔습니다.[21] 아데오다투스는 육체적으로 나의 죄악으로부터 태어난 아이였습니다. 그러나 당신은 그 아이를 선하게 만들어 주었습니다. 그는 나이가 거의 열다섯 살이었지만 재능은 비중 있는 여러 학자들보다 뛰어났습니다. 나의 주 하나님, 우리들의 결함을 수없이 고칠 수 있는 만물의 창조자여, 당신이 준 것을 당신에게 고백합니다. 왜냐하면 그 아이 안에서 내가 가진 것이라곤 죄악 말고 아무것도 없기 때문입니다. 우리들이 당신의 가르침으로 아이를 키웠지만, 어느 다른 분도 아닌 당신이 우리들에게 영감을 불어넣어 그렇게 하도록 했으므로 당신이 준 것이라고 당신에게 고백합니다. 『교사론』이라는 책이 있는데[22] 거기에서 그 아이는 나와 이야기합니다. 그 아이가 열여섯 살 나던 해 그는 나의 대화상대자로서 거기에서 자신의 모든 생각을 전개하고 있는 것을 당신은 압니다. 나는 다른 수많은 그의 놀라운 일들을 겪었습니다. 나는 그의 재능이 무서웠습니다. 그러나 당신이 아니라면 누가 이런 놀랄 만한 일을 할 수 있겠습니까?

기독교의 정진의 계절이다. 예수가 광야에서 40일간 악마의 시험을 견디며 금식한 것을 기억하기 위해서 단식하고 속죄하는 기간으로 일요일을 뺀 부활절 이전 40일간이 사순절에 해당한다.

21 아우구스티누스는 18세 때(372년) 동거녀와의 사이에서 아들 아데오다투스(Adeodatus)를 얻었다. 아데오다투스는 하나님으로부터(a deo) 주어진 자(datus)의 뜻을 가진다.

22 『교사론』(*De magistro*)은 아우구스티누스가 389년 고향 타가스테의 수도원에서 집필한 책으로 그의 대표 저술들 중 하나이다.

일찍이 당신은 이 세상으로부터 그의 생명을 거두었지만, 나는 한결 차분하게 그를 회상하며 그의 소년기에 대해서도, 청년기에 대해서도 그리고 그의 인간 전체에 대해서도 두려워하지 않습니다.

우리들은 그 아이와 함께 당신의 은총에 참여하고 당신의 가르침을 그 아이에게 가르치려고 했습니다.[23] 우리들은 세례를 받았고 지난 삶의 근심 걱정은 우리들에게서 사라져 버렸습니다.

그 당시 인류의 구원에 대한 당신의 깊은 의도를 고찰하는 것이 놀라울 만한 기쁨이었지만 나는 그것으로 만족하지 않았습니다. 당신의 교회에서 달콤하게 울려 퍼지는 천송가와 찬미가에 나는 매우 감격해서 얼마나 울었는지요! 그 소리들은 내 귀에 스며들었고, 진리는 내 마음 속으로 스며들었으며 그로부터 경건한 정서가 불타올랐고 눈물이 흘러내렸으며 나는 이것들과 함께 행복했습니다.

7

암브로시우스가 발견한 기적

밀라노교회가 이런 종류의 위안과 교훈을 축하하고 교우들이 커다란 열성으로 소리와 마음의 합창을 하기 시작한 것은 오래된 일이 아닙니다. 그때는 일 년이나 얼마 더 지나지 않아서 어린 왕 발렌티니아누스의 모친인 유스티나[24]가 아리안파[25]들에게 유혹당하게 된 이단(異端)으

23 그 아이는 아우구스티누스의 아들 아데오다투스이다. 아우구스티누스는 아들과 함께 387년 4월 25일 암브로시우스 대주교로부터 세례를 받았다.

24 어린 왕 발렌티니아누스의 모비(母妃) 유스티나는 이단인 아리안파에 속했으므로 암브로시우스를 박해하고 자객을 보내어 암브로시우스를 살해하려 했으나 실패했음.

25 아리안파는 325년 니케아 공의회에서 이단으로 파문당했다. 아리안파는 알렉산

로 말미암아 당신의 사람인 암브로시우스를 박해할 때였습니다. 경건한 백성[26]은 교회에서 밤새우며 당신의 종인 그들의 주교와 함께 죽을 준비를 하고 있었으며, 거기에서 당신의 하녀인 내 어머니도 우선 걱정하고 밤을 새우며, 기도하면서 살고 있었습니다. 아직까지 우리들은 당신의 성령(聖靈)의 열기에 의해서 뜨거워지지 않아 차가웠지만 마을이 매우 놀라고 소란스러워서 우리들은 흥분했습니다. 그 당시 사람들이 권태로운 비애에 지치지 않게끔 동방교회의 관습에 따라서 찬송가와 시들을 노래하는 것이 관습이 되었습니다. 그때부터 오늘까지 보존되어 온 관습은 이미 수많은, 아니 거의 모든 당신의 양떼들이 지상의 다른 모든 곳에서도 따르고 있습니다.

그때 당신은 앞에서 말한 당신의 주교에게 순교자 프로타시우스와 게르바시우스의 육신들이 숨겨져 놓여 있던 곳을 현몽(現夢)을 통해서 보여 주었습니다. 매우 오랜 세월 동안 썩지 않게끔 당신의 신비의 보물 안에 보관했던 것들[27]을 적절한 시기에 당신이 보여 준 것은 여왕인 한 여인의 광기를 누르기 위해서였습니다. 왜냐하면 유해들을 발견해서 파낸 다음에 성대한 예의를 다하여 암브로시우스의 대성전[28]으로 옮길 때, 악마들 자신이 고백한 것처럼 더러운 잡신들에게 괴로움을 당하던 사람들이 나았을 뿐만 아니라, 여러 해 전에 더러운 장님이 되었고 마을이 모두 알던 한 시민도 역시 나았습니다. 그때 그는 사람들의 기쁜 소란의 원인이 무엇인지 묻고 그것을 듣자 벌떡 일어나서 자신의 길

드리아의 사제인 아리우스를 추종한 이단으로서 예수의 성령(聖靈)을 부정함으로써 삼위일체를 인정하지 않았다.

26 경건한 백성(pia plebs)에서 백성(plebs)은 다수의 사람들, 천민 등의 뜻을 가지므로 평범한 일반인들을 지칭한다.

27 순교자 프로타시우스와 게르바시우스의 유해들을 말한다.

28 대성전(basilica)은 큰 교회를 지칭한다.

잡이에게 자신을 그곳으로 이끌어 달라고 요청했습니다. 그래서 그는 당신이 보는 앞에서 값진 당신의 성자들의 죽음의 관을(시편 16, 10) 손수건으로 만질 수 있었습니다. 그가 그렇게 하고 손수건을 눈에 대는 즉시 그는 두 눈을 떴습니다. 그로부터 소문이 퍼졌습니다. 그로부터 당신의 찬미가 불타오르고 빛났습니다. 그로부터 저 적대적인 여자의 마음이 비록 건전한 믿음으로 돌아가지는 못했을지라도 박해하던 광기는 억누르게 되었습니다.

나의 하나님, 당신에게 감사합니다! 당신은 어디에서부터 그리고 어디로 내 추억을 이끌어 주어서 내가 잊어버렸던 이 큰일을 당신에게 고백하게 합니까? 그렇지만 그 당시에는 당신의 연고의 냄새가 매우 향기로웠지만(아가 1, 3), 우리들은 당신의 뒤를 따라서 달려가지 않았습니다. 그래서 당신의 찬송가를 부르는 중에 나는 한층 더 세차게 울었습니다. 이전에 나는 당신을 동경했으며, 이제는 초막집에 들어오는 바람을 마음껏 마시게 되었습니다.[29]

8
어머니와의 대화

한 집에 한마음으로 살게 해 주는 당신은(시편 68, 7) 우리 마을 출신인 청년 에보디우스를 우리들의 동무로 지내게 해 주었습니다. 그는 관직에 종사하면서 우리들보다 먼저 당신에게 돌아가서 세례를 받았고, 세속의 일을 버리고 당신을 섬기기로 준비하고 있었습니다. 우리들은

---

29 초막집(domus faena)은 풀로 만든 오두막으로 육신을 가리킨다.

함께 있었으며 성스러운 뜻에 따라서 함께 거주하려고 했습니다.

우리들은 당신을 섬기기에 더 알맞은 장소를 찾았습니다. 그래서 우리들은 다 함께 아프리카로 되돌아가기로 했습니다. 그런데 우리들이 티베르강의 오스티아에 도착했을 때 내 어머니가 세상을 떠났습니다.

나는 너무 바삐 서두르기 때문에 많은 일들을 지나쳐 버립니다. 내가 비록 침묵할지라도 나의 하나님, 헤아릴 수 없이 많은 일들에 대한 내 행동의 고백과 감사를 받아 주십시오. 그러나 저 당신의 하녀에 대해서 내 마음 안에 일어나는 여러 가지 생각을 그저 넘길 수 없는데, 그녀는 나를 몸과 마음으로 낳아 주어, 나로 하여금 시간과 영원의 빛 안에 태어나게 했습니다.

나는 그녀의 선물이 아니라 그녀에게 준 당신의 선물을 말하려고 합니다. 그녀가 자기 자신을 만든 것도 아니고 그녀 자신을 가르친 것도 아닙니다. 당신이 그녀를 창조했으며, 그녀의 아버지와 어머니도 자기들로부터 어떤 누가 나올지를 몰랐습니다. 그러므로 당신의 그리스도의 채찍과 당신의 외아들의 다스림이 당신의 두려움 속에서 그녀를 당신의 교회의 선한 지체(肢體)인 신앙의 집안에서 가르쳤습니다.

그녀는 자신의 교육에는 어머니의 부지런함보다 늙은 계집종을 더 앞세웠습니다. 늙은 계집종은 그녀의 아버지가 어릴 때, 지금도 과년한 처녀들이 아이들을 습관적으로 등에 업는 것처럼 업어서 키웠다는 것입니다. 그런 이유 말고도 나이를 먹고 행동거지가 아름다워서 늙은 계집종은 그리스도교인 가정의 주인들에게서 존경받고 있었습니다. 늙은 계집종은 자기에게 맡겨진 여주인의 딸들을 정성을 다하여 보살폈으며, 그 딸들을 엄하게 다루었고, 필요할 경우에는 거룩하고 매우 간소하게 다루었으며 가르칠 때는 자제하면서 신중하게 했다고 합니다.

부모들의 식탁에서 지극히 검소한 식사를 하는 시간 이외에는 비록 타는 듯한 갈증을 느낀다고 할지라도 그녀[30]는 나쁜 습관을 방지하기 위해서 딸들이 물 마시는 것을 허락하지 않았다고 합니다. 그리고 그녀는 건전한 말을 보탰답니다: "아가씨들은 지금 포도주를 마음껏 마실 수 없으니까 물만 마십니다. 그러나 일단 결혼해서 술광과 지하실의 여주인이 되면 물은 싫어하게 될 것이고 술을 많이 마시는 습관이 심해질 것입니다." 이러한 합리적인 교육과 권위 있는 명령으로 그녀는 앳된 나이의 탐욕을 억제시켰으며 소녀들의 갈증 자체도 예법에 어긋나지 않게 하여 해서는 안 될 것은 이미 마음대로 하지 못하게 하였답니다.

그렇지만, 당신의 하녀[31]가 이 아들에게 들려 준 것과 마찬가지로 술맛이 그녀에게 슬그머니 몰래 기어들어 왔던 것입니다. 그녀가 술을 알지 못하던 어린 처녀시절의 습관대로 부모의 명에 따라서 술잔의 윗부분을 기울여서 포도주통에서 포도주를 떠오려고 했는데, 그녀는 병에 포도주를 따르기 전에 입술로 약간 맛을 보았답니다. 왜냐하면 비위에 거슬려서 더 이상은 맛볼 수 없었기 때문입니다. 그것은 그녀가 술 취하고 싶은 욕망 때문에 한 것이 아니었고 그 나이에 장난의 충동과 함께 끓어넘치는 탈선 때문이었는데, 어린 시절에 이런 것은 흔히 어른들의 힘에 의해서 억압됩니다.

이렇게 매일의 조금에 매일의 조금이 더해져서 — 왜냐하면 작은 것들을 소홀히 여기는 자는 점점 추락하기 때문에 — 그녀는 그 습관에 빠졌으며, 이미 거의 한 잔 가득 차는 포도주를 비웠던 것입니다.

그 당시 슬기로운 노파와 그녀의 금지는 어디에 있었습니까? 당신의 약이 우리들을 지켜주지 않는다면 주여, 어떤 것이 감추어져 있는 병을 고칠 수 있겠습니까? 아버지와 어머니 그리고 유모가 없을 때도 당신

---

30 늙은 계집종을 말한다.

31 아우구스티누스의 모친 모니카를 가리킨다.

은 옆에 있으며, 당신은 우리들을 창조하고 부르며, 어른 된 사람들을 통해서 영혼의 구원을 위하여 어떤 선한 일을 행합니다. 나의 하나님, 당신은 그때 무엇을 했습니까? 무엇으로 그녀를 돌보았습니까? 어떻게 그녀를 낫게 했습니까? 당신은 비밀스럽게 미리 마련한 수술용 칼처럼 예리하고 높은 고함소리를 다른 사람의 영혼에서 튀어나오게 해서 한 번의 칼질로 그녀의 곪은 습관을 잘라 버리지 않았습니까?[32]

그녀가 술광으로 갈 때는 주인집 작은 아가씨와 둘이 있으면 언쟁하던 하녀를 늘상 데려갔는데 그 하녀가 이 못된 짓을 가장 예리하게 쏘아 부치면서 모욕적으로 술고래라고 불렀습니다. 그녀는 이렇게 매를 얻어맞았으며, 자신의 부끄러움을 반성하고, 즉시 그것을 저주하고 던져 버린 것입니다.

아첨하는 친구들은 우리들을 망치지만, 욕하는 적들은 흔히 우리들을 고쳐 줍니다. 당신은 사람들을 통해서 당신이 행하는 것이 아니라 사람들 자신이 원한 것을 그들에게 되돌려 줍니다. 왜냐하면 화가 난 하녀는 주인집 작은 아가씨를 고쳐 주기보다 괴롭히려고 했기 때문입니다. 그래서 하녀가 몰래 그렇게 한 것은, 언쟁하기에 좋은 장소와 시간이어서 그랬거나 또는 이것이 너무 늦게 드러나면 아마도 자신이 야단맞을지 몰라서 그랬을 것입니다.

주여, 하늘과 땅의 지배자인 당신은 깊은 급류도 당신의 용도로 돌리며 시대의 격렬한 흐름도 정리하므로 하나의 영혼을 다른 영혼의 분노로 낫게 하니, 이것은 어떤 사람이 이것을 관찰하고 남을 고치려고 할 경우 자신의 말이 남을 고친다고 할지라도 자신의 힘으로 돌리지 않게

---

32 아우구스티누스는 어머니 모니카가 늙은 유모에게서 선한 교육을 받았을 뿐만 아니라 일찍부터 하나님에 대한 신앙으로 말미암아 선한 습관을 몸에 익힌 것으로 묘사하고 있다.

하기 위함입니다.

9
남편에 대한 어머니 모니카의 태도

이렇게 정숙하고 검소하게 교육받은 그녀는 부모로 말미암아 당신을 섬기기보다는 당신으로 말미암아 부모를 섬겼습니다. 그녀는 혼인할 나이가 꽉 차서 시집가게 되어 남편을 주인처럼 섬겼으며 가능하면 그를 당신에게 도달하게 하려고 자신의 덕을 다하여 당신을 남편에게 말해 주었습니다. 당신은 그녀를 그녀의 품성으로 아름답게 만들었으며, 경건하게 남편의 사랑과 존경을 받게 했습니다. 그러므로 그녀는 남편의 결혼생활에 있어서의 올바르지 못함도 참았으며, 남편과 한 번도 그 일로 싸운 적이 없었습니다. 왜냐하면 그녀는, 남편이 당신을 믿으면서 깨끗해지도록, 당신의 자비가 남편 위에 내리기를 바랐기 때문입니다.

사실 남편은 성격이 초인인 것처럼 화낼 때는 불 같았습니다. 그러나 그녀는 화내는 남편에게 행동으로는 물론이요 어떤 말로도 대항하지 말아야 한다는 것을 알고 있었습니다. 만일 남편이 생각 없이 성질을 내면 실제로 적절한 시기에 그가 차분해지고 조용해진 틈을 보아 그가 한 행동의 이유를 알게 했습니다.

결국 한결 더 온순한 남편들을 가진 많은 부인들이 얼굴까지 흉해진 매 자국을 지낸 채 자기들끼리 정담을 나누다가 남편들의 생활을 비난하면 그녀는 농담을 섞어 말하며 신중하게 그녀들에게 경고했습니다. 결혼선언문으로 일컬어지는 것의 낭독을 들은 때부터 여자들은 그 문서에 하녀가 된 것으로 여겨야 합니다. 그러므로 신분을 고려해서 주인을 적대시하는 오만을 부려서는 안 됩니다.[33] 남편의 욱하는 성미를 참는 그녀를 아는 부인들은 파트리키우스[34]가 아내를 때렸다거나 서로 싸워서 집안일에 하루라도 틈이 생겼다는 것을 들어 보지도 못했고 어떤 다툼의 흔적도 알아채지 못한 것을 이상하게 여기며 친근하게 그 이유를 물을 때, 그녀는 앞에서 말한 자신의 태도를 가르쳐 주었습니다. 그것을 관찰한 부인들은 체험하고 감사했습니다. 그녀를 관찰하지 않은 부인들은 남편들에게 매어서 괴로워했습니다.

그녀의 시어머니 역시 처음에는 악한 하녀들의 수군거림으로 말미암아 그녀를 싫어하여 화를 냈습니다. 그러나 그녀가 관용과 온순함으로 한결같이 섬기기를 지켰기 때문에 시어머니는 지고 말았습니다. 그리하여 자신과 며느리 사이를 이간질하고 가정의 평화를 어지럽힌 하녀들의 수다를 자기 아들에게 털어놓아 처벌하도록 했습니다. 그러므로 아들이 어머니에게 순종하고 가정의 기강을 다스리고, 부부 사이의 화목을 두텁게 하려고 폭로한 어머니의 뜻대로 하녀들을 매로 바로 잡았을 때 그녀는, 누구든지 내 마음에 들기 위해서 내 며느리에 대해서 어떤 나쁜 말을 하는 사람이 있다면 이런 대가를 받을 줄 알라고 말했습니다. 그 후에는 감히 그런 짓을 하는 자가 아무도 없으므로 그들은 자기들끼리 안녕을 지키면서 단란하게 살았습니다.

그녀의 자궁 안에서 나를 창조한 나의 하나님, 나의 자비여(시편 59, 18), 당신은 저 착한 하녀에게 커다란 선물을 주었습니다. 그녀는 서로 갈라져서 싸우는 사람들 사이에서 힘 닿는 대로 화해의 역할을 추구했

---

33 아우구스티누스는 근본적으로 인간의 인간에 대한 그리고 인간의 하나님에 대한 겸손을 중요한 미덕으로 꼽는다. 그러나 아우구스티누스 역시 대부분의 중세 신학자들(철학자들)과 마찬가지로 철저한 남존여비 사상의 옹호자이다.

34 아우구스티누스의 아버지 파트리키우스(Patricius)는 작은 토지를 소유했으나 넉넉지 못했으므로 아들이 커서 장래가 보장되는 교사나 변호사가 되기를 바랐다.

습니다. 양쪽에서 서로 헐뜯는 소리를 많이 하는 것을 들을 때도 — 보통 지금 자리에 있는 친구에게 그 자리에 없는, 싫은 상대방을 욕하고 설익은 증오를 털어놓으면 반목은 사그러들기보다 부풀어 오르고 무질서해지는데 — 그녀는 양쪽을 화해시키는 데 도움이 되는 경우가 아니면 전혀 이쪽 말을 저쪽에 전하지 않았습니다.

만일 내가 헤아릴 수 없이 많은 사람들의 슬픔을 경험하지 않는다면, 이런 일은 내가 보기에 하찮은 선일 것입니다. 잘 알지는 못하지만, 죄악의 무서운 흑사병이 널리 퍼져서 성난 원수가 또한 성난 원수의 말을 폭로할 뿐만 아니라 상대방이 하지 않은 말을 덧붙여서 말하기까지 했습니다. 또 한편 반대로 사람다운 사람은 사람들 사이에서 나쁜 말로 적개심을 부추기거나 더 나쁘게 만들지 않고 오히려 좋은 말로 풀어 주도록 애써야만 합니다. 그녀가 바로 그랬으니, 당신은 그녀의 마음의 학교에서 가르치는 스승입니다.

결국 그녀는 자기 남편을 그의 세상살이의 종말에서 당신에게 이끌었습니다.[35] 그녀는 남편이 아직 신자가 아닐 때는 참고 견뎠지만 그가 이미 신자가 된 후에는 그를 불평하지 않았습니다. 그녀는 또한 당신의 종들 중의 종이기도 했습니다. 그 종들 중에서 그녀를 아는 사람은 누구나 그녀 안에 있는 당신을 많이 찬양하고 존경하고 사랑했습니다. 왜냐하면 성스러운 생활의 결과가 증명하는 것처럼 그는 그녀의 마음 안에 당신이 있는 것을 느꼈기 때문입니다. 그녀는 한 남자의 아내였으며(1디모 5, 9), 부모를 성실하게 섬겼고, 집안을 경건하게 다스렸으며 선한 일의 증거를 남겼습니다(1디모 5, 10). 그녀는 자기의 아들들이 자기로부터 멀어지는 것을 볼 때마다 출산의 고통을 겪으면서 그들을

35 아우구스티누스의 아버지 파트리키우스는 그리스도교인이 아니었으나 370년 그가 병들어 죽기 전 아내 모니카의 영향으로 세례를 받았다.

키웠습니다. 마지막으로 주여, 당신의 선물을 당신의 종들에게 내려 주어 말하기를 허락해 주니, 그녀가 당신 안에 잠들기 이전에 당신의 세례의 은총을 받은 우리들은 모두 함께 살았는데, 그때 그녀는 우리 모두를 자신이 낳은 자식들처럼[36] 보살폈으며, 우리들 모두의 친딸인 것처럼 그렇게 우리들을 섬겼습니다.

10
천국에 관한 대화

그녀가 이 삶을 하직할 날이 — 우리는 모르지만 당신은 아는 그날이 — 다가왔을 때, 내가 믿건대, 그것은 당신의 은밀한 방식으로 마련되었는데, 나와 그녀는 단둘이서 창문에 기대어 서 있었습니다. 그곳에서는 우리들이 머물고 있는 집 안의 정원이 내려다보였습니다. 그곳은 티베르강 어구의 오스티아였는데, 우리들은 길고 고달픈 여행 끝에 사람들의 무리를 멀리 떠나서 항해를 위해서 기운을 회복하고 있었습니다. 그러므로 우리들은 매우 즐겁게 단둘이서 이야기를 주고받았습니다. 그리고 우리들은 지나간 일들을 잊어버리고 앞에 있는 일들에 열중하여 진리인 당신이 있는 앞에서 찾아보았습니다. 눈이 보지 못했고, 귀가 듣지 못했으며 사람의 마음에도 떠오르지 않는(1고린 2, 9) 성자들의 영생이 미래에 어떠할지를 우리들은 찾아보았습니다. 그러나 우리

---

36 아우구스티누스가 387년 아프리카로 돌아가기 위해서 티베르강 어구의 오스티아항에 도착했을 당시의 일행들은 아우구스티누스, 모니카, 아우구스티누스의 동생 나비기우스, 아우구스티누스의 아들 아데오다투스(389년 사망), 친구들인 알리피우스와 에보디우스 그리고 종형제들인 루스티쿠스와 라스티디아누스 등이었다.

들은 마음의 입으로 당신에게 있는 생명의 샘, 곧 하늘에서 흐르는 당신의 샘을(시편 36, 10) 목말라했습니다. 우리들은 그것을 몇 방울만이라도 받아서 어떻게 해서든지 그토록 고귀한 것을 생각해 보려고 했습니다.

그래서 우리들의 대화가, 육체적이며 감각적인 쾌락이 제아무리 크고 제아무리 물질적 빛으로 빛난다고 해도 저 영원한 삶의 행복에는 비교할 수 없고 언급할 가치도 없는 것으로 보인다는 결론에 도달했을 때, 우리들의 정서는 한층 더 타올라 언제나 같은 분에게로 우리들을 들어 올리고 차츰 모든 물질들 그리고 하늘 자체까지를 두루 돌아다녔습니다. 하늘로부터는 해와 달과 별들이 지구 위를 밝게 비추었습니다. 그리고 우리들은 당신의 작업을 속으로 생각하고 말하고 놀라워하면서 계속 오르다가 우리들의 정신에 도달했으며 그것을 지나서 당신이 진리를 건초로 삼아서 영원히 이스라엘을 먹이는, 부족함이 없는 풍요로운 영역에 도달하려고 했습니다. 그런데 그곳에서는 생명이 지혜이며(시편 104, 24),[37] 이 지혜에 의해서 이 모든 것들이 되고 또 되었으며 될 것입니다. 그런데 지혜 자체는 되는 것이 아니고 있었던 그대로 존재하는 것이고, 이대로 항상 존재할 것입니다. 지혜에게는 '있었음' 과 '있을 것임' 은 존재하지 않고, 지혜는 영원하기 때문에 '있음' 만 존재합니다.[38] 왜냐하면 있었음과 있을 것임은 영원하지 않기 때문입니다. 우리들은 지혜에 대해서 말하고 그것을 지니려고 애타하는 사이에 모든 마음을 다하여 그 지혜에 부딪쳤습니다. 그래서 우리들은 한숨을 내

---

37 지혜(sapientia)는 하나님의 예지를 말한다.

38 있었음(fuisse)과 있을 것임(futurum esse)은 과거와 미래를 지칭한다. 아우구스티누스는 있음(esse)만이 영원하다고 보므로 있음은 바로 하나님의 지혜이기도 하다. 아우구스티누스의 있음은 존재자(Seiendes)를 존재자이게끔 하는 하이데거의 존재(Sein)를 떠올리게 한다.

쉬고 거기에 정신의 첫 열매를(로마 8, 23) 남겨 두고 말이 시작되고 끝나는 우리들의 입의 지껄임으로 되돌아왔습니다. 그러나 늙지 않으면서 스스로 영원하고 모든 것을 새롭게 고치는 우리들의 주, 당신의 말에 비하면 그것은 무엇입니까?

그러므로 우리들은 다음처럼 말했습니다: "어떤 사람에게 육체의 소란함이 잠잠해지고, 땅과 물과 공기의 환상이 조용해지고, 양극(兩極)이 침묵하고, 영혼 자신도 스스로 조용해져서 자신을 생각하지 않고 자신을 초월할 수 있다면, 꿈과 상상의 나타남이 조용해진다면 모든 혀와 모든 기호와 시간적으로 경과하는 모든 것이 어떤 사람에게 조용해진다면 — 왜냐하면 어떤 사람이 귀 기울이면 이 모든 것들은 이렇게 말하기 때문입니다. 우리가 우리들을 만든 것이 아니고, 영원 속에 머무는 그분이 우리들을 만들었다 — 이렇게 말한 후 모든 것들이 그것들을 만든 그분에게 귀를 기울이고 조용해진다면, 그래서 저것들에 의하지 않고 그분 자신에 의해서 그분 자신이 말하여 우리들로 하여금 그분의 말을 듣게 하되 육신의 혀로도, 천사의 목소리로도, 구름 소리로도, 수수께끼 같은 비유로도 하지 않고, 마치 우리들이, 빠른 생각으로 모든 것 위에 있는 영원한 지혜에 도달했던 것처럼 그것들 안에서 당신을 사랑하는 우리들로 하여금 그것들 없이 당신을 듣게 해 준다면, 그래서 만일 이런 상태가 계속되어 다른 여러 가지 심한 종류의 환상들이 사라져 버린 다음에 이 하나의 지혜만이[39] 자신을 보는 사람을 가장 내면적인 기쁨 안으로 끌어당기고 빨아들이며 되가져가서, 만일 영생(永生)이 우리들이 한숨 내쉰 이 앎의 순간[40]과 같다면 이것은 다음과 같은 것을

39 이 하나의(haec una)는 '오로지 이 지혜만이'의 뜻임.

40 이 앎의 순간(hoc momentum intelligentiae)에서 앎(intelligentia)은 이해, 직관, 지성 등의 뜻도 가진다. 여기서는 넓은 의미에서 앎으로 옮겼다.

말할 것입니다: '네 주의 기쁨 속으로 들어가라(마태 25, 21).' 그런데 그때가 언제일 것입니까? '우리들 모두가 부활할, 그러나 우리들 모두가 변화하지 않을 그때일 것인가(1고린 15, 51)?'

반드시 이런 방식과 이런 말은 아닐지라도 나는 그렇게 말했습니다. 그렇지만 주여, 우리들이 그런 말들을 하던 그날 이 세상은 우리들이 말하는 사이에도 모든 쾌락과 함께 무가치하게 보인 것을 당신은 압니다. 그때 내 어머니는 말했습니다: "아들아, 내게는 이미 이 삶의 낙(樂)은 아무것도 없어. 이 세상의 희망을 이미 다 써 버렸는데 더 이상 내가 무엇을 할 것인지, 왜 이러고 있는지 알 수 없구나. 내가 이 삶에서 좀 더 머물려고 했던 것은, 내가 죽기 전에 네가 그리스도교의 가톨릭 신자가 되는 것을 보고 싶은 한 가지 이유 때문이었다. 하나님은 그것을 나에게 충분히 증명해 주었다. 네가 세상의 행복을 하찮게 여기고 네가 그분의 종이 된 것을 내가 보고 있구나. 내가 여기에서 할 일이 무엇이겠느냐?"

11
어머니 모니카의 죽음

나는 이 말에 대해서 어머니에게 무엇을 답했는지 충분히 기억하지 못합니다. 그런 지 채 닷새가 안 되어 아니 더 이상 많이 지나지 않아서 그녀는 열병으로 눕고 말았습니다. 그리고 그녀가 앓고 있던 어느 날 그녀는 실신해서 잠시 의식을 잃고 있었습니다. 우리들은 달려갔으며, 그녀는 곧 정신을 차리고 나와 내 동생이 옆에 있는 것을 보고 무엇인가를 묻는 것처럼 우리들에게 말했습니다: "내가 어디에 있었지?" 그리고 나서 그녀는 슬픔으로 당황해하는 우리들을 바라보면서 말했습니다: "너희들의 어미를 여기에 묻으렴." 나는 침묵하며 울음을 참고 있었습니다. 그러나 내 동생은 무엇인지를 혼잣말하면서 오히려 고향에서 돌아가시는 것이 행복하고 낯선 곳에서는 안 된다고 자신이 원하는 바를 말했습니다. 그 소리를 들은 어머니는 걱정스러운 얼굴로 쓸데없는 생각을 한다고 눈을 뜨고 그를 꾸짖은 다음에 나를 바라보면서 말했습니다: "보아라, 무슨 말을 하는지." 그리고 곧 우리 둘에게 말했습니다: "이 육신을 어디에다 묻는지 그 일로 너희들은 전혀 걱정하지 말아라. 너희들에게 꼭 한 가지만 부탁한다. 너희들이 어디에 있든지 간에 주님의 제단(祭壇)에서 나를 기억하려므나." 어머니는 이런 말로 간신히 뜻을 표현하다가 그치고, 심해지는 병세로 괴로워하고 있었습니다.

그러나 볼 수 없는 하나님, 나는 당신이 당신의 신자들 마음속으로 들여보내는 당신의 선물을, 그것으로부터 감탄할 만한 결과들이 나오는 것을 생각하면서 기뻐했고 당신에게 감사했습니다. 내가 알기에 그녀는 항상 장지(葬地)에 대해서 몹시 마음을 썼으며 자기 남편의 육신 가까이에 장지를 미리 보아 두고 준비한 것을 되새겼습니다. 그녀는 남편과 하나가 되어 사이좋게 살았기 때문에, 인간의 마음은 하나님의 보살핌을 깨닫기에 모자라므로, 그 복을 원했으며 게다가 덧붙여서 해외로 두루 다닌 다음에 부부가 둘이 함께 같은 자리에 묻힌 것이 사람들에게 기억되기를 바랐습니다.

그러나 언제 이런 쓸데없는 생각이 당신의 충만한 자애로 말미암아 그녀의 마음에서 없어지기 시작했는지 나는 알지 못했습니다. 나는 이것이 나에게 그렇게 밝혀진 것을 놀라워하면서 기뻐했습니다. 창가에 기대어 우리들이 말할 때 그녀는 이렇게 말했습니다: "여기에서 할 일이 무엇이냐?" 그녀는 고향에서 죽을 생각이 없다는 것을 보여 주었습니다. 나중에 들은 이야기지만, 이미 우리들이 오스티아에 있을 때 그녀는 어느 날 내 친구들 몇과 함께 어머니다운 신뢰를 가지고 이 세상의 멸시와 죽음의 선에 대해서 말했다고 합니다. 나는 바로 그 자리에 없었지만 그들은 — 당신이 그녀에게 준 — 여자의 용기에 놀라워하면서 그녀의 고향으로부터 이렇게 먼 곳에 그녀의 육신을 남겨 놓은 것이 무섭지 않느냐고 물었답니다. 그녀는 다음처럼 말했습니다: "하나님으로부터 멀리 떨어진 것은 아무것도 없다. 이 세상이 종말을 고할 때 그분이 나를 부활시킬 곳이 어디인지 모를까 봐 걱정할 필요가 없다." 그래서 그녀가 아픈 지 9일째 되는 날, 그녀의 나이 56세 내 나이 33세 되던 해에 저 종교적이며 경건한 영혼은 육신을 떠났던 것입니다.

12
어머니의 죽음에 대한 애도

나는 그녀의 눈을 감겨 주었습니다. 그런데 엄청난 슬픔이 내 마음속으로 흘러들어와 눈물로 넘쳤습니다. 내 영혼이 세차게 명령해서 그것은 내 눈에서 그 바닥이 마르도록 흘렀으며, 나는 그런 싸움 속에서 너무나도 괴로웠습니다. 그러나 그녀가 마지막 숨을 거두었을 때 어린 아데오다투스가 큰 울음소리를 터뜨렸고 우리들 모두가 말려서 그쳤습니다. 나 역시 이런 식으로 애와 마찬가지여서 눈물로 흘러나오는 울음은 남자의 소리에 의해서, 마음의 소리에 의해서 억제당하여 침묵했습니다. 우리들은 비통하게 울고 한숨 쉬면서 장례를 치르는 것이 적절하다고 믿지 않았습니다. 왜냐하면 그런 일은 대체로 죽은 사람이 불쌍하거나 아니면 아주 소멸하는 것으로 알고 크게 우는 것이기 때문입니다.

그러나 그녀는 불쌍하게 죽지도 않았으며 완전히 죽어서 없어진 것도 아니었습니다. 그런데 우리들은 그 증거를 그녀의 행실과 거짓 없는 신앙과(1디모 1, 5) 확실한 근거에서 가지고 있었습니다.

그렇다면 내가 내면으로 몹시도 고통스러워했던 것은 무엇입니까? 그것은 가장 달콤하고 사랑스럽게 함께 살아오던 습관이 갑자기 끊어져서 새로 생긴 상처입니다. 나는 그녀의 증언을 매우 기뻐했습니다. 그녀는 병석의 마지막 순간 내가 시중들 때 나를 총애하면서 나를 효자라고 불렀습니다. 그리고 그녀는 커다란 애정을 가지고, 결코 내 입에서 자기를 헐뜯는 말이나 멸시하는 소리를 들은 일이 없다고 말했습니다.

그렇지만 우리들을 만든 나의 하나님, 이런 것이 무엇입니까? 내가 그녀에게 드린 존경은 그녀가 나를 섬긴 것에 비하면 무엇입니까? 나는 그녀의 크디큰 위로를 저버렸으므로 영혼은 치명적인 상처를 입었고, 나와 그녀가 하나였던 생명이 찢어지는 것 같았습니다.

그러자 저 아이[41]의 울음을 그치게 한 다음에 에보디우스는 시편을 들고 성시(聖詩)를 노래하기 시작했습니다. 집안의 모든 사람들이 그에게 화답했습니다: 주여, 나는 자비와 심판을 당신에게 노래할 것입니다(시편 102, 1). 그러나 우리들이 무엇을 하는지를 듣고 많은 형제들과 믿는 여자들이 함께 왔습니다. 장례 일을 담당한 사람들이 관습에 따라서 장례를 채비하는 동안 나는 구석 자리에 앉아서 나를 홀로 내버려 두어서는 안 된다고 하는 사람들과 함께 그런 경우에 적절한 이야기를 하고 있었습니다. 나는 진리라는 진정제로 고통을 달랬는데, 당신은 그것을 알았지만 그들은 모르고 열심히 들으면서 내가 슬픈 감정이 없

41 아우구스티누스의 아들 아데오다투스를 말한다.

는 것처럼 생각했습니다. 그러나 나는, 그들 중 아무도 듣지 못했지만, 당신의 귀에 대고 내 감정이 약한 것을 비난했으며 흘러넘치는 슬픔을 억눌렀고 그래서 그것은 약간 잠잠해졌습니다. 그 슬픔은 물러났다가 밀려닥치기는 해도 눈물이 쏟아지거나 안색이 변하지는 않고, 나는 마음이 무언가를 누르고 있음을 알고 있었습니다. 어쩔 수 없이 질서에 따라서 우리들의 운명의 조건을 필연적으로 따라야 하지만 사람의 일이 이렇게 큰 힘을 가지는 것이 너무 싫었으므로 내 고통은 또 다른 고통으로 괴로웠으며 이중적인 고통의 슬픔으로 나는 쇠약해졌습니다.

육신이 옮겨질 때 우리들은 따라갔으며, 눈물을 흘리지 않고 되돌아왔습니다. 관습에 따라서 하관식이 있기에 앞서서 시신을 무덤 옆에 이미 내려놓은 다음에 그녀를 위해서 우리들의 구원의 제사가 올려질 때, 우리들이 당신에게 기도드릴 때, 나는 기도하면서 울지 않았습니다. 그러나 나는 하루 종일 속으로 말할 수 없이 슬펐습니다. 그래서 나는 혼란스러운 마음으로 내 고통을 낫게 해 달라고 빌 수 있을 만큼 빌었습니다. 그러나 당신은 들어주지 않았습니다. 내가 믿건대, 당신은 이미 거짓된 말을 양식으로 삼지 않는 정신에게까지 온갖 습관의 힘이 크다는 것을 이 증거에 의해서라도 명심하라고 권고하는 것 같았습니다. 내 생각으로는 목욕하러 가는 것이 좋을 것 같았습니다. 그리스인들이 마음으로부터 불안을 떨쳐 버리는 것을 발라네이온이라고 말한 것으로부터 목욕이라는 말이 유래했다고 들었기 때문입니다.[42] 고아들의 아버지여, 자, 나는 이것을 당신의 자비에 고백합니다. 왜냐하면 목욕을 해도 나는 목욕하기 이전의 나였기 때문입니다. 슬픔의 쓴맛은 내 마음으로

---

42 그리스 말 balaneion은 따뜻한 목욕이다. 아우구스티누스는 그리스말 ballo(던지다)와 ania(불안, 근심)가 합해서 balaneion(목욕)이 되었다고 믿지만 언어학자들은 이를 부정한다.

부터 흘러나가지 않았습니다. 그 후 나는 자고 깬 다음에야 내 고통이 부분적으로나마 진정되었음을 알았습니다. 그리고 내 침대에 홀로 누워 있을 때 당신의 암브로시우스의 진솔한 시가 마음에 떠올랐습니다: 왜냐하면 당신은 다음과 같기 때문입니다.

하나님, 당신은 만물의 창조자이며
밝은 빛으로 낮을 장식하여 옷을 입히고
깊은 잠의 은혜로 밤을 옷 입히고
하늘의 길을 이끌어 가는 님입니다.

당신은 늘어진 사지(四肢)를 쉬게 하여
일할 힘을 다시 주고
불안에 찬 슬픔을 덜어 줍니다.

그래서 나는 그로부터 점차 당신의 하녀에 대한 나의 옛 생각들을 떠올리면서 당신에게는 경건하고 우리들에게는 성스럽고 부드러우며 상냥하던 그녀의 태도를 회상했습니다. 나는 그녀를 갑작스레 떠나보냈으므로 당신 앞에서 그녀에 대해서 그리고 그녀를 위하여, 나에 대해서 그리고 나를 위하여 울 수 있었던 것입니다. 그래서 억눌렀던 눈물을 실컷 흘러넘치라고 해 놓고 눈물이 내 마음을 덮게 했습니다. 나는 눈물로 마음이 편해졌습니다. 왜냐하면 거기에는 오만함에 차서 내 슬픈 울음을 이야기하는 사람들이 아니라 당신의 귀가 있었기 때문입니다.

그런데 이제야 주여, 당신에게 글로 고백합니다. 읽기를 원하는 사람은 읽고 원하는 대로 해석해도 좋습니다. 그런데 내가 당신의 눈앞에서 살기 위해서 수많은 여러 해를 나를 위해서 눈물 흘린 어머니가 내 눈앞에서 숨진 것에 대해서, 곧 어머니에 대해서 잠시 울었다고 그것을 죄라고 비웃지는 말아야 합니다. 만일 그가 크게 자애롭다면[43] 내 죄를 위해서 당신의 그리스도의 모든 형제들의 아버지인 당신을 향해서 그 자신이 울게 하십시오.

13

돌아가신 어머니를 위한 기도

그러나 나중에 육체의 감정으로[44] 비난받을 저 상처로부터 마음이 치료된 지금 우리들의 하나님, 나는 당신의 저 하녀[45]를 위해서 당신에게 전혀 다른 종류의 눈물을 흘리는데, 이는 아담으로 말미암아 죽는 모든 영혼들의 위험을 생각하면 정신이 떨려서 흘러내리는 눈물입니다. 그리스도 안에서 생명을 얻은 그녀가 아직 육신으로부터 풀려나지 않았을 때, 그녀는 신앙과 행실로 당신의 이름을 찬미하며 살았지만, 당신이 세례를 통해서 그녀를 다시 태어나게 한 때부터 그녀의 입으로부터 당신의 계명에 어긋나는 말이 한마디도 나오지 않았다고는 감히 말할 수 없습니다. 그런데 진리인 당신의 아들은 이렇게 말했습니다: "자기 형제에게 바보라고 말하는 자는 지옥불의 죄인이 될 것이다(마태 5, 22)." 칭찬할 만한 인간의 삶이라고 해도, 만일 당신이 자비를 걷어치우고 그것을 검토한다면 그것은 슬픈 것입니다. 당신이 죄악을 세차게 캐어묻지 않기 때문에 우리들은 믿으면서 당신 옆의 한 자리를 희망하

43 자애(caritas)는 높은 가격, 존경, 사랑, 자비 등의 뜻을 가지고 있다.

44 관능적 욕정을 말한다.

45 아우구스티누스의 어머니 모니카를 지시한다.

고 있는 것입니다. 어떤 사람이 있어서 그가 자신의 참다운 공적을 당신 앞에서 헤아린다면, 당신이 준 것을 당신 앞에서 헤아리는 것이 아니고 무엇이겠습니까? 오, 인간은 인간임을 스스로 알았으면 합니다. 그리고 자랑하려는 사람은 주님 안에서 자랑하여야 합니다(2고린 10, 17)!

그러므로 나의 명예이며 나의 생명인 내 마음의 하나님(시편 118, 14), 나는 기뻐하면서 당신에게 감사하는 어머니의 선한 행동을 잠시 접어 두고 내 어머니의 죄를 위하여 당신에게 빕니다. 십자가에 매달렸다가(갈라 3, 13) 당신의 오른편에 앉아서 우리들을 위해서 당신에게 중재의 기도를 드리는(로마 8, 34) 우리들의 상처의 약을 보아 내 기도를 들어주십시오. 어머니가 자비를 행하고 진심으로 빚진 자들에게 그들의 빚을 면제해 준 것을 알지만(마태 6, 12), 만일 영세받은 이후 여러 해 동안 빚진 것이 있다면 주여, 그녀의 빚을 면제해 주십시오. 내가 빌건대 그녀의 빚을 면제해 주고, 그녀를 데리고 심판으로 들어가지 마십시오(시편 143, 2). 자비가 정의를 이기게 하십시오(야고 2, 13). 왜냐하면 당신의 말이 참다우며 당신은 자비로운 사람들에게 자비를 약속했기(마태 5, 7) 때문입니다. 자비로울 수 있는 것을 당신이 저들에게 주었으므로 저들은 자비로운 사람들이 되었으며, 당신은 어여삐 여기려고 하는 자를 어여삐 여기고, 불쌍히 여기려고 하는 자에게 자비를 베풉니다(출애 33, 19).

그런데 주여, 당신은 내가 당신에게 빈 것을 이미 받아들인 것으로 믿으니, 내 입의 자발적인 탄원을 받아 주십시오(시편 119, 108). 내 어머니로 말하면, 그녀의 해방의 날이 가까이 다가왔을 때[46] 그녀는 자신

46 어머니 모니카의 임종이 다가왔을 때를 말한다.

의 육신을 값비싼 수의로 감싸거나 향액(香液)을 바르는 것을 생각하지도 않았습니다. 또 그녀는 비석을 고르기를 갈망하지도 고향의 무덤을 바라지도 않았습니다. 그녀는 우리들에게 그런 것을 청하지 않고, 단지 그녀가 하루도 빠지지 않고 섬겼던 당신의 제단(祭壇)에서 자기를 기억해 달라는 것이었습니다. 그녀는 거기에서 성스러운 희생이 바쳐지는 것을 알고 있었는데, 그 희생으로 말미암아 우리를 거스르는 죄악의 증서가(골로 2, 14) 지워졌으며 적은 패배했습니다. 우리들의 죄를 계산하는 적은 물리칠 것을 찾았으나 그분 안에서 아무것도 발견하지 못했고 우리들은 그분으로 말미암아 승리했습니다. 그분에게 누가 깨끗한 피를 되돌려 줄 것입니까? 그분에게서 우리들을 빼돌리려고 그분이 우리들을 산 값을 누가 그분에게 되갚을 것입니까? 그러한 우리들의 피값의 성사(聖事)에 당신의 하녀는 신앙의 매듭으로 자기의 영혼을 매었습니다. 그러니 아무도 그녀를 당신의 보호로부터 떼어 내지 못하게 하십시오. 사자와 용이 폭력으로도 그리고 음모로도 가로막지 못하게 하십시오. 그녀는 교활한 비난자에게 져서 잡힐까 봐 걱정하면서 아무것도 빚지지 않았다고 답하지 않고, 오히려 자신의 빚을 그분이 면제해 주었다고 답할 것이니 빚지지 않고 우리를 대신해서 갚아 준 이 값을 그분에게 갚아 줄 사람은 아무도 없습니다.

그러므로 그녀를 남편과 함께 평화롭게 있게 하십시오. 그녀는 남편 이전이나 이후나 누구와도 결혼하지 않았으며, 남편을 당신에게 돌려드리기 위해서 인내와 함께 당신에게 열매를 맺어 드리면서(누가 8, 15) 남편을 섬겼습니다.[47] 그리고 나의 주, 나의 하나님, 고무해 주십시

---

47 여기에서도 아우구스티누스의 남존여비사상이 확연히 엿보인다. 그러나 여기에서 아우구스티누스가 강조하려는 것은 남존여비사상보다는 하나님에 대한 절대적인 신앙의 힘이다.

오. 내가 마음과 목소리와 글로 섬기는 당신의 종들을, 곧 내 형제들인 당신의 아들들과 나의 어른들을 격려해 주십시오. 그들이 이 글[48]을 읽게 될 때 당신의 제단에서 당신의 하녀 모니카와 한때 그녀의 남편이었던 파트리키우스를 기억하도록 하십시오. 두 사람의 육신을 통해서 당신은 나를 나도 모르게 이 삶으로 이끌어 들였습니다. 그들로 하여금 경건한 감정을 가지고 덧없는 이 삶에서는 나의 부모를, 어머니 가톨릭 안에 있는 아버지 당신 아래서는 나의 형제를 기억하게 하십시오. 그리고 떠나면서부터 되돌아갈 때까지 당신의 백성이 순례에서 애타게 원하는 영원한 예루살렘에서는 내 동료시민들을 기억하게 하십시오. 왜냐하면 어머니가 마지막으로 나에게 원했던 것은 내 기도에 의해서보다 이 고백을 통해서 수많은 사람들의 기도로 한층 더 풍족하게 이루어지는 것이기 때문입니다.

---

48 『고백록』을 가리킨다.

제 10 권

현재와 기억 그리고 욕망

1
마음의 고백

나는 당신을 알고 싶습니다. 나를 아는 분이여, 마치 내가 당신에게 알려진 것처럼 나도 당신을 알고 싶습니다(1고린 13, 12). 내 영혼의 덕이여,[1] 당신이 이 영혼 속으로 들어와서 그것을 당신에게 맞추어 때와 구김살이 없는 영혼을(에베 5, 27) 가지고 차지하십시오. 이것이 나의 희망이고, 그러므로 나는 말하며, 내가 건강하게 기뻐할 때면 나는 이 희망 속에서 기뻐합니다. 이 세상의 다른 일들에 대해서는 더 슬플수록 덜 울어야 하며, 덜 슬플수록 더 울어야만 합니다. 보십시오. 왜냐하면 당신은 진리를 사랑했기 때문이며(시편 51, 6), 진리를 행하는 자는 빛으로 다가오기 때문입니다(요한 3, 21). 당신 앞에서는 내 마음으로 고백함으로써 그러나 여러 증인들 앞에서는 내 글에 의해서 나도 진리를 행하려고 합니다.

---

1 덕(virtus)은 하나님의 전지전능한 힘을 말한다.

2
하나님이 아는 비밀

그런데 주여, 당신의 눈에는 인간의 양심의 심연도 벌거벗겨져 있으니(히브 4, 13), 내가 당신에게 고백하려고 하지 않아도, 내 안에 무엇이 감추어져 있겠습니까? 왜냐하면 나에게 당신을 숨길 수는 있지만 당신에게 나를 숨길 수는 없기 때문입니다. 그러나 이제는 나의 한숨이 증명하는 것처럼 나는 내가 싫어졌으며, 당신은 나를 빛나게 하고 기쁘게 하며 사랑하고 원하게 하여 나는 내가 부끄러워서 나를 던져 버리고 당신을 택했습니다. 그래서 오직 당신만으로 당신과 나를 기쁘게 하고 싶습니다.

그러므로 주여, 내가 무엇이든지 간에 나는 당신에게 드러나 있습니다. 그리고 무엇을 얻으려고 내가 당신에게 고백하는지도 이미 말했습니다. 나는 육체의 말과 소리가 아니라 내 영혼의 말로 그리고 당신의 귀가 아는 생각의 외침으로 고백합니다. 내가 악할 때의 고백은 내가 나를 싫어하는 것을 고백하는 것입니다. 그러나 내가 경건할 때의 고백은 경건함을 나에게 돌리지 않는 것을 당신에게 고백하는 것입니다. 왜냐하면 주여, 당신은 의인(義人)을 축복하지만, 먼저 믿지 않는 자를 의롭게 만들기 때문입니다(시편 5, 12). 그러므로 나의 하나님, 당신 앞에서의 내 고백은(로마 4, 5) 당신에게 침묵하면서도 침묵하지 않습니다. 왜냐하면 소리로는 침묵하지만 감정으로는 외치기 때문입니다. 당신이 먼저 내게서 듣지 않고서는 내가 어떤 것을 사람들에게 말할 수 없으며, 당신이 먼저 내게 말하지 않고서는 당신은 그런 어떤 것을 내게서 들을 수 없기 때문입니다.

3
우리들의 그릇된 행동에 대한 고백

내가 사람들과 무슨 상관이 있다고 마치 저들이 내 모든 허약함을(시편 103, 3) 낫게나 해 주는 것처럼 그들보고 내 고백을 들어 달라고 하는 것입니까? 남의 삶을 알려고 호기심을 가지지만 자신의 삶을 고치기에는 게으른 종류의 사람들, 당신에게서 자기들이 누구인지를 들으려고 하지 않는 저들이 어째서 내게서 내가 누구인지를 듣기를 원합니까? 비록 그들이 나 자신에게서 나 자신에 대하여 듣는다고 해도 사람의 내면에 있는 것은 그의 안에 있는 사람의 정신 이외에는(1고린 2, 11) 아무것도 알지 못하는데, 그들은 내가 진리를 말하는지 아닌지를 어떻게 안다는 것입니까? 그러나 그들이 당신으로부터 그들 자신에 대해서 듣는다면, 그들은 주님이 거짓말한다고는 말할 수 없을 것입니다. 당신으로부터 자기 자신에 대해서 듣는 것이 자신을 인식하는 것이 아닙니까? 더 나아가서 자기를 인식하는 자가 그러한 인식을 거짓이라고 말한다면 그 자신이 거짓말하는 것이 아닙니까? 그러나 사랑은 모든 것을 믿기 때문에(1고린 13, 7)(어떻든 서로가 하나로 맺어진 사이에서) 주여, 나도 사람들이 이렇게 듣게끔 당신에게 고백하는데, 내 고백이 참다운지를 저들에게 증명할 수는 없지만, 내 사랑이 저들의 귀를 열어 주어 저들은 내 말을 믿을 것입니다.

그렇지만 당신, 나의 가장 깊은 내면의 의사여, 내가 이렇게 함으로써 무슨 결과가 생길지 나에게 밝혀 주십시오. 당신은 신앙과 당신의 성찬식으로 내 영혼을 변화시켜서 당신 안에서 내가 기뻐하게끔(시편 31, 1) 지나간 내 죄악들을 용서하고 감싸 주었지만 사람들이 이 고백록을 읽고 들을 때 그것은 마음을 일으켜 세울 것이고 마음은 절망의 잠에 곯아떨어지지 않고 "나는 할 수 없다"고 말하지 않을 것입니다. 오히려 마음은 당신의 자비의 사랑 속에서 그리고 그것에 의해서 자신의 약함을 알고 또 그것에 의해서 약한 자가 강자로 되는 당신의 은총의 감미로움 속에서(2고린 12, 10) 깨어납니다. 그리고 선한 사람도 자기가 이미 씻어 버린 자신의 지나간 죄악을 듣는 것을 기뻐합니다. 그는 그것이 죄악이기 때문이 아니라 과거에 있었던 것이고 현재에는 없기 때문에 기뻐합니다.

그렇다면 무슨 결과를 위해서 나의 주여, 내 양심은 자신의 결백보다 당신의 자비를 희망하면서 한층 더 자신에 차서 고백하지만, 나는 무슨 결과를 위해서 이 글을 통하여 내가 과거에 어떤 사람이었는지가 아니라 지금 어떤 사람이라는 것을 당신 앞에서 사람들에게 고백하기를 바라는 겁니까? 왜냐하면 나는 내 과거의 고백의 결과를 알았고 언급했기 때문입니다. 그러나 많은 사람들은, 자 보십시오, 내가 고백록을 쓰고 있는 이 시점의 내가 누구인지[2] 이것을 알고자 합니다. 나를 아는 사람들과 나를 알지 못하는 사람들은 내게서 나에 대하여 조금 듣긴 했지만 그들의 귀는 내가 나인 채로 있는 내 마음에까지 미치지 못했습니다. 그러므로 그들은 눈으로도, 귀로도, 정신으로도 도달할 수 없는 가장 내면적인 나 자신이 누구인지를 내 고백을 통해서 듣기를 원합니다. 그렇지만 그들이 믿어 주려고 그렇게 원하는 것 같으나 그들이 나를 알 수 있을까요? 그들을 선하게 만든 사랑은 내 고백에 대해서 내가 거짓말하지 않는다는 것을 그들에게 말하며 또한 그 사랑은 그들이 나를 믿

2 아우구스티누스는 32세인 387년 암브로시우스에게서 세례를 받았고 그 후 아프리카로 돌아와서 391년 사제가 되었으며 396년에 보좌주교 그리고 397년에 주교가 되었다. 그가 『고백록』(*Confessiones*)을 쓰기 시작한 것은 397년이며 완성한 것은 401년이었다. 그 후 그는 수많은 집필에 몰두했으며 말년에는(413~427년) 『신국론』(*De civitate Dei*) 저술에 열정을 쏟아부었다.

게 합니다.

4

고백의 위대한 결과

그러나 그들이 무슨 결과를 위해서 이것[3]을 듣기를 원합니까? 그들은 내가 당신의 은혜에 의해서 당신에게 가깝게 다가간 것을 들었을 때 나를 축하해 주기를 원합니까 그리고 그들은 내가 내 무게 때문에[4] 늦어진다는 말을 듣고 나를 위해서 빌려는 것입니까? 나는 그런 사람들에게 나를 드러낼 것입니다. 나의 주 하나님, 많은 사람들이 우리들 때문에 당신에게 감사할 것이며, 많은 사람들이 우리들을 위해서 당신에게 빈다면 그 결과가 적지 않을 것입니다.[5] 당신이 사랑하라고 가르친 것을 내 안에서 형제의 마음으로 하여금 사랑하게 하고 당신이 슬퍼하라고 가르친 것을 내 안에서 슬퍼하게 하십시오.

그 마음을 형제의 마음으로 만들고, 그 입이 헛된 것을 말하지 말게 하고, 그들의 오른팔을 죄악의 오른팔인 낯선 이들의, 곧 낯선 자식들의 마음으로 만들지(시편 144, 7) 말게 하십시오. 그 마음은 나를 인정할 때 나에 대해서 기뻐하지만 나를 인정하지 않을 때 나를 위해서 슬퍼합니다. 왜냐하면 나를 인정하는 것이나 나를 인정하지 않는 것이나

3 아우구스티누스의 고백을 지시한다.

4 무게(pondus)는 짐, 무거운 물체, 의미, 권위 등의 뜻을 가진다. 여기에서의 무게는 육체적, 물질적 이미지를 아직 완전히 벗어나지 못한 아우구스티누스의 마음의 상태를 가리킨다.

5 우리들 때문에(de nobis)와 우리들을 위해서(pro nobis)에서 '우리들'은 실은 아우구스티누스 자신을 말한다.

다 나를 사랑하는 것이기 때문입니다. 나는 이런 자들에게 나를 드러낼 것입니다. 그들로 하여금 나의 선한 일에 한숨 돌리고 나의 악한 일에 한숨 쉬게 하십시오. 내 선한 일은 당신이 한 일이요 당신의 선물이며 내 악한 일은 내 죄요 당신의 심판입니다. 그들로 하여금 저 일에는 한숨 돌리고 이 일에는 한숨 쉬게 하여 찬송가와 울음소리가 당신의 면전(面前)에서 당신의 향로인 형제들의 마음으로부터 올라가게 하십시오(요한계시 5, 8).

그러나 주여, 당신은 당신의 성전(聖殿)의 향기를 기쁘게 받고(1고린 3, 17), 당신의 이름에 의하여 당신의 커다란 자비에 따라서 나를 불쌍하게 여기고(시편 51, 1), 당신이 시작한 일을 결코 버리지 말고 내 불완전함을 완성해 주십시오.

이것이 바로 과거의 내가 아닌 지금의 나의 고백의 결과이므로 나는 두려움과 함께 은밀한 기쁨으로 그리고 희망과 함께 은밀한 슬픔으로 당신 앞에 고백할 뿐만 아니라(시편 2, 11) 믿는 사람들의 자식들의 귀에 대고도 고백합니다. 그들은 나와 기쁨을 함께할 사람들이고, 나와 함께 죽을 벗들이며, 나와 같은 시민이요, 나와 함께 나그네이고, 앞서 가고 뒤따라가는 내 삶의 반려자들입니다. 이들은 당신의 종들이요 내 형제들입니다. 당신은 이들을 당신의 아들로 삼고자 했습니다. 당신은 내가 당신으로 말미암아 당신과 함께 살려고 한다면 이 주인들을 섬기라고(1요한 3, 14) 명했습니다.[6] 그런데 만일 당신의 말이 먼저 행함이 없이 말로만 명했더라면(마태 20, 26) 이것도 하찮았을 것입니다(2고

6 아우구스티누스는 사제서품을 받고 보좌주교가 되었으며 그 후 주교가 되었는데 신분이 높아질수록 종이 되어 모든 사람들을 주인처럼 섬기게 되었다. 왜냐하면 그는 하나님의 종이라는 것을 자각했기 때문이며 동시에 하나님에 대한 신앙이 확고했기 때문이다.

린 5, 13). 그리고 나는 이것을 행동과 말로 행하며(요한 13, 15), 내 영혼이 당신의 날개 밑으로 들어가서 당신에게 속하지 않으면 안 되는 또 내 허약함을 당신이 알지 않으면 안 되는 엄청난 위험을 가지고(신명 32, 11) 나는 당신의 날개 아래에서 이것을 행합니다. 나는 어리지만 내 아버지는 항상 살아 있으며 나의 든든한 보호자입니다. 왜냐하면 나를 낳아 주고 돌보아 준 분이 바로 그분이며, 그분은 당신 자신으로서 내 모든 선이고, 내가 당신과 있기 전부터 당신은 나와 함께 있는 전능한 분이기 때문입니다. 그러므로 나는 당신이 나보고 섬기라고 명령한 그들에게 과거에 내가 누구였는지가 아니라 지금 내가 누구인지 그리고 지금까지 내가 누구인지를 보여 줄 것입니다. 그러나 결코 나 자신을 심판하지는 않겠습니다. 그러므로 이렇게 내 말을 들어 주십시오.

5
자기 자신과 하나님에 대한 인간의 앎

주여, 당신만이 나를 심판합니다. 아무도 인간이 어떤지 모르고 인간 안에 있는 정신만을 안다고 할지라도, 인간 안에 있는 인간의 정신이 알지 못하는 인간의 어떤 것이(1고린 2, 11) 있습니다. 그러나 주여, 인간을 창조한 당신은 인간의 모든 것을 압니다. 나는 비록 당신 앞에서 나를 멸시하고 나를 흙과 재로 여길지라도, 나 자신에 대해서는 모르지만 당신에 관해서는 어떤 것을 알고 있습니다. 그리고 확실히 지금 우리들은 거울을 통해서 불분명하게 보며(1고린 13, 12), 아직은 얼굴에 얼굴을 맞대고(2고린 5, 6) 보지 못합니다. 그러므로 내가 당신에게서 떨어져서 낯선 곳을 방황하는 동안에는 나에게는 당신보다 내가 더 가깝게 느껴집니다. 그렇지만 나는 어떤 식으로도 당신을 해칠 수 없다는 것을 알지라도, 나는 어떤 유혹을 내가 물리칠 수 있고 또 어떤 유혹을 내가 물리칠 수 없는지 알지 못합니다. 그런데 희망이 있으니, 당신은 신실(信實)하기 때문에 우리들이 감당할 수 있는 능력 이상으로 시련을 겪는 것을 허락하지 않습니다. 오히려 당신은 시련과 함께 벗어날 길도 마련해 주어 그 시련을 견딜 수 있게 합니다(1고린 10, 13). 그러므로 나는 나에 대해서 아는 것을 고백할 것이고 나에 대해서 모르는 것도 고백할 것입니다. 왜냐하면 나에 대해서 내가 아는 것은 당신이 그것을 나에게 비추어서 내가 알며, 나에 대해서 내가 모르는 것은 내 어둠이 당신의 얼굴 앞에서 한낮처럼 될 때까지 내가 모르기 때문입니다(이사 58, 10).

6
우리는 하나님을 어떻게 아는가

그러나 주여, 나는 전혀 의심 없이 확실한 의식을 가지고 당신을 사랑합니다. 당신은 당신의 말로 나를 때려 주었으므로 나는 당신을 사랑했습니다. 그렇지만 하늘과 땅과 그 안에 존재하는 모든 것도, 보십시오, 나를 보고 당신을 사랑하라고 말하며 전혀 끊어지지 않고 모든 사람들에게 말해서 그들로 하여금 변명할 수 없게 합니다(로마 1, 20). 그러나 당신은 불쌍히 여기는 자를 한층 더 깊이 불쌍히 여기고, 불쌍히 여기는 자에게 한층 더 자비를 베풀 것입니다. 그렇지 않으면 하늘과 땅은 귀머거리들에게[7] 당신의 찬송가를 들려 주는 셈이 될 것입니다(로마 9, 15).

그러나 내가 당신을 사랑할 때, 나는 무엇을 사랑합니까? 그것은 육체의 아름다움[8]도, 시간의 장식도 아니고, 눈에 쾌적한 빛나는 흰색도 아니고, 온갖 종류의 노래의 달콤한 가락도 아니고, 꽃과 향유와 향료의 사랑스러운 냄새도 아니고 만나와 꿀도 아니고 육신을 껴안아서 기분 좋은 사지(四肢)도 아닙니다. 내가 나의 하나님을 사랑할 때, 나는 이런 것들을 사랑하지 않습니다. 그렇지만 내가 나의 하나님을 사랑할 때, 나는 어떤 빛, 어떤 소리, 어떤 음식 그리고 어떤 포옹을 사랑합니다. 내 내면적 인간의 빛과 소리와 향기와 음식과 포옹을 나는 사랑합니다. 그곳에서는 공간이 담지 못하는 것이 내 영혼에 비치고, 시간이 빼앗을 수 없는 것이 소리내며, 바람이 불어도 흩어지지 않는 것이 향기를 내뿜고, 먹어도 줄지 않는 것이 맛있고, 넘쳐나도 떨어져 나가지 않는 것이 단단히 붙어 있습니다.

그런데 그것은 무엇입니까? 내가 땅에게 이렇게 물었더니 땅이 말했습니다: "나는 아니다." 그리고 땅 안에 있는 모든 것들이 똑같이 고백했습니다. 나는 바다와 심연과 살아 있는 길짐승들에게 물었고 그것들은 답했습니다: "우리들은 너의 하나님이 아니다. 우리들 위에서 찾아라(창세 1, 20)." 내가 바람부는 숨결에게 물었더니 대기는 자신과 같이 있는 것들과 함께 말했습니다: "아낙시메네스가 속았다.[9] 우리들은 하나님이 아니다." 나는 하늘과 해와 달과 별들에게 물었더니 그것들

7 귀머거리들에게(surdis)에서 귀머거리들이란 하나님을 믿고 사랑하라고 말하는 하늘과 땅을 비롯한 만물의 소리를 듣지 못하는 사람들, 곧 비신앙인과 이단자들을 가리킨다.

8 여기서의 아름다움(species)은 아름다운 형태, 외모, 허구, 표상 등의 의미도 가짐.

9 아낙시메네스(Anaximenes)는 기원전 6세기 그리스의 자연철학시대의 밀레토스학파의 철학자로서 만물을 형성하는 원질(原質)을 공기라고 하였다. 그리스 자연철학자들은 아낙시메네스처럼 원질을 살아 있다고 보는 물활론자(物活論者)들이었다.

은 답했습니다: "우리들은 결코 네가 찾는 하나님이 아니다." 그래서 나는 내 육체의 문[10] 주변에 있는 모든 것들에게 말했습니다: "나의 하나님에 대해서 나에게 말해다오. 너희들은 그분이 아니다. 나에게 그분에 대해서 어떤 것을 말해다오." 그랬더니 그것들은 큰소리로 외쳤습니다: "그분이 우리들을 만들었다." 내 물음은 나의 생각이었고 그들의 대답은 그들의 아름다운 모습이었습니다.[11]

그리고 나는 나 자신에게 향하였고, 내게 말했습니다: "너는 무엇인가?" 그리고 나는 답했습니다: "사람이다." 보십시오. 내게는 육체와 영혼이 내 안에 현존합니다. 하나는 밖에 있으며 또 다른 하나는 안에 있습니다. 나는 이미 내 신체를 통해서 땅으로부터 하늘에 이르기까지, 내 시선(視線)의 사자(使者)를[12] 보낸 곳까지 내 하나님을 찾았는데, 이들 두 가지 중 어떤 것으로 찾아야 합니까? 그러나 안에 있는 것이 더 나을 것입니다. 왜냐하면 모든 물질적인 사자(使者)들이, 하늘과 땅과 그 안에 있는 모든 것들이 "우리들은 하나님이 아니다" 그리고 "그분이 우리들을 만들었다(시편 100, 3)"라고 말한 것을 이 높은 재판관에게 보고했기 때문입니다.[13] 내면의 사람은 외면적인 심부름을 통해서 이런 것을 압니다. 내면적인 자아는 이런 것을 아는데, 자아, 곧 자아 영혼[14]이 자신의 신체적 감각을 통해서 압니다. 나는 내 하나님에 대해서 거대한 우주에게 물었지만 그것은 내게 답했습니다: "나는 그분이 아니다. 그러나 그분이 나를 만들었다."

---

10 육체적인 감각기관.

11 여기서의 아름다운 모습(species)은 현실적인 아름다운 형태를 지시한다.

12 대상을 아는 것은 눈에서 보이지 않는 빛이 나와서 대상에 부딪히기 때문이라는 대상인식을 인정하는 아우구스티누스의 입장이 표현되고 있다.

13 재판관은 인간 내면의 영혼을 가리킨다.

14 자아 영혼(ego animus)은 인간의 '나'가 정신적인 것임을 강조하는 개념이다.

감각이 온전한 모든 사람들에게 이 아름다운 모습이 보이지 않겠습니까? 그러나 왜 그것은 모든 사람들에게 똑같은 말을 하지 않습니까? 동물들은 아주 작거나 크거나 간에 아름다움을 보지만 물어볼 능력이 없습니다. 왜냐하면 그들에게는 감각의 전달을 판단하는 이성이 없기 때문입니다.[15] 그러므로 인간은 물을 수 있으므로 하나님의 볼 수 없는 것들을 창조된 것들을 통해서 명백하게 인식합니다(로마 1, 20). 그러나 창조된 것들은 사랑에 종속되며, 종속된 자들은 판단할 수 없습니다. 피조물들은 묻는 자가 아니라 판단하는 자에게 대답하며, 어떤 사람은 보기만 하지만 어떤 사람은 보면서 물음에 따라서 이 사람에게는 이렇게 그리고 저 사람에게는 저렇게 보이도록 자신의 소리를, 곧 자신의 아름다운 모습을 변화시키지 않습니다. 오히려 둘에게는 똑같이 나타나지만 이 사람에게는 벙어리가 되고 저 사람에게는 입을 엽니다. 물론 피조물들은 모든 사람들에게 말하지만, 그들은 밖에서 들은 소리를 내면의 진리와 비교해서 그것을 압니다. 왜냐하면 진리는 내게 이렇게 말하기 때문입니다: "하늘과 땅도 그리고 어떤 물체도 모두 너의 하나님이 아니다." 이것은 물체의 양(量)은 전체에 있어서보다 부분에 있어서 적다는 것은 그 사실을 아는 사람에게 말하는 물체의 본성입니다. 그렇다면 영혼이여, 너는 이것들보다 더 훌륭하다고 내가 말한다. 왜냐하면 너는 네 육체의 양(量)의 옷을 입고 어떤 육체도 육체에 줄 수 없는 생명을 얻어서 살게 되었기 때문이다. 그러나 너의 하나님은 또한 너에게 생명의 생명이다.

---

15 17세기 근대의 데카르트도 인간에게만 정신(영혼 또는 이성)이 있고 다른 짐승들과 생물들은 정신을 소유하지 않았다고 믿었다. 전지전능한 하나님이 자신의 모습을 닮은 인간을 창조했으므로 인간이 이성 또는 지성(정신)을 가졌다는 것은 기독교전통에서는 너무나도 자명한 진리가 아닐 수 없다. 그러나 현대 인지이론에서는 몸이 행동하고 생각한다는 이론을 제기하며 신체와 정신의 이원론을 부정하는 것이 대세이다.

7
하나님과 우리들의 육체의 능력

그렇다면 내가 하나님을 사랑할 때 나는 무엇을 사랑합니까? 내 영혼의 정점(頂點) 위에 있는 그분은 누구입니까? 나는 바로 나의 영혼을 통해서 그분에게 올라갈 것입니다. 육체에 붙어서 육체의 틀을 생명으로 채워 주는 내 힘을 넘어서 나는 갈 것입니다. 나는 그 힘으로 나의 하나님을 찾을 수 없습니다. 왜냐하면 그렇지 않을 경우 이성을 가지지 않은 말과 노새도 그분을 찾을 것이기 때문입니다. 그 힘에 의해서 그것들의 육체도 살고 있는 것입니다.

나에게는 육체를 살게 할 뿐만 아니라 느끼게 하는 또 다른 힘이 있습니다. 주님은 내 몸을 만들어 주었으며, 듣기 위한 눈과 보기 위한 귀를 명령한 것이 아니라, 눈을 통해서는 보라고 귀를 통해서는 들으라고 명령했으며 나머지 감각들에도 각각 적절한 위치와 임무를 맡겨 주었습니다. 하나인 나, 곧 영혼이 그 감각들을 통해서 여러 가지 일들을 행합니다. 나는 이 힘을 넘어설 것입니다. 왜냐하면 말과 노새도 이 힘을 가지고 있기 때문입니다. 그것들도 역시 육체를 통해서 느낍니다.

8
기억의 힘

그러므로 나는 내 본성의 이런 힘을 넘어서 단계를 거쳐 나를 만든 그분에게 올라갈 것입니다. 그리고 나는 기억[16]의 평원과 넓은 궁전에 도착합니다. 거기에는 감각에 의해서 들어온 여러 가지 것들의 헤아릴 수 없는 이미지들의 보물들이 있습니다. 거기에는 감각이 파악한 것을 더하거나 덜거나 또는 변화시키면서 우리들이 생각하는 것들이 간직되어 있습니다. 그곳은 망각이 삼키거나 묻어 버리기 이전까지는 이 모든 것을 맡아서 보관하는 곳입니다.

내가 여기에 있으면서 내가 원하는 것을 가져오라고 요구하면, 어떤 것은 곧바로 나오고, 어떤 것은 깊은 곳에 감추어져 있었던 것처럼 한참 찾은 후 나오기도 하고, 어떤 것은 무더기로 쏟아져 나오기도 합니다. 그런데 다른 것을 원해서 찾을 때는 "혹시 우리들이 아니냐?"라고 말하는 것처럼 함께 뛰쳐나옵니다. 나는 내가 원하는 것이 발견되고 감추어져 있는 곳으로부터 눈앞에 나타날 때까지 그것들을 회상의 얼굴에서 마음의 손으로 좇아 버립니다. 그런데 다른 것들은 쉽사리 그리고 차례로 질서 있게 나타나고 먼저 것이 다음 것에게 자리를 양보하며, 양보하면서도 내가 다시 나타나기를 원하면 제자리로 되돌아옵니다. 이 모든 것은 내가 기억을 더듬어서 이야기할 때 이루어지는 것입니다.

이곳[17]에는 모든 것들이 따로 자기 문으로 들어와서 저마다 종류에 따라서 간직되어 있습니다. 이를테면 빛과 색깔과 물체의 형태들은 눈을 통해서, 그러나 모든 종류의 소리는 귀를 통해서, 그리고 모든 냄새는 콧구멍을 통해서, 모든 맛은 입을 통해서 그리고 단단한 것과 무른 것, 덥거나 찬 것, 부드럽거나 거친 것, 무겁거나 가벼운 것, 육체 밖에 있거나 안에 있는 것은 온몸의 감각에서 나와서 간직됩니다. 기억은 이 모든 것들을 얼마나 깊은지 이루 말할 수 없는 자신의 내면 깊숙한 곳

---

16 아우구스티누스는 『고백록』 제10권 8, 9장에 걸쳐서 감각적 기억을 상세히 논의한다. 제10권의 기억에 관한 논의는 제11권의 시간론과 밀접한 관계를 가진다. 아우구스티누스의 시간론은 물리학적, 심리학적 시간을 넘어서서 철학적 및 종교적 시간을 다루고 있다.

17 이곳(ubi)은 바로 기억(memoria)을 말한다.

에 간직해 두고 필요할 때마다 다시 기억해 내자는 것이었습니다. 이 모든 것들 자체가 기억으로 들어가서 그 안에 다시 자리잡는 것은 아닙니다. 그렇지만 결코 모든 것들이 기억 속으로 들어가는 것이 아니라 감각된 사물의 이미지들이 거기에 있어서 사물들을 회상하는 사유(思惟)에 기여합니다.

그렇지만 이 이미지들이 어떤 감각에 붙잡혀서 그 안에 간직되어 있다는 것이 명백할 때 그것들이 어떻게 만들어졌는지 누가 말할 수 있습니까? 왜냐하면 내가 어둠 속이나 침묵 속에 있을 때도, 내가 원하면 색깔들이 내 기억에 떠오르며, 나는 흰 빛과 검은 빛 그리고 내가 원하는 다른 빛깔들을 구분합니다. 이러는 사이에 소리가 밀려들어서 내가 시각에 이끌려서 사색하는 것을 혼란스럽게 하지도 못합니다. 그때 거기에 소리는 있지만 따로 떨어져 있는 것처럼 숨겨져 있습니다. 왜냐하면, 이때에도 내 마음이 내켜서 내가 소리를 요청하면 소리는 다가오며, 혀는 조용하고 그리고 목은 소리 없어도 나는 원하는 대로 노래를 부릅니다. 저 색깔들의 이미지들이 거기에 그대로 있지만 귀로 흘러들어 온 다른 보물창고를 내가 쓰다듬고 있을 때 그 이미지들은 끼어들지도 못하고 멈추게 하지도 못합니다. 이렇게 다른 감각을 통해서 들어와서 쌓인 다른 것들도 나는 원하는 대로 회상하게 되는데, 아무 냄새도 맡지 않으면서 나는 백합꽃의 향기를 오랑캐꽃으로부터 구분하고, 아무것도 맛보지도 않고 또 손대지도 않으면서 끓인 술보다 꿀을 그리고 거친 것보다 부드러운 것을 회상에 의해서 낫다고 여깁니다.

나는 이것들을 내면에서 행하며, 나의 기억의 엄청나게 큰 궁중 안에서 행합니다. 왜냐하면 하늘과 땅과 바다는 그것들 안에서 내가 느낄 수 있었던 모든 것들과 함께, 내가 이미 망각한 것들을 빼고, 여기 내 앞에 있기 때문입니다. 나는 여기에서 나 자신을 만나며, 내가 무엇을 언제 어디에서 행했는지도 여기에서 기억으로 되새기며, 내가 행했을 때의 감정이 어떠했는지도 여기에서 되새깁니다. 돌이켜 보건대 내가 체험하거나 믿은 모든 것들이 여기에[18] 있습니다. 나는 또한 이 창고에서 내가 경험했거나 또는 경험에서 믿게 된 유사한 것들을 따로따로 묶어서 지나간 것들과 비교합니다. 그래서 그로부터 미래의 행동과 사건과 희망 그리고 다시금 이 모든 것들을 마치 현재의 일처럼 숙고합니다. 무수히 많은 사물들의 이미지들이 가득 차 있는 엄청나게 큰 내 마음의 내면으로 나 자신이 말합니다: "내가 이것을 할까 저것을 할까? 그러면 이런 결과나 저런 결과가 생기겠지." "오, 이것이거나 아니면 저것이었으면!" "하나님, 이것이나 아니면 저것을 멀리 쫓아내 주십시오!" 나는 스스로 이렇게 말하지만, 내가 말할 때 기억의 보물창고에서 내가 말하는 모든 이미지들은 내 앞에 존재합니다. 만일 그 이미지들이 존재하지 않는다면 나는 이 사물들에 관해서 전혀 아무것도 말할 수 없을 것입니다.

기억의 힘은 크고도 너무 크며 하나님, 광활하고도 무한한 내면적인 것입니다. 누가 기억의 바닥에까지 이르렀습니까? 그리고 이것은[19] 내 마음의 힘이고 내 본성에 속하며, 나 자신도 내 존재의 전부를 파악할 수 없습니다. 그러므로 마음은 나 자신을 소유하기에는 작습니다. 그러면 마음이 파악하지 못한 나는 어디에 있습니까? 그 나는 나 자신의 안이 아니라 나 자신의 밖에 있습니까? 그렇다면 마음은 왜 나를 파악하지 못하는 것입니까? 내게는 이것들에 대해서 많은 존경심이 생기고

---

18 '여기에'는 '기억 안에'를 뜻한다.

19 이탈리아의 문예부흥시대의 페트라르카(Francesco Petrarca, 1304~74)는 벤토스산 정상에 올라가서 장관에 심취했다가 우연히 지니고 다니던 『고백록』을 펴들고 이 부분을 접하자 스스로 인간의 정신적 내면이 중요함을 깨닫고 바로 산을 내려왔다고 한다.

또 이것들에 대한 놀라움이 나를 사로잡습니다.

그런데 사람들은 높은 산들과 망망대해의 물결과 넓은 강의 흐름과 대양의 흐름과 별들의 운행을 보고 경탄하기 위해서 여행을 하지만 자기 자신들은 잊어버리고 있습니다. 그들은 내가 이 모든 것들을 눈으로 보지 않고 이야기해도 이상하게 여기지 않습니다. 그러나 내가 본 산과 물결과 강과 내가 들어서 믿는 대양을 마치 내가 밖에서 보는 것처럼 엄청난 공간에 놓여 있는 것으로 내 기억 속에서 보지 않고서는 말할 수조차 없습니다. 그렇지만 내가 눈으로 보고 있을 때, 나는 그것들을 보면서 흡수해 버리는 것이 아닙니다. 나에게는 그것들이 존재하지 않고 그것들의 이미지들이 존재합니다.[20] 나는, 무엇이 육체의 어떤 감각에 의해서 나에게 인상을 주었는지 압니다.

9

다양한 학문들의 기억

내 기억의 이렇게 무한한 능력은 오로지 이런 것만 간직하는 것은 아닙니다.[21] 여기에는 학예를 배워서 얻은 모든 것들이 아직 잊혀지지 않고, 물론 공간적인 장소가 아닌 멀리 떨어진 내면적인 장소와 같은 곳에 있습니다. 나는 그것들의 이미지들이 아니고 사물 자체[22]를 지니고 있습

---

20 플라톤은 현상 사물들과 영원불변하는 이데아들에 대한 특징을 세 가지로 보고 있다. ① 현상 사물들은 이데아들의 그림자이다. ② 현상 사물들은 이데아들을 닮았다. ③ 현상 사물들은 이데아들에 참여하고 있다. 아우구스티누스는 플라톤과 비슷하게 현상 사물들을 그것들의 이미지들(imagines eorum)이라고 한다.

21 아우구스티누스는 지금까지는 감각적 기억에 관해서 언급했으나 9장에서는 오성적 기억을 말한다. 오성이란 대상을 분석하고 헤아리는 인식능력이다.

니다. 왜냐하면 문학인 것, 논쟁의 지식인 것, 수많은 질문의 종류들 등[23] 내가 아는 이 모든 것들은 그대로 내 기억 안에 있기 때문입니다. 그것은 사물을 밖에 버려 두고 이미지만을 지니는 것이 아닙니다. 말하자면 소리는 한 번 나고 지나가 버려도, 그 흔적이 귀에 찍혔으므로 회상하기만 하면 이미 날 수 없는 소리가 울리는 것 같습니다. 또 향기도 마찬가지여서 냄새가 바람을 타고 사라지지만 후각을 건드리고 그로부터 기억에 자신의 이미지를 남기고 우리들은 이것을 기억하여 다시 냄새 맡는 것입니다. 또 음식도 마찬가지인데, 확실히 배 속에 있는 음식이 이미 맛없지만 기억 속에서는 맛있는 것 같습니다. 또 우리들이 몸으로 만져서 느낄 수 있는 어떤 것이 우리들에게서 떨어져 있어도 우리들은 그것을 기억에 의해서 상상합니다. 물론 사물 자체가 기억 속으로 들어가는 것은 아니고, 오히려 사물의 이미지들만 놀랍게 재빨리 포착되어 매우 경이로운 밀실에 보관되어 있다가 다시 기억해 냄으로써 신기하게 나오는 것입니다.

10
감각과 기억

그러나 내가 사물이 존재하는가, 그것은 무엇인가, 그것은 어떤 것인가라는 세 가지 종류의 물음을 들을 때, 나는 이 말들을 만든 소리의 이미지들은 지니고 있지만 소리는 소음 섞인 공기에 의해서 지나가 버리고

---

22 아우구스티누스는 감각적 인식대상과 오성적 인식대상을 구분하였다. 감각적 인식대상은 사물들의 이미지들(像들)이다. 오성적 인식대상은 사물 자체이다.

23 논쟁의 지식은 논리학을 그리고 수많은 질문의 종류들은 수사학을 가리킨다.

이미 존재하지 않는 것을 압니다. 그러나 나는, 소리에 의해서 표현된 사물들 자체[24]를 어떤 육체적 감각으로 만져 보지도 않고 또 내 영혼 말고는 어디에서도 안 일이 없지만 사물들의 이미지들이 아닌 사물들 자체를 내 기억 안에 간직하고 있습니다.

사물들 자체가 어디서부터 내게 들어왔는지 그것들이 말할 수 있다면 말하게 하십시오. 왜냐하면 내 육체의 모든 문들을 철저히 살펴보아도, 나는 그것들이 어떻게 들어왔는지 결코 발견할 수 없기 때문입니다. 물론 눈이 말합니다: "만일 저 이미지들이 색깔이 있다면, 우리가 그것을 알려 줄 것입니다." 귀가 말합니다: "만일 저 이미지들이 소리를 낸다면 우리들이 그것을 지적할 것입니다." 코가 말합니다: "만일 저 이미지들이 냄새난다면 그것은 우리들을 거쳐서 지나갔을 것입니다." 미각도 말합니다: "만일 맛이 없다면 나에게 아무것도 묻지 마시오." 촉각이 말합니다: "만일 육체가 없다면 나는 만져 볼 수 없고, 만일 만져 볼 수 없다면 나는 가리킬 것이 없습니다." 그렇다면 이것들이 어디로부터, 어떻게 해서 내 기억 속으로 들어왔습니까? 나는 어떻게 된 일인지 알지 못합니다. 왜냐하면 내가 그것들을 배웠을 때는 남의 마음을 믿어서가 아니고 오히려 내 속으로 다시 알고 진리로 시인한 다음에 그것을 기억에 맡겨 두었다가 내가 원할 때 꺼내기로 했기 때문입니다. 그러므로 그것들은 내가 그것들을 배우기 이전에 내 마음속에 있었지만 아직 기억 안에는 있지 않았습니다. 그렇다면 어디에 있었습니까? 내가 그들의 말을 듣고 "그렇다. 참답다"고 시인하고 말한 것은 어떻게 된 일입니까? 마치 깊은 동굴 안에 숨어 있는 것처럼 회상에 의해

24 사물 자체(res ipsas)는 플라톤의 이데아(idea)나 칸트의 물 자체(Ding-an-sich)와 다르다. 이데아나 물 자체는 영원불변하지만 아우구스티누스가 말하는 사물 자체는 현실대상이다.

서 꺼내는 사람이 없으면 거의 생각할 수 없을 만큼 아득히 멀고 은폐된 기억이긴 하지만, 그것들이 이미 기억 안에 있었다는 것이 아니면 무엇이겠습니까?

11
영혼 안에 있는 것들

그러므로 사물들의 이미지들을 감각을 통해서 받아들이지 않고 존재하는 그대로의 사물 자체를 이미지들 없이 내면적으로 통찰하기를 배우는 것은 기억이 흩어진 채 혼란하게 보관하고 있던 것을 생각에 의해서 모으는 것이며, 앞서서는 분산되어 버려진 것으로 기억 안에 숨겨져 있던 것을 이제는 주의를 기울여서 손 위에 놓는 것처럼 기억하며 이렇게 해서 우리의 마음에 믿을 수 있게 나타나도록 하는 것입니다.

그런데 내 기억은 이런 종류의 것들을 매우 많이 지니고 있습니다. 그리고 앞에서 말한 것과 마찬가지로 손에 놓은 것처럼 그것들이 명백히 나타나면 우리들은 그것들을 배웠다고 그리고 안다고 말합니다. 그렇지만 가끔 생각하는 시간이 드물어지면 알던 것마저 잊게 되고, 깊은 밀실 속으로 들어간 것 같은 그것들을 다시금 생각해 내기 위해서는 똑같은 장소로부터 — 왜냐하면 다른 장소가 없기 때문에 — 다시 불러내야 합니다. 그리고 그것들이 알려지기 위해서는 그것들이 모아져야 합니다. 즉 그것들은 흩어졌던 것들로부터 모아져야 하며 그로부터 생각한다(cogitare)는 말이 생긴 것입니다. 왜냐하면 모으다(cogo)와 생각하다(cogito)의 관계는 행동하다(ago)와 흔들다(agito) 그리고 만들다(facio)와 습관적으로 행하다(factito)의 관계와 같기 때문입니다. 그렇지만 마음은 이 말이 다른 곳이 아니고 영혼 안에서 모아지기를 요청하는데, 바로 이것이 생각된다 또는 고유한 의미에서 이미 생각한다로 일컬어집니다.[25]

12
수학자들의 기억

또한 기억은 수들과 차원들에 관해서 헤아릴 수 없이 많은 이론들과 법칙들을 지니고 있습니다. 그것들 자체는 색깔이나 소리나 냄새 또는 촉감을 가지고 있지 않기 때문에 그것들 중 어떤 것도 육체의 감각에 의해서, 우리들에게 인상을 남기지 않습니다. 그것들을 논의할 때, 나는 그것들을 표현하는 말들의 소리를 들었지만 소리와 사물들은 서로 다릅니다. 왜냐하면 소리로는 그리스말과 라틴말이 서로 다르게 소리 나지만, 사물들 자체는 그리스말도 아니고 라틴말도 아니며 또 어떤 다른 종류의 말도 아니기 때문입니다. 나는 목수가 그린, 마치 거미줄처럼 매우 가느다란 선들을 보았습니다. 그 선들은 내 육체의 눈이 나에게 알려 주는 그러한 차원의 이미지들이 아니고 다른 종류의 것들입니다. 어떤 물체에 대한 생각도 없이 자기 자신 안에서 이 선들을 아는 사람은 누구든지 이 선들을 압니다. 나는 또한 육체의 모든 감각으로 우리들이 헤아리는 수들을 알았습니다. 그러나 이것들은 우리들이 세는 수들과 다른 것이며, 우리들이 세는 수들은 감각에 의한 수들의 이미지들이 아니고 따라서 실재하는 수들입니다.[26] 내가 이렇게 말하는 것을 비

25 id est cogitur, cogitari proprie iam dicatur. 이 문장은 기억과 생각 및 앎의 밀접한 관계를 설명한다.

웃는 사람이 있을 것입니다. 그는 이것들[27]을 알지 못하므로, 나는 나를 비웃는 그를 불쌍하게 여길 것입니다.

13
기억의 기억

나는 이 모든 것들[28]을 기억으로 간직하고 있으며, 그것들을 어떻게 배웠는지도 기억으로 간직하고 있습니다. 이것들에 반대해서 많은 것들을 그릇되게 논쟁하는 것도 내가 듣고 기억에 간직하고 있습니다. 비록 그 많은 것들이 그릇된 논증이라고 할지라도 내가 그것들을 기억하고 있는 것은 거짓이 아닙니다. 나는 저 참다운 논증과 그것을 반대했던 이 그릇된 논증을 구별했으며 이 사실을 기억합니다. 그리고 지금 내가 이것들[29]을 구분하는 것을 안다는 것과 이것들이 생각날 때마다 내가 이것들을 구분한 것을 기억하는 것이 서로 다르다는 것을 나는 알고 있습니다. 그러므로 나는 이전에 내가 이것들을 자주 이해했다는 것을 기억하며, 지금 구분하고 이해하는 것을 기억에 간직하고 있으므로, 지금 내가 이해한 것은 앞으로도 기억될 것입니다. 그래서 나는 내가 기억했다는 것을 기억하고 있으며, 지금 내가 기억할 수 있는 것들을 나중에 회상한다면 그것은 전적으로 기억의 힘에 의해서 회상될 것입니다.

---

26 육체적 감각으로 헤아리는 수는 수들의 명칭이나 형태를 지칭하지만 마음의 내면으로 세는 수는 불변하며 실재하는 수이다.

27 수와 차원에 대한 이론들과 법칙들.

28 수와 차원에 관한 이론들과 법칙들.

29 참다운 논증과 그릇된 논증.

14
우리들을 기쁘게 하는 것들

기억은 내 영혼의 정서들도 간직하고 있는데, 영혼 자체가 정서들을 느낄 때 그 정서들을 가지는 방식으로가 아니라 전혀 다르게 마치 기억의 힘이 정서들을 가지는 것처럼 정서들을 간직하고 있습니다. 왜냐하면 나는 기쁘지 않으면서 내가 기뻤던 것을 회상하며, 슬프지 않으면서 과거의 내 슬픔을 회상하고, 무서움이 없으면서 언젠가 무서웠던 것을 돌이키며, 지금은 욕심이 없으면서 과거의 욕심을 기억하기 때문입니다. 그리고 어떤 때는 이와 반대로 지나간 내 슬픔을 기쁘게 회상하고 또 기쁨을 슬프게 회상합니다.

만일 이런 일이 육체로부터 생긴다면 이상할 이유가 없습니다. 왜냐하면 마음과 육체는 서로 다르기 때문입니다. 그러므로 만일 지나간 육체의 고통을 기뻐하면서 기억한다고 해도 그것은 이상할 것이 없습니다. 그러나 영혼이 바로 기억 자체라는 것은 이상한데 — 왜냐하면 우리들은 어떤 것을 기억해 두라고 말할 때 "그것을 마음속에 지니기 위해서 보아라"라고 말하며, 어떤 것을 잊었을 때 우리들은 "마음에 없었다" 그리고 "마음에서 빠져 달아났다"고 말하면서 기억 자체를 영혼이라고 부르기 때문인데 — 그렇다면 사실이 이럴 경우 내가 과거의 나의 슬픔을 기쁘게 기억할 때 마음은 기쁘고 기억은 슬픈 것은 어째서입니까? 마음은 기쁨에 잠겨서 기쁘다면 슬픔에 잠겨 있는 기억은 왜 슬프지 않습니까? 아마도 기억은 마음에 속한 것이 아닙니까? 누가 그렇게 말할 수 있을 것입니까?

그러므로 물론 기억은 마음의 배와 비슷하며, 기쁨이나 슬픔은 달고 쓴 음식과 비슷합니다. 이것들이 기억으로 들어갈 때 마치 배 속으로 넘어간 것처럼 거기에 잠겨 있을 수 있지만 맛이 날 수는 없을 것입니다. 이것들을 저것들과 비슷하다고 생각하는 것이 우습기는 할지라도, 그것들이 다 전적으로 다른 것은 아닙니다.

그러나 보십시오. 내가 영혼의 네 감정들,[30] 곧 욕망, 기쁨, 두려움, 슬픔을 말할 때 나는 이것들을 기억에서 이끌어 냅니다. 그래서 내가 그 하나하나를 종(種)과 유(類)에 따라서 분류하고 정의하면서 논의할 수 있다고 해도, 나는 말해야 할 것을 기억에서 찾으며 기억으로부터 끌어냅니다. 그렇지만 내가 감정들을 회상하고 기억할 때 그 감정들 중 어떤 것도 나를 혼란스럽게 동요시키지 않습니다. 그런데 그 감정들은 내가 회상하고 다시 다루기에 앞서서 기억 안에 있었습니다. 그러므로 나는 회상을 통해서 기억으로부터 그 감정들을 꺼낼 수 있습니다.

그러므로 음식이 되새김질에 의해서 배 속에서 밖으로 나오는 것처럼 아마도 감정들도 기억의 되새김질에 의해서 떠오를 것입니다. 그렇다면 기쁨의 단맛이나 슬픔의 쓴맛이 왜 그것을 논의하는 사람의, 곧 그것을 회상하는 사람의 사유(思惟)의 입에[31] 느껴지지 않습니까? 앞의 비유가 모든 면에서 맞지 않는 것은 이 차이 때문입니까? 슬픔과 두려움을 일컬을 때마다 어쩔 수 없이 슬퍼하고 두려워해야 한다면 누가 그런 것들을 말하려고 할 것입니까? 그렇지만 우리들은 오로지 우리들의 기억에 의해서 이 감정들을 말합니다. 우리들은 기억에 의해서 육체적 감각으로부터 찍힌 이미지들에 따라서 명칭들의 소리뿐만 아니라 사물 자체의 개념들도 발견하게 됩니다. 우리들은 그 개념들을 육체의 어떤 문을 통해서도 받아들이지 않았습니다. 오히려 영혼 자체가 자신의 정서의 경험을 통해서 그 개념들을 느껴서 그것들을 기억에 맡겼거나 또

30 감정(pertubatio)은 열정, 장애, 무질서, 혼란 등의 의미도 가지고 있다.
31 사유의 입에(in ore cogitationis)는 간단히 말해서 '생각의 시초에'의 뜻이다.

는 기억이 위임받지 않고 그 개념들을 맡아 둔 것입니다.

15
존재하지 않는 것들에 대한 기억

그러나 이 모든 것들이 이미지들[32]에 의한 것인지 아닌지를 누가 쉽게 말할 것입니까? 물론 내가 돌이라고 이름을 부르고 태양이라고 이름을 부를 때 사물 자체들은 내 감각에 있지 않습니다. 그러나 그것들의 이미지들은 확실히 나의 기억 안에 있습니다. 육체적 고통이라는 명칭을 말한다고 해도, 아무것도 나를 고통스럽게 하지 않는 한 내게는 육체적 고통이 없습니다. 그렇지만 만일 육체적 고통의 이미지가 내 기억 안에 없다면, 나는 그것이 무엇을 말하는지도 모를 것이고, 고통을 논의하면서 고통을 쾌락으로부터 구분하지도 못할 것입니다. 내 육체가 건강할 때 나는 육체의 건강이라는 낱말을 말합니다. 건강 자체는 나에게 있습니다. 그렇지만 건강의 이미지가 내 기억에 없다면, 나는 이 낱말의 소리가 무엇을 표현하는지 전혀 회상하지 못합니다. 병든 사람도 건강이라는 단어가 의미하는 것을 아는 것은, 건강 자체가 그의 육체에는 없을지라도 기억력에 의해서 건강의 이미지를 지니고 있기 때문입니다.

나는 우리들이 헤아리는 수들에 이름을 붙입니다. 이 경우 나의 기억 안에 있는 것은 그 수들의 이미지들이 아니라 그 수들 자체입니다. 내

---

32 아우구스티누스는 불변하는 본질이 아닌 것, 다시 말해서 우리들이 육체적 감각에 의해서 외적 및 내적으로 인식하는 것들을 모두 이미지(imago)라고 한다. 이미지는 그림, 닮은꼴, 메아리, 현상, 표상 등의 다양한 뜻을 가지고 있지만, 이미지는 참다운 것이 아니다.

가 태양의 이미지를 단어로 말할 경우 그 이미지는 내 기억 안에 있습니다. 왜냐하면 이 경우 나는 태양의 이미지의 이미지를 회상하지 않고 태양의 이미지 자체를 회상하기 때문입니다.[33] 이미지 자체가 회상하는 나에게 현재합니다. 나는 기억을 이름 붙여서 부르고 나는 내가 이름 붙여서 부르는 것을 압니다. 그런데 나는 그것을 기억 자체 안에서가 아니면 어디에서 알겠습니까? 기억도 자기 자신을 통해서가 아니라 자신의 이미지를 통해서 자신에게 있는 것입니까?

16
망각의 기억

내가 망각을 이름 붙일 때, 나는 마찬가지로 내가 이름 붙이는 것을 알지만, 만일 기억이 없다면 나는 어디에서 그것을 알겠습니까? 내가 말하는 것은 소리 나는 낱말의 소리가 아니고 소리가 표현하는 것입니다. 만일 그것을 망각한다면 나는 소리가 의미하는 것을 전혀 알지 못하게 됩니다. 내가 기억을 기억할 때 기억 자체는 자기 자신을 통해서 자신에게 현재합니다. 그러나 내가 망각[34]을 기억할 때 기억은 망각과 함께 현재하는데, 나를 기억하게 하는 기억과 내가 기억하는 망각이 그것입

---

33 플라톤은 순수한 앎과 수학적 지식을 참다운 앎으로 그리고 신념과 추측을 그릇된 속견으로 보았는데, 아우구스티누스 역시 플라톤과 비슷한 견해를 가지고 있었다. 여기에서 태양의 이미지의 이미지는 태양이라는 현상(태양의 이미지)에 대한 묘사를 말한다. 따라서 태양의 이미지의 이미지는 플라톤적 신념이나 추측으로서의 낮은 단계의 앎이다.

34 아우구스티누스는 악(malum)을 선(bonum)의 결여로 본 것처럼 망각(oblivio)을 기억(memoria)의 결여로 본다. 즉 악 자체가 없는 것처럼 망각 자체도 존재하지 않는다고 본다.

니다. 그러나 망각은 기억의 결핍[35]이 아니면 무엇입니까? 그러므로 망각이 있는 동안에는 기억이 있을 수 없는데 어떻게 해서 망각이 기억으로 하여금 망각을 생각하게 합니까? 그러나 우리들이 기억한 것만을 기억으로 지니고 망각을 기억하지 못한다면, 단어를 듣고도 단어가 표현한 것을 알 수 없으므로 기억이 망각을 지니고 있습니다.

그러므로 기억은 우리들이 잊어버릴 때 현존하는 것을 잊지 않기 위해서 현존합니다. 여기에서 우리들이 망각을 기억할 때 기억 안에 있는 것이 망각 자체가 아니고 망각의 이미지라는 것을 우리들은 이해합니까? 만일 망각 자체가 현존한다면, 결국 그것은 기억이 아니라 망각을 위하여 있는 것이 되기 때문입니다. 그러나 누가 이것을 찾아보겠습니까? 누가 어째서 그런지를 이해하겠습니까?

주여, 확실히 나는 여기에서 애쓰며 나 자신을 두고 애씁니다. 나는 지금 다루기 힘들고 많은 땀을 흘려야만 하는 땅이 되었습니다. 왜냐하면 지금 우리들은 하늘의 영역을(창세 3, 17) 탐구하려고 하지도 않고, 별들의 간격을 측정하거나 땅의 무게를 탐구하려고 하지도 않기 때문입니다. 기억하는 것은 나이며, 나인 영혼입니다. 나 아닌 것들이 다 제아무리 나로부터 멀리 떨어져 있어도 이상할 것이 없지만, 나 자신보다 나에게 더 가깝게 있는 것은 무엇입니까? 그런데 보십시오. 기억에 의하지 않고서는 나 자신의 이름도 말할 수 없으면서 나는 내 기억의 힘을 파악하지 못하고 있습니다. 내가 망각을 기억하는 것이 확실할 때 나는 무엇을 말하려는 것입니까? 내 기억 안에는 내가 기억하는 것이 없다는 것을 말하려는 것입니까? 망각이 내 기억 안에 있는 것은 잊지 않기 위한 목적을 위한 것이라고 내가 말하려는 것입니까? 두 가지 다

---

35 기억의 결핍(privatio memoriae)은 망각이므로 기억이 되살아나면 얼마든지 망각을 극복할 수 있다.

더할 수 없이 불합리합니다.

다음의 세 번째 것은 무엇입니까? 내가 망각을 기억할 때, 내 기억은 망각 자체가 아니라 망각의 이미지만을 지니고 있다는 것을 나는 어떻게 말할 수 있습니까? 어떤 사물의 이미지가 기억에 찍힐 때, 그 이미지가 찍힐 수 있는 바탕으로서 필연적으로 우선 그 사물이 존재하여야만 한다는 것을 나는 어떻게 말할 수 있습니까? 왜냐하면 나는 카르타고를 이런 식으로 기억하며, 내가 있어 본 모든 장소를 이렇게 기억하기 때문입니다. 내가 본 사람들의 얼굴이 이렇고 다른 감각들이 알려준 것들도 이렇습니다. 신체 자체의 건강과 고통도 이렇습니다. 이것들이 현존할 때, 기억은 이것들로부터 이미지들을 붙잡아 두었고, 나중에 존재하지 않는 그것들을 내가 회상할 때 영혼은 그것들을 현존하는 것처럼 보고 되새깁니다.

그러므로 만일 망각이 자기 자신에 의해서가 아니라 자신의 이미지에 의해서 기억 안에 있다면, 망각의 이미지가 포착되기 위해서는 어떻든 망각 자체가 있어야 할 것입니다. 그렇지만 어떤 방식으로든지, 그 방식을 파악할 수 없고 설명할 수 없을지라도, 내가 망각 자체를 기억한다는 것은 확실하며, 망각은 우리들이 기억하는 것을 지워 버립니다.

17
삼중적인 기억의 힘

나의 하나님, 기억의 힘은 위대하며, 내가 잘 모르긴 해도, 무섭기까지 하고, 깊고도 무한한 다양성을 가지고 있습니다. 이것이 영혼이며 이것이 나 자신입니다. 그렇다면 나의 하나님, 나는 무엇입니까? 나의 본성[36]

은 무엇입니까? 다양하고 여러 가지인, 실로 엄청난 생명입니다.

보십시오. 내 기억의 헤아릴 수 없는 대평원과 소굴과 동굴에 셀 수 없는 종류의 사물들 혹은 모든 물체들의 이미지를 통해서, 혹은 예술에 있어서는 그 현존을 통해서, 혹은 마음의 정서에 있어서는 내가 아는 개념과 인상을 통해서 — 이때 영혼이 느끼지 못해도 기억에 있는 것들은 다 영혼에 있으므로 기억은 이런 개념과 인상을 지니는데 — 충만하게 차 있으므로, 나는 이 모든 것들 속을 달려가며, 이리저리 날고, 할 수 있는 데까지 뚫고 들어가기도 하지만 끝이 없습니다. 기억의 힘은 이렇게 크며, 인간은 죽을 목숨으로 살지만 생명의 힘은 이렇게 큽니다!

나의 하나님, 당신은 나의 참다운 생명, 그렇다면 나는 무엇을 해야만 합니까? 나는 기억이라고 일컬어지는 나의 이 힘을 뛰어넘을 것이며, 감미로운 빛인 당신에게 달려가기 위해서 기억의 힘을 뛰어넘을 것입니다. 당신은 나에게 무엇을 말합니까? 나는 내 영혼에 의해서 내 위에 머무는 당신에게 올라가기 위해서 기억이라고 일컬어지는 나의 이 힘을 뛰어넘을 것입니다. 나는 닿을 수 있는 데까지 당신에게 닿기를 바라며, 당신을 안을 수 있는 데까지 당신을 안아 보려고 합니다. 왜냐하면 짐승들과 새들도 기억[37]을 가지고 있기 때문입니다. 만일 기억이 없다면 그것들은 보금자리나 둥지로 다시 찾아들지 못할 것이며 그것들이 습관적으로 하는 다른 많은 짓들도 하지 못할 것입니다. 왜냐하면

---

36 본성(natura)은 출생, 자연적 성질, 자연충동, 자연법칙, 세계질서, 본질, 사물 등의 의미를 가지고 있으나 여기서는 본질적인 성질인 본성으로 옮겼다.

37 짐승이나 새가 가진 기억(memoria)은 감각적이라는 것이 아우구스티누스의 입장이다. 인간의 기억만이 영혼에 의한 이성적 기억이다. 17세기의 데카르트도 인간에게만 정신이 있고 다른 짐승들에게는 정신이 없다고 믿었다. 이런 생각은 인간(homo)을 하나님의 이미지(imago Dei)라고 하는 성경의 입장을 반영한다.

어떤 것이든지 습관적으로 하는 것은 기억에 의하지 않고는 안 되기 때문입니다. 그러므로 나는, 나를 네발짐승들로부터 구별해 내고, 나를 날짐승들보다 더 현명하게 만든 그분에게 도달하기 위해서 기억을 뛰어넘을 것입니다. 나는 어디에선가 당신을 만나기 위해서 기억을 뛰어넘을 것입니다. 실로 선하고 확실한 달콤함이여, 나는 어디에서 당신을 만날 수 있겠습니까? 만일 내가 이 기억 밖에서 당신을 만난다면 그것은 내가 당신을 잊는 것입니다. 그런데 만일 내가 당신을 기억하지 못한다면, 어떻게 내가 당신을 만날 수 있겠습니까?[38]

18
회상

어떤 부인이 은화[39]를 잃어버렸다가 등불을 켜고 그 은화를 찾았다고 하는데, 만일 은화에 대한 기억이 없었다면 은화를 찾지 못했을 것입니다(누가 15, 8). 그 은화를 찾았을 때 그것에 대한 기억이 없다면, 찾은 것이 잃어버렸던 은화인지 아닌지를 어떻게 알겠습니까? 내가 기억하기에도 나는 잃어버린 것을 찾다가 발견해 낸 일이 많습니다. 이 기억에서 나는 다음의 사실을 압니다. 내가 어떤 것을 찾을 경우 "이것인가?", "저것인가?" 말하다가 내가 찾는 그것이 나오지 않으면 나는 "아니다"라고 말했습니다. 잃어버린 것에 대한 기억이 없다면, 비록 나에

38 선과 하나님은 인간의 영혼 안에 본래부터 영원불변하게 존재한다는 것을 강조하기 위해서 아우구스티누스는 기억에 관해서 길게 논의하고 있다.

39 드라크메(drachme)는 그리스의 은화임. 로마에 와서는 은화, 금화, 동전 등이 데나리우스(denarius)라는 단위로 사용되었다.

게 잃어버렸던 것이 나타난다고 할지라도 내가 알지 못할 것이므로 나는 그것을 찾아낼 수 없을 것입니다. 그런데 잃어버린 어떤 것을 찾다가 발견할 때 언제나 이런 일이 일어납니다. 그렇지만 눈으로 볼 수 있는 물체처럼 어떤 것이 시야에서는 사라지지만 기억에서는 사라지지 않는다면 그것의 이미지가 내면에 남으므로 다시 눈앞에 나타날 때까지 찾게 됩니다. 그것을 찾게 되었을 때는 내면에 있는 이미지에 의해서 그것이 확인됩니다. 만일 우리들이 확인하지 않는다면, 잃어버린 것을 찾았다고 우리들이 말할 수 없으며, 만일 우리들이 기억하지 못한다면, 우리들은 확인도 할 수 없습니다. 그러나 이것은 적어도 눈에서는 사라졌어도 기억에는 간직되어 있었던 것입니다.

19
기억의 본질

어떻습니까? 우리가 어떤 것을 잊어버리고 다시 생각해 내려고 찾을 때, 보통 있는 일이지만, 기억 자체가 어떤 것을 잊어버릴 경우 우리들은 그것을 기억 자체 안에서가 아니면 어디에서 찾겠습니까? 그러므로 우리들이 찾는 것이 나타나기까지는 저것보다 이것이 더 분명하게 보일지라도 우리들은 이것을 기억에서 거부합니다. 그런데 이것이 나타날 때 우리들은 "이것이다"라고 말합니다. 알지 못한다면 우리들은 이렇게 말할 수 없을 것이며 또 기억하지 못한다면 우리들은 이를 알지도 못할 것입니다. 왜냐하면 우리들은 확실히 잊어버리고 있었기 때문입니다. 전부 지워져 버린 것입니까, 아니면 남아 있는 부분으로 다른 부분을 찾는 것입니까? 왜냐하면 보통 전부 한꺼번에 회상되던 것이 이제는 그렇지 않다는 것을 기억이 느끼는 것에서 기억은 습관적으로 모자라서 절뚝거리면서 없어진 것을 되찾으려고 애타게 요구하기 때문입니다.

아는 사람을 눈으로 보거나 생각하다가 그의 이름을 잊었을 경우 우리들은 그 이름을 되찾으려 합니다. 다른 이름들을 다 떠올려도 맞지가 않습니다. 왜냐하면 그 이름들을 그에게 맞추어서 생각해 본 습관이 없기 때문입니다. 그러므로 습관적으로 알던 이름이 갑자기 나타나서 기억에 현존할 때까지는 어떤 이름이든 거부당합니다. 그런데 이것은 기억 자체에서가 아니면 어디에서 오는 것입니까? 왜냐하면 다른 사람에 의해서 기억되어 알게 될 경우에도 기억에 의해서 알기 때문입니다. 우리들은 아는 것을 마치 새로운 것처럼 믿지 않고, 이름 붙여진 것을 이것이다라고 기억에 의해서 시인하는 것입니다. 그러나 만일 마음에서 가장 말끔히 없어졌다면 회상시켜 준다고 해도 기억날 수 없습니다. 왜냐하면 우리들이 잊어버린 것으로 기억하는 동안에는 우리들이 완전히 잊어버리고 있는 것이 아니기 때문입니다. 그러므로 우리들이 완전히 잊어버린 것은 잃어버린 것으로서 우리들이 찾을 수 없을 것입니다.

20
우리가 원하는 축복

그렇다면 주여, 나는 당신을 어떻게 찾아야만 합니까? 왜냐하면 나의 하나님, 내가 당신을 찾을 때 나는 행복한 삶을 찾기 때문입니다(시편 69, 32). 나는 내 영혼이 살기 위해서 당신을 찾을 것입니다. 왜냐하면 내 육체는 내 영혼에 의해서 살며, 내 영혼은 당신에 의해서 살기 때문입니다. 그렇다면 행복한 삶을 나는 어떻게 찾아야 합니까? 왜냐하면 "충분하다. 그것은 여기에 있다"라고 내가 말할 수 있을 때까지, 내가 그렇게 말하지 않으면 안 될 때까지 그것은 나에게 있지 않기 때문입니다. 어떻게 내가 행복한 삶을 찾아야 할까요? 행복한 삶을 잊어버렸지만 아직까지 잊어버린 것이 내게 있는 것처럼 회상을 통해서 찾을까요? 아니면 결코 안 일이 없든가, 알았더라도 잊어버려서 잊어버린 것을 기억하지 못할 정도가 되어 알지 못하는 것을 알려고 하는 욕망에 의해서 찾아야 할까요? 모든 사람들이 원하며, 모든 사람들 중 어느 누구도 원치 않는 사람이 없는 것이 바로 행복한 삶 자체가 아닙니까? 그들은 어디에서 그것을 알아서 그것을 그토록 원합니까? 그들은 어디에서 보아서 그것을 사랑하게 되었습니까? 어떻게 해서인지 내가 알지는 못해도 우리들이 행복한 삶을 소유하고 있는 것은 전혀 놀랄 일이 아닙니다. 그런데 그 양상은 다른데, 어떤 사람은 행복한 삶을 소유할 때 행복하며 또 어떤 사람은 단지 희망해서 행복합니다. 이 사람들은 행복 자체를 가져서 행복한 사람들보다 행복한 삶을 덜 가지지만 현실의 사물에서나 희망에 있어서나 행복하지 못한 사람들보다는 한층 더 나은 것입니다. 그렇지만 이 사람들은 어떤 식으로든 행복한 삶을 소유했으므로 행복하기를 원합니다. 이 사람들이 행복하려고 하는 것은 무엇보다도 확실합니다. 이 사람들이 어떻게 행복한 삶을 알게 되었는지 나는 알지 못하고 따라서 이들이 어떤 개념 속에 행복한 삶을 가지고 있는지도 모릅니다. 내가 알고 싶은 것은 행복한 삶이 기억 안에 있는지의 여부입니다. 만일 거기에 있다면, 우리들은 언젠가 이미 행복했던 것입니다. 모든 사람들 각자가 행복했는지, 아니면 제일 처음으로 죄를 범한 그분 안에서 그분에 의해서 우리들 모두가 죽었고, 그분으로부터 우리들이 비참하게 태어난(1고린 15, 22) 그 사람 안에서 우리들이 행복했는지를 지금 내가 묻지는 않습니다.

그러나 나는 행복한 삶이 기억 안에 있는지의 여부를 묻습니다. 왜냐하면, 만일 우리들이 알지 못한다면 우리들은 그것을 사랑할 수 없기 때문입니다. 우리들 모두는 행복한 삶의 명칭을 듣고 우리 모두가 행복 자체를 추구한다는 것을 시인합니다. 왜냐하면 오직 말소리로만 기쁠 수 없기 때문입니다. 그리스인이 라틴어로 이 말을 들을 때, 그는 무슨 말인지 모르기 때문에 기뻐하지 않습니다. 그러나 우리들[40]은 그 그리스인이 마치 그리스어로 이 말을 듣는 것처럼 기뻐합니다. 왜냐하면 행복한 삶 자체는 그리스적인 것도 아니고 라틴적인 것도 아니며 다른 언어를 사용하는 사람들과 함께 그리스인과 로마인도 행복한 삶에 도달하기 위해서 몹시 애쓰기 때문입니다. 그러므로 행복은 모든 사람들에게 다 알려져 있습니다. 만일 그들에게 한마디로 행복하기를 원하느냐고 물을 수 있다면 그들은 전혀 서슴지 않고 그러기를 원한다고 대답할 것입니다. 이것은 그 명칭이 뜻하는 행복한 삶 자체[41]가 기억 안에 보관되어 있지 않다면 불가능할 것입니다.

21
우리들이 전혀 소유하지 못한 것에 대한 기억

그렇다면 그것은, 내가 카르타고에서 본 것을 기억하는 것과 같은 그런 것입니까? 아닙니다. 행복한 삶은 육체가 아니기 때문에 그것은 눈에

---

40 라틴어를 사용하는 로마인들을 가리킨다.

41 '행복한 삶 자체'는 원문에서는 사물 자체(res ipsa)로 되어 있다. 여기에서 사물(res)은 다름 아닌 행복한 삶(vita beata)을 가리킨다.

보이지 않습니다.

그것은 마치 우리들이 수를 기억하는 것과 같습니까? 아닙니다. 왜냐하면 수들에 관한 지식을 가지고 있는 사람은 수들을 얻으려고 애쓰지 않기 때문입니다. 그러나 우리들은 행복한 삶을 지식으로 알고 있으며 사랑합니다. 그래서 우리들은 행복하기 위하여 행복한 삶에 도달하기를 원합니다.

그렇다면 그것은 웅변을 기억하는 것과 마찬가지입니까? 아닙니다. 아직 웅변가가 되지 못한 사람이 그리고 웅변가가 되고자 하는 많은 사람들이 웅변이라는 말을 듣고 웅변 자체를 회상하는데, 이로부터 웅변이 그들의 지식 안에 있는 것이 드러납니다. 그러나 이 개념은 웅변가들에게 기쁘게 주의를 기울이거나 그렇게 되기를 갈망하여 육체적 감각을 통해서 생긴 것입니다. 물론 내면으로 알지 못한다면 기뻐할 수 없으며, 기뻐하지 않는다면 그렇게 되고 싶은 마음도 없을 것입니다. 그러나 행복한 삶은 결코 남이나 육체적 감각에 의해서 체험되지 않습니다.

그렇다면 그것은 우리들이 기쁨을 기억하는 것과 마찬가지가 아닙니까? 아마 그럴 수도 있습니다. 왜냐하면, 내가 비참하면서도 행복한 삶을 회상하는 것처럼 나는 슬프면서도 나의 기쁨을 회상하기 때문입니다. 나는 일찍이 나의 기쁨을 결코 육체적 감각에 의해서 보거나, 듣거나, 냄새 맡거나, 맛보았거나, 만져 보지 않았습니다. 나는 내가 기뻤을 때 기쁨을 내 마음으로 체험했습니다. 그리고 그 개념이 내 기억에 굳게 남아 나는 그것을 회상할 수 있게 됩니다. 기뻐했던 것들의 다양성에 따라서 어떤 때는 던져 버리면서 또 어떤 때는 원하면서 나는 그것들이 기뻤다고 기억합니다. 내가 추한 일에 기뻐했을 경우, 지금은 그것을 회상하면서 싫어하고 저주하며, 지난날의 선하고 정직한 일들에 대해서는, 비록 그것들이 현재에 있지 않고 따라서 과거의 기쁨을 슬프게 회상한다고 할지라도 나는 그것들을 그리워하면서 회상합니다.

그렇다면 어디에서 그리고 언제 내가 행복한 나의 삶을 체험했기에 나는 그것을 회상하고 사랑하며 그리워합니까? 나뿐만이 아니고 또 소수의 사람들만도 아니고 오히려 우리들 모두는 행복하기를 원합니다. 우리들이 확실한 인식으로 알지 못한다면 우리들은 이렇게 확실한 의지로 원할 수 없습니다. 그러나 이것은 무엇입니까? 두 사람이 있는데 그들에게 전쟁에 나가기를 원하느냐고 묻는다면 그들 중 한 사람은 원한다고 그리고 다른 사람은 원하지 않는다고 대답할 수 있습니다. 그러나 만일 그들에게 행복하기를 원하느냐고 묻는다면 두 사람은 주저하지 않고 즉시 그러기를 원한다고 말할 것입니다. 한 사람이 전쟁에 나가고 싶어 하는 것도 그리고 다른 사람이 전쟁에 나가기 싫어하는 것도 오직 행복하기 위해서입니다. 왜냐하면 아마도 어떤 사람은 여기에서 기뻐하고 또 어떤 사람은 저기에서 기뻐하기 때문이 아닙니까? 이렇게 행복해지기를 원하는 데에 모든 사람들이 동의하며, 기쁘기를 원하느냐는 질문에 모든 사람들이 찬성하는 것은 기쁨 자체가 행복한 삶으로 일컬어지기 때문입니다. 비록 이 사람은 이렇게 그리고 저 사람은 저렇게 도달하는 길은 다르다고 할지라도 모든 사람들은 기쁘기 위해서 하나의 길에 도달하려고 매우 애씁니다. 어느 누구도 행복을 체험하지 못했다고 말할 수 없으므로 행복한 삶이란 명칭을 듣는 순간 기억 안에서 그것을 발견하고 확인하게 됩니다.

22
참다운 기쁨과 행복한 삶

주여, 멀어지게 하십시오. 당신에게 고백하는 종의 마음이 어떤 기쁨을 누리든지 간에 그 기쁨을 내가 행복으로 생각하는 것을 내 마음에서 멀어지게 하십시오(이사 48, 22). 왜냐하면 믿지 않는 자들에게는 주어지지 않고 당신을 섬기는 이들에게만 주어지는 기쁨이 있기 때문인데, 그들의 기쁨은 당신 자신입니다. 당신에 대해서, 당신을 향하여, 당신 때문에 기뻐하는 것 자체가 바로 행복한 삶입니다. 이것이 행복이고 다른 것이 아닙니다.[42] 그러나 또 다른 행복한 삶이 있다고 믿는 자들은 참다운 기쁨이 아닌 다른 기쁨을 추구합니다. 그렇지만 그들의 의지는 기쁨의 어떤 이미지를 벗어나지 못합니다.

23
행복한 삶

당신에 대하여 기뻐하기를 원하는 것이 유일한 행복한 삶인데도 그러기를 원치 않는 자들이 있기 때문에 모든 사람들이 행복하기를 바란다는 것은 확실하지 않습니다. 적어도 모든 사람들은 행복한 삶을 원하지 않는 것입니다. 아니면, 모든 사람들은 이것을 원합니까? 그러나 육체는 정신을 거슬러서 욕구하고 정신은 육체를 거슬러서 욕구하기 때문에 그들이 원하는 것을 행하지 못해서(갈라 5, 17) 그들이 할 수 있는

42 아우구스티누스의 이런 표현은 하나님에 대한 신앙의 절정을 맛보게 해 준다.

것으로만 만족하는 것이 아닙니까? 그들이 할 수 없다는 것은 그들이 할 수 있을 정도로 원하지 않는 것이 아닙니까?

내가 모든 사람들에게 허위보다 진리를 더 기뻐하는지의 여부를 물으면, 그들은 주저하지 않고 즉시 진리를 더 좋아한다고 말할 것입니다. 그것은 행복하고 싶다고 서슴지 않고 말하는 것과 같습니다. 물론 행복한 삶은 진리에 대한 기쁨입니다. 왜냐하면 하나님, 나의 빛, 내 얼굴의 구원, 나의 하나님(시편 42, 5), 이것은 진리인 당신에 대한(요한 14, 6) 기쁨이기 때문입니다. 모든 사람들은 이 행복한 삶을 원하며, 누구나 오로지 행복한 이 삶을 원하고, 모든 사람들은 진리에 대한 기쁨을 원합니다.[43]

많은 사람들이 속이려고 하지만 아무도 속으려고 하지 않는다는 것을 나는 경험했습니다. 그렇다면 그들이 진리를 알지 못했다면, 그들은 어디에서 이 행복한 삶을 알았겠습니까? 속지 않으려고 하기 때문에 진리를 사랑하며, 진리에 대한 기쁨 이외의 다른 것이 아닌 행복한 삶을 그들이 사랑하는데 그것에 대한 어떤 지식이 그들의 기억 안에 있지 않다면 그들은 전혀 진리를 사랑할 수도 없을 것입니다.

그렇다면 그들은 왜 기쁘지 않습니까? 그들은 왜 행복하지 않습니까? 그들은 행복에 대해서 희미하게 기억하기 때문에 그들을 행복하게 만들어 주기보다 불행하게 만들어 주는 것에 몰두하기 때문입니다. 아직도 사람들 안에는 작은 빛이 있습니다. 걸어가세요. 걸어가십시오. 어둠에 휩싸이지 마십시오.

진리에 대한 기쁨인 행복한 삶이 사랑받을 때, 왜 진리는 증오를 낳고,[44] 진리를 전도하는 당신의 사람이(갈라 4, 16) 왜 그들의 원수가 되

43 아우구스티누스는 진리(veritas)와 행복(beatitas)과 하나님(Deus)을 하나로 본다. 그가 말하는 진리와 행복은 절대적인 진리와 행복이다.

었습니까? 진리를 사랑하기는 해도 다른 것을 사랑하는 그들은 자기들이 사랑하는 이것을 진리로 가지기를 원하기 때문이며, 속으려고 하지 않으므로 자기들이 속고 있다는 것을 믿으려고 하지 않기 때문입니다. 그러므로 그들이 진리 대신에 사랑하는 바로 그것 때문에 그들은 진리를 미워합니다. 그들은 진리가 빛날 때 진리를 사랑하지만(요한 3, 20) 진리가 거짓을 벌줄 때는 진리를 증오합니다. 왜냐하면 그들은 속는 것은 싫고 남을 속이기를 원하므로 진리 자체가 드러날 때는 진리를 사랑하고 진리가 그들 자체를 드러낼 때는 진리를 증오하기 때문입니다. 그로부터 진리는 그들에게 되갚아 줍니다. 진리에 드러나기를 원치 않는 그들이 원하지 않을지라도 진리는 그들을 드러나게 하고 진리 자신은 그들에게 드러나지 않습니다.

이렇게, 이렇게, 정말 이렇게 인간의 마음은 이토록 눈멀고, 굼뜨며, 추하고 미워서 숨으려고 하지만, 자기는 숨기고 다른 것은 숨기려고 하지 않습니다. 이와 반대로 인간은 보상을 받게 됩니다. 인간의 마음은 진리를 숨기지 못하지만 진리는 자기 자신을 숨깁니다. 이렇게 인간의 마음은 비참하다고 할지라도 허위보다는 진리를 즐기기를 원합니다. 그러므로 만일 아무런 혼란스러운 방해가 없다면 모든 것들을 참답게 만드는 진리 하나만으로 기뻐하는 사람은 이 진리에 의해서 행복할 것입니다.

---

44 카르타고 출신인 로마의 희극시인 테렌티우스(Terentius)는 "친절은 친구를 낳고 진리는 증오를 낳는다(Obseguium amicos, veritas odium parit)"는 말을 남겼다.

24
하나님을 포함하는 기억

주여, 보십시오. 나는 당신을 찾으면서 내 기억 안에서 매우 넓은 공간을 이리저리 다녀 보았지만 기억 밖에서는 당신을 발견하지 못했습니다. 왜냐하면 나는 당신을 알고부터 당신에 대해서 내가 기억하지 못하는 어떤 것도 발견하지 못했기 때문입니다. 나는 당신을 안 이후부터 당신을 잊은 일이 없습니다. 왜냐하면 나는 진리를 발견한 그곳에서 나의 하나님을 발견했으며, 나는 진리 자체를 배운 이후부터 진리 자체를 잊지 않았습니다. 그러므로 내가 당신을 알기를 배운 이후부터 당신은 내 기억 안에 있으며, 내가 당신을 회상하고 당신 안에서 기뻐할 때마다 나는 기억 안에서 당신을 발견합니다. 이것은 내 가난을 굽어보는 당신의 자비가 나에게 준 나의 성스러운 환희입니다.

25
하나님을 찾아내는 기억

그러나 주여, 당신은 내 기억 안의 어디에 있습니까, 도대체 기억의 어느 곳에 있습니까? 당신을 위해서 어떤 보금자리를 만들었습니까? 당신을 위하여 어떤 성소(聖所)를 지었습니까? 당신은 내 기억에 이 명예를 주고 그 안에 머물게 되었지만, 당신이 기억의 어느 쪽에 머물고 있는지 나는 보살피고 있습니다. 물질적인 것들의 이미지들 사이에서 당신을 찾지 못했기 때문에 나는 짐승들이 차지하고 있는 기억의 부분을 뛰어넘었습니다. 그래서 내 마음의 감정들을 간직하고 있는 기억의 부분으로 왔지만 거기에서도 나는 당신을 발견하지 못했습니다. 그래서 나는, 영혼이 자기 자신을 기억하기 때문에 내 영혼이 기억 안에 자리 잡고 있는 곳으로 들어왔지만 당신은 거기에 없었습니다. 당신은 물질적 이미지와 같은 것도 아니고 우리들이 기뻐하고, 슬퍼하며, 욕망하고, 무서워하고, 기억하고 망각하는 것과 같은 그러한 종류의 살아 있는 사람의 감정도 아니고 또 영혼 자체도 아닙니다. 당신은 영혼의 주인인 하나님이며,[45] 이 모든 것들이 변해도 당신은 모든 것들을 초월하여 변함없이 존재하며 내가 당신을 알기를 배운 이후부터 고귀하게 내 기억 안에 자리잡고 있습니다. 그런데 마치 장소들이 기억 안에 있는 것처럼 나는 당신이 기억의 어떤 장소에 있는지 왜 찾고 있답니까? 당신을 알기를 배운 이후부터 나는 당신을 기억하기 때문에 당신은 확실히 기억 안에 있으며, 내가 당신을 회상할 때마다 나는 당신을 기억 안에서 발견합니다.

26
하나님의 발견

그렇다면 내가 당신을 알아서 배우기 위해서 나는 어디에서 당신을 찾았습니까? 왜냐하면 내가 당신을 알아서 배우기 이전에는 당신이 내 기억 안에 존재하지 않았기 때문입니다. 그렇다면 당신을 알아서 배우기 위해서는 나를 초월하여 있는 당신 안에서가 아니면 어디에서 내가

---

45 아우구스티누스는 신플라톤주의의 영향을 받아서 일원론자의 경향을 보일 때도 있으나 그는 플로티노스와는 달리 하나님과 영혼을 질적으로 서로 다른 것으로 보았다. 그러므로 영혼은 하나님이 될 수 없고 하나님의 창조물인 것이다.

당신을 발견했겠습니까? 그러므로 전혀 장소가 아닙니다. 멀리 가고 또 가까이 오는 것은 우리들이고 전혀 장소가 그런 것이 아닙니다.[46] 진리여, 당신은 어디든지 당신에게 조언을 청하는 모든 사람들 앞에 있어서 모든 사람들이 각자 다른 조언을 청해도 당신은 동시에 대답해 줍니다. 당신은 밝게 대답하지만 모든 사람들은 밝게 듣지 않습니다. 모든 사람들은 자기들이 원하는 대로 조언을 구하지만 항상 자기들이 원하는 것을 듣지는 않습니다. 자신이 원하는 것을 당신에게서 듣기보다 당신에게서 들은 것을 더 하고 싶어 하는 종은 당신의 가장 충직한 종입니다.

27
우리들을 이끄는 하나님

나는 너무 늦게[47] 당신을 사랑하게 되었으니, 이렇게 오래된 그리고 이렇게 새로운 아름다움이여, 나는 너무 늦게 당신을 사랑하게 되었습니다! 그런데 보십시오. 당신은 내 안에 있었지만, 나는 밖에서 바로 내 밖에서 당신을 찾았으며, 나는 당신이 만든 아름다운 것들 속으로 더러운 몸을 밀어 넣었습니다. 당신은 나와 함께 있었지만 나는 당신과 함께 있지 않았습니다. 만일 당신 안에 있지 않았더라면 존재하지도 않았

46 하나님은 물질적인 공간과 시간을 통해서는 만날 수 없고 오직 정신적인 영혼의 기억에 의해서만 만날 수 있다는 아우구스티누스의 생각을 엿볼 수 있다.

47 아우구스티누스는 32세에 세례를 받고 가톨릭으로 개종하였다. 그는 청소년기에 육체적 관능의 쾌락에 빠졌고 마니교를 9년간이나 믿었으며 신플라톤주의철학에도 심취하였다. 그러나 그는 길고 긴 이단생활을 마치고 늦게나마 가톨릭으로 귀의하게 되었던 것이다.

을 이 아름다운 것들[48]은 나를 붙들고 당신으로부터 멀리 떨어지게 했습니다. 당신은 부르고 외쳐서 내 막힌 귀를 뚫어 주었습니다. 당신은 빛을 비추고 밝게 해서 내 눈멀음을 쫓아버려 주었습니다. 당신은 향기를 풍겼고, 나는 냄새를 맡았고 당신을 그리워했으며, 당신을 맛보고 기갈을 느꼈으며, 당신이 나를 만지자 나는 당신의 평화로 내 마음을 불살랐습니다.

28
삶의 비참함

내 모든 부분이 당신과 하나가 될 때, 더 이상 나는 고통스러워하지도 않고 힘들어하지도 않을 것이며, 온통 당신으로 가득 찬 내 생명을 살 것입니다. 그러나 지금 당신이 가득 채우는 자를 당신은 높이 올리지만, 나는 아직 당신으로 가득 차지 못했기 때문에 나 스스로 짐이 됩니다. 울어야 할 나의 기쁨이 기뻐해야 할 슬픔과 다투고 있으므로 어느 편이 승리할지 나는 알지 못합니다. 악한 나의 슬픔이 선한 기쁨과 다투고 있으므로 어느 편이 승리할지 나는 알지 못합니다.

가엾은 나! 주여, 나를 불쌍히 여기십시오(시편 31, 10)! 가엾은 나! 나는 나의 상처를 감추지 않습니다. 당신은 의사이고 나는 환자입니다. 당신은 가엾게 여기는 분이고 나는 비참합니다. 지상의 인간의 삶은 시련이 아니겠습니까(욥기 7, 1)? 누가 고통스럽고 어려운 일을 원하겠습니까? 그것을 사랑하지는 않아도 참으라고 당신이 명합니다. 비록

---

48 하나님이 창조한 우주만물들, 곧 하나님의 모든 피조물들.

참기를 좋아한다고 할지라도 아무도 자신이 참는 것을 사랑하지는 않습니다. 왜냐하면 참기를 기뻐한다고 할지라도 자신이 참을 것이 없기를 더 바라기 때문입니다. 나는 불운 중에 행운을 바라며, 행운 중에는 불운을 두려워합니다. 이들 두 가지 사이에 인간의 삶이 시련이 아닌 어떤 중간장소가 있겠습니까? 거듭해서 세상의 행운은 불행에 대한 두려움과 기쁨의 소멸로 말미암아 슬픈 것입니다! 행운을 바라며 불행 자체가 모질고 관용을 꺾을까 두려우니 세상의 불행은 두 번 세 번 거듭해서 슬픈 것입니다! 지상의 인간의 삶은 끊임없는 시련이 아니고 무엇이겠습니까?

29
희망은 어디에 있는가

그런데 내 온 희망은 오직 당신의 큰 자비 안에만 있습니다. 당신이 명하는 것을 주고, 당신이 원하는 것을 명하십시오.[49] 당신은 우리들에게 자제[50]를 명합니다. 어떤 사람이 이렇게 말했습니다: 만일 하나님이 주지 않는다면 아무도 자제할 수 없다는 것을 내가 알 때 이 선물[51]이 누

---

49 "당신이 명하는 것을 주고, 당신이 원하는 것을 명하십시오(da quod iubes et iube quod vis)"는 절대적인 하나님의 은총을 암시한다. 아우구스티누스는 늦게 세례받고(32세) 아프리카의 카르타고로 돌아와서 신앙에 전념하면서 저술활동에 힘을 기울였다. 그는 특히 펠라기우스(Pelagius)와 펠라기우스주의자들의 이단을 논박하는 데 심혈을 기울였다. 펠라기우스는 원죄설을 부정하고, 대부분의 은총을 부인함으로써 최소한의 은총만 인정했기 때문에 아이들의 세례도 거부했다. 펠라기우스주의자들은 은총보다 인간의 자유의지에 더 많은 구원의 가치를 두었다. 아우구스티누스의 노력에 의해서 펠라기우스의 이단설은 418년 파문당하였다.

50 자제(continentia)는 관능적 욕정의 자제이며 금욕 또는 극기를 뜻하기도 한다.

구의 것인지를 아는 것 자체가 바로 지혜입니다(지혜 8, 21). 물론 우리들은 자제(自制)를 통해서 결속되며 하나로 되돌아오고, 이 하나로부터 여러 가지로 흩어집니다. 당신과 함께 어떤 것을 사랑하는 자는 당신을 덜 사랑합니다. 그는 당신을 위해서 그 어떤 것을 사랑하는 것이 아닙니다. 오, 항상 불타며 결코 꺼지지 않는 사랑이여, 자비여,[52] 나의 하나님, 나를 불태워 주십시오! 당신은 자제를 명합니다. 당신이 명하는 것을 주고, 당신이 원하는 것을 명하십시오.

30
꿈의 기만

당신은 육체의 욕망과 눈의 욕망과 세속적인 야망을 자제하라고 명합니다(1요한 2, 16).[53]

당신은 혼외정사(婚外情事)를 멀리하기를 명했으며, 결혼 자체에 대해서도 당신이 허용한 것 이상의 것을 권고했습니다(1고린 7, 38). 그리고 당신의 은혜가 있었기 때문에 나는 당신의 성찬식의 집행자가 되기 이전부터 절제를 지켰습니다.[54] 그러나 아직까지 내 기억에 생생한 것이 있습니다. 기억에 대해서 나는 많이 말했는데, 내 습관으로 말미

51 선물(donum)은 하나님의 은혜나 은총을 뜻한다.

52 자비(caritas)는 자애, 사랑의 뜻을 가진다. 자비는 신의 인간에 대한 사랑 또는 인간의 동포에 대한 사랑을 의미한다.

53 아우구스티누스는 『고백록』 제10권 30~39장에 걸쳐서 자신이 겪고 극복한 여러 가지 유혹에 관해서 고백하고 있다.

54 아우구스티누스는 세례를 받는 순간부터 육체적 욕망을 멀리했으므로 신부가 되고 얼마 후 주교가 된 후에도 일관되게 관능적 쾌락을 자제하였다.

암아 기억에 고착된 여러 가지 사물의 이미지들이 생시에는 힘없이 달려들지만 꿈속에서는 기쁘다 못해 동의하기까지 하는 것이 생시의 사실과 흡사합니다. 이 이미지들의 환상이 내 마음과 내 육체에 얼마나 큰 영향을 미치는지, 내가 깨어 있을 때는 참다운 형태들이 행할 수 없는 것을, 내가 잠잘 때, 그릇된 형태들이 선동합니다. 그럴 때면 나의 주 하나님, 나는 내가 아닙니까? 그렇지만 내가 깨었다가 깊은 잠에 빠지고 잠들었다가 깨는 동안 나 자신과 나 자신의 사이에는 얼마나 많은 차이가 있는 것입니까! 그럴 때 생시에 이런 유혹을 뿌리치고 사물들 자체가 유혹할지라도 흔들리지 않는 이성은 어디에 있습니까? 내 이성은 두 눈과 함께 감깁니까? 육체적 감각과 함께 잠듭니까? 그렇다면 자면서도 우리들의 의도를 기억하고 이런 유혹들에 전혀 동의하지 않고 온전하게 순결을 보존하는 것은 어디에서 옵니까? 그렇지만 이와 다른 일이 생겼을 때 우리들은 깨어나서 양심의 평화를 되찾으며, 잠자면서 어떻든 우리들 안에서 이루어진 일을 고통스러워하는 것과 우리들이 한 일이 아니라는 것 사이의 차이를 느낍니다.

전능한 하나님, 당신의 손이 능력이 없어서 내 영혼의 모든 병을 낫게 하지 못하며, 당신의 넘치는 은총으로 내가 잠잘 때 나의 외설적인 충동을 소멸시키지 못합니까(민수 11, 23)? 주여, 정욕의 끈끈이에서 해방된 나의 영혼이 나로 하여금 당신을 따라가게 하기 위해서 내 안에 있는 당신의 은혜를 더욱더 크게 늘려 주십시오. 내 영혼으로 하여금 자신을 배반하게 하지 말고 꿈속에서도 육체를 오염시키는 짐승들의 이미지들에 의한 그런 수치스러운 짓을 하지 않고 또 동의하지 않게 해 주십시오. 전능한 분은 우리가 구하거나 생각하는 것 이상으로 더욱 넘치게 줄 수 있으므로(에베 3, 20), 그런 것 또는 그와 같은 것은, 곧 이 삶에서뿐만 아니라 이 나이에도 잠결에 역시 순결한 감정을 소유하게끔 하는 것은 그분에게 큰일이 아닐 것입니다. 그렇지만 나는 아직까지 이런 종류의 내 악을 가지고 있다는 것을 나의 선한 주님에게 고백합니다. 당신이 나에게 베푼 은혜를 기뻐하면서도 두려워하고(시편 2, 11) 내가 불완전한 것이 슬픕니다. 나는 온전한 평화가 올 때까지 당신의 자비가 나를 완전하게 해 주기를 당신에게 바랍니다. 죽음이 승리로 흡수될 때(1고린 15, 54),[55] 나의 안과 밖은 당신과 함께 그 평화를 얻을 것입니다.

31
먹고 마시기

그렇지만 하루로 족했으면 하는 매일의 또 다른 괴로움이 있습니다(마태 6, 34). 당신이 경이로운 포만으로 궁핍을 없애 주고, 이 썩을 몸을 한결같은 썩지 않음으로(1고린 15, 53) 옷 입혀 줄 때, 음식과 위장을 파멸시킬 때까지(1고린 6, 13) 우리들은 먹고 마시면서 매일매일의 육체적 황폐를 겨우 메꾸어 나갑니다.

그러나 지금은 내게 맛이 필연적이어서 그것에 사로잡히지 않으려고 그 맛에 대해서 싸웁니다. 나는 사순절(四旬節)[56]을 지키면서(2고린 6, 5) 매일처럼 전쟁을 치르고, 자주 내 육체를 노예로 만듭니다(1고린 9,

---

55 이 구절의 뜻은 "아담 안에서 모든 사람이 죽는 것과 같이 그리스도 안에서 모든 사람이 삶을 얻을 것입니다(1고린 15, 22)"에서 잘 나타난다. 하나님에 대한 신앙이 바로 삶의 본질임을 뜻한다.

56 사순절(tempus quadragesimale 또는 ieiunus)은 일요일을 뺀 부활절 이전 40일간이다. 예수가 광야에서 금식하면서 시련을 겪은 40일간을 단식과 속죄로 정진하기 위해서 교회에서 정한 것이다.

27). 그리고 나는 내 괴로움을 쾌락으로 물리칩니다. 영양분의 약이 우리들을 치료하지 않으면 굶주림과 목마름은 마치 열병처럼 육체를 태워서 죽여 버립니다. 우리를 위안하는 당신의 은혜가 미리 있기 때문에 땅과 물과 하늘은 우리들이 약할 때 도와주므로 우리들은 액운을 기쁨이라고 부릅니다.

당신은 나에게 음식을 취하기를 약 먹는 것처럼 하라고 가르쳐 주었습니다. 그러나 궁핍한 어려움으로부터 배부른 안심으로 옮겨 가는 동안 그 과정에서 나는 욕망의 족쇄에 걸려듭니다. 왜냐하면 그 과정 자체가 쾌락이며 필요해서 옮겨야 한다고 생각되는 길이 다른 곳에 있지 않기 때문입니다. 그리고 먹고 마시는 것의 원인은 건강인데도 위험한 쾌감이 노예처럼 따르며, 대부분 애써서 앞지르려고 하므로 나는 건강 때문에 한다고 말하거나 아니면 원합니다.

그러나 두 가지 양상이 똑같지 않습니다. 왜냐하면 건강에 좋은 것이 맛의 기쁨이 덜하기 때문입니다. 그리고 아직까지 신체관리에 필요한 공급만을 요구하는지 아니면 거짓된 욕망의 쾌감이 충분히 봉사하는지가 흔히 불확실합니다. 불행한 마음은 이 불확실함을 좋아하며, 이 핑계를 보호막으로 삼아서 식도락을 건강상의 이유로 은폐하기 위해서 건강상태의 한계가 뚜렷하게 나타나지 않는 것을 즐거워합니다. 나는 이런 유혹을 물리치려고 매일 애써야 하고 당신의 오른손을 요청하며, 당신에게 내 고달픔을 아룁니다.[57] 왜냐하면 나에게는 아직 이 일에 대한 확실한 생각이 서 있지 않기 때문입니다.

나는 과식과 과음으로 너희들의 마음을 무겁게 하지 말라고 명하는 내 하나님의 목소리를 듣습니다(누가 21, 34). 과음은 내게서 멉니다.

---

57 '나는 당신의 오른손을 요청한다(invoco dexteram tuam)'는 당신의 오른손으로 나를 일으켜 달라는 뜻이므로 도움을 청한다는 의미이다.

과음이 나를 가까이하지 못하도록 나를 불쌍히 여기십시오. 그러나 과식은 때때로 당신의 종에게 몰래 기어들어 옵니다: 그러니 과식이 내게서 멀리 떨어져 있게끔 나를 불쌍하게 여기십시오(시편 19, 12). 왜냐하면 당신이 주지 않으면 아무도 절제할 수 없기 때문입니다(지혜 8, 21). 우리들이 빌면 당신은 많은 것을 나누어 주며, 우리가 빌기 전에 받는 선한 것들은 모두 우리가 당신에게서 받는 것입니다. 그리고 나중에 우리들이 아는 것처럼 우리들은 그것들을 당신에게서 받습니다. 나는 결코 술고래가 된 일은 없지만 술고래들이 당신으로 말미암아 술을 끊은 것을 알고 있습니다. 그러므로 결코 술고래가 된 적이 없는 사람이 늘 그런 것도 당신 때문이고, 술고래가 되었다가 이제는 술고래가 아닌 것도 당신 때문이며, 양자가 누구 때문에 그렇게 되었는지를 아는 것 역시 당신 때문입니다.

나는 당신의 또 다른 목소리를 들었습니다: "너의 욕정을 따르지 말고 너의 쾌락을 멀리하여라(집회 18, 30)." 그리고 나는 당신의 은혜로 내가 많이 사랑한 말을 들었습니다: 우리들이 음식을 먹는다고 해서 우리들이 넘쳐흐르는 것도 아니고, 먹지 않는다고 해서 우리들에게 손해될 것도 없습니다(1고린 8, 8). 이것은 다음처럼 말하는 것과 같습니다: 저것이 나를 풍족하게 만들지도 않으며 이것이 나를 빈궁하게 만들지도 않습니다. 그리고 나는 다른 말도 들었습니다: 나는 어떤 처지에서도, 스스로 만족하는 법을 배웠습니다. 그리고 나는 풍족하게 살 줄도 알고 비천하게 살 줄도 압니다. 나에게 능력을 주는 분 안에서 나는 모든 것을 할 수 있습니다(빌립 4, 11~13). 보십시오. 우리들은 천상 진영의 군사이지 티끌이 아닙니다. 그러나 주여, 당신이 티끌에서 인간을 만들었으므로(창세 3, 19) 우리들은 티끌이며(시편 103, 14), 잃어버렸다가 다시 찾아진 것을(누가 15, 24) 나는 기억합니다. 내가 기운을 차리도록 도와주는 그분 안에서 나는 모든 것을 할 수 있습니다(누가 15, 24)라고 말한 그분을 내가 당신의 영감의 내쉬는 숨으로 사랑하게 되었어도 그분도 티끌이므로 그분도 스스로 할 수 없습니다. 내가 할 수 있게끔 내 힘을 북돋아 주십시오. 당신이 명하는 것을 주고, 당신이 원하는 것을 명하십시오. 그분[58]은 자신이 받은 것을 고백하고 자랑하는 것을 주님 안에서 자랑합니다(1고린 1, 31). 또 다른 사람이 받으려고 다음처럼 비는 것을 내가 들었습니다. 그는 이렇게 말합니다: 위장(胃腸)의 욕망을 내게서 물리쳐 주십시오(집회 23, 6). 그러니 거룩한 하나님, 당신이 어떤 것을 보고 되어라라고 명령해서 그렇게 될 때 그것은 당신이 준 것이 나타난 것입니다.

선한 아버지여, 당신이 다음처럼 나를 가르쳤습니다: 순수한 자들에게는 모든 것들이 다 순수하지만(디도 1, 15), 남을 방해하면서 먹는 자에게는 악입니다(로마 14, 20). 그리고 당신의 모든 피조물은 선하므로 감사하게 받을 때 전혀 버릴 것이 없습니다(1디모 4, 4). 그리고 음식은 우리들을 하나님 앞에 내세우지 못하고(1고린 8, 8), 아무도 먹고 마심에 있어서 우리들을 판결하지 못하게 하십시오(골로 2, 16). 그래서 먹는 이는 먹지 않는 이를 멸시하지 말아야 할 것이며, 먹지 않는 자는 먹는 자를 판결하지 말아야 할 것입니다(로마 14, 3). 나는 이런 것들을 듣고 배워서 당신에게 감사합니다. 내 귀를 세게 울려 주고 내 마음을 비춰 주는 나의 하나님, 나의 스승, 당신을 찬양합니다. 모든 유혹에서 나를 해방시켜 주십시오. 나는 생선요리의 더러움을 두려워하지 않고 더러운 욕망을 두려워합니다. 내가 알기로는 노아는 음식에 사용되는 모든 고기를 먹을 수 있었고(창세 9, 2), 엘리야는 고기음식으로

58 여기에서 그분은 성 바울(St. Paulus)을 말한다.

기운을 차렸으며, 고행이 놀라운 세례 요한은 메뚜기로 음식을 삼았어도(마태 4, 3) 오염되지 않았습니다. 또 내가 알기로는, 에서[59]는 렌즈콩 수프가 먹고 싶어서 속아 넘어갔으며(창세 25, 34), 다윗은 물을 목말라한 자신을 꾸짖었고(2사무 23, 17) 우리의 왕[60]은 고기가 아니라 빵으로 유혹당했습니다(마태 4, 3). 그러므로 황야의 백성이 꾸중 듣게 된 것은 고기를 갈망했기 때문이 아니라 음식에 대한 갈망으로 말미암아 주님을 거슬러 불평하면서 원망했기 때문입니다(신명 11).

그러므로 나는 이러한 유혹에 던져진 채 매일 음식의 욕망에 맞서 싸우고 있는 것이 분명합니다. 왜냐하면 이것은 한 번에 끊어 버려서 더 이상 결코 반복되지 않는 육체적 결합의 경우와는 같지 않기 때문입니다. 그러므로 목구멍의 고삐는 적당하게 늦추었다 조였다 하면서 조절하여야 합니다. 그러면 주여, 어느 정도 필요의 한계를 넘지 않는 자는 누구입니까? 그런 사람이 있다면 그는 위대하니, 그로 하여금 당신의 이름을 찬미하게 하십시오. 그러나 나는 죄인이기 때문에 그런 사람이 못 됩니다. 그러나 나도 당신의 이름을 찬미하며, 세상을 이긴 분도 나의 죄를 위하여 당신에게 중재하고(로마 8, 24; 요한 16, 33), 당신의 눈이 나의 불완전함을 보았으며 모든 사람들이 당신의 책에 쓰여질 것이기 때문에, 나를 자신의 신체[61]의 연약한 사지(四肢) 중 하나로 헤아립니다.

---

59 창세기에 등장하는 이삭의 장남.

60 예수 그리스도.

61 여기에서 신체는 가톨릭교회를 가리킨다.

32
후각의 욕망

나는 향기의 매력에 대해서는 크게 신경 쓰지 않습니다. 향기가 없어도 나는 찾지 않고, 있을 때는 물리치지 않으며, 언제나 없어도 그만입니다. 내가 이런 것처럼 여겨집니다. 그러나 아마도 내가 속고 있는지도 모릅니다. 왜냐하면 내 안에 있는 내 능력을 숨기는 그런 극심한 암흑이 있어서 내 마음은 자기 자신의 힘에 대해서 물으면서도 쉽사리 자신을 믿을 수 없는 것을 시인합니다. 왜냐하면 내면에 있는 것은 대부분 은폐되어 있어서 경험에 의해서만 드러나기 때문입니다. 모든 것이 시련이라고(욥기 7, 1) 할 수 있는 이 삶에서는 어떤 사람이 더 나빴다가 더 좋아질 수 있었다고 할지라도 또한 더 좋았다가 더 나빠지지 않으리라고 아무도 안심할 수 없습니다. 하나의 희망, 하나의 믿음, 하나의 굳은 약속은 당신의 자비입니다.

33
청각의 쾌감

귀의 쾌감이 끈질기게 나를 휘감아서 꼼짝달싹 못하게 했지만, 당신이 풀어서 나를 자유롭게 해 주었습니다. 지금은 당신의 말이 생기를 불어넣어 주는 음(音)들이 달콤하고 예술적인 목소리로 불릴 때 약간 만족하기는 하지만, 그것에 집착하지 않고 내가 원할 때 떨치고 일어날 수 있게 되었다고 고백합니다. 그렇지만 노래들이 생명을 갖게 되어 내가 받아들이는 가사들이 있으므로 가락도 내 마음의 매우 고귀한 자리를 찾지만, 나는 거의 알맞은 자리를 내어 주지 못합니다. 왜냐하면, 어떤 때 나는 적절하기보다 그 이상의 존경을 그 가사들에게 나누어 주는 것으로 여겨지기 때문입니다. 그런가 하면 거룩한 말은 노래로 부르지 않을 때보다 노래로 부를 때 한결 더 경건하고 뜨겁게 경건함의 불꽃으로 흔들어 놓으며, 우리들의 정신의 모든 정서들이, 내가 잘 알지는 못하지만, 소리와 노래와 어떤 은밀한 친근성을 맺고 있어서 다양하게 적절한 방식으로 느껴집니다. 그러나 정신을 약하게 해서는 안 될 내 육체적 쾌락에 내가 자주 속는데, 그런 경우 감각이 뒤에서 이성을 말 없이 따르지 않고, 이성 때문에 허용되었을지라도 감각은 앞장서서 이끌려고 애씁니다. 이런 경우 나는 알지 못하면서 죄를 지으며, 나중에야 그 사실을 압니다.

그러나 또 어떤 때 나는 이런 속임수 자체를 지나치게 조심하다가 극단의 엄격함으로 떨어집니다. 자주는 아니지만 그럴 경우 나는, 다윗의 시편이 빈번하게 노래하는 성가의 모든 달콤한 노래가 내 귀로부터 멀어지기를 원했으며 교회 자체로부터도 멀어지기를 원했습니다. 그리고 나에게 자주 알렉산드리아의 주교 아타나시우스[62]의 말이 기억에 떠오르면서 내가 보기에는 그것이 더 안전했습니다. 그는 시편 낭독자에게 노래하기보다 낭송에 가깝게 목소리를 적당히 줄이라고 했습니다. 그렇지만 내가 처음으로 내 믿음을 되찾았을 때 교회의 노래에 흘리던 내 눈물을 회상할 경우 그리고 지금도 부드러운 목소리로 장단에 맞추어서 노래하는 것을 들을 때, 내가 노래보다 가사의 내용에 감동한다는 것은 이러한 제도가 매우 유익하다는 것을 다시금 알게 합니다.

---

62 알렉산드리아 주교 아타나시우스(Athanasius)는 이집트 출신의 동방교부철학자임. 그는 오리게네스에게서 학문을 그리고 성 안토니우스에게서는 덕을 배웠다. 그는 아리우스 이단을 논박하다가 다섯 번이나 귀양을 갔으나 결국 승리하였다.

이렇게 나는 쾌감의 위험과 커다란 구원의 체험 사이에서 동요하면서, 어떤 결정적인 견해를 표명하는 것은 아니지만, 교회의 노래관습을 시인하는 쪽으로 마음이 기웁니다. 귀의 향유를 통하서[63] 약한 마음이 경건한 정서로 승화되기 때문입니다. 그렇지만 내 경우를 놓고 볼 때, 내가 노래에 있어서 가사의 내용보다 곡조에 훨씬 더 감동을 받았다면, 나는 벌 받을 죄를 지었다고 고백하며, 그럴 때는 노래를 듣지 않기를 원합니다.[64]

내가 어디에 있는지 보십시오! 행동이 나타나는 근거인 마음속에서 어떤 선을 행하는 여러분, 나와 함께 울고 나를 위해서 울어 주십시오. 왜냐하면 그렇게 행동하지 않는다면, 여러분은 이것들에게서 감동을 받지 못할 것이기 때문입니다. 그렇지만 당신, 나의 주 하나님 내 말을 듣고, 나를 굽어살피고, 불쌍하게 여기고 나를 낫게 해 주십시오. 당신의 눈앞에서 나 자신은 문제가 되었는데 그 문제란 바로 나의 비참함입니다.[65]

---

63 '귀의 향유를 통해서(per oblectamenta aurium)'는 귀로 음악을 듣고 그것을 누림으로써의 뜻임.

64 아우구스티누스의 음악은 신앙을 위한 음악이므로 그가 생각하는 예술 역시 신앙을 위한 예술이다. 그러므로 그의 예술관은 모방의 기쁨을 예술의 특징으로 보는 아리스토텔레스의 예술관과 근본적으로 다르다.

65 나의 비참함(languor meus)이란 하나님에 대한 신앙이 부족한 상태임. 비참함(languor)은 병든 것처럼 모든 기운이 다 빠진 상태를 말한다.

34
시각의 유혹

당신의 궁전의 귀들, 곧 형제들과 경건한 사람들의 귀들이 들어야 할 나의 고백이 남아 있는데 그것은 내 육체가 가지고 있는 이 눈들의 쾌락에 관한 것입니다(1고린 3, 17 ; 2고린 6, 16). 비탄하는 나를, 하늘로부터 온 집으로 덧입기를 열망하는(2고린 5, 2) 나를 아직도 괴롭히는(1요한 2, 16) 육체적 욕정의 유혹에 대해 결론을 내리려고 합니다.

눈은 아름답고 다양한 형태들과 반짝이는 매혹적 색깔들을 좋아합니다. 그러나 이것들이 내 영혼을 소유해서는 안 됩니다. 특히 이 선한 것들을 만든 하나님만이(창세 1, 31) 내 영혼을 소유하여야 합니다. 하나님만이 나의 선이고 이것들은 아닙니다. 깨어 있으면 날마다 나를 건드리면서 이것들은 나에게 쉴 틈을 주지 않으며 노랫소리와는 다른데, 왜냐하면 노랫소리는 언젠가는 모든 것을 떠나서 조용해지기 때문입니다. 색채의 여왕인 이 빛은 우리의 눈이 지각하는 모든 것들을 비추며, 내가 어디에 있든지 간에 낮에 내가 다른 일에 몰두해서 빛을 지각하지 못할 때도 여러 가지로 미끄러져 들어옵니다. 그러나 빛의 힘은 매우 강하게 파고들어서 갑자기 몸을 숨기면 갈망하면서 찾게 됩니다. 그리고 빛이 오래 없으면 마음이 슬퍼집니다.

오 빛이여, 눈먼 토비아스[66]가 아들에게 생명의 길을 가르치고 자애로운 발걸음으로 아들을 앞서서 가며 그릇됨이 없을 때 토비아스는 빛을 보았습니다(토비 4, 2). 또 늙은 나이에 신체의 빛이 어두워지고 가려졌기 때문에 축복하기 위해서 자식들을 구분하지 못했어도, 자식들

---

66 외전(外傳) 토비아스서 4장 5절 이하 참조. 장님인 아버지 토비아스가 아들 토비아스를 훈계하는 것을 말한다.

을 축복하며 구분하던 이삭이 빛을 보았습니다(창세 27). 또한 야곱이 늙어서 장님이 되자 자식들 안에 미리 보이던 미래의 세대들을 밝은 마음으로 비춘 그 빛을 야곱이 보았습니다(창세 48, 8~20). 그가 요셉의 소생인 손자들에게 신비롭게도 엇갈린 손을 놓을 때, 그는 저들의 아버지가 표면적으로 고쳐 주는 것처럼 하지 않고 자신이 내면으로 분간하는 대로 했습니다. 이것 자체는 빛이며, 하나의 빛이고 이 빛을 보고 사랑하는 모든 사람들은 하나입니다.

그러나 앞에서 내가 말한 형체를 가진 빛은 맹목적으로 세속을 사랑하는 사람들의 삶을 매력적이며 위험한 단맛으로 양념합니다. 그러나 만물의 창조자 하나님, 그들도 그 빛으로 당신을 찬양할 줄 알게 되면 그 빛 때문에 자기들의 꿈속에 빠져들지 않고 당신의 송가에서 그 빛을 다룹니다.[67] 나도 그렇게 되기를 원합니다. 혹시 당신의 길로 들어선 내 발목이 묶이지 않을까 해서 나는 눈의 유혹을 물리치고, 당신이 내 발목을 족쇄에서 빼내게끔(시편 25, 15) 내 보이지 않는 눈을 당신을 향해서 들어 올립니다. 내 발목은 올가미에 걸려 있기 때문에 당신은 언제나 내 발목을 빼내 줍니다. 당신은 끊임없이 빼내 주지만, 나는 사방에 숨어 있는 덫에 자주 걸려듭니다. 왜냐하면 이스라엘을 지키는 당신은 졸지도 않고 잠들지도 않을 것이기 때문입니다(시편 121, 4).

사람들은 눈의 쾌락을 위해서 옷과 신발과 그릇 그리고 모든 종류의 일용품과 그림과 공예품에 있어서 필요한 사용과 절제 및 경건한 의미를 무시하면서까지 헤아릴 수 없는 다양한 기교를 부립니다. 그래서 표면상으로는 자기들이 만든 것을 추구하면서도 내면으로는 자기들을 만든 분을 버리고 창조된 것도 버립니다.

---

67 성 암브로시우스의 송가 처음 구절.

그러나 나의 하나님, 나의 아름다움이여, 나는 이로 말미암아 당신에게 송가를 올리며 나를 거룩하게 한 당신에게 찬미의 제사를 드립니다. 왜냐하면 영혼을 통해서 솜씨 좋은 손으로 옮아 간 아름다움은 영혼을 초월하여 있는 저 아름다움으로부터[68] 오기 때문입니다. 내 영혼은 밤낮으로 그 아름다움을 동경합니다. 그러나 외적인 아름다움을 만드는 자들과 추종하는 자들은 그로부터 좋아하는 방식을 이끌어 오지만 그로부터 사용하는 방식을 이끌어 오지는 못합니다. 그런데 아름다움의 방식이 거기에 있어서 그들이 거기에서 멀리 벗어나지 않게끔, 그리고 당신을 위하여 간직한 그들의 힘을 방종한 쾌락으로 흩어지지 않게끔 해 주지만 그들은 그 방식을 보지 못합니다(시편 59, 10). 그러나 이런 것을 말하고 분간하는 나도 이와 같은 외적 아름다움에 엮이는 일이 있지만 주님, 당신이 끌어내 줍니다. 당신의 자비가 내 눈앞에 있기 때문에(시편 26, 3) 당신이 끌어내 줍니다. 어떤 때는 나도 느끼지 못하게 헐겁게 얽히고, 어떤 때는 심하게 얽혀서 괴로울 때 당신은 불쌍히 여기고 풀어 줍니다.

35
알고 싶은 호기심

여기에 여러 가지로 위험한 또 다른 형태의 유혹이 보태어집니다. 그것은 모든 감각과 쾌락의 기쁨 안에 있으며 당신으로부터 멀리 떠나서(시편 119, 150) 그 기쁨의 노예가 된 사람들을 소멸시키는 육체적 욕

68 저 아름다움으로부터(ab illa pulchritudine)는 초월적인 하나님의 아름다움을 뜻한다.

정이 아닌 마음 안에 있습니다. 지식과 학문의 명칭을 갖는 헛되고 호기심에 찬 욕망이 그것인데, 그것은 육체적 감각을 통해서 육체의 쾌적함을 맛보려고 하지 않고 단지 체험하려고 합니다. 왜냐하면 알고자 하는 욕구가 기본이지만, 감각 중에서도 아는 데 있어서는 눈이 첫째이기 때문에 성서는 이것을 눈의 욕정이라고 부릅니다(1요한 2, 16).

왜냐하면 본다는 것은 본래 눈에 속하기 때문입니다. 그러나 우리들은 다른 감각들을 가지고 무엇을 알고자 할 경우에도 이 말[69]을 씁니다. 우리들은 얼마나 붉게 번쩍이는지 들어라, 또는 얼마나 빛나는지 냄새 맡아라, 또는 얼마나 찬란한지 맛보아라, 또는 얼마나 눈부신지 만져 보아라라고 결코 말하지 않습니다. 왜냐하면 우리는 이 모든 것들을 보라고 말하기 때문입니다. 그러나 우리들은 오직 눈만이 감각할 수 있는 것을 얼마나 빛나는지 보아라라고 말할 뿐만 아니라 어떻게 소리 나는지 보아라, 어떻게 냄새나는지 보아라, 어떻게 맛있는지 보아라, 얼마나 단단한지 보아라라고 말하기도 합니다.

그러므로 앞에서 말한 것처럼 감각의 일반적인 경험을 눈의 탐욕이라고(1요한 2, 16) 부릅니다.[70] 보는 일에 있어서 눈이 첫 번째 자리를 차지하기 때문에, 나머지 감각들도 어떤 지식을 탐구할 때 비슷한 것을 채용합니다.

그러나 이것에 의해서 명백하게 구분되는 것은, 감각을 통해서 쾌락은 무엇을 하고 호기심은 무엇을 하느냐는 것인데, 쾌락은 아름답고, 소리 나며, 달콤하고, 맛있고, 부드러운 것을 찾는가 하면 호기심은 이와 반대되는 것이라도 싫은 것을 참지 않고 경험으로 알아보려는 욕심으로 찾는 것입니다.

---

69 본다(videre)는 말.

70 눈의 탐욕(concupiscentia oculorum)은 눈의 욕정을 말한다.

능지처참당해서 찢긴 시체를 보는 것이 무슨 쾌락이겠습니까? 그렇지만 그런 것이 어딘가에 누워 있다면, 사람들은 슬퍼하기 위해서, 두려워하기 위해서 모여듭니다. 그들은 마치 그들이 깨어 있을 때 누가 그것을 보라고 강요한 것처럼 또는 그것이 아름답다는 소문이 그들을 설득한 것처럼 잠결에 그 시체를 보지 않을까 두려워합니다.

다른 감각에 있어서도 마찬가지여서 다 말하자면 너무 깁니다. 이 호기심이라는 욕망의 병 때문에 극장에는 이상한 광경들이 등장합니다. 이 호기심으로부터 사람들은 인간 이외의 자연을 탐구하려고 하며, 사람들은 알아서 전혀 도움되지 않는 것을 애써서 알려고만 합니다. 이 때문에 사람들은 마법의 기술을 통해서 그릇된 지식을 얻으려고 합니다. 또한 이 때문에[71] 종교에 있어서까지도 어떤 구원보다는 단지 경험만을 요구하여 표시와 기적을 바랄 경우에 사람들은 하나님을 시험합니다.

내 구원의 하나님, 나에게 행동할 은총을 당신이 준 것처럼, 함정과 위험이 가득 찬 이 광대한 삼림에서, 보십시오, 나는 수많은 것을 잘라 내고 내 마음에서 던져 버렸습니다. 그렇지만 우리들의 매일의 삶을 아직 이러한 종류의 수많은 것들이 에워싸고 있으니 어떻게 감히 말할 수 있겠습니까, 곧 나는 어떤 것도 살펴볼 의향이 없으며 헛된 욕망으로 채울 의향도 없다고 어떻게 감히 말할 수 있겠습니까?

확실히 나는 이미 극장에 끌려가지 않으며, 별의 운행을 알려고 신경 쓰지도 않고, 내 영혼이 귀신의 대답을 찾은 적도 결코 없습니다. 나는 모든 신성모독을 혐오합니다. 나의 주 하나님, 당신을 겸손하고 순수하게 섬겨야만 하는데도 원수는 암시적인 계략을 써서 나를 보고 어떤 기

---

71 '알려고 하는 호기심 때문에'의 뜻.

적의 표시를 청해 보라고 하는 것입니다(마태 16, 4). 그러나 나는 우리들의 왕과 순수하고 깨끗한 고향 예루살렘을 통해서 당신에게 빕니다. 내가 그런 생각에 동의하지 않게끔 나를 멀리 떨어지게 해 주고, 그렇게 항상 멀리 그리고 더 멀리 떨어지게 해 주십시오. 그러나 내가 어떤 사람의 구원을 위해서 당신에게 빌 때, 내가 의도하는 목적은 전혀 다른데, 그때 당신은 당신이 원하는 것을 행하면서 내게는 내가 기꺼이 따르는 은총을 줍니다.

그렇지만 우리들의 호기심이 날마다 일어나는 수많은 자질구레하고 하찮은 일들에 얼마나 자주 빠져드는지 누가 헤아릴 수 있겠습니까? 쓸데없는 이야기를 하면서 처음에는 마음 약한 사람들의 기분을 해칠 것 같아서 참다가도 다음에는 점점 더 기꺼이 그것도 매우 자주 그들의 이야기에 우리들은 귀를 기울였습니다. 이미 나는 토끼 뒤를 쫓아 달려가는 개를 구경하려고 원형극장에 가지 않습니다. 그러나 들판에서는, 내가 지나가는 길에 사냥이 머리에 떠오르며 중요한 생각을 하다가도 그리로 마음이 향합니다. 타고 있던 말의 몸을 돌리지 못하고 마음이 기울어집니다. 만일 당신이 내 약함을 보여 주지 않고 또 즉시 깨우쳐 주지 않는다면, 또한 어떤 생각을 통해서 그런 광경 자체로부터 당신에게 옮아가게 하지 않는다면, 또는 전부 무시하고 옮아가게 하지 않는다면 나는 멍청하게 바보가 되고 맙니다.

내가 집에 앉아서 도마뱀이 파리를 잡는 것을 바라보거나 또는 거미가 자신의 줄에 엉킨 파리를 휘어감는 것을 자주 지켜볼 때 나는 그것을 어떻게 말할 것입니까? 이것들은 작은 동물들이기 때문에 똑같은 일이 생기지 않겠습니까? 나는 그것들로부터 만물의 놀라운 창조자이며 지배자인 당신을 찬미하기에 이르렀지만, 처음부터 그것으로부터 시작하려고 의도한 것은 아닙니다. 재빨리 일어나는 것과 떨어져 나가지 않는 것은 서로 다릅니다. 그런데 내 삶은 이런 것들로 가득 차 있으므로 나의 유일한 희망은 매우 큰 당신의 자비뿐입니다. 왜냐하면 우리들의 마음이 이런 것들을 포함하고 공허한 무더기를 가득 싣고 있으므로 우리들의 기도는 자주 중단되고 동요합니다. 그러므로 당신의 눈앞에서 마음의 목소리를 당신의 귀에 대고 말할 동안에도 어디에서 쓸데없는 생각들이 밀려드는지 알 수 없지만 매우 중요한 일이 미리 끊어져 버리고 맙니다.

36
자만의 죄

그렇다면 우리들은 이것을 하찮은 것들 중의 하나로 여겨야 할 것입니까? 당신이 우리들을 변화시키기 시작했기 때문에, 우리가 당신의 자비를 몰랐다면 어떤 것이 우리들에게 희망을 다시 줄 수 있습니까? 그런데 당신이 어느 정도로 나를 바꾸어 놓았는지 당신이 잘 압니다. 당신은 처음에 복수의 욕망으로부터 나를 낫게 해 주고 나의 다른 모든 죄까지도 용서해 주었으며(시편 103, 3), 내 모든 병을 고쳐 주었으며, 부패로부터 내 생명을 구원해 주었고, 연민과 자비의 화환으로 나를 장식해 주었으며, 선(善)으로 내 욕망을 채워 주었습니다. 당신은 당신의 두려움을 가지고 내 오만함을 억눌렀고 당신의 멍에로 내 목덜미를 길들였습니다. 당신이 그 멍에를 약속하고(마태 11, 30) 만들었기 때문에 지금은 그 멍에를 짊어지고 있어도 내게는 가볍습니다. 나는 멍에를 짊어지는 것을 무서워했기 때문에 사태가 언제나 그래 왔다는 것을 모르고 있었습니다(1요한 5, 3).

그러나 당신은 더 이상 주인을 가지지 않은 유일하게 참다운 주인이기 때문에 홀로 교만함 없이 다스리는 주여(이사 37, 20), 이 세 번째 종류의 유혹이 내게서 사라졌습니까[72] 아니면 이 내 생애 전체에서 사라질 수 있습니까? 사람들이 두려워하고 사랑해 주기를 바라는 것은 다른 것 때문이 아니라, 참다운 기쁨이 아닌 개인적 기쁨 때문이 아닙니까? 그것은 비참한 삶이요 더러운 자랑입니다. 당신을 순수하게 사랑하지도 않고 두려워하지도 않는 것이 대부분 여기에서 생기기 때문에 당신은 오만한 자들을 물리치지만(1베드 5, 5), 겸손한 사람들에게는 은총을 주고 세속적인 허욕에는 크게 벼락을 내리치므로(야고 4, 6) 산의 밑바닥이 흔들립니다(시편 18, 15).

그러므로 인간사회의 어떤 일 때문에 사람들로부터 사랑과 두려움의 대상이 되는 것이 우리들에게 필요하기는 해도, 우리들의 참다운 행복을 시기하는 자는 "좋다, 좋다"라는 올무를(시편 69, 4) 사방에 뿌려 놓으므로 우리들이 그것을 애써서 찾는 사이에 우리도 모르게 걸려들게 하며, 진리로부터 우리들의 기쁨을 멀리 떨어지게 하여 우리들은 인간의 거짓에 주저앉아 버립니다. 그리고 우리들은 당신 때문이 아니고 당신 대신에 사랑과 두려움의 대상이 되기를 좋아하여 저 원수와 같이 되어 버렸습니다. 우리들은 자애(慈愛)의 단결이 아니라 함께 벌 받는 자들이 되었습니다. 북녘에 왕좌를 고정시키려고 한 그는(이사 14, 13) 전도되고 비틀어진 길로 당신을 모방하려고 했으므로[73] 우리 보고도 어둠과 추위 속에서 자기를 섬기라고 했습니다.

그러나 주여, 보십시오. 우리들은 당신의 힘없는 양떼입니다(누가 12, 32). 당신이 우리들을 차지하십시오. 당신의 날개를 펴십시오. 그

---

72 세 번째 유혹이란 명예욕의 유혹이다.

73 폭정을 일삼은 바빌론 왕을 말한다(이사야서 14장 참조).

러면 우리는 그 아래에 숨겠습니다. 당신만이 우리들의 영광이 되십시오. 당신 때문에 우리들이 사람들의 사랑과 두려움을 받게 하십시오. 사람들로부터 칭찬받기를 원하는 자라도 당신이 싫어한다면, 당신이 심판할 때 그는 사람들의 변호를 받지 못하며, 당신이 벌줄 때 모면하게 해 줄 사람도 없을 것입니다.

그러나 죄인은 자신의 영혼의 욕망에 있어서 칭찬받지 못하고, 죄짓는 자도 결코 축복받지 못합니다(시편 10, 14). 그러나 인간은 당신이 그에게 준 어떤 선물 때문에 칭찬받습니다. 당신이 준 것을 소유하므로 칭찬받는 것인데, 자기 자신이 칭찬받기를 기뻐하는 자는 칭찬받기는 해도, 당신은 그를 싫어합니다. 그런데 칭찬한 사람은 칭찬받은 사람보다 더 낫습니다. 왜냐하면 앞의 사람은 인간 안에 있는 하나님의 선물을 좋아하기 때문이고, 뒤의 사람은 하나님의 선물보다 인간의 선물을 더 좋아하기 때문입니다.

37
칭찬과 비난

주여, 우리들은 날마다 이런 유혹의 꾐에 빠지며, 끊임없이 빠지고 있습니다. 매일매일의 우리들의 용광로[74]는 인간의 언어입니다. 이러한 종류의 것에 있어서도 당신은 우리들에게 절제를 명합니다. 당신이 명하는 것을 주고, 당신이 원하는 것을 명하십시오. 당신은 이러한 것에 있어서 당신에게로 향하는 내 마음의 애원과(시편 38, 9) 내 눈의 강물

74 용광로(fornax)는 인간으로 하여금 혹독한 시련을 겪게 하는 것을 뜻한다.

을 알고 있습니다. 얼마만큼 이 페스트[75]에서 내가 깨끗하게 벗어났는지 쉽사리 헤아릴 수 없기 때문에 내 눈이 아니라 당신의 눈이 아는 나의 비밀스런 죄악이 너무 무섭습니다(시편 19, 13). 왜냐하면 어떤 다른 종류의 유혹들을 찾아내는 데는 내게 능력이 있지만 이것을 찾아내는 능력은 거의 없기 때문입니다. 육체적 쾌락과 알고자 하는 쓸데없는 호기심을 놓고 볼 때, 그런 것들이 없거나 또는 의지에 없을 경우 얼마만큼 내 영혼을 내가 제어할 수 있는지 나는 잘 압니다. 왜냐하면 그때 나는, 그런 짓을 하지 않으면 얼마만큼 내 마음이 많게 또는 적게 괴로운지를 스스로 물어보기 때문입니다.

그러나 이 세 가지 욕망들 중에서 한 가지나 두 가지 또는 세 가지를 다 충족시키기 위해서 얻고자 하는 풍요로움도 영혼이 이것을 멸시하는지의 여부를 알아볼 수 없다면 시험을 위해 내던져질 수도 있습니다.

그러나 칭찬을 없애고 난 다음에 우리의 능력을 시험하기 위해서, 우리들을 아는 사람들은 누구나 우리들을 싫어하게끔 우리들은 악하게, 불행하게 그리고 거칠게 살아야 합니까? 이보다 더 미친 말이나 생각이 또 무엇이 있을 수 있습니까? 그리고 만일 선한 삶과 선한 일의 반려(伴侶)가 늘 칭찬받으며 또 마땅히 칭찬받아야만 한다면, 선한 삶 자체와 함께 선한 삶의 반려도 버려서는 안 될 것입니다. 그러나 무엇인가가 없지 않을 경우에는, 그것이 없어서 마음이 편한지 아니면 불편할 수 있는지 나는 알지 못합니다.

그렇다면 주여, 나는 이와 같은 종류의 유혹을 가지고 당신에게 무엇을 고백하려는 것입니까? 내가 칭찬받기를 기뻐한다는 것이 아니면 무엇입니까? 그러나 칭찬보다는 진리를 훨씬 더 좋아하는 것이 사실입니

---

75 페스트는 4세기에도 무서운 불치병이었다. 아우구스티누스는 명예욕을 페스트에 비유해서 좀처럼 인간이 벗어날 수 없는 욕망으로 보았다.

다. 내가 모든 일들에 있어서 매우 미친 듯하거나 방황하면서 모든 사람들로부터 칭찬받기를 좋아하는지, 아니면 굳게 진리를 확신하고 모든 사람들로부터 비난받기를 좋아하는지 나에게 묻는다면, 내가 무엇을 선택할지 나는 잘 알고 있습니다. 그렇지만 나의 어떤 선한 것이 타인의 입에 의해서 나에게 기쁨을 증가시켜 주는 것을 원하지는 않습니다. 그러나 내가 인정하는 것은, 물론 칭찬은 기쁨을 증가시켜 주지만 비난은 기쁨을 감소시킨다는 것입니다. 그런데 내가 이러한 비참함으로 말미암아 괴로워할 때 나에게 하나의 핑계가 몰래 들어왔는데 하나님, 그것이 무엇인지는 당신이 압니다. 왜냐하면 나는 그것을 확실하게 알지 못하기 때문입니다. 당신은, 우리들이 사랑하는 것을 멀리하기를, 곧 우리들에게 절제를 명했을 뿐만 아니라 어디에 사랑을 줄지에 대한 올바름을 명했고, 우리들에게 당신뿐만 아니라 이웃도 사랑하기를 원했기 때문에, 옳게 이해하는 사람의 칭찬이 나를 기쁘게 할 경우 나는 자주 이웃의 능력과 진전된 희망에 대해 기뻐했으며, 그가 알지 못하는 것이나 선한 것을 비난하는 것을 내가 들을 경우, 나는 다시금 그의 이러한 결함에 대해 슬퍼했습니다. 왜냐하면, 내가 나 자신을 싫어하게끔 하는 그런 것들이 내 안에서 칭찬받거나 내 안의 덜 선하거나 약간 선한 것들이 정당한 이유 이상으로 존경받을 경우 나는 때로 나의 칭찬이 슬퍼지기 때문입니다. 그러나 다시금 나를 칭찬해 주는 사람이 나 자신에 대해서 나와 똑같이 느끼도록 이렇게 마음을 기울이는지의 여부를 나는 어떻게 알게 되는 것입니까? 왜냐하면 이 경우 나는 그의 이익 때문에 마음이 움직이는 것이 아니라, 내 마음에 드는 나의 선이 남의 마음에도 들 경우 내가 쾌적하기 때문입니다. 그 이유인즉 내 판단이 칭찬받지 못하는 한에 있어서, 나는 어떤 식으로든 칭찬받지 못하기 때문인데, 내가 싫어하는 것을 사람들이 칭찬한다든지, 아니면 내게 별로 즐겁지 않은 것을 지나치게 평가하는 것이 그런 것입니다. 그렇다면 이 점에 있어서도 나 자신이 불확실하지 않습니까?

보십시오. 진리여, 나는 나를 위한 내 칭찬 때문에 마음이 움직여서는 안 되고 이웃을 위한 이익 때문에 마음이 움직여야만 한다는 것을 당신 안에서 압니다. 그러나 과연 내가 그런지의 여부는 알지 못합니다. 이 일에 대해서는 당신보다 내가 훨씬 더 모르고 있습니다. 나의 하나님, 당신에게 빕니다. 나 자신을 알게 해 주십시오. 나로 하여금 나를 위해서 기도하는 형제들에게 내가 알고 있는 내 안의 결함을 고백하게 하십시오. 다시 한 번 주의 깊게 나 자신을 묻게 해 주십시오.[76] 내가 칭찬받을 경우 이웃의 이익 때문에 마음이 움직인다면, 다른 사람이 부당하게 비난받을 때 왜 나는 내가 비난받을 경우보다 마음이 덜 동하는 것입니까? 똑같은 잘못 때문에 다른 사람이 내 앞에서 비난받을 때보다 내가 비난받을 때 내가 초조하여 한층 더 마음이 아픈 것은 어째서입니까? 나는 이것도 모르고 있는 것입니까? 당신 앞에서도 내 마음과 혀가 나 자신을 속이면서 결국 나는 참다운 것을 행하지 않는 것입니까? 주여, 이런 미친 짓을 내게서 멀리 떠나게 해 주십시오(시편 40, 12). 내 입이 죄인의 기름이 되어 내 머리를 칠하지 않도록(시편 141, 5) 멀리 떠나게 해 주십시오.

---

76 자신을 묻는다는 것은 성찰한다는 의미임.

38
헛된 영광

나는 비참하고 가난하며(시편 109, 22), 내 결함이 보충될 때까지 그리고 오만한 자의 눈이 알지 못하는 평화에 도달할 때까지 나는 남몰래 한숨짓고 자신을 미워하면서 당신의 자비를 찾습니다. 그러나 사람들의 입에서 나온 말과 사람들에게 알려진 일들은 칭찬받으려는 마음에 가장 위험한 유혹이 되는데, 이것은 개인적인 탁월함을 알아 달라고 구걸하는 것입니다. 내 안에서 내가 그것을 꾸짖을 경우에도 꾸짖는 것 자체가 유혹이 되는데, 흔히 허영을 멸시하는 것 자체가 허영일 때가 있습니다.[77] 그러므로 허영을 멸시하는 것 자체가 칭찬받기를 거절하는 것이 아닙니다. 왜냐하면 사람이 자랑할 경우, 그는 칭찬을 무시하지 않기 때문입니다.

39
자기애

또한 우리들의 내면에, 똑같은 종류의 유혹에 속하는 또 다른 악이 있습니다. 다른 사람들이 좋아하든지 말든지 전혀 그들의 기분을 즐겁게 하지 않으면서 자기만 즐거우면 되는 속이 텅 빈 사람들의 잘못이 그것입니다. 그러나 이들은 자기들만 마음에 들고, 당신에게는 상당히 마음

---

77 일부 고대 그리스철학자들은 사람들의 칭찬을 받기 위해서 명예를 멸시했다. 아우구스티누스는 명예를 하찮게 여기는 사람들 중 많은 사람들이 오직 사람들로부터 찬양받기 위해서 그런다는 것을 너무나도 잘 알고 있었다.

에 들지 않는 자들입니다. 선하지 못한 것들을 마치 선한 것처럼 그들이 마음에 들어 할 뿐만 아니라 당신의 선을 마치 자신의 것처럼, 또는 당신의 것으로 알아도 자신의 공으로 얻은 것처럼 알고, 또는 당신의 은총으로부터 생긴 줄 알면서도 함께 기뻐할 줄 모르고 다른 사람들이 지닌 은총을 시기합니다.

모든 종류의 이러한 위험과 번민 가운데서 당신은 떨리는 내 마음을 보고 있으며, 나는 내가 상처받지 않기보다는 오히려 언제나 다시 당신이 내 상처를 낫게 해 주는 것을 느낍니다.

40
죄악을 물리치려는 노력

내가 할 수 있는 한 내가 본 것을 당신에게 보여 주고 당신에게 자문을 구했을 때 진리여, 당신은 내게 무엇을 조심하여야 할지, 무엇을 욕구해야 할지를 가르쳐 주면서 어디를 나와 함께 가지 않았습니까?

나는 가능한 한 바깥 세계를 감각으로 살폈으며, 내 육체를 살리는 생명과 나의 감각 자체를 잘 살펴보았습니다. 그곳으로부터 내 기억의 깊숙한 곳으로 들어와서 다양하게 넓은 곳들이 놀랍게도(요엘 2, 26) 무한히 가득 차 있는 것을 보고 나는 놀랐습니다. 나는 당신의 도움 없이는 아무것도 분간할 수 없었고, 그것들 중 어떤 것도 당신이 아니라는 것을 발견했습니다.

나는 이러한 것들의 발견자는 아니었지만, 두루 돌아다니면서 그 모든 것들을 그것들 각각의 품위에 따라서 구분하고 평가하려고 애썼습니다. 나는 어떤 것은 머뭇거리는 감각으로 받아들여서 알아보았으며 또 어떤 것은 나 자신과 섞여 있는 것을 느끼면서 감각의 알림을 식별하고 계산했으며, 어떤 것은 이미 기억의 넓은 보물창고 안에 넣어 놓고 이것을 꺼내기도 하고 저것을 되가져오기도 하고 또 어떤 것을 꺼내어 캐 보기도 했습니다. 이런 일을 할 때의 나 자신, 즉 나로 하여금 그것을 하게 한 내 힘은 당신 자신이 아니었습니다. 왜냐하면 당신은 영원한 빛이기 때문입니다. 내가 모든 것들에 대해서 그것들이 존재하는지, 무엇인지, 얼마나 가치 있는지를 물을 경우, 나는 당신이 가르치고 명하는 것을 들었습니다. 나는 이런 일을 자주 행합니다. 이것은 나를 기쁘게 합니다. 그래서 필연적으로 어쩔 수 없는 행동으로부터 풀려나려고 나는 이러한 쾌락을 찾아 피난합니다. 당신에게 자문을 구하면서 내가 두루 살피는 이 모든 것들 중에서 오직 당신 안에서만 내 영혼의 안식처를 발견합니다. 거기에서 내 흩어졌던 것들이 모아지며, 내게서 생긴 것은 모두 당신을 떠나지 않습니다. 그리고 어떤 때 당신은 나를 매우 낯선 느낌 속으로 이끄는데 그것은 내가 잘 알지 못하는 달콤함입니다.[78] 만일 이 달콤함이 내 안에서 완전하게 된다면, 그것이 어떻게 될지 내가 모를지라도, 그것은 이 세상의 삶은 아닐 것입니다. 그러나 무거운 짐을 지고 다시 떨어져 버리고[79] 습관적인 일에 빨려 들어 붙잡히면 제아무리 울어도 심하게 붙잡혀 있게 됩니다. 습관의 짐은 이토록 힘이 셉니다! 내가 원하지 않아도 나는 여기에 있을 수 있으며, 내가

---

78 아우구스티누스는 일원론자인 그리스 말기 철학자 플로티누스의 영향을 받았고 초기 교부철학을 대변하므로 기독교 신비주의철학 또는 신비신학의 특징을 여전히 지니고 있다. 여기서 알 수 있는 것처럼 그는 삼위일체를 주장하면서도 영혼과 하나님이 하나가 될 수 있다고 보고 있다. 영혼은 정화, 조명, 일치의 과정을 거쳐서 하나님과 하나가 될 수 있다는 것이다. 죄를 씻고 정화된 영혼은 하나님의 계시를 받아서 궁극적으로 하나님과 하나가 될 수 있는 것이다. 신비주의철학은 마이스터 에크하르트를 거쳐서 쿠자누스, 파라켈수스, 셸링, 베르그송 등으로 이어져 내려왔다.

79 세속적인 일들을 말한다.

저기에 있을 수 없지만 나는 저기에 있기를 원하니 이렇든 저렇든 나는 비참하기만 합니다.

41

하나님과 거짓말

그러므로 나는 세 가지 욕망[80] 안에 있는 내 죄악의 병적인 허약함을 살펴보고 나의 구원을 위해서 당신의 오른팔의 도움을 청했습니다. 왜냐하면 나는 상처받은 마음으로 당신의 빛을 보고 눈이 부셔서 이렇게 말했기 때문입니다: 저기에 누가 갈 수 있습니까? 나는 당신의 눈앞에 던져져 있습니다(시편 31, 22). 당신은 모든 것들을 다스리는 진리입니다. 그러나 나는 내 인색함으로 말미암아 당신을 떠나려고 하지 않았으며 당신과 거짓말을 함께 소유하려고 했습니다. 마치 그것은 진리가 무엇인지를 알기 때문에 거짓도 말할 수 있는 사람과 같았습니다. 당신은 거짓과 함께 내가 당신을 모시고 소유하기를 원하지 않았기 때문에 나는 당신을 잃어버린 것입니다.

42

천사의 정체

누구를 찾아야 나를 당신에게 화해시킬 수 있습니까? 내가 천사들에게

---

80 세 가지 욕망은 시각의 욕망, 청각의 욕망, 후각의 욕망을 말한다.

부탁하여야 합니까? 어떤 기도라야 합니까? 어떤 성찬식이라야 합니까? 내가 듣기로는 많은 사람들이 애써서 당신에게 돌아가려고 했으나 자신이 힘이 없어서 시도만 하다가 환상의 욕망으로 떨어져서 미혹당하고 말았다고 합니다.[81]

그들은 가슴을 때리기보다는 앞으로 내어 밀면서 학문으로 오만하여 불손했습니다. 그들의 마음이 그랬으므로 그들은 자기들의 오만함의 공범자이자 동료인 허공의 천사들을(에베 2, 2) 이끌어 들였습니다. 그들은 이 천사들에게 속아서 자기들을 정화해 줄 중개자를 찾았으나 그러한 중개자는 없었습니다. 왜냐하면 그러한 중개자는 빛의 천사로 변신하는 사탄[82]이었기 때문입니다(2고린 11, 14). 그는 육체적 신체가 아니었으므로 오만한 육체를 많이 유혹했습니다. 왜냐하면 그들은 죽을 몸이고 죄인들이었기 때문입니다. 그 죄인들이 화해하기를 원한 당신은 불멸하며 죄가 없습니다. 그러나 하나님과 인간 사이의 중개자는 반드시 하나님다운 어떤 것과 인간다운 어떤 것을 가져야만 하는데, 두 가지 중 인간답기만 하면 하나님으로부터 너무 멀며, 또 두 가지 중 하나님답기만 하면 인간으로부터 너무 멀어서 중개자가 될 수 없을 것입니다. 그러나 당신의 은밀한 판단을 통해, 저 거짓된 중개자[83]로 말미암은 당신의 오만함은 당연히 속아 넘어가는데, 인간과 함께 하나의 죄악을 소유하며, 또 다른 한편으로는 하나님과 공통되는 것도 가지는 것처

---

81 신플라톤주의자들은 일자(一者, hena)가 충만하여 그로부터 정신(nous)이 흘러나오고 정신으로부터 영혼(psyché)이 그리고 영혼으로부터 질료(hylé)가 흘러나온다는 유출(emanatio) 이론을 전개하였다. 질료로부터 일자로 올라가서 합일하는 것은 사려(phronesis)에 의해서 가능하다고 보았다. 신플라톤주의자들은 고대 칼데아인들이나 이집트인들처럼 신과 인간 사이에 정신(nous)이 있다고 보았으며, 사려(phronesis)를 일종의 성찬식이나 신통술과 같은 신비스러운 과정으로 여겼다.

82 사탄(diabolus)은 바로 악마이다.

83 악마(diabolus)를 가리킨다.

럼 보이려고 합니다. 왜냐하면 죽을 육체를 덮어 쓰고 있지 않기 때문에 자신을 불멸하는 자로 보이려고 합니다. 그러나 죄의 값이 죽음이므로(로마 6, 23), 그리고 이것이 인간과 공통되기 때문에 이로부터 그는 인간과 함께 죽도록 운명지어져 있는 것입니다.

43
그리스도는 누구인가

그러나 당신은 참다운 중개자를 은밀한 당신의 자비로 사람들에게 보여 주었고 또한 보냈으며, 그를 본받아서 겸손을 배우게 했습니다. 하나님과 인간의 저 중개자인(1디모 2, 5) 인간 예수 그리스도는 죽을 죄인들과 불멸하는 의로운 분 사이에 나타났습니다. 그분은 인간과 함께 사멸하지만 하나님과 함께 의롭습니다. 의로움의 대가가 생명과 평화이기 때문에 그분은 하나님에게 연결된 의로움을 통하여 죄인들 자신이 의화(義化)한 죽음을 없애기 위해서 그들과 공통된 죽음을 소유하기를 원했습니다. 이 중개자는 옛 성인들에게 계시되었습니다. 마치 우리들이 그의 지나간 고난을 믿는 것처럼, 그들은 장차 수난당할 그분을 믿음으로써 구원받으려고 했습니다. 왜냐하면 그분은 인간인 한에 있어서 중개자이지만, 말인 한에 있어서는 중간이 아니기 때문입니다. 그 이유인즉 그분은 하나님과 같고(빌립 2, 6) 하나님에게 있는 하나님이며 하나님과 함께 하나의 하나님이기 때문입니다(요한 1, 1).

선한 아버지여, 당신의 외아들을 아끼지 않고, 우리들 죄인들을 위하여 그를 건네주기까지(로마 8, 32) 당신은 우리들을 얼마나 사랑했습니까! 그분은 우리들을 몹시 사랑했으며, 그분은 당신과 같음을 강탈로 생각하지 않고 우리들을 위해서 십자가의 죽음에 이르기까지 복종했습니다(빌립 2, 8). 오직 그분만 죽은 자들 중에서 자유로우며(시편 88, 6), 자신의 생명[84]을 내려놓을 권력을 가지고 있고 다시 그것을 쥘 권력을 가지고 있습니다(요한 10, 18). 그분은 당신에게 있어서 우리들을 위한 승리자이며 희생입니다. 그는 희생이기 때문에 승리자입니다. 그분은 당신에게 있어서 우리들을 위한 사제(司祭)이며 성찬식입니다. 그는 성찬식이기 때문에 사제입니다. 당신에게서 태어나서 당신을 섬기면서 그분은 당신을 위해서 우리들을 노예로부터 벗어나게 해서 자식으로 만들었습니다. 당신의 오른편에 앉아서(로마 8, 34) 우리들을 위하여 당신에게 비는 그분을 통해서 내 모든 병들을 낫게 해 주리라는 것에 내 굳은 희망이 있습니다(마태 20, 28). 그렇지 않으면 나는 절망할 것입니다. 왜냐하면 그 병들은 많기도 하고 심하기도 하기 때문입니다. 그 병들은 많고 심하지만 당신의 약들은 한층 더 충분합니다. 우리들이 믿을 수 있었던 것은 당신의 말이 육신이 되어 우리들 안에 살지 않았던들(요한 1, 14) 그 말은 인간과의 연결에서 멀리 떨어져 있어서 우리들은 절망했을 거라는 것입니다.

내 죄악과 내 비참함에 떨려서 마음속으로 생각하면서 황야로 도망치려고 했으나 당신은 나를 가로막고 위로하면서 이렇게 말했습니다: 그러므로 그리스도가 모든 사람들을 대신해서 죽은 것은, 살아 있는 사람들이 이제부터는 자기들 스스로를 위하여 살지 않고 자기들을 대신해서 죽은 그를 위하여 살게 하려는 것이다(2고린 5, 15). 보십시오. 주여, 내가 살기 위해서 내 근심은 당신에게 맡기고, 나는 당신의 법의 놀라울 만한 것을 생각할 것입니다(시편 119, 18). 당신은 나의 둔함과

84 생명(anima)은 바람, 숨결, 그림자, 정신, 생물, 영혼 등 여러 가지 의미들을 함께 가지고 있다.

나의 병약함을 압니다. 나를 가르치고 나를 낫게 해 주십시오(시편 119, 12). 당신의 외아들 안에는 지혜와 지식의 모든 보물들이 감추어져 있는데(골로 2, 3), 그 외아들은 자신의 피로 나를 구원해 주었습니다. 오만한 자들이 나를 비난하지 말게 하십시오(시편 119, 122). 왜냐하면 나는 내 몸값을 생각하고, 먹고 마시고 나누어 주며, 먹고 배부른 자들 중에서 비록 가난할지라도 그분을 통해서 배부르기를 욕구하기 때문입니다(누가 16, 21). 그분을 찾는 사람들은 주님을 찬미할 것입니다(시편 22, 27).[85]

---

85 중세 기독교(가톨릭)철학의 핵심 주제는 이성과 계시(사랑)이다. 아우구스티누스는 32세(개종 시 나이) 이전에는 철학적 이성에 집착했으나 개종 후에는 모든 것을 사랑 안에 용해시켰다. 『고백록』의 1~10권은 아우구스티누스가 기독교적 사랑으로 상식적 경험과 이성을 녹여 가는 과정을 상세히 보여 주고 있다. 『고백록』 11~13권은 아우구스티누스가 『고백록』 1~10권에서 제시한 기본 입장을 가지고 성서를 해석한 것이다. 아우구스티누스는 구약 창세기를 중점적으로 해석하고 있고, 특히 11권에서는 철학적 또는 종교적 시간들을 상세히 전개하고 있다.

제11권

세계창조와 시간

Confessiones

1

왜 우리는 하나님에게 고백하는가

주여, 영원은 당신의 것인데, 내가 당신에게 말하는 것을 당신이 모를 리 있습니까, 또는 시간 안에서 되는 일을 당신은 시간과 연관해서 볼 수 있는 것입니까? 그러면 왜 나는 매우 많은 것들에 관해서 당신에게 이야기하는 것입니까? 물론 나를 통해서 당신이 그 이유를 알라는 것이 아니고, 당신을 향한 나의 정서와 이것을 읽을 사람들의 정서가 자극받아서 우리들 모두가 이렇게 말하기 위해서입니다: 주님은 위대하시니, 가장 높이 찬양하여라(시편 97, 4). 나는 이미 다음을 말했고 또 말하려고 합니다: 당신의 사랑에 대한 사랑 때문에 나는 이 고백을 행합니다. 왜냐하면 진리가 다음처럼 말했을지라도(요한 14, 6) 우리들이 빌기 때문입니다: 너희들이 아버지에게 요구하기 전에 너희들의 아버지는 너희들에게 필요한 것을 안다(마태 6, 8). 그러므로 우리들의 비참함과 우리들에 대한 당신의 자비를 당신에게 고백하면서 우리들의 정서를 당신에게 활짝 여는 것은, 이왕에 당신이 시작했으니 다시는 우리들이 비참하지 않고 당신 안에서 행복하게끔 우리들을 자유롭게 해 달라는 것입니다. 당신이 우리들을 부른 것은, 우리들이 마음이 가난하고 온화하며, 슬퍼하며 굶주리고 의에 목마르며 자비롭고 마음이 순수하며 평화를 만드는 사람들이 되라고 한 것입니다(마태 5, 3~9).

보십시오. 나는 내가 할 수 있고 또 원했던 많은 것들을 당신에게 이야기했습니다. 당신은 우선 내가 당신에게 고백하기를 원했기 때문입니다. 나의 주 하나님, 당신은 선하기 때문이며, 당신의 자비는 영원하기 때문입니다(시편 118, 1).

2
죄와 과오로부터 참다운 지식으로

그러나 당신의 모든 격려와 당신의 모든 위협과 위안과 다스림을 가지고 나로 하여금 당신의 백성에게 말을 전하게 하고 당신의 성찬을 나누어 주도록 당신이 나를 이끌어 준 일들을 언제 내가 필설로 충분히 말할 수 있겠습니까?[1] 그리고 이것들을 내가 질서 있게 충분히 설명할 수 있다고 할지라도 나에게는 시간의 방울들[2]이 너무 값집니다.

그리고 나는 오래전부터 당신의 법[3]을 명상하려는 불타는 욕구를 가지고 있었으며(시편 1, 2), 나의 아는 것과 모르는 것을, 곧 강함이 허약함을 삼킬 때까지 당신의 조명의 처음과 내 어두움의 잔재물을 나는

---

1 아우구스티누스가 개종하고 4년이 지난 391년에 사제가 되었을 때, 그의 고향 타가스테의 주교 발레리우스(Valerius)가 그리스 출신으로 라틴어가 모자랐으므로 그를 대신해서 아우구스티누스가 성서를 라틴어로 강론한 사실을 가리킨다.

2 시간의 방울들(stillae temporum)은 극히 짧은 순간을 뜻한다. 아우구스티누스 당시(기원후 4~5세기) 시계는 물시계였으므로 아우구스티누스는 순간을 시간의 방울들이라고 표현하였다.

3 여기에서 당신의 법은 바로 하나님의 성서를 가리킨다.

당신에게 고백하려고 했습니다.[4] 그래서 몸을 회복하고 정신을 가다듬는 일과 사람들에 대한 의무가 있든지 없든지 간에 섬기지 않으면 안 되는 일에서 자유로움을 발견했을 때 나는 다른 일에 그 시간을 쓸 마음이 없었습니다.

나의 주 하나님, 나의 기도를 들어주십시오. 그리고 당신의 자비가 나의 애원을 듣게 해 주십시오(시편 10, 17). 왜냐하면 내 애원은 오로지 나만을 위해서 불타지 않고 형제애에 쓸모 있고자 하기 때문입니다. 그리고 내 마음이 이와 같다는 것을 당신이 보고 있습니다. 내 생각과 혀를 당신에게 바쳐서 섬기려고 하니 당신에게 바칠 것을 내게 선물해 주십시오(시편 66, 15). 왜냐하면 나는 힘없고 가난하며(시편 86, 1), 당신은 당신의 도움을 부르는 모든 사람들에게 풍요로워서(로마 10, 12) 걱정 없이 우리들의 근심을 떠맡기 때문입니다. 모든 경솔함과 모든 거짓말로부터 내 입술의 안과 밖을 잘라내 주십시오(출애 6, 12). 당신의 성서가 나의 순수한 기쁨이 되게 해 주십시오(사도 7, 51). 나를 거짓말에 속지 않게 하고 거짓말로 속이지 않게 해 주십시오. 주여, 나의 주 하나님, 장님의 빛이며 약자의 힘이여, 바로 보는 이의 빛이며 강자의 힘이여, 굽어살피고 불쌍히 여기십시오. 내 영혼을 굽어살피고 심연의 외침을 들어 주십시오. 당신의 귀가 깊은 곳까지 미치지 않는다면 우리들은 어디로 가야 합니까? 우리들은 누구에게 외쳐야 할 것입니까(요한 6, 69)? 낮도 당신의 것이고 밤도 당신의 것입니다(시편 74, 16). 순간마저 당신의 눈짓 하나로 날아가 버립니다. 당신의 법의 감추어진 것을 우리들이 명상하게끔 틈을 주고, 두들기면서 찾는 사람들에게 그 감추어진 것을 잠그지 마십시오(마태 7, 7). 불분명한 깊이가 있

4 어두움은 악과 결핍을 말한다. '강함이 허약함을 삼킬 때까지'는 악이 소멸될 때까지의 뜻이다.

게 많은 페이지들에 써지기를 당신이 원한 것이 쓸모없지 않으므로 그 숲들은 그 안에 거주하고 깃들이고 거닐고 풀 뜯고 누워서 되새김질하는 자신의 사슴들을 지니고 있습니다. 오 주여, 나를 완전하게 해 주고 그 숲들을 나에게 계시해 주십시오(요한 3, 29). 보십시오. 당신의 목소리는 나의 기쁨이며, 당신의 목소리는 넘쳐흐르는 쾌락을 초월하여 있습니다. 내가 사랑하는 것을 주십시오. 왜냐하면 내가 그것을 사랑하기 때문입니다. 그런데 이 사랑하는 것도 당신이 준 것입니다. 당신의 선물을 버리지 말고 목말라하는 당신의 풀을 내버려 두지 마십시오. 내가 당신의 책에서 발견하는 것은 모두 당신에게 고백하게 하고 찬미의 목소리를(시편 26, 7) 듣게 해 주십시오. 그래서 나는 당신을 마실 것이며, 당신이 천지를 만든 태초로부터 당신과 함께 영원할 나라, 곧 성스러운 그 도시에 이르기까지(요한계시 21, 2) 당신의 법의 놀라울 만한 것을 고려할 것입니다(시편 119, 18).[5]

주여, 나를 불쌍히 여기고 내 애원을 들어주십시오(시편 27, 7). 생각건대, 내 애원은 지상(地上)의 것이 아닌 것 같습니다. 그것은 금과 은과 보석도 아니며, 화려한 의상이나 명예와 권력이나 육신의 쾌락도 아니고 당신의 나라와 정의를 찾는 우리들에게 당신이 덤으로 주는 모든 것(마태 6, 33), 곧 우리들의 이 나그네 삶의 육신에 필요한 것도 아닙니다.

나의 하나님, 내 애원이 어디에 있는지 보십시오. 옳지 않은 자들[6]이 나에게 기쁨을 이야기했지만 주여, 그것은 당신의 율법과 같지는 않았

---

5 태초로부터 … 영원할 나라까지는 성서의 창세기로부터 요한계시록에 이르기까지를 지적한다.

6 옳지 않은 자들(iniusti)은 정의롭지 못한 사람들로서 하나님을 믿지 않는 자들이다. 아우구스티누스에게 있어서 정의나 불의는 정치적 차원을 넘어서서 종교적 차원의 의미로 사용되고 있다.

습니다. 어디에서 내 애원이 생기는지 보십시오. 아버지, 보고 살피고 또 보고 인정해 주십시오. 당신의 자비 앞에 나로 하여금 당신의 은총을 발견하여(누가 1, 30) 기쁘게 해 주고, 당신의 말의 깊은 뜻이 두드리는 나에게 열리게 해 주십시오(마태 7, 7). 나는 당신의 아들인 우리들의 주 예수 그리스도의 이름으로 비는데, 그는 당신의 오른팔의 남자이고(시편 80, 18), 당신과 우리들의 중개자로 당신에게 확정된 인간의 자식이며, 우리들이 당신을 찾지 않았을 때(로마 10, 20) 당신은 그를 통해서 우리들을 찾았으며, 우리들이 당신을 찾게끔 당신은 그를 찾았습니다. 당신의 말을 통해서 당신은 만물을 창조했고(요한 1, 3), 만물 중에는 나도 있고, 당신의 외아들을 통해서 당신은 믿는 사람들을 당신에게 불렀으며 그들 중에는 나도 있습니다(로마 8, 23). 나는 그의 이름으로 당신에게 빕니다. 그는 당신의 오른편에 앉아서 우리들을 위해서 당신에게 중재합니다. 그의 내면에는 지혜와 지식의 모든 보물들이 감추어져 있습니다(골로 2, 3). 나는 당신의 성서에서 바로 이것들을 찾습니다. 모세는 그[7]에 관해 썼습니다(요한 5, 46). 이것을 그가 말했습니다. 진리가 이것을 말했습니다(요한 14, 6).

3
성서의 이해

태초[8]에 당신이 어떻게 천지를 창조했는지(창세 1, 1) 나는 그것을 듣

---

7 '그'는 바로 예수 그리스도이다.

8 태초(principium)는 그리스어 처음(arché)을 번역한 말이다. 아르케는 처음, 시작, 태초, 원질, 원리 등의 뜻을 가지고 있다.

고 이해하려고 합니다. 모세가 이것을 썼으며, 그는 쓰고 떠나갔고, 그는 여기에서 당신으로부터 나와서 당신에게로 가서 지금은 내 앞에 있지 않습니다. 만일 그가 있다면 그를 붙들고 그에게 물으며 이것을 내게 풀어 달라고 당신의 이름으로 빌 것입니다. 그리고 나는 그의 입에서 나오는 소리들에 내 육신의 귀를 들이댈 것입니다. 그런데 만일 그가 히브리어로 말한다면 쓸데없이 내 감각만 두드릴 뿐 그로부터 아무것도 내 정신에 들어오는 것은 없을 것입니다.[9] 그러나 만일 그가 라틴어를 말한다면 나는 그가 무엇을 말하는지 알아들을 것입니다. 그러나 그가 진리를 말하는지의 여부를 나는 어떻게 알겠습니까? 내가 이것을 알 수 있다고 한다면, 나는 그에게서 알아내야 하는 것입니까? 진리가 히브리어나 그리스어 또는 라틴어나 어떤 다른 외국어도 아닌 이상 그것은 나의 내면, 사유(思惟)의 집 안에서 입과 혀와 음절의 소리도 없이 "그는 진리를 말한다"라고 말할 것입니다. 그래서 나는 즉시 확신하게 되어 한층 더 믿음직스럽게 저 당신의 사람에게 이렇게 말할 것입니다: "당신은 진리를 말합니다."[10]

그러므로 당신으로 가득 차서 진리를 말한 모세에게 물을 수 없으므로 진리여, 나는 당신에게 빕니다. 나의 하나님, 내 죄를 용서해 주기를 빕니다(욥기 14, 16). 그리고 저 당신의 종에게 말한 것들을 내가 이해하도록 해 주십시오.

---

9 아우구스티누스는 히브리어에 대한 전문교육을 받지 않았으므로 히브리어를 알지 못했다.

10 인간의 내면에 있는 영혼이 하나님의 말의 계시를 받아들임으로써 인간은 진리를 인식할 수 있다는 것이 아우구스티누스의 인식론의 핵심이다.

4
피조물들의 창조자인 하나님

보십시오. 하늘과 땅이 존재합니다. 그것들은 자기들이 창조되었다고 외칩니다. 왜냐하면 그것들은 변화하고 바뀌기 때문입니다(시편 102, 27). 그러나 창조되지 않았으면서도 존재하는 것은 이전에 없던 것을 아무것도 소유하지 않습니다. 없다가 존재하는 것은 변화이며 바뀜입니다. 천지는 스스로 자기 자신들을 창조하지 않았다는 것을 이렇게 외칩니다: "우리들은 만들어졌기 때문에 존재합니다. 그러므로 우리들은 존재하기 이전에 있을 수 없었으니 우리들이 스스로 우리들을 만들 수 없었기 때문입니다." 그것들의 말소리는 자명합니다. 그러므로 주여, 아름다운 당신이 그것들을 만들었습니다. 왜냐하면 그것들이 아름답기 때문입니다. 당신이 선하므로 그것들도 선합니다. 당신이 존재하므로 그것들도 존재합니다.[11] 그러나 제아무리 아름답고 선하고 존재하는 것들일지라도 그것들을 만든 당신과 비교하면 그것들은 결코 아름다운 것도, 선한 것도 그리고 존재하는 것도 아닙니다.

우리들은 이것들을 알고 당신에게 감사하지만, 우리들의 앎은 당신의 앎에 비하면 오히려 무지(無知)입니다.

11 그것들은 바로 하늘과 땅 또는 우주만물들을 가리킨다.

5
무로부터의 세계창조

그러나 당신은 어떻게 하늘과 땅을 만들었으며 그토록 거창한 당신의 작업에 사용한 연장들은 무엇이었습니까? 인간 숙련공은 어떤 것을 만들려고 자신의 내면의 눈으로 보는 형상을 마음의 뜻으로 형성하려고 이 물체로 저 물체를 만들지만 — 이것도 당신이 그 마음을 창조하지 않았다면 당치도 않겠지만 — 당신은 그와 같지 않습니다. 그런데 인간은 이미 존재하는 것과 소유한 것에 형태를 부여합니다. 말하자면 흙이나 돌이나 나무나 금 등과 같은 종류의 것들이 그것들입니다. 그러나 당신이 그것들을 마련하지 않았더라면, 그것들이 어떻게 그렇게 존재할 수 있었겠습니까? 당신은 제작자에게 육체를 만들어 주었고, 당신은 사지(四肢)를 지배할 영혼을 만들어 주었으며, 당신은 어떤 것을 만들 재료와, 내면으로 보고 외부로 일하는 재능을 만들어 주었고, 제작에 있어서 마음으로부터 재료로의 옮김과, 제작물을 마음에 알려서 그것이 잘 만들어졌는지의 여부를 영혼의 윗자리에 위치하는 진리에게 묻도록 육체의 감각을 통역처럼 만들어 주었습니다.

이 모든 것들은 만물의 창조주인 당신을 찬미합니다. 그러나 당신은 어떻게 이것들을 만들었습니까? 하나님, 하늘과 땅을 어떻게 만들었습니까? 결코 하늘과 땅에서 그리고 공기나 물에서 당신이 천지를 만들었을 리 없습니다. 왜냐하면 이것들은 하늘과 땅에 속해 있기 때문입니다. 당신은 온 누리 안에서 온 누리를 창조하지도 않았습니다. 왜냐하면 존재하기 위해서 창조되기 이전에 있어야 할 장소가 없었기 때문입니다. 또한 당신은 하늘과 땅을 만들 어떤 것을 손에 가지고 있지도 않았습니다. 당신이 만들지 않은 것이 무엇이 있다고 무엇으로 당신이 어떤 것을 만든다는 것입니까? 만일 당신이 존재하지 않는다면 무엇이 존재합니까?

그러므로 당신이 말하자 모든 것들이 창조되었고, 또한 당신은 당신의 말로 모든 것들을 창조했습니다(시편 33, 9).

6
하나님의 말과 세계창조

그러나 어떻게 말했습니까? 구름으로부터 목소리가 생겨서 "이는 내 사랑하는 아들이다(마태 3, 17)"라고 말한 것처럼 그런 식으로 한 것입니까? 그 목소리는 한 번 나고 지나가 버렸으며 시작과 끝이 있었습니다. 철자들이 소리 나고 지나가 버렸으며, 첫 번째 소리 다음에 두 번째 소리, 두 번째 소리 다음에 세 번째 소리, 이렇게 뒤를 잇는 말 다음에 마지막 말이 오고 마지막 말 다음에는 침묵이 나타났습니다. 그로부터 분명하게 드러난 것은 그것을 표현한 것은 피조물의 운동이고 당신의 영원한 뜻을 섬긴 시간적인 것이었다는 사실입니다. 그래서 시간을 위해서 봉사하게끔 만들어진 당신의 이 말들은 외적 청각을 통해서 예지의 정신에 전달되었으며, 예지의 정신의 내면적 청각은 당신의 영원한 말을 듣고 있습니다. 그러나 정신은 시간적으로 소리 나는 이런 말들과 소리 없는 영원한 당신의 말을 비교하면서 이렇게 말했습니다: "이 말은 상당히 다르다. 너무 다르다. 이 말들은 내 아래 먼 곳에 있으니 존재하지도 않는구나. 왜냐하면 이 말들은 도망가며 사라져 버리기 때문이다. 그러나 내 하나님의 말은 내 위에 영원히 남는구나."

그러므로 만일 당신이 소리 나고 지나가는 말로 하늘과 땅이 되라고 해서 그렇게 하늘과 땅을 만들었다면, 천지에 앞서서 이미 창조된 물체가 있어서 그것의 시간적 운동으로 말미암아 그것의 목소리가 시간적으로 흘러갔을 것입니다. 그러나 천지 이전에는 어떤 물체도 존재하지 않았습니다. 혹시 어떤 물체가 존재했다면, 당신은 그것을 확실히 지나가는 목소리로 만들지는 않았을 것입니다. 그로부터 당신은 하늘과 땅이 생겨나라고 말하는 지나가는 목소리를 만들었을 것입니다. 이런 목소리가 생기는 것이 무엇이든지 간에 당신에게서 이런 목소리가 생기지 않는다면, 그 목소리는 전혀 존재를 가질 수 없을 것입니다. 그렇다면 이런 말들을 만드는 육신을 만들기 위해서 당신이 말한 것은 어떤 말입니까?

7

성자는 성부와 함께 영원한 말이다

그러므로 당신은 그 말을 이해하라고 우리들을 부릅니다. 이 말은 하나님 당신과 함께 있는 하나님입니다. 이 말은 영원히 말하여지며 또한 이 말로 말미암아 모든 것들이 항상 말하여집니다. 모든 것들이 말해질 수 있다고 해서 말해지던 것이 끝났다가 다른 말이 이야기된다는 것이 아니고 모든 것들이 동시에 영원하다는 것입니다. 그렇지 않다면 시간과 변화가 있을 것이고 따라서 참다운 영원성도 그리고 참다운 불멸성도 존재하지 않을 것입니다.

나의 하나님, 나는 이것을 알았으며 당신에게 감사드립니다(1고린 1, 4). 주 하나님, 내가 안 것을 당신에게 고백합니다. 누구든지 이 확실한 진리에 감사하는 사람은 나와 함께 깨닫고 당신을 찬미합니다. 주여, 우리들은 압니다. 있다가 없고, 없다가 있는 것은 무엇이든지 죽었다가 생겨난다는 것을 우리들은 압니다. 그러나 당신의 말은 실로 불멸하고 영원하기 때문에 그것에는 소멸도 없고 뒤따르는 것도 없습니다. 그러므로 당신과 함께 영원한 당신의 이 말로 동시에 그리고 영원히 당신이 말하는 모든 것들을 말함으로써 무엇이든지 되라고 말하면 다 되어집니다. 그러나 당신은 말과 다르게는 창조하지 않습니다. 그렇지만 당신이 말로 창조하는 모든 것들이 동시에 영원하게 창조된 것은 아닙니다.

8
하나님의 말

나의 주 하나님, 왜 그런지를 나는 당신에게 묻습니다. 내가 아는 것 같지만, 그것을 어떻게 표현해야 할지 나는 알지 못합니다. 존재하기 시작하고 또 존재하기를 그치는 모든 것은 영원한 이성에서 존재하기 시작하여야 하거나 아니면 존재하기를 그쳐야 하는 것이 알려질 때 존재하기 시작하고 또한 존재하기를 그치는 것이 아닙니까? 그런데 영원한 이성 안에서는 어떤 것도 시작되지 않고 또 그치지도 않습니다. 그 이성은 당신의 말이며, 그것은 우리들에게 말하기 때문에 태초입니다(요한 8, 25). 그 태초가 복음에서 육체를 통해서 이렇게 말했으며, 밖으로는 사람들의 귀를 울려서 믿게 했고, 안으로는 당신을 찾아서 영원한 진리 안에서 당신을 얻게 했습니다. 거기에서는 오직 한 분의 선한 스승이(마태 23, 8) 모든 제자들을 가르칩니다. 주여, 나는 거기에서 나에게 말하는 당신의 목소리를 듣습니다. 왜냐하면 우리들을 가르치는 그분이 우리들에게 말하지만, 우리들을 가르치지 못하는 자는 비록 말은 한다고 할지라도 우리들에게 말하지 않기 때문입니다. 그렇다면 변함없는 진리 말고 누가 우리들을 가르치겠습니까? 변화하는 피조물로 말미암아 그리고 그것을 통해서 우리들이 각성하여 변함없는 진리로 향할 때, 우리들은 거기에서 참답게 그분을 배우며 굳게 서서 그분의 말을 듣고, 신랑의 목소리 때문에(요한 3, 29) 기뻐서 즐거워하며 우리들 자신은 우리들을 존재하게끔 한 곳으로 되돌아갑니다. 그러므로 그것은 태초[12]입니다. 만일 태초가 견고하게 남아 있지 않는다면, 우리들은 길을 잃었을 때 되돌아갈 곳이 없을 것입니다. 그러나 그릇됨으로부터 되돌아갈 때 그것은 전적으로 우리들이 되돌아가는 것을 아는 것에 의합니다. 그러나 우리들이 알 수 있도록 그분은 우리들을 가르칩니다. 그분은 태초이기 때문에 우리들에게 말하는 것입니다.

9

우리들 마음이 듣는 하나님의 말

하나님, 당신은 이 태초로 하늘과 땅을 만들었으며(창세 1, 1), 당신의 말, 당신의 아들, 당신의 힘(1고린 1, 24), 당신의 지혜, 당신의 진리로(요한 14, 6) 놀라울 만하게 말하며 일합니다. 누가 그것을 이해할 수 있겠습니까? 누가 그것을 이야기할 수 있겠습니까? 나에게 자신을 비춰 보이며 상처나지 않게 내 마음을 때리는 그것은 무엇입니까? 그런데 나는 떨리면서 화끈 달아오릅니다. 나는 그분과 닮지 않아서 떨리지

12 여기서 태초(principium)는 변함없는 진리, 곧 영원한 이성이나 말, 또는 성령을 뜻한다.

만, 그분을 닮았으므로 화끈 달아오릅니다. 나의 어둠을 찢고 나를 반짝 비추는 것이 지혜, 바로 지혜이지만 나는 어둠에 몰려서 다시 그것에 덮이고 맙니다. 이렇게 내 힘은 심한 가난 속에 약해져서(시편 31, 11) 나의 선을 유지할 수 없게 되었습니다. 주여, 나의 모든 죄악을 용서해 준 당신이 이미 내 모든 병을 낫게 해 주기까지는 이러할 것입니다. 왜냐하면 당신은 내 생명을 부패로부터 구원하며, 연민과 자비로 내 머리를 장식해 주기 때문입니다. 그리고 당신은 내 소망을 선한 것들로 채워 줄 것입니다. 왜냐하면 내 청춘이 독수리처럼 새로워질 것이기 때문입니다(시편 104, 5). 우리들은 희망에 의해서 구원받았으며 인내하면서 당신의 약속을 기다리고 있습니다(로마 8, 24). 내면으로 말하는 당신의 말을 들을 수 있는 사람을 듣게 해 주십시오. 나는 굳게 믿으면서 당신 하나님의 말을[13] 외칠 것입니다. 주여, 당신의 작품들은 매우 찬란하며 당신은 모든 것들을 지혜로 만들었습니다(시편 104, 24). 그런데 그 지혜는 태초이고, 그 태초에 당신은 하늘과 땅을 만들었습니다.

10

하나님의 의지는 시작을 모른다

보십시오. 자기들의 낡은 사상으로 가득 찬 사람들[14]이 우리들에게 이렇게 말합니다: 하늘과 땅을 창조하기 이전에 하나님은 무엇을 하고

---

13 당신의 신탁으로부터(ex oraculo tuo)를 의역하여 '당신 하나님의 말을' 이라고 옮겼다.

14 마니교도들을 가리킨다.

있었습니까? 그들이 말하는 것은 다음과 같습니다: "만일 하나님이 아무 일도 하지 않고 어떤 것도 만들지 않았다면, 왜 하나님은 항상 그리고 계속해서 그대로, 이전과 마찬가지로 일에 손대기를 그치지 않는 것입니까? 만일 창조하기 위해서 새 의지를 세웠다면 이는 창조하지 않은 이전에 비해서 하나님 안에 어떤 변화가 있는 것이고, 전에 없었던 의지가 새로 세워지는 것이니 이미 참다운 영원성이 어떻게 있다고 하겠습니까? 왜냐하면 하나님의 의지는 피조물이 아니고 피조물에 앞서서 존재하기 때문입니다. 만일 창조자의 의지가 선행하지 않는다면, 어떤 것도 창조될 수 없습니다. 그러므로 하나님의 의지는 하나님의 실체 자체에 속합니다.[15] 앞서서 존재하지 않았던 어떤 것이 하나님의 실체 안에 생겼다면 그 실체가 영원하다고 말하는 것은 참답지 않을 것입니다. 그러나 만일 피조물을 만들고도 하나님의 의지가 영원하다면, 왜 피조물도 영원하지 못하겠습니까?"

11

시간으로 잴 수 없는 하나님의 영원함

이런 것들을 말하는 사람들은 아직까지 당신을 이해하지 못합니다. 오 하나님의 지혜(1고린 1, 24), 정신들의 빛이여, 그들은 당신을 통해서 당신 안에서 이루어지는 일들이 어떻게 이루어지는지 아직 이해하지 못하면서 영원한 것들을 알려고 애씁니다. 그러나 그들의 마음은 아직

15 실체(substantia)란 존재하기 위해서 오로지 자기 자신만을 원인으로 가지는 것을 말한다. 예컨대 신을 실체라고 하는 것은, 신이 존재하기 위해서 다른 존재자를 원인으로 가지지 않는 오로지 자기 자신만을 원인으로 가진다는 근거에 의존한다.

까지 과거의 일들과 미래의 일들 사이의 움직임에서 퍼덕거리며 아직 공허합니다(시편 5, 10). 누가 마음을 단단히 하고 항상 변하지 않는 영원의 빛을 잠시나마 멎게 하고 빼앗을 수 있겠습니까? 그리고 누가 이것을 항상 변화하는 시간과 비교할 수 있겠습니까? 그는 비교할 수 없다는 것을 알게 될 것입니다. 그리고 그는, 시간이 길다는 것은 동시적으로 함께 연장(延長)될 수 없는 많은 운동의 흐름이 길다는 것임을 알 것입니다. 그러나 영원에서는 흘러가는 것이 아무것도 없고 전부가 현재입니다. 물론 어느 시간도 전부 현재일 수는 없습니다. 그는, 과거는 미래로부터 밀려나는 것이고 미래는 과거를 뒤따르는 것이며 모든 과거와 미래는 항상 현재인 그분에게서 만들어져서 흘러나오는 것임을 알지 않겠습니까? 누가 인간의 마음을 붙잡고, 미래도 아니고 과거도 아닌 영원이 견고하게 자리잡고 미래와 과거의 시간을 어떻게 지시하는지 서서 보라고 할 수 있겠습니까?

내 손이 이것을 할 수 있습니까 아니면 내 입의 손이 말을 통해서 이토록 중대한 일을 할 수 있겠습니까(창세 31, 29)?

12
세계창조 이전의 하나님

보십시오. 나는, 하나님이 천지를 만들기 이전에 무엇을 했느냐라고 묻는 사람에게 대답하겠습니다.

그러나 문제의 격렬함을 농담으로 얼버무리면서 깊은 것을 캐내려는 사람들에게 지옥을 준비하고 있었다고 답하는 그런 사람처럼은 대답하지 않겠습니다. 아는 것과 웃는 것은 서로 다른 것입니다.[16] 나는 다음처럼 답하지 않겠습니다. 왜냐하면 심원한 것을 묻는 사람이 조롱당하고 거짓되게 답하는 자가 칭찬받는 그런 짓을 하느니보다 오히려 나는 내가 모르는 것을 모른다고 답할 것이기 때문입니다.

그러나 우리들의 하나님, 나는 당신을 모든 피조물들의 창조주라고 말합니다. 그리고 모든 피조물들이 하늘과 땅의 이름으로 이해된다면, 하늘과 땅을 창조하기 이전에 하나님은 어떤 것도 만들지 않았다고 나는 감히 말합니다. 만일 하나님이 무엇을 만들었다면, 피조물을 창조한 것 이외의 다른 무엇이 있겠습니까? 그런데 나는, 내가 알려고 하는 유익한 모든 것들을 마치 어떤 피조물도 창조되기 이전에 아무것도 창조되지 않았다는 것을 아는 것처럼 알았으면 합니다.

13
세계창조 이전에는 시간이 없었다

만일 어떤 사람이 생각이 들떠서 창조 이전의 상상적 시간을 헤매면서, 전능하고 모든 것을 창조하고 모든 것을 잡고 있으며 천지의 창조주인 하나님 당신이 이 거창한 것을 창조하기 이전에 영겁을 그대로 지나친 것으로 안다면, 그가 놀라워하는 거짓에서 그를 깨어나게 해서 사리를 살피게 해 주십시오.

왜냐하면 제아무리 헤아릴 수 없는 시간이라고 할지라도, 모든 시간을 당신이 창조하고 설정했는데 당신이 창조하지 않은 시간이 어디로부터 흐를 수 있겠습니까? 아니면 당신에게서 만들어지지 않은 시간들

---

16 하나님이 무엇을 했는지 보고 아는 것과 하나님의 행위를 조롱하는 것은 전혀 다른 일이라는 뜻.

이 있다는 것입니까? 그 시간들이 결코 존재하지 않았다면 그것들은 어떻게 흘러갈 수 있다는 것입니까?

그러므로 당신이 모든 시간의 창조자이지만, 당신이 천지를 창조하기 이전에 어떤 시간이 있었다면 어째서 당신이 일하기를 쉬었다고 말해집니까? 시간 자체도 당신이 창조했기 때문에 당신이 시간을 창조하기 이전에는 시간이 흘러갈 수 없었습니다. 그러나 하늘과 땅 이전에 아무런 시간도 없었다면, 그때에 당신이 무엇을 했는지 왜 묻는 것입니까? 왜냐하면 시간이 존재하지 않았다면 그때[17]가 없었기 때문입니다.

당신은 시간 안에서 시간을 앞서 가지도 않습니다. 당신은 모든 시간들을 앞서 갑니다. 그러나 당신은 항상 현재하는 영원성의 고귀함으로 모든 과거를 앞서 가며 모든 미래를 초월합니다. 왜냐하면 미래는 앞으로 올 것이며 일단 오면 그것은 과거가 되어 버리기 때문입니다. 그러나 당신은 똑같은 당신 자신이며 당신의 세월은 소멸되지 않을 것입니다(시편 102, 28). 당신의 세월은 가지도 않고 오지도 않습니다. 그러나 우리들의 세월들은 모두 오기 위해서 가고 또 옵니다. 당신의 세월은 머물러 있어서 모두 다 함께 머물러 있으므로 가는 것이 오는 것에 밀려나지 않습니다. 왜냐하면 그 세월들은 지나가지 않기 때문입니다. 그러나 우리들의 세월은, 모든 세월이 다 가고 없을 때 모두 있게 됩니다. 당신의 세월은 단 하루이며(2베드 3, 8), 당신의 날은 매일이 아니고 오늘입니다. 왜냐하면 당신의 오늘은 내일로 옮아가지도 않고 어제의 뒤를 잇지도 않기 때문입니다. 당신의 오늘은 영원입니다. 그러므로 오늘 내가 너를 낳았다(시편 2, 7)고 당신이 말했을 때 당신은 함께 영

---

17 그때(tunc) 역시 특정한 시간을 지시하므로, 시간이 없다면 그때라는 특정한 시점도 없다는 것. 피조물들은 일정한 시간을 앞서거니 뒤서거니 하지만 하나님은 모든 시간을 초월한다.

원한 그분을 낳은 것입니다. 당신은 모든 시간들을 창조했으며, 모든 시간들에 앞서서 당신이 존재하고, 시간이 없는 곳에는 결코 시간이 존재하지 않았습니다.

14
세 가지 서로 다른 시간

그러므로 시간 자체도 당신이 창조했기 때문에 시간적으로 당신이 어떤 것도 만들지 않은 것은 없습니다. 그런데 당신은 영원하기 때문에 어떤 시간도 당신과 함께 영원할 수 없습니다. 그러나 시간들이 만일 영원히 지속한다면 그것들은 시간들이 아닐 것입니다.

도대체 시간이란 무엇입니까? 누가 이것을 쉽고도 간단하게 설명할 수 있겠습니까? 누가 이것을 적절한 말로 표현하거나 생각으로 이해할 수 있겠습니까? 그러나 대화 중에 우리들은 시간보다 무엇을 더 친근하고 더 잘 알려진 것으로 언급합니까? 그런데 시간을 말할 때 어떻든 우리들은 시간을 알며, 다른 사람과 말하면서 시간에 관해서 들을 때에도 우리들은 역시 시간을 압니다.

그렇다면 시간은 무엇입니까? 아무도 나에게 묻지 않는다면 나는 압니다. 그러나 묻는 사람에게 설명하려고 하면 나는 모릅니다. 그렇지만 나는 확실히 안다고 자부하면서 다음처럼 말합니다. 즉 지나가는 것이 아무것도 없다면 과거의 시간이 존재하지 않으며, 아무것도 오는 것이 없으면 미래의 시간도 없을 것이고, 아무것도 존재하지 않는다면 현재의 시간도 없을 것입니다.

그렇다면 과거와 현재의 두 시간들이 어떻게 생기게 된 것이고, 과거가 이미 존재하지 않게 되는 때는 언제이며 미래가 아직 존재하지 않는 때는 언제입니까? 그러나 현재가 항상 현재로 있어서 과거로 지나가지 않는다면, 이미 시간은 없고 영원만 존재할 것입니다. 그러므로 현재가 시간일 수 있기 위해서는 과거로 지나가야만 시간이 될 수 있습니다. 우리들은 어떻게 이것이 있다고 말할 수 있습니까? 그것의 존재이유는 존재하지 않을 것에 있습니다. 다시 말해서 우리들은 시간이 존재한다고 말하기보다는 시간을 존재하지 않는 것으로 향하는 흐름이라고 말하여야 하지 않습니까?

15
시간의 척도

그렇지만 우리들은 긴 시간과 짧은 시간을 말하며, 이것을 말하지 않을지라도 우리들은 지나간 시간이나 올 시간에 관해서 말합니다. 예컨대 긴 과거의 시간은 백 년 전을, 마찬가지로 긴 미래의 시간은 백 년 후를 일컫지만, 짧은 과거는 예컨대 열흘 전을 그리고 짧은 미래는 열흘 후를 일컫습니다. 그러나 존재하지도 않는 것이 어떤 식으로 길거나 또는 짧습니까? 과거는 이미 있지 않는 것이고, 미래는 아직 존재하지 않는 것입니다. 그러므로 우리들은 과거에 대해서 길다고 말해서는 안 되고 길었다고 말해야 하며, 미래에 대해서는 길어질 것이다라고 말하여야 합니다.

나의 주, 나의 빛이여(미가 7, 8), 이 점에 있어서도 당신의 진리는 인간을 조롱하고 있는 것이 아닙니까? 과거의 시간이 길었다고 하는 것은 지나간 후 길었다는 것입니까 아니면 아직 현재로 있을 때 길었다는 것입니까? 과거가 길었다면, 있었을 때 그 당시 길 수 있었을 것입니다. 그러나 실제로 과거는 있지 않았습니다. 전혀 존재하지도 않은 것이 길 수는 없었을 것입니다.

그러므로 우리들은 과거의 시간이 길었다고 말해서는 안 됩니다. 지나가 버린 것은 존재하지 않으므로 길었다는 것을 우리들이 결코 발견할 수 없기 때문입니다. 그러나 우리들은 그 현재의 시간이 길었다라고 말하여야 합니다. 왜냐하면 현재로 존재하는 시간이 길었을 것이기 때문입니다. 왜냐하면 아직 지나가지 않고 없어지지 않았다면, 존재했던 것처럼 길 수 있었다가 지나간 후에는 길음과 있음[18]이 동시에 사라지기 때문입니다.

그러므로 오, 인간의 영혼이여, 현재라는 시간이 과연 길 수 있는지의 여부를 알아보기로 합시다. 왜냐하면 시간의 길이를 지각하고 측량하는 것이 너에게[19] 주어진 것이기 때문입니다. 너는 내게 무엇이라고 답할 것인가? 일백 년의 현재는 긴 시간입니까? 먼저 일백 년이 현재로서 존재할 수 있는지 알아봅시다. 그 첫해를 놓고 보면 그것은 현재이지만 아흔아홉 해는 미래이니 아직 존재하지 않습니다. 그러나 두 번째 해를 놓고 보면 이미 한 해는 지나갔고, 다른 한 해는 현재이며 나머지 해들은 미래입니다. 이렇게 백이라는 숫자의 해를 놓고 어떤 중간의 해를 현재라고 칩시다. 그 중간의 해의 이전은 과거일 것이고 그 이후는 미래일 것입니다. 그러므로 일백 년은 현재일 수 없을 것입니다.

적어도 한 해 자체가 과연 현재로서 존재하는지의 여부를 알아봅시다. 그런데 일 년의 첫 달을 놓고 보면, 나머지 달들은 미래이며, 두 번째 달을 놓고 보면 이미 첫 번째 달은 지나갔고 나머지 달들은 아직 존

18 길음(longus)과 있음(esse)은 긴 시간과 시간의 존재를 가리킨다.
19 인간의 영혼에게의 뜻.

재하지 않습니다. 그러므로 방금 말한 일 년도 전부 현재가 아니고, 만일 전부가 현재일 수 없으면 그 일 년도 현재가 아닙니다. 일 년은 열두 달인데 그중 어떤 한 달을 현재로 놓고 볼 때 다른 달들은 과거가 아니면 미래입니다. 흘러가는 그 한 달도 현재가 아니고 단지 하루일 뿐입니다. 만일 그날이 초하루라면 나머지는 미래일 것이고, 그믐이면 나머지는 과거일 것이고, 중간의 어떤 날이라면 나머지는 과거와 미래 사이의 날일 것입니다.

보십시오. 우리들이 길다고 부를 수 있는 것으로 발견한 단 하루라는 현재의 시간마저 기껏해야 하루의 길이로 줄어들었습니다. 그러나 우리는 하루가 온전한 현재가 아니기 때문에 이것을 검토해 보기로 합시다. 밤과 낮 스물네 시간으로 채워진 것을 하루라고 부릅니다. 그중 첫 번째 시간은 다가올 나머지 시간들을 가지며, 끝 시간은 과거를 소유합니다. 그러나 중간의 시간은 그 앞에 이미 지나간 시간을, 그리고 그 뒤에는 아직 다가올 시간을 소유합니다. 그러나 그 한 시간도 사라져 버리는 한 조각에 지나지 않습니다. 흘러간 모든 것은 과거이고, 남아 있는 모든 것은 미래입니다. 만일 시간을 가장 작은 순간의 부분으로 쪼갤 수 없는 것으로 이해한다면 오직 그것만을 현재라고 말할 수 있을 것입니다. 그렇지만 이것도 너무 빠르게 미래로부터 과거로 흘러가므로 한순간도 쉬는 틈이 없습니다. 왜냐하면, 만일 시간이 연장(延長)되어 있다면[20] 시간은 과거와 미래로 나뉠 수 있기 때문입니다. 그러나 현재는 아무런 공간도 가지고 있지 않습니다.

그렇다면 우리들이 길다고 말하는 시간은 어디에서 온 것입니까? 시간은 미래입니까? 우리들은 아직 길다고 할 정도로 존재하지 않는 것

20 '연장되어 있다면'은 양적(量的)으로 존재한다면의 뜻임. 연장(延長)은 양적으로 측정가능한 대상이나 상태를 지시함.

을 가리켜서 길다고 말하지 않고 길 것이다라고 말합니다. 그렇다면 그 길 것이다의 시간은 언제입니까? 만일 그때가 미래일 것 같으면 긴 것도 존재하지 않을 것입니다. 왜냐하면 길다고 할 수 있는 것이 아직 존재하지 않을 것이기 때문입니다. 그러나 아직 존재하지 않는 미래로부터 존재가 시작되고 현재가 만들어져서 길다고 할 수 있게 된다면, 이미 앞에서 말한 것처럼 현재의 시간은 긴 것으로 존재할 수 없다고 외칩니다.

16
시간을 측정하기

그렇지만 주여, 우리들은 시간의 간격을 느끼고, 그 간격들을 비교하여 어떤 간격은 길고 또 어떤 간격은 짧다고 말합니다. 우리들은 이 시간이 저 시간보다 얼마나 더 긴지 아니면 얼마나 더 짧은지 측정하여 이것은 두 배나 세 배이지만, 저것은 단순하거나 아니면 이것은 저것과 비슷하다고 말합니다. 그러나 우리들이 느끼면서 측정할 때 우리들은 과거의 시간을 측정합니다. 그러나 실제로 이미 존재하지 않는 과거나 아직 존재하지 않는 미래를 누가 측정할 수 있습니까? 아마도 존재하지 않는 것을 측정할 수 있다고 감히 말하는 자만이 측정할 수 있는 것 아닙니까? 그러므로 시간이 지나갈 동안에는 시간을 느끼고 측정할 수 있지만, 지나간 것은 이미 존재하지 않기 때문에 느끼고 측정할 수 없습니다.

17
과거와 현재와 미래

아버지여, 나는 그렇다고 주장하지 않고 묻습니다. 내 옆에 서서 나를 다스려 주십시오(시편 22, 1).

우리들이 어려서 배웠고 또 어린아이들에게 가르친 것처럼 과거와 현재와 미래의 세 가지 시간들은 없는 것이고, 저 두 가지들은 지금 존재하지 않기 때문에 현재만 있다는 것을 누가 나에게 말해 줄 수 있습니까? 혹시 그것들이 존재해서 미래에서 현재로 될 때 알려지지 않은 어떤 비밀로부터 흘러나오고 현재에서 미래로 될 때 알려지지 않은 어떤 비밀로 되돌아가는 것입니까? 그렇지 않다면 미래를 예언한 사람들이 아직 존재하지 않는 것들을 어디에서 볼 수 있었겠습니까? 왜냐하면 존재하지 않는 것은 사람들이 볼 수 없기 때문입니다. 그러므로 과거를 이야기하는 사람들도 과거를 마음으로 보지 못한다면 전혀 진리를 이야기하지 못합니다. 만일 아무것도 존재하지 않는다면 전적으로 아무것도 보여질 수 없습니다. 그러므로 미래와 과거가 존재하는 것입니다.

18
어떻게 시간은 흘러가고 다가오며 현재하는가

주여, 나로 하여금 한층 더 충분히 탐구하도록 허락해 주십시오. 나의 희망이여(시편 71, 5), 내 뜻이 흔들리지 말게 해 주십시오.

왜냐하면, 만일 미래와 과거가 존재하는 것이라면 그것들이 어디에 있는지 알고 싶기 때문입니다. 비록 아직 내가 능력이 없어도, 적어도 내가 아는 것은, 그것들이 어디에 있든지 간에 그곳에 미래나 과거로 있지 않고 현재로서 존재하리라는 것입니다. 왜냐하면 거기에 미래가 존재한다면 아직 거기에 존재하지 않으며, 만일 거기에 과거가 존재한다면 이미 거기에 존재하지 않기 때문입니다. 그러므로 어디에 있든지, 무엇이 되었든지 간에 그것들은 단지 현재로서만 존재합니다. 과거가 사실로 이야기될 경우 그것은 과거가 되어 버린 사물 자체가 아닌 기억으로부터 따라나오지만, 그 사실들은 감각을 통해서 지나가면서 마음에 흔적과 같이 찍어 놓은 이미지들로부터 파악된 말들일 것입니다. 예컨대 나의 소년시절은 이미 존재하지 않으며, 이미 존재하지 않는 과거의 시간에 있습니다. 그러나 추억을 더듬으면서 이야기할 때 나는 그 이미지를 현재의 시간으로 직관합니다. 왜냐하면 나의 소년시절은 아직 내 기억 안에 남아 있기 때문입니다.

미래 예언의 근거도 이와 비슷해서 아직 존재하지 않는 사물의 이미지가 이미 존재하는 것처럼 미리 지각되는지 나의 하나님, 나는 모른다고 고백합니다. 내가 확실히 아는 것은, 대체로 우리는 우리들의 미래의 행동을 앞서서 생각하는데, 예견은 현재에 하는 것이지만 우리들이 예견하는 행동은 미래에 일어날 것이기 때문에 아직 존재하지 않는다는 사실입니다. 그런데 우리들이 행동하게 되어 예견하던 것을 행하기 시작할 때, 그때 그 행동이 있을 것입니다. 왜냐하면 그때는 미래가 아니고 현재일 것이기 때문입니다.

미래의 예견이 제아무리 비밀스럽다고 할지라도 존재하는 것이 아니면 보여질 수 없습니다. 그러나 이미 존재하는 것은 미래가 아니라 현재입니다. 그러므로 우리들이 미래가 보인다고 말할 때, 보이는 것은 아직 존재하지 않는 것, 곧 앞으로 존재할 것이 아니고 아마도 이미 존재하는 것들의 존재이유나 상징일 것입니다. 그러므로 이미 보는 사람들에게 보이는 것은 미래가 아니고 현재이고 이로부터 마음에 파악되는 미래가 예언될 것입니다. 이 개념들이 다시금 이미 존재하며, 저 예언하는 사람들은 자기들에 앞서서 현재로서 직관합니다.

수많은 것들 중에서 내가 어떤 예를 말해 보겠습니다. 나는 아침놀을 바라봅니다. 나는 태양이 떠오르리라고 예언합니다. 내가 보는 것은 현재이고 내가 예언하는 것은 미래입니다. 이미 존재하는 태양은 미래가 아니고 아직 존재하지 않는 태양의 떠오름이 미래입니다. 그렇지만 떠오름 자체마저도, 내가 그것을 말하는 것처럼 마음으로 상상하는 것이 없다면, 예언할 수 없을 것입니다. 그러나 내가 하늘에서 보는 저 아침놀은 비록 해뜨기의 전조라고 할지라도 해뜨기는 아니고, 내 마음 안에 있는 저 상상도 아닙니다. 두 가지[21]는 현재로 지각되며 다른 하나를 미래로 예언하게끔 합니다.

그러므로 미래는 아직 존재하지 않고, 만일 존재하지 않는다면 없으며 전혀 보일 수 없습니다. 그러나 미래는 이미 존재하며 보이는 현재하는 것들로부터 예언가능합니다.

19
어떻게 미래를 미리 알 수 있는가

그렇다면 당신의 피조물들의 통치자여, 당신은 어떤 방식으로 미래의 일들을 영혼들에게[22] 가르칩니까? 왜냐하면 당신은 당신의 예언자들을

---

21 아침놀과 해뜨기.

22 여기에서 '영혼들에게'는 인간들에게의 뜻이다.

가르쳤기 때문입니다. 미래가 없는 당신이 미래를 가르치는 방법은 어떤 것입니까? 아니면 오히려 당신은 미래로부터 현재의 것들을 가르칩니까? 왜냐하면 존재하지 않는 것은 전혀 가르칠 수 없기 때문입니다. 그러한 방식은 내 통찰력이 미치기에는 너무 멉니다. 나는 능력이 안 됩니다(시편 139, 6). 나 자신은 그것을 얻을 수 없습니다. 그러나 내 내면의 눈의 달콤한 빛이여(시편 38, 11) 당신이 그 힘을 줄 경우 나는 당신으로부터 할 수 있습니다.

20
세 가지 다른 시간들은 어떤 것들인가

그러나 이제 명백하게 밝혀진 것은 미래도 과거도 존재하지 않는다는 사실입니다. 과거와 현재와 미래의 세 가지 시간들이 있다고 말하는 것은 적절하지 않습니다. 오히려 과거의 현재, 현재의 현재, 미래의 현재라는 세 가지 시간들이 있다고 말하는 것이 아마도 적절할 것입니다. 왜냐하면 이들 세 가지가 영혼 안에 있는 것을 내가 알지만 다른 곳에서는 이것들을 볼 수 없기 때문입니다. 과거의 현재는 기억이고, 현재의 현재는 관찰이며 미래의 현재는 기대입니다.[23] 만일 이렇게 말해도

23 기억(memoria)과 관찰(contuitus)과 기대(expectatio)는 모두 현재 안에 존재하지만, 현재는 삼중적이어서 과거의 현재, 현재의 현재, 미래의 현재이다. 이러한 아우구스티누스의 시간관은 종교적인 시간관이다. 철학사를 통해 볼 때 시간은 물리학적 시간(아리스토텔레스, 뉴턴, 칸트 등이 대변), 심리학적 시간(일상인들이 심리적으로 느끼는 시간), 생철학적 시간(베르그송이 주장하는 지속 또는 삶 자체로서의 시간) 그리고 아우구스티누스가 대변하는 종교철학적 시간 등으로 다양한 입장에서 논의되어 왔다.

좋다면, 나는 세 가지 시간들을 볼 수 있고, 시간들은 세 가지라고 인정합니다. 우리들은 잘못된 습관에 따라서 시간은 과거와 현재와 미래 세 가지라고 말합니다. 보십시오. 나는 그것을 염려하지도 않고, 반박하지도 않으며 비난하지도 않겠습니다. 다가올 일이나 존재했던 것은 현재 존재한다고 할 수 없다는 것을 이해한다는 조건이 있어야 합니다. 왜냐하면 우리들이 적절하게 말하는 경우는 드물고 우리들이 부적절하게 말하는 경우는 많지만, 우리는 우리들이 뜻하는 것을 압니다.

21
시간을 어떻게 측정할 것인가

조금 전에 나는 우리들이 지나간 시간을 측정한다고 말했습니다. 이 시간은 저 시간에 비해서 두 배이거나 이 시간과 저 시간은 같으며, 시간의 어떤 다른 부분도 측량해서 알릴 수 있는 것을 말할 수 있다는 것이었습니다. 그러므로 내가 말한 것처럼 우리들은 지나가는 시간을 측정합니다. 그런데 누가 나에게 "네가 어떻게 그것을 아느냐?"라고 묻는다면 나는 이렇게 답할 것입니다: "우리들이 측정하기 때문에 나는 압니다. 없는 것은 측정할 수 없으므로 과거나 미래는 존재하지 않습니다." 공간이 없는데 우리들은 현재의 시간을 어떻게 측정합니까? 그러므로 우리들은 지나갈 때 측정하지만, 지나갔을 때는 우리들이 측정할 수 없습니다. 왜냐하면 그때에는 우리들이 측정할 것이 존재하지 않을 것이기 때문입니다.

그러나 우리들이 시간을 측정할 때 시간은 어디로부터 와서 무엇에 의해서 어디로 지나갑니까? 미래로부터가 아니면 어디로부터 옵니까?

현재를 통해서가 아니면 무엇에 의해서입니까? 과거로가 아니면 어디로 흘러갑니까? 그러므로 아직 없는 것으로부터 공간이 없는 것을 통해서 이미 존재하지 않는 것으로 흘러갑니다.

그러나 시간은 우리들이 어떤 공간으로 측정하는 것이 아닙니까? 왜냐하면 우리들이 시간을 말할 경우 단일하게 길다, 두 배 그리고 세 배 길다 그리고 똑같이 길다라는 방식으로 말하는 것은 시간의 공간 때문이 아니면 안 됩니다.[24] 그렇다면 과거의 시간을 우리들은 어떤 공간으로 측정합니까? 어디로부터 흘러오는 미래의 공간으로 측정합니까? 그러나 아직 존재하지 않는 것을 우리들은 측정할 수 없습니다. 아니면 시간을 흘러가게 하는 현재로 시간을 측정합니까? 그러나 공간이 없는 것을 우리들은 측정할 수 없습니다. 아니면 어디로 흘러가는 과거로 시간을 측정합니까? 그러나 이미 존재하지 않는 것을 우리들은 측정할 수 없습니다.

22

시간에 관한 난점의 해결

내 영혼은 이 지극히 어려운 수수께끼를 풀려고 애탑니다. 나의 주 하나님, 선한 아버지여 닫지 마십시오. 그리스도의 이름으로 빕니다. 이 일상적이며 깊은 사실 앞에 내 소원을 닫지 마십시오. 그 속에 뚫고 들어가게 하십시오. 그리고 주여, 당신의 자비로 밝게 하고 비추어 주십

24 현대의 생철학자 베르그송도 이런 생각에 동의한다. 일상적(물리적) 시간은 끊임없는 흐름 자체가 아니라 공간적인 시간이라는 것이다. 왜냐하면 물리적 시간은 공간적으로 1초, 2초, 3초 … 끊어져서 측정될 수 있기 때문이다.

시오. 이것들에 대해서 나는 누구에게 물어야 합니까? 그런데 당신 아닌 누구에게 내 무지를 고백하여야 한층 더 효과가 있겠습니까? 당신의 성서를 이해하기 위한 몹시 불타는 내 연구가 불쾌하지 않았습니까? 내가 사랑하는 것을 주십시오. 왜냐하면 내가 사랑하기 때문이며, 이 사랑도 당신이 준 것입니다. 참으로 당신의 자식들에게 선한 선물을 (마태 7, 11) 줄 줄 아는 아버지여, 알기로 마음 먹었기 때문에 주십시오. 당신이 그 선물을 열어 보이기까지는 내 앞에 고통만(시편 73, 16) 있습니다. 나는 그리스도의 이름으로 빕니다. 성스러운 것들 중 성스러운 그의 이름으로 비오니 아무도 나를 막지 말게 하십시오. 그런데 나는 믿었으며 그렇기 때문에 말하는 것입니다. 이것은 나의 희망입니다. 주님의 기쁨을 바라보려고 하는 이 희망 때문에(시편 39, 6) 나는 삽니다. 보십시오. 당신은 나의 날들을 늙게 하였고, 그날들은 흘러가도 어떻게 흘러가는지 나는 알지 못합니다.

그런데 우리들은 시간과 시간을 그리고 시간들과 시간들을 말합니다: "얼마 동안 그가 이것을 말했는가?", "얼마 동안 그는 이것을 만들었는가?", 그리고 "얼마나 긴 시간 동안 나는 그것을 보지 못했는가?" 또 "이 음절들은 저 단음절보다 시간이 배가 걸린다." 우리들은 이것들을 말하고 이것들을 들으며, 이해하고 또 이해하게 합니다. 그것들은 가장 명백하며 가장 일상적이지만 다시금 가장 알 수 없는 일이고 그것들을 찾아내는 것은 새로운 일입니다.

23
시간의 본질

나는 어떤 학자에게서 일월성신(日月星辰)의 운행 자체가 시간이라는 말을 들었지만 동의하지 않았습니다. 그렇다면 왜 오히려 모든 물체들의 운동은 시간이 아닙니까? 혹시 실제로 하늘의 빛이 멎고 옹기장이의 물레바퀴만 돌아간다면 우리들이 물레바퀴의 회전을 측정할 시간이 없을 것입니까? 그리고 시간이 있어야 속도가 같다거나 아니면 이것은 더 늦게 움직이고 저것은 더 빠르게 움직이며, 어떤 것은 훨씬 더 길고 또 어떤 것은 더 짧다고 말할 수 있지 않겠습니까? 또는 이것들을 우리들이 말하게 될 때, 우리들은 시간 안에서 말하지 않습니까? 또한 우리들의 말에 어떤 긴 음절이 있고 어떤 짧은 음절이 있는 것도 소리 나는 시간이 더 길거나 짧기 때문이 아닙니까?

하나님, 사람들로 하여금 작은 것 안에서 작고 큰 사물들의 공통된 개념들을 보게 해 주십시오. 하늘의 별들과 광채들은 시간과 날과 해를 나타내기 위한 표시들입니다. 그것들은 실제로 존재합니다. 그러나 나는 저 나무 물레바퀴의 한 바퀴 회전이 하루라고 말할 수 없고, 그렇지만 저 학자 역시 이것을 시간이 아니라고 말해서도 안 됩니다.

내가 알고자 하는 것은, 우리들이 물체의 운동을 측정하고, 말하자면 저 운동이 이 운동보다 시간적으로 두 배 길다고 말할 수 있는 근거, 곧 시간의 힘과 본성입니다.[25] 내가 탐구하건대, 우리가 하루라고 말할 때 그것은 태양이 지구 위에 머무는 시간을 말하지 않으며, 하루는 낮이 반이고 밤이 반이어서, 오히려 그것은 동쪽으로부터 동쪽으로 회전하

---

25 본성(natura)은 일상적인 차원에서는 자연(natura)으로 사용되지만 '나투라'는 철학적 의미에서 사용될 때 대부분 본성의 뜻을 표현한다.

는 전부를 가리키므로 "매우 많은 날들이 지나갔다"고 우리들이 말할 경우 — 밤의 기간은 따로 계산하지 않고 밤까지 포함해서 많은 날들이라고 합니다 — 그러므로 하루는 태양의 운동, 곧 동쪽에서 동쪽으로까지의 회전으로 이루어지므로 내가 묻는 것은 운동 자체가 하루인가, 아니면 운동이 완성되는 기간 자체가 하루인가 또는 두 가지 다가 하루인가 하는 것입니다.

만일 첫 번째 것이 하루라면, 태양이 겨우 한 시간밖에 안 되는 거리를 움직였다고 할지라도 하루여야 할 것입니다. 만일 두 번째 것이 하루라면, 해뜨기로부터 다음 해뜨기까지를 한 시간의 짧은 기간으로 잡을 경우 역시 하루가 될 수 없습니다. 그러나 하루를 성립시키기 위해서는 태양이 스물네 번을 회전하여야만 합니다. 두 가지 다의 경우일지라도, 태양이 한 시간에 한 바퀴를 회전하든지, 태양은 멎어 있고 아침부터 다음 아침까지 태양이 회전을 완성할 기간에 시간이 흐르든지 간에 어느 것도 하루라고 일컬을 수 없을 것입니다.

그러므로 지금 나는 하루라고 일컬어지는 것이 무엇인지를 묻지 않고, 태양의 회전을 측정하는 시간이 무엇인지를 묻습니다. 만일 태양의 회전이 열두 시간 만에 완성된다면 보통 때보다 절반이 안 되는 기간에 다 회전했다고 우리들이 말하지 않겠습니까? 그리고 우리들은 두 시간들을 비교하면서 비록 태양이 언젠가는 단일한 시간에 그리고 또 언젠가는 두 배의 시간에 동쪽에서 동쪽으로 한 바퀴 회전한다고 할지라도, 저것은 단일한 시간이며 이것은 두 배의 시간이라고 말할 것입니다.

그러므로 어느 누구도 나에게 시간이란 천체의 운동이라고 말해서는 안 됩니다. 왜냐하면 어떤 사람[26]이 전쟁을 승리로 이끌기 위해서 태양

---

26 여호수아를 말함.

이 멎기를 빌었을 때(여호 10, 12), 그의 태양은 멈추었어도 시간은 가고 있었기 때문입니다. 말하자면 그에게 필요했던 시간 동안에 그 전쟁은 진행되다가 끝났습니다. 그러므로 내가 보기에 시간은 일종의 연장(延長) 같습니다. 그러나 내가 시간을 알고 있는 것입니까? 아니면 내가 시간을 알고 있는 것 같습니까? 빛이여, 진리여, 당신이 그것을 보여 줄 것입니다.

24
시간은 물체의 운동을 측정하는 근거

만일 누가 시간은 물체의 운동이다라고 말한다면 당신은 나를 보고 그것을 긍정하라고 명령하겠습니까? 당신은 명령하지 않습니다. 왜냐하면 내가 듣기로는 어떤 물체든지 간에 시간 안에서 움직이기 때문이며, 당신도 그렇게 말합니다. 그러나 내가 듣건대 물체의 운동 자체가 시간은 아니고, 당신도 그렇지 않다고 말합니다. 물체가 움직일 때, 운동하기 시작하고부터 그치기까지 얼마 동안이나 움직이는지 나는 시간으로 측정합니다. 그리고 언제부터 시작했는지 모르게 계속 움직여서 언제 그칠지 알 수 없다면, 아마도 나는 그것을 보기 시작한 때부터 보기를 그칠 때까지의 시간만을 측정할 수 있습니다. 만일 내가 그것을 오랫동안 바라본다면 그 시간이 길다고 말할 수 있을지라도 얼마만큼인지는 말할 수 없습니다. 왜냐하면 얼마만큼이란 비교해서 말하는 것으로서 "이것은 저것만큼 길다"거나 "이것은 저것보다 두배이다" 등과 같기 때문입니다. 그러나 만일 우리들이 움직이는 물체가 어디로부터 어디까지 오는 장소의 공간이나, 아니면 분쇄기 안에서 움직이는 것처럼 물체의 부분이라도 주의 깊게 볼 수 있다면 물체나 그것의 부분이 이 장소로부터 저 장소로 움직이기까지 얼마만큼의 시간이 걸렸는지 우리는 말할 수 있을 것입니다.

그러므로 물체의 운동이 다르고, 물체의 운동이 얼마 동안인지를 측정하는 것이 다를 경우, 어느 때를 시간이라고 불러야 할지 누가 모르겠습니까? 물체는 어떤 때는 다양하게 움직이며 또 어떤 때는 멈추므로 우리들은 물체의 운동뿐만 아니라 정지도 시간으로 측정하며 이렇게 말합니다: "멈추어 있는 시간이나 움직이는 시간이 같다." "움직이는 시간에 비해서 멎어 있는 시간이 두 배 또는 세 배이다." 그리고 보통 사람들이 말하는 것처럼 어떤 다른 것을 놓고 우리들의 차원에서 더 또는 덜 정확하게 파악하거나 평가할 때도 마찬가지입니다.

그러므로 시간은 물체의 운동이 아닙니다.

25
다시 드리는 기도

그런데 주여, 아직까지 나는 시간이 무엇인지 모른다는 것을 당신에게 고백합니다. 그리고 주여, 다시 고백하지만 나는 이런 것들을 시간 안에서 말하며, 오랫동안 시간에 대해서 말하고 있고, 오랫동안은 시간의 길이라는 것을 알고 있습니다.[27] 그렇다면 시간이 무엇인지도 알지 못하는 내가 어떻게 이것을 알겠습니까? 아마도 혹시 내가 아는 것을 말로 어떻게 표현할 줄 모르는 것입니까? 아, 나는 적어도 내가 무엇을

27 시간의 길이(mora temporis)는 시간이 연속되는 길이를 가리킨다.

모르는지도 모르는 것 같습니다! 보십시오. 나의 하나님, 당신 앞에 거짓말하지 않으니, 내가 말하는 것 그대로가 내 마음입니다. 주, 나의 하나님, 당신은 내 등불을 밝혀 줄 것이고 내 어둠을 밝혀 줄 것입니다(시편 18, 28).

26
시간 측정

내 영혼은 내가 시간을 측정한다고 당신에게 참답게 고백하지 않았습니까? 그렇습니다. 주, 나의 하나님, 나는 측정하면서도 무엇을 측정하는지 알지 못합니다. 나는 물체의 운동을 시간으로 측정합니다. 그렇다면 나는 시간 자체를 측정하는 것이 아닙니까? 실로 물체의 운동이 얼마 동안에 여기서부터 저기에 도달했는지 시간 안에서의 운동은 시간 아닌 것으로 측정할 수 있습니까?

그러면 나는 무엇을 가지고 시간 자체를 측정합니까? 마치 대들보의 길이를 팔뚝의 길이로 측정하는 것처럼 우리들은 더 짧은 시간으로 더 긴 시간을 측정합니까? 왜냐하면 우리들은 긴 음절들의 길이를 짧은 음절의 길이로 측정하고 두 배라고 말하는 것처럼 여겨지기 때문입니다. 그래서 우리들은 시(詩)의 길이를 구절의 길이로 측정하고, 구절의 길이는 각운의 길이로, 각운의 길이는 음절의 길이로, 긴 음절의 길이는 짧은 음절의 길이로 측정합니다. 우리들은 쪽수를 측정하지 않고 — 왜냐하면 우리들은 그런 식으로는 시간이 아니라 공간을 측정하기 때문에 — 읊는 사이에 소리가 흘러갔을 때 다음처럼 말합니다: "그것은 많은 구절들로 구성되어 있기 때문에 긴 시입니다. 구절들은 많은 각운들로 성립하기 때문에 깁니다. 각운은 많은 음절들을 지니고 있으므로 깁니다. 긴 음절이 있는데, 짧은 음절에 비해서 두 배입니다."

이렇게 한다고 해서 우리들이 시간의 확실한 길이를 이해할 수 있는 것은 아닙니다. 더 짧은 구절일지라도 장단을 길게 뽑아서 부르면 오히려 더 긴 구절을 빠르게 부르는 것보다 더 오랜 시간이 걸릴 수 있기 때문입니다. 시도 그렇고 각운도 그러하며 음절도 그렇습니다.

내가 보기에 이런 사실을 근거로 시간은 연장(延長) 이외의 다른 것이 아닙니다. 그러나 어떤 것의 연장인지 나는 알지 못합니다. 그런데 만일 시간이 영혼 자체의 연장이 아니라면 나는 놀랄 것입니다. 나의 하나님, 내가 보기에, 내가 막연히 "이 시간은 저 시간보다 더 길다"라고 말하거나 결정적으로 "이 시간은 저 시간에 비해서 두 배이다"라고 말할 때 나는 무엇을 측정합니까? 나는 시간을 측정한다는 것을 압니다. 그러나 나는 미래를 측정하지 않습니다. 왜냐하면 미래는 아직 존재하지 않기 때문입니다. 나는 현재를 측정하지도 않습니다. 왜냐하면 현재는 어떤 공간으로도 연장되어 있지 않기 때문입니다. 나는 과거를 측정하지도 않습니다. 왜냐하면 과거는 이미 존재하지 않기 때문입니다. 그렇다면 나는 무엇을 측정합니까? 혹시 나는 지나가 버린 것이 아닌 지나가고 있는 시간을 측정합니까? 그렇다고 나는 이미 말했습니다.

27
시간을 측정하는 방법

내 영혼이여 굳세고, 예리하게 주의하라. 하나님은 우리들의 조력자입니다. 그분 자신이 우리들을 만들었고 우리가 우리들을 만들지 않았습니다(시편 100, 3). 진리가 어디서부터 밝아지기 시작하는지 주의해 보십시오.

보십시오. 예컨대 육신의 목소리가 울리기 시작하면 그것은 울리고 아직까지 소리 납니다. 그리고 보십시오. 목소리가 그치면 이미 침묵입니다. 그런데 그 목소리는 지나갔고 이미 목소리는 존재하지 않습니다. 목소리가 울리기 전에는 미래였으므로 측정할 수 없었습니다. 왜냐하면 목소리가 아직 존재하지 않았기 때문입니다. 그리고 지금도 목소리를 측정할 수 없습니다. 왜냐하면 이미 목소리가 존재하지 않기 때문입니다. 그러므로 목소리가 울리던 그 당시에는 목소리를 측정할 수 있었습니다. 왜냐하면 그 당신에는 측정할 수 있는 것이 존재했기 때문입니다. 그러나 그때에도 목소리는 멈추지 않았습니다. 목소리는 가고 있었고 또 지나가고 있었습니다. 그러면 혹시 그때 목소리는 더 쉽게 측정될 수 있었습니까? 현재는 아무런 길이도 없지만 지나가는 것은 어떤 시간적 길이로 연장되기 때문에 측정가능합니다.

그렇다면 그 당시에 측정가능했다고 합시다. 보십시오. 예컨대 다른 목소리가 울리기 시작했다고 합시다. 그리고 어떤 중단도 없이 계속되는 음조를 가지고 아직까지 목소리가 울리고 있습니다. 소리 나는 동안 목소리를 재어 봅시다. 왜냐하면 소리가 그쳤을 때는 이미 과거일 것이고 측정가능한 것이 존재하지 않을 것이기 때문입니다. 완전하게 측정해서 얼마인지 말해 봅시다. 그러나 소리는 아직까지 나고 있으며, 우리들은 소리 나기 시작한 처음부터 소리가 그친 마지막까지만을 측정할 수 있습니다. 말하자면 우리들은 어떤 것의 시작으로부터 어떤 것의 끝에 이르기까지의 간격 자체를 측정합니다. 따라서 아직 끝나지 않은 목소리는 길다거나 짧다고 말할 정도로 측정할 수 있는 것이 아니고, 어떤 것과 같다거나, 어떤 것과 같거나 두 배이거나 다른 것과 같다고 말할 수 없습니다. 그러나 목소리가 끝나 버리게 되면, 이미 목소리는 없을 것입니다. 그렇다면 어떤 식으로 측정할 수 있습니까? 그럼에도 우리들은 시간들을 측정합니다. 시간들은 아직 없는 것도 아니고, 이미 없는 것도 아니고, 어떤 기간으로 연장된 것도 아니며, 한계를 안 가진 것도 아닙니다. 그러므로 우리들은 미래도, 과거도, 현재도 그리고 지나가는 시간도 측정하지 않습니다. 그렇지만 우리들은 시간을 측정합니다.

만물의 창조자 하나님(Deus creator omnium). 8음절의 이 싯구에서는 짧고 긴 음절들이 서로 교대합니다. 그러므로 네 음절들은 짧은데, 첫 번째, 세 번째, 다섯 번째, 일곱 번째는 네 가지 긴 음절들인 두 번째, 네 번째, 여섯 번째, 여덟 번째에 비해서 단일음입니다. 이 각각의 음절은 저 각각의 음절보다 두 배의 시간을 가집니다. 이것을 계속해서 외어 보면 우리들이 느낄 수 있을 정도로 명백합니다. 감각으로 명백하게 느끼는 한에 있어서 나는 짧은 음절로 긴 음절을 측정하며 긴 음절을 두 배나 긴 것으로 느끼게 됩니다. 그러나 한 소리가 울린 다음에 다른 소리가 울릴 때 앞소리가 짧고 뒷소리가 길다면 나는 어떻게 짧은 소리를 붙잡을 것입니까? 어떻게 짧은 것을 긴 것에 적용하여 측정해 보고 두 배나 된다는 것을 발견하겠습니까? 짧은 음의 소리 나기가 끝나지 않으면 긴 음은 소리 나기 시작하지도 않은 때가 아닙니까? 끝난 것이 아니면 나는 측정할 수 없으므로 긴 음을 측정한다는 것은 현재를 측정하는 것입니까? 왜냐하면 그 음이 끝나는 것은 그 음이 지나가는 것이기 때문입니다.

그렇다면 내가 측정하는 것은 무엇입니까? 어디에 짧은 음이 있어서 나는 그것을 측정합니까? 어디에 긴 음이 있어서 나는 그것을 측정합니까? 두 가지 음절들이 소리났고, 날아갔으며 지나가 버려서 이미 존재하지 않습니다. 그런데 나는 측정하며, 감각으로 경험한 것을 믿는 것처럼, 시간적 거리로 말하자면 이 음은 홑음이고 저 음은 두 배의 음이라고 자신 있게 말하게 됩니다. 소리들이 지나가고 끝나지 않았다면 이것은 불가능합니다. 그러므로 내가 측정한다는 것 자체는, 이미 존재하지 않는 것들이 아니라 내 기억 안에 인상(印象)으로 남아 있는 어떤 것을 측정하는 것입니다.

내 영혼이여, 나는 네 안에서, 내 시간들을 측정한다. 나를 방해하지 말아라. 말하자면 너의 감정이 혼란하다고 해서 헷갈리지 말아라. 내가 말하건대, 네 안에서[28] 나는 시간들을 측정한다. 지나가는 사물들이 네 안에서 만들어 놓은 정서, 곧 지나갔어도 남아 있는 그 정서 자체를 나는 현재처럼 측정하고, 정서가 생기게끔 지나가 버린 사물을 측정하지는 않는다. 시간을 측정할 때 나는 이 정서를 측정합니다. 그러므로 이것이 시간이고, 그렇지 않으면 나는 시간을 측정하지 않습니다.

우리들이 침묵을 측정할 때는 어떻습니까? 이 침묵이 저 소리 나는 시간만큼 길게 계속되었다고 우리들이 말할 때는 어떻습니까? 마치 목소리가 울리는 것처럼 측정하기 위해서, 침묵의 간격을 시간의 길이로 헤아려 보기 위해서 생각을 연장하는 것이 아닙니까? 왜냐하면 우리들은 목소리와 입을 멈추고 시와 싯구와 어떤 담론 그리고 어떤 운동의 차원을 생각하면서 뇌어 보고 그것을 마치 소리내어 말하는 것처럼 서로 얼마나 다른지 시간의 길이로 말합니다.

어떤 사람이 약간 긴 목소리를 내어 보려고 하여 그것이 얼마나 길 것인지를 미리 생각해 두었다고 합시다. 그는 전적으로 침묵 속에서 시간의 길이를 보낸 다음에 기억에 남겨 두고, 소리 나는 그 음을 내기 시

---

28 영혼 안에서를 가리킨다. 궁극적으로 아우구스티누스의 시간은 영원불변하는 종교적인 시간이다.

작해서 미리 정해 둔 끝까지 이끌고 갑니다. 그렇지만 확실히 소리를 내었으며 또 소리를 낼 것입니다. 왜냐하면 이미 끝난 것은 어떻든 소리 낸 것이지만 남은 것은 소리 낼 것이기 때문입니다. 이렇게 현재의 의도가 미래를 과거로 옮기고, 미래가 작아지면서 과거가 커지다가 미래가 완전히 소진되고 전부가 과거가 되기까지 그렇게 진행되는 것입니다.

28
영혼 속의 시간

그러나 아직 존재하지도 않는 미래가 어떻게 작아지며 소진됩니까? 또한 영혼 안에 그것을 행하는 세 가지가[29] 존재하지 않는다면 과거는 어떻게 커집니까? 영혼은 기다리고 관찰하고 기억합니다. 그래서 영혼이 기대하는 것은 영혼이 관찰하는 것을 통해서 영혼이 기억하는 것으로 넘어갑니다. 그렇다면 미래란 아직 존재하지 않는다는 것을 누가 부정하겠습니까? 그렇지만 미래의 기대는 이미 마음[30] 안에 존재합니다. 그리고 과거란 이미 존재하지 않는다는 것을 누가 부정하겠습니까? 그렇지만 과거의 기억이 지금까지 마음 안에 있습니다. 그리고 순식간에 지나가 버리는 현재는 시간의 길이가 없다는 것을 누가 부정하겠습니까?

---

29 우리는 시간이 과거로부터 현재를 거쳐 미래로 흐른다고 하지만, 달리 보면 미래가 현재로 되고 현재는 과거로 흘러가서 모든 것들이 과거로 된다고도 할 수 있다. 이것이 가능한 것은 영혼 속의 기대와 관찰과 기억 때문이라는 것이 아우구스티누스의 생각이다.

30 마음(anima)은 영혼을 말한다. 아니마(anima)는 숨결, 바람, 영혼, 생명력 등의 뜻을 가진다. 옮긴이는 아니마를 문맥에 따라서 영혼 또는 마음으로 옮겼다.

그렇지만 주의[31]는 남아 있어서 현재일 것이 없어질 것으로 진행합니다. 그러므로 존재하지 않는 미래가 긴 시간일 수 없고, 미래에 대한 오랜 기대가 긴 미래일 것이며, 존재하지 않는 과거가 긴 시간일 수도 없고 과거에 대한 오랜 기억만이 긴 과거입니다.

내가 알고 있는 시를 되뇌인다고 합시다. 내가 시작하기 전에 내 기대는 시 전편에 퍼집니다. 그러나 내가 시작하자마자, 몇 구절을 과거로 넘기려고 할수록 그것은 내 기억 안으로 퍼집니다. 그래서 이러한 내 행동의 삶은 두 방향으로 퍼집니다. 그 하나는 이미 되뇌인 것을 기억하는 것이고 다른 하나는 되뇌인 것을 기대하는 것입니다. 그렇지만 나의 주의는 현재이며, 미래였던 것은 과거가 되기 위해서 이것을 거쳐 지나갑니다. 이렇게 계속해서 진행되면 될수록 기대가 짧아지는 만큼 기억은 길어지며, 결국 기대가 전부 소진되면 저 행동 전부가 끝나고 기억으로 넘어갑니다. 그리고 시 전편에 있어서 이런 것은 시의 이러한 각 부분, 곧 시의 각 음절에 있어서도 마찬가지입니다. 더 긴 행동에 있어서도 그럴 것이고, 저 시도 아마 그러한 것의 한 부분일 것입니다. 인간의 생애 전부도 이러할 것이고, 인간의 모든 행동도 그의 생애의 한 부분이고, 인간의 아들들의 시대에도 이럴 것이므로 인류의 모든 삶은 인류사의 한 부분입니다.[32]

---

31 주의(attentio)는 현재를 현재이게끔 하는 마음의 관찰이다.

32 아우구스티누스는 여기에서 『신국론』의 내용을 예견하게 하고 있다. 그는 개인정신과 민족정신은 하나님의 계시에 의해서 움직인다고 본다. 우리들은 헤겔의 역사철학의 내용을 이미 아우구스티누스가 암암리에 전제하고 있음을 알 수 있다.

29
우리의 영혼과 하나님

그러나 당신의 자비가 생명보다 더 소중하기 때문에(시편 63, 3), 보십시오, 내 생명은 덧없는 것이며, 당신의 오른손이 오직 한 분인 당신과 우리들 여럿 사이의 중재자, 곧 사람의 아들인 나의 주 안에 나를 받아들였습니다. 많은 것들을 통해서 수많은 방법으로 우리들을 받아들인 것은, 그분을 통해서 나를 사로잡은 것을 잡게 하고(빌립 3, 12), 오직 한 분을 좇음으로써 오래된 세월로부터 나를 거두기 위함이었으므로, 과거를 잊어버리고 미래와 지나갈 일들에 흐트러지지 말고 우리들 앞에 있는 것에만 몰두하게 하기 위함이었습니다. 그러나 나는 혼란하지 않게, 그렇지만 뜻에 따라서 천상의 부름의 화환을 좇아갑니다. 나는 거기에서 찬미의 목소리를 들을 것이며 오지도 않고 지나가 버리지도 않는 당신의 기쁨을 명상할 것입니다.

지금은 실제로 나의 세월이 한숨 속에 흐르고(시편 31, 11), 주여, 나의 위안이고 나의 아버지인 당신은 영원합니다. 그러나 나는 질서를 알 수 없는 시간 속에 부서져 있으며, 당신의 사랑의 불로 정화되고 녹은 내가 당신과 하나로 되기까지 내 생각, 곧 내 영혼의 깊은 내면은 여러 가지 번거로운 것들 때문에 갈기갈기 찢겨 있습니다.

30
하나님은 세계창조 이전에 무엇을 했을까

나는 당신 안에서, 나의 틀인 당신의 진리 안에서 서 있을 것이며 견고

해질 것입니다. 나는 사람들의 질문을 들어 주지 않을 것입니다. 그 사람들은 삭이지도 못하는 갈증을 느끼는 죄악의 질병에 걸려 이렇게 말합니다: “하늘과 땅을 만들기 이전에 하나님은 무엇을 하고 있었는가?” 또는 “이전에는 어떤 것도 만들지 않다가 그분은 무슨 생각이 떠올라서 어떤 것을 만들게 되었는가?”

주여, 저들이 말하는 것을 잘 생각하게 하십시오. 시간이 없는 곳에서는 ‘결코 …이 없다’ 라고[33] 저들이 말할 수 없다는 것을 발견하게끔 하십시오. 결코 만든 일이 없다라고 말하는 것은 어떤 시간에도 만든 일이 없다고 말하는 것과 무엇이 다릅니까? 그러므로 저들이 알아야 할 것은, 피조물들 없이는 어떤 시간도 있을 수 없다는 사실이므로 이렇게 헛된 것을 말하기를 중지하여야 할 것입니다. 또한 저들로 하여금 앞에 존재하는 것들로 향하게끔 해 주십시오. 그리고 저들로 하여금 당신은 모든 시간들에 앞서서 모든 시간들의 영원한 창조자이며, 어떤 시간도 당신과 함께 영원할 수 없으며, 비록 어떤 피조물이 시간을 초월한다고 할지라도 어떤 피조물도 영원할 수 없다는 것을 이해하게끔 해 주십시오.

31

하나님의 지혜와 인간의 지식

주 나의 하나님, 당신의 깊은 신비의 품속은 얼마나 아득하며, 나는 내 죄악의 결과로 그로부터 얼마나 멀리 버려져 있습니까(요한 1, 18)? 내

---

33 결코 … 한 적이 없다(numquam).

눈을 낫게 해 주면 당신의 빛을 함께 기뻐하겠습니다(1고린 13, 6). 만일 어떤 영혼이 확실하게 과거와 미래를 모조리 알 수 있을 정도로, 마치 내가 시 한 수를 아주 잘 알고 있는 것처럼, 탁월한 지식과 뛰어난 선견지명이 있다면 그것은 소름끼칠 정도로 놀랄 만한 영혼입니다. 예컨대 내가 시를 읊으면서 처음부터 무엇이 얼마만큼 지나갔으며 마지막까지 무엇이 얼마만큼 남았는지를 환하게 아는 것처럼 그 영혼도 여러 세기에 걸친 과거와 미래[34]를 환하게 알고 있을 것입니다. 그러나 우주의 창조자이며 영혼과 신체의 창조자인 당신이 온갖 미래와 과거를 아는 것은 이런 것과는 거리가 멀며, 진정 거리가 멉니다. 당신은 전혀 다르게, 비할 수 없이 놀라웁게 그리고 비할 수 없이 한층 더 신비롭게 압니다. 왜냐하면 아는 노래를 누가 부른다든가, 잘 아는 노래를 듣는다든가 할 경우에, 앞으로 나타날 소리를 기다리고 지나간 소리를 기억하여 정서가 변화하고 감각은 흐트러집니다. 그러나 불변하게 영원한 당신에게는 어떤 우연한 것이 이렇게 일어날 수 없습니다. 바로 당신은 정신의 영원한 창조자입니다. 그러므로 당신은 태초에 당신의 앎의 변화 없이 하늘과 땅을 알았던 것처럼 그렇게 당신의 행동의 변화 없이 태초에 하늘과 땅을 만들었습니다(창세 1, 1). 알아듣는 자로 하여금 당신에게 고백하게 하고, 알아듣지 못하는 자 역시 당신에게 고백하게끔 해 주십시오. 오, 당신은 얼마나 높습니까 그리고 겸손한 마음은 당신의 집입니다. 왜냐하면 당신이 넘어진 자들을 일으켜 세우기 때문입니다. 그래서 그들의 높음이 당신이기 때문에 그들은 넘어지지 않습니다.[35]

---

34 원문에는 '이미 행해진 것과 남아 있는 것' 으로 되어 있다.

35 하나님이 인간을 구원하므로 궁극적으로 인간은 타락하지 않는다는 뜻임.

제 12권

하늘과 땅

Confessiones
Augustinus

Confessiones

1
진리는 찾기 힘들다

주여, 내 마음은 나의 이 메마른 삶에서 당신의 성서의 말에 세차게 두들겨 맞아 많이 힘들어하고 있습니다. 인간의 지성이 너무 빈약하므로 말만 많고, 발견하기보다는 찾기에 말이 많으며, 얻기보다는 요구하기에 말이 더 길며, 붙잡기보다는 두드리는 손이 한층 더 바쁩니다. 우리들은 약속을 받았습니다. 누가 이것을 없애겠습니까? 만일 하나님이 우리 편이라면 누가 우리를 반대하겠습니까(로마 8, 31)? "구하여라, 줄 것이요, 찾아라, 찾을 것이요, 문을 두드려라, 열어 줄 것이다. 구하는 사람마다 받을 것이요, 찾는 사람마다 찾을 것이요, 문을 두드리는 사람에게 열어 줄 것이다(마태 7, 7~8)." 이것들은 당신의 약속이며, 진리가 약속했을 때 누가 속을까 봐 두려워하겠습니까?

2
우리들이 보는 하늘은 땅이다

당신이 하늘과 땅을 만들었으므로 내 혀의 미천함은 당신의 높음을 고백합니다. 내가 바라보는 이 하늘, 내가 밟고 있는 땅, 그 땅에서 나와 내가 지니는 이 흙[1]은 다 당신이 만들었습니다. 그러나 주여, 하늘들의 하늘은 주님의 것이지만 땅은 사람의 아들들에게 주었다(시편 115, 16)는 시편의 말에서 우리가 듣는 하늘들의 하늘은 어디에 있습니까? 땅은 우리들이 보는 모든 것인데 우리들이 보지 못하는 하늘인 당신은 어디에 있습니까? 우리들의 땅이 그 토대가 되는 모든 물질계는 어디나 다 아름답기만 한 것은 아니지만 새롭게 아름다운 모습을 지니고 있습니다. 그러나 저 하늘들의 하늘에 비하면 우리들의 땅의 하늘도 역시 땅입니다. 그리고 이 두 개의 커다란 물체는 내가 무엇인지 제대로 알지 못하는 저 하늘에 비해서 땅으로 일컬어지는 것이 부당하지 않습니다. 저 하늘[2]은 사람의 아들들의 것이 아니고 주님의 것입니다.

3
심연의 암흑

그런데 이 땅은 물론 볼 수 없고 형태가 잡히지 않은 것이었습니다(창세 1, 2). 그리고 이렇다 할 아무런 형태가 없었기 때문에 무슨 심연인

---

1 이 흙(haec terra)은 인간의 육체를 말한다.

2 하늘들의 하늘(caelum caeli)에서 하늘들은 자연적인 하늘을 가리키는 반면에 하늘들의 하늘은 초자연적 하늘, 곧 하나님을 지시한다.

지는 몰라도 그 심연 위에는 빛이 없었습니다. 그러므로 당신은 "심연 위에 어둠이 있었다(창세 1, 2)"라고 적으라고 명령했습니다. 빛이 없었다는 것이 아니고 무엇이겠습니까? 만일 빛이 있었다면, 그 빛은 높이 솟아올라 빛을 비추어 주는 빛이 아니었겠습니까? 그러므로 아직 빛이 없던 곳에 어둠이 있었다는 것은 빛이 없었다는 것이 아닙니까? 그러므로, 마치 소리가 없는 곳에 침묵만 있는 것처럼 위에 빛이 없기 때문에 위에는 어둠만 있습니다. 그리고 만일 침묵이 거기에 있다면 소리가 거기에 없다는 것이 아니고 무엇이겠습니까?

주여, 당신에게 고백하는 이 영혼을 가르친 분이 당신 아닙니까? 이 형태 없는 물질을 형태지어 주고 구분하기 이전에는 그것이 어떤 것도 아니었으며, 색깔도, 형태도, 육체도, 정신도 아니었다는 것을 주여, 당신은 나에게 가르쳐 주지 않았습니까? 그렇지만 그것은 전적으로 무(無)는 아니었습니다. 그것은 어떤 형태도 가지지 않은 형태 없는 어떤 것이었습니다.

4
혼돈

그렇다면 그 의미를 우둔한 사람들에게 넌지시 알려 주기 위해서는 일상적인 말을 사용해서 이것을 무엇이라고 불러야 할 것입니까? 그러나 세계의 모든 부분에서 땅과 심연보다 더 형태 없는 것에 더 가까운 것을 찾아낼 수 있습니까? 왜냐하면 이것들은, 더 위에 있어서 투명하고 밝은 다른 모든 것들보다 덜 아름답기 때문입니다. 당신이 아름다운 세계를 만들기 위해서 우선 아름다움 없이 만든 형태 없는 물질을 사람들이 알아듣기 쉽게끔 볼 수 없고 형태가 잡히지 않은 땅이라고 부른 것을 내가 왜 받아들이지 않겠습니까?

5
알기 어려운 혼돈

그 땅이 무엇을 뜻하는지 우리들의 사고(思考)가 찾으며 스스로 말하는 것입니다: "이것은 생명이나 정의처럼 지적(知的)인 형태는 아니다. 왜냐하면 이것은 물체의 질료[3]이기 때문이다. 이것은 감각으로 알 수 있는 것도 아니다. 왜냐하면 볼 수 없으며 형태가 잡히지 않은 것에는 보이거나 감각으로 알 만한 것이 존재하지 않기 때문이다." 인간의 사고가 자신에게 이렇게 말할 때, 인간의 사고는 이것을 모르면서 알려고 애쓰거나 아니면 알면서 모르려고 애씁니다.

---

3 개별 사물 또는 존재자는 원리(또는 형상; eidos)와 재료(또는 질료; hylé)로 되어 있다는 것은 아리스토텔레스의 생각이며 이런 그의 생각은 중세 기독교철학에 지대한 영향을 미쳤다. 아리스토텔레스는 존재자들의 체계를 세워서 맨 아래에는 제일질료가 있다고 보았다. 제일질료란 순수한 재료이다. 이것 위에 무기물들이 있다. 무기물들은 매우 간단한 원리(또는 형상)를 가지고 있으니 쇠, 흙, 공기, 물 등이 그렇다. 무기물 위에는 유기체들이 있으니 식물, 동물 그리고 인간이 그것들이다. 존재자의 상층으로 갈수록 재료는 약해지고 원리는 강해진다. 예컨대 존재자의 상층에 있는 인간은 재료는 매우 약하지만 사고하는 원리는 매우 강하다. 아리스토텔레스에 의하면 인간 위에는 신들이 있고 신들 위에는 순수원리(또는 순수형상)가 있다. 제일질료는 원리가 없이 재료만 있는 것이고 순수원리는 재료가 없이 원리 또는 작용만 있다. 여기에서 아우구스티누스는 다분히 아리스토텔레스적인 질료와 형상(원리)을 논의하고 있다.

6
혼돈에 대한 생각

그러나 주여, 나는 이 물질에 대해서 당신이 나에게 가르쳐 준 모든 것들을 내 입과 붓으로 당신에게 고백하려고 합니다. 이전에 내가 이 물질의 명칭을 들었을 때 그리고 그것을 이해하지 못하는 사람들이 나에게 이야기했을 때 나는 그것을 이해하지 못했습니다. 나는 그것이 셀 수 없는 다양한 형태를 가졌다고 생각했습니다. 그러므로 나는 그것을 제대로 생각하지 못했습니다. 내 영혼은 추하고 소름끼치는 형태를 이리저리 굴렸지만 그것은 형태였으며, 나는 그것을 형태 없는 것이라고 불렀습니다. 전혀 형태가 없어서가 아니라 형태와 같은 것을 가졌다고 할지라도 그것은 내 감각에 낯설고 구토를 일으키므로 고개를 돌릴 정도라서 허약한 인간이 당황할 만한 것이었기 때문입니다.

그러나 실제로 내가 생각한 그것은 모든 형태를 결여하지 않고, 더 아름다운 형태들에 비해서 형태가 없었습니다. 만일 완전히 형태가 없는 것을 생각하고자 한다면 전적으로 남아 있는 형태는 없어야 한다고 참다운 이성은 나를 설득했습니다. 그러나 나는 그럴 수 없었습니다. 왜냐하면 나는 형태와 무(無) 사이에서 형태도 아니고 무도 아닌 것, 즉 형태가 없는 거의 무인 것을 생각하기보다 모든 형태를 결여한 것은 존재하지 않는다고 바로 평가할 수 있었기 때문입니다.

내 마음은, 형태 있는 물체들의 이미지들로 가득 차 있고, 내가 멋대로 수시로 이것들을 바꾸므로 내 정신에게 이것을 묻기를 중지했습니다. 그래서 나는 물체 자체와 물체의 변화가능성을 한층 더 깊이 파고들었습니다. 그러자 있던 것이 없어지고, 없던 것이 존재하기 시작하는 것이, 즉 하나의 형태에서 다른 형태로 이전되는 것이 전혀 무가 아닌 어떤 형태 없는 것으로 된다는 사실을 짐작하게 되었습니다.

그러나 나는 짐작할 뿐만 아니라 알려고 애썼습니다. 이 문제에 대해서 당신이 내게 밝혀 준 전부를 내 목소리와 펜으로 당신에게 고백한다면, 누가 끝까지 참고 읽어서 파악하겠습니까? 그러므로 말은 충분치 않을지라도 내 마음은 이것에 대해서 당신에게 영광과 찬미의 노래를 바치기를 그치지 않을 것입니다.

변화가능한 사물의 변화가능성 자체는 모든 형태들을 받아들이며, 변화가능한 사물들은 그 형태들로 변화합니다. 그러면 변화가능성은 무엇입니까? 그것은 영혼입니까?[4] 그것은 물체입니까? 그것은 일종의 영혼입니까 아니면 일종의 물체입니까? 만일 "어떤 무(無)" 그리고 "어떤 것은 없다"라고 말할 수 있다면 나는 그렇게 말할 것입니다. 그렇지만 그것은 볼 수 있는 복잡한 형태들을 받아들일 수 있었으므로 어떻든 존재했습니다.

7
땅보다 큰 하늘

그것이 이렇게 볼 수 있고 복잡한 형태를 가지게끔 된 것은 어디에서 그리고 어떻게 생긴 것이며, 당신에게서 생긴 것이 아니라면 어디에서 그리고 어떻게 생긴 것입니까? 존재하는 모든 것들은 당신에게서 생긴 것이 아닙니까? 그러나 당신으로부터 멀면 멀수록 당신을 닮지 않았습

4 아우구스티누스는 영혼(anima)과 정신(spiritus 또는 mens)을 같은 의미로 사용하고 있으나 물체나 육체(corpus)에 대립되는 정신 또는 영혼으로서는 아니마(anima)를 주로 사용하고 있다.

니다. 왜냐하면 공간적인 거리가 아니기 때문입니다.[5] 그러므로 주여, 당신은 이때는 이러하고 저때는 저러하지 않고 그 자체이고, 그 자체이며, 그 자체이니 거룩하고, 거룩하며, 거룩한 전능한 주 하나님(이사 6, 3) 당신은 당신에게서 생긴 태초에,[6] 당신의 실체에서 태어난 당신의 지혜 안에 어떤 것을 무(無)로부터 창조했습니다.

왜냐하면 당신이 하늘과 땅을 만들었기 때문입니다. 그것들은 당신으로부터 생기지 않았습니다. 만일 당신에게서 나왔다면 그것들은 당신의 외아들과 똑같을 것이고 당신과도 같을 것이기 때문입니다. 당신으로부터 나오지 않은 것이 당신과 똑같다면 그것은 어떤 식으로든 정당하지 않을 것입니다. 그리고 삼위일체(三位一體)이며 일체삼위[7]인 하나님, 당신 이외의 다른 것이 있어서 당신이 그것으로 하늘과 땅을 만든 것이 아니었습니다. 그러므로 당신은 무(無)로부터 하늘과 땅, 큰 것과 작은 것을 만들었습니다. 왜냐하면 당신은 전능하고 선하여 모든 선한 것들과 큰 하늘과 작은 땅을 만들었기 때문입니다. 당신이 있었을 때 다른 것은 아무것도 없었으며, 무(無)로부터 당신은 하늘과 땅 두 가지를 만들었습니다. 하나는 당신 가까이에 있게 만들었고 다른 하나는 무(無)에 가까이 있게 만들었습니다. 하나는 당신만 그 위에 있게 하고 다른 하나는 아무것도 그 아래에 있지 않게끔 했습니다.

---

5 바로 앞에서 '당신으로부터 멀면 멀수록'이라고 했을 때 걸다는 것은 공간적인 거리의 차원이 아니라 바로 믿음의 거리를 말한 것이다.

6 태초에(in principio)는 시간적인 것이 아니라 존재론적인 것이므로 여기에서 태초는 바로 하나님의 지혜를 가리킨다.

7 삼위일체(una trinita)와 일체삼위(trina unitas)는 결국 같은 말로 성부, 성자, 성령 세 가지는 하나라는 뜻임.

8
혼돈과 무(無)

그러나 주여, 저 하늘들의 하늘은 당신을 위한 것이었습니다. 그러나 당신이 사람의 자식들에게 주어(시편 104, 5) 보게 하고 만지게 한 땅은 지금 우리들이 보고 만지는 그런 땅이 아니었습니다. 왜냐하면 그것은 볼 수 없고 형태가 없는 심연이었기 때문입니다. 그 심연 위에는 빛이 없었으며 심연 위에는 어둠만 있었습니다. 곧 심연 속보다 더 어두웠습니다. 물론 이미 눈으로 볼 수 있는 물의 이러한 심연은 그것이 제아무리 깊을지라도 자신의 고유한 빛을 가지고 있어서 물고기들과 바닥을 기어다니는 동물들이 어떻게든 지각할 수 있었습니다. 그러나 저 심연은 전부가 거의 무(無)였습니다. 왜냐하면 그 심연은 아직까지 전혀 형태가 이루어지지 않았기 때문입니다. 그렇지만 이미 형태를 지닐 수 있는 어떤 것이 있기는 있었습니다.

왜냐하면 주여, 당신이 형태가 없는 질료[8]로부터 세계를 만들었고, 그 질료를 무(無)로부터 거의 무에 가까운 것으로 만들었으며, 이것으로부터 사람의 아들들이 경탄하는 웅대한 것을 만들었습니다. 이 천체는 매우 놀랄 만합니다. 빛을 창조한 후 이틀째 되는 날에 물과 물 사이의 창공을 보고 당신이 "되어라"라고(창세 1, 6) 말하니 그대로 되었습니다.[9] 이 창공을 당신은 하늘이라고(창세 1, 8) 불렀습니다. 그러나 이

---

8 질료(materia)는 물체(corpus)의 기초로 이해할 수 있다. 예컨대 쇠, 나무, 흙, 공기 등은 물체지만 성질이나 형태가 없는 물체의 기초는 질료이다. 그러므로 질료는 무(無)에 가까운 것이라고 할 수 있다.

9 구약성서 시대의 사람들은 물과 물 사이에 하늘이 있다고 믿었다. 그래서 하늘 위의 물에서부터 비가 내린다고 믿었던 것이다. 지식이 권력을 가질 때 진리가 된다는 푸코의 주장을 다시 한 번 생각해 보게 된다.

하늘은 당신이 모든 날들에 앞서서 만든 형태 없는 질료에 볼 수 있는 형태를 줌으로써 세 번째 날에 당신이 만든 땅과 바다의 하늘이었습니다. 그러나 당신이 만든 땅은 형태 없는 질료였습니다. 왜냐하면 그것은 볼 수 없었고 형태가 없었으며 심연 위의 어둠이었기 때문입니다. 볼 수 없고 형태 없는 그 질료의 땅에서, 형태 없는 것에서, 거의 무(無)에서 당신은 이 모든 것들을 만들었습니다. 이로 말미암아 변화하는 세계가 생겼으며, 거기에는 변화가능성 자체가 있으므로 덧없으며, 거기에서는 시간이 감각되고 계산될 수 있습니다. 왜냐하면 시간은 사물들의 변화로 이루어지기 때문입니다. 그런가 하면 사물들의 형태는 변화하고 전환됩니다. 사물들의 형태의 질료는 앞에서 말한 볼 수 없는 땅입니다.

9
하늘들의 하늘

그러므로 당신의 종[10]의 스승인 성령(聖靈)이, 태초에 당신이 천지를 창조한 것을 언급할 때 시간에 대해서 입 다물고 날짜에 대해서 침묵했습니다. 왜냐하면 당신이 태초에 창조한 하늘들의 하늘이 의심할 여지없이 어떤 지적(知的) 피조물이기 때문에 성삼위(聖三位)인 당신처럼 영원하지는 못해도 당신의 영원성에 참여하고, 당신을 명상하는 지복(至福)의 황홀함으로 말미암아 자신의 변화를 억제하게 되며, 만들어진 이래로 죄악에 떨어지지 않고 당신에게 의존하여 모든 시간의 변화를 초

10 모세를 말한다.

월하기 때문입니다. 실제로 볼 수 없고 형태가 없는 땅, 곧 형태 없는 것도 날짜로 헤아려지지 않았습니다. 왜냐하면 아무런 형태도 없고 아무런 질서도 없는 곳에서는 올 것도 없고 갈 것도 없으며, 그런 곳에는 전혀 날짜도 없고 시간적 거리의 교대도 없습니다.

10
성서의 이해

오, 진리여, 내 마음의 빛이여, 내 어두움이 나에게 말하지 말게 해 주십시오! 나는 저 물질적인 것들 속으로 굴러떨어져서 어두워졌지만 그것들 속에서 역시 당신을 애틋하게 사모했습니다. 나는 길을 잃었을 때도 당신을 기억하고 있었습니다(시편 119, 176). 내 뒤에서 돌아오라고 하는 당신의 목소리를(요나 2, 8) 들었지만 불안한 소란 때문에 간신히 들었습니다. 그리고 보십시오. 이제 나는 허덕이고 헐떡이며 당신의 샘으로 되돌아갑니다. 아무도 나를 막지 못하게 하십시오. 나는 이 샘물을 마시고 살 것입니다. 내가 나 자신의 내 생명이 되지 않게 하십시오. 나 자신이 잘못 살았으며, 나는 나에게 죽음이었습니다. 당신 안에서 나는 다시 살고 있습니다. 당신이 내게 말하십시오. 당신이 나에게 말해 주십시오. 나는 당신의 성서를 믿었으며, 그 말들은 매우 신비스럽습니다.

11
하나님의 가르침

주여, 당신은 영원하며 오직 당신만이 불멸성을 소유한다고(1디모 6, 16) 내 내면의 귀에다 대고 이미 힘찬 목소리로 나에게 말했습니다. 왜냐하면 당신은 어떤 형태나 운동에 의해서도 변하지 않고, 당신의 의지가 시간에 따라서 변하지 않기 때문입니다. 그러나 이랬다저랬다 하는 의지는 불멸할 수 없습니다. 이것은 이미 당신 앞에서 나에게 밝혀졌으므로 한층 더 밝혀졌으면 합니다. 그리하여 나는 당신의 날개 아래에서 이 명백함 안에 차분하게 머물 수 있기를 당신에게 빕니다.

주여, 당신이 만든 모든 자연과 모든 실체들은 당신처럼 존재하지는 않을지라도 있는 것들이라고 내 내면의 귀에다 대고 당신은 힘찬 목소리로 나에게 말했습니다. 존재하지 않는 것은 당신에게서 생기지 않았습니다. 존재하는 당신을 떠나서 열등한 것들로 향하는 의지의 움직임도 당신에게서 생기지 않았습니다. 왜냐하면 그러한 움직임은 범죄이자 죄악이기 때문입니다. 그리고 누구의 죄악도 당신을 해치거나 당신의 나라의 질서를 처음부터 아니면 마지막으로 어지럽힐 수 없습니다. 이것은 이미 당신 앞에서 나에게 밝혀졌으므로 한층 더 밝혀졌으면 합니다. 그리하여 나는 당신의 날개 아래에서 이 명백함 안에 차분하게 머물 수 있기를 당신에게 빕니다.

마찬가지로 당신은 저 피조물이 당신과 함께 영원하지 않다고 나의 내면의 귀에다 대고 힘찬 목소리로 나에게 말했습니다. 그 피조물의 쾌락은 오로지 당신이며, 끊임없이 순결하게 당신을 마시고, 언제나 어디에서나 변함이 없고 언제나 모든 마음을 다해서 당신을 섬기므로 기다려야 할 미래가 없으며 과거의 기억으로 빗나가지도 않아 어떤 변화에도 변하지 않고 어떤 시간으로도 흩어지지 않는 피조물이라도 당신처럼 영원하지 않습니다.

오, 이러한 피조물이 있다면 그것은 행복합니다. 당신의 지복(至福)에 견고하게 달라붙어서 영원히 있으며 피조물 자신을 비추어 주는 당신을 섬기므로 피조물은 행복합니다! 주님의 하늘들의 하늘을 당신의 집이라고 부르는 것보다 더 기쁜 말을 나는 찾지 못했습니다. 다른 곳으로 떠나갈 어떤 아쉬움도 없이 당신의 기쁨을 명상하는 곳은 이 하늘 위에 있는 하늘나라의 시민들과(에베 3, 10), 곧 거룩한 정신들과 가장 조화롭게 하나로 굳게 뭉친 순수한 정신입니다.

멀리 순례하던 영혼은 이로부터 깨달을 것입니다. — 그 영혼이 이미 당신을 목말라한다면, 날마다 그 영혼에게 "너의 하나님은 어디에 있느냐(시편 42, 3)?"라고 물을 때 영혼의 눈물이 그의 빵이 되었다면 영혼은 깨달았을 것입니다. 만일 영혼이 당신에게 이 한 가지를 빌고 원한다면 그것은 자신의 평생을 통해서 당신의 집에서 사는 것입니까? 당신이 아니면 그 영혼의 삶은 무엇이겠습니까? 그리고 당신의 날들은 당신의 영원성이 아니고 무엇이겠습니까? 당신 자신은 언제나 같기 때문에 당신의 해(年)들은 소멸하지 않습니다(시편 102, 27). — 그러므로 가능한 한 영혼은 이것을 알아야만 합니다. 즉 당신은 모든 시간을 훨씬 멀리 초월하여 영원합니다. 말하자면 멀리 떠돌지 않는 당신의 집[11]은 당신과 함께 영원하지는 못할지라도 중지하지도 않고 소멸되지도 않은 채 당신에게 달라붙어 있으므로 아무런 시간의 변화도 겪지 않습니다.

이것은 이미 당신 앞에서 나에게 밝혀졌으므로 한층 더 밝혀졌으면

11 당신의 집(tua domus)은 신자들과 천사들이 하나님의 집을 구성한다는 의미에서 사용된 말임.

합니다. 그리하여 나는 당신의 날개 아래에서 이 명백함 안에 차분하게 머물 수 있기를 당신에게 빕니다.

보십시오. 이 마지막으로 만들어지고 가장 낮은 피조물들의 이러한 변화 안에 형태 없는 어떤 것이 있는지 나는 알지 못합니다. (자신이 상상하면서 자기 마음속의 허공을 헤매고 뒹구는 사람이 아니면) 누가 나에게 다음처럼 말하겠습니까? 즉 모든 형태들이 약해지고 없어진 다음에 오로지 형태가 잡히지 않은 것만 남는다면 이것에 의해서 사물은 형태에서 형태로 변하고 바뀌니 시간의 변화를 보여 줄 수 있지 않습니까? 그러나 이것은 전적으로 불가능합니다. 왜냐하면 운동의 변화 없이는 시간들이 존재하지 않기 때문입니다. 그리고 아무런 형태들도 없는 곳에는 아무런 변화도 없습니다.

12
시간을 벗어난 두 가지 피조물

이런 것들을 생각한 다음에 나의 하나님, 당신이 주는 만큼, 나를 보고 두드리라고 당신이 재촉하는 만큼, 두드리는 나에게 당신이 열어 주는 만큼 나는 당신이 만든 시간을 벗어난, 그러나 어떤 것도 당신처럼 영원하지 않은 두 가지를 발견합니다. 그 하나는 원래 변화가능할지라도 당신에 대한 관찰의 중단이나 변화의 간격 없이 변화하지 않은 채, 영원불변하는 당신을 전적으로 누리기로 그렇게 형성된 것입니다. 또 다른 하나는 형태가 없는 것으로서 시간에 예속되는 운동이나 정지의 형태로 변화될 어떤 것을 가지지 않은 것입니다. 그러나 당신은 이것을 그대로 형태 없는 것으로 남겨 두지 않았습니다. 왜냐하면 당신은 모든 날들에 앞서서 태초에 하늘과 땅을 창조했기 때문입니다. 나는 이들 두 가지를 이미 말했습니다. 그러나 땅은 볼 수 없었고 형태가 없었으며 심연 위에는 어둠이 있었습니다. 그 말에서 형태 없는 것은 우리에게 다음을 암시합니다. 즉 그것은 모든 형태의 결여가 전무(全無)가 아니라는 사실을 생각하지 못하는 사람들이 차차 알아듣게 하기 위한 것이었습니다. 이로부터 다른 하늘과 볼 수 있고 형태를 갖춘 땅과 아름다운 물이 만들어지고, 더 나아가서는 세계의 형성에 있어서 모든 것들이 날들과 함께 창조되었다고 기록되었습니다. 이런 것들은 운동과 형태의 일정한 변화에 의한 것이기 때문에 시간의 변화를 따라서 움직입니다.

13

하늘들의 하늘의 본성

나의 하나님, 당신의 성서가 "태초에 하나님이 하늘과 땅을 만들었다. 땅은 볼 수 없었고 형태가 없었으며 심연 위에 어둠이 있었다(창세 1, 1)"라고 말하는 것을 내가 듣고 당신이 어떤 날에 이것들을 창조했는지 언급하지 않았을 때 그동안 나는 이렇게 느낍니다. 그동안 내가 느낀 저 하늘들의 하늘은 — 지적(知的)인 하늘이며, 거기에서 지성은 모든 것을 한꺼번에 알고 부분적으로(1고린 13, 12) 또는 희미하게 또는 거울을 통해서 알지 않고 얼굴을 맞대고 보듯이 전부를 분명하게 압니다. 그러나 방금 말한 것처럼 지성은 지금은 이것을 다음엔 저것을 알지 않고 시간의 교체 없이 모든 것을 압니다. 그리고 볼 수 없고 형태 없는 땅은 보통 지금은 이것을 그리고 다음에는 저것을 가지는 시간의 교체가 없습니다. 왜냐하면 거기에는 아무런 형태도 없으므로 이것이나 저것의 변화가 있을 수 없기 때문입니다.

이들 두 가지, 형태를 가진 것과 전적으로 형태가 없는 것이 있는데, 저 하늘은 하늘들의 하늘이고, 이 땅은 볼 수 없고 형태 없는 것으로, 이 두 가지 때문에 나는 그동안 당신의 성서가 "태초에 하나님이 하늘과 땅을 만들었다"라고 말하면서도 그 날짜를 언급하지 않은 것을 압니다. 물론 성서는 어떤 땅인지 즉시 덧붙여서 말했습니다. 그리고 두 번째 날에 창공을 만들고 하늘이라고 부른 것으로부터 어떤 날들을 언급하지 않고 먼저 하늘에 대해서 성서가 말한 것임을 알 수 있습니다.

14
성서의 깊은 뜻

당신의 말의 깊이는 심오합니다. 보십시오. 우리들 앞에 있는 그 말의 표면은 어린이들의 마음에도 듭니다. 그러나 나의 하나님, 그 깊이는 심오하며 또 심오한 깊이입니다! 그 안을 들여다보는 것은 두려움이며, 명예의 두려움이요 사랑의 떨림입니다. 나는 당신의 말의 원수들을 너무 미워했습니다. 오, 만일 당신이 양날의 칼로(히브 4, 12) 저들을 죽였더라면[12] 그들은 당신의 말의 원수가 되지 않았을 것입니다! 왜냐하면 내가 이렇게 그들이 죽었으면 하고 바라는 것은 그들이 당신 안에서 살 수 있기 위해서이기 때문입니다.[13] 그러나 창세기를 비난하지 않

12 하나님의 말은 예리해서 사람의 깊은 속까지 환히 들여다본다는 뜻.

13 '살기 위해서 죽어야 한다'에서 죽음은 간단히 말해서 악의 죽음이다. 육체적, 물질적, 세속적 죄악이 죽을 때 영혼의 삶이 두드러진다는 것을 의미하는 구절이다.

고 찬미하는 사람들이 말하는 것을 보십시오: "자신의 종인 모세를 시켜서 이런 것을 쓰게 한 성령(聖靈)은 네가 말하는 그런 뜻으로 이 말을 이해하라고 한 것이 아니다. 그것은 우리들이 말하는 다른 의미가 있다." 우리들 모두의 하나님, 나는 당신을 재판관으로 삼고 다음과 같이 대답합니다.

15
창조주와 피조물들 간의 차이

창조주의 참다운 영원성에 대해서 진리가 내 내면의 귀에다 대고 힘찬 목소리로 말한 것을 당신들은 거짓이라고 말할 것입니까? 말하자면 창조주의 실체는 시간을 통해서 변하지 않으며 그의 의지는 그의 실체를 떠나 있지 않는 것이 아닙니까? 이로부터 창조주는 지금은 이것을 그리고 다음에 저것을 원하지 않고 원하는 모든 것들을 한 번에 동시에 그리고 언제나 원합니다. 그의 의지는 다시 그리고 또다시가 없으며, 지금은 이것 그리고 지금은 저것도 없으며, 싫던 것을 나중에 좋아하고, 먼저 좋아하던 것을 나중에 싫어하지도 않습니다. 왜냐하면 그와 같은 의지는 변할 수 있으며 변할 수 있는 것은 모두 영원하지 않기 때문입니다. 그러나 우리들의 하나님은 영원합니다(시편 48, 15).

당신들은 또 진리가 내 내면의 귀에다 대고 다음처럼 말한 것을 거짓이라고 할 것입니다: 앞으로 올 것의 기다림은 올 것이 왔을 때 바라봄이 되며, 온 것들이 지나가 버렸을 때 이 바라봄은 기억이 됩니다.[14] 더

14 『고백록』 제11권 26장에서 아우구스티누스는 과거를 기억으로서의 현재, 지금을 관찰(바라봄)로서의 현재, 미래를 기대로서의 현재라고 하였다.

나아가서 이렇게 변화하는 모든 의식(意識)은 변할 수 있으며, 변할 수 있는 모든 것들은 영원하지 않습니다. 그러나 우리들의 하나님은 영원합니다. 나는 이것들을 종합하고 결합해서 나의 하나님, 곧 영원한 하나님은 어떤 새로운 의지로 피조물들을 창조하지도 않았으며, 그의 앎은 어떤 시간적 변천에 구애받지도 않는다는 것을 발견했습니다.

그렇다면 반박하는 자들이여, 당신들은 무엇을 말하려는 것입니까? 이것들은 모두 거짓입니까? 그들은 "아니다"라고 말합니다. 이것은 무엇입니까? 형성된 모든 자연이나 형태를 가질 수 있는 질료가, 가장 높은 분이기 때문에 최고선(最高善)인 그분으로부터만 존재를 가질 수 있다는 것은 거짓입니까? "우리들은 이것을 부정하지 않습니다"라고 그들이 말합니다. 그렇다면 그들은 무엇을 말하려는 것입니까? 어떤 숭고한 피조물이 있어서 매우 순수한 사랑으로 참다우며 또 참답게 영원한 하나님에게 달라붙은 것을 당신들은 부정합니까? 그는 그분[15]과 함께 영원하지는 않을지라도 어떤 시간의 변화와 교체 속에 끼어들지도 않고 하나님을 떠나지도 않고 가장 참답게 하나님을 명상하면서 쉬고 있습니다. 왜냐하면 하나님, 당신이 명령하는 만큼 당신을 사랑하는 사람에게 당신은 당신을 보이고 이것으로 그는 만족하기 때문이며, 따라서 그는 당신을 등지지도 않고 자기 자신을 등지지도 않습니다. 이것은 하나님의 집입니다(창세 28, 17). 이것은 지상이나 하늘의 어떤 물질적 양(量)이 아닌 정신적인 것으로서 당신의 영원성의 참여입니다. 왜냐하면 이것은 영원히 결함이 없기 때문입니다. 이것을 당신은 대대로 영원하게 세워 놓았습니다(시편 148, 6). 당신이 정해 놓은 법은 헛되게 지나가 버리지 않습니다. 그러나 그 법은 당신과 함께 영원하지 않습니

---

15 그분은 하나님을 가리킨다.

다. 왜냐하면 그것은 시작이 없지 않고 만들어진 것이기 때문입니다.

그럼에도 물론 지혜가 모든 것들에 앞서서 창조되었으므로(전도 1, 16) 지혜 이전에 우리들은 시간을 찾아볼 수 없습니다. 우리들의 하나님, 여기에서 지혜는 당신과 함께, 자신의 아버지와 함께 완전히 영원하고 당신과 똑같으며 그것을 통해서 모든 것들이 만들어진 그리고 그것의 태초에 당신이 하늘과 땅을 만든 그 지혜가 아니고 창조된 참다운 지혜입니다. 그 지혜는 지적(知的) 본성, 말하자면 빛을 관상(觀想)하는 빛입니다. 그러나 비추는 빛과 비추어지는 빛의 거리는 창조하는 지혜와 창조된 지혜 사이의 거리만큼 멀므로 이것은 마치 정의롭게 하는 의로움과 정의롭게 된 의로움 사이의 거리와 같습니다. 왜냐하면 우리도 역시 당신의 정의로 일컬어졌기 때문입니다. 당신의 어떤 종이 "우리들도 하나님 자신 안에서 하나님의 의로움이 되기 위해서(2고린 5, 21)"라고 말했습니다. 그러므로 모든 것들에 앞서서 창조된 어떤 지혜가 창조되었는데, 그 창조된 지혜는 당신의 순결한 도시(都市)이며, 그리고 높은 곳에 있어서 하늘에서 자유롭고 영원한(갈라 4, 26) 우리들의 어머니의 이성적인 그리고 지적(知的)인 정신입니다. — 하늘들의 하늘에서가 아니면 어떤 하늘에서 당신을 찬미하겠습니까? 왜냐하면 이것이 바로 주님을 위한 하늘들의 하늘이기 때문이 아닙니까? — 모든 것들에 앞서서 창조된 것이 시간적인 피조물을 선행하므로 그 이전에 우리들이 시간을 발견해 낼 수 없다고 할지라도 그것에 앞서서 존재하는 것은 창조주 자신의 영원성입니다. 그것이 창조주에게서 만들어져서 존재하기 시작했는데, 아직 시간이 없었기 때문에 시간적으로 그런 것이 아니라 그것이 창조되었다는 점에서 그러했습니다.

이렇게 그것은 우리들의 하나님인 당신에게서 나왔으며 당신과는 전혀 다르고 그 자체가 똑같지 않습니다. 그것에 앞서서뿐만 아니라 그것

안에서도 우리들이 시간을 발견해 내지 못하는 것은 그것이 언제나 당신의 얼굴을 우러러 보고 한 번도 어긋나지 않기 때문입니다. 그래서 그것은 어떤 변화에도 변하지 않습니다. 그렇지만 변화가능성 자체는 있으므로, 큰 사랑을 가지고 당신에게 달라붙어서 언제나 대낮같이 당신으로 말미암아 빛나고 불타지 않는다면 곧 어두워지고 식어 버릴 것입니다(이사 58, 10).

오, 빛나며 아름다운 집이여, 나는 그대의 건축가이자 소유주인 내 주님의 영광이 깃드는 곳을, 그대의 아름다움을 사랑했습니다! 내 방랑이 그대를 동경합니다. 그리고 나는 그대를 만든 그분에게 그대 안에서 나를 소유하라고 말합니다. 왜냐하면 나도 그분이 만들었기 때문입니다. 나는 길 잃은 양처럼 헤매었지만(시편 119, 176), 그대를 만든 내 목자의 어깨에 얹혀서 그대에게 되돌아가기를 원합니다.

내가 말을 걸었던 반대론자들이여, 당신들이 하나님의 충신인 모세를 믿으며, 그의 책은 성령(聖靈)의 말이라는 것을 믿는데 나에게 무엇을 말하려고 합니까? 하나님의 이 집은 하나님과 함께 영원하지는 않을지라도 그 나름대로 하늘에서 영원하지 않습니까? 거기에서 발견할 수 없는 시간의 교체를 당신들은 헛되게 찾으려고 하는 것이 아닙니까? 그것은 모든 연장(延長)과 움직이는 시간의 모든 거리를 초월합니다. 이것은 언제나 하나님에게 달라붙어 있어서 선합니다. 당신들도 "그렇다"라고 말합니다. 그렇다면 그분을 찬미하는 목소리를 내면으로 들었을 때 내 마음이 하나님을 향해서 부르짖는 것들 중 무엇이 거짓이라고 당신들은 우깁니까? 아무런 형태도 없으므로 아무런 질서도 없는 것을 내가 형태 없는 질료라고 말했기 때문입니까? 그러나 어떤 질서도 없는 곳에는 어떤 시간의 교체도 있을 수 없습니다. 그렇지만 이 거의 무(無)는 전적으로 무(無)가 아니고 어떻든 그분으로부터 존재했으며, 항상 어떤 것인 존재하는 모든 것은 그분으로부터 나와서 존재합니다. 당신들은 "이것도 우리들은 부정하지 않습니다"라고 말합니다.

16
신성한 진리

나의 하나님, 내 마음속에서 당신의 진리가 속삭이는 이 모든 것들을 참다운 것으로 인정하는 이 사람들과 나는 당신 앞에서 어떤 것을 함께 이야기하고 싶습니다. 이것들을 부정하는 자들이 있다면, 그들이 짖을 만큼 짖게 놓아두겠습니다. 나는 그들이 안정을 찾고 당신의 말을 향해서 발길을 돌릴 때까지 애써서 타이를 것입니다. 그래도 그들이 거절하고 나를 뿌리친다면 나의 하나님, 당신이 나에게 침묵하지 말기를 빕니다(시편 17, 1). 당신은 내 마음에 참답게 말해 주십시오. 오직 당신만이 이렇게 말하기 때문입니다. 나는 먼지를 불고 자기들의 눈에 흙을 뿌려 넣는 자들을 밖에 내버려 두고 내 방으로 들어가서 당신에게 사랑의 노래를 부르겠습니다. 이루 다 말할 수 없는 내 방랑의 서러움을 하소연하면서(로마 8, 23 · 26) 내 고향, 내 어머니 예루살렘을 우러러 마음으로 예루살렘을 회상하면서(갈라 4, 26) 그리고 그 위에서 다스리며 빛을 비추어 주는 당신을, 아버지이고 보호자이며 남편이며 순수하고 견고한 기쁨을 그리고 모든 것들과 동시에 이루 다 말할 수 없는 모든 선을 회상하면서 나는 사랑의 노래를 부르겠습니다. 왜냐하면 당신은 하나의 최고의 참다운 선이기 때문입니다. 나의 하나님, 나의 자비여(시편 59, 16), 당신이 지금 나의 이 흐트러짐과 꼴불견에서 나를 전부 거두어 내어 내 정신의 첫 번째 결과가 거기에 있고(로마 8, 23), 그곳에서 이 확실성이 생기는 가장 자애로운 평화 속에 다듬어 주고 영원히 굳게 해 줄 때까지 당신을 벗어나지 않을 것입니다. 그러나 참다운 이 모든 사실들을 거짓이라고 말하지 않고, 거룩한 모세가 정리한 당신의 성서를 우리와 함께 존경하고 최고의 권위로 따라야 한다고 하지만 어떤 면에서는 우리들에게 반대하는 자들에게 나는 다음처럼 말합니다: "우리들의 하나님, 나의 고백과 그들의 반대 사이에서 당신이 심판해 주십시오."

17
하늘과 땅의 이름

저들은 다음처럼 말합니다: "이것들이 참답다고 할지라도, 모세가 성령(聖靈)의 계시를 받아서 태초에 하나님이 하늘과 땅을 만들었다고 말했을 때는 두 가지를 생각한 것이 아니었습니다. 하늘의 명칭은 항상 하나님의 얼굴을 관상(觀想)하는 정신적 또는 지적(知的) 피조물을 의미하지 않았으며 땅의 명칭도 형태 없는 질료(質料)를 의미하지 않았습니다." 그렇다면 무엇을 의미했습니까? 그들은 이렇게 말합니다: "우리들이 말하는 이것을 그분[16]이 느꼈으며 이것을 그대로 말로 이야기했습니다." 그것은 무엇입니까? 그들은 이렇게 말했습니다: "하늘과 땅이라는 명칭으로 그가 의미하고자 했던 것은 볼 수 있는 세계 전체를 통털어서 짧게 요약하려 하기 위한 것이었고, 성령이 표현하라고 하는 대로 나중에 날짜를 따로따로 하루씩 세어 가면서 전부를 말하기 위한

16 모세.

것이었습니다. 물론 그때의 사람들은 조잡하고 육감적이어서 하나님이 말해도 오로지 눈으로 볼 수 있는 것만을 하나님의 작품으로 판정했습니다."

그렇지만 그들은 볼 수 없고 형태가 없고 어두운 심연을, 이 심연에서 모든 사람들에게 알려진 이 모든 것들이 저 기간 동안 만들어지고 질서 있게 배열된 것이 분명한데, 한결같이 형태 없는 질료로 이해할 수 있다는 것에 동의합니다.

만일 또 다른 사람이, 볼 수 있는 이 세계가 그 안에 분명하게 나타나는 모든 자연이 그 질료로부터 형성되고 완성되었기 때문에 이 형태 없는 혼란한 질료가 맨 처음에 하늘과 땅이라는 이름으로 불리게 되었다고 말한다면 어떻겠습니까?

그리고 또 다른 누가 이렇게 말한다면 어떻겠습니까? "볼 수 없는 자연과 볼 수 있는 자연을 하늘과 땅이라고 불러도 무방합니다. 그리고 말하자면 태초에 하나님이 지혜로 우주를 창조할 때 그것을 통해서 창조했으므로 두 말 안에 모든 것들이 포함되는 것으로 이해할 수 있습니다. 그렇지만 이 모든 것들은 하나님의 실체 자체로부터가 아니고 무(無)로부터 창조되었고 하나님 자체가 아니기 때문에 모든 것들은 변화가능성이 있습니다. 그것들은 하나님의 영원한 집처럼 머물러 있거나 아니면 인간의 영혼과 육체처럼 변화합니다. 볼 수 없는 그리고 볼 수 있는 모든 것들의 공통된 질료, 아직은 형태가 없지만 확실히 형태를 가질 질료에서 하늘과 땅이 만들어졌으며, 곧 볼 수 없는 그리고 이미 볼 수 있는 두 피조물들이 형성되었으며, 그 질료를 이렇게 이름 붙여서 볼 수 없고 형태 없는 땅과 심연 위의 어두움이라고 불렀습니다. 구별한 것은 다음과 같습니다. 볼 수 없고 형태 없는 땅으로는 어떤 형태를 가지기 이전의 물체의 질료를 이해하고자 한 반면에, 심연 위의 어두움으로는 제한되지 않은 유동(流動) 상태의 제지(制止)와 지혜의 조명(照明) 이전의 정신적 질료[17]를 이해하려고 한 것입니다."

아직까지 또 다른 것을 말하고 싶은 사람은 다음처럼 말할 수 있을 것입니다: "태초에 하나님이 하늘과 땅을 만들었다"는 것을 우리들이 읽을 때 하늘과 땅이라는 명칭은 말하자면 이미 완성되고 형성된 볼 수 없는 자연과 볼 수 있는 자연을 의미하지 않습니다. 아직 형태를 갖추지 않은 사물들의 시초, 곧 이 모든 것들을 형성할 수 있고 창조할 수 있는 질료를 이렇게 부른 것입니다. 지금은 이미 질서가 잡혀서 하늘과 땅, 저것은 정신적 피조물 이것은 물질적 피조물이라고 불리지만 그때에는 그 안에 이미 혼돈상태여서 아직 성질과 형태가 나누어지지 않았기 때문입니다.

18
성서를 이해하는 방법들

앞의 말들을 다 듣고 곰곰이 생각한 후 나는 언쟁할 마음이 없어졌습니다. 왜냐하면 이것은 아직 유익하지 않고 듣는 사람들을 파멸에 이르게 할 뿐이기 때문입니다(2디모 2, 14). 그러나 율법은 법답게 쓰면 교화(敎化)를 위해서 좋으니, 그것의 목적이 순수한 마음과 선한 양심과 꾸밈없는 믿음에서 나오는 사랑[18]이기 때문입니다(1디모 1, 8). 그리고 우리들의 스승은 어떤 두 가지 계명에 율법과 아울러 예언자 전부를 매

---

17 여기에서 질료는 재료를 말한다.

18 아모르(amor)는 감각적 사랑이나 욕망을 뜻하는 데 비해서 카리타스(caritas)는 기독교의 이웃 사랑을 뜻한다.

어 두었는지 알고 있었습니다(마태 22, 40). 그렇지만 참다운 이 말들을 다양하게 이해할 수 있을 경우 나의 하나님, 가장 내면에 있는 내 눈의 빛이여, 열심히 고백하는 나를 무엇이 해치겠습니까? 내가 묻건대, 저자(著者)가 생각한 대로 다른 사람들이 생각하는 것과 다르게 내가 느낀다면 무엇이 나를 해치겠습니까? 실로 읽는 우리들 모두는 저자가 뜻한 것을 발견하고 이해하고자 애쓰며, 우리들은 그가 참답다고 믿은 이상 우리들이 알거나 아니면 짐작하는 거짓을 그가 말했다고는 감히 생각할 수 없습니다. 그러므로 성서에서 누구나 저자가 느낀 것을 느끼려고 애쓰는 사이에, 만일 어떤 사람이 모든 참다운 정신의 빛인 당신이 진리라고 제시하는 것을 느낄지라도 그것이 저자가 느낀 것이 아닐 경우 무엇이 나쁘다고 말하겠습니까?

19
개별적으로 분명한 진리들

왜냐하면 주여, 당신이 하늘과 땅을 만들었다는 것이 참답기 때문입니다. 태초는 당신의 지혜이며(시편 104, 24),[19] 태초에 당신이 모든 것들을 창조했다는 것도 참답습니다. 마찬가지로 볼 수 있는 이 세계가 자신의 큰 부분으로서 하늘과 땅을, 요약해서 말하자면 만들어지고 창조된 모든 자연을 포함한다는 것도 진리입니다. 그리고 변화가능한 모든 것들은 어떤 형태 없는 것을 우리들이 이해하도록 암시하며, 이것에 의해서 형태를 가지거나 아니면 이것에 의해서 변화하기도 하고 뒤바뀌

---

19 성서에서 말하는 태초(principium)가 지혜(sapientia)라는 것을 아우구스티누스는 여러 차례 강조한다. 태초는 결코 물리적, 시간적인 처음이 아니다.

기도 한다는 것 역시 진리입니다. 변할 수 없는 것에 찰싹 달라붙어 있는 것은 비록 변화가능할지라도 변화하지 않으므로 어떤 시간의 지배도 받지 않는다는 것도 역시 진리입니다. 거의 무(無)인 형태 없는 것이 시간의 교체를 겪을 수 없다는 것도 진리입니다. 어떤 것을 생기게 하는 것이 그것에서 생기는 것의 명칭을 가지고 어떤 종류로도 일컬어질 수 있으며, 그러므로 하늘과 땅을 생기게 하는 어떤 형태 없는 것이 하늘과 땅이라고 일컬어질 수 있는 것도 진리입니다. 형태를 가진 모든 것들 중에서 땅과 심연보다 더 형태 없는 것에 가까운 것이 아무것도 없다는 사실 역시 진리입니다. 창조되고 형성된 것뿐만 아니라 창조가능하고 형성가능한 모든 것들도 당신이 만들었으며, 만물이 당신에게서 나와서 존재한다는 것도(1고린 8, 6) 진리입니다. 형태 없는 것에서 형태를 가지게 된 모든 것들은 먼저 형태 없는 것이었다가 다음에 형태를 가지게 된다는 것도 역시 진리입니다.

20
창세기 1장 1절의 해석

이 모든 진리들을 볼 수 있게끔 당신이 내면의 눈을 열어 주었으며, 당신의 종 모세가 진리의 정신으로(요한 14, 17) 말한 것을 굳게 믿어 의심하지 않습니다. 이 모든 진리들 중에서 하나를 택하여 어떤 사람은 이렇게 말합니다: "태초에 하나님이 하늘과 땅을 만들었다는 것은, 곧 하나님이 자신과 함께 영원한 자신의 말로 지적이고 감각적이거나 정신적이며 육체적인 피조물을 만들었다는 것입니다." 또 다른 사람은 이렇게 말합니다: "태초에 하나님이 하늘과 땅을 만들었다는 것은, 곧 하나님이 자신과 함께 영원한 자신의 말로 이 물질계의 모든 양(量)[20]과 함께 이것을 포함하는 분명하고도 뚜렷한 모든 자연을 만들었다는 것입니다." 또 다른 사람은 이렇게 말합니다: "태초에 하나님이 하늘과 땅을 만들었다는 것은, 곧 하나님이 자신과 함께 영원한 자신의 말로 정신적이며 육체적인 피조물들의 형태 없는 질료를 만들었다는 것입니다." 또 다른 사람은 이렇게 말합니다: "태초에 하나님이 하늘과 땅을 만들었다는 것은, 곧 하나님이 자신과 함께 영원한 자신의 말로 물질적 피조물의 형태 없는 질료를 만들었다는 것으로서, 거기에서는 아직 하늘과 땅이 혼돈상태에 있었지만, 지금은 이 세계의 양(量) 안에서 구분되고 형태를 가진 것을 우리들이 압니다." 또 다른 사람은 이렇게 말합니다: "태초에 하나님이 하늘과 땅을 만들었다는 것은, 곧 하나님이 만들고 일하던 처음에 형태 없는 질료를 만들었다는 것으로, 그 질료 안에 하늘과 땅은 혼돈으로 있었지만 그것에서 형태를 가지게 되어 지금은 하늘과 땅 안에 있는 모든 것들과 함께 두드러지게 명백합니다."

21
땅은 공허했다

마찬가지로 다음의 말들의 해석에 관해서도, 어떤 사람은 이 모든 진리들 중에서 하나를 택해서 다음처럼 말합니다: "그러나 땅은 볼 수 없었고 형태가 없었으며 어두움이 심연 위에 있었습니다. 곧 하나님이 만든 물질적인 것은 아직 질서도 빛도 안 가진 형태 없는 물질적인 것들의

---

20 물리적인 크기를 말한다.

질료였습니다." 또 다른 사람은 이렇게 말합니다: "그러나 땅은 볼 수 없었고 형태가 없었으며 어두움이 심연 위에 있었습니다. 곧 이 모든 것은 하늘과 땅을 말하며, 아직까지 형태 없고 어두운 질료가 있었고, 이로부터 물질적 하늘과 물질적 땅이 그것들 안에 있는 모든 것들과 함께 만들어졌습니다. 우리들은 이 모든 것들을 육체적 감각으로 압니다." 또 다른 사람은 이렇게 말합니다: "그러나 땅은 볼 수 없었고 형태가 없었으며 어두움이 심연 위에 있었습니다. 곧 하늘과 땅이라고 일컬어지는 이 모든 것은 전부 지금까지 형태 없고 어두운 질료였습니다. 다른 곳에서 하늘들의 하늘이라고 불리는 지적(知的) 하늘이 이것에서 만들어졌으며, 땅도, 다시 말해서 그 명칭 아래에서 이 물질적 하늘로 이해되는 모든 물질적 자연도 이것에서 만들어졌습니다. 곧 이것에서 볼 수 없는 그리고 볼 수 있는 모든 피조물들이 만들어졌습니다." 또 다른 사람은 이렇게 말합니다: "그러나 땅은 볼 수 없었고 형태가 이루어지지 않았으며 어두움이 심연 위에 있었습니다. 곧 어떤 형태 없는 질료가 이미 있었습니다. 이것에서 하나님이 하늘과 땅을 만들었다고 성서는 미리 말했습니다. 다시 말해서 세계의 물질적 양(量) 전체는 높은 것과 낮은 것 두 가지 큰 부분으로 구분되고 보통 우리들이 아는 그 안의 피조물들과 함께 있습니다."

22
물

이와 같은 두 가지 마지막 견해들에 반대하는 사람이라면 다음처럼 말하려고 할 것입니다: "만일 당신들이, 하늘과 땅이라는 명칭이 형태 없는 질료를 일컫는 것으로 보여진다는 사실을 인정하지 않는다면, 하나님이 만들지 않은 어떤 것이 있어서 그것에서 하늘과 땅이 만들어졌다는 것으로 됩니다. 태초에 하나님이 하늘과 땅을 만들었다고 우리가 말할 경우 우리들은 오로지 하늘과 땅 아니면 땅이라는 말 하나로만 이해할 수 있을 뿐입니다. 왜냐하면 성서는 하나님이 이러한 질료를 만들었다고 설명해 주지 않기 때문입니다. 계속해서 그러나, 비록 모세가 형태 없는 질료를 일컬어서 땅은 볼 수 없고 형태를 가지지 않았다고 했을지라도 '하늘과 땅을 만들었다' 라고 기록된 것에서 우리들은 오직 하나님이 그 질료를 만들었다는 것만 이해할 수 있습니다." 이와 같은 두 가지 마지막 견해들을 옹호하는 자들은 이를 듣고 그 답으로 다음처럼 말할 것입니다: "우리들은 이 형태 없는 것이 하나님에게서 창조되었다는 것을 부정하지 않습니다. 매우 선한 모든 것들은 하나님에게서 나온 것입니다(창세 1, 31). 왜냐하면 창조되고 형성된 것을 한층 더 선하다고 우리들이 말하는 것처럼 우리들은 창조가능하고 형성가능하게 창조된 것을 덜 선할지라도 선으로 인정하기 때문입니다. 그러나 하나님이 이 형태 없는 것을 만들었다고 성서가 말하지 않은 것은 마치 게르빔이나 세라핌과 같은[21] 다른 많은 것들을 말하지 않은 것과 마찬가지입니다. 그리고 사도가 분명히 말한 왕권, 주권, 권력, 권세(골로 1, 16) 등 모든 것을 그렇지만 하나님이 창조한 것은 명백합니다. 또는 하늘과 땅을 만들었다에 포함되지 않은 것이 없다고 한다면, 하나님의 성령(聖靈)이 물 위를 맴돌았다(창세 1, 2)라는 말에서 우리들은 물에 대해서 무엇을 말합니까? 우리들이 그토록 아름다운 물을 볼 때, 이 세상의 모든 것들이 땅이라는 명칭을 가지는 것으로 이해된다면, 우리들

21 게르빔(Cherubim)은 지식을 담당하는 제2급에 속하는 천사이다. 세라핌(Seraphim)은 세라프(Seraph)의 복수인데, 세라프는 세 쌍의 날개를 가진 천사이다.

은 어떻게 땅이라는 명칭으로 형태 없는 질료를 받아들일 수 있습니까? 또는 만일 우리들이 그것을 받아들인다면, 왜 똑같은 형태 없는 것에서 하늘로 불리는 창공이 창조되었다고 기록되어 있으면서도 물이 창조되었다고는 적혀 있지 않습니까? 왜냐하면 이렇게 아름답게 흐르는 모습을 우리들이 볼 수 있는 물은 아직까지 형태 없고 볼 수 없는 것으로 남아 있지 않기 때문입니다. 또는 하나님이 창공 아래에 있는 물들은 무리로 모아져라(창세 1, 7)라고 말했을 때, 믈들이 모아지고 아름답게 형성되었다면 창공 위에 있는 물들에 관해서 무엇을 답하겠습니까? 물들이 형태가 없었다면 그토록 높은 자리를 차지할 가치가 없었을 것입니다. 그리고 무슨 말에 의해서 물들이 형성되었는지는 기록되어 있지 않습니다.

그러므로 창세기가 하나님이 어떤 것을 만들었는지에 대해서 침묵한다고 할지라도, 건전한 신앙이나 확실한 지성은 하나님이 만든 것을 결코 의심하지 않습니다. 따라서 창세기에서 물이 언제 창조되었는지 우리들이 발견하지 못하기 때문에 어떤 온전한 이론도 물이 하나님과 함께 영원하다고 감히 말하지는 못할 것입니다. 이 볼 수 없고 형태를 갖추지 않은 땅과 어두운 심연이라고 부르는 저 형태 없는 질료가 언제 창조되었는지에 대한 서술이 성서에 생략되었다고 할지라도, 형태 없는 질료는 하나님에 의해서 무(無)로부터 창조되었으며 그러므로 하나님과 함께 영원하지 않다는 것은 우리들의 진리의 가르침에 의해서 이해할 수 있지 않습니까?”

23
성서에서의 진리

그러므로 이것들을 듣고 내 어리석은 머리로 생각해 보건대(이것을 아는 나의 하나님 당신에게 고백하는데), 한 가지 사실이 진실한 보고자의 말로 전달될 때 두 가지 다른 종류의 질문이 나올 수 있다는 것입니다. 하나는 사실이 진리인가 하는 것이고, 다른 하나는 보고자의 뜻에 따른 차이에서 비롯된 것입니다. 왜냐하면 창조된 피조물들에 관해서 한편으로 우리들은 무엇이 참다운가를 묻지만 다른 한편으로는 당신의 신앙의 뛰어난 봉사자인 모세가 그의 말을 읽고 듣는 이로 하여금 무엇을 이해하도록 했는지를 묻기 때문입니다(출애 33, 9~11).

저 첫 번째 종류에 있어서 거짓을 참다운 것인 줄 안다고 생각하는 모든 사람들을 나에게서 멀리해 주십시오. 마찬가지로 또 다른 경우, 모세가 말한 것을 거짓이라고 생각하는 모든 사람들도 내게서 멀리해 주십시오. 주여, 사랑의 넓은 영역 안에서 당신의 진리를 먹고 사는 사람들과 당신 안에서 하나가 되어 그들과 함께 당신 안에서 기뻐하게 해 주십시오(에베 3, 17). 그러면 우리들은 그들과 함께 당신의 성서의 말을 향하여 나아갈 것입니다. 그리고 우리들은 성서의 말 안에서 당신의 종의 뜻을 통해서 당신의 뜻을 찾을 것입니다. 당신은 그 종의 펜을 통해서 성서의 말을 전했습니다.

24
참다운 성서의 범위와 깊이

그러나 매우 많은 진리들 중에서 이렇게도 그리고 저렇게도 이해할 수 있는 말들이 연구자들에게 나타나는데, 우리들 중 누가 이것은 모세가 느낀 것이며, 저것은 그가 저 이야기 속에서 이해하기를 원했던 것이라고 자신 있게 말하겠습니까 그리고 모세가 이것을 생각했는지 아니면 다른 것을 생각했는지, 누가 자신 있게 말하겠습니까?

나의 하나님, 보십시오. 나는 당신의 종입니다. 나는 이 책으로 당신에게 고백의 제사를 드리기로 했으므로 당신이 자비를 베풀어서 내 소망이 이루어지기를 빕니다(시편 116, 16). 보십시오. 당신은 당신의 불변하는 말로 볼 수 없는 것과 볼 수 있는 것 모두를 창조했다는 것을 나는 확실하게 말합니다. 모세가 "태초에 하나님이 하늘과 땅을 만들었다"라고 쓸 때 그가 이것 말고 다른 것에는 주의하지 않았다고 나는 아주 굳게 말하는 것입니까? 나는 이것이 당신의 진리 안에서 확실하다는 것을 알지만, 모세가 이것을 쓸 때 자신의 머릿속에서 이것을 생각했는지 알 수 없습니다. 왜냐하면 "태초에"라고 말할 때 그는 창조의 처음 자체를 생각할 수 있었으며, 똑같은 곳에서[22] 그는 정신적이거나 물질적이거나 간에 이미 형성되지도 또 완성되지도 않은 자연을, 그러나 시작만 하고 아직까지 형태가 없는 것을 뜻하려고 할 수도 있었기 때문입니다. 물론 두 가지 중 어떤 것을 말했든지 간에, 나는 그가 참답게 말했다는 것을 알지만, 그가 두 가지 중에서 어떤 것을 이 말로 나타내려고 생각했는지 나는 알 수 없습니다. 이 두 가지 중 어떤 것이거나

22 "똑같은 곳에서(hoc loco)"는 바로 "태초에(in principio)"이다.

아니면 내가 여기에서 언급하지 않은 다른 것을, 그렇게 위대한 그 사람이 이 말들을 말할 때, 자신의 정신으로 통찰했다면, 나는 그가 그것을 참답게 보고 말했다는 것을 전혀 의심하지 않습니다.

25
자비

어느 누구도 더 이상 "모세가 느낀 것은 당신이 말하는 것이 아니고, 내가 말한 이것을 그가 느낀다"라고 내게 말하면서 나를 귀찮게 하지 않을 것입니다. 왜냐하면 그가 만일 "당신은 모세의 말을 인정하지만 그가 생각한 것을 어디에서 알아내었습니까?"라고 나에게 말한다면 나는 평온한 마음으로 앞에서 답한 것을 아마도 다시 답하거나, 이것이 냉정하다 싶으면 상당히 더 충분하게 답해 줄 것입니다. 그러나 그가 "모세가 느낀 것은 당신이 말하는 것이 아니고 내가 말하는 것입니다"라고 말할지라도 그가 우리들 두 사람 중 한 사람의 말을 부정하지 않고 둘 다 옳다고 한다면, 오 가난한 자들의 생명이여(전도 5, 15), 나의 하나님, 당신의 품 안에는 모순이 없으므로 내 마음에 어진 비를 내리게 해서 그런 사람들을 인내로서 이끌게 해 주십시오. 그들이 나에게 이것을 말하는 것은 그들이 신성하며 당신의 종의 마음속을 알아서가 아니라 그들이 오만하기 때문입니다. 그들은 모세의 생각을 알지 못하고 자기들의 생각만 사랑합니다. 자기들의 생각이 참답기 때문이 아니라 단지 자기들의 생각이기 때문에 사랑합니다. 그렇지 않다면 그들도 마찬가지로 다른 참다운 생각을 사랑할 수 있을 것입니다. 나도 그들이 진리를 말할 때, 진리가 그들의 것이기 때문이 아니라 진리이기 때문에 그들이 말하는 것을 사랑합니다. 그러므로 그것이 진리이기 때문에 그들의 것이지는 않습니다. 그러나 만일 그것이 진리이기 때문에 그들이 그것을 사랑한다면 그것은 이미 그들의 것도 되고 나의 것도 되는데, 그 이유인즉 그것은 진리를 사랑하는 모든 사람들의 공동 소유이기 때문입니다.

그러나 내가 말하는 것은 모세가 느낀 것이 아니고 그렇다고 그들이 말하는 것만을 고집하는 것을 나는 전혀 좋아할 수 없습니다. 그렇다고 할지라도 이러한 경박함은 지식이 아니라 오만함에서 오며 앞날의 비전이 아니라 교만함에서 생기기 때문입니다.

그러므로 주여, 두려워지는 것은 당신의 심판입니다. 왜냐하면 당신의 진리는 나의 것도 아니고 그의 것도 아니며 또 다른 사람의 것도 아니고 우리들 모두의 것이기 때문에 당신은 우리들 모두를 공적(公的)으로 불러서 진리에 참여하도록 하고 우리들을 무섭게 깨우쳐서 진리를 개인적으로 소유하지도 말고 진리를 결여하지도 말라고 했습니다. 당신이 모든 사람들에게 누리라고 준 것을 어떤 사람이 자기 것으로 요청하고, 모든 사람들의 것을 자기 것으로 삼고자 한다면 그는 공적인 것에서 사적인 것으로, 곧 진리로부터 거짓으로 밀고 들어가는 것입니다. 왜냐하면 거짓을 말하는 자는 자기 자신의 것에 대해서 말하기 때문입니다(요한 8, 44).

들으십시오. 가장 선한 재판관이여, 진리 자체인 하나님, 들으십시오. 내 반대론자에게 내가 무엇을 말할지 들으십시오(예레 18, 19). 왜냐하면 나는 당신 앞에서 그리고 사랑을 목적으로 법을 법답게 사용하는(1디모 1, 8) 내 형제들 앞에서 말합니다. 내가 말할 것이 당신의 마음에 드는지 듣고 보아 주십시오.

왜냐하면 나는 형제 같고 평화로운 목소리로 그를 이렇게 타이르기

때문입니다: "우리들 둘이 다 같이 그대가 말하는 것도 진리로 알고 내가 말하는 것도 진리로 안다면, 내가 묻건대, 우리들은 이 진리를 어디에서 봅니까? 확실히 그대 안에서 내가 보는 것도 아니고 내 안에서 그대가 보는 것도 아닐 것이고, 우리들은 둘이 똑같이 우리들의 정신을 초월하는 불변하는 진리 자체 안에서 그 진리를 봅니다." 그렇다면 우리들의 주 하나님의 빛 자체에 대해서 우리들이 논쟁하지 않을 경우, 왜 우리들은 이웃 사람들의 생각에 대해서 논쟁하는 것입니까? 불변의 진리를 볼 수 있다고 해도 우리들은 사람들의 생각을 볼 수 있는 것이 아닙니다. 만일 모세 자신이 우리에게 나타나서 "나는 이것을 생각했다"라고 말한다고 해도, 우리들은 그의 생각을 보지 못하고 믿기만 할 것이 아닙니까? 그렇기 때문에 기록된 것을 넘어서서 서로 상대방을 거슬러서 높은 체하지 말라(1고린 4, 6)는 것입니다. 우리들의 주 하나님을(신명 6, 5) 온전한 마음으로, 온전한 영혼으로, 우리들의 온전한 정신으로 사랑하고 우리들의 이웃을 마치 우리들 자신처럼 사랑합시다(마태 22, 37). 모세가 그의 책에서 무엇을 생각했든지 간에 그가 사랑의 두 가지 계명 이외의 것을 생각했다고 우리들이 믿는다면 우리들은 주님을 거짓말쟁이로 만드는 것입니다(1요한 1, 10). 왜냐하면 우리들은 하나님이 가르친 것 이외의 다른 것을 하나님의 종의 마음에서 느낄 수 있기 때문입니다. 그러면 보십시오. 저 말들에서 골라낼 수 있는 가장 참다운 의미들이 매우 풍부할지라도 모세가 그것들 중 어떤 것만을 생각했다고 단정하고 그가 말한 것을 애써서 해석하기 위해서 그가 말한 모든 것들의 목표인 사랑 자체에 대해서까지도 파괴적으로 논쟁하면서 싸운다면 그것은 매우 어리석은 짓일 것입니다.

26
성서에 적절한 글쓰기의 유형

그렇지만 나의 하나님, 내 비천함의 숭고함이여, 내 수고로움의 안식이여, 내 고백을 듣고 내 죄를 용서해 주십시오(마태 6, 15). 당신은 내 이웃을 나 자신처럼 사랑하라고 나에게 명령했습니다. 만일 내가 그가 태어난 시대에 태어났다면, 내가 그와 똑같은 자리에 있어서 아주 먼 후세의 모든 세대들에게 이로우며 온 세상에 떨치는 매우 큰 권위로 모든 거짓되고 오만한 이론들의 말을 이길 저 성서를 쓰기 위해서 내 마음과 혀를 바쳤다면, 내가 당신에게 원하고 바랐던 재능보다 못한 재능을 당신의 가장 성실한 종 모세에게 주었으리라고는 믿을 수 없습니다.

그 당시 만일 내가 모세였다면 — 우리들 모두는 똑같은 흙덩어리에서 나옵니다(로마 9, 21). 그런데 당신이 인간을 염두에 두지 않으면(시편 8, 5) 인간이 무엇이겠습니까? — 나는 물론 원하는 것이 있었을 것입니다. 그러므로 그 당시 내가 모세였고 당신이 나에게 창세기를 쓰라고 했다면 나는 이런 것을 원했을 것입니다. 곧 나에게 탁월한 표현력과 문장 작성방식을 주어서 하나님이 어떻게 창조했는지 이해하지 못하는 사람들도 내가 말한 것을 자기들의 힘에 벅차다고 배척하지 않고, 사유(思惟)의 결과로 이미 어느 정도 참다운 견해에 도달할 수 있었던 그들도 당신의 종의 간단한 말에서 지나가 버리지 않은 이것을 발견하며, 진리의 빛으로 다른 견해를 안 사람도 위와 똑같은 말 안에 포함되었다는 것을 이해하기를 원했을 것입니다.

27
물의 근원

샘물[23]이 범위는 작을지라도 여러 장소로 흘러가서 수많은 강들에 공급될 수 있을 정도로 그 풍부한 수량이 똑같은 샘물로부터 여러 곳으로 흐르는 어떤 강보다 더 풍부한 것처럼, 많은 대화자들에게 이익이 될 당신의 사환[24]의 서술도 말수는 적을지라도 맑은 진리가 흘러 넘쳐서 각자가 자기 나름대로 이 사람은 이 진리를 그리고 저 사람은 저 진리를 이것에서 발견해서 더 큰 담론을 통해서 이 주제를 완곡하게 발전시킵니다.

왜냐하면 어떤 사람들은 이 말들을 읽거나 들을 경우 하나님을 마치 인간이나 아니면 무한한 힘을 가진 어떤 물질적 덩어리로 알고, 이것이 새롭게 갑자기 자기 외부의 멀리 떨어진 곳에 하늘과 땅, 곧 거대한 물체들을 위와 아래에 만들었으며 그 안에 모든 것들을 포함시켰다고 생각하기 때문입니다. 그리고 "하나님이 되라고 하니 되었다"는 말을 들을 경우, 그들은 말이 시작되고 끝난 것을, 시간적으로 소리가 나고 지나간 것을, 되라는 말이 끝나자마자 바로 된 줄로 생각하고 아마도 다른 것도 이런 식으로 육신에 친근한 것으로 생각하는 것 같습니다.

아직 어린 짐승들과 같은 사람들은(1고린 2, 14) 마치 어머니의 품인 것처럼 이 말들의 소박한 표현에 자신의 연약함을 맡길 때 그들의 신앙은 굳게 쌓입니다. 그들은 놀랄 만큼 다양하게 그들의 눈앞에 펼쳐지는 모든 자연을 하나님이 창조했다는 것을 확실하게 믿고 있는 것입니다.

---

23 샘물(fons)은 물의 근원을 말한다.

24 사환(dispensator)의 원뜻은 관리인, 지배인 등이다.

이들 중 누가 말의 소박함을 얕잡아 보고 허약한 오만으로 자신이 깃들이던 둥지 밖으로 뛰어나온다면, 그는 불쌍하게도 추락해 버리고 말 것입니다. 주 하나님, 그를 불쌍히 여기십시오. 아직 날개도 나지 않은 어린 새가 길 가는 사람들의 발에 밟히지 않게끔 그 새가 날기까지 새를 살리기 위해서 다시 둥지에 넣어 줄 당신의 천사를 보내 주십시오.

28
다양한 성서의 이해

어떤 사람들에게는 이 말들이 이미 둥지가 아니고 그늘진 관목숲이어서, 그들은 거기에 감추어져 있는 열매들을 보고 기뻐서 이리저리 맴돌며, 재잘거리고 그 열매들을 찾고 따기도 합니다.

왜냐하면 하나님, 이 말들을 읽거나 들을 경우, 그들은 지속적으로 흔들림 없이 머물러 있는 당신이 과거와 미래의 시간 전부를 초월하며, 당신이 창조하지 않은 어떤 피조물도 없다는 것을 압니다. 그리고 당신의 의지는 당신과 똑같기 때문에 어떤 식의 변화도 없고 또 먼저 뜻하지 않았던 모든 것들을 창조하지도 않았다는 것을 그들은 압니다. 당신은 만물의 형태인 당신과의 닮음을 당신에게서 나오게 하지 않고 당신과 닮지 않은 형태 없는 것을 무(無)에서 나오게 하여 그것이 다 각자의 종류에 따라서 주어진 질서에 따라서 하나인 당신에게 되돌아감으로써 당신을 닮아서 형성되게끔 했습니다.[25] 그때에야 모든 것들이 매

25 아우구스티누스는 플로티노스의 영향을 많이 받았다. 플로티노스는 유출설(流出說)에서 일자(一者, henas 또는 monas)로부터 정신(nous)이 흘러나오고 정신으로부터 영혼(psyché)이 흘러나오며 영혼에서 질료(hylé)가 흘러나온다고 하였다. 그러므

우 선하게 되어(창세 1, 31) 당신 주변에 남아 있는 것이나 어느 정도 당신에게서 멀리 떨어져서 시간과 공간 안에 있는 것이나 아름다운 변화를 만들거나 받아들입니다.

그들은 이것들을 보고, 비록 그들이 미치는 힘이 적을지라도 당신의 진리의 빛 안에서 기뻐합니다.

또 그들 중 어떤 사람은 "태초에 하나님이 만들었다"는 말에 주의해서 태초가 우리들에게도 말하기 때문에(요한 8, 25) 태초를 지혜로 알아듣습니다. 마찬가지로 어떤 사람은 똑같은 말들에 주의하면서 태초를 피조물들의 시작으로 이해하고 "태초에 만들었다"를 "맨 처음에 만들었다"라고 말한 것처럼 받아들입니다.[26]

그리고 "태초에"를 "지혜를 가지고 하늘과 땅을 만들었다"는 의미로 이해하는 사람들 중 어떤 사람은 창조될 수 있는 하늘과 땅의 질료를 하늘과 땅이라고 부른 것으로 믿습니다. 어떤 사람은 그것들을 이미 형성되고 구분된 자연으로 믿으며, 또 어떤 사람은 하늘이라는 명칭은 이미 형성된 하나의 정신적 질료를 의미하고 땅이라는 명칭은 형태 없는 물질적 질료를 의미한다고 봅니다.

그러나 하늘과 땅이라는 명칭에 있어서 앞으로 하늘과 땅을 형성할 질료를 형태 없는 것으로 이해하는 사람들은 한 가지로 똑같이 그것을 이해하지 않습니다. 한 사람은 그 질료로부터 지적(知的)이며 감각적인 피조물이 완성되는 것으로 이해했습니다. 다른 사람은 단지 이것에서 감각적인 물체의 덩어리가 생길 뿐이고 그 거대한 것의 품 안에 이미

로 우리들은 아우구스티누스가 신비주의의 색채를 완전히 벗어났다고 말하기 힘들다.

26 태초(principium)는 그리스어 아르케(arché: 시초, 원리, 원천, 지배, 영역)의 번역어인데 아우구스티누스는 태초가 시간적인 맨 처음이 아니라 지혜와 뜻이 같다고 본다.

명백한 자연이 포함되어 있다고 합니다.

이 자리에서 하늘과 땅은 이미 질서 잡히고 잘 배열된 피조물을 일컫는다고 믿는 사람들도 생각이 같지 않습니다. 어떤 사람은 볼 수 없는 것과 볼 수 있는 것을 일컫는다고 하고, 또 어떤 사람은 오직 볼 수 있는 것만을 일컫는다고 해서, 우리들은 그 안에서 빛나는 하늘을 바라보기도 하고 어두운 땅과 그 안에 있는 것들을 모두 보기도 한다는 것입니다.

29
태초

그러나 "태초에 만들었다"를 "맨 처음에 만들었다"로 이해하는 사람이 옳기 위해서는 하늘과 땅을 천지의 질료, 곧 지적(知的)이며 물체적인 피조물 전부로 이해하는 것 이외에는 다른 방법이 없습니다. 왜냐하면 그가 이미 형태를 갖춘 우주를 가리킨다면 그는 당연히 다음과 같은 질문에 부딪힐 수 있기 때문입니다: "만일 맨 처음에 하나님이 이것을 만들었다면, 그다음에는 무엇을 만든 것입니까?" 그리고 우주가 다 만들어진 다음에는 남아 있는 것을 아무것도 그가 발견할 수 없으므로, 그는 원치 않아도 이런 말을 들어야 할 것입니다: "만일 그다음에 아무것도 없다면[27] 저 맨 처음에는 무슨 의미가 있습니까?"

만일 그가 영원성에서 무엇이, 시간에서 무엇이, 선택에서 무엇이, 기원에서 무엇이 선행하는지 분간할 줄 안다면, 하나님이 맨 처음에 형

27 그다음에 아무것도 없다면(si postea nihil)에서 그다음에는 "맨 처음에"의 다음을 뜻하고, "아무것도 없다"는 무(nihil)만 있다는 것을 의미한다.

태 없는 것을 만들고 다음에 형태 있는 우주를 만들었다고 그가 말할 경우 그것은 부당하지 않습니다. 영원성 때문에 하나님은 만물에 선행합니다. 시간 때문에 꽃은 열매보다 선행합니다. 선택 때문에 열매는 꽃보다 선행합니다. 기원 때문에 소리는 노래보다 선행합니다.[28]

내가 언급한 이 네 가지 중에서 첫 번째와 마지막은 이해하기 어렵지만, 가운데 두 가지는 쉽습니다. 왜냐하면 주여, 당신의 영원성이 불변한 채 변할 수 있는 것들을 만들며 이 때문에 선행한다는 것을 관찰하기 위해서는 흔치 않게 매우 높은 안목이 필요하기 때문입니다. 다음으로 얼마나 정신력이 예리하면 별로 크게 힘들이지 않고 소리가 노래보다 선행한다는 것을 알아낼 수 있겠습니까? 왜냐하면 노래는 형태를 갖춘 소리이며, 전혀 형태를 갖추지 못한 어떤 것은 존재할 수 있으나 존재도 하지 않는 것은 형태를 갖출 수 없기 때문입니다. 질료는 그것에서 생긴 것보다 먼저이지만, 질료도 만들어진 것이기 때문에 그것이 사물을 만든다는 의미에서 그렇지도 않고 시간의 간격으로 먼저인 것도 아닙니다. 왜냐하면 우리들은 노래가 아닌 형태 없는 소리를 먼저 내었다가 이것을 나중에 노래 형식으로 엮어 내지 않기 때문입니다. 그것은 상자를 만들기 위해서 나무가 또는 그릇을 만들기 위해서 은이 있

28 아우구스티누스의 이러한 논의는 아퀴나스 또는 칸트의 신존재 증명을 예견하게 한다. 일반적으로 신존재 증명은 다섯 가지로 알려지고 있다. ① 존재론적(본체론적) 증명: 신은 완전한 존재이므로 존재하지 않는다면 자기모순을 범하므로 당연히 존재한다. 안셀무스가 대표적이고 아우구스티누스도 이 이론을 지지한다고 볼 수 있다. ② 우주론적 증명: 제1원인 또는 자기원인으로서의 신이 있다는 주장. 아리스토텔레스는 부동(不動)의 동자(動者)를 신이라고 했다. 신 자신은 움직이지 않으면서 모든 다른 존재자들을 움직이게 한다는 것이다. ③ 목적론적 증명: 자연의 질서는 합목적성을 가지고 있고 합목적성을 구상한 주인공이 신이다. 이 주장은 칸트에 의해서 대변된다. ④ 인간학적 증명: 인간의 내면에 있는 본유관념으로서의 신이 가능한 것은 실재하는 신이라는 주장. ⑤ 도덕적 증명: 도덕법칙의 원천이 신이라는 칸트의 주장.

어야 하는 것과는 다릅니다. 물론 이런 물질들은 그것들에서 만들어지는 사물들의 형태에 시간적으로 선행하여 존재합니다. 그러나 노래에 있어서는 그렇지 않습니다. 노래할 경우, 노래 소리가 들립니다. 먼저 형태가 주어지지 않은 소리가 나고 다음에 노래가 형태를 갖추는 것이 아닙니다. 왜냐하면 먼저 소리 나자마자 사라지는 것이 소리이기 때문에 사라진 것을 다시 붙잡아서 예술에 알맞게 정돈할 수는 없습니다. 그러므로 노래는 자신의 소리에 존재하며, 노래의 소리가 바로 노래의 질료입니다.[29] 물론 소리는 노래가 되기 위해서 형태를 갖춥니다. 그러므로 내가 말한 것처럼 노래의 형식보다 소리의 질료가 먼저입니다. 소리가 노래를 만들어 내는 힘이기 때문에 먼저가 아닙니다. 왜냐하면 소리는 노래하는 예술가가 아니라 신체에서 나와서 노래를 부르는 영혼에 속하여 있기 때문입니다. 소리는 시간적으로 먼저도 아닙니다. 왜냐하면 소리는 노래와 동시에 나기 때문입니다. 소리는 선택으로 먼저이지도 않습니다. 왜냐하면 노래는 소리일 뿐만 아니라 아름다운 소리이므로 소리가 노래보다 더 나을 수 없기 때문입니다. 노래는 소리가 있기 위해서 형태를 갖추지 않고, 노래가 되기 위해서 소리가 형태를 갖추기 때문에 기원에 있어서는 소리가 먼저입니다.

이러한 예에 의해서 사물들의 질료가 먼저 만들어졌고 그것에서 천지가 생겼으므로 그것은 하늘과 땅이라고 일컬어졌다는 것을 이해할 수 있는 사람은 이해하여야 할 것입니다. 그 질료는 시간적으로 먼저 만들어지지 않았습니다. 왜냐하면 사물들이 형성되기 이전에 시간은 생기지 않았으며 질료도 형태 없는 것이어서 시간과 동시에 나타난 것으로 관찰되기 때문입니다. 그렇지만 그 질료에 관해서 무엇인가를 이

29 질료는 재료로 이해할 수 있다.

야기할 수 있다면 그 질료를 시간적으로 먼저라고 이야기할 수밖에 없습니다. 그 질료는 가치로 헤아려서는 맨 나중의 것입니다. 왜냐하면 어떻든 간에 형태를 갖춘 것이 형태 없는 것보다 낫기 때문입니다. 그런데 당신은 창조주의 영원성을 미리 마련하고 그것을 무(無)로서 있게 하고 그 무로부터 어떤 것을 생기게 했습니다.

30
성서의 집필가들

참다운 의견도 이렇게 다양하므로 진리 자체가 일치를 가져오게끔 해 주십시오. 그리고 우리들의 하나님이 우리들을 불쌍하게 여겨서 법을 법답게(1디모 1, 8) 쓰게 해 주십시오. 법의 목적은 순수한 사랑입니다(1디모 1, 5).

그리고 누가 내게 묻기를, 당신의 종 모세가 어떤 의미로 이것을 말했느냐고 한다면 내가 당신에게 하는 고백의 말들은 나는 모릅니다라는 것 이외의 것이 아닐 것입니다. 그렇지만 내가 아는 것은 내 나름대로 말한 것 같은 경멸스러운 것들을 제외하고는 저 의견들이 참답다는 것입니다. 당신의 성서의 이 말들은 낮지만 높고, 적지만 풍요로워 선한 희망을 가진 어린아이들도(1고린 3, 1) 놀라지 않습니다. 그러나 내가 고백하건대 이 말들에서 진리를 발견하고 말하는 모든 사람들, 곧 우리들을 서로 사랑하게 해 주십시오. 마찬가지로 우리들이 헛된 것이 아니라 진리를 목말라한다면 진리의 샘인 우리들의 하나님 당신을 사랑하게 해 주십시오. 아울러 당신의 성령(聖靈)으로 가득 차서 성서를 엮은 당신의 종을 공경하려고 합니다. 그러므로 그가 당신의 계시에 의해서 이것들을 기록할 때 그는 매우 탁월한 진리의 빛과 이로운 열매를 그 안에 의미로 부여했다고 우리들이 믿습니다.

31

우리들이 말하는 진리

그러므로 누가 "모세는 내가 생각한 것을 생각했다"라고 말하고 또 다른 누가 "확실히 내가 생각한 것을 생각했다"라고 말한다면, 나는 한층 더 경건하게 이렇게 말하고 싶습니다: "만일 둘 다 옳다면, 어느 하나라도 그의 뜻과 다를 수가 있겠습니까? 그리고 만일 셋이든 넷이든 또 그 이상의 확실한 진리를 그 말에서 발견했다면, 왜 그 모든 것들을 발견했다고 믿어서는 안 되겠습니까? 하나인 하나님이 다양하게 진리를 발견한 사람들의 의미해석을 위해서 성서를 정리한 것이 아닙니까?" 나도 확실히 내 마음을 털어놓고 거리낌 없이 말하는데, 만일 내가 권위의 절정에 앉아서 어떤 것을 쓴다면, 하나의 참다운 의미로밖에 파악할 수 없는 말을 뚜렷하게 제시해서 그릇되지 않을지라도 내 마음에 들지 않는 다른 것들을 배제할 수 있게 쓰기보다 누구나 내 말의 메아리에서 진리를 얻을 수 있게끔 그렇게 쓰고 싶습니다. 그러므로 나의 하나님, 나는 당신이 저토록 위대한 인물을 받아들이지 않았다고 믿을 정도로 분별없기를 바라지 않습니다. 그가 이 말들을 썼을 때 그는, 우리들이 발견할 수 있었던 진리, 발견할 수 없었던 진리, 아직 발견할 수 없었지만 발견할 수 있는 진리를 확실히 느끼고 생각했을 것입니다.

32
성서의 참다운 의미

마지막으로 하나님이며 살과 피가 아닌 주여, 인간[30]은 다 보지는 못했다고 할지라도, 당신의 선한 성령(聖靈)은 나를 옳은 땅으로 이끌 것인데, 당신이 후세의 독자들에게 계시할, 은폐되어 있을 수 있는 말 중에서, 비록 이 말들을 기록한 사람이 여러 말들의 의미 중에서 하나만을 알았다고 할지라도, 한마디라도 생각하지 않았겠습니까? 만일 그렇다면, 그가 생각했던 것을 다른 것들보다 뛰어나게 해 주십시오. 그러나 주여, 우리들에게 그것을 증명해 주든지 아니면 당신의 마음에 두는 다른 진리를 증명해 주십시오. 그래서 당신의 그 사람[31]이 알았던 것도 우리들에게 증명해 주든지 아니면 똑같은 말로 기회에 따라 다르게 증명해 주어서 당신이 우리들을 길러 주고 그릇됨이 우리들을 속이지 못하게 해 주십시오.

보십시오. 나의 주 하나님, 우리들은 몇 마디 안 되는 말에 관해서 얼마나 많이, 내가 빌건대, 얼마나 많이 써 왔습니까! 우리들이 얼마만큼 힘을 기울이고 얼마만 한 시간을 들여야 당신의 책[32]을 모두 이런 식으로 충분히 해석할 수 있습니까? 그러므로 내가 그 책에 관해서 당신에게 고백하도록 나로 하여금 한층 더 짧게 해석하게 해 주십시오. 많은 의견들이 나올 수 있는 곳에 여러 가지 의견들이 생긴다고 해도 당신이 참답고 확실하며 선하다고 영감을 불어넣어 주는 한 가지 어떤 것만을 고르도록 해 주십시오. 그리하여 내 고백이 진실되게 해 주어서 내가

---

30 모세를 지시한다.

31 모세를 말한다.

32 성서.

당신의 종이 느낀 바로 그것을 말할 수 있다면 이는 올바르며 가장 선합니다. — 왜냐하면 이것이 내가 애써야 할 일이기 때문입니다. — 그러나 거기까지 미치지 못할지라도 당신의 진리가 그의 말을 통해서 내게 말하려고 한 그것을 말하게 해 주십시오. 당신의 진리는 말하고자 하는 것을 모세에게도 말했습니다.

제13권

창조의 빛

Confessiones Augustinus

Confessiones

1
하나님을 부르다

나의 하나님, 나의 자비여(시편 59, 16), 나는 당신을 부릅니다. 당신은 나를 만들었으며, 나는 당신을 잊었지만 당신은 나를 잊지 않았습니다. 당신이 영감을 불어넣어 준 소망에서 당신을 모시도록 준비한 내 영혼 안으로 나는 당신을 부릅니다. 이제 당신을 부르는 나를 버리지 마십시오. 당신은 내가 부르기 이전부터 거듭해서 여러 가지 목소리로 위협함으로써(시편 59, 11) 멀리서 내가 당신의 소리를 듣고 되돌아서게 하여 나를 부르는 당신을 내가 부르게 했습니다.

왜냐하면 주여, 당신은 나의 모든 죄업(罪業)을 씻어 주었고, 당신을 배반한 내 손에 복수하지 않았으며, 내 모든 선업(善業)에 앞서서 나를 만든 당신의 손으로 보상을 주었기 때문입니다. 그 이유인즉 내가 있기 이전에 당신이 있었으며, 나는 당신이 나를 존재하게 할 가치가 전혀 없었기 때문입니다. 그렇지만 보십시오. 나는 당신이 나를 만든 이 모든 것 그리고 나를 만든 이 모든 것들에 선행하는 당신의 선(善)에서 생겨서 존재합니다. 왜냐하면 당신은 나를 아쉬워하지 않았으며, 나는 당신을 도울 만큼 선하지 않기 때문입니다. 나의 주 그리고 나의 하나님, 나는 당신이 일하다가 지치지 말라고 하는 것처럼 그렇게 당신을 섬기지 않습니다. 또한 당신의 능력은 힘이 모자라서 내 복종을 필요로 하는 것이 아닙니다. 또 내가 당신을 섬기는 것이 땅을 가꾸는 것과 같아서 내가 당신을 가꾸지 않으면 당신이 버려지게 되는 것도 아닙니다. 오히려 당신을 섬기고 당신을 가꾸는 것은 내가 당신으로부터 선해지기 위함이며, 내가 선해지는 것은 당신에 의해서입니다.

2
피조물과 창조주

물론 당신의 선(善)의 충만함에서 당신의 피조물들이 존속합니다. 그래서 그 선은 당신에게 아무런 이익도 되지 않고, 당신으로부터 나와서 당신과 똑같을 수는 없을지라도 당신에게서 나옴으로써 생길 수 있었기 때문에 없어서는 안 되는 것입니다.

태초에 당신이 만든 하늘과 땅은 당신에게 무슨 가치가 있었습니까? 당신이 당신의 지혜로 창조한 정신적인 그리고 물질적인 자연물들이 당신에게 무슨 가치가 있었는지 그것들로 하여금 말하게 하십시오. 그래서(정신적 그리고 물질적인 것들은 각각 나름대로 미완성이고 형태 없는 것으로서 무질서하며 당신과 달리 멀리 떨어져 나갈 준비가 되어 있었습니다. 형태가 없을지라도 정신적인 것은 형태를 갖춘 물질적인 것보다 더 뛰어나며, 형태가 없는 물질적인 것은 전적으로 무(無)인 것보다 더 탁월한데) 그것들은 여전히 당신에게 의존하며, 형태 없는 것도 당신의 말에 의존하고 오직 그 말을 통해서 그것들은 당신의 통일로 불러들여지며, 그것들은 하나의 최고선(最高善)인 당신에 의해서 매우 선한 전체로 형성되어 존재하게 됩니다. 적어도 당신이 만들지 않았다면 이렇게 존재할 수 없는 형태 없는 것은 당신에게 무슨 가치가 있습니까?

당신이 만들지 않았다면 이렇게 있을 수 없는, 적어도 볼 수 없고 형태 없는 물질적 질료는 당신에게 무슨 가치가 있습니까? 그러므로 존재하지 않았던 것은 당신에게 존재할 가치가 없을 것입니다.

또한 미완성된 정신적 피조물에서 적어도 심연처럼 어둡게 출렁거린 것은 당신에게 무슨 가치가 있습니까? 당신과는 닮지 않은 피조물이지만 그것은 똑같은 말에 의해서 그것으로 되었고 만들어졌으며, 그 말에 의해 비추어져서 빛이 되어 비록 당신과 같지는 않을지라도 당신과 같은 형태를 형성하게 된 것이 아닙니까?

왜냐하면 신체에 있어서 존재한다는 것[1]과 아름답다는 것은 같지 않은 것처럼 — 만일 같다면 추함은 존재할 수 없을 것인데 — 창조된 정신에 있어서도 산다는 것과 지혜롭게 산다는 것은 같지 않기 때문입니다. 만일 똑같다면 모든 정신은 불변하는 지혜를 가질 것입니다. 그러나 항상 당신을 가까이하는 그러한 사람은 선하여 개종해서 얻은 빛을 당신을 등져서 잃지 않고 어두운 심연과 같은 삶으로 다시 떨어지지 않을 것입니다.

왜냐하면 우리들도 영혼에 따라서 정신적 피조물이기 때문입니다. 언젠가 우리들은 우리들의 빛인 당신을 등지고 그 삶에서 어둠으로(에베 5, 8) 있었습니다. 그리고 우리들은 하나인 당신 안에서 마치 하나님의 산(山)들인 것처럼 우리들이 당신의 정의로 되기까지 우리들 자신의 어둠의 찌꺼기 속에서 애쓰고 있었습니다. 왜냐하면 우리들은 커

1 '존재한다는 것'은 '있음(esse)'을 풀어서 옮긴 것이다.

다란 심연처럼 당신의 심판의 대상이었기 때문입니다.

3

하나님의 은총

그러나 맨 처음의 창조에서 "빛이 생겨라 하니 빛이 생겼다(창세 1, 3)"라고 당신이 말한 것은, 내가 이해하기로는, 정신적 피조물에게 잘 어울립니다. 왜냐하면 당신이 빛[2]을 비추기 이전에 이미 어떤 생명이 있었기 때문입니다. 그러나 빛을 받을 수 있는 그런 생명이 존재하기 위해서 어떤 것도 당신에게 기여한 것이 없었던 것처럼 그런 생명이 이미 존재한 이후에도 빛을 받기 위해서 당신에게 기여한 것이 아무것도 없습니다. 왜냐하면 그것의 형태 없는 상태는 빛이 되지 않는 한, 존재하는 것으로는 당신의 마음에 들지 않기 때문입니다. 그러나 그러한 상태는 비추는 빛을 직관하고 그것에 의존해야 합니다. 그래서 도대체 산다는 것, 행복하게 산다는 것은 당연히 당신의 은총에만 의존하여 결코 더 좋게도 그리고 더 나쁘게도 변할 수 없는 그분에게로 돌아가서 한결 더 선하게 되는 것입니다. 당신은 오로지 단일하게 존재하기 때문에 그분은 오직 한 분인 당신이며, 당신에게는 산다는 것과 행복하게 산다는 것이 서로 다른 것이 아닙니다. 왜냐하면 당신 자신이 당신의 지복(至福)이기 때문입니다.

2 여기에서 빛(lux)은 은총의 빛이며 지복(至福)의 빛이다.

4
피조물은 하나님을 필요로 한다

당신 자신은 선인데, 어떤 피조물도 전혀 존재하지 않거나 아니면 형태 없는 것으로 남아 있는다고 할지라도, 그렇다면 당신의 선에 필요한 것은 무엇이겠습니까? 당신은 그 피조물들을 필요해서 만든 것이 아니고 당신의 흘러넘치는 선에 의해서 그것들을 받아들여 형태를 주었습니다. 물론 그것들로 당신의 기쁨을 가득 채우기 위해서가 아니었습니다. 왜냐하면 피조물들의 불완전함이 완전한 당신의 마음에 들 수 없으므로 그것들은 당신에 의해서 완성되어 당신의 마음에 듭니다. 그러나 당신이 불완전하여 그것들이 완전하게 됨으로써 당신이 완전하게 되는 것은 아닙니다. 왜냐하면 선한 당신의 성령(聖靈)이 물 위에서 움직였다는 것은 성령이 물에서 쉬는 것처럼 물이 성령을 떠받치고 있었다는 것이 아니기 때문입니다. 당신의 성령이 그것들 안에 쉰다는 것은 그것들을 당신 안에 쉬게 한다고 말하는 것입니다(이사 11, 2; 1베드 4, 14). 그러나 소멸할 수 없고 변할 수 없으며 스스로 충분한 당신의 의지가 당신이 창조한 생명 위에서 움직였습니다. 그 생명에 있어서 산다는 것과 행복하게 산다는 것은 같은 것이 아니었습니다. 왜냐하면 자신의 어둠 속에서 떠도는 것도 사는 것이기 때문입니다. 그러한 생명에게 남는 것은 그 생명을 만든 분에게 되돌아가는 것이고, 생명의 샘에서 더욱더 잘 사는 것이며, 그의 빛 안에서 빛을 보고 완성되고 빛을 받고 행복해지는 것입니다.

5
축복받은 삼위일체

보십시오. 나의 하나님, 당신인 삼위일체[3]가 내게 수수께끼로(1고린 13, 12) 나타납니다. 왜냐하면 아버지여, 당신이, 우리들의 지혜의 시작인 당신이 지혜로, 곧 당신에게서 생겨났지만 당신과 똑같고 당신과 함께 영원한 당신의 아들로 하늘과 땅을 창조했습니다. 그런데 하늘들의 하늘과 볼 수 없고 형태 없는 땅 그리고 어두운 심연에 대해서는 우리들이 많이 말했습니다. 그리고 형태 없는 정신적인 것의 이리저리 떠도는 흐름에 대해서도 말했지만, 그것이 모든 생명을 만든 그분에게로 되돌아가서 그의 조명(照明)에 의해서 아름다운 생명이 되고 하늘들의 하늘이 되지 않았다면, 이 하늘은 물과 물이 나누어진 다음에 되었지만, 이리저리 떠도는 흐름에 지나지 않았을 것입니다(창세 1, 7).

그런데 이런 것들을 만든 하나님의 이름으로 나는 이미 아버지를 모시고 있었으며 태초의 이름으로 아들을 모시고 있었습니다. 그 아들로 당신은 이것들을 만들었으며, 이미 내가 믿은 것처럼 내 하나님을 삼위(三位)로 믿으면서 그분의 성스러운 말에서 찾아보니, 보십시오, 당신의 성령이 물 위에서 움직였다고 했습니다. 보십시오. 나의 하나님은 성부, 성자, 성령인 삼위이며 모든 피조물들의 창조주입니다.

3 기독교 신학의 기초는 아우구스티누스에서 완성되고 전체 체계는 아퀴나스에 이르러서 완성된다고 볼 수 있다. 삼위일체(trinitas)는 이미 아우구스티누스 이전 오리게네스에서 틀이 잡혔지만, 아우구스티누스는 은총설, 원죄설, 구원론, 종말론 등과 아울러 삼위일체설의 기초를 확고하게 다졌다.

6
성령과 물

그러나 오, 진리를 말하는 빛이여, 무슨 이유였습니까? 내 마음이 나에게 헛된 것을 가르치지 않도록 당신에게 기대어, 어머니인 사랑을 통해서 당신에게 비오니 말해 주십시오. 당신의 성서가 하늘과 볼 수 없고 형태 없는 땅과 심연 위의 어두움을 말한 다음에야 당신의 성령을 거론한 것은 무슨 이유에서였습니까? 위에서 움직였다라고 말하기 위해서는 성령을 암시해야만 했기 때문입니까? 당신의 성령이 무엇 위에서 움직일 수 있었는지를 이해시키기 위해서는 먼저 그것을 언급하지 않고서는 이를 말하는 것이 불가능했기 때문입니다. 성령은 성부 위에서도 그렇다고 성자 위에서도 움직이지 않았으며 그렇다고 그 위에서 움직일 아무것도 없는데 그 위에서 움직였다고 말하는 것도 옳지 않을 것입니다. 그러므로 그 위에 움직일 어떤 것을 말한 다음에 "위에서 움직였다"라고 말하는 것 말고는 다르게 언급할 수 없는 그것을 먼저 말한 것입니다. 그렇다면 위에서 움직였다라고 말하는 것 이외에는 왜 그것을 다르게 암시해서는 안 되는 것입니까?

7
성령의 작용

여기에서 이해할 수 있는 사람은 당신의 사도[4]를 따라야 하는데, 그는

4 사도 바울을 말한다.

"사랑이 우리에게 주어진 성령[5]을 통해서 우리들 마음 안에 퍼졌다(로마 5, 5)"라고 말했으며, 정신적인 것에 대해서 가르치고 사랑의 뛰어난 길을(1고린 12, 1) 증명하였고, 그리스도 사랑의 초월적인 지식을 우리들로 하여금 알게 하기 위해서 우리들을 위하여 당신 앞에 무릎을 꿇기도 하였습니다(에베 3, 14).

그러므로 그분은 태초부터 초월적으로 물 위에서 움직인 것입니다. 깎아지른 심연 속으로 우리를 끌어당기는 욕망에 대하여 그리고 물 위에서 움직이던 당신의 성령을 통해서 높이 솟아오르는 당신의 성령에 대하여 나는 누구에게 말해야 하며 또 어떻게 말하여야 합니까? 왜냐하면 그것들[6]은 우리들이 잠기거나 솟아오를 장소가 결코 아니기 때문입니다. 무엇이 더 비슷하고 무엇이 더 비슷하지 않습니까? 그것들은 감정이며 사랑입니다. 그것들은 근심을 사랑하여 아래로만 흐르는 우리들의 정신의 불순함입니다. 그리고 당신의 성령이 물 위에 움직이는 그곳에서 당신을 향해서 마음을 높이 가지라고, 그리하여 우리들의 영혼이 실체 없는 물을 건넜을 때(시편 124, 5), 비길 데 없는 휴식으로 오라고 우리들을 확고한 사랑으로 더 높게 들어 올리는 것은 당신의 거룩함입니다.

8
천사와 인간의 행복

천사도 추락하고 인간의 영혼도 추락했습니다. 만일 당신이 태초에

5 성령(spiritus sanctus)은 거룩한 정신, 성신(聖神) 등으로 불리기도 한다.
6 관능적 욕망과 하나님의 성령을 가리킨다.

"빛이 생겨라"라고 말했는데 빛이 생기지 않았더라견, 그래서 당신의 하늘나라의 복종하는 모든 지성들[7]이 당신에게 의지하지 않고 변화하는 모든 것들 위에 불변하며 움직이는 당신의 성령 안에 안식하지 않았더라면, 그러한 추락은 캄캄한 바닥 속에 있는 정신적 피조물 전부의 심연을 증명했습니다. 만일 그렇지 않았다면 하늘들의 하늘 자체까지도 어두운 심연일 것입니다. 그러나 하늘들의 하늘은 지금은 주님 안의 빛입니다(에베 5, 8).

죄악에 떨어져서 당신의 빛의 옷을 발가벗기고, 자신의 어두움을 다 드러내 보여 주는 추락한 정신들의 비참한 불안 속에서조차 당신은, 매우 위대한 이성적 피조물을 당신이 만들어서 당신보다 못한 모든 것은 그의 행복한 휴식을 위해서 전혀 충분하지 않으며 자신으로서도 만족할 수 없다는 것을 가르칩니다. 왜냐하면 우리들의 하나님, 당신은 우리들의 어둠을 비추기 때문입니다. 우리들의 옷은 당신에게서 나오고 우리들의 어두움은 대낮과 같이 될 것입니다(시편 139, 12).

나의 하나님, 당신을 나에게 주십시오. 그리고 당신을 다시 나에게 주십시오. 보십시오. 나는 사랑하고 있습니다. 만일 내 사랑이 모자란다면 나는 한층 더 사랑하겠습니다. 내 생명이 당신의 품속으로 달려가서 당신의 얼굴의 그윽함에(시편 31, 21) 파묻힐 때까지(골로 3, 3) 물러서지 않기 위해서 충분한 그 사랑이 내게 얼마나 모자라는지 나는 알아서 측량할 수 없습니다. 내가 아는 단 한 가지는, 당신이 없으면 나는 내 밖에서뿐만 아니라 내 자신 안에서도 불행하며, 내 하나님이 아닌 모든 충만함은 나에게 결핍일 뿐입니다.

---

7 지성들은 천사들이다.

9
세례의 뜻

그러나 성부나 성자는 물 위에서 움직이지 않았습니까? 만일 우리들이 물체의 경우처럼 운동을 장소의 운동으로 이해한다면 성령은 움직인 것이 아닙니다. 그러나 불변하는 신성(神性)의 탁월함이 변할 수 있는 모든 것들을 초월한다면 성부와 성자와 성령도 물 위에서 움직인 것입니다.

그렇다면 왜 당신의 성령에 대해서만 이렇게 기록되어 있는 것입니까? 장소가 없는데 왜 그분이 마치 장소에 있는 것처럼 오직 그분에 대해서만 표현되어 있습니까? 그분을 유일한 당신의 은혜[8]라고 말하지 않았습니까? 우리들은 당신의 은혜 안에(사도 2, 38) 안식합니다. 거기에서 우리는 당신을 향유합니다. 우리들의 안식은 우리들의 생명의 장소입니다.

사랑이 우리들을 그곳으로 높이 들어 올리고, 당신의 선한 성령은 죽음의 문으로부터 우리들의 비천함을 이끌어 올립니다. 우리들의 평화는 당신의 선한 뜻 안에 있습니다(누가 2, 14). 물체는 자신의 무게에 따라서 자신의 자리로 기울어집니다. 무게는 아래로만 밀지 않고 자신의 자리로도 기웁니다. 불은 위로 당기고 돌은 아래로 당깁니다. 모든 것들은 자신의 무게로 움직이며 자신의 자리를 찾습니다. 물속에 버린 기름은 물 위로 떠오르며 기름 위에 던져진 물은 기름 속에 잠깁니다. 모든 것들은 자신의 무게로 움직이며 자신의 자리를 찾습니다. 질서가 적은 곳에 불안이 있습니다. 질서가 잡히면 평안이 있습니다. 나의 무

---

8 선물(donum)은 희생으로 바치는 제물(祭物)이기도 한데 여기서는 은혜로 옮겼다.

게는 나의 사랑입니다. 어디로 이끌든지 간에 나는 그곳으로 이끌려 갑니다. 우리들은 당신의 은혜에 불타며 높이 올라갑니다. 우리는 불타면서 계속해서 갑니다. 우리들은 마음의 올라가는 길을 올라가면서 성전으로 올라가는 노래를 부릅니다(시편 121, 1).[9] 우리들은 당신의 불에, 당신의 선한 불에 불타오르면서 갑니다. 왜냐하면 "우리들은 주님의 집으로 갈 것이다"라고 나에게 말한 그것이 기뻐서 우리들은 예루살렘의 평화를 위하여 위로 가기 때문입니다. 선한 뜻이(시편 61, 8) 거기에 우리들을 정착시킬 것이고, 그래서 우리들은 그곳에 영원히 머무는 것 말고는 다른 아무것도 바라지 않습니다.

10
하나님의 선물

행복한 피조물[10]이여, 그가 창조된 순간 모든 변화가능한 것 위에 움직이던 당신의 은혜가 "빛이 생겨라 하니 빛이 생겼다(창세 1, 3)"는 당신이 말에 의해서 빛이 된 것처럼, 그 부름으로 순간적으로 그를 들어올리지 않았다면, 다른 것을 알지 못하는 그는 지금과는 다르게 있었을 것입니다. 왜냐하면 우리들에게는 우리들이 어둠이었던 시간과 우리들이 빛으로 될 시간이 구분되기 때문입니다(에베 5, 8). 그러나 저 피조물에 있어서는 빛을 받지 않았더라면 무엇이 되었을지가 언급되었습니다. 그런데 처음에는 흐르며 어두운 것처럼, 그렇게 말함으로써 다른 존재로 만든 이유를, 곧 결함 없는 빛으로 돌이켜서 빛이 된 것을 나타

---

9 시편 120~134편까지는 "성전에 올라가는 순례자의 노래"이다.

10 행복한 피조물(beata creatura)은 천사를 일컫는다.

내려고 했습니다. 이해할 수 있는 사람은 이해하게 해 주고, 당신에게 빌게 해 주십시오. 이 세상에 오는 사람에게 내가 빛이라도 비추어 주는 것처럼(요한 1, 9) 나를 성가시게 할 이유가 무엇이겠습니까?

11
축복받은 삼위일체와 인간

전능한 삼위일체를 그 누가 이해하겠습니까? 그렇지만 삼위일체를 이해한다면, 누가 삼위일체를 말하지 못하겠습니까? 삼위일체에 대해서 말하지만, 말하는 것을 아는 영혼은 드뭅니다. 그런데 사람들은 다투고 애쓰지만 평화롭게 삼위일체의 모습을 보는 사람은 아무도 없습니다.

나는 인간들이 자신 안에서 이들 세 가지를 생각할 수 있기를 바랍니다. 이들 세 가지는 저 삼위(三位)와 매우 다르지만 그것들이 얼마나 뛰어난지를 실험해 보고 증명하고 느껴보라고 나는 말합니다.

그러나 내가 말하는 이들 세 가지는 존재와 인식과 의지입니다.[11] 왜냐하면 나는 존재하고, 알며, 원하기 때문입니다. 나는 알고 원하면서 존재하고, 내가 존재하며 원한다는 것을 알고, 존재하고 알기를 원합니다.

그러므로 볼 수 있는 사람은 이 세 가지에서 생명이 얼마나 분리될 수 없는 것인지를, 곧 하나의 생명, 하나의 정신 그리고 하나의 본질이 결국 구분된다고 할지라도 얼마나 분리될 수 없는 구분을 가지는지를 보아야 할 것입니다. 확실히 자기 앞에 그것[12]이 있습니다. 저마다 자신

11 좀 더 쉽게 말하면 있음, 앎, 의지(esse, nosse, velle)로 표현할 수 있다.
12 존재, 인식, 의지의 세 가지.

의 속을 들여다보고 나에게 말하게 해 주십시오.

그러나 이것에서 어떤 것을 발견해 내고 말할 수 있다고 해서 그것 위에 불변하게 존재하는 분을 발견한 것으로 믿어서는 안 됩니다. 그분은 불변하게 존재하고 불변하게 알며 불변하게 원하기 때문입니다. 그리고 이들 세 가지 때문에 당신에게도 삼위(三位)가 있는지, 이들 세 가지가 각각의 위(位)에 있어서 삼위(三位)에 있는지, 또는 삼위는 고유한 무한의 한계를 소유하므로 그 단일성의 풍부한 위대함 안에 존재하며, 자신을 알고 불변하게 자신이 충분하므로 저 두 가지가 다양한 하나 안에서 놀랄 만하게 실현되는지 누가 쉽게 생각할 수 있겠습니까? 누가 어떻다고 말할 수 있겠습니까? 누가 자기 나름대로 거리낌 없이 자신의 견해를 말할 수 있겠습니까?

12
세례와 성령의 작용

나의 신앙이여, 계속해서 고백하여라. 너의 주님에게 말하라. 거룩한, 거룩한, 거룩한(이사 6, 3) 나의 주 하나님, 우리들은 당신의 이름으로 세례를 받았습니다. 성부와 성자와 성령이여, 우리들은 당신의 이름으로 세례를 줍니다(마태 28, 19). 하나님은 우리에게도 자신이 그리스도 안에 하늘과 땅을, 곧 자신의 교회의 정신적인 것[13]과 육체적인 것을 창조했으므로(로마 8, 4), 우리의 땅이 이론을 통해서 형태를 받아들이기 이전까지는 볼 수 없고 형태를 갖추지 않은 것이었으며, 우리들은 무지

13 정신적인 것은 바로 영적(靈的)인 것이다.

(無知)의 어둠에(사도 17, 30) 덮여 있었습니다. 왜냐하면 당신은 죄를 벌함으로써 사람을 가르치고(시편 39, 12) 당신의 심판은 커다란 심연이기 때문입니다(시편 36, 7). 그러나 당신의 성령이 물 위에서 움직였기 때문에 당신의 자비는 우리들의 비참함을 저버리지 않고 이렇게 말했습니다: "빛아 생겨라. 천국이 가까이 왔으니 회개하라. 회개하라. 빛아 생겨라(마태 3, 2; 4, 17)." 그리고 우리들의 영혼 자신은 속상해 했으며 요르단의 땅에서, 당신과 같은 산에서, 그러나 우리들 때문에 작아진 산에서 주여, 당신을 생각했습니다(시편 42, 7). 우리는 우리들의 어둠을 싫어하였고 당신을 향하여 돌아섰고 빛이 생겼습니다(시편 51, 15). 그런데 보십시오. 우리들은 언젠가 어둠이었지만 지금은 주님 안의 빛입니다(에베 5, 8).

13
하나님을 갈망하다

그렇지만 우리들은 보는 것을 통해서가 아니라 신앙을 통해서(2고린 5, 7) 빛이 되었습니다.[14] 왜냐하면 우리들은 희망에 의해서 구원받았기 때문입니다. 그러나 보이는 희망은 희망이 아닙니다(로마 8, 24). 지금까지도 심연이 심연을 부르고 있지만 이미 당신의 폭포수 같은 목소리로 부르고 있습니다(시편 42, 8). "나는 여러분에게 정신에 속한 사람에게 말하듯이 할 수 없어서 육체에 속한 사람에게 말하듯이 했습니다(1고린 3, 1)"라고 말한 그가 목적을 이루지 못한 것으로 생각해서

14 원문에는 "여기까지(adhuc)"로 되어 있는데, 여기까지의 뜻은 "우리들 인간이 신앙을 통해서 빛이 되기까지"이다.

뒤에 있는 것들을 잊고 앞에 있는 것들로(빌립 3, 13) 힘쓰고 억눌려 탄식하면서 그의 영혼은 샘물을 갈망하는 사슴들처럼 살아 있는 하나님을 갈망하면서 이렇게 말하는 것이었습니다: "내가 언제 와야 할까요?" "천상으로부터 온 그분의 거처의 옷을 끼어 입기를 애타게 바라면서(2고린 5, 2)", 그리고 낮은 심연을 부르면서 이렇게 말했습니다: "여러분은 이 시대의 풍조를 본받지 말고 여러분의 마음을 새롭게 함으로써 혁신하세요(로마 12, 2)." "여러분은 생각하는 데는 아이가 되지 마십시오. 그러나 생각하는 데 있어서 완전한 자가 되기 위해서 악에는 아이가 되십시오(1고린 14, 20)." "오, 어리석은 갈라디아인들이여, 누가 여러분을 유혹했습니까(갈라 3, 1)?" 그러나 이미 그는 자신의 목소리로 말하지 않습니다. 그는 높은 곳에 올라가서 강물의 벅찬 흐름이 당신의 나라를 기쁘게 하게끔(시편 46, 5) 자신의 은혜의 폭포수를 열어 준(말라 3, 10) 그분을 통해서 천상에서 당신의 성령을 보내 준 당신의 목소리로 말합니다.

신랑의 친구(요한 3, 29)는 이미 자신 안에 성령의 첫 번째 결과를(로마 8, 23) 지니면서 그녀를 그리워하면서도 자신의 신체의 보상을, 곧 양자되기를 기다리면서 스스로 탄식합니다(2고린 5, 2). 그는 — 신부의 지체(肢體)이기 때문에 — 그녀를 그리워하고 — 신랑의 친구이기 때문에 그녀를 질투합니다 — 그는 자신을 위해서가 아니라 그녀를 위해서 질투합니다. 왜냐하면 그는 자신의 목소리가 아니라 당신의 폭포수와 같은 목소리로 다른 심연을 부르기 때문입니다. 마치 뱀이 자신의 간계(奸計)로 이브를 속인 것처럼(2고린 11, 3) 사람들의 느낌이 당신의 외아들, 곧 우리들의 신랑 안에 있는 순결을 잃지나 않을까 그는 신랑을 질투하고 두려워합니다. 있는 그대로의 모습을 우리들이 보게 될 때(1요한 3, 2), 그리고 매일 네 하나님은 어디에 있느냐고 내게 말하는 사이에 나에게 빵이 되었던 그 눈물이 지나가 버렸을 때 그 빛은 어떤 아름다운 빛입니까?

14
믿음과 소망

그리고 나도 말합니다. 나의 하나님, 어디에 있습니까? 보십시오, 당신이 어디에 있는지를. 축제를 기뻐하는 소리인 환희와 찬미의 목소리로 내 영혼이 부풀어 오를 때(욥기 32, 20), 나는 잠시 당신 안에서 휴식을 취합니다. 그래도 아직까지 나는 슬픕니다. 다시 떨어지고 심연이 되기 때문에, 아니 오히려 아직까지 나 자신이 심연이라는 것을 느끼기 때문입니다. 당신이 내 발을 비추기 위해서 밤에 밝혀 준 신앙이 내 영혼에게 말합니다: "영혼이여, 어찌하여 슬퍼하는가? 어찌하여 나를 괴롭히는가(시편 41, 6)?" "주님에게 소망하여라. 그의 말은 네 발등에 등불이다(시편 119, 115)." 사악한 자들의 어머니인 밤이 지나갈 때까지, 주님의 분노가 — 그 분노의 아들이었던 우리들도 한때는 어둠이었으며 그것의 찌꺼기를 죄 때문에 죽은 신체에 지니고 있는데 — 다 지나가 버릴 때까지 "날이 새고 어두운 그늘이 걷힐 때까지(아가 2, 17) 주님에게 소망하여라." 나는 이른 아침에 일어서서 그분을 볼 것입니다(시편 6, 5). 나는 언제나 그분에게 고백할 것입니다(시편 6, 4). 나는 아침에 일어나서 내 얼굴의 구원을, 곧 내 하나님을 볼 것입니다(시편 43, 5). 내 하나님은 우리들 안에 거주하는 성령에 의해서 우리들의 죽을 몸을 살게 했습니다(로마 8, 11). 왜냐하면 성령은 우리들의 내면의 어둡고 불안한 심연 위에서 자비롭게 움직였기 때문입니다. 그분으로부터 우리들은 이 타향살이에서 보증을(2고린 1, 22) 받았습니다. 그렇지만 우리들은 예전처럼 밤의 자식들도 또 어둠의 자식들도 아니고, 지금까지 희망에 의해서 구원받았으며(로마 8, 11), 빛의 자식들, 낮의 자식들이 되었으므로 이미 빛으로(로마 8, 24) 존재하는 보증을 받았습니다.

인간 인식의 이러한 지금까지의 불확실함 속에서 오직 당신만이 어둠의 자식들과 우리들 사이를 갈라놓습니다. 당신은 우리들의 마음을 증명하며(시편 17, 3), 빛을 낮이라고 부르고 어둠을 밤이라고 부릅니다(창세 1, 5). 당신이 아니면 누가 우리들을 알아내겠습니까(1고린 4, 7)? 그러나 당신에게서 받지 않은 무엇을 우리들이 가지고 있습니까? 똑같은 덩어리에서 나와서 다른 사람들은 불명예스럽게 사용될 그릇이 되었어도 우리들은 명예롭게 사용될 그릇입니다(로마 9, 21).

15
성서와 천사들

우리들의 하나님, 우리 위에 있는 권위의 창공[15]을 당신의 성서 안에 마련한 분이 당신 아니면 누구입니까(창세 1, 7)? 왜냐하면 하늘은 책처럼 접혀질 것이지만(이사 34, 4), 지금은 가죽처럼 우리들 위에 펼쳐져 있기 때문입니다(시편 104, 2). 당신의 성서는, 당신이 성서를 우리에게 전하도록 한 그 사람들이 이미 죽었을 때 한층 더 숭고한 권위를 가지고 있습니다. 그리고 당신은 압니다. 주여, 죄악에 의해서 사람들이

15 창공(firmamentum)은 하늘, 궁륭, 천계(天界), 강함, 중점, 주장 등의 뜻을 가지고 있다. 아우구스티누스는 성서를 창공에 비유하고 있다.

죽게 되었을 때 당신이 어떻게 사람들에게 가죽을 입혀 주었는지 당신은 압니다. 그래서 당신은 당신의 성서의 창공을 어떻든 당신의 일치하는 말들을 함께 마치 가죽처럼 펼쳐서 죽을 인간들을 시켜 우리들 위에 놓아두었습니다. 그들이 알린 당신이 말들에서 그 권위의 창공은 그들의 죽음에 의해서 한층 더 숭고하게 아래에 있던 모든 것들 위에 펼쳐졌습니다. 그것은 그들이 살아 있었을 때는 그렇게 숭고하게 펴지지 못했습니다. 왜냐하면 당신은 아직 하늘을 가죽처럼 펼치지 않았으며 그들이 죽었다는 소문을 사방에 퍼뜨리지 않았기 때문입니다.

주여, 당신의 손가락들의 일을, 곧 하늘을[16] 우리들에게 보여 주십시오(시편 8, 4). 당신은 구름으로 하늘을 덮었는데 그 구름을 우리들의 눈에서 치워 주십시오. 거기에는 당신이 어린이들에게 지혜를 주는 당신의 증언이 있습니다. 나의 하나님, 어린이와 젖먹이들의 입에서 당신을 완벽하게 찬미하게 해 주십시오(시편 8, 3). 이렇게 교만함을 쳐부수는, 이렇게 자신의 죄를 옹호하면서 당신과의 화해에 대항하는 원수와 변호자를(시편 9, 3) 쳐부수는 어떤 다른 책도 우리는 알지 못합니다. 주여, 이렇게 나에게 고백하기를 설득하고, 내 목을 당신의 멍에에 숙이게 하고, 대가 없이 당신을 섬기도록 나를 부르는 그런 순수한 말은(마태 11, 29) 다른 말에서는 전혀 알 수 없습니다. 선한 아버지여, 내가 그 말들을 이해하게 해 주십시오. 그 말들에 수그린 나에게 이것을 주십시오. 왜냐하면 당신은 수그린 자들을 위해서 그 말들을 견고하게 했기 때문입니다.

이 창공 위에는 또 다른 물들이(창세 1, 7) 있습니다. 내가 믿건대 그것들은 지상의 부패에서 이탈한 불멸하는 존재들입니다. 그들로 하여

---

16 손가락(digitus)은 성령(聖靈)이며, 성령이 쓴 하늘(caelum)은 바로 성서를 가리킨다.

금 당신의 이름을 찬미하게 하십시오. 당신의 천사들인 천상의 백성들로 하여금 당신을 찬미하게 하십시오. 그들은 이 창공을 우러러볼 필요도 없으며 당신의 말을 읽어서 알 필요도 없습니다. 그 천사들은 항상 당신의 얼굴을 보기 때문에(마태 18, 10) 그들은 거기에서 시간적인 철자의 음절 없이도 당신의 영원한 의지가 무엇을 원하는지 읽을 수 있습니다. 그들은 읽고 선택하고 사랑합니다. 언제나 읽어도 그들이 읽는 것은 지나가서 소멸되지 않습니다. 왜냐하면 그들은 선택하고 사랑하면서 당신의 의도의 불변성 자체를 읽습니다. 그들의 필사본(筆寫本)이 덮이지도 않고, 그들의 책이 말려지지도 않는 것은(누가 4, 20) 당신 자신이 그들에게 이 책이 되고 영원히 존재하기 때문입니다. 당신은 그들을 이 창공 위에 두었으며, 창공을 낮은 곳에 있는 약한 백성들 위에 두어 이들로 하여금 우러러 보며, 시간을 만든 당신을 시간적으로 알리는 당신의 자비를 알게끔 했습니다. 왜냐하면 하늘에서는 주여, 당신의 자비와 당신의 진리가 구름에까지 미치기 때문입니다(시편 36, 6). 구름은 지나가도 하늘은 남아 있습니다. 당신의 말의 전도자들은 이승의 삶에서 저승의 삶으로 옮아가되, 당신의 성서는 세상이 끝날 때까지 백성들 위에 펴집니다. 그러나 하늘과 땅은 지나가 버리지만, 당신의 말은 지나가 버리지 않으니(마태 24, 35), 가죽은 접히고(이사 34, 4) 그 위에 가죽이 펴져 있던 풀은 자신의 빛을 잃을지라도(이사 40, 6) 당신의 말은 영원히 남아 있기 때문입니다. 이 말은 지금 희미한 구름 속에 하늘의 거울을 통해서 우리들에게 나타나며(1고린 13, 12) 있는 그대로가 아니니, 당신의 아들이 우리들을 사랑한다고는 할지라도 아직은 우리들의 미래가 나타나지 않았기 때문입니다(1요한 3, 2). 그분이 육신의 창틀을 통해서 우리들을 보고, 우리들로 하여금 사랑하고 불타게 하여 우리들은 그의 향기를 따라 달려가게 되었습니다(아가 1, 3). 그러나 그분이 나타날 때, 우리들은 있는 그대로의 그분을 볼 것이기 때문에 우리들은 그분을 닮게 될 것입니다(1요한 3, 2). 그렇습니다. 주여, 아직 우리들은 그렇지 못해도 우리들은 있는 그대로의 그분을 볼 것입니다.

16
불변하는 하나님

오로지 당신만이 전적으로 당신이 존재하는 것을 압니다. 왜냐하면 당신은 불변하게 존재하고, 불변하게 알며, 불변하게 원하기 때문입니다. 그리고 당신의 본질은 한결같이 알고 원합니다. 당신의 인식은 한결같이 존재하고 원하며, 당신의 의지는 한결같이 존재하고 압니다. 불변하는 빛이 자신을 인식하는 것과 같이 빛을 받은 변화하는 것도 똑같이 인식한다는 것을 당신은 옳게 여기지 않습니다. 그러므로 내 영혼은 당신에게는 물 없는 땅이니(시편 143, 6), 스스로 자신을 비출 수 없는 것처럼 스스로 자신을 채울 수 없기 때문입니다. 왜냐하면 당신의 빛 안에서 우리들이 빛을 보게 될 것처럼 그렇게 생명의 샘이 당신에게 있기 때문입니다(시편 36, 10).

17
마른 땅과 바다

누가 쓰디쓴 것들을 하나의 사회에 모아 놓았습니까?[17] 그들의 똑같은 목적은 시간적인 지상(地上)의 더없는 행복입니다.[18] 헤아릴 수 없이 다양한 근심으로 동요할지라도 그들은 이것을 얻기 위해서 온갖 것들을 다 행합니다. 주여, 물들을 한 장소로 모이라고(창세 1, 9) 말한 분이 당신 아니면 누구입니까? 바다는 당신의 것이고 당신이 그것을 만들었으며 당신의 손이 마른 땅을 발견했기 때문에(시편 95, 5) 당신을 향해서 목마르라고(시편 63, 2) 그 마른 땅을 나타나게 한 것이 아닙니까? 짜디짠 의지가 아니라 물의 모임이 바다라고 일컬어집니다. 왜냐하면 당신은 인간 영혼의 사악한 욕망을 억제시키고 물길에 한계를 정해 주어 파도가 서로 부서지게 하여 이렇게 바다를 만들고 만물 위에 당신의 지배의 질서를 폈습니다.

그러나 당신에게 목마르고, 바다의 모임과는 구분되는 다른 목적을 가진 것으로 당신에게 나타나는 영혼들에게는 그 땅이 자신의 열매를 맺게끔 당신이 은밀하고 감미로운 샘물로 물을 뿌려 줍니다(창세 2, 6). 그 땅은 열매를 맺고(시편 67, 7), 우리들의 영혼은 자신의 주인인 하나님 당신의 명령에 따라서 자기 나름대로 자비의 일들을 산출하고 육신의 어려움을 보살펴서 이웃을 사랑합니다. 우리의 영혼은 같은 씨앗을 자신 안에 가지므로(창세 1, 12) 우리들의 연약함을 고려하여 어려운 이들을 돕기 위해서 어려움을 함께 나누고, 우리들이 곤궁할 때 남들이 도와주기를 바라는 것처럼 그들의 힘을 필요로 합니다. 그러나 씨앗을 맺는 풀처럼 쉬운 일들에 있어서만이 아니라 열매를 맺는 나무처럼(창세 1, 11) 힘찬 도움으로 우리들은 영혼을 보호합니다. 즉 불의

---

17 "하나님이 뭍을 땅이라 하고, 모인 물을 바다라고 하였다. 하나님이 보기에 좋았다(창세 1, 10)." 모인 물은 세상 또는 세상 사람들의 일부이다. 땅과 바다를 합해서 세상을 만들었다.

18 더없는 행복(felicitas)은 보통 지복(至福)으로 이해되고 일반적인 행복(beatitudo)보다 더 완전한 행복으로 이해되기도 하나 동일한 의미로 사용되기도 한다.

를 당하는 자를 권력자의 손에서 빼내고, 정의로운 판단의 당당한 기세로 우리들은 그에게 보호의 그늘을 펴 줍니다.

18
창조작업에 대한 암시

이렇게, 주여, 내가 당신에게 빌건대, 당신이 하는 것처럼 생기게 하고, 당신이 기쁨과 능력을 주는 것처럼 이렇게 땅에서[19] 진리가 생기게 하십시오(2고린 9, 7∼12). 그리고 정의가 하늘에서 굽어보고(시편 85, 12) 창공에는 빛이 있게 하십시오(창세 1, 14). 우리들로 하여금 굶주린 이들에게 우리들의 빵을 쪼개어 나누게 하고 집 없는 가난한 이를(이사 58, 7) 우리들의 집으로 맞이하게 하며 헐벗은 이를 옷 입혀 주게 하고 우리들의 집안과 가까운 이들을 업신여기지 말게 하십시오.

어떤 열매가 땅에서 났는지 보십시오. 그것은 훌륭합니다(창세 1, 12). 그리고 우리들의 새벽 빛이 솟아오르게 하십시오(이사 58, 8). 그리하여 이러한 행위의 낮은 결실로부터 한층 더 높은 생명의 말을(빌립 2, 16) 명상의 기쁨 속에 얻어서 당신의 성서의 창공에(빌립 2, 15) 단단히 부착하여 세상의 빛처럼 나타나게 해 주십시오.

왜냐하면 거기에서 당신은 우리들로 하여금 지적(知的)인 것과 감각적인 것을 낮과 밤처럼 구분하도록 논의하게 하며(창세 1, 18) 또한 영혼에 있어서도 어떤 것은 지적인 것에 몰두하고 또 어떤 것은 감각적인

---

19 여기에서 땅(terra)은 세례받기 이전의 인간의 영혼을 말한다. 영혼은 세례를 받아야 굳은 신앙에 의해서 하나님의 품을 향하여 구원의 길을 밟아 나갈 수 있다는 것이 아우구스티누스의 견해이다.

것에 몰두한다는 것을 가르쳐 줍니다. 그래서 이미 창공이 만들어지기 이전처럼 오직 당신만 심오한 결정에 의해서 빛과 어둠을 나누지 않고(창세 1, 4), 같은 창공에 자리잡은 당신의 정신적 자식들도 당신의 은총이 세상에 명백하게 나타났으므로(2디모 1, 9) 땅 위에 빛나고, 낮과 밤을 나누고 시간을 표시하게끔 했습니다(창세 1, 14). 왜냐하면, 보십시오, 낡은 것이 지나가고 새것이 만들어졌기 때문이며(2고린 5, 17), 우리들의 구원이 우리들이 믿었던 것보다 더 가깝게 다가왔기 때문이며, 밤은 지나갔지만 낮이 가까웠기 때문입니다(로마 13, 11). 그리고 당신은 축복으로 당신의 해(年)를 영광되게 하여, 다른 사람들이 파종하느라고 애쓴 당신의 수확에 일꾼들을 보내기도 하고(마태 9, 38) 수확이 끝난 또 다른 들에 파종할 일꾼을 보내기도 합니다(요한 4, 38).

이렇게 당신은 원하는 자의 소망을 채워 주고, 의인의 세월을 축복해 주지만, 당신은 소멸하지 않는 세월 속에서 똑같으며 지나가 버리는 세월을 위하여 곡물창고를 준비합니다(시편 102, 28).

물론 당신은 영원한 조언(助言)으로 적절한 때에 천상의 선을 땅 위에 내려 줍니다(창세 1, 11). 당신은 어떤 사람에게는 성령을 통해서 지혜의 말을 마치 커다란 등불처럼 주는데, 그것은 새날의 시초에 해가 돋자 밝은 진리의 빛을 기뻐하는 사람들을 위한 것입니다. 그러나 당신은 똑같은 성령에 따라서 어떤 사람에게는 작은 등불처럼 지식의 말을 주기도 합니다. 당신은 "어떤 이에게는 신앙을, 어떤 이에게는 병 고치는 은혜를, 어떤 이에게는 기적을 행하는 힘을, 어떤 이에게는 예언을, 어떤 이에게는 성령의 식별력을, 또 어떤 이에게는 여러 가지 언어능력을 줍니다(1고린 12, 8~11)." 그런데 이 모든 것들은 별들과 같습니다. 왜냐하면 이 모든 것들을 하는 것은 똑같은 하나의 성령으로 각자가 원하는 대로 알맞게 나누어 주며 사람들의 유용성을 위하여 뚜렷한 자리에 별들이 나타나게 하기 때문입니다.

때에 따라서 달처럼 변하는 모든 성사(聖事)[20]를 포함하는 지식의 말과 별에 비유해서 언급한 다른 은혜의 지식들은 이미 말한 낮이 누리는 저 지혜의 밝음과 매우 다른 만큼 밤의 시초에 있습니다. 왜냐하면 이러한 은혜들은 당신의 가장 사려 깊은 종이, 곧 완전한 자들 중에서 지혜를 말하는 그 종이(1고린 2, 6) 성령에 속한 이들을 대하는 것처럼 말하지 못하고 육체에 속한 이들을 대하는 것처럼 말할 수밖에 없었던 그러한 사람들에게 필요했기 때문입니다(1고린 3, 1).

그러나 짐승과 같은 인간은 그리스도 안의 어린이이고 젖먹이와 같으므로 단단한 음식을 먹을 정도로 강인해지고, 태양을 바로 쳐다볼 정도로 시력이 강해지기까지는 자신의 밤을 버리지 말고 달빛과 별빛으로 만족하여야 할 것입니다.

가장 지혜로운 나의 하나님, 이것들이 아직은 기호와 시간과 날과 해(年)뿐일지라도 당신은 우리들이 놀랄 말한 명상으로 모든 것들을 식별하게끔 당신의 창공인 당신의 성서에서 우리들로 하여금 이것들을 논의하게 합니다.

19
마음의 정화

그러나 여러분은 먼저 씻고 깨끗하게 되십시오. 여러분의 영혼과 내 눈앞에서 악함을 버리고(이사 1, 16) 마른 땅[21]이 나타나게 하십시오(창

---

20 모든 성사(omnia sacramenta)는 복음을 설교하는 일과 세례 등을 포함하여 흔히 비의(秘儀)라고도 일컬어진다.

세 1, 9). 선행하기를 배우고, 고아를 옳게 판단하고, 과부를 변호하며 (이사 1, 17) 땅은 목초와 과일나무를 낳게 합니다(창세 1, 11). 그리고 오십시오. 우리들이 의논합시다. 땅 위를 비추기 위해서 등불이 하늘의 창공에 있으라고 주님이 말합니다(창세 1, 14).

저 부자(富者)가 훌륭한 스승에게 영원한 생명을 얻기 위해서 무엇을 할 것인지 물었습니다(마태 19, 16~22). 그러나 하나님이기 때문에 선한 그 훌륭한 스승을 그 부자는 인간으로만 생각하고 결코 그 이상으로는 생각하지 않았는데, 그 훌륭한 스승이 부자에게 말했습니다: "생명으로 나아오기를 원한다면 계명을 지켜라. 사악함과 무익함의 쓴맛을 자신에게서 떨쳐 내어라. 죽이지 말고 간음하지 말며 도둑질하지 말고 거짓증언을 하지 말아라. 그래서 마른 땅이 나타나서 부모의 공경과 이웃 사랑을 낳게 하라." 그 부자는 이 모든 것들을 지켰다고 말했습니다(누가 18, 18). 만일 땅이 풍요롭다면 이 많은 가시들은 어디에서 온 것입니까? 가십시오. 인색함의 무성한 덤불을 모조리 뽑아내시오. 소유한 것을 팔아 가난한 이들에게 주어 열매를 알차게 하십시오. 그리하여 그대는 하늘에 보화를 가질 것이니, 만일 그대가 완전한 자가 되려거든 주님을 따르시오. 낮과 밤에게 나누어 줄 것을 아는 그분이 지혜를 말하는 그들 중에 그대도 한 동아리가 되어(1고린 2, 6) 그대에게도 하늘의 창공에 등불이 켜지게끔 그대 역시 아십시오. 이것은 거기에 그대의 마음이 없다면 되지 않을 일입니다. 그대가 훌륭한 스승에게서 들은 것처럼 거기에 그대의 보화가 없었다면 될 수 없는 일입니다. 그러나 불모의 땅은 스스로 슬퍼하였고, 가시들[22]은 그분의 말을 질식하게

21 마른 땅(arida)은 잡것이 섞이지 않은 땅이므로 선(善)을 의미한다.

22 가시들이란 죄악에 물든 육체들을 가리킨다.

했습니다(마태 13, 7 · 22).

그러나 그대들은 뽑힌 민족이며(1베드 2, 9) 세상의 약한 자들이요 주님을 따르기 위해서 모든 것을 버렸으니(1고린 1, 17) 그의 뒤를 따라가서 힘 있는 자들을 쳐부수십시오. 아름다운 발들이여 그의 뒤를 따라가서(마가 10, 28) 창공을 밝게 하여 아직까지는 천사들의 것 같지는 않아도 완전한 자들의 빛과 절망한 자들의 것이 아닌 어린아이들의 어둠을 구분하면서 하늘이 그의 영광을 나타나게 하십시오(1고린 1, 27). 모든 땅 위를 밝게 비추십시오. 그리하여 태양으로 밝은 낮이면 지혜의 말을 낮에 알리고, 달빛으로 밝은 밤이면 지식의 말을 밤에 알리십시오. 달과 별이 밤을 비추므로 어둡지 않습니다. 왜냐하면 달과 별은 각각의 분수에 따라서 밤을 비추어 주기 때문입니다. 보십시오. 하나님이 하늘의 창공에 빛이 있으라라고 말한 것처럼(창세 1, 14) 갑자기 하늘로부터 강한 바람이 불어오는 것 같은 소리가 들리더니 불처럼 갈라진 혀들이 보이고 그것들 각각 위에 그 소리가 앉았습니다(사도 2, 2~3). 그리하여 생명의 말을 가지는 빛들이 하늘의 창공에 켜졌습니다(1요한 1, 1). 거룩한 불들이여, 아름다운 불들이여, 사방으로 서로 달려가십시오. 왜냐하면 그대들은 세상의 빛이며, 큰 그릇[23]의 밑에 감추어져 있지 않기 때문입니다. 그대들이 달라붙은 그분은 높아지고, 그분은 그대들을 높여 주었습니다. 서로 달려가서 모든 백성들에게 알리십시오.

23 큰 그릇(modius)은 약 36리터의 물건을 담을 수 있는 큰 그릇이다.

20
정신적인 것들의 창조

바다도 잉태하여 여러분의 일들을 낳게 합시다. 그리고 물은 생명의 혼이 있는 길짐승들[24]을 낳게 합시다(창세 1, 20). 여러분은 귀한 것을 천한 것에서 구별하면서 하나님의 입이 되었고(예레 15, 16) 하나님은 그 입을 통해서 말했습니다: "물은 땅이 낳는 생명의 혼이 아닌, 생명의 혼을 가진 길짐승들과 새들을 출산하라(창세 1, 20)." 하나님, 당신의 성사(聖事)[25]는 당신의 성도들의 활동을 통해서 세상의 유혹이 소용돌이치는 한가운데로 기어들어 당신의 세례에 의해서 이방인들[26]을 당신의 이름으로 젖게 했습니다. 이런 가운데도 마치 거대한 고래들과도 같이[27] 위대한 놀라울 만한 일들이 이루어졌습니다(창세 1, 21). 그래서 당신의 사도들의 목소리는 땅 위와 당신의 성서의 창공 바로 아래를 날면서 어디로 가든지 간에 성서의 권위를 자기들의 방패로 삼았습니다. 그들의 목소리가 모든 땅에 퍼지고 그들의 말이 땅끝까지 미쳤을 때 그들의 목소리를 듣지 못한 어떤 이야기도 또 어떤 말도 없었습니다(시편 19, 4~5). 왜냐하면 주여, 당신은 축복으로 이런 것들을 증가시켰기 때문입니다(창세 1, 22).

나는 거짓말을 하고 있습니까 아니면 혼란에 빠져서 하늘의 창공에

---

24 생명의 혼이 있는 길짐승들(reptilia animarum vivarum)에서 생명의 혼은 그리스도의 영혼을 뜻한다.

25 성사들(sacramenta)은 영세(領洗), 견진(堅振), 성체(聖體), 고해(告解), 종부(終傅), 신품(神品), 혼배(婚配) 등 일곱 가지를 말한다.

26 여기에서 이방인은 기독교 신자가 아닌 이단자를 가리킨다.

27 '거대한 고래들과도 같이'의 원문은 '거대한 결합체들과도 같이(tamquam coeti grandes)'이다. 창세기에는 '커다란 바다짐승들'이라고 기록되어 있다.

있는 이 사물들의 밝은 인식과 하늘의 창공 아래에 그리고 파도치는 바다 안에 있는 물질적인 일들을 구분하지 못하는 것입니까? 어떤 것의 앎은 견고하여 마치 지혜와 지식의 빛처럼 세대와 함께 증가되지 않고 굳게 결정되어 있습니다. 그리고 같은 것들이라도 물질적 작용이 많고 다양한 것들이 있습니다. 하나님, 당신의 축복에 의해서 이것으로부터 저것으로 커 가면서 증가하는 것도 있습니다. 당신은 소멸할 감각의 권태로움에 새 힘을 가져다줍니다. 그래서 당신은 마음의 인식에 있어서 한 사물이 물질적 운동을 통해서 형태를 가지고 또 일컬어지게 했습니다.

물들이 이런 것들을 산출해 냈지만 당신의 말로 한 것이었습니다. 당신의 진리의 영원성에서 멀리 떨어진 백성들의 필요가 이런 것들을 산출했지만 당신의 복음으로 그렇게 한 것입니다. 왜냐하면 물들이 이런 것들을 스스로 주었으며, 물의 쓴맛은 당신의 말로 이런 것들을 산출하게 한 원인이었기 때문입니다.

그래서 모든 것들은 당신이 만들어서 아름다우며, 보십시오, 모든 것들을 만든 당신은 이루 다 말할 수 없을 정도로 한층 더 아름답습니다. 그로부터 아담의 타락의 없었더라면 그의 복부에서 바다의 짠맛, 곧 호기심이 깊고, 폭풍에 부어오르고 불안하게 동요하는 그런 종류의 인간이 흘러나오지 않았을 것이며, 따라서 당신의 사자(使者)들도 신비로운 일들과 말들을 물질적으로 그리고 감각적으로 그렇게 많은 물에다 작업할 필요가 없었을 것입니다.

지금의 나만 해도 길짐승과 날짐승을 이렇게 제시하지만, 이것들에 의해서 세례받고 물체적인 성사(聖事)로 가르침을 전수받은 사람들도 그들의 영혼이 다른 계층에서 정신적으로 살아가며 입문(入門)의 말 다음에 완성을 지향하지 않는 한, 계속해서 더 진보할 수 없을 것입니다.

21
새와 물고기의 창조

그러므로 당신의 말에 의해서 바다의 깊이가 아니라 물의 짠맛에서 나누어진 땅이(창세 1, 20) 생명의 혼을 소유한 길짐승과 날짐승이 아닌 생명의 혼을(창세 1, 24) 나타나게 했습니다.

이미 생명의 혼[28]은 그것이 물에 덮여 있을 때 필요했던 것처럼 이방인들에게 필요한 세례를 필요로 하지 않습니다. 왜냐하면 당신이 이렇게 들어오라고 성사를 세워 준 후부터 다른 것들로부터는 천국으로 들어갈 수 없기 때문입니다(요한 3, 5). 또 그는 믿기 위해서 매우 놀라운 일들을 찾지도 않습니다(마태 12, 39). 기적의 표시와 현상을 보지 않고는(요한 4, 48) 믿지 않는 그가 아니므로, 이미 믿는 땅은 불신의 쓴 바닷물로부터 구별되었고 언어는 믿는 이들이 아니라 믿지 않는 이들을 위한 표시입니다(1고린 14, 22). 그러므로 당신이 물 위에 터를 잡게 한 땅은 당신의 말에 의해서 물이 산출한 날짐승과 같은 종류가 필요 없습니다. 당신의 사자들을 통해서 당신의 말을 그 땅으로 보내십시오. 우리들은 그들의 일을 이야기하고 있지만, 그들이 생명의 혼을 낳게끔 그들 안에서 일하는 분은 당신입니다.

그들이 일하는 바탕이 땅이기 때문에 땅은 생명의 혼을 산출합니다. 그들이 생명의 혼을 가진 길짐승과 하늘의 창공 아래에 있는 날짐승을 산출한 바탕이 바다인 것과 같지만 땅은 이미 그런 것을 필요로 하지 않습니다. 믿는 이들 앞에 이미 당신이 마련한 밥상에서 땅은 심연으로부터 꺼낸 물고기[29]를 먹기 때문입니다. 그러므로 마른 땅을 기르기 위

---

28 생명의 혼은 그리스도의 영혼을 지시한다.

29 물고기(piscis)는 그리스도를 상징한다. 원시교회(초대교회)에서는 그리스어 이

해서 심연으로부터 물고기가 꺼내진 것입니다. 그리고 새들도 바다에서 생기기는 했지만 땅 위에서 증식합니다. 복음을 전하는 첫 번째 소리의 원인은 인간의 불신이었습니다. 그러나 믿는 이들은 기운을 되찾으며 나날이 여러 가지로 축복을 받습니다. 그러나 생명의 혼은 땅을 출처로 삼습니다. 왜냐하면 믿는 이들의 영혼이 당신을 위하여 살기 위해 이 세속의 사랑을 버린다는 것은 단지 믿는 이들에게만 이득이 되기 때문입니다. 그들의 영혼도 기쁨 속에 살면서 죽었지만(1디모 5, 6) 주여, 그 기쁨은 죽음을 가져오는 것이었습니다. 당신이야말로 순수한 마음에 생명을 주는 기쁨입니다.

그러므로 당신의 사자(使者)들은 이미 땅에서 일하여야 하며, 불신의 물에서 일하는 것처럼 기적과 성사(聖事)와 신비로운 말로 알리고 말해서는 안 될 것입니다. 이런 것들은 신비로운 표시의 외경으로 말미암아 경탄의 어머니인 무지(無知)에게 매력을 주지만 — 왜냐하면 아담의 자식들이 당신을 잊고 당신의 면전에서 자취를 감추고 심연이(창세 1, 8) 되는 사이에 신앙으로 들어오는 것이 이런 것이었기 때문인데 — 오히려 당신의 사자들[30]은 심연의 소용돌이에서 갈라진 마른 땅에서 일하여야 하고, 믿는 이들 앞에서 살면서 모범을(1데살 1, 7) 보여 주면서 그들이 닮도록 자극하여야 할 것입니다(1고린 11, 1).

이렇게 해야 믿는 이들이 오로지 듣기 위해서만 듣지 않고 행하기 위해서 들을 것입니다. 하나님을 찾으십시오. 그러면 여러분의 영혼이 살 것입니다(시편 69, 33). 땅은 생명의 혼을 출산할 것입니다. 여러분은

크튀스(ICHTHUS)를 그리스도의 상징으로 여겼다. 이크튀스의 원래 뜻은 물고기인데, 이 단어를 다섯 음으로 나누면 그것들은 각각 예수(Iesous), 그리스도(Chreistos), 하나님(Theu), 아들(Uios), 구원자(Soter)이다. 원시교회와 아울러 중세 가톨릭교회에서는 이크튀스라는 단어 또는 물고기의 그림을 통해서 그리스도를 상징하였다.

30 사자(使者)들은 성직자들을 지시한다.

이 세속의 풍조를 본받지 마십시오(로마 12, 2). 그것으로부터 여러분을 멀리하십시오. 영혼은 욕망해야 살고, 죽는 것을 피해야 삽니다. 오만의 무도한 횡포로부터, 사치의 나른한 쾌락으로부터, 지식의 거짓된 이름으로부터 여러분을 멀리하십시오(1디모 6, 20). 그러면 야수들은 순해지고, 가축들은 길들여지며 뱀들은 해가 없어질 것입니다. 왜냐하면 이것들은 마음의 움직임을 비유한 것이기 때문입니다. 그러나 들뜬 오만과 욕정의 즐거움과 호기심의 해독(解毒)은 죽은 영혼의 운동입니다.[31] 영혼은 모든 움직임이 끊어져서 죽는 것이 아니고 생명의 샘을 떠나기 때문에 죽으며, 지나가 버리는 세속을 받아들이고 그것을 본받습니다.

그러나 하나님, 당신의 말은 영원한 생명의 샘이며(요한 4, 14) 지나가 버리지 않습니다. 그러므로 당신이 우리들에게 이 세속을 본받지 말라고 말할 때(로마 12, 2), 당신의 말에 의해서 영혼의 떠나감이 억제되고(마태 24, 35), 당신은 땅으로 하여금 생명의 샘 안에 생명의 혼을 출산하게 합니다. 그 영혼은 당신의 전도자들을 통해서 당신의 말 안에서 당신의 그리스도를 본받는 이들을 따르는 순결한 영혼입니다(1고린 11, 1). 왜냐하면 같은 종류(창세 1, 21)이기 때문입니다. 그 이유인즉 사람은 자기 친구를 본받으려고 하기 때문입니다. 그래서 그는 말했습니다: 내가 여러분과 같기 때문에 여러분도 나처럼 되십시오(갈라 4, 12).[32]

생명의 혼 안에는 착한 짐승들이 이렇게 순하게 행동하며 살 것입니다. 왜냐하면 당신은 이렇게 말하면서 명령했기 때문입니다. "네 일을 순하게 하라. 그러면 너는 모든 사람들에게 사랑받을 것이다(집회 3,

---

31 죽은 영혼의 운동이란 악한 행동을 뜻한다.

32 여기서 '그'는 사도 바울이다.

17)." 그리고 착한 가축들은(1고린 8, 8) 먹어도 배부르지 않고, 안 먹어도 굶주리지 않을 것이며, 착한 뱀들도 해칠 위험이 없을 것입니다(마태 10, 16). 그 뱀들은 지혜롭게 경계할 것이며, 오로지 영원성은 창조된 것들을 통해서 이해되어 분명하게 보여지므로(로마 1, 20), 뱀들은 시간적인 자연을 충분할 정도로 탐구할 것입니다. 왜냐하면 이런 동물들은 치명적인 진보를 억제하고 살면서 착할 때 이성에 봉사하기 때문입니다.

22
인간의 창조

보십시오. 우리들의 주 하나님, 우리들의 창조자여, 우리들이 악하게 살면서 죽어 가던 정서들이 세속의 사랑으로부터 억제당하고, 선하게 살아감으로써 생명의 혼이 되기 시작하여 당신이 당신의 사도를 통해서 말한 "이 세속을 본받지 마라"는 말이 채워지면, 즉시 이어서 당신이 말한 "여러분의 마음을 고쳐서 새롭게 되라(로마 12, 2)"는 것이 실현될 것입니다. 그러나 그것은 종류를 따라서가 아니며 마찬가지로 이웃 선배를 본받는 것도 아니고 더 훌륭한 사람의 권위를 따라서 사는 그러한 것도 아닙니다. 왜냐하면 당신은 "종류에 따라서 인간이 생겨라"라고 말하지 않고 "우리들의 이미지에 따라 비슷하게 인간을 만들자(창세 1, 26)"라고 하여 우리들로 하여금 당신의 의지가 무엇인지 판단하게 하였습니다.

이런 목적을 위해서 복음을 통해서 자식들을 출산한 당신의 사도는(1고린 4, 15) 마치 유모가 젖먹이를 보듬는 것처럼 언제나 어린아이들처럼 그들을 다루고 싶지 않아서 이렇게 말했습니다: "여러분은 마음을 새롭게 함으로써 변화를 받아서 하나님의 선한, 기뻐하는 그리고 완전한 뜻이 무엇인지 분별하십시오(로마 12, 2)." 당신은 "인간아 생겨라"라고 말하지 않고 "우리들이 인간을 만들자"라고 말했습니다. 또 당신은 "종류에 따라서"라고 말하지 않고 "우리들의 이미지대로 비슷하게"라고 말했습니다. 정신이 고쳐지고 당신의 진리를 분간하고 이해하는 사람은 당신의 의지가 무엇인지, 무엇이 선한 것이며 기쁜 것이고 완전한 것인지 가르쳐 주는 사람을 필요로 하지 않고, 당신이 가르쳐 줌으로써 이미 일체의 삼위(三位)나 삼위의 일체를 볼 수 있습니다. 그러므로 "우리들이 인간을 만들자"라고 당신이 복수로 말한 다음에 "하나님이 인간을 만들었다(창세 1, 27)"는 단수의 말이 이어지고 "우리들의 이미지대로"라는 복수의 말 다음에 "하나님의 이미지대로"라는 단수의 말이 이어집니다. 이렇게 인간은 자신을 창조한 분의 모습대로 하나님을 인식하여 새로워지며(골로 3, 10), 정신적으로 된 이후에는[33] 판정할 수 있는 모든 것들을 판정하지만 그 자신은 어느 누구에 의해서도 판정되지 않습니다(1고린 2, 15).

23

피조물에 대한 인간의 지배

그러나 모든 것을 판정한다는 것은 곧 바다의 물고기, 하늘의 새, 모든 가축과 야수, 모든 땅 그리고 땅 위에 기어다니는 길짐승들에 대해서

33 "일단 영적 존재의 인간이 되고부터는"의 뜻임.

지배권을 가진다는 것입니다(창세 1, 26 · 28). 그는 정신의 깨달음을 통해서 이렇게 할 수 있으며, 그는 이 깨달음에 의해서 하나님의 성령(聖靈)인 것들을 압니다(1고린 2, 14). 그러나 또 다른 관점에서 보면 인간은 명예로운 자리에 있으면서도 깨닫지 못하고 생각 없는 짐 나르는 짐승들과 비교할 정도로 되어 그것들과 비슷하게 되고 말았습니다(시편 49, 13).

그러므로 우리들의 하나님, 당신의 교회 안에서는 당신이 교회에 준 은총에 따라서(1고린 3, 10) 우리들은 당신의 피조물이며 선한 일을 위해서 창조되었습니다(에베 2, 10). 정신적으로 주관하는 사람들뿐만 아니라 주관하는 자들에게 정신적으로 복종하는 사람들까지도 당신은 이렇게 당신의 은총으로 남성과 여성으로 만들었습니다(창세 1, 27). 거기에는 육체적 성에 따르는 남자와 여자가 없습니다. 왜냐하면 유대인도 그리스인도 그리고 노예도 자유인도 없기 때문입니다(갈라 3, 28). 그러므로 주관하거나 아니면 복종하는 정신적인 사람들은 정신적으로 판정합니다. 매우 숭고한 권위에 대해서 판정해서는 안 되기 때문에 그들은 창공에 빛나는 정신적 인식에 대해서 판정하지 않으며, 거기에서 뚜렷하게 드러나지 않는 어떤 것이 있다고 할지라도 그들은 당신의 성서 자체에 대해서 판정하지 않습니다. 왜냐하면 우리들은 우리들의 지성을 성서에 복종시키고 우리들의 안목이 닿을 수 없는 것도 옳고 참답게 언급된 것으로 확신하기 때문입니다. 비록 정신적 인간이 되어 그를 창조한 분의 이미지에 따라서 하나님의 인식에 의해서 새 인간이 되었을지라도(골로 3, 10) 그는 재판관이 아니라 법을 지키는 자가 되어야만 합니다(야고 4, 11). 그는 분명히 정신적인 인간과 육체적인 인간의 그러한 구분에 대해서도 판정하지 않습니다. 우리들의 하나님, 그들은 당신의 눈에만 알려지는데, 우리들이 그들의 열매를 보고 그들을 알아볼 정도로(마태 7, 20) 우리들에게 아직까지 아무런 일도 나타나지 않았기 때문입니다. 그러나 주여, 당신은 이미 그들을 알며 창공이 생기기 이전부터 그들을 나누고 은밀하게 불렀습니다. 정신적 인간은 이 세상의 시끄러운 백성들도 판정하지 않습니다. 밖에 있는 사람들을 심판하는 것이 왜 그의 일이겠습니까? 이들 중 누가 당신의 은총의 감미로움에 다다를지 그리고 누가 불신의 영원한 쓴맛에 지속적으로 머물지 모르지 않습니까(1고린 5, 12)?

그러므로 당신의 이미지대로 당신이 창조한 인간은 하늘의 빛, 그윽한 하늘 자체, 하늘을 구성하기 이전부터 당신이 부른 낮과 밤 그리고 물의 모임인 바다에 대한 지배권을 받지 않았습니다. 그러나 그는 바다의 물고기와 하늘의 새, 모든 가축과 모든 땅 그리고 땅 위를 기어다니는 모든 길짐승들에 대한 지배권을 받았습니다(창세 1, 26).

왜냐하면 그는 옳은 것을 판단하고 인정하지만 그릇된 것으로 발견한 것을 인정하지 않기 때문입니다. 당신의 자비가 많은 물에서 잡아내어 믿음이 시작되는 성찬식(聖餐式)에 있어서 그렇습니다. 또는 깊은 물에서 끌어올려져서 경건한 땅이 양식으로 삼는 물고기를 제시하는 성찬식에서도 그렇습니다(시편 18, 16). 또한 당신의 성서의 권위에 복종하는 말의 기호와 소리에 있어서도 그렇습니다. 마치 창공 아래를 날아가는 것처럼 해석하고, 설명하며, 논의하고, 토론하며, 축복하고 당신에게 기도함으로써 사람들이 아멘이라고 말하게끔 사람들의 입에서 울려 나와서 소리 나는 기호[34]에 있어서도 그렇습니다. 이 모든 소리들이 육체적으로 울려 나와야 하는 이유는 세속의 심연과 육신의 맹목에 있으며, 이로 말미암아 사상이 이해되지 않으므로 귓전을 울려 줄 필요

34 기호(signum)는 여기에서 상징, 표시 등의 의미를 가진다.

가 있습니다(1요한 5, 19). 이렇게 새들이 땅 위에 많이 퍼진다고 할지라도 새들은 자기들의 시작을 물에서 이끌어 냅니다.

또한 정신적 인간[35]은 믿는 사람들의 일과 습관에 대해서, 열매 맺는 땅과 같은 자선에 대해서 옳은 것을 인정하지만 그릇된 것을 부정하여 판정합니다. 그리고 그는 금욕과 단식과 경건한 사색으로 정념을 가라앉히고 살면서 영혼에 대해서 판정하고 육체적 감각으로 알 수 있는 것들에 대해서 판정합니다(2고린 6, 5). 왜냐하면 지금 이것들에 대해서 판정한다고 말하는 것은 그것들을 고칠 힘을 가지고 있기 때문입니다.

24
왜 하나님은 인간과 새와 물고기를 축성(祝聖)했는가

그러나 이것은 무엇이며 또 어떤 종류의 신비입니까? 보십시오. 오 주여, 당신은 성장하라, 많아져라, 땅을 채워라라고 하면서 인간들을 축복합니다(창세 1, 23). 이것에 의해서 우리들이 어떤 것을 이해하도록 당신이 암시한 것은 아무것도 없습니까? 당신이 낮이라고 부른 빛을, 또 하늘의 창공을, 발광체들이나 별들이나 땅이나 바다를 당신은 왜 이렇게 축복하지 않았습니까? 당신의 이미지대로 우리들을 창조한 우리들의 하나님, 나는 당신에게 말할 것입니다. 물고기들과 고래들이 성장하고 많아지고 바다를 채우도록, 그리고 새들이 땅 위에 많아지도록 이렇게 당신이 축복하지 않는 것은 당신이 이 축복의 선물[36]을 인간에게만 내리려고 한 것이라고 나는 당신에게 말하려고 합니다. 만일 같은

35 정신적 인간(spiritalis)은 바로 영적(靈的) 인간을 말한다.

36 이 축복의 선물(hoc donum benedictionis)은 축복의 은혜이다.

축복이 관목과 과일나무와 땅의 가축들에게도 내려진 것을 내가 발견한다면 이는 자기생식(自己生殖)[37]에 의해서 증가하는 종류의 것들에 속한다고 나는 똑같이 말할 것입니다. 그러나 풀들과 나무들과 짐승들과 뱀들 모두가 마치 물고기들과 새들과 인간들처럼 자기들의 종류를 증가시키고 보존할 때 그 모든 것들에게 당신은 성장하라, 많아져라라고 말하지 않았습니다.

나의 빛이여, 진리여, 그렇다면 나는 어떻게 말해야 합니까? 그것은 아무 의미도 없는 것이고, 그것은 무가치하게 그렇게 언급된 것입니까? 결코 그렇지 않습니다. 신앙심의 아버지여, 당신의 말의 사도가 그렇게 말했을 리 없습니다. 이 말이 뜻하는 것을 내가 이해하지 못한다고 할지라도 나보다 더 잘 이해하는 사람들은 당신이 그들 각자에게 준 재주에 따라서 그 말을 훨씬 더 좋게 사용할 것입니다.

주여, 나는 당신이 쓸데없는 말을 했다고 믿지 않으니 내 고백이 당신의 눈에(시편 79, 10) 들게 해 주십시오. 나는 이 부분을 읽으면서 내 마음에 떠오르는 것을 침묵할 수 없습니다. 왜냐하면 당신의 성서의 비유적 표현을 내가 그렇게 생각하는 것을 방해하는 것이 무엇인지 내가 알 수 없다는 점이 사실이기 때문입니다. 정신적으로는 한 가지로 이해되는 것이 육체적으로는 다양하게 표시되고, 육체적으로는 한 가지로 표시되는 것이 정신적으로는 다양하게 이해된다는 것을 내가 알고 있기 때문입니다. 보십시오. 하나님과 이웃의 단일한 사랑[38]이 그렇습니다. 그 사랑은 다양한 성사(聖事)들과 헤아릴 수 없는 언어들에서, 그리고 헤아릴 수 없이 많은 구절들의 하나하나의 언어에서 육체적으로 표

---

37 식물이나 동물이 씨앗이나 알에서 태어나서 자라며 증가하는 것을 말한다.

38 단일한 사랑(simplex dilectio)은 일시적인 관능적 사랑이 아니라 한결같이 순수한 신앙의 사랑을 뜻한다.

현되고 있는 것입니다! 물에서 생긴 것들도 이렇게 성장하고 증식합니다.

이 부분을 읽는 사람은 누구든지 다시금 주의하여야 합니다. 보십시오. 성서가 '태초에 하나님이 하늘과 땅을 만들었다' 고 한 가지로 말하지만 그것은 다양하게 이해될 수 있습니다. 이는 잘못된 속임수에서 그런 것이 아니고 사실에 대한 여러 종류의 이해에서 그런 것이 아닙니까? 인간의 자손들도 이렇게 성장하고 증식합니다.

그러므로 사물들의 본성 자체를 우리들이 비유적으로가 아니라 가장 알맞게 생각한다면 '성장하라, 많아져라' 라는 말은 씨앗에서 생기는 모든 것들에게 해당합니다. 그러나 우리들이 이 말들을 상징적으로 언급된 것으로 다룬다면 — 나는 오히려 성서가 다음의 사실을 의도했다고 생각합니다. 즉 이러한 축복을 오직 물과 사람의 자손에게만 준 것이 어떻든 무의미한 일이 아닙니다 — 우리들은 다음처럼 다양성을 발견합니다. 하늘과 땅에서는 정신적인 그리고 육체적인 피조물들을, 빛과 어둠에서는 의로운 영혼과 의롭지 못한 영혼을, 물과 물 사이에 놓인 창공에서는 율법을 우리들에게 전한 성서의 저자들을, 바다에서는 백성들의 쓰디쓴 사회를, 마른 땅에서는 경건한 영혼의 열성을, 씨 맺는 풀과 과일나무에서는 현재 삶에 따르는 자선사업을, 하늘의 빛나는 것들에서는 우리들의 유용성을 위해서 뚜렷한 정신적 은혜를(1고린 12, 7), 생명의 혼에서는 절제로 형성된 정서를 우리들이 발견합니다.

이 모든 것들에서 우리들은 다수성과 충만함과 성장을 발견합니다. 그러나 이렇게 성장하고 증가하지만, 한 가지 것이 여러 가지로 진술되고, 하나의 진술이 다양하게 이해되게끔 함으로써 육체적으로 표현된 기호들과 지성적으로 생각해 낸 것에서가 아니면 우리들은 아무 데서도 그것을 발견하지 못합니다. 육체적으로 표현된 기호들은 물에서 생긴 것들인데 우리들의 육신이 심연에 잠겨 있어서[39] 필요한 것이지만, 정신적으로 생각해 낸 것은 인간에게서 생긴 것으로 우리들이 이해하기에 이것은 이성의 풍요로움에 의한 것입니다.

그러므로 주여, 당신은 이들 두 종류에게 '성장하라, 많아져라' 라고 말한 것으로 우리들이 믿고 있습니다. 왜냐하면 우리들이 한 가지 방식으로 좁게 이해하는 것도 이 축복에 의해서 다양하게 진술되고, 한 가지 방식으로 불분명하게 진술된 것으로 우리들이 읽는 것도 이 축복에 의해서 다양하게 이해할 수 있는 능력과 힘을 당신이 우리들에게 주었다고 나는 생각합니다. 오직 다양한 표시들에 의해서만 움직이는 바닷물은 이렇게 채워지며, 그 건조함이 지식의 열성에서 나타나고 이성에 의해서 지배되는 땅도 이렇게 인간의 자손으로 채워집니다.

25
풀과 나무와 경건함의 의무

주 나의 하나님, 나는 당신의 성서가 계속해서 내 마음에 떠오르게 하는 것에 대해서도 말하고 싶으며, 나는 아무 두려움 없이 말할 것입니다. 왜냐하면 당신이 내게 영감을 불어넣어 주어 그 말을 가지고 내가 말하기를 원하므로 나는 진실을 말할 것이기 때문입니다. 당신은 진리지만 모든 사람들이 거짓말쟁이일 경우(요한 14, 6; 시편 116, 11), 당신이 나에게 영감을 불어넣어 주지 않으면 나는 진실을 말할 수 없다고 믿기 때문입니다. 그러므로 거짓을 말하는 자는 자기 자신의 것에 대해

39 죄악을 범하고 있다는 의미임.

서 말하는 것입니다(로마 3, 4). 따라서 내가 진리를 말한다면 그것은 내가 당신의 것에 대해서 말하는 것입니다(요한 8, 44).

보십시오. 당신은 모든 땅 위에서 씨앗 맺는 모든 온갖 풀과 충분히 씨 뿌릴 열매를 자기 안에 가진 모든 나무를 우리들에게 양식으로 주었습니다(창세 1, 29). 당신은 우리들에게뿐만 아니라 하늘의 모든 새들과 땅의 짐승들과 뱀들에게도 주었습니다(창세 1, 30). 그러나 물고기들과 큰 고래들에게는 이런 것들을 주지 않았습니다.

왜냐하면 우리들이 앞에서 말한 것처럼 땅의 열매들은 자선사업을 표현하고 비유하며, 그 열매들은 이 세상 삶의 필요를 위해서 풍요로운 땅으로부터 제공됩니다.[40] 이런 땅은 당신이 그 집안에 자비를 베푼 경건한 오네시포루스였습니다(2디모 1, 16).[41] 왜냐하면 그는 당신의 사도 바울을 자주 위로했으며 바울이 쇠사슬에 묶인 것을 부끄러워하지 않았기 때문입니다. 마케도니아에서 온 형제들이 그[42]에게 필요한 것을 채워 주었으며, 그들은 마찬가지로 행하고 이와 같은 열매를 맺은 것입니다(2고린 11, 9). 그러나 저 사도는 자신이 받아야만 할 열매를 주지 않은 나무들을 몹시 슬퍼하면서 이렇게 말합니다: "내가 처음 나를 변론할 때에 나의 편에 서서 나를 도와준 사람이 하나도 없고 모두 나를 버리고 갔습니다. 그러나 그들에게 허물이 돌아가지 않기를 빕니다(2디모 4, 16)." 이러한 열매들은 신성한 신비를 이해함으로써 정신적인 가르침[43]에 기여하는 사람들에게 당연히 주어져야 하며 또한 인간으로

---

40 씨앗이나 열매는 복음을 말하고 풀이나 나무는 복음을 전하는 사도들을 돕는 신앙인들을 가리킨다.

41 오네시포루스(Onesiphorus)는 로마에서 사도 바울을 돕고 에베소에서 기독교 신앙을 가지고 많은 봉사를 하였다.

42 사도 바울을 가리킨다.

43 정신적인 가르침(doctrina rationale)은 하나님의 영적 가르침이다. 이성(ratio)은

서의 그들에게 주어져야 마땅합니다. 그러나 온갖 절제 속에서 자신을 모범으로 제시하는 생명의 혼과 같은 그들에게 주어져야 마땅합니다. 땅 위에 퍼지는 이들의 축복 때문에 마찬가지로 이 열매들은 날짐승들로서의 그들에게 주어져야만 합니다. 왜냐하면 그들의 소리가 온 땅에 울려 퍼지기 때문입니다(시편 20, 5).

26
이웃에 대한 선한 행위

그러나 이런 음식들을 먹고 사는 이들은 그것들로 기뻐하지만, 자기들의 하나님이 자신들의 배[44]인 사람들은 그런 음식들을 기뻐하지 않습니다(빌립 3, 19). 왜냐하면 이런 음식들을 주는 사람들에게 있어서도 그들이 주는 것이 열매가 아니고, 어떤 마음으로 주느냐가 열매이기 때문입니다.

그러므로 하나님을 섬기고 자신의 배를 섬기지 않던 저 사도가 어째서 기뻐했는지 나는 알며, 알기 때문에 그와 함께 매우 기뻐합니다(로마 16, 18). 그는 빌립보 사람들이 에파프로디토스를 통해서 보낸 것들을 받았습니다. 그렇지만 나는 그가 어찌해서 기뻐했는지를 압니다. 그러나 그가 기뻐한 것은 그가 먹고 사는 것에 있었습니다. 왜냐하면 사실 그는 다음처럼 말했기 때문입니다: "나를 생각하는 마음이 여러분

근대 이후 인간의 판단 능력의 의미를 가지지만, 중세에서는 진리(veritas)와 동일한 의미를 가지고 있는 경우가 많았다.

44 배(venter)는 결국 마음이다. 신앙 없는 자들의 배는 음식으로 가득 차 있음에 비해서 신앙인의 배는 하나님으로 충만하다는 뜻.

에게 지금 다시 일어난 것을 나는 주님 안에서 크게 기뻐합니다. 그러나 여러분은 싫증낸 적도 있었습니다(빌립 4, 10).[45] 그러므로 빌립보 사람들은 오랜 권태에 시들었으며, 선업(善業)의 열매를 맺을 수 없을 정도로 거의 말라 버렸습니다. 그래서 사도는 그들이 다시 싹트는 것을 기뻐한 것이고, 그들이 자신의 가난함을 도와주었다고 기뻐한 것이 아니었습니다. 그래서 그는 계속해서 이렇게 말했습니다: "내가 궁핍해서 이렇게 말하는 것이 아닙니다. 왜냐하면 나는 어떤 처지에서도 스스로 만족하기를 배웠기 때문입니다. 나는 비천하게 살 줄도 알고, 풍족하게 살 줄도 압니다. 배부르거나 굶주리거나, 풍족하거나 궁핍하거나, 그 어떤 경우에도 적응할 수 있는 비결을 배웠습니다. 나에게 능력을 주는 분 안에서 나는 모든 것을 할 수 있습니다"(빌립 4, 11~12).

그렇다면 오, 위대한 바울이여, 그대는 무엇을 기뻐하는 것입니까? 그대를 창조한 분의 이미지에 따라서, 하나님의 인식에 의해서 새로 태어난 인간이여(골로 3, 10), 그토록 절제하는 생명의 혼이여(갈라 5, 23), 신비를 말하는 날짐승들의 혀여, 그대는 무엇을 기뻐하며, 무엇을 양식으로 삼습니까? 물론 이러한 생물들에게는 이런 음식이 마땅합니다. 당신을 먹여 살리는 것은 무엇입니까? 기쁨입니다.[46] 계속되는 그의 말을 들어 봅시다: "여러분이 나의 고난에 함께 참여한 것은 잘한 것입니다(빌립 4, 14)." 그는 이것을 기뻐했고 이것을 양식으로 삼았습니다. 그 이유는 저들이 잘했기 때문이고, 자신의 궁색함이 덜어졌기 때문이 아니었습니다. 그는 당신에게 말했습니다: "당신은 내가 괴로

---

45 빌립보서 4장 10절의 원문은 "여러분은 그것을 표시할 기회가 없었습니다"인데 아우구스티누스는 '표시할 기회가 없었다'를 '싫증낸 적도 있었다'로 잘못 기억하고 있었던 것으로 여겨진다.

46 기쁨(laetitia)은 신앙의 기쁨이다.

움에 처하여 있을 때 나를 키워 주었습니다(시편 4, 2).” 왜냐하면 그는 자신에게 힘을 심어 주는 당신 안에서 만족할 줄도 알고 궁핍을 견딜 줄도 알았기 때문입니다(빌립 4, 11). 그는 이렇게 말합니다: “빌립보의 교우 여러분, 아시는 바와 같이, 내가 복음을 전파하던 초기에, 마케도니아를 떠날 때 주고받은 일로 나에게 협력한 교회는 여러분밖에 없습니다. 내가 데살로니카에 있을 때도 여러분은 내가 쓸 것을 몇 번 보내 주었습니다(빌립 4, 15~16).” 그는 지금 그들이 이러한 선업(善業)으로 되돌아온 것을 기뻐했으며, 기름진 밭이 다시 싱싱해지는 것처럼 그들이 새로 싹 돋는 것을 기뻐했습니다.

그가 “여러분은 나에게 쓸 것을 보냈습니다”라고 말했으므로, 그는 자신의 이익 때문에, 바로 그 때문에 기뻐한 것입니까? 그 때문이 아닙니다. 그러면 우리들은 이것을 어떻게 알 수 있습니까? 그 자신도 이렇게 말했기 때문입니다: “나는 선물을 바라는 것이 아니고, 열매를 구합니다(빌립 4, 17).”

나의 하나님, 나는 선물과 열매를 분간하기를 당신에게서 배웠습니다. 선물은 우리에게 필요한 것들을 선사하는 사람이 주는 것 자체로서 돈, 음식, 음료, 옷, 주택, 원조와 같은 것들입니다. 그러나 열매는 주는 사람의 선하고 올바른 뜻입니다. 왜냐하면 훌륭한 스승은(마태 19, 16) “예언자를 대접하는 사람(마태 10, 41)”이라고만 말하지 않고 “예언자의 이름으로”를 덧붙였기 때문입니다. 그는 “의인을 받아들이는 사람”이라고만 말하지 않고 “의인의 이름으로”를 덧붙였습니다. 물론 이렇게 해야만 전자(前者)는 예언자의 보상을 그리고 후자(後者)는 의인의 보상을 받을 것입니다. 그는 “나의 작은 자들 중 한 사람에게 마실 찬물 한 잔이라도 주는 사람”이라고만 말하지 않고 “제자의 이름으로”를 덧붙였으며 다음처럼 이어서 말했습니다: “진실로 내가 여러분에게 말하는데, 그는 자신의 보상을 잃지 않을 것입니다." 선물은 예언자를 맞이하는 것, 의인(義人)은 받아들이는 것, 제자에게 찬물 한 잔을 건네주는 것입니다. 그러나 열매는 예언자의 이름으로, 의인의 이름으로, 제자의 이름으로 이런 일을 행하는 것입니다. 예언자 엘리야는 과부의 열매를 먹고 살았는데, 과부는 자신의 하나님의 사람을 먹여 살린다는 것을 알았으며 그 때문에 그를 먹여 살린 것입니다(1열왕 16, 8~23). 그러나 그는 까마귀들에 의해서는 선물을 먹고 사는 경우에 엘리야는 내면적으로가 아니라 외면적으로 먹고 살았습니다. 그런 음식이라도 없었더라면 그는 죽었을지도 모릅니다.

27
물고기와 고래

그러므로 주여, 나는 당신 앞에서 진리인 것을 말하려고 합니다(시편 88, 2). 무지하고 믿지 않는 사람들이 입신(入神)[47]하기 위해서는 입신의 성사(聖事)들과 위대한 기적이 필요하며, 우리들은 그것들이 물고기들과 고래들의 이름으로 표시된 것으로 믿습니다(창세 1, 21). 그들은 당신의 아이들을 육체적으로 먹여 살리고 현실 생활에 어떤 도움을 주기 위해서 그것들을 맞이합니다(마태 18, 5). 그러나 왜 그렇게 해야 하는지 그리고 무엇을 목적으로 삼는지도 모르기 때문에 먹여 살리는 자도 없고 그들에 의해서 먹고사는 자도 없습니다. 왜냐하면 전자(前者)가 성스럽고 올바른 뜻으로 이 일을 행하는 것도 아니고 후자(後者)

47 참다운 신앙으로 들어오기 위해서 안수받는 것을 입신(initium)이라고 한다.

가 아직 열매를 보지 못하는 곳에서 그들의 선물을 기뻐하지도 않기 때문입니다. 물론 마음은 기쁨을 가져다주는 것을 먹고삽니다. 그러므로 물고기들과 고래들은 이미 바닷물의 짠맛이 완전히 사라져 버린 땅에서만 싹틀 수 있는 그런 먹이를 먹고살지 않습니다(창세 1, 11).

28

매우 좋다는 말의 뜻

하나님, 당신은 당신이 만든 모든 것들을 보고, 보라, 매우 좋다고 했습니다(창세 1, 31). 왜냐하면 우리들도 그것들을 보았으며, 보십시오, 모든 것들이 매우 좋기 때문입니다. 당신의 일의 각각의 종류에 있어서 당신이 생겨라라고 말해서 생겼을 때, 당신은 이것도 저것도 모두 좋다는 것을 보았습니다. 당신이 만든 것을 당신이 좋다고 본 것이 일곱 번 적혀 있는 것을 내가 세어 보았습니다. 여덟 번째는 당신이 만든 모든 것들을 보고 좋을 뿐만 아니라 동시에 모든 것들이 매우 좋다고 했습니다. 왜냐하면 하나하나는 좋았지만, 동시에 모든 것들은 매우 좋았기 때문입니다. 모든 아름다운 육체에 관해서도 이렇게 말할 수 있습니다. 모든 아름다운 지체(肢體)들로 구성된 육체는 각각의 지체 자체보다 훨씬 더 아름답기 때문입니다. 각각의 지체 역시 아름답다고 할지라도 가장 질서 있게 지체들이 통일되어야 전체가 완성됩니다.

29
영원히 선한 하나님의 일

당신의 일들이 당신의 마음에 들었을 때, 당신이 당신의 일들을 좋다고 본 것이 일곱 번인지 아니면 여덟 번인지 알아내려고 나는 주의를 기울였습니다. 그런데 나는 당신의 그러한 봄에서 시간을 발견하지 못했습니다. 시간에 의해서 나는, 당신이 한 일을 당신이 몇 번이나 보았는지 이해할 수 있습니다. 그래서 나는 이렇게 말했습니다: "오 주여, 당신은 진실하며, 진리인 당신이 당신의 성서를 엮었으니 그것은 참답지 않습니까? 그렇다면 왜 당신은 당신의 봄에는 시간이 없다고 나에게 말하며, 왜 당신의 성서는 날마다 당신이 만든 것을 당신이 좋게 보았다고 나에게 말합니까? 내가 그것을 세어 보았을 때, 나는 그것이 몇 번인지를 발견했습니다."

이 말에 대해서 당신은 나에게 말합니다. 당신은 나의 하나님이기 때문에 내 막힌 귀를 뚫고 당신의 종의 내면의 귀에 큰소리로 외치면서 말합니다: "그렇지만 오 사람아, 내 성서가 말하는 것은 바로 내가 말하는 것이다. 성서는 시간적으로 말할지라도, 내 말에는 시간이 없을 뿐이다. 왜냐하면 내 말은 나와 함께 똑같이 영원하기 때문이다. 너희들이 나의 성령을 통해서 보는 것을 나도 보며, 너희들이 성령을 통해서 말하는 것을 나도 말한다. 그리고 너희들이 시간적으로 보는 것들을 나는 시간적으로 보지 않으며, 마찬가지로 너희들이 시간적으로 말하는 것들을 나는 시간적으로 말하지 않는다."

30
하나님의 일을 싫어하는 자들에게

그런데 나의 주 하나님, 나는 이 말들을 듣고 당신의 진리에서 흘러나오는 한 방울의 감미로움을 맛보았으며, 당신의 일들을 좋아하지 않는 어떤 사람들이 있다는 것을 이해했습니다. 그들은 당신이 필요에 의해서 어쩔 수 없이 많은 것들을 만들었다고 말합니다. 즉 당신은 하늘의 구성과 별들의 배열을 만들었는데 그것을 당신의 것으로 하지 않고, 이미 다른 누가 다른 곳에 창조한 것을 당신이 함께 모으고 짜 맞추고 형성해서 패배당한 적들이 다시는 당신에게 대항해서 반역할 수 없게끔 세계의 성벽을 굳게 쌓았다고 그들은 말합니다. 또 살을 가진 모든 동물과 가장 작은 동물들 그리고 땅에 뿌리박고 있는 모든 것들과 같은 다른 것들을 당신은 만들지도 않았고 전혀 짜 맞추지도 않았다고 그들은 말합니다. 오히려 당신에게 반대되는 적대적인 정신과 다른 본성이 이런 것을 세계의 하층 장소에서 낳고 형성한다고 그들은 말합니다. 미친 그들은 그렇게 말합니다. 왜냐하면 그들은 당신의 일들을 당신의 성령을 통해서 보지 못하고 또한 그 일들 안에서 당신을 인식하지 못하기 때문입니다.

31
하나님에게 기쁜 것

그러나 당신은 당신의 성령을 통해서 당신의 일들을 보는 사람들을 당신의 일들 안에서 봅니다. 그러므로 그들이 좋게 보는 것을 당신도 좋게 보며, 당신 때문에 마음에 드는 일들이면 당신도 그 일들을 마음에 들어 하며, 당신의 성령을 통해서 우리들의 마음에 드는 것은 우리들 안의 당신의 마음에도 듭니다. "사람 속에 있는 사람의 정신[48]이 아니고서야 누가 그 사람의 생각을 알 수 있겠습니까? 이와 같이 하나님의 정신이 아니고서는 아무도 하나님의 생각을 깨닫지 못합니다. 우리들은 세상의 정신을 받은 것이 아니라 하나님께로부터 온 정신을 받았습니다. 그것은 우리로 하여금, 하나님이 우리에게 준 은혜의 선물들을 깨달아 알게 하려는 것입니다(1고린 2, 11~12)."

그런데 나는 다음처럼 말할 것이 생각났습니다: "확실히 하나님의 성령 이외에는 하나님의 생각을 아무도 모릅니다. 그렇다면 하나님이 우리들에게 베풀어 준 것을 우리들은 어떻게 알 수 있습니까?" 내 대답은 이렇습니다: "우리들이 하나님의 성령을 통해서 아는 것도 하나님의 성령 말고는 아무도 알지 못합니다(마태 10, 20)." 과연 옳게 말한 것입니다. 성령에 의해서 말할 사람들에게 "말하는 것은 너희들이 아니다"라고 한 말이 옳은 것처럼, 성령에 의해서 아는 사람들에게도 "아는 것은 너희들이 아니다"라고 말한 것도 옳습니다. 그러므로 성령에 의해서 보는 사람들에게 다음처럼 말하는 것 역시 이와 못지않게 옳습니다: "보는 것은 너희들이 아니다." 하나님의 성령에 의해서 선한 무엇을 보든지 간에, 그 선한 것을 그들이 아니라 하나님이 봅니다.

그러므로 앞에서 말한 것처럼 선한 것을 악하게 생각하는 사람들의 경우가 있습니다.[49] 또 다르게 선하기 때문에 선하다고 보는 사람의 경우도 있습니다. 이 경우 많은 사람들은 당신의 피조물이 좋기 때문에

---

48 정신(spiritus)은 보통 영(靈)으로 불리고 있다. 인간의 정신(spiritus)은 성령(spiritus sanctus)을 닮은 것이다.

49 마니교도들의 경우를 말한다.

그것을 즐거워하지만, 당신은 그 피조물들 속에서 많은 사람들이 마음에 들지 않습니다. 왜냐하면 그들은 당신보다도 피조물을 더 누리려고 하기 때문입니다. 그러나 또 다른 경우는, 사람이 어떤 것을 좋다고 볼 때, 하나님이 그 사람 안에서 좋은 것을 보는 것입니다. 다시 말해서 하나님은 자신이 만든 것 안에서만 사랑을 받으며, 자신이 준 성령을 통해서만 사랑을 받습니다. 하나님의 사랑은 우리들에게 주어진 성령을 통해서 우리들의 마음 안에 부어졌기 때문에(로마 5, 5) 우리들은 그 성령에 의해서 어떤 방식으로든 존재하는 좋은 것을 봅니다. 왜냐하면 모든 것들은, 어떤 방식으로 존재하지 않고 영원히 존재하는 그분으로부터 존재하기 때문입니다.[50]

32
하나님의 일들을 요약하다

주여, 당신에게 감사합니다! 우리들은 물질적 부분의 상층과 하층이든지 또는 정신적 피조물과 물질적 피조물이든지 간에 하늘과 땅을 봅니다(요한계시 11, 17). 그리고 세계의 전체 덩어리나 아니면 모든 피조물 전체가 이들 두 부분들의 꾸밈에 있어서 우리들은 빛이 만들어져서 어둠으로부터 갈라진 것을 압니다. 우리들은 하늘의 창공을 보는데 그것은 상층의 정신적 물과 하층의 물질적 물 사이에 있는 세계의 첫 번째 물체이거나 아니면 하늘이라고 일컬어지는 기체의 공간일 것입니다. 하늘의 새들은 이 공간을 이리저리 날아다닙니다. 물은 증기가 되

50 어떤 방식으로 존재하지 않고 영원히 존재하는 그분(qui non alquo modo est, sed est, est)은 절대적인 하나님을 가리킨다.

어 물 위를 덮다가 맑게 갠 밤에는 이슬이 되어 흘러내리며, 땅에서 도도하게 흘러갑니다. 우리들은 바다의 대평원을 통해서 모인 물의 아름다움을 보며, 마르고 벌거벗은 땅이나 아니면 풀과 나무로 보기 좋게 꾸며진 땅을 봅니다. 위에서 빛나는 빛들을 우리들이 보면, 해는 날을 채우고 달과 별들은 밤의 위안을 주며, 이 모든 것들로 시간이 알려지고 표시됩니다. 우리들은 습한 자연이 어디에서나 물고기들과 짐승들과 새들을 길러 주고 있는 것을 봅니다. 새를 날게 하는 공기의 농도가 물의 증발로 말미암아 증가하기 때문입니다. 우리들은 땅의 표면이 땅의 짐승들로 꾸며지는 것을 보며, 당신의 이미지에 따라서 당신을 닮은 인간은 당신의 이미지와 닮음 자체에 의해서, 곧 이성과 지성에 의하여 모든 비이성적 동물보다 탁월하다는 것을 봅니다. 인간의 영혼에서 스스로 정해서 지배하는 것과 복종하기 위해서 예속하는 것이 서로 다른 것처럼, 그렇게 여성은 이성적 이해의 정신에 있어서는 남성과 똑같은 본성을 소유하지만 육체적 성으로는 여성은 남성에게 복종합니다. 이는 마치 행동의 욕구가 올바른 행위를 향할 경우 정신적 이성의 판단에 순응하는 것과 같습니다.

만일 우리들이 이것들을 보면, 하나하나가 좋으며 모든 것들이 매우 좋습니다.[51]

---

51 모든 것들이 매우 좋다(omnia bona valde). 문장의 의미에 따라서 어떤 곳에서는 좋다(bona)라고 옮겼고 또 어떤 곳에서는 선하다(bona)라고 옮겼다.

33

창조주에 대한 피조물의 찬미

당신의 작품들[52]은 당신을 찬미하여 우리를 보고 당신을 사랑하라고 하며, 우리들은 당신을 사랑하면서 당신의 작품들을 보고 당신을 찬미하라고 합니다. 그것들은 시간 안에 시작과 끝, 출생과 죽음, 성장과 소멸, 아름다움과 결핍을 가집니다. 그러므로 그것들은 한편으로는 은밀하게 또 한편으로는 분명하게 아침과 저녁의 연속을 가지고 있습니다. 왜냐하면 그것들은 당신에 의해서 무(無)로부터 만들어졌기 때문입니다. 그것들은 당신으로부터 만들어진 것도 아니고, 당신의 것이 아닌 어떤 것으로부터 만들어진 것도 아니며, 이전에 있던 어떤 것으로부터 나온 것도 아니고, 동시적 피조물로부터, 곧 당신이 동시에 창조한 질료(質料)로부터 나온 것입니다. 왜냐하면 당신은 그 질료의 형태 없는 것에 어떤 시간적 간격 없이 형태를 갖추어 주었기 때문입니다.

한편으로는 하늘과 땅의 질료가 있고 또 다른 한편으로는 하늘과 땅의 형태가 있으므로, 당신은 질료를 전적으로 무(無)로부터, 그러나 세계의 형태를 형태 없는 질료로부터, 그렇지만 두 가지를 동시에 만들어서 형태[53]가 아무런 시간적 간격의 중지 없이 질료를 따르게 했습니다.

52 당신의 작품들(opera tua)은 하나님의 피조물들을 말한다.

53 형태(forma)는 아리스토텔레스가 말하는 형상(形相, eidos)에 해당한다. 형상은 원리 또는 기능의 의미를 가진다. 질료(hylé)는 재료의 의미를 가진다. 아리스토텔레스는 개별사물은 질료와 형상의 결합에 의해서 존재한다고 보았다.

34

기독교적 삶의 열매

우리들은 또한 이러한 것들[54]이 이런 순서로 만들어지고, 이런 순서로 기록되기를 당신이 바랐을 때 거기에 어떤 상징의 뜻이 있는지 살펴보았습니다. 그리고 우리들은, 하나하나가 좋으며 모든 것들이 매우 좋기 때문에, 당신의 말 안에서, 당신의 외아들 안에서 아침과 저녁 없이 모든 시간 이전에 하늘과 땅과 교회의 머리와 몸이 예정되어 있는 것을 보았습니다. 그러나 당신이 은폐된 것들을 나타나게 하고 우리들의 무질서를 통일하기 위해서 예정된 것을 시간적으로 실현하기 시작했을 때 — 우리들의 죄악이 우리들의 위에 있어서 우리들은 당신을 떠나서 암흑의 심연에 빠져 있었기 때문에 적절한 시간에 우리들을 도와주기 위해서 선한 당신의 성령이 위에서 움직이고 있었으므로 — 당신은 경건하지 않은 자들을 의롭게 하고, 그들을 죄인들로부터 떼어 놓고(로마 4, 5), 당신에게 순종할 고귀한 사람들과 그들에게 복종할 천한 사람들 사이에 당신의 성서의 권위를 견고하게 했습니다. 믿는 이들의 열성이 드러나게끔 그리고 천상의 보물을 얻으려고 지상의 재물을 가난한 이들에게 나누어 주는 자선사업이 당신에게 드러나게끔 당신은 불신자들의 단체를 하나의 음모단체로 모아 버렸습니다.

그리고 나서 당신은 창공에 불빛들을 밝혔는데, 이것들은 생명의 말을 간직하는 당신의 성도들이며, 정신적 은혜로 빛나고 숭고한 권위가 탁월한 사람들입니다. 그리고 나서 당신은 믿지 않는 이교도(異教徒)들을 교화시키기 위해서 눈으로 볼 수 있는 성사(聖事)들과 기적들과 당

54 당신의 피조물들.

신의 성서의 창공에 따른 말들의 소리를 물질적 질료에 내어 주고 그렇게 함으로써 얻는 이들이 축복받도록 했습니다. 다음으로 금욕의 힘에 의해서 감정의 질서를 잡은 생명의 혼을 믿는 이들에게 만들어 주었습니다. 그리고 다음으로 당신은 당신의 이미지대로 당신을 닮은 정신을 새로 만들어서 다시는 어떤 인간적 권위를 따르지 않고 오로지 당신에게만 복종하게 하고 마치 여성을 남성에게 복종하게 한 것처럼 이성적 행위를 탁월한 지성에 복종하도록 했습니다.[55] 당신은 이 세상 삶에서 믿는 이들의 완성을 위해서 필요한 당신의 모든 성직자들에게는 신자들이 세상에서 쓸 것을 마련해서 미래에 열매 맺을 일들을 제공하기를 바랐습니다.

우리들은 이 모든 것들이 매우 좋은 것을 봅니다. 왜냐하면 당신이 이 모든 것들을 우리들 안에서 보기 때문입니다. 당신은 우리들이 이 모든 것들을 보고 그것들 안에서 당신을 사랑하게끔 우리들에게 성령을 주었습니다.

35
평화를 위한 기도

주 하나님, — 당신이 우리들에게 모든 것을 주었으니 — 우리들에게 평화도 주십시오(이사 26, 12). 고요함의 평화, 안식의 평화, 저녁에 없

---

55 지성적 존재(intelligentia)는 전지(全知)의 존재인 하나님을 가리킨다. 하나님의 모습을 닮게 창조된 인간은 하나님의 능력을 닮은 지성(intellectus)의 소유자이다. 중세 때 이성(ratio)과 지성은 같은 뜻으로 사용되기도 했지만 보통 이성은 지성에 순종하는 능력으로 이해되어 왔다.

는 평화를 주십시오(1디모 6, 17). 물론 매우 좋은 모든 것들의 가장 아름다운 이 질서도 그 과정이 끝나면 지나가 버리고 맙니다. 그래서 그것들 안에는 아침과 저녁이 만들어진 것입니다.

36
저녁이 없는 제7일

그러나 제7일은 저녁도 없으며 일몰(日沒)도 없습니다. 당신은 그날을 축복하여 영원토록 길게 했기 때문입니다. 당신은 조용히 창조의 일들을 했을지라도, 매우 좋은 당신의 일들을 끝낸 후 제7일에 안식을 취했다고 당신의 성서의 말이 우리들에게 말해 주는 것처럼, 당신이 우리들에게 주었기 때문에 매우 좋은 일들을 우리들이 한 후에도 당신은 우리들로 하여금 당신 안에서 영원한 생명의 안식을 누리도록 해 주었습니다.

37
우리들 안에 있는 하나님

그때에는 당신도, 마치 지금 우리들 안에서 일하는 것처럼 그렇게 쉴 것입니다. 지금의 당신의 이 일들이 우리들을 통해서 있는 것처럼 그때의 저 당신의 안식 역시 우리들을 통해서 있을 것입니다. 그러나 주여, 당신은 언제나 일하며 언제나 쉽니다. 당신은 시간을 위하여 보지도 않고, 시간을 위해서 움직이지도 않으며, 시간을 위해서 쉬지도 않습니다. 그렇지만 당신은 시간적인 전망과 시간 자체와 시간에서 생기는 휴식을 만듭니다.

38
하나님의 앎과 인간의 앎

당신이 창조한 것들은 존재하기 때문에 우리들이 그것들을 봅니다. 그러나 당신은 그것들이 존재하기 때문에 그것들을 봅니다. 그리고 우리들은 존재하는 것들을 외면으로 보고 선한 것들을 내면으로 봅니다. 그러나 당신은 앞으로 만들어질 것을 보는 곳에서 이미 만들어진 것을 봅니다.

우리들은 당신의 성령이 우리들의 마음을 잉태한 후에 선하게 행하려고 움직였습니다. 그러나 그 전에는, 우리들은 당신을 저버리고 악을 행하기 위해서 움직였습니다. 그러나 하나님, 오직 선한 한 분 당신은 선하게 행하기를 결코 그치지 않았습니다(마태 19, 17). 그리고 우리들의 어떤 일들은 당신의 은총 때문에 선하지만 영원하지는 못합니다. 그 일들 다음에 우리들은 당신의 위대한 성화(聖化) 속에 안식하기를 희망합니다. 그러나 당신은 아무런 선(善)도 필요로 하지 않는 선으로서 언제나 고요합니다. 왜냐하면 당신의 고요함은 당신 자신이기 때문입니다. 그런데 어떤 사람이 사람에게 이것을 이해하게끔 가르칠 수 있습니까? 어떤 천사가 천사에게 가르칠 수 있습니까? 어떤 천사가 인간에게 가르칠 수 있겠습니까? 우리들은 당신에게 그것을 빌어야 하며, 당신 안에서 그것을 찾아야 하며, 당신에게 그것을 두들겨야 합니다. 이렇게, 이렇게 해야만 우리들은 그것을 받을 것이고, 이렇게 해야만 그것은 찾아질 것이며, 이렇게 해야만 그것은 열릴 것입니다(마태 7, 8).

해설: 아우구스티누스의 생애와 사상

강영계

서양사상의 일반적 특징은 한마디로 완전성과 절대성이라고 할 수 있다. 완전성의 뿌리는 그리스철학의 이성(logos)이며, 절대성의 근원은 기독교의 신앙(fides)이다. 이들 두 가지를 거의 완벽하게 최초로 융합한 인물은 다름 아닌 아우구스티누스이다. 아우구스티누스 이래로 거의 모든 서양의 사상가들은 완전하고도 절대적인 문명과 문화를 인간의 삶의 궁극목표로 설정하고 다양한 관점과 방법에 의해서 목표를 실현하려고 하였다.

마르크스가 원했던 과학적 사회주의 사회, 곧 모든 사회구성원이 노동자인 공산주의 사회는 완전하고 절대적인 이상적 사회였다. 데카르트, 라이프니츠, 칸트 그리고 후설 등이 원했던 철학은 엄밀한 철학으로서 완전하고 절대적인 학문 이외의 다른 것이 아니었다. 지리적 영역을 좀 더 확장하여 서양사상을 넘어설 경우 우리들은 고금동서에 걸친 인간의 욕망 역시 완전하게 그리고 절대적으로 충족되고자 한다는 엄연한 사실에 직면하지 않을 수 없다.

그러나 특히 서양사상에서 완전성과 절대성의 추구가 두드러지는 이유는 그리스철학의 체계적 질서를 갖춘 이성의 논리적 완전성과 전지전능한 신(하나님)을 근원으로 삼는 절대적 신앙이 융합되었기 때문이다. 아우구스티누스 이전에 사도 바울 역시 그리스인으로서 그리스철학을 알고 기독교도가 되어 전도와 포교에 일생을 바쳤다. 그러나 바울은 신앙의 절대성에 몰두했음에 비해서 아우구스티누스는 이성의 완전성에 신앙의 절대성을 그리고 신앙의 절대성에 이성의 완전성을 융합한 대표적인 교부철학자이다.

아우구스티누스(354~430)는 북아프리카의 타가스테에서(오늘날 알제리의 수크-아라스) 아버지 파트리키우스와 어머니 모니카 사이에서 출생하였다. 파트리키우스는 소규모 농지를 소유한 지방의 유력인사로 종교가 없었다. 그는 370년 사망하기 직전 가톨릭 신자가 되었다. 아버지 파트리키우스는 아우구스티누스가 장차 교사나 변호사가 되어 사회에 봉사하면서 안락한 삶을 살기를 바랐다.

아우구스티누스의 어머니 모니카는 독실한 가톨릭 신자로서 밀라노의 주교 암브로시우스와 함께 아우구스티누스가 기독교로 개종하는 데 결정적 역할을 담당하였다. 아우구스티누스는 『고백록』(*Confessiones*)[원래 제목은 『고백록 13권』(*Confessionum libri tredecim*)]에서 유년시절부터 주교가 될 때까지 자신의 삶의 과정을, 특히 청소년시절 육체적 욕망에 시달리고 9년 동안이나 마니교에 집착했던 과거를 생생하게 묘사하고 있다.

365년 아우구스티누스는 마다우라로 이주하여 그곳에서 라틴문학과 라틴어문법을 배웠다. 370년 그는 대도시 카르타고로 이주하여 수사학을 배웠다. 이곳에서 아우구스티누스는 로마의 웅변가이자 정치가이며 철학자인 키케로(기원전 106~43)의 『호르텐시우스』를 읽고 그리스철학으로부터 깊은 영향을 받게 되었다. 아우구스티누스는 29세 나던 383년 로마로 가서 라틴어문법과 수사학을 가르치면서 어머니 모니카와 함께 생계를 꾸려 나가야만 했다. 그는 잠시 밀라노에 머물면서 신플라톤주의자 모임에 가입하여 신플라톤주의자들과 교제하면서 9년간이나 자신이 집착했던 마니교를 떠날 수 있었다(374년부터 383년까지 9년간).

마니교(Mani教)는 미트라교(Mitra教)와 함께 조로아스터교를 모태로 삼아서 발생된 종교이다. 조로아스터교는 조로아스터(Zoroaster, 기원전 약 628~약 551)를 시조로 삼으며, 광명과 선의 신 아후라 마즈다(Ahura-Mazda)와 암흑과 악의 신 앙그로 마이뉴(Angro-Mainyu)가 부단히 투쟁하는 곳이 세계라고 하는 이원론적 우주관을 기본적으로 가지고 있었다. 기원전 5세기경 조로아스터교는 이란의 국교가 되었으나 후에 이란이 아랍 이슬람교도들에 의해서 정복당한 후 거의 소멸하고 말았다.

마니교는 바빌로니아 출신 마니(Mani 또는 Manichaeus, 약 216~276)가 조로아스터교와 불교의 요소들을 받아들이고 종합해서 창시한 종교로 선과 악 이원론을 우주원리로 삼는다. 광명은 선이고 암흑은 악이어서 이들 두 가지 우주원리는 영원히 투쟁한다는 마니교에 아우구스티누스가 몰입했던 가장 큰 이유는 청년 아우구스티누스가 보기에 악의 문제를 마니교가 가장 잘 밝혀 주었기 때문이다. 즉 선한 원리로서의 신인 오르무즈드(Ormuzd)와 악한 원리인 아리나(Ahrina)는 영겁을 두고 투쟁하는 것이다.

383년 로마로 떠나기 전 아우구스티누스는 사유의 확실성의 원천은 과연 무엇이고, 왜 선과 악의 두 원리가 영원히 싸우고 있는지에 관해서 의심했으나 이러한 의심에 대한 답을 마니교로부터 찾을 수 없었다. 같은 해 마니교의 주교 파우스투스가 카르타고에 왔을 때 아우구스티누스는 자신의 의심을 파우스투스를 통해서 풀어 보려고 했으나 결코 만족할 만한 해답을 찾을 수 없었다.

384년 아우구스티누스는 이탈리아의 밀라노에서 수사학 선생 자리를 얻을 수 있었고 그곳에서 밀라노의 주교 암브로시우스가 행한 성경에 관한 설교를 들은 이후 기독교를 긍정적으로 대하기 시작하였다. 이탈리아의 로마에 도착했을 때 아우구스티누스는 아카데미학파와 신아카데미의 회의론의 영향을 받았다. 이들은 모든 것은 의심의 대상이며 우리들 인간은 아무것도 확실한 것을 알 수 없다고 주장하였다. 아우구스티누스는 "만일 감각이 속임을 당한다면 당신은 이 세계가 존재한다는 것을 어떻게 알 수 있는가?"라는 물음을 던지고 고민하였다. 드디어 아우구스티누스는 "만일 내가 속임을 당한다면 나는 존재한다(Si fallor, sum)"라는 답을 발견한다. 이와 같은 자아존재의 확실성은 근대 합리론자 데카르트의 "나는 생각한다. 그러므로 나는 존재한다(Cogito ergo sum)"의 선구로 알려져 있다. 데카르트나 아우구스티누스에게 있어서 자아존재의 확실성은 동일한 성격을 가지지만 데카르트는 자아를 합리적 지식의 기초로 보았음에 비해서 아우구스티누스의 자아확실성은 어디까지나 하나님의 조명(iluminatio)에 의해서만 존재가 보장된다.

아우구스티누스는 밀라노에서 빅토리누스(Victorinus)가 라틴어로 번역한 플라톤에 관한 논문들을 읽고 드디어 32세 나던 해인 386년 기독교로 개종한 후 387년 세례를 받는다. 아우구스티누스는 이탈리아에서 체류한 지 5년 만에 기독교 포교와 전도에 일생을 바치기로 결심하고 고향으로 돌아온다. 아우구스티누스가 밀라노에서 접한 플라톤에 대한 논문들은 실은 플로티노스(204~269)의 『에네아데스』였을 것으로 알려지고 있다. 플로티노스는 신플라톤주의의 시조로서 일원론적 신비주의철학자로 알려져 있다. 플로티노스철학은 유출설(流出說)로 유명하다.

『고백록』 제8권을 보면 신플라톤주의와 연관해서 아우구스티누스가 기독교(가톨릭)로 개종하게 된 결정적 계기가 극적으로 표현되어 있다. 아우구스티누스는 이탈리아에 체재하는 동안 심플리키아누스(Simplicianus)와 폰티키아누스(Ponticianus)를 만났는데, 심플리키아누스는 아우구스티누스에게 신플라톤주의자 빅토리누스가 왜 기독교로 개종했는지를 설명해 주었고 폰티키아누스는 아우구스티누스에게 이집트의 성 안토니우스의 경건한 기독교적 삶을 이야기해 주었다. 아우구스티누스는 5년간의 이탈리아 체류 기간 동안 신플라톤주의의 저술들을 읽음으로써 가톨릭으로 지적 전환을 달성할 수 있었다. 더 나아가서 아우구스티누스는 암브로시우스와 심플리키아누스 그리고 폰티키아누스의 영향을 받음으로써 윤리, 도덕적으로도 자신의 종래 입장을 가톨릭 쪽으로 전환시킬 수 있었다.

아우구스티누스는 서른두 살 나던 해인 386년 개종을 결심하였고 387년 주교 암브로시우스로부터 세례를 받았다. 『고백록』을 보면 아우구스티누스는 유년시절 세례 날짜를 미리 정하고 어머니 모니카가 모든 준비를 했으나 어린 아우구스티누스가 급성 위장병에 걸리는 바람에 세례를 후일로 미루고 치료에 모든 정성을 쏟을 수밖에 없었다. 세례를 차일피일 미루는 사이에 아우구스티누스는 육체적 쾌락에도 빠져보고 마니교에 장기간 몰두하기도 하고 아카데이학파의 회의론도 접해보고 또 신플라톤주의자들과 같은 모임에 들어가기도 하면서 매우 다양한 영혼의 체험을 하였다.

만일 유년시절에 아우구스티누스가 세례를 받았더라면 그의 운명은 오늘날과는 전혀 다른 결과를 산출했을 것이다. 『고백록』에서 아우구스티누스는 유년시절에 세례를 받지 않은 것을 하나님의 뜻으로 이해하면서, 세례를 받지 않았기 때문에 장기간 다양하게 이단(불신)의 길을 걸었고 그렇기 때문에 한층 더 경건한 신앙을 가질 수 있게 되었다고 하나님에게 고백하고 있다.

아우구스티누스는 388년 가을 고향 북아프리카의 타가스테로 되돌아와서 소규모의 수도원 공동체를 만들었으며 본격적인 저술활동에 들어갔다. 서른여섯 살 나던 해인 391년 아우구스티누스는 당시 아프리카에서 제일 큰 도시 카르타고로부터 서쪽으로 꽤 떨어져 있는 두 번째로 큰 도시 히포를 방문했을 때, 본인이 예기치도 않았지만 히포의 주교로부터 사제서품을 받게 되었다. 히포의 주교는 아우구스티누스의 도움을 원하였고 아우구스티누스는 히포에 정착해서 수도원을 건설하였다.

아우구스티누스는 17세 때 평범한 여성을 만나 동거하면서 아들 아데오다투스(Adeodatus)를 얻었다. 어머니 모니카는 아우구스티누스의 신분에 어울리는 신부를 아우구스티누스의 배필로 생각하고 결혼상대를 물색했으나 아우구스티누스는 14년간 이 여성과 동거하였다. 당시 로마황제의 법은 신분이 다른 남녀의 결혼을 금지했으므로 모니카는 끈질기게 신분 높은 신부를 찾았지만 아우구스티누스는 로마로 가서 개종한 후 오로지 신앙에만 매진하였다. 모니카는 아우구스티누스와 아프리카로 되돌아오기 직전 오스티아에서 숨을 거두었다.

391년 아우구스티누스는 히포의 주교 발레리우스(Valerius)로부터 사제서품을 받고 5년 후 발레리우스의 보좌주교가 된 후 곧이어서 주교가 되었다. 그는 히포의 주교가 된 후 약 40년간 그곳에서 저술과 설교 및 명상에 매진하였다. 아우구스티누스는 죽기 3년 전 자신의 업적들을 직접 정리했는데, 저술이 113권, 편지가 218통, 설교가 500개에 달하였다. 이것들은 현재까지 거의 손상되지 않고 90퍼센트 이상 남아 있다.

아우구스티누스의 저술, 편지 및 설교의 목적은 물론 가톨릭교의 포교와 전도였다. 특히 그는 당시 세력이 크던 도나투스주의, 펠라기우스주의 및 마니교를 이론과 실천의 면에서 반박함으로써 기독교 교리를 확립하려고 하였다. 구약과 신약 성서는 아우구스티누스 이전에 이미 확정되었지만 기독교 교리는 장기간에 걸쳐서 그리스철학과의 융합을 통해서 비로소 확립될 수 있었다. 예컨대 원죄설, 은총설, 삼위일체설, 종말론, 구원론 등의 기독교 교리는 대부분 아우구스티누스의 노력에 의해서 신학적 의미를 확실히 가지게 되었다. 물론 기독교 교리는 아우구스티누스 이후에도 계속 다듬어지고 드디어 13세기 아퀴나스에 이르러서 거의 완벽하게 정리될 수 있었다.

4세기 초반에 주교 도나투스를 받드는 도나투스주의자들은 카르타고 주변의 복잡한 사회적, 경제적, 민족적 문제해결을 기독교 신앙의 핵심으로 보고 현실문제에 전념했다. 아우구스티누스는 도나투스주의를 극복하고 그것을 이단으로 낙인찍는 데 기여하였다. 펠라기우스(418년 사망)를 섬기는 펠라기우스주의는 원죄를 부정하고 인간은 하나님이 부여한 이성과 조명(照明)에 의해서 선을 성취할 수 있다고 주장했다. 이에 반해서 아우구스티누스는 원죄설을 주장하면서 인간은 하나님의 은총과 조명에 의해서 이성을 사용할 수 있다고 하였다. 아우구스티누스는 자신이 청년기에 빠져 있던 마니교에 대해서도 선과 악의 이원론을 부정하고 악의 문제를 신플라톤주의적 입장에서 해명하려고 하였다.

그리스철학은 자연철학시대(탈레스로부터 데모크리토스까지), 인간본성론시대(소크라테스와 궤변철학자들), 체계의 시대(플라톤과 아리스토텔레스), 윤리, 종교의 시대(스토아철학, 에피쿠로스주의, 신플라톤주의) 등 네 시기로 구분된다. 신플라톤주의는 플로티노스(Plotinos,

약 205~270)의 사상을 따르는 입장이다. 플로티노스의 존재론은 유출설(流出說)이며 그것은 일원론(一元論)의 성격을 가지고 또한 신비주의 철학의 시초이기도 하다.

플로티노스의 일원론은 후에 플라톤사상으로 알려져 왔으나 학자들에 의해서 플로티노스의 고유한 사상으로 밝혀짐으로써 플로티노스의 사상은 신플라톤주의라고 일컬어지게 되었다. 플라톤의 존재론은 존재하는 것들을 불변하는 원형(原型)으로서의 이데아와 감각인식의 대상인 현상 사물 두 가지로 구분하는 이원론이다. 그러나 플로티노스의 존재론은, 존재근원인 일자(一者, henas 또는 monas)가 넘쳐흘러서 일자로부터 정신(nous)이 흘러나오고 정신도 흘러넘쳐서 그것으로부터 영혼(psyché)이 흘러나오고 마지막으로 영혼으로부터 물질적 재료인 질료(hylé)가 흘러나온다는 내용을 가지고 있다. 일자와 질료를 놓고 볼 때 일자는 완전함이며 전지전능함임에 비해서 질료는 불완전함이자 결여이다. 그렇다면 윤리적 입장에서 볼 경우에 일자는 선이고 질료는 악이다.

아우구스티누스는 신플라톤주의의 존재론과 윤리학으로부터 선과 악의 문제해결책을 암시받음으로써 마니교의 선, 악 이원론을 극복하고 원죄설, 구원론, 은총설 등을 더욱 확고히 정리할 수 있었다.

아우구스티누스는 기독교로 개종한 후 저술활동을 시작하였고 특히 391년 사제서품을 받기 전후부터 저술활동과 설교, 서신 등에 온몸을 바쳤다. 그의 중요한 저술들 몇 가지를 연대순으로 나열하면 다음과 같다. 『독백록』(*Soliloquia*, 386): 아우구스티누스 자신과 이성과의 대화. 『아카데미학파 반박』(*Contra Academicos*, 386): 신아카데미학파의 회의론에 대한 반박. 『영혼의 위대함에 관하여』(*De quantitate animae*, 387~8): 아우구스티누스의 초기 정신철학에 관한 저술. 『가톨릭교회의 도덕에 관하여』(*De moribus ecclesiae catholicae*, 387~9): 고전적 덕들(플라톤과 아리스토텔레스의 덕들)에 관한 기독교적 해석과 정의를 다루고 있다. 『자유의지론』(*De libero arbitrio*, 388~95): 인간의 자유의지와 하나님의 예지와의 조화를 다룬 철학적 저술. 『교사론』(*De magistro*, 389): 단어(또는 말)의 의미가 구체적 정의(定義)에 의해서 알려질 수 있는지를 다룬 저술. 『참다운 종교에 관하여』(*De vera religione*, 389~91): 모든 것들에 대한 의심 속에서도 진리를 발견할 수 있다는 입장을 제시한다. 『마니교도에 대한 두 가지 영혼에 관하여』(*De duabus animabus contra Manichaeos*, 392~3): 인간은 누구든지 각자가 선한 영혼과 악한 영혼 두 가지를 다 가지고 있다는 마니교도의 주장을 반대한다. 『고백록 13권』(*Confessionum libri tredecim*, 397~401): 이 책은 『신국론』과 함께 가장 많이 알려진 아우구스티누스의 주요 저술이다. 『삼위일체론』(*De trinitate*, 400~16): 이 책은 모두 15권으로 되어 있는데 제8권부터 마지막 권까지는 정신철학이 주제이다. 『신국론』(*De civitate Dei*, 413~27): 『고백록』과 함께 가장 많이 알려진 아우구스티누스의 저술. 이 책은 신국과 지상국의 싸움, 곧 선과 악의 싸움을 전개함으로써 하나님의 은총에 의해서 어떻게 인간이 구원을 받는지를 밝힌다. 다시 말해서 종말론과 구원설 그리고 은총설이 역사를 통해서 어떻게 구현되는지를 밝힌다.

『고백록』에서의 고백(confessio)은 승인, 칭찬, 감사, 자백, 고백 등의 사전적 의미를 가지고 있다. 아우구스티누스의 『고백록』은 일상적 의미의 단순한 죄의 자백과 고백을 넘어선다. 불완전한 삶의 매 순간과 과정에 대한 유한한 한 인간인 아우구스티누스의 인정과 고백 그리고 더 나아가서 전지전능한 하나님에 대한 찬미와 감사 등을 다 포함한다. 나는 고대 그리스철학에서 플라톤을 종합적 사상가로 그리고 아리스토텔레스를 분석적 철학자로 정의한다. 플라톤의 대화편들은 몇 가지만 제외하고 대부분 철학과 종교와 예술 및 윤리도덕을 종합적으로 다루고 있다. 그러나 아리스토텔레스는 냉철한 분석적 학문방법론(논리적 방법)에 따라서 학문을 분류하고 기술한다. 중세철학사를 전체적으로 볼 경우 아우구스티누스는 플라톤적인 종합적 사상가이다. 특히 아우구스티누스의 『고백록』은 예술적, 철학적, 신학적 요소들이 종합되어 있으면서 플라톤 사상에서와 마찬가지로 신비주의적인 요소마저 포함하고 있다. 그러나 13세기의 아퀴나스는 아리스토텔레스의 영향을 많이 받았으며 분석적인 신학을 대변한다.

아우구스티누스의 『고백록』에서 우리들은 신학과 철학을 따로 떼어서 구분하기 힘들다. 물론 아우구스티누스는 후세의 안셀무스나 보나벤투라의 입장인 "나는 알기 위해서 믿는다(Credo, ut intelligam)"의 기초를 세운 인물이긴 해도 그에게 있어서는 어디까지나 앎과 믿음이 하나로 통일되어 있는 것이 사실이다. 아우구스티누스는 『고백록』에서 한편으로는 고백을 통해서 전지전능한 하나님 품 안으로 다가가고 있으며 다른 한편으로는 하나님의 전지전능한 빛의 조명(illuminatio)이 그 자신을 향하여 오는 것을 명상 속에서 맞이하고 있다. 『고백록』에서 아우구스티누스는 신학자이자 철학자인 그리고 철학자이자 신학자인 자기 자신을 하나님 앞에 드러내 보인다. 『고백록』에서 고백하는 아우구스티누스는 우선 신학자이자 철학자이고 다음으로는 그것을 넘어서서 참다운 실천적 신앙인이다.

『고백록』은 모두 13권으로 되어 있으며 아우구스티누스는 43~47세 사이에 4년에 걸쳐서 이 책을 저술하였다. 1권부터 9권까지는 유년시절부터 주교가 될 때까지 구체적인 현실생활과 하나님을 향한 영혼의 험난한 과정을 상세히 묘사하고 있다. 청소년시절 정신(영혼)과 육체의 갈등, 육체적 욕망의 문제, 마니교에의 몰입, 아카데미학파의 회의론의 유혹, 신플라톤주의와 암브로시우스의 영향 그리고 무엇보다도 아우구스티누스가 가톨릭으로 개종하기까지 온몸과 마음을 다하여 헌신한 어머니 모니카의 사랑의 힘, 아우구스티누스가 드디어 새로운 영적 생명을 찬양할 수 있었던 신앙의 힘 등은 『고백록』 1~9권을 통해서 너무도 생생하게 구체적으로 묘사되고 있다.

『고백록』 제10권은 아우구스티누스가 주교가 된 후 고백하는 하나님에 관한 인식, 기억, 행복 그리고 그리스도 등에 대한 서술이다. 제11권은 성서의 창세기를 고찰하면서 시간을 철학적으로 사색한다. 아우구스티누스의 과거, 현재, 미래에 관한 시간론은 현대철학에서도 중대한 의미를 가지고 있는 시간의 철학이다. 제12권과 제13권은 창세기 1장 1~3절에 대한 신학적, 철학적 해석이다.

종교철학적 관점에서 볼 때 아우구스티누스의 사상은 인식론, 신존재증명, 세계창조설, 윤리학, 역사철학 등으로 나누어서 고찰될 수 있다. 물론 이들 몇 가지 주제들은 『고백록』이나 『신국론』 등에 이미 상징적으로 모두 포함되어 있으며 아우구스티누스의 수많은 저술들, 설교집들, 서신들에도 이미 다 포함되어 있는 것이 사실이다.

나는 위에서 제시한 아우구스티누스 사상의 몇 가지 주제들에 관해서 핵심적인 내용들만 간략하게 제시하고자 한다. 사실 아우구스티누스 사상을 구체적으로 다루기 시작하면 고대 그리스철학은 물론이고 구약, 신약성서를 비롯해서 교부철학 전반과 아울러 아카데미학파 및 신플라톤주의와 마니교의 이론 등 모두를 살펴보아야 할 필요를 느낀다. 그러나 여기에서는 『고백록』의 내용을 이해하기 위한 기초로서 아우구스티누스 사상의 중요한 몇 가지 주제들만 선택해서 간략히 살피기로 하겠다.

아우구스티누스는 진리의식의 목적은 진리인식 자체에 있지 않고 그것을 초월하는 것에 있다고 본다. 삶의 궁극목적은 행복 또는 지복(至福)이기 때문에 진리인식 역시 지복을 목적으로 삼는다는 것이 아우구스티누스의 입장이다. 그러나 유한하고 변화하는 인간의 정신이 인간의 정신을 규제하고 지배할 뿐만 아니라 영원불변한 진리를 어떻게 인식할 수 있느냐가 중요한 문제로 대두된다.

플라톤에 의하면 영원한 이데아에 관한 인식은 영혼의 회상에 의해서 가능하다. 아우구스티누스 역시 영혼이 영원한 진리를 반성(회상)함으로써 하나님의 활동과 하나님 자체에 대한 인식을 가질 수 있다고 하였다. 아우구스티누스는 플라톤과 달리 인간 영혼은 하나님의 성령(聖靈)의 조명(照明)에 의해서 궁극적으로 하나님을 앎으로써 지복의 상태에 도달할 수 있다고 보았다.

아우구스티누스의 인식론 전체를 개관할 경우 그것은 3단계로 구분된다. 우선 첫 번째 단계의 인식은 감각지각의 단계로서 가장 낮은 단계의 지식이 성립하는 위치이다. 감각지식은 때와 장소에 따라서 수시로 변화한다. 두 번째 단계의 인식은 지혜이며 지혜는 영원히 불변하는 대상들을 사색한다. 세 번째 단계의 인식은 첫 번째와 두 번째 단계 사이의 중간단계 인식이다. 이 단계에서 인간 정신은 영원한 기준을 바탕삼아서 물질대상을 인식한다. 세 번째 단계의 지식은 현실활동에 관한 인식이다.

플라톤은 이데아를 인식함으로써 그리고 플로티노스는 일자(一者)를 사색함으로써 최상의 선(善)과 미(美)에 도달할 수 있다고 보았다. 그러나 아우구스티누스는 인간이 제아무리 순수한 영혼을 소유하고 있다고 해도 육체적 감각은 진리인식이 불가능하고 영혼도 회상(반성)이 없이는 진리인식이 불가능하다고 보았다. 영혼의 반성은 다른 관점에서 보자면 하나님의 조명 또는 계시이다.

아우구스티누스의 인식론은 불확실성으로부터 확실성으로 그리고 허위로부터 진리로의 상승을 목적으로 삼으며 궁극 목적은 지복에 도달하는 데 있다. 그러나 아우구스티누스의 인식론이 종교적 신앙이나 윤리적 행복과 엄밀히 구분되지 않고 처음부터 전지전능한 하나님을 전제로 삼고 있는 점은 그의 사상이 다분히 신비주의철학의 특징을 지니고 있음을 알게 해 준다. 아우구스티누스의 인식론은 그의 윤리학 및 존재론과 함께 관념론, 합리론 그리고 실념론(實念論)의 특징을 가진다.

교부철학이 끝나고 스콜라철학시기에는 개념이 실재하느냐 아니면 개념은 단지 소리에 불과하느냐에 따라서 실념론과 유명론(唯名論) 간의 논쟁이 치열하였고 이런 논쟁은 보편논쟁으로서 중세가 끝날 때까지 이어졌다. 결국 아퀴나스를 지나 윌리엄 오컴과 둔스 스코투스에 이르러서는 자연에 관한 탐구는 철학이, 초월적인 것에 관한 탐구는 신학이 담당하여야 한다는 엄연한 구분이 제시되었다. 아우구스티누스는 종합적인 사상가였으므로 그는 인식론, 윤리학, 신존재 증명, 역사철학 등을 서로 분리하지 않고 종합적으로 함께 다루었다.

아우구스티누스의 신존재 증명은 초기 스콜라철학을 대변하는 안셀무스(Anselmus Cantaberiensis, 1033~1109)가 아우구스티누스주의자로서 표명하는 존재론적 신존재 증명의 선구이다. 지금까지 철학사적으로 알려진 신존재 증명 이론은 다섯 가지이다. ① 존재론적 신존재 증명: 신개념은 완전하므로 완전한 개념은 존재하지 않으면 안 된다는 증명으로 본체론적 증명이기도 하다. 아우구스티누스, 안셀무스, 보나벤투라 등의 신존재 증명이 이에 속한다. ② 우주론적 신존재 증명: 우주만물의 궁극적 제1원인 또는 자기원인은 최초의 원인으로서의 신이라는 증명. 아리스토텔레스는 '순수형상'을 부동(不動)의 동자(動者)라고 하였다. 즉 순수형상은 신으로서 자신은 영원불변하면서 우주만물을 움직이게 한다는 것이다. ③ 목적론적 신존재 증명: 자연질서는 합목적적이며 이렇게 자연을 창조한 설계자가 바로 신이라는 주장으로서 아퀴나스는 『신학대전』에서 이 입장을 제시한다. ④ 인간학적 증명: 인간은 자신이 불완전함을 아는데 이는 자신의 내면에 있는 신의 관념 때문이지만 내면적인 신 관념의 실재는 참답게 존재하는 전지전능한 신이라는 입장. 베르그송이나 막스 셸러의 입장이 이에 가깝다. ⑤ 도덕적 신존재 증명: 신은 초월적 존재이므로 이론적 증명은 불가능하고 오로지 실천적 행동이 신존재를 확실한 것으로 요청하지 않으면 안 되기 때문에 선의 원천으로서의 신은 윤리, 도덕적으로 존재하지 않으면 안 된다는 입장. 칸트가 이 입장을 옹호하였다.

아우구스티누스는 전지전능하고 완전한 신의 개념은 단지 개념뿐만 아니라 참다운 진리존재로서도 존재하지 않으면 안 된다고 보았다. 왜냐하면 신이 개념만 완전하고 존재하지 않는다면 신은 결코 전지전능하지도 또 완전하지도 않을 것이기 때문이다.

아우구스티누스의 세계창조설은 플라톤과 플로티노스의 영향을 받기는 했지만, 아우구스티누스는 성서의 창세기를 깊이 사색함으로써 자기 나름대로의 창조설을 제시하기에 이르렀다. 아우구스티누스는 『고백록』 제11~13권에 걸쳐서 하나님이 무(無, nihil)로부터 세계를 창조한 이유와 과정을 매우 상세하게 다루고 있다. 하나님은 자유로운 활동에 의해서 무로부터 우주만물을 창조하였다. 세계는 형태를 가지지 않은 질료(質料)로부터 창조되었다. 그러니까 전지전능한 하나님이 질료, 곧 무(無)로부터 형태를 가진 만물을 창조했다는 것이다. 성서의 창세기의 첫 부분을 인용하면서 『고백록』 제12, 13권에서 하나님의 창조역사를 표현하는 아우구스티누스의 웅변은 감동 그 자체를 이끌어 내고 있다. 하나님은 형태 없는 질료로부터 만물을 창조할 때 시간과 공간도 함께 창조했으며 그러므로 우주만물은 과거, 현재, 미래라는 시간에 따라서 그리고 이곳과 저곳이라는 공간에 따라서 생성 소멸하게 된 것이다.

아우구스티누스가 말하는 무는 절대적인 공허로서의 무가 아니라 존재자들의 뿌리인 형태를 안 가진 무이며 이것의 원천은 종자적 이성(rationes seminales)이다. 하나님은 종자적 이성을 가지고 가능적으로는 우주만물을 동시에 창조했지만, 시간적 현실에 있어서는 순서를 가지고 현상대상들을 창조한 것이다. 물론 우리들이 염두에 두어야 할 것은 아우구스티누스의 천지창조설이 물리학이나 천문학적인, 곧 자연과학을 근거로 삼은 것이 아니라 기독교적 차원, 그것도 성서해석적 차원을 근거로 삼고 있다는 사실이다.

아우구스티누스의 윤리학은 한마디로 에우다이모니즘(행복주의)이라고 할 수 있다. 아우구스티누스는 플라톤과 아리스토텔레스 그리고 에피쿠로스의 행복관에 반대한다. 플라톤에 의하면 지혜, 용기, 절제의 덕들을 조화시킴으로써 정의를 실현하는 인간이 행복하다. 아리스토텔레스에 의하면 중용의 덕을 지키고 이론적 덕을 실천하는 인간이 행복하다. 에피쿠로스에 의하면 가능한 한 욕망을 억압하고 마음의 평온을 찾는 인간이 행복하다. 그러나 아우구스티누스에게 있어서는 전지전능한 존재는 오직 하나님뿐이므로 하나님에 관한 철학적(이성적), 신학적(신앙적) 사색만이 인간을 충만한 삶으로 이끌어 갈 수 있다.

아우구스티누스에 의하면 인간은 자유의지의 소유자이므로 사랑의 힘을 가지고 하나님의 품으로 다가가면 결국 축복받은 삶을 누릴 수 있다는 것이다. 유한한 인간의 사랑은 전지전능한 하나님으로 향하고 절대적인 하나님의 계시(조명)는 인간에게로 향하기 때문에 사랑은 필연적으로 하나님의 계시의 품 안에 안기게 된다는 것이 아우구스티누스의 입장이다.

그렇다면 악은 무엇이며 어떻게 악을 극복하고 선한 삶을 이끌어 감으로써 하나님의 품 안에서 지복을 누릴 수 있을 것인가? 아우구스티누스는 플로티노스의 영향 아래에서 '창조된 의지 안에서 올바른 질서의 결여'를 악으로 보기 때문에 악의 원인은 의지라고 하였다. 따라서 자유의지는 사랑의 힘에 의해서 결의를 충만함으로 채울 수 있다는 것이다.

아우구스티누스는 『신국론』에서 자신의 역사철학을 종교적 신앙의 차원에서 전개하는데 그의 역사철학의 특징은 발전사관(發展史觀)에 속한다. 일반적으로 사관(史觀)은 발전사관, 순환사관, 몰락사관, 혼돈사관 등으로 구분된다. 토인비에 의하면 인류역사는 흥했다 망했다를 순환적으로 반복한다. 슈펭글러는 인류역사가 몰락의 길을 걷고 있다고 보았다. 쇼펜하우어는 삶의 근원인 삶에의 의지가 맹목적인 의지로서 혼돈(카오스) 상태이므로 인류역사의 흐름은 혼돈에 지나지 않는다고 하였다.

아우구스티누스는 대부분의 사상가들과 마찬가지로 발전사관의 입장을 신국과 지상국, 곧 예루살렘국과 바빌론국의 투쟁과정에서 신국(교회를 상징하는)이 승리한다는 결론으로 정리한다. 물론 아우구스티누스의 역사철학에서 철학은 어디까지나 가톨릭 기독교의 지혜이다. 바빌론국은 인간의 자기 사랑을 그리고 예루살렘국은 신의 사랑을 상징한다. 간단히 말해서 인류역사는 교회와 현실국가 간의, 곧 하나님에 대한 신앙과 물질적 현실생활 간의 투쟁과정이다. 아우구스티누스에 의하면 현실국가가 참다운 정의를 실현하고 인간을 행복하게 하려면 기독교 국가가 되어야만 한다. 아우구스티누스는 믿기 위해서 알아야 한다고 주장하면서도 궁극적으로는 알기 위해서 믿어야 한다고 역설한다.

찾아보기

|ㄱ|

갈라디아인 507
게르바시우스 299
게르빔 472
경건함 39-40, 97, 110, 148-149, 152, 175, 249, 291, 324, 374, 531
계명 52, 62, 95, 97, 155, 316, 467, 478, 517
『교사론』 297, 557

|ㄴ|

네브리디우스 186, 193-194, 203, 210, 217-218, 261, 288-290
넵투누스 251
노아 371

|ㄷ|

다윗 93, 291, 372, 374
단자(單子) 131
데살로니카 535
디도 43

|ㄹ|

로마니아누스 193, 201
로마황제 110, 145, 554

|ㅁ|

마니교도 26, 89, 92, 99-101, 103, 109, 143-144, 149-150, 152-153, 160-161, 164, 166-169, 174, 188, 210-211, 233, 291, 411, 540, 557
마니케우스 146, 148, 153, 161, 167
마다우라 62, 102, 550
메데아 91
모니카 40, 66, 102, 166, 175, 184, 302-304, 306-307, 310, 316-317,

319, 550, 553-554, 559
모세 93, 228, 403-404, 453, 460, 463, 465, 469, 472, 474-479, 486-489
무(無) 74, 208, 216, 228-229, 449-452, 463, 469, 473, 481, 486, 494, 543, 562
무지(無知) 55, 405, 427, 505, 522
문법학자 42, 91, 166, 261
물질계 446, 470
미네르바 50, 251
밀라노 22, 166, 184

|ㅂ|

바빌론 65, 252, 383, 564
바울 143, 241, 243, 250, 262, 278, 371, 499, 523, 532, 534, 550
발라네이온 314
발렌티니아누스 110, 184, 298
베누스 251
베레쿤두스 261, 287-290
베르길리우스 43, 45
빅토리누스 250-253, 256-258, 552-553
빈디키아누스 111, 217

|ㅅ|

사순절(四旬節) 296-297, 368
사유(思惟) 336, 345, 404, 479, 551
사자(使者) 332, 520-522
사제(司祭) 102, 253, 326, 394, 400
삼위(三位) 498, 504-505, 525
삼위일체(三位一體) 113, 228, 299, 390, 451, 498, 504
선(善) 26, 28, 98, 293, 382, 493-494, 517, 547, 560
성령(聖靈) 86, 88-89, 92, 113, 148-149, 182, 228, 241, 292, 299, 410, 453, 460, 463, 465, 472, 486, 488, 497-502, 505-508, 510, 515-516, 526, 538-541, 544-545, 547, 560
성사(聖事) 28, 39, 318, 516, 519-522, 529, 536, 544
성삼위(聖三位) 453
성서 51, 87, 97, 164, 168, 178, 181-183, 197, 221, 224, 240-241, 248, 251, 278, 295-296, 379, 395, 400-401, 403, 427, 445, 454, 458-459, 465, 467-468, 471-475, 479, 481, 486-488, 499, 509-511, 514, 516, 519, 526-527, 529-531, 538, 544-546, 555, 562
성소(聖所) 361
성시(聖詩) 313
성인(聖人) 99-100, 263, 296, 393

성자(聖子) 292
성자(聖者) 149, 160, 180
성전(聖殿) 285, 328, 503
성조(聖祖) 94
성찬식 187, 252, 272, 288, 291, 297, 325, 366, 392, 394, 527
성화(聖化) 145, 547
세라핌 472
소돔 95
수사학 84, 108, 111–112, 128–129, 135, 165–166, 187, 250, 253, 284–285, 290, 339, 550, 552
시간 94, 115, 119, 146, 177–178, 195–197, 216, 219–221, 225, 234, 253, 259, 261, 264, 277, 284, 290, 294, 301, 331, 335, 341, 363, 395, 399–401, 407, 412–422, 424–440, 453–458, 460–463, 469, 481–488, 503, 511, 515–516, 538, 542–546, 559, 563
시인(詩人) 44, 50, 91, 112, 186
신성(神性) 502
신플라톤주의 161, 224, 240, 242, 362, 552–553, 555–556, 559
신플라톤주의자 90, 239–242, 250, 392, 551, 553
심마쿠스 166
심플리키아누스 247–252, 257, 553
십계명 97

|ㅇ|

아낙시메네스 331
아누비스 251
아데오다투스 80, 83, 109, 202, 297–298, 307, 313
『아름다움과 알맞음에 대해서』 127–128, 130, 133
아리안파 298
아브라함 93, 289
아이네이아스 43–45
아카데미파 161
아타나시우스 263, 374
아폴리나리스 239
안셀무스 484, 558, 561
안토니우스 262–263, 278, 374, 553
알리피우스 186–194, 198, 203, 238, 261, 267–268, 276–279, 290–291, 297, 307
암브로시우스 22, 166–168, 174–180, 196, 248, 250, 263, 296, 298–299, 315, 326, 377, 550, 552–553, 559
야곱 93, 220, 226, 377
에보디우스 300, 307, 313
에서 220, 226
에파프로디토스 533
에피쿠로스 85, 203, 563
엘리야 371, 536
엘피디우스 164
연장(延長) 413, 419, 433, 463
『열 범주』 134–135

영성체(領聖體) 176
영원성 408, 412, 415, 453, 456, 460-462, 483-484, 486, 520, 524
예루살렘 65, 319, 381, 464, 503, 564
예언자 99, 168, 241, 296, 423, 467, 535-536
예지 308, 407, 557
오네시포루스 532
오레스테스 116-117
오스티아 301, 307, 312, 554
오시리스 251
요한 372
유노 50
유스티나 298
율리아누스 258
율법 66, 93, 121, 168, 180, 241, 285, 402, 467, 530
의식(意識) 461
이교도(異敎徒) 175, 227, 235, 239, 544
이단(異端) 22, 107, 162, 239, 298-299, 365, 374, 553, 555
이미지 80, 90, 92, 146, 178-179, 208, 222, 226, 293, 327, 335-352, 358, 361-362, 367, 422, 449, 524-528, 534, 542, 545
이삭 93, 98, 220, 372, 377
이집트 226-227, 251, 374, 553

|ㅈ|

점성술사 217, 220
정신력 484
정의 66-67, 76, 93-94, 110, 145, 165, 194, 226, 241, 317, 402, 448, 462, 495, 514
주피터 48-50
중개자 236, 392-393, 403
지복(至福) 28, 135, 156, 241, 266, 453, 456, 496, 513, 560-561, 564
지적(知的) 하늘 458, 471
진리 27, 44, 51, 55, 66-71, 88-92, 115, 120-136, 144-147, 150, 152, 158, 161-167, 173-182, 194-196, 211, 216, 227-242, 249, 252, 259-260, 266, 270-274, 288, 292-293, 298, 307, 313, 316, 323, 325, 333, 340, 359-361, 383-391, 399, 403-406, 408-410, 417, 421, 430, 434, 439, 445, 454, 460, 464 이하
질료(質料) 90, 392, 448, 452-453, 461, 463, 465-467, 470-473, 481-486, 495, 543, 545, 556, 562

|ㅊ|

창공 452, 459, 473, 509-511, 514-521, 526-530, 541, 544-545
초월 215, 225, 227, 249, 279, 309,

362, 378, 402, 415, 440, 456, 463, 478, 481, 500, 502, 560–561
최고선(最高善) 131, 213, 216, 416, 494

|ㅋ|

카르타고 43–44, 63–64, 79, 84, 102, 119, 134, 143, 153–155, 186, 190, 194, 210, 218, 355, 360, 365, 550–551, 554
카시키아쿰 288
카틸리나 69
크레우사 45
키케로 48, 69, 84–87, 151, 550

|ㅌ|

타가스테 63, 192, 297, 550, 554
태초 224, 242, 402–403, 409–411, 441, 451, 453, 458–459, 462, 465 이하
테렌티우스 49, 360
테우케르 50
토비아스 376
툴리우스 ☞ 키케로
트레베로스 263

|ㅍ|

파우스투스 143–144, 148–153, 167, 195, 551
파트리키우스 40, 64, 305–306, 319, 550
펠라기우스 365, 555
포티누스 239
폰티키아누스 263–267, 553
프로타시우스 299
플라톤 30, 85–86, 92, 132, 161, 207, 223–224, 230, 239, 250, 338, 340, 347, 551–563
플라톤주의자 223–224, 239, 250
피르미누스 111, 218–220
필라데스 116–117

|ㅎ|

현몽(現夢) 101, 159, 173, 200, 299
형태 33–34, 41, 44, 68, 70, 127, 130, 133, 162–163, 178–180, 196, 207–208, 225, 331–335, 343, 378, 406, 446 이하
『호르텐시우스』 84–85, 266, 550
호메로스 45–48
환관 61
히에리우스 128
히포 554

옮긴이에 대하여

강영계는 현재 건국대학교 철학과 명예교수이며 중국 서북대학교 객좌교수이고 독일 프라이부르크대학교, 프랑스 스트라스부르대학교에서 교환교수를 지냈다. 서울대학교 철학과를 졸업하고 독일 뷔르츠부르크대학교에서 철학박사 학위를 받았다.

지은 책으로는 ...
Prinzip und Methode in der Philosophie Wonhyos(Amsterdam, 1981), *Der Weg zur Meditation*(Würzburg, 1981), 『태초에 말씀이 계시니라』(1981), 『베르그송의 삶의 철학』(1982), 『철학에 이르는 길』(1984), 『기독교 신비주의 철학』(1986), 『철학의 발견』(1966), 『사회철학의 문제들』(1992), 『니체, 해체의 모험』(1985), 『철학이야기』(2000), 『정신분석이야기』(2002), 『청소년을 위한 철학이야기』(2003), 『니체와 정신분석학』(2004), 『헤겔, 절대정신과 변증법 비판』(2005), 『강영계 교수의 프로이트 정신분석학 이야기』(2007), 『마르크스, 니체, 프로이트 철학의 끌림』(2008), 『강영계 교수의 사랑학 강의』(2008), 『청소년을 위한 철학 에세이』(2009), 『행복학 강의』(2010), 『청소년을 위한 정의론』(2011), 『청소년을 위한 가치관 에세이』(2012), 『죽음학 강의』(2012), 『지금 우리에게 물어야 할 22가지 질문』(2012), 『철학의 오솔길』(2012) 등이 있다.

옮긴 책으로는 ...
『도덕과 종교의 두 원천』(H. 베르그송), 『인식과 관심』(J. 하버마스), 『중세철학 입문』(E. 질송), 『칸트의 비판철학』(S. 쾨르너), 『토마스 아퀴나스』(A. 케니), 『니체 생애』(K. 야스퍼스), 『서양철학사』(C. 프리틀라인), 『파라켈수스』(E. 카이저), 『브루노』(J. 키르히호프), 『무한자와 우주와 세계 외』(G. 브루노), 『에티카(개정판)』(B. 스피노자) 등이 있다.